南満洲鉄道会社の研究

岡部牧夫【編】

日本経済評論社

はしがき

南満洲鉄道株式会社（満鉄）が、近代日本の帝国主義的発展とその矛盾を集中的に体現し、中国に対する日本の支配と侵略を端的に象徴する存在であったことは言をまたない。同時に満鉄は、日本資本主義の発達を主導する経済主体のひとつであり、政治的・社会的にも大きな意味と影響力をもつ組織であった。

それだけに満鉄については、補章で述べるように、同時代から多くの研究と論述が行われ、歴史学や社会科学の学問的対象になりつづけてきた。そうした問題関心は戦後にもひきつがれ、最近では会社の設立・営業開始百周年の二〇〇六―〇七年を契機に、数々の論著があらたに発表されている。意欲的に新事実を発掘し、戦後日本社会との関連に着目して調査部を論じた小林英夫、日本政治史の観点から満鉄の全体像を描出した加藤聖文、満鉄研究の先達で、一九八〇年代初頭の旧著の増補版を出した原田勝正などがその中心である。論壇でもたとえば藤原書店の出版活動のように、満鉄やその初代総裁後藤新平を、日本の近代化の歴史に積極的に位置づけようとする動きが顕著である。

とはいえ、満鉄という組織体の活動それ自体を対象にする実証研究は、なお充分とはいえない。本書の母体となった満鉄史研究会の当初の目的は、満鉄の創立から終焉までの全歴史をつうじて、その制度、国際環境、経営方針、主要事業、政治過程との関連などを総合的に分析することであった。しかし「あとがき」でのべるような事情と、多彩な実証研究の蓄積によって、現在ではそうした大規模な総合研究の緊要性はうすれている。むしろいまの私たちの課題は、なお研究のおくれている個別分野をふかく掘りさげ、満鉄史の全体像の解明に寄与することではないかと考えた。

その結果本書の論文各章は、これら未解明の諸分野に踏みこみ、充分な紙数で縦横に論ずることになった。本書の意義はまさにそのことにある。ただ、すべての章が満鉄の活動の全期間をあつかっているわけではなく、時期をかぎった分析もある。社業のなかでも、炭鉱業と関連化学工業、製鉄業、商事、地方施設などの重要な、あるいは特徴的な分野はカヴァーできなかった。そこで、設立から終焉までの満鉄の軌跡を略述し、役員人事の変遷について独自の実証をふくめた序章を付した。また、満鉄に関するこれまでの内外のおもな研究・論述を検討する補章も用意し、文献目録とともに、満鉄研究のながい歩みが通観できるようにした。

各章の特色と意義について簡単にふれておこう。

第1章は、石炭とならぶ主要貨物であった大豆を、満鉄がどう商品化し、どのように国際競争を展開し、大豆交易の衰退の局面にいかに対処したかを解明した。「大豆経済」の組織者としての満鉄の機能と意義について、産業史と国際関係の両面から考察したものといえる。

第2章は、鉄道とともに満鉄の運輸体系をささえ、かつ収益源としても重要だった港湾経営の動態について、十五年戦争期を中心に綿密に分析している。港湾は満鉄の社業のなかでとくに研究がおくれた分野であり、言及されてもせいぜい大連港にとどまることが多かった。この章では大連以外の所管港湾も視野に入れたうえ、諸港湾の機能の変遷が、戦時下の物流の変化との関連で明らかにされている。

第3章は、かつて「満鉄王国」、「満鉄コンツェルン」と呼ばれた満鉄の傘下企業への投資動向と、企業設立に対する満鉄の経営方針、各企業の性質や業態について、一九二〇—三〇年代に重点をおいて考察した。その結果、企業投資に関する満鉄の政策が、かならずしも一貫したものではないことが明確にされる。と同時に、満鉄を重要な一機構とする日本帝国主義の「総合的」な満州経営が、時代とともにどのように変化したかも浮き彫りにされている。

第4章は、満州での重化学工業開発のにない手として重要な中央試験所（中試）の活動を、撫順及び奉天鉄西区の化学工業との関連に焦点をあてて検証したものであるが、記述は中試の全期間におよんでいる。そのなかで、松岡洋右が総裁だった時期に石炭液化や軽金属などの工業の育成が図られ、それにともなって中試の機構も拡充される状況が、時代の要請の変化に即して詳細に解明される。また、中華人民共和国建国後、中試と化学工業が中国側に「継承」されたかどうかも論じている。

そして第五章は、満鉄の調査機関の活動について、制度、調査方針、社会的意義といった基本的な事実に重点をおき、とくに研究史上空白の多いアジア太平洋戦争期にしぼって詳述している。この分野は従来から研究トピックになりやすく、事実これまでにおびただしい論及があるが、正確な事実にもとづいた実証的な議論はさほど多くないだけに、一石を投ずる論稿といえよう。

以上のように各個別論文は、満鉄の社業分析の実証水準を大きくひきあげるとともに、とくに一九三〇—四〇年代の満鉄史にあらたな歴史認識をもたらすものと考える。というのも、これまで十五年戦争期の満鉄は、関東軍・満州国の政策との関連で論じられることが多く、とりわけ満洲重工業開発会社の設立以降については、鉄道事業・調査事業への回帰にポイントがおかれてきた。これに対して本書の各章は、一九三〇年代後半以降の満鉄の活動実態をより多面的に明らかにすることで、満州事変以後の満鉄のより「能動的」な諸側面を浮き彫りにしている。

つまり関東軍・北支那派遣軍との密接な協力を前提としつつ、満鉄は、満州の重化学工業化や新技術の開発、物流の多面化、国策諸企業の設立、現地軍の下請け調査活動などにおいて積極的・主体的な役割を演じたのである。こうした満鉄の多面的活動の確認は、アジア太平洋戦争期にいたる日本帝国主義の中国侵略を総合的・構造的に考察するうえで、重要な論点を示唆しているのではないだろうか。その当否は読者の厳正な判断にゆだねたい。

二〇〇八年九月

編　者

目次

凡例

一、「南満洲鉄道株式会社」は「満鉄」と略記することにした。

一、「満洲」、「満洲事変」、「満洲国」などは、当時の日本帝国主義の立場からの呼称であり、すべて括弧を付すべきであるが、煩瑣になるので省略した。「満洲」とは、現在の中国東北地方をさす。

一、「まんしゅう」を「満洲」、「満州」のいずれで表記するかについては、見解がわかれたので、執筆者個々の判断にゆだねることにした。

一、地名、省名、県名などは当時の呼称にしたがった。

一、年号は、引用文中のものをのぞき、原則として西暦で統一した。

一、文献の発行地については、原則として、外国の場合はすべて、日本国内の場合は東京をのぞいて付けることにした。

序　章　南満州鉄道会社の四〇年

岡部牧夫

一　満鉄の設立と事業の展開

一九〇五（明治三八）年、日本は中国東北地方（いわゆる満州）南部を主戦場とする日露戦争にかろうじて勝利し、同年九月の日露講和条約で、ロシアは満州にもつ権益の一部を日本に移譲することを約した。権益のおもな内容は、旅順・大連とその付近の領土・領水の租借権と、東清鉄道南部線の長春－旅順間とその支線、ならびに付属する権利・特権・財産（鉄道に属し、またはその利益のために経営される炭鉱をふくむ）である。

同年一二月、日本は清国にロシアからの権益移転を承認させ、日本が戦争中に敷設した安東－奉天間の軍用軽便鉄道（安奉鉄道）の一般鉄道への改築・経営も認めさせた。南満州鉄道株式会社（満鉄）は、日本が戦争の具体的果実として中国東北に獲得したこれらの権益を実現し、それをつうじた大陸政策を実行するための組織として、一九〇六年一一月に設立された。また、租借地（関東州）の統治機関としては同年九月、戦争中の軍政機関を改編した関東都督府が旅順に設置された。それまでロシアは旅順を軍港とする一方、ダルィニーで大規模な商港の建設を開始していたが、同地を占領して大連と改名した日本は、その築港と都市建設をうけついでこの新興都市を南満州鉄道の起点とさだめ、満州進出の拠点として鋭意経営した。はじめ東京におかれた満鉄の本社も、〇七年四月の営業開始とともに大連に移転した。以後満鉄は、日本帝国主義の覇権の象徴として、その東アジア支配に中枢的な地位をしめ、日本の軍国主義と資本主義を物質的に強固にささえつづけた。

同社の資本金額は公称二億円で、政府と民間が半額ずつ出資した。その後第一次大戦期の好況や十五年戦争の拡大に応じてたびたび増資をかさね、一九四五年の敗戦直前には公称二四億円にも達し、日本の企業中つねに抜群の資本金額をほこった。設立時の政府出資分は、ロシアからひき渡された鉄道や港湾、炭鉱の施設による現物出資であったが、これによって満鉄は国家資本の性格を付与された。

会社の設立は、元老の協議をへて制定された特別の立法（勅令）にもとづき、設立の手続きと定款の制定は政府の命令によって進められた。その後も政府は会社の監督権と役員の任免権をにぎり、会社の基本的な性格を規定し、事業の実施を主導した。政府のこうした主導権は、藩閥寡頭制下のいわば絶対主義的な天皇制官僚（軍官僚をふくむ）が推進した。当時日本はまだ産業資本主義の形成期であり、ブルジョワジーや政党の政治的実力が不充分だったからである。

また政府は満鉄の発足にあたり、配当や社債元利の支払いを保証するなど、手あつい保護策もこうじた。このため満鉄の株式募集は異常な人気をよび、申し込みが殺到した。その結果、民間株はきわめて多くの零細株主に分散され、満鉄に「国民の会社」というイメージをあたえた。同時に財閥は一般より多めの株をもち、役員を派遣し、資材を納入し、大豆など主要貨物の流通に関与し、事業投資の受け皿になるなど、満鉄と多面的に結合して利益をあげてゆく。

このように満鉄は、国家機構、独占資本、そして広範な一般国民それぞれの利害にふかくむすびついた国家的存在として、確立から崩壊にいたる日本帝国主義の政治的・経済的枠組に構造的に位置づけられ、敗戦前の日本社会で独自の、きわめて大きな役割を演じることになった。と同時に、ロシアの在中権益を中国の頭ごしに取引したこと、資本力のよわい日本にかわってアメリカが何度も共同経営の意欲をしめしたこと、東北北部を東西につらぬくロシア（ソ連）権益の東清（中東）鉄道とはげしい競争を行ったこと、民族主義の高揚とともに中国で外国利権の回収要求がたかまったことなどを反映して、日本帝国主義の意図を体現する満鉄の動向は、つねに国際的な注目をあつめ、紛争の種にもなってきた。

満鉄の社業は、鉄道・港湾事業（社名どおりの南満州鉄道の経営）を筆頭に、炭鉱業、鉄道付属地における土地・家屋の経営、事業投資と産業助成、中国側鉄道への借款供与と建設の請負など多面にわたり、政治経済事情、資源の応用、地質・鉱床、農作物や家畜その他の調査・試験・研究も実施した。つまり満鉄は、日本帝国主義が満州で展開した植民地産業開発のための総合機関であった。

鉄道付属地とは、清国が東清鉄道にあたえた特権のひとつで、鉄道線路にそって一定幅でつづき、鉄道施設や市街建設地では相当の面積に達する、治外法権をみとめられた土地である。清国の主権がいちじるしく制限された付属地は、租借地や租界とともに帝国主義国の中国侵略の拠点になっていた。旅順・大連を中心とする租借地（公式植民地としての関東州）では純官庁の関東都督府が植民地統治を行ったが、関東州外の鉄道付属地の経営は、行政事務もふくめて満鉄が担当した（警察行政だけは関東都督府警察の担当）。そのため満鉄は付属地に、法律に準ずる諸規則を制定・実施し、その住民に事実上の課税をおこない、計画的に都市を建設した。そして水道光熱の供給をはかり、医院や図書館を設置して都市基盤を整備する一方、土地の取得・貸付をおこない、初等教育から高等教育までの各種の学校を経営し、産業を奨励した。それらは満州に日本人の居住空間を積極的かつ総合的につくりだす事業であり、この面での満鉄は、半植民地満州で、公式植民地における統治機関の役割を代位する存在であった。

のちに満鉄は、撫順での石炭化学工業、鞍山の鉄鉱石を原料とする製鉄業、撫順炭砿の油母頁岩からの人造石油製造など、地元資源による重工業にも積極的に投資し、一九二〇年代から三〇年代初頭には「満鉄コンツェルン」といわれる巨大企業体に成長した。一九三〇年代には朝鮮でも民間企業による国策的重工業開発がすすめられており、このような植民地の重工業化は、他国とことなる日本帝国主義のいちじるしい特色と見なされる。日中戦争・アジア太平洋戦争期の日本は、この満鉄コンツェルンの資本と技術の集積を再編成し、満州に総力戦態勢をささえる軍需工業体系を計画的に建設しようとした。

以上のように、満鉄の性格は、まずそれ自身が半植民地（厳密には満州事変以後は非公式植民地ないし占領地）満州で開発型の事業を経営する産業資本であり、同時に社外投資と対中借款という金融機能をそなえ、さらにその地に公共資本を蓄積する国家セクターの役割もはたすというものであった。そのため、ほぼ四〇年間の歴史をつうじて満鉄の機構はきわめて膨大になり、多数の人材と巨額の資金を擁する組織体に成長した。それを可能にしたのは、基本的に植民地的生産・流通関係と植民地労働市場に依存した鉄道・炭鉱業の高率利潤であった。

二　役員の構成

満鉄の役員（正式名称は重役）には総裁、副総裁、理事、監事があった。一九一七年の国沢新兵衛の就任時に総裁は理事長と改称され、副役はなくなったが、翌々年の国沢の退任、野村龍太郎の再任のとき、さらに社長とあらためられ、副社長が配された。以後約十年間社長・副社長制がつづいたのち、山本条太郎・松岡洋右の在任中の一九二九年に総裁・副総裁制にもどり、その後は敗戦まで変わらなかった。

設立から解散までのあいだに総裁（理事長・社長）は一六人、副総裁（副社長）は一五人をかぞえる。ただし、副総裁中五人はのちに総裁になるから、実人数は計二六人である（表序-1）。うち一五人が官僚出身（在官中か退官後間もなく任命されたもの）あり、それ以外に財閥企業出身の早川千吉郎、大平駒槌《おおだいらこまつち》、陸軍出身の中村雄次郎、役員任命まえに満鉄に入社した数人も、官歴をもっている。そうしてみると、官僚にまったく縁がないのは学界ひと筋の林博太郎、自由民権運動の流れをひく政党人伊藤大八、三井物産から政友会に入った山本、三菱財閥の役員江口定條《さだえ》の四人にすぎないといえる。

官僚の出身省庁としては、鉄道業を基幹とする満鉄の性格から鉄道省・逓信省系が半数ちかくをしめる。ついで内務省・植民地官庁が多いのは、初代総裁後藤新平の人脈によると同時に、満鉄自身が植民地統治機関だからである。同時に中国東北は一義的には中国の領土のため、満鉄はつねに日中間の外交問題の中核に位置しており、役員には外務省出身者も必要だった。また、巨額の政府資金の運用体であることから、大蔵省の関与も必然化したが、正副総裁レヴェルでは、後藤の退任後第二代総裁になった中村是公、一九三八年副総裁二人制化にともなって任命された佐々木謙一郎だけである。

官僚出身者の最終学歴は、後藤新平、大村卓一が高等専門学校の出であるのを例外として、ほとんどは東京帝大（前身をふくむ）の法科もしくは工科である。同大法科の出身者は正副総裁二六人のうち一一人であり、文科・工科をくわえた東京帝大全体では一八人をしめる。一八九七年設立の京都帝大も、一九三〇年代になれば初期の卒業生は五〇歳台に達しているが、正副総裁にはひとりもいない。総じて満鉄は、官吏の養成に特化した東京帝大への傾斜が顕著で、設立過程に象徴されるその官僚的性格は、役員人事のうえでは最後まで一貫していた。十五年戦争の末期には、小日山直登、山崎元幹《もとき》、佐藤応次郎のように大学卒業後すぐ満鉄に入った生粋の社員から副総裁、総裁が登用されるようになるが、彼らも東京帝大の出であった。

そうしたなかで、中江兆民の私塾出身の伊藤、小学校を出ただけで三井物産の丁稚になった山本は注目すべき例外といえよう。また、外国で教育をうけたものが三人いるが、そのひとり松岡は、アメリカで働きながら初等・中等教育をうけ、オレゴン州立大学に付設された夜間の二年制法律学校を卒業したもの[1]で、エリート・コースはあゆんでいない。ただ、日本の官界におけるエリートの指標、文官高等試験（高文。前身の試補をふくむ）の合格者は、総裁・副総裁クラスには中村是公、早川、小日山、大平、佐々木の五人しかいない。理事の場合は高文合格者の比率はずっとたかい。

社長・副社長制の採用は、原敬内閣の植民地統治体制改革の一環であり、満鉄の権威的外見を糊塗する意図があった。しかし、温厚な技術者の野村と敏腕の政党人中西という最初の人選は、後述のように早期の退陣を余儀なくされ

(任命順)

その後のおもな公職など
逓相、鉄道院総裁、内相、外相
貴院議員、鉄道院総裁
東京地下鉄道、南部鉄道各社長
関東都督、宮相、枢密顧問官
衆院議員、日本通運社長
在任中死去
台湾総督、法相
衆院議員、貴院議員
31/10死去
外相
東海大教授
外相
満洲国大陸科学院長、抑留中に死去
運輸相、石炭庁長官
47/10帰国、東邦海運取締役、満鉄会会長
総裁
満鉄理事長
法制局長官、貴院議員、商工相、国務相
貴院議員、枢密顧問官
衆院議員、国際聯盟首席全権
貴院議員、日本郵船取締役
拓務相　商工相、鉄相、東商会頭、帝石総裁、運通相、北支那開発総裁、拓大総長、国際技術協力開発社長
総裁
南方開発金庫総裁
総裁
鉄道建設興業社長、同会長、日本輸出入石油社長、同会長
47/11帰国、衆院議員、大東文化大学長、満蒙同胞援護会会長

たと見なした。

表序-1　満鉄正副総裁一覧

氏　名	期　間	最終学歴	前　歴
総裁(社長・理事長)			
後藤　新平	06/11-08/7	須賀川医学校	内務省、台湾総督府民政長官、貴院議員
中村　是公《ぜこう》	08/7-13/12	帝国大学、法、試補	副総裁
野村　龍太郎	13/12-14/7 19/4-21/5	東京大学、理、土木	東京府、鉄道局、鉄道院副総裁
中村　雄次郎	14/7-17/7	フランス留学	予備陸軍中将、製鉄所長官、貴院議員
国沢　新兵衛	17/7-19/4	帝国大学、工、土木	副総裁
早川　千吉郎	21/5-22/10	帝国大学、法、高文	大蔵省、三井合名副理事長、貴院議員
川村　竹治	22/10-24/6	東京帝大、法	内務省、逓信省、貴院議員、内務次官
安広《やすひろ》　伴一郎《ともいちろう》	24/6-27/7	ケンブリッジ大	法務局、内務省、貴院議員、法制局長官、枢密顧問官
山本　条太郎	27/7-29/8	礫川小学校(東京)	三井物産、衆院議員、政友会幹事長
仙石　貢	29/8-31/6	東京大学、理、土木	東京府、東北鉄道、工部省、逓信省、筑豊・九州鉄道社長、衆院議員、鉄相、貴院議員
内田　康哉	31/6-32/7	帝国大学、法	外務省、外相、枢密顧問官、貴院議員
林　博太郎	32/7-35/8	東京帝大、文	東京高商・東京帝大教授
松岡　洋右	35/8-39/4	オレゴン州立大	国際聯盟首席全権
大村　卓一	39/3-43/7	札幌農学校(工科)	副総裁
小日山《こひやま》　直登《なおと》	43/7-45/5	東京帝大、法、高文	理事、昭和製鋼所理事長
山崎　元幹《もとき》	45/5-45/9	東京帝大、法	副総裁
副総裁（副社長）			
中村　是公	06/11-08/12	帝国大学、法	大蔵省、台湾総督府財務局長
国沢　新兵衛	08/12-13/12	帝国大学、工、土木	鉄道局、満鉄理事
伊藤　大八	13/12-14/7	仏蘭西学舎（中江兆民主宰）	衆院議員、政友会幹事
中西　清一	19/4-21/5	東京帝大、法	内務省、鉄道院、逓信次官
松本　烝治	21/5-22/3	東京帝大、法	東京帝大教授兼法制局参事官、理事
大平《おおだいら》　駒槌《こまつち》	24/11-27/7 29/8-31/6	東京帝大、法、高文	農商務省、住友本店副支配人、住友合資理事
松岡　洋右	27/7-29/8	オレゴン州立大	外務省、理事
江口　定條《さだえ》	31/6-32/4	高等商業学校	東京高商教授、三菱合資総理事
八田　嘉明	32/4-35/9	東京帝大、工、土木	山陽鉄道、逓信省、鉄道次官、貴院議員
大村　卓一	35/9-39/3	札幌農学校工科	北海道炭砿鉄道、鉄道院、シベリア鉄道管理委員会、朝鮮総督府鉄道局長、関東軍交通監督部長
佐々木謙一郎	38/6-42/3	東京帝大、法、高文	大蔵省、理事
(副総裁二人制)			
佐藤　応次郎	39/3-44/3	東京帝大、工、土木	満鉄鉄道建設局長、理事
山崎　元幹	42/4-45/5	東京帝大、法	満鉄総務部次長、理事、満洲電業副総裁
平井　喜久松	44/3-45/9	東京帝大、工、土木	鉄道省、同工務局長
平島　敏夫	45/6-45/9	東京帝大、法	満洲電業理事長

1．期間には事務取扱をふくむ（一ヶ月未満は省略)。1945年8月15日の在任者は、9月30日の会社解散の日に退任し

2．第二代総裁中村是公の名は、正式には「よしこと」と読む。

その後のおもな公職など
兵庫・神奈川県知事、復興局長官
立山水力電気、大湊興業
調査部長事務取扱
川崎銀行常務取締役、東京銀行集会所監事
副総裁
東京府知事、内務次官、横浜市長、東拓総裁
京都帝大法科大教授
東拓理事、復興助成㈱社長
駐波大使、北樺太鉱業、日魯漁業各社長
貴院議員、国際電話社長
副社長
朝鮮銀行理事
東京府知事、台湾総督、貴院議員
勧銀理事
副社長
貴院議員、東亜研究所副総裁、技術研究動員本部総裁
北海道炭砿汽船常務取締役
十五銀行取締役、帝国倉庫運輸会長
拓務省次官
満洲土地開発理事長、満洲労務興国会理事
北支那開発副総裁
外務省、満鉄各顧問
満洲農業団体中央会長、大連自動車社長
昭和製鋼所理事長、満鉄総裁
商工相兼鉄相、貴院議員、日商会頭、農相兼鉄相、鉄鋼統制会会長

た。ある程度改革の実があがったのは、満鉄の刷新をのぞんだ原が一九二一年に任命した早川・松本烝治の時期で、従業員間の差別を緩和するなど、「早川社長によって行われたデモクラシーにより満鉄は完全に官僚臭を脱した」という(2)。早川は、帝国大学法科を出て大学院で農政学もおさめ、いったん大蔵省に入るが、日銀監理官のとき退官し、三井で銀行や物産の重役をつとめた人物である。ただ早川は在任一年あまりで死去し、松本もそれ以前に辞任して、刷新は中途半端に終わった。その後の満鉄を見れば、「完全に官僚臭を脱した」とはとうていいえない。

理事は全部で七七人だが、のちに総裁・副総裁に就任した八人をのぞいて、理事だけをつとめたものは六四人である（表序-2）。官僚出身は二二人で、正副総裁よりかなり低率である。理事は社員からの昇格も多く、入社まえの在

表序-2　満鉄理事一覧（任命順）

氏　　名	期　間	最終学歴	前　　歴
清野《せいの》　長太郎《ちようたろう》	06/11-13/12	帝国大学、法、高文	内務省、秋田県知事
久保田　勝美	06/11-13/12		日銀、国庫局長
犬塚　信太郎《のぶたろう》	06/11-14/7	高等商業	三井物産、門司支店長
田中　清次郎	06/11-14/1		三井銀行、香港支店長
野々村金五郎	06/11-14/3	東京英学校	韓国学部顧問、興銀、助役
国沢　新兵衛	06/11-08/12	帝国大学、工、土木	九州鉄道、逓信省、鉄道局
久保田　政周《きよちか》	06/12-11/9	帝国大学、法、高文	内務省、栃木県知事
岡松　参太郎	07/7-14/1	帝国大学、法	京都帝大法科大教授
沼田　政二郎	11/9-14/1	東京帝大、法	台銀、満鉄、電気作業所長、築港事務所長
川上　俊彦《としつね》	13/12-20/10	東京外語露語科	外務省、哈爾浜総領事
佃《つくだ》　一豫《かずまさ》	13/12-20/10	帝国大学、法、高文	内務省、大蔵省、興銀副総裁
藤田　虎力	14/3-17/12	東京帝大、法、高文	文部省、逓信省、鉄道院、監督局長
改野《かいの》　耕三	14/3-19/6		農商務省、衆院議員（政友会）
樺山　資英《すけひで》	14/3-19/6	イェール大	台湾総督府、拓務省、文部省、文相官房秘書課長
龍居　頼三	17/9-20/2		満鉄、東京本社秘書課長
川村　鉚次郎《りゅうじろう》	17/9-20/2		台湾旧慣調査会、京都市助役、満鉄調査課長
久保　要蔵	17/9-23/3	高文	大蔵省、満鉄、交渉局第一課長
松本　烝治	19/5-21/5	東京帝大、法	農商務省、東京帝大法科大教授兼法制局参事官
片山　義勝	19/5-21/12	東京帝大、法、高文	農商務省、戦時保険局長
島　安次郎	19/6-23/6	帝国大学、工、機械	関西鉄道、鉄道院、工作局長
中川　健蔵	19/6-23/6	東京帝大、法、高文	内務省、拓殖局、逓信省、通信局長
杉浦　倹一	20/2-22/3	東京帝大、法、高文	大蔵省、専売局事業部長
松岡　洋右	21/7-26/3	オレゴン州立大	外務省、間島総領事
大蔵　公望	21/12-27/9 29/10-31/7	東京帝大、工、土木	鉄道院、満鉄、運輸部長
赤羽　克巳	21/12-25/12	東京商業	三井物産
森　俊六郎	22/9-27/9	東京帝大、法、高文	大蔵省、台銀副頭取
安藤　又三郎	23/3-27/3	東京帝大、法、高文	逓信省、満鉄、京城管理局
入江　海平	23/6-27/6	東京帝大、法、高文	統監府、朝鮮総督府、拓殖局
梅野　実	23/6-27/6		満鉄、運輸部長、撫順炭砿長
岡　虎太郎	25/12-29/12		満鉄、興業部長
藤根　寿吉	27/4-31/4	京都帝大、理工、土木	満鉄、鉄道部長
神鞭《こうむち》　常孝	27/7-31/7	東京帝大、法、高文	大蔵省、横浜税関長
斎藤　良衛	27/7-30/7	東京帝大、法	外務省、通商局長
田辺　敏行	27/9-29/10		満鉄、地方部長
小日山　直登	27/9-30/5	東京帝大、法、高文	満鉄、国際運輸専務取締役
伍堂　卓雄	30/7-34/7	東京帝大、工、造兵	予備役造船中将、昭和製鋼所社長

官者をふくめた人数は、純官僚をうわまわっている（四二・二％）。満鉄出身理事の出現は一九二一年（沼田政二郎）と意外にはやく、二〇年代なかばには常態化した。任命時期がおそいほど新卒ですぐ入社したものが増え、官庁経由者は減少した。

純官僚出身者二二人の母体は、やはり鉄道・逓信が最多で六人、内務、植民地・拓務、大蔵が各四人になっている。また、特殊銀行出が目だつのも理事の特徴である。日銀と興銀から初代理事が出ているのをはじめ、興銀や台銀、それに横正・台銀歴任者がつづく。財閥企業出身の四人は、三井が三、住友が一となっている。

理事のうち最終学歴が判明するのは五四人で、やはり東京帝大が優勢である。法科だけで三二人に達し、工科と経

その後のおもな公職など
興中公司社長、愛媛県西条市長、国鉄総裁
日本通運社長、運輸相、貴院議員、近鉄社長、参院議員
北支那開発副総裁、興中公司社長
満業総務部長、光和商会監査役
満洲炭砿理事長、山西産業社長、戦犯容疑で抑留中に死去
満洲電業副総裁、満鉄副総裁、総裁
副総裁、南方開発金庫総裁
華北交通総裁
副総裁
在任中死去
中国聯合準備銀行顧問
衆院議員、福井県武生市長
満洲曹達、奉天曹達各社長
阜新炭砿社長、戦犯の冤罪で刑死
北支那開発嘱託兼調査局長
満洲電業総裁、満鉄副総裁
満洲電気化学工業理事長
満洲機械工業統制組合理事長、松竹ロビンズ代表
満洲人造石油会長
農林漁業金融金庫監事
満蒙同胞援護会会長
弁護士
衆院議員、塩元売協同組合理事長、参院議員

国機密経済資料(3)経済政策（下）』本の友社、2000年、239頁。

表序-2 続き

氏　　名	期　間	最終学歴	前　　歴
十河《そごう》 信二	30/7-34/7	東京帝大、法、高文	鉄道院、鉄道省経理局長
大森 吉五郎	30/7-32/7	京都帝大、法、高文	内務省、熊本県知事
村上 義一《よしかず》	30/7-34/7	東京帝大、法、高文	鉄道院、大阪鉄道局長
木村 鋭市	30/8-32/7	東京帝大、法、高文	外務省、駐チェコスロヴァキア大使
山西 恒郎	31/7-35/7	東京帝大、法、高文	満鉄、地方部長
竹中 政一	31/7-35/7	神戸高商	満鉄、経理部長
首藤《すどう》 正寿《まさひさ》	31/7-32/7	東京高商	横浜正金銀行、台銀理事
河本《こうもと》 大作	32/10-36/10	陸士、陸大	予備役陸軍大佐
大淵 三樹	32/10-36/10	東京帝大、法、高文	満鉄、東京支社長
山崎 元幹	32/10-36/10	東京帝大、法	満鉄、総務部次長
郡山 智	34/7-38/7	東京帝大、法、高文	朝鮮総督府、拓務省、拓務局長
佐々木謙一郎	34/7-38/6	東京帝大、法、高文	大蔵省、専売局長官
宇佐美 寛爾《ひろじ》	34/7-38/7	東京帝大、法、高文	鉄道院、満鉄、鉄道部次長
佐藤 応次郎	35/7-40/3	東京帝大、工、土木	満鉄、鉄道建設局長
石本 憲治	35/7-36/10	東京帝大、法	勧銀、満鉄、総務部長
阪谷 希一	36/10-38/2	東京帝大、法	日銀、関東庁、拓務省、満洲国総務庁次長
中西 敏憲	36/10-40/10	東京帝大、法、高文	満鉄、総務部長
武部治右衛門	36/11-40/11	神戸高商	満鉄、興業部販売課長
久保 孚《とおる》	37/6-41/7	東京帝大、工、採鉱	満鉄撫順炭砿、同炭砿長
伊沢 道雄	38/1-42/1	東京帝大、法、高文	鉄道院、満鉄、東京支社長
平島 敏夫	38/1-42/1	東京帝大、法、高文	内務省、明治神宮造営局、満鉄、台湾総督府、衆院議員、満洲国協和会、中央事務局次長、錦州省次長
平山 復二郎	38/8-42/8	東京帝大、工、土木	鉄道院、鉄道省建設局長
猪子《いのこ》 一到《かずゆき》	38/10-42/10 45/3-45/9	京都帝大、理工	満鉄、鉄道総局輸送局長
大垣 研	39/5-43/5	神戸高商	満鉄、撫順炭砿次長、本社経理部長
岡田 卓雄	40/10-44/10	東京帝大、法、高文	満鉄、東京支社次長
御影池《みのいけ》 辰雄*	40/12-44/12	東京帝大、法、高文	内務省、関東庁、満洲国東安省次長
入江 昂《たかし》	41/6-45/6	東京帝大、法、高文	大蔵省、営繕管財局総務部長
足立 長三	42/2-45/3	東京帝大、法、高文	住友銀行
佐藤 鼎	42/8-45/9	東京帝大、工、土木	鉄道院、大阪改良事務所長、吉林鉄道常務
鈴木 長明	42/8-45/9	東京帝大、工、土木	満鉄、鉄道総局建設局長
古山 勝夫	42/8-45/9	東京帝大、法	満鉄、東京支社長
渡辺 猪之助	42/10-45/9	京都帝大、理工、機械	神戸製鋼所、満鉄、鉄道総局工作局長兼鉄道技術研究所長
宮本 慎平	43/5-45/9		満鉄、撫順炭砿、同炭砿長
有賀 庫吉	44/10-45/9	東京帝大、経	満鉄、総務局次長
関口 保*	44/12-45/9	東京帝大、法、高文	内務省、満洲国四平省次長
浜口 幸雄	45/6-45/9	東京帝大、法、高文	大蔵省、専売局長官

1．高文合格者には前身の試補をふくむ。
2．＊印は1939年にできた満洲国推薦枠（任期ごとに一人）の該当者。「古海忠之供述書（1960/3）」解学詩編『満洲

済学部をあわせると四〇人にものぼる。京都帝大の出身者も四人いるが、法科はひとりだけで、あとは理工科ないし工科である。官学ではほかに東京と神戸の高商が各三、東京外語が一（外務省出身）となっている。高文合格者は全理事六四人のうち二九人という多さである。このように理事の構成は、正副総裁とはやや相違があるが、東京帝大出身の官僚が中心という点では同根である。ただ、四割以上が高文合格者であることから、満鉄を対外的に代表するトップ層にくらべ、個々の事業を担当する理事はさらに官僚性がつよいといえよう。

満鉄の役員ポストは、猟官運動や政党の情実人事の対象になりやすく、しばしば政治問題化した。その最初の例は、伊藤大八の副総裁任命問題である。一九一三年一二月、立憲政友会を基礎にした第一次山本権兵衛内閣は、内務大臣で政友会の実力者原敬の主導により、満鉄の第二代正副総裁中村是公・国沢新兵衛を罷免して野村龍太郎・伊藤大八に交代させ、かつ理事も一新するように命じた。中村は初代総裁後藤新平が台湾総督府民政長官だったときの部下で、総督府財務局長在任中に後藤とともに満州に移って副総裁をつとめ、一九〇八年に後藤の逓相就任にともなって総裁に昇格していた。満鉄による日本の満州経営に壮大な抱負をいだいたアイディア・マンの後藤だが、総裁在任は営業開始後一年三ヶ月にすぎず、満鉄の初期の事業はみな中村が総裁の時期に本格化していたから、中村に対する社内の声望はきわめてあつかった。

それに対し、鉄道院副総裁の野村は政治的野心のない技術官僚であり、衆議院議員の伊藤は、政友会幹事をつとめる純党人実力者であった。原は、この人事刷新で満鉄の機構運営を合理化し、満州権益の拡張に積極的に関与させて、外務省の対中政策を補完しようとしたわけである。しかし一般には、総裁の野村をロボットにして、伊藤が政友会の利益のために満鉄を利用する布石とうけとられた。そのため、設立以来の理事のひとり犬塚信太郎は辞表の提出を拒否し、役員の合議制を事業担当制にあらためるなどの種々の改革に抵抗した。任命した山本内閣は、ジーメンス事件であえなく退陣し、原の構想は犬塚の反対で宙に浮いたかたちになった。

後継の第二次大隈内閣は反政友会系で、内紛の責任をとらせて野村、伊藤、犬塚を更迭し、中村雄次郎と国沢新兵衛を第四代正副総裁に任命した。そしてつぎの寺内内閣の一九一七年、政府は朝鮮総督府所属の鉄道の満鉄への経営委託を実施する（一九二五年に解除）一方、中村を関東都督に転出させて満鉄への「統裁」権をあたえ、国沢を満鉄の理事長にすえた。長州閥軍人官僚寺内による、大陸経営における官僚統制の強化であり、朝鮮総督時代からの「鮮満一体化」論の実現であった。これによって、朝鮮南部の釜山から首府京城、北部の新義州をへて安奉線で奉天にいたる幹線鉄道の経営主体が一本化されたが、これは「大連中心主義」の満鉄の基本方針に反するもので、大連をはじめ在満日本経済界のつよい反発をまねいた。

こうした曲折のあと、一九一八年に内閣を組織した原は一連の改革を行い、一九年関東都督府を純民政組織の関東庁に改組する一方、満鉄の首脳人事に関しては前述の野村・中西を起用した。エリート内務官僚から鉄道次官になった中西は原の腹心と目されており、内外ではこれまた、中西が政治的に無色の野村をかつぎ、政友会の利益にそって満鉄をあやつるものと見なされた。一九二〇年、満鉄は撫順炭砿に隣接し、政友会代議士森恪の関係会社が所有する搭連炭砿や、第一次大戦後の不況で経営難におちいった内田汽船の持船などを買収したが、満鉄人事の政党化に不満をいだく一社員が、これらは満鉄の事業に不必要で、買収額も時価よりずっと高いと内部告発した。憲政会は翌年の議会でこれをとりあげて政友会を攻撃し、中西と撫順炭砿庶務課長小日山直登が背任容疑などで起訴された（満鉄事件）。被告人は一審では有罪とされたが、高名な敏腕弁護士をそろえた満鉄側の法廷戦術によって、二三年には無罪判決がくだされた(3)。

一九一〇年代に政治問題化したこれらの政党人事は、当時はもちろん、戦後の研究でも、政党が旨味のある資金源として満鉄を食いものにしたと指摘されることが多い。満鉄の会計規定では、会社全般の共通支出を整理する勘定科目総体費（一九三二年度以降は総務経費）中に人件費、交際費などとならんで機密費の種目がある(4)。また、一九一九年度の満鉄の総合益金は約二四三七万五〇〇〇万円、鉱業益金だけでも一三五九万九〇〇〇円に達し、当時の払込済み資本金一億六〇〇〇万円に対して前者は一五・二%、後者は八・五%の高率である。これらが政党にとって「旨味」だったことは間違いない。

しかしだからといって、満鉄の政党人事をすべて否定的に評価するのは短絡的である。政党の資金の流れはいまもしばしば不透明なものであり、党派人事をめぐる政党間の泥仕合も、時代を問わず起こりがちなことである。これらの弊害をとりあげて政党を批判するだけでは、それ以前の藩閥官僚による寡頭政治を肯定することになり、議会に基礎をおく政党政治の意義が見うしなわれる。政党の進出のもとで満鉄の事業は多角化・近代化し、第一次大戦後の帝国主義の国際秩序のもとで一定の進展を見せたのである。(5) 役員の構成にあらわれた満鉄の官僚的性格も、かつての専制官僚のそれではなく、議会政治・政党政治に適応したかたちに変化しつつあった。

政党や経済界を背景とする役員としては、その後も政友会幹事長の山本条太郎（総裁）、官僚出身ながら鉄道会社の経営にも関与した仙石貢（総裁）、住友合資理事大平駒槌（副総裁）、前述の江口（副総裁）らの例がある。一九〇六年の満鉄設立過程では、資本家はまだ主導権を発揮する実力をもたず、藩閥寡頭制下の専制官僚が政策決定の中心になったが、産業革命の進展と第一次大戦期の好況を背景に発展した産業資本の確立と独占化をうけて、満鉄の性格も一九二〇年代に大きく転換したといえよう。

三　十五年戦争下の満鉄

一九二〇年代に満鉄が直面した問題は、中国の民族主義の台頭下にどう権益を維持し、事業を展開するかであった。国民革命の進展と東北軍閥の自主的近代化政策によって、満鉄を軸とする日本帝国主義の権益実現はいちじるしく不安定になっていた。満鉄の経営収支は、二九年にはじまる世界的恐慌と並行して悪化し、一九三一年度の総合収支決算ではじめて赤字を出した。在満日本人社会や日本本国ではその原因をもっぱら中国側の条約違反に帰し、「満鉄の危機」がさかんに喧伝され、反中主義が急激にたかまった。満鉄の経営悪化は、中国の民族主義政策だけでは説明できず、このような言説はデマゴギーであった。しかし一方では、日本の満州経営が満鉄の高収益に大きく依存してきた従来の構図の行きずまりも示していた。

満州における日本帝国主義のこの矛盾を打開するため、満州駐屯の関東軍は、中国側の満鉄線爆破事件を演出して満州事変を発動し、傀儡国家満州国を造出した。陸軍中央部と日本政府は関東軍のこの侵略行動を追認した。満州事変に際し、満鉄は関東軍の要請で軍事輸送に任じ、人員を派遣し、作戦行動から高等政略にいたるまで広範囲な協力活動を行った。多くの社員が満州国の官吏に転出し、調査課を中心に新設された経済調査会は、関東軍の主導下に満州国の基本政策・産業政策の立案にあたった。東北軍閥が建設し、従来しばしば満鉄と競合していた鉄道網は満州国が「国有化」し、満鉄が経営を受託した。満州国が関東軍の意をうけて新たに建設する鉄道も満鉄が請負った。経済調査会の立案で具体化された新企業への投資も大半は満鉄が引き受けた。関東軍の武力発動に危惧の念をいだいた副総裁江口の辞任(6)はあったものの、満鉄は軍事侵略の果実を一手におさめるかたちで事業範囲を急激に拡大し、一九三三年、公称資本金を四億四〇〇〇万円から八億円に増資した。また翌年には、新規事業の資金を調達するため、子会社の持株の一部開放を決定した。

同年、満鉄は従来の社線約一一〇〇キロのほか、満州国国有鉄道約三〇〇〇キロと朝鮮鉄道のうち北部の約三〇〇キロ（北鮮線）を受託経営することになった。また、三五年に満州国がソ連から中東鉄道約一七〇〇キロを買収すると、その経営も満鉄に委託された。北鮮線は、日本がかねてから中国側に敷設を要求してきた吉林－会寧間鉄道と連絡し、日本海側諸港と満州とを最短距離で結ぶ「日本海ルート」の一環をなす。満鉄は満州事変を好機として、犠牲者を出しながら戦火のなかで吉会線の建設を強行し、朝鮮総督府と終端港羅津の建設契約もむすんだ。このほか満州国との契約で満鉄が建設した新線は、一九三四年度完成分までで一〇〇〇キロ以上、四三年には五〇〇〇キロ以上に達した。その大半は、満州事変で一挙に現実味を増した対ソ戦にそなえた軍事目的の路線であった。

この時期の新企業への投資は、関東軍主導下の強度の経済統制政策によって設立される特殊会社とそれに準ずるものが対象である。一九三五年末までに設立されたこれらの会社は計一六社、払込資本金総額は二億七一〇〇万円であるが、うち六割ちかくが満鉄引受けで、満州国政府の出資分をあわせると約八〇%に達した。満鉄引受分がこれほど高率なのは、満州の治安の悪さと強度の経済統制のため、日本の民間資本が直接投資をためらったからである。また、特殊会社の多くは、国策の要請による技術集約型の工業や公共事業に類するもので、事業としての有利性に欠けていた。かつて独占資本の満州進出を誘導したように、ここでも満鉄は日本帝国主義の対満投資の危険負担を代行したことになる。

新線の建設と在来線の改良、旧中東線の改軌、国策企業の新設などに要する巨額の資金は、おもに三三年の増資で発行限度を拡大した満鉄の社債でまかなわれた。満鉄は設立時から一九三二年までに総額七億九九〇〇万円の社債を発行してきたが、三三—三六年度の四年間の発行額は、合計六億九九〇〇万円にものぼる。しかもそれは右のように、社業より社外の鉄道や企業への投資にむけられた。社外投資の比率は年々増加して三五年に五〇%になり、三六年には五三%に達している。この時期が対満投資ルートとしての満鉄のピークである。

不採算部門の多い社外の固定資本への投資をささえたのは、中国側鉄道との競争がなくなって収益基盤を一挙に強化した満鉄本来の社業収益であった。

しかし、日本が東北政権を軍事力で一掃して傀儡国家を造出し、またそれに対する国際連盟の批判に対して脱退でこたえた以上、日本帝国主義の満州支配に対する制約要因はほとんどなくなり、支配のおもな経路を、会社形態をよそおった満鉄に代表させる必然性も失われた。日本帝国主義を構成する諸主体の自由な満州進出にとっては、植民地経営の総合的国策機関としての満鉄の存在はマイナスと考えられた。

一九三三年、関東軍は満鉄を軍司令官の監督下の持株会社化とし、その傘下に公共事業や産業開発を担当する個別の特殊会社をおくという改組案を作成し、満鉄にその実施をもとめた。しかしこの動きが報道されると、政府内部からつよい反対がおこり、満鉄の収益低下を危惧する市場も敏感に反応して社債の募集が困難になった。そのため軍部は満鉄自体の改組はいったん棚上げにし、翌年、中央に陸軍大臣を総裁とする対満事務局を設置するとともに、関東庁を廃止し、関東軍司令官が関東長官を兼任して満鉄への監督権をにぎる体制をととのえた。

以後日本は華北進出をつよめ、一九三五年、河北省東部に傀儡政権冀東防共自治政府を成立させるが、満鉄も冀東汽車公司（中国語の「汽車」は自動車のこと）を設立して同地の自動車運輸事業にのりだした。また同年、日本の政府・軍部の意をうけ、華北権益を獲得・経営するための子会社興中公司を組織した。興中公司は天津市経営の電力会社を買収し、市政府との合弁で天津電業を発足させ、天津の外港塘沽《タンクー》に荷役会社を設立した。また、各地の電力会社の統合と設備の改良、龍烟鉄鉱や井陘炭砿の経営、長芦塩（白河沿岸の天日塩）の開発・販売など多角的な事業を計画したが、これらの実施は、三七年の日中戦争勃発後になった。さらに満鉄経済調査会は、支那駐屯軍のもとに調査班を組織し、大規模な経済・資源調査を実施した。

こうした満鉄の改革や華北への進出は、日本資本主義の国家独占資本主義化をいわば先どりした動きであり、満州事変を契機に軍部が主導しはじめた総力戦体制構築の構想と密接に関連していた。軍部の構想の一端は一九三六―三七年の満州産業開発五ヶ年計画の策定に具体化するが、日本国内でもこの時期には二・二六事件や馬場財政を転機に、国家独占資本主義への本格的移行がはじまっていた。軍需産業を中心とする満州の総合的開発の要請に対して、満鉄やその子会社が従来の事業実績でひき受けられることはかぎられている一方、強固な支配体制を確立しつつある満州国への投資の不安は緩和され、満鉄の伝統的な総合性は時代おくれになっていた。日中戦争はこれにいっそう拍車をかけた。

このような状況のなか、軍部の要請に応じた新興財閥日産は、国内事業を整理して同年満州に「移駐」し、満州国政府と合弁のかたちで、五ヶ年計画の鉱工業部門を統括する持株会社、満洲重工業開発会社（満業）を設立した。満鉄は多くの傘下企業を満業に譲渡し、また満州国の育成と日本の治外法権撤廃の国策に応じて、地方経営部門や農事試験場、地質調査所なども同時期に手ばなしたため、鉄道・港湾事業の比重がたかまった。しかし経営の重要な基盤のひとつ撫順炭砿は満鉄にのこされ、石炭化学事業、頁岩油・海綿鉄・石炭液化などの企業化や、中央試験所、鉄道技術研究所、調査部その他の基礎的研究調査機関といった非採算部門もそのまま満鉄が担当した。満業への事業譲渡で巨額の固定資本を回収した満鉄にはそれが可能であった。要するに、国家独占資本主義の成立過程で、満鉄の役割はいちじるしく相対化され、日本帝国主義の各構成主体による分業体制のなかに位置づけなおされたのである。

しかし日中戦争の勃発は、とりあえず満鉄に多面的な活動の場をもたらした。支那駐屯軍の要請をうけた満鉄は、華北各地に輸送班を派遣し、北寧鉄道、ついで平綏鉄道の軍事輸送を実施した。一九三八年には天津に北支事務局を設置して多くの社員を派遣し、占領地の中国側交通機関とその付帯事業を経営した。軍事侵略に即応し、軍に協力して占領地の経済活動を運営できる人員・技術を擁している組織は当面満鉄以外になかったからである。子会社の興中公司も、華北の電力事業や製塩事業を推進する一方、軍の管理下に入った鉱山・工場の経営を委託された。そのうち、設立以来同社がもっとも期待していた鉄鉱石の採掘と製鉄は、察哈爾《チャハル》省龍烟鉄鉱の鉱石を対日輸出する一方、石景山錬鉄廠（北京郊外）に新設する高炉で製銑する計画で、原料炭にはおもに河北省の井陘炭を使用することになっていた。(7)

だが、日中戦争の長期化が不可避になった三八年、中国占領地の経済開発のため、華北と華中にそれぞれ総合的な持株会社を設立し、業種別の傘下企業を統括させる案がかたまり、同年末、北支那開発、中支那振興の両社が発足した。北支那開発は公称資本金三億五〇〇〇万円、日本政府と、財閥を中心とする民間資本が折半出資したが、満鉄は出資していない。ただ、満鉄が受託経営している華北の鉄道その他の交通機関の経営体として、翌年華北交通が設立されたときには、その公称資本金三億円のうち一億二〇〇〇万円（四〇％）を満鉄が引き受けることになった。満鉄はこのほか大同炭鉱、山東鉱業などにも出資している。また興中公司は、子会社と軍命令による受託事業を逐次北支那開発に移譲してゆき、一九四二年度で解散した。

日中戦争期には、満州における満鉄本来の社業にも大きな変化がおこっていた。たとえば、社線・社外線をつうじたおもな貨物の構成は、従来上位を占めてきた石炭と大豆（輸出品）の比率が年々低下し、それにかわって産業開発資材や軍需品（輸入品）の輸送量が急上昇してゆく。日中戦争で急増した軍需品は、一九四一年の関特演の動員でさらに倍加し、つづくアジア太平洋戦争期の前半にかけて高水準を維持した。大豆の減少の原因は第一章で見るとおり基本的に需要の縮小にあるが、石炭は戦時経済下に輸送量は増えているのに、開発資材・軍需品をはじめとする貨物の種類の多様化によって、比率を次第にさげているのである。

これにともない、南下する輸出品に考慮して大連にむかう上り線に重軌条を用いてきた満鉄本線の施設や運転体系に変更の必要が生じた。関東軍の国境軍事施設の建設と、満州国の北辺振興計画による交通通信基盤の整備に要する物資は大連から長途北満にむかうが、四三年には大連に陸揚げされた貨物の七割ちかくがそのまま奥地に仕向けられたという。そのため港湾と鉄道の一体的運用が要請され、同年、満鉄は大石橋以南の本線を奉天鉄道局から大連の埠頭局に移管した。こうして満鉄は、植民地特産物鉄道から戦時植民地開発鉄道へと、その基本的性格を一変させた。つまり、この時期の満鉄の最大の荷主は、法制上の監督権者でもある関東軍だったわけで、満鉄は軍のいいなりにならざるをえなかったのである。(8) ただ、軍需品の運賃率はきわめて低額であり、植民地超過利潤にもとづく満鉄の収益性を圧迫しはじめていた。

アジア太平洋戦争の後半期には、中国沿岸にもアメリカの潜水艦が進出し、日中間の海上交通は危機的状況におちいった。そのため軍は、中国占領地から満州や日本への物資輸送を海路から陸路に変更するよう、華北・満州・朝鮮の関係交通機関にもとめた（陸送転換ないし転嫁輸送）。釜山など朝鮮南部の港湾を積出港とし、海路の距離をできるだけ短縮して損失をへらそうとしたのである。

しかしこれは満鉄から見れば、奉山線（奉天－山海関）と安奉線（安東－奉天）を経由して朝鮮総督府鉄道に連絡させることであり、さらに根本的な施設の改良が必要になる。最小限安奉線と朝鮮線の複線化・重軌条化がのぞまれたが、長期の戦争をつづけてきた日本経済全体で資金も資材も不足し、既設社線の単線化で資材を捻出するなどの対応しかできなかった。そのため陸送転換政策は中途半端に終わり、事故も頻出して、輸送機関としての満鉄の体系性はうしなわれた。

一方撫順の化学工業は、日中戦争期に一定の進展を見せた。頁岩油事業は三七年から四一年にかけて年間七万―八万トンの重油、同年から四二年までに年間一万二〇〇〇―一万五〇〇〇キロリットルの揮発油を製造し、ほぼ全量を海軍に納入した。満鉄は海軍との価格交渉により製油事業で赤字を出さずにすみ、製油益金は四一年には港湾益金をうわまわっている。

石炭に水素を添加して人造石油を得る石炭液化法も、海軍と協力しつつ企業化試験が行われていた。液化には技術的にいくつかの方法があり、満鉄以外にも複数の在満企業が研究をすすめていたが、反応環境に高温・高圧を要するため、どこも量産には成功していなかった。満鉄は海軍燃料廠の協力のもとに航空燃料の製造をめざし、一九三九年撫順で一次原油の生産を開始、四二年には軽質油の製造にこぎつけて、翌年事業を満洲人造石油にひきついだが、航空燃料の製造規模はごく小さいままに終わった。しかし満鉄の研究投資により、石炭液化が技術的には成功したわけで、満州の資源を利用した先端技術の開発という満鉄の伝統的な役割は、ここでも小規模ながらはたされたといえる。鉄鉱石を高炉によらずに直接還元して海綿鉄（純鉄）を得、それを電気炉で鋼鉄にする技術についても同様である。これも三九年、撫順炭砿に製鉄試験工場を設置して企業化が開始された。海綿鉄の製造は設備もコストも比較的安価ですみ、製鋼では高炉銑の場合より屑鉄の混入率をさげられるなどの利点があった。この方法による鋼鉄はバネ鋼、炭素工具鋼などの特殊鋼原料に適しているため、満鉄は軍の要望で翌年工場の拡張をはじめ、四一年には製鋼・圧延までの一貫工程を実現した。四二年度の生産量は純鉄、鋼塊、鋼材とも五〇〇〇―七〇〇〇トンであった。かつて満鉄が貧鉱処理技術を開発して軌道にのせ、日中戦争期に満業に譲渡した昭和製鋼所の規模にくらべれば微々たる量であるが、軍需物資として貴重な特殊鋼原料であることを考えれば、この事業にも無視できない意味があった。(9)

四　日本社会における満鉄の位置

日本の敗戦によって、満鉄は一九四五年八月末にソ連占領軍当局に管理・使用権を引渡したのち、連合国軍総司令部の命令によって九月末日に解散した。(10)一九〇六年一一月二六日の設立総会から足かけ四〇年、厳密には三八年一〇ヶ月の命であった。

その間満鉄は、高学歴の事務・技術職をはじめ、各層の日本人を多数雇用し、大学や専門学校の卒業者にとって、国内の官庁、大企業とならぶ魅力的な就職先であった。「広大な満州」という事業地の印象、「新天地の開発」という事業の先端性、実力本位で形式にとらわれないとされた社風は、国民国家の達成と同時に急速に帝国化しはじめた日本のナショナリズムを象徴する言説として、その高額の給与とともに、「大陸雄飛」にあこがれる青年の心をとくに魅了した。

満鉄の日本人社員がふえるにつれ、大連をはじめ満鉄の沿線都市には、その家族や社員以外の中小商工業者による日本人居留民社会が形成されていった。居留民は景気の変動や満鉄社業の盛衰に応じて浮沈をかさね、また中国ナショナリズムの矢おもてに立って、一九二〇年代の末には過度の排外主義の震源地となり、関東軍の武力発動をうながす役割をはたした。(11)

一方満鉄の株式や社債は、政府が配当・償還を保証する確実な銘柄と目され、つねに大衆投資家をふくむ市場で根づよい人気があった。満鉄の株主数は、設立時にすでに一万人程度だったが、満州国設立後の一九三二年度末に三万人をこえ、満州産業開発五ヶ年計画の開始をひかえた一九三六年度末に約六万三〇〇〇人、アジア太平洋戦争中の戦時増産がピークを記録した一九四三年には八万人以上に増加した。(12)

満鉄株の保有がひろく国民に浸透したことは、帝国主義形成の戸口にあった一九〇〇年代の日本社会に、満鉄は国民が生命と血税を賭してあがなった共有財産であるというぬきがたいイメージを植えつけた。満鉄のこうした「国民的性格」はすでに矢内原忠雄が指摘している。戦後の満鉄研究の開拓者安藤実はこれを批判して、「国民の会社」という見かたは宣伝・デマだとした。(13)たしかに零細株主が発言権をもったわけではなく、実際にはやがて財閥系銀行や保険会社、政府系金融機関の朝鮮銀行などが相対的な大株主になっていった。一部の株式は内蔵頭《くらのかみ》(宮内省内蔵寮《くらりょう》の長)の名義とされた。(14)高利潤・高配当を実現した満鉄株は、第一に機関投資家や帝室財産の好個の運用先だったのである。しかしそれはそれとして、四〇年におよぶ歴史とその性格の変遷をつうじ、満鉄は宣伝としての言説性も含めて、さまざまな意味で国民的組織の性格と実質をそなえ、社会にながく影響を与えてきた。

会社が解散したのち、多くの旧社員が、中国の国民党ないし共産党当局の要請で残留した。これらの留用者は、戦災やソ連占領下の撤去・後送で被害をうけた満州の産業施設の復旧・操業、調査研究機関の運営、内戦に従軍しての診療や看護、中国本土各地での復興事業などに従事した。留用者が引き揚げてからも、鉄道・港湾・産業施設はもとより、各種の研究・医療・教育・文化施設など、満鉄の固定資本はかたちをかえて中国の戦後建設に生かされた。その意味で満鉄は戦後の中国社会にも多彩な刻印をきざんだことになる。旧満鉄社員やその団体が、冷戦下にしばしば日中友好・協力を媒介できたのも、中国侵略のおもな主体だった満鉄ならではのこうした「遺産」の結果である。

帰国した社員のうち中堅層は、満鉄の縁故・人脈を手づるに再就職をはかり、事業をおこし、戦後日本の経済復興をささえた。それらのなかから、独自の技術や人材を生かした特色のある会社、賠償案件を手がかりに日本のアジアへの再進出をリードする企業も生まれた。調査部や中央試験所その他の試験研究機関の職員の多くは、大学ないし専門学校で教職につき、戦後日本の高等教育をになった。満洲医科大学の教員や卒業生も医学・医療界で多数活躍した。満鉄の経営した各地の図書館も、国立国会図書館をはじめ戦後の図書館界に有能な人材を供給し、その民主化を推進した。満鉄出身の国会議員も無視できない数に達している。

このように、満鉄は日本帝国主義の政策機構であったと同時に、戦前・戦中・戦後をつうじて社会全体に浸透し、影響力を発揮して、現在まで日本社会を性格づけてきた存在だといえよう。だが、満鉄の歴史像を多面的に明らかにする実証研究は、まだ充分にはたされたとはいえない。同社の創設百二年めのいま、私たちが本書を世に問うゆえんである。

(1)　阿野政晴『移民史から見た松岡洋右の少年時代』(山口県小郡町、私家版、一九九四年)、一〇二―一〇八頁。

(2)　原奎一郎編『原敬日記(五)』(福村出版、一九六五年)、四〇七頁(原は「刷振」と記している)、土倉賢脩「デモクラシーと早川千吉郎社長」(『満鉄会報』八一、一九七二年九月)、一六頁。

(3)　満鉄事件では花井卓蔵、鵜沢聡明、高根義人が中西の、江木衷、平松市蔵が小日山の弁護を担当した。弁護料は満鉄が負担し、重役会議は二四年七月、総額八万円の支出（うち一万円は社長機密費）を決議している。伊藤武雄・荻原極・藤井満洲男編『現代史資料㈢満鉄㈠』（みすず書房、一九六六年）、一六頁。

（4）長広隆三『満鉄の会計（改訂第四版昭和十二年度版）』（社員会叢書二六、満鉄社員会、一九三七年）、二九一―二九二頁。一九三〇年前後の満鉄の機密費は一〇〇万円以上であり、「満鉄は政権党の主要な資金源」と目されていた。民政党総裁の浜口雄幸は「満鉄やその他の関連業界を通して金を集める」のが得意だったが、つぎの若槻礼次郎は金集めが下手で、総理大臣として内田康哉を満鉄総裁に任命したにもかかわらず、それを「彼の個人的な強み」とすることができなかつたという観察もあった。フリーダ・アトリー（石坂昭雄・西川博史・沢井実訳）『日本の粘土の足』（日本経済評論社、一九九八年）、二五八―二五九頁。

（5）この時期の満鉄事業の新展開には、中央試験所の開発した技術の産業資本への譲渡、農事試験場などの産業施設の本格始動、大倉財閥が経営する本渓湖煤鉄公司の石炭販売代行（販売カルテル）、撫順における電力の供給など工業立地の整備などであり、日本の独占資本の満洲進出を誘導する政策的意図が明確である。岡部「日本帝国主義と満鉄」（『日本史研究』一九五、一九七八年一一月）、七一―七二頁。

（6）一九三二年四月の江口の副総裁辞任を最後に、満鉄役員の財界からの起用は原則としてなくなった。

（7）興中公司『龍烟鉄鉱開発ニ関スル順序方法略説』（一九三七年二月）。

（8）岡部「日本帝国主義と満鉄」、七九―八〇頁。

（9）同右稿、八二―八四頁。

（10）一九四五年九月三〇日の総司令部指令七四号にもとづくこの日の「解散」は、正確にいえば「業務の閉鎖」であり、指令にもとづいて閉鎖機関に指定された満鉄の特殊清算が結了し、満鉄が法的に消滅したのは、ずっとのちの一九五七年四月一三日である。

（11）岡部「植民地ファシズムの形成と展開――満州青年連盟と満州協和党」（『歴史学研究』四〇六、一九七四年三月）、同「笠木良明とその思想的影響」（『歴史評論』二九五、一九七四年一一月）。

（12）南満洲鉄道株式会社『南満洲鉄道株式会社十年史』（同社、一九一九年）、九一二頁、南満洲鉄道株式会社『南満洲鉄道株式会社三十年略史』（同社、一九三七年）、六六五頁、満鉄会『南満洲鉄道株式会社第四次十年史』（龍渓書舎、一九八六年）、五五二頁、『南満洲鉄道株式会社株主姓名表（昭和十八年六月一日現在）』復刻（『南満洲鉄道株式会社営業報告書』とも全四巻、龍渓書舎、一九七七年）、五二八頁。

(13) 矢内原忠雄『満洲問題』（岩波書店、一九三四年）、のちに『矢内原忠雄全集（2）植民政策研究Ⅱ』（岩波書店、一九六三年）、五一二—五一三頁、安藤実「満鉄会社の創立と資金」（『研究ノート日中問題』〈満鉄史研究グループ〉二、一九五九年七月）、八—九頁。この論文を拡大して満鉄の設立過程を実証した安藤「満鉄会社の創立について」（『歴史評論』一一七、一一八、一九六〇年五—六月）。その論旨は安藤彦太郎編『満鉄——日本帝国主義と中国』（御茶の水書房、一九六五年）、第一部「日露戦争と満鉄」の安藤実の担当部分にひきつがれているが、「デマ」の表現は消えている。

(14) 小島精一『満鉄コンツェルン読本』（日本コンツェルン全書、春秋社、一九三七年）、三三二頁、「重役及大株主表」。

第1章 「大豆経済」の形成と衰退——大豆をとおして見た満鉄——

岡部牧夫

はじめに

大豆は満州経済の基礎資源であり、満鉄の主要貨物のひとつであった。大豆の輸送は、開業当時から満鉄の利潤のおもな源泉となった。満鉄は大連に大豆を吸収してその地に大豆工業をおこし、直営の大連港から大豆三品（大豆・豆油・豆粕）を移輸出する一方、大豆の運賃を操作し、輸送や取引の制度をととのえ、品種の改良と新品種の普及を図った。また大豆の輸送をめぐって中東鉄道とはげしい競争を演じ、一九三〇年代以降大豆の重要性が低下するなかで、豆粕の新用途の開発やあらたな大豆化学工業の育成にとりくんだ。満州「大豆経済」の形成に満鉄がはたした役割は大きい。

満州の経済と満鉄の事業における、大豆のこのような重要性を反映して、戦前・戦中には満州大豆についてきわめて多くの論述・研究が行われた。それらの文献の中心は、調査部門をはじめとする満鉄の関係箇所の手になるものである。しかし満鉄の消滅とともに、戦後の日本では満州大豆についての歴史的関心もほとんど失われ、その社会科学的研究はまったく存在しないといってよい。そうした状況をふまえて、本章は満鉄と大豆とのかかわりを軸に、日本の満州経営を産業史的視点から描くことを意図した。

一　満州大豆の商品化

(一)　大豆の登場と大連中心主義

満州では漢人の進出とともにながく大豆が栽培され、一八世紀後半には大豆油をしぼった残滓の豆粕が、肥料として江南地方にまで流通したとされる。一九世紀なかば以後、大豆三品、とくに肥料・飼料としての豆粕の商品化が急速にすすみ、移出先は山東省をはじめ、上海・寧波《ニンポー》、福州、廈門《アモイ》・汕頭《スワトウ》などにおよんだ。とくに華南の甘藷栽培には豆粕が不可欠であった。

搾油工場（油房）ははじめ奥地に散在していたが、一八六五年、満州唯一の海港だった営口にはじめて義泰徳、同興宏の移出向け二油房が開設され、奥地の大豆は遼河の水運を利用して営口に集中するようになった。一八六八年には清国政府が満州大豆の輸出を許可した。しかし、一八五八年の開港後も伝統的な沿岸海運港の役割を軸にしていた営口の特性もあって、満州大豆・豆粕の輸移出は、一九〇〇年代まではともに一〇～三〇万トン程度の微々たるものだった。(1)

日清戦争ののち、営口の豆粕は「横浜ノ支那商ニ依リ肥料トシテ日本へ輸入セラレ次テ三井洋行モ指ヲ染メ」て、「牛荘糟《ぎゅうそうかす》」の名で取引されはじめた。当初は肥料としての適性を疑問視する声もあったというが、遅効性で水稲作に適することが知られ、次第に普及した(2)。

日本で肥料価値が認められると豆粕の商品性は一挙に高まり、副産物というより、油房の主商品の地位を獲得した。営口では、一八九六年にイギリス人経営の油房太古元が機械搾油を開始し、日露戦争当時には新式（機械式）工場四、旧式（人・畜力式）工場二二があった。輸出を前提にした開港場油房の分化・確立であり、満州における民族資本形成過程の一画期といえよう。また大豆三品の商品化と油房の発展は、農民から大豆を買いあげ、農民に生活必需品を販売し、さらに金融も行う、糧桟という業態を各地に普及させた。当時「粕ハ日本ヲ唯一ノ需要地トシ油ハ南清ニ於ケル支那人ノ食料向トシテ供給」されていた。そのころ日本でもっとも安価な窒素肥料は、魚肥（油粕）またはイギリスやドイツから輸入されるようになった硫安であるが、豆粕はそれらより安かったため、満鉄の営業開始にあわせて、輸入量は順調に増加した(3)。

とはいえ、満鉄の設立準備がすすめられていた日露戦争の時点では、日本の関係者は満州大豆の将来性をはっきり認識していなかった。大本営や満州の占領当局は、各省の技師を満州利源調査委員に任命し、戦闘の経過に即応して戦地で産業・資源の調査にあたらせた。関東洲民政署はのちにこの調査の報告書を刊行しているが、その農業編は、「大豆ハ満洲到ル処耕作セサルナキ作物ニシテ其産額亦甚タ大ナリ」とし、品種や豆油製造について比較的くわしく記述しているものの、商品化の拡大の可能性についてはなにも言及していない(4)。Y・T・マツサカが指摘するように、講和交渉中の一九〇五年八月に「戦後経営意見書」を草した参謀総長山県有朋も、たとえ東清鉄道南部線全部が獲得できても、遼河の水運と競争して奥地の物資を輸送するのはむずかしいと見ていた。彼は「満洲の地は極めて広大なりと雖とも到る処人烟稀薄にして遽かに商工業上の利益を収め得へきの望みなく」とのべ、「実益を収め得へき」産物は撫順の石炭しかないと主張した(5)。山県は、将来ロシアと再度の戦争がおこることを前提に満州の軍事的重要性を強調しつつも、それ以上の満州経営は経済的に採算がとれないと考えていた。

ところが満鉄への引継ぎに先だって、野戦鉄道提理部が一九〇五年一〇月から余力を利用して一般の貨物輸送を実施したところ、「大豆及豆粕ハ其量ノ饒多ナルニ驚嘆セシメ」るほどで、その旺盛な流通ぶりは現地当局にとってもまったく予想外のことだった。(6) この事実をもとに、満鉄設立準備中の一九〇六年一一月、理事内定者数人と満州を視察した鉄道作業局の技師富永忠一は、満鉄が当面行うべき投資の計画書「南満洲鉄道経営資金概算」を草した。そこでは、列車の運転本数、貨車や船舶の所要数、倉庫設備の規模などがすべて大豆・豆粕の輸送を前提に割り出されている。満鉄の営業開始にあたり、鉄道事業の実行計画はこの計画書を「標準とし参考として」進められたという。その結果満鉄の貨物輸送は、創業初年度から予想外の好成績をおさめた。会社はこれをうけ、大豆や高粱のバラ積みに使用するため、有蓋貨車七〇輛の戸口に堰板《せきいた》を設備した。(7)

以上のように、国内では悲観論が多かった満鉄の採算性にとって、大豆・豆粕という貨物の存在は非常に大きかった。とりわけ、開業早々の炭鉱は修復が先決で石炭の採掘は少量だったから、大豆がなければ満鉄が第一年度から収益をあげることはできなかっただろう。

一九〇八年五月、三井物産は大連からリヴァプールの搾油業者J・ビビー社に満州大豆の見本一〇〇トンを送った。ビビー社はこれをもとに豆油と豆粕を製造し、試験的に販売したところ、前者は石鹸の原料に、後者は家畜の飼料に好適との評価を得た。たまたま同年はインド、エジプト、アメリカで棉実、亜麻仁などの油料子実が不作となり、ヨーロッパの搾油業は原料難に直面することになった。満州では逆に大豆が空前の豊作を示し、おりからの銀安もあって、棉実や亜麻仁より安値をつけた。そのため、イギリスの石鹸業者は原料を大豆にきりかえ、翌一九〇九年、対英輸出は早くも四〇万トンに達した。この間満州でも油房が急増し、同年は一五八城市に計一八二四軒をかぞえた。(8)

その後ドイツ、デンマーク、オランダ、スウェーデンなど大陸各国やアメリカ、カナダでも満州大豆への需要がたかまった。その用途も食用やペイント、マーガリンなどの原料へと拡大した。満州産の豆油は、おなじく一九〇八年に対欧輸出がはじまり、一〇年には大連から一万七〇〇〇トンが積み出された。大連港の欧米向け豆油輸出量は第一次大戦後の一九一九年に一五万トンをこえ、ひとつのピークを記録している。[9] こうして満州の大豆とその製品は世界商品になり、満鉄の経営をささえる重要な貨物に成長していった。満鉄もまた意図的に大豆の商品化を推進した。

一九〇八年、満鉄が「大連中心主義」の政策から海港発着特定運賃制度を実施すると、奥地から営口と大連までの運賃差がなくなり、従来おもに内陸水運を介して営口から輸移出されていた大豆・豆粕は大連に集中するようになった。営口は大豆・豆粕の出回り期の冬に氷結すること、土砂の堆積で大型船が入れないことなど、近代港湾として致命的な欠陥もあって、発展が制約された。それとともに油房業の中心地も営口から大連に移った。大連の油房業は一九〇六年創業の雙和桟を嚆矢とするが、その後中国人、日本人経営の油房が続出、その数は一九一三年に五〇、一九年に六〇に達し、二四年には八〇をこえた。[10] そのため原料や労働力の争奪など、油房間の過当競争の弊害も生み、一九一三年には大連油房聯合会が結成されて、競争の制限や油房の新設・拡張の禁止などの手をうった。

しかし大連中心主義の確立後も、営口は中国本土に対する移出入には重要な地位をしめており、ただちに衰退したわけではなかった。第一次世界大戦期の活況で大連がめざましく発展したことをうけ、海港発着特定運賃の継続は日本の門戸開放の公約に反するとして、満鉄は一九一九年一〇月にこの制度を廃止し、営口の港湾設備の改良を図った。以後大連着の運賃は、営口と大連の船舶運賃の差に見あう程度に高めに設定された。一九一一年に三五あった営口の油房数は、一九一四年から一八年まではわずか一〇軒で推移したのち、一九年には二一に急増している。[11]

(二)　満州大豆と海外市場

満州の大豆や豆粕は、ふるくから中国本土に移出されてきたが、対外輸出の対象になったのは、前述のように日清戦争後、豆粕が日本で肥料として需要されて以後のことである。その後鉄道の建設と日露戦争の混乱をへて、戦争終結の一九〇五年にも一八万二〇〇〇トンの満州豆粕が日本に輸入された。以後〇九年までに、二六万トン、三二万トン、四六万トン、六〇万トンと輸入量は着実に増加した[12]。一九〇〇年代後半には大豆のヨーロッパへの輸出もはじまって軌道に乗り、一九一〇年代からはそれが本格化して、満州の「大豆経済化」が開始された。

当時日本で豆粕の需要が生じたのは、明治政府のもとで地主主導の農村再編がすすみ、自給肥料から金肥への転換など、生産力向上のための農事改良が農政の中心になっていたからであった。満州の豆粕は鰊《にしん》を中心とする従来の油粕より安価で、田畑ともに使え、とくにその遅効性が水田施肥に適するとされて、窒素肥料として急速に普及した。安価な点で豆粕におとらない硫安は、化学工業の未発達な日本ではまだ生産されず、ヨーロッパからの輸入はなお少量にとどまっていた。この時期以後の日本が豆粕という肥料に圧倒的に依存することになったのは、これらの条件がかさなったためである。一九二〇年代前半の日本の年間全金肥消費は二億八五〇〇万円と推定されるなかで、豆粕はほとんど五割ちかい一億三〇〇〇万円をしめたといわれる[13]。

また日本にはもともと食料、食用油・加工食品原料として、大豆そのものにたいする広汎な需要があったから、豆粕とならんで大豆の輸入もさかんになった。一九一〇年代初頭における日本のおもな輸入港は横浜、四日市、神戸で、豆粕は門司、長崎など、大豆は熱田（名古屋）、武豊（現衣浦《きぬうら》）などがそれについだ。豆粕はこれらの港湾を起点に、東京、名古屋、神戸、九州各地の市場をつうじて需要地にはこばれた。市場が東京以西に偏していることがわかるが、概して関東以北の土壌は比較的窒素分に富み、西日本のほうが窒素肥料をもとめたからだとされる。なお伊勢・三河湾に、四日市、熱田、武豊と大豆のおもな仕向港が三つもあるのは、この時期に愛知県で豆油・豆粕製造業が勃興したためである[14]。

日本では輸入大豆はほとんど製油・製粕原料とされた。一九二〇年代はじめの大豆製油業計二六工場の分布は、京浜地方五、清水一（鈴木商店）、名古屋地方一二、阪神地方七、若松一（三菱系日華製油）となっている。製油法では圧搾式一一工場、石油ベンジン抽出式一五工場である。工場の日産能力から計算した原料大豆の使用料は、前者が全体で五六二トン（一工場あたり五一トン）、後者が一一二八トン（同八二トン）であり、抽出式のほうが生産規模が大きいが、ベンジンの入手に困難がともなうなどの難点もかかえていた(15)。

大連港の仕向港別輸出統計によると、一九二〇穀物年度現在の日本の上位大豆輸入港は、清水（五万七〇〇〇米トン、以下同じ）を筆頭に、横浜（三万五〇〇〇トン）、武豊（二万九〇〇〇トン）、神戸（二万六〇〇〇トン）、台湾基隆《キールン》（一万一〇〇〇トン）の順で、以下熱田、台湾高雄《たかお》、四日市、門司、敦賀とつづき、沖縄の那覇もふくめて計一九港があがっている。一方、二五年度の日本の税関統計による大豆輸入量は、横浜、清水（各一一万六〇〇〇メトリック・トン、以下同じ）、神戸（五万八〇〇〇トン）、武豊（三万七〇〇〇トン）ともに、みな著増している。

豆粕では、二〇年度には横浜（三六万六〇〇〇米トン、以下同じ）、神戸（一五万二〇〇〇トン）、武豊（九万四〇〇〇トン）、門司（八万六〇〇〇トン）、高雄（八万五〇〇〇トン）が上位五位を占め、以下十位までに熱田、清水、三角《みすみ》（熊本）、基隆、四日市が名をつらねる。港湾数は計三五と大豆にくらべてはるかに多く、豆粕が肥料として各地に浸透していることがうかがえる。

さらに鉄道省の統計によって、二二年から二六年までに豆粕の主要輸入港の関係駅（多くは複数の普通駅ないし貨物駅からなる）が発送した豆粕の年平均数量をみると、横浜港関係（一三万八〇〇〇メトリック・トン、以下同じ）を筆頭に、清水港（一〇万六〇〇〇トン）、名古屋港（四万四〇〇〇トン）、武豊港（四万三〇〇〇トン）、神戸港（三万二〇〇〇トン）の順であるが、いずれも二〇年度の輸入量を大きく割りこんでいる。この数字は輸入粕と国産粕の合計だから輸入の減少ぶりが目だつが、一方では二〇年代における輸入粕仕向港の分散化をしめすものと思われる。

また、同時期の国内鉄道輸送による豆粕の主要到着駅（年間二〇〇〇トン以上を一回でも記録したもの）は計九五あるが、地域的にみると関東三一、東北二一、甲信越一四、東海（静岡、愛知、岐阜）一三、九州一〇、北陸（富山、石川、福井）六となっている。関西や中国、四国、北海道には主要駅は皆無である。一九一〇年代はじめの「西高東低」とは一変したことがわかる。五年間の到着量の平均を地域ごとに多いほうから算出してみると、関東は佐原（一万二八〇〇トン）が群をぬいたトップで、以下高崎（北高崎をふくめ七九〇〇トン）、伊勢崎（六九〇〇トン）、熊谷（六一〇〇トン）、前橋（六〇〇〇トン）、古河（五八〇〇トン）の順になる。甲信越では甲府（竜王をふくめ一万一三〇〇トン）が佐原に比肩し、東海では浜松（八五〇〇トン）、尾張一宮（六一〇〇トン）、袋井（五八〇〇トン）、中泉（現磐田。五一〇〇トン）が多い。東北は山形（北山形をふくめ六五〇〇トン。同地方の駅は一九二三年の数値を欠いているので、四年間の平均）が随一で、二位の会津若松は五〇〇〇トンをこえるが、つづく黒石、天童、水沢などは三〇〇〇〜四〇〇〇トン台にすぎない。米どころの新潟県の主要駅は長岡（一五〇〇トン）だけで、量もぐっと少ないのが意外である。いずれにしろ豆粕は、一九二〇年代なかばに中部地方以東・以北の本州の平野・盆地部に需要をひろげたが、消費の中心は関東、東海地方だったといえるだろう。(16)

一九一二年度から三三年度までの統計によれば、満州豆粕の輸移出量の七ないし九割は日本向けであった。残りのほとんどは中国本土向けで、その他の地域は無視しうる微量にすぎない。一二年に六五万三〇〇〇トンだった対日輸出量は、一八年に一二二万三〇〇〇トンになり、二〇年代いっぱいは一〇〇から一五〇万トンで推移している。その後一九三〇年代には後述のような要因で衰退の局面をむかえる。

大豆の主要輸移出先は、日本、中国本土のほかにヨーロッパが重要である。第一次大戦の影響で一九一五年から二二年までは対日輸出が一位（二〇一四〇万トン）をしめたが、それ以外の年は欧、日、中の順が常態であった。大豆の場合は中国本土への移出の比率が豆粕よりたかく、その量は対日輸出よりやや少ないものの、ほぼ拮抗していた。一九三〇年代初頭までの対日輸出量のピークは一九二八年の五六万七〇〇〇トンである。(17)

ヨーロッパでも、大豆ははじめほかの油料子実の高騰時の代用品として歓迎され、豆粕は飼料に適することが認識された。ただ、飼料に必要な成分は蛋白質であり、脂肪は極力少ないことがのぞましい（肥料の場合も同様）。しかし、中国油房業の主製品である旧来の丸粕は搾油圧力が低いため残留油分が多く、大連丸粕からなお六、七％もの豆油を回収できたほどである。(18) さらに高温多湿のインド洋を通過するため、豆粕には変質・劣化しやすいという弱点もあった。そこでヨーロッパ諸国では、原料大豆を輸入して機械搾油か抽出法で効率よく豆油を得、残油の少ない板粕や撒粕《ばらかす》を飼料にもちいるようになった。

ヨーロッパの油脂原料貿易商はロンドン、ロッテルダム、ケベンハーフン（コペンハーゲン）、ハンブルク、サンクト・ペテルブルグなどに本拠をおき、大豆だけでなく、棉実、亜麻仁、落花生、椰子核（コプラ）など多様な原料の相場をにらみ、売買を行った。三井物産や大倉組もロンドン支店をつうじて満州大豆の積極的な売りこみをはかった。大豆の陸揚港はリヴァプール、ハル（北海側のヨークシャー州の海港）、ロッテルダム、ケベンハーフン、ハンブルク、ブレーメンなどで、多くは製油・製粕工場も立地していた。

ヨーロッパでの油料子実の取引と中継ぎの中心はロンドンであり、その市場動向は大豆価格を直接左右した。化学工業の発達したイギリスでは、大豆油は石鹸、マーガリン、塗料その他非常に多くの製造業で原料として歓迎され、毎年数万トンから十数万トンの原料大豆を輸入した。しかしエジプト、インドなどの植民地で大豆以外の油料子実を産するイギリスの場合、大豆は安くて便利な代替品ではあったが、不可欠の原料資源というわけではなかった。事実イギリスの大豆輸入量は、一九一〇年に四二万二〇〇〇トンのピークを記録したのち、一一年二二万二〇〇〇トン、一二年一八万九〇〇〇トンと減少をつづけ、一三年には七万六〇〇〇トンにまで縮小、逆に年々輸入をのばしてこの年に一〇万トンをこえたドイツを下まわっている。(19) イギリスの輸入量は一九二三、二四年に一〇万トン以上に回復するが、年による変動が大きいのが一貫した特色である。

表1-1　満州大豆の対独貿易高

①ドイツの満州大豆輸入量
(単位：トン)

年　次	輸入量
1909	0.2
10	34,019
11	60,673
12	90,273
13	106,066
20	22,675
21	47,125
22	86,407
23	88,609
24	137,331
25	336,193
26	370,038
27	576,096
28	847,724

満鉄史会編『満州開発四十年史(上)』(満州開発四十年史刊行会、1964年)、850頁。

②満州のドイツ向大豆輸出量
(単位：1,000トン)

年　次	輸出量
1927	576
28	848
29	1,024
30	889
31	1,015
32	1,187
33	1,171

満史会編『満州開発四十年史(上)』、854頁。

これに対し、大戦で植民地をうしない、多額の賠償義務を負ったドイツは、経済再建に不可欠な工業原料の入手に悩むことが多かった。食料、飼料、代用品を含めた各種工業原料という多面的用途をもち、しかも安価な大豆は、一九世紀後半以来急速に化学工業を発展させたドイツにとってきわめて好都合の、便利で経済的な資源だった。

ドイツでは、製油業界の運動で大豆の関税が引き下げられ、表1-1のとおり一九一〇年から実質的な輸入がはじまった。その年は三万四〇〇〇トンでイギリスの一割以下であるが、翌年から六万トン、九万トンと増え、一三年に戦前のピークに達する。大戦中は輸入はほぼ途絶するものの、一九二一年には四万七〇〇〇トンと戦前の水準に回復し、以後顕著に増加して一九二八年には八四万八〇〇〇トンを記録した。この間の日本の輸入は三〇―五〇万トン台で推移している。

ドイツでの豆油のおもな用途は食用、石鹸およびマーガリン原料であり、約四五%がマーガリン製造にむけられ、下層の労働者・農民の生活をささえた。[20] ヨーロッパ主要七ヶ国の大豆消費量のうち、ドイツのしめるパーセンテイジは、一九二八年に五七、九年に六〇であり、三〇年や三二年には七〇をこえている。油料子実としてなにを好むかは国ごとに顕著な差があり、三〇年代はじめに輸入量がもっとも多かったのはドイツやデンマークが大豆、イギリスが綿実、フランスが落花生、オランダが亜麻仁であった。[21] 大豆消費に対するドイツ油脂工業のこうした地位の向上は、従来イギリスやオランダの油脂工業資本が左右してきた、ロンドン市場中心の大豆価格の形成にも大きな影響力をもたらした。大豆は一九二九年に暴落したが、これは世界恐慌の影響とともにドイツの大衆の購買力が減退し、油脂業界がマーガリンなどの原料をさらに安価な鯨油にきりかえたため、一般に豊作だったほかの油料子実とともに顕著に下落したものとされる(22)。

(三) 流通制度の整備

1 倉庫・取引所・検査

満州の穀物、とくに大豆や豆粕が商品化し、加工され、域外に移輸出されるにつれて、関連業者間の取引も活発化し、売買、決済、金融などの商慣習が制度化されていった。とくに貨幣制度の面で、中国側が銀本位制をとりつつ、地域によって通貨の種類と信用度にちがいがあり、商品を輸送する外資系の満鉄や東清は金本位の自国通貨で営業したから、大豆を中心とする満州の商取引制度はきわめて複雑なものになった。ここでは最重要貨物としての大豆をめぐる流通制度の確立過程を見ておくことにしたい。

まず倉庫の施設である。満鉄は、営業開始の翌一九〇八年一〇月、大連埠頭で到着貨物の倉庫取扱いをはじめ、〇九年一一月から沿線主要駅でも上屋《うわや》や野積場《のづみば》で発送物保管を開始、一〇年一二月大豆の囤積《とんづみ》保管の規則をもうけた(23)。つづいて一一年には倉庫営業規程を制定し、本格的な倉庫業の営業に着手した。この過程で、保管品に預り証を発行し、それによって荷主が融資をうけられるという制度がはじまった(24)。

つぎに取引所の設置を見ると、一九〇八年五月、日中双方の移輸出商が大連に満州重要物産輸出商組合(〇九年社団法人となり、名称は満州重要物産同業組合をへて重要物産組合に改称)を設立、満鉄から埠頭の一角を借りうけて取引市場を開設したのがその端緒である。最初は純民間の自発的なうごきで、満鉄も関与していない。一九一〇年、組合は関東都督府に上記の満州重要物産市場の公認をもとめた。これにたいして都督府は翌年、満州重要物産取引市場規則を制定したが、取引は従来の商慣習にしたがうとするだけで、慣習の整理改革や新制度の創出はまだ意図していなかった。

商品化の急進展によって大豆取引は投機性をつよめ、思惑による青田買いや先物取引が必然化して、過当競争による契約不履行が続出するなどの弊害がひろがった。とくに外国商にとっては、豆価の高騰による売惜しみにあっても、前渡金の回収などを担保する制度的保証が充分でなく、大連市場での取引にはなお少なからぬ危険がともなった。そこで日本政府もようやく腰をあげ、一九一三年二月、関東州・満鉄付属地に設立される重要物産取引所を関東都督の管轄とする勅令を発し、都督府は三月に府令で関東都督府取引所規則、六月におなじく大連重要物産取引所規則を公布した。これにもとづいて、従来の満州重要物産取引市場は公設の大連重要物産取引所に改組された。ただし、取引所で行われる民間取引の履行・清算業務に官が関与するわけにはいかないとして、同年六月、べつに大連取引所信託会社が設立され、同年の穀物の出回りにあわせて、取引所は九月に営業を開始した(25)。

一方満鉄沿線の付属地では、一九一一年に長春の中国側商務会で穀物と貨幣の取引がはじまったが、満鉄は一三年これを付属地商務会通則による商務会と認定し、長春経理係（長春付属地の行政担当部局でのちの地方事務所にあたる）の監督下においた。また開原付属地でも一四年、糧桟が公議会（商務会と同様、中国人商工業者の組織）によって先物取引を行うようになった。日本側の公設取引所も一九一六年には開原、長春に設置され、以後一八年に四平街、公主嶺、鉄嶺、二〇年に営口、遼陽、奉天へとひろがった。満鉄付属地外の哈爾浜には会社形態の哈爾浜取引所が設立された。

これら付属地の各取引所信託会社や哈爾浜取引所の設立にあたって、いずれも満鉄は資本参加しており、出資比率が五％以下と極端に低い開原と哈爾浜をのぞいて、ほぼ半額出資となっている。取引所の営業成績は地域によって大きな相違があった。長春取引所信託が設立直後の一六年度上半期に八分、下半期に一割五分の高配当を実現した（その後は取引高がのびずに低迷）のをはじめ、開原、四平街、公主嶺などは成績がよく、一九二〇年代にかけて年間一―三割もの配当を行った。しかし遼陽、鉄嶺、営口、哈爾浜などは出来高が少なく、二四年までに統合や解散を余儀なくされた[26]。

都督府取引所規則は取引所に検査員をおくと規定していたが、実際の検査は満鉄が担当した。つまり大連重要物産取引所規程で、検査は大連取引所信託会社に行わせるとさだめ、さらに同社業務規程ではこれを満鉄に委任するとしたうえ、満鉄が一九一三年八月に社告「大豆其他検査規則」を制定し、埠頭事務所に検査係をおいて検査実務を開始したのである。また大連油房業組合からは、組合員の製造する豆粕に対し、大連埠頭での混合保管（後述）の実施をのぞむ声が出たので、満鉄は同年一一月に社告で「豆粕混合保管ノ条件」をさだめ、翌月から実施した[27]。この制度の導入によって検査業務の重要性はいちじるしくたかまった。

一九三〇年代になると、恐慌の影響や国際市場の収縮をうけて取引所における特産物取引は低調になり、開原、四平街、公主嶺、奉天の取引所が次々に廃止された。そして満州国の重用特産物専管制を契機に、最後まで残っていた大連、新京、哈爾浜（民営）各取引所も一九三九年に廃止された。

2　混合保管

混合保管（略称混保）とは、顧客の寄託する貨物を個別にあつかわず、品質別に混合保管し、顧客には同格同量の貨物を受けとる権利を保証する制度である。受託貨物全体は顧客の共有財産と見なされる。満鉄はこの権利を担保し、顧客のために受け渡しを行うと考えればよい。大豆の混保の場合は、大豆と包装用麻袋を厳正に検査したうえ、等級を付して一括輸送し、通常は仕向地で預り証券または倉荷証券の持参人に大豆を引き渡す。これによって輸送と倉庫、野積場の運用が大きく効率化し、輸送力の増大と輸送時間の短縮がもたらされた。ヒルファーディングが『金融資本論』で説明している取引所の機能を満鉄が行うわけで、植民地行政権限をもつ鉄道会社ならではの制度といえよう。(28)

従来から寄託主は、満鉄が発行する貨物引換証を横浜正金銀行の最寄り支店で換金できたが、混保の実施で品質の等級づけが厳格になり、この一種の荷為替制度はさらに安定化して、大豆取引の決済はいっそう迅速・円滑になった。満鉄は混保寄託大豆の運賃を割引いたうえ、一車(三二〇袋)ごとに奨励金を交付し、逆に不寄託品からは手数料をとったので、混保制度は急速に普及した。この点について同社は「今や満鉄混合保管品の声価は恰も老舗の商標の如く」、「会社の此の断行に対しては鉄道運輸経営史上に特筆し措くべきものと信ずるなり」と自賛している。(29)こうして満鉄は自社のあつかう大豆の市場価値をたかめ、取引過程を改良し、荷主の利益を誘導し、自社の鉄道経営を効率化していった。

一方豆粕の混保はすでに一九一三年に大連ではじまり、一五年一二月には開原、鉄嶺でも開始されていた。しかし当初はいずれもその駅かぎりでの保管にすぎなかった。大豆の混保の経験から、混保証券の持参者が遠隔地でいつでも出庫を請求できる便利さが知られると、豆粕にも本格的な混保制度の実施をもとめる声がつよまった。ただ、大連産の豆粕は搾油後ただちに出荷されるためまだ熱をもち、奥地から輸送されてくる冷粕とは別にあつかうなどの取引慣習があることから、まず一九二一年一月、大連産以外の豆粕について奥地産混合保管の名で混保扱いを開始した。同年五月には営口産の混保も開始、以来豆粕の混保は産地別に三種類が併存することになった。(30)

豆油の混保は、三品中もっとも早く一九一二年に大連埠頭で試みられたが、規模も小さく、時期尚早で、一九二〇年前後になっても「未ダ之カ取扱ヲ受クルノ域ニ達シ居ラス」、普及しなかった。満鉄は第一次大戦後の一九二三年になって、あらためて本格的な混保を計画し、業界団体によびかけて豆油混保協議会を組織した。だが豆油には、まず満州・中国本土で食用に供される伝統的な圧搾油と、純度はたかいが風味にとぼしい抽出油とがあり、食用に不向きな後者はおもにヨーロッパに輸出するしかないのに対して、前者はどちらにも対応できた。また圧搾油は流通の風袋包装がきわめて多様で、販売業者は取引ごとに販路にふさわしい容器を油房に持参して油をつめるならわしだった。そのため豆油には単一の検査基準をきめることが困難で、(31)規格ごとに大量にタンクに保管するのも実情にあわなかった。取引所でも豆油は競りでなく相対取引だけであり、現物の場合は取引所信託会社も関与しなかった。先物取引についで会社が受け渡し・清算事務をあつかうことになったのも一九二三年からである。

混保制度は、大量の大豆三品を輸送・保管するには合理的な制度だとしても、糧桟の商慣習になじまない面もあり、かならずしも容易に普及したわけではなかった。売り手糧桟の院内に大豆を囤積のままで保管依頼した場合の手数料は、金利や保険料をふくめても混保の保管料より低額で、長期保管中の減量分を保管者側が補填する慣習があり、また囤積取引なら麻袋の調達もいらなかった。毎年端境期にちかづくと奥地の大豆相場は大連より割高になりがちなため、混保にして大連に出さずに地場の商機をうかがう選択がありえたのである。(32)

さらに後述のように、大豆混保の検査基準が搾油原料としての豆の優劣に関連していなかったため、まま損害をこうむる油房業者は、混保制度全体に不信感をいだき、満鉄の官僚的な手法にも反発した。二五年三月には、三井物産をはじめ大手の日本輸出商四社からも、豆油混保の実施を猶予するよう請願がなされた。しかし満鉄は二六年、ヨーロッパへの豆油輸出の増大を見こして大連埠頭に一五〇〇米トン入りタンク一二基を設備し、翌年四月から取扱いをはじめた。(33)しかし満洲豆油の流通形態が混保になじまないことは一九三〇年代になっても変わらなかった。「満鉄の混保豆油に対する検査制度が現在尚実際上の取引にほとんど利用されて居らず、其の品質に対する確然たる査定の方法なき為」あいかわらず競り取引は実現せず、混保の利用者もいたって少ないままだった。そのため満鉄は一二基のタンクのうち四基だけを混保用に残し、ほかは分置保管や重油、クレオソートの保管に転用した。(34)

大豆混保の導入の背景には、まず満洲の気候的条件があった。満洲は道路が不完全で泥濘化しやすく、鉄道にとおい奥地産の大豆は、収穫・調整後ただちにではなく、馬車の通行に便利な冬の結氷期をまって搬出がはじまり、また水運によるもの（河豆）は解氷後の春に多くなるなど、大豆の出回りには季節変動が大きい。そのため、個別保管のためつねに広い場所を用意しておくのは不経済であり、大豆という貨物はもともと混合保管にむいていた。だが一九一〇年代末という時期に混保がようやく実施されたのは、取引所の普及で大量の一定品質の大豆がもとめられるようになったことと、第一次大戦とロシア革命により中東鉄道が弱体化したため、満鉄線を南行する大豆が激増して、個別保管では倉庫や野積場がきわめて窮屈になり、貨車繰りもむずかしくなったためである(35)。

満鉄が先鞭をつけた混合保管は、鉄道経営にとって効率的な制度であるから、後述のように満鉄と競争関係にある中東鉄道をはじめ、中国側の隣接鉄道にも普及していった。したがって、満鉄の大豆・豆粕の検査と、その前提となる年度ごとの沿線産豆による標準品の決定とが、事実上満州全体の共通基準になり、国際商品としての満州大豆の地位を向上させた。

ただ、混保大豆の検査は関係業界にすんなりと受けいれられたわけではない。満鉄の検査は当初視認による形状や色つやを指標にしており、油房にとって重要な含油率や含水率は考慮しなかったので、等級と搾油効率に乖離が生じ、しばしば油房に損害をあたえた。満州大豆の含油率はたかくて一九％程度、ひくいものは一四％ほどだった。油房業者の言い分では、大豆の含油率は劣等品は優等品の六〜七割にとどまるため、購入にあたってはその見きわめが重要で、相場でも上等と下等では三〇—四〇銭の差がつくのに、満鉄の検査は含油率・含水率をかえりみず、上中下の三等級の価格差をわずか五銭ずつとしている。そのため等級と含油率が逆転するなど「方法が頗る杜撰で全く優劣を弁じ得ぬ」という欠点があった。油房は、大豆に通暁し、含油率を見わけられる人材を優遇して利益をはかってきたのである(36)。

その後大豆の検査は、在来品種の主流である黄大豆と改良大豆にわけて等級ごとの含水率を厳密にさだめ、それによって間接的に含油率との関連がつくようにするなどの改善がなされた。このように、満鉄が混保を実施して厳格な検査を励行し、満州大豆の商品価値をたかめたことは、それを輸送する各鉄道をはじめ、外国資本の輸出商、外国銀行、糧桟・移出商などの中国商人、官銀号、東北軍閥、そしておそらく生産農民にたいしても一定の利益をもたらした。

と同時に、混保の普及と輸送施設の改善とをつうじて、満鉄が満州の大豆経済の主導権をにぎったのは、「日本資本主義が満鉄を通じて、満州各地の大豆、豆粕を大連に集中し、満州大豆の商品化において独占的地位を確保し、満州農業にますます大きな支配力を確立した」ことでもあった。「糧桟を通して生産者たる農民は否応なしに一定規格の良質な大豆の生産を強制されることになる」わけだから、混保制度は「大豆の品質の向上と規格統一を農民に強制し、結局国際商品大豆の流通過程に、日本資本の独占的地位を確保する」ものであった。混保制度で大豆の大連集中がつよまると、営口をはじめ大連以外の油房がおおきな打撃をうけ、「大豆経済」における大連の地位、つまり日本の独占的利益は、その点でもいっそう強化された[37]。

要するに大連の豆価を規定し、奥地の豆価を左右する満鉄の独占運賃が、「大豆生産農民の剰余価値ないし必要労働部分を」吸いとり、満鉄は「沿線農民の労働をいわば自己の外業部労働として搾取することができた」のである[38]。

(四)　大豆の品種改良

満鉄は創業以来「満蒙開発ノ要義」として「農牧林業ノ改良増殖」に積極的にとりくんだとされている[39]。農業の試験機関としては一九〇九年に遼東半島の熊岳城（奉天省蓋平県）に開設された苗圃が樹苗の栽培・配布のかたわら作物の試験を手がけてきたが、一九一三年、大豆の主産地に位置する公主嶺（同省懐徳県）に産業試験場（一九一八年に農事試験場と改称）が設置されると、熊岳城苗圃はその分場になった。

大豆の試験は、一九一四年に分場で優良品種選定のための比較試験がはじまり、翌年には本場での改良試験も開始された。改良といっても当初は交配によらず、比較試験による純系分離の方法のみであった。一九一五―一八年に特性調査が行われた第一次純系分離では、長春、開原地方の二在来種から、満州中部地方の栽培に適する中生種を選定する目的で、長春産から三種、開原産から一一種の優良型を選出し、一九一九―二〇年にその収量比較試験が実施された。その結果、開原産の三型が優良種と認定された。

特性調査に一九一六―二〇年の五年をかけた第二次純系分離は、長春から昌図にかけてひろく栽培されている品種の四粒黄をもとに、中部地方に適する早生型を選定するのが目的であった。一九二三年に収量調査を行い、うち二型が優良種と決定され、黄宝珠、如意珠の品種名があたえられた。

第三次分離は開原産（金元種）、公主嶺産、北満産の計一一種から北・中部地方に適する早・中生種を選定することを目的に、第二次分離の終了をうけて一九二三年に開始された。二五年特性調査を終えて二一型を選出、一九二九年に収量調査が完了し、計六型を選定した。この間一九二七年には、吉長鉄道下九台産、中東鉄道南部線窰門《ようもん》産の在来種から、中部地方に適する中生種を得るための第四次分離試験がはじめられている。

一九二七年は、農事試験場が大豆の第一次交配育種試験を開始した画期の年である。第二次純系分離で選抜された黄宝珠は、開花盛期にシンクイムシによる被害をうけやすかった。そこで開花の時期を前後させて被害をへらすことを目的に、黄宝珠より早生または晩生で収量・品質の劣らない品種の創出が要請された。満鉄は、異系交配による積極的育種にはじめてのりだしたのである。同年、黄宝珠と金元ほか一種とを雌雄交互に交配して一代雑種（F１）を得、翌年から二代め（F２）以下の継続試験を実施した。一九三〇年代には交配による優良種として、長春以北の広い地域に適応し、含油率二四％という早生種満倉金、西部の乾地帯に適する耐乾性の小金黄一、二号などが固定された。(40)

一九二〇年代前半に選抜・命名された改良大豆の黄宝珠は、収量では在来種に比して四割内外も多く、含油率でも従来の優等品より二―三ポイントたかい二一―二二%という成績を示した。満鉄は一九二三年度に公主嶺農事試験場など五ヶ所の原種圃で採種を目的とする原原種の生産をはじめ、翌年から長春を中心に開原から哈爾浜にいたる十数県で積極的にその普及をはかった。満鉄の原種種子生産量は初年度には一八・八トンだったが、一九二八年度には二〇年代のピーク六三トンに達した。またこの年から各地の篤農家を改良大豆耕作組合に組織し、採種圃の運営を委託して、満鉄の施設では委託用の原種を生産することになって、以後改良種の作付は飛躍的に拡大した。

満鉄や耕作組合が生産する種子は一九二四年から農家に配布された。宣伝のため当初は無償配布だったが、委託採種開始後は現物交換による有償配布が原則とされた。一九三〇年代前半までの一二年間で五五三七トンが配布され、四平街から寛門にいたる満鉄本線と中東南部線の東西約四〇キロの範囲にひろがった。とくに沿線十数キロ以内はすべて改良大豆に転換したといわれた(41)。

一九三三年には満鉄による国線の経営受託にともなって、中国側の各鉄道に付置されていた農事施設も鉄路総局の管理下に移った。総局はこれらの施設を通じ、同年度から国線沿線でも改良大豆、優良大豆の種子の有償配布を開始した。このほか改良大豆に関連する満鉄の産業助成事業として、改良大豆栽培事業援助(一九二六年度以降)、改良大豆市場出廻助成(一九二七年度以降)などの制度があった(42)。

改良大豆は食品原料(醸造・豆腐製造用)として好評を博し、高値で取引されたため、製油用には敬遠された。ただしはじめは在来品種にまざって流通していたので、満鉄は差別化を図るため一九二六年三井物産に委託して改良大豆を日本で試売し、その結果食用としての声価が定着した。そこで二八年度から改良大豆の検査制度をととのえ、市場出廻助成規則を制定して、検査合格品には一車につき一七―一八円、のちに一〇円の奨励金を支給した。こうして改良大豆は大部分が食品原料用に日本に輸出され、一部が中国本土に移出されるようになった(43)。

大豆の品種改良は、満州国期には接収した旧中国側の克山農事試験場、一九三五年にソ連から譲渡された旧中東鉄道の哈爾浜農事試験場（満鉄が哈爾賓農事育成場として運営）、満州国が設置した農事試験機関などでも実施された。同年六月、満州国は大豆の販路拡張、関係業界の統制、取引の合理化などを推進するため満州特産中央会を設立し、改良大豆市場出廻助成事業は同会が満鉄からひきついだ。ところが改良大豆でも、混保にまぜてその等級をあげる例が多く、改良大豆としての受検数は一九三一年をピークに急減した。そこで一九三六年に助成金が一五円にひき上げられたが、改良大豆の出回り量ははかばかしく増加しなかった。その理由の一端は、混保品に一括すれば相応の利益が得られたことにある(44)。

一九三七年には付属地行政権の移譲にともなって満鉄の農事施設も満州国に移管され、以後改良・普及事業は満州国が満鉄・中東時代の成果を継承して一元的に実施することになった。おもな作付品種は、中・南部で小金黄、金元一号、福寿、満地金などが、北部では満倉金、元宝金、紫花四号などが好まれ、かつての推奨品黄宝珠は下火になっていった。満倉金と紫花四号は戦後もひろく選好されたという(45)。

付属地行政権の移譲の翌年、大豆の検査はすべて滞州国営に移管され、一九四〇年、大豆の完全統制をめざす満州特産専管公社の発足をうけて中央会は解散した。混保品に対する奨励金の廃止で、一時統制外にあった改良大豆が高値をつけることもあったが、専管公社に移行後の統制強化政策のもとでは、改良大豆も早晩統制されざるを得なかった。そのため、市場出廻助成事業も同年で廃止された(46)。

以上のように満鉄は、大豆の品種改良と改良品種の普及に大きな役割をはたした。しかし一般に思われているように、創業当時から満鉄が積極的にこれらの事業を推進したかといえば、そうではなかった。品種改良を見ると、農事試験場の前身の創設は営業開始六年後の一九一三年であり、改良のための試験に着手したのはその二年後である。しかも当初は在来種の優良品の発見とその純系の保存という消極的な改良にとどまっていた。異種交配による積極的育種（日本の国立農事試験場では、一九〇四年に稲について開始）の方法をあわせて実施するのは、創業後二十年めの一九二七年からであり、それによる新品種が登場したのは一九三〇年代なかばである。

満鉄が大豆の検査制度をととのえ、大連の豆粕について混保を開始するのもおなじ一九一三年であり、大豆の運送・流通面の制度化も創業の六年後にはじまっている。その点も考えれば、それ以前の満鉄は、主要営業貨物の大豆に主体的・組織的に関与する姿勢にとぼしかったといえよう。

二　中東鉄道との競争と国際関係

(一)　東清鉄道の貨物政策

大豆の国際商品化をうけて、東清鉄道（辛亥革命以後は中東鉄道と表記）もその吸引に力を入れるようになった。満州北部の大豆は、おもに同鉄道西部線（満洲里－哈爾浜）の安達、南部線（哈爾浜－長春）の双城などに集散し、松花江下流域から哈爾浜に遡上する河豆がこれに合流していた。ロシアはもともと南部線の終端に不凍港ダルィニーの建設をすすめ、運賃設定によって同港に貨物を誘導するつもりだった。しかし日露戦争でダルィニーと南部線の長春以南をうしなったため、東清沿線の貨物は綏芬河・ポクラニーチナヤからウスリー鉄道に連絡し、ウラディワストークから輸出されることになった。ウラディワストーク港におけるウスリー鉄道専用のエゲルシェルィト埠頭には農産物の積込み施設がつくられ、貨物吸収のため積極的な運賃政策が実施された。同港からのおもな輸出先はヨーロッパであるが、すでに満鉄開業以前の一九〇六年から日本向けの大豆・豆粕も積出されていた。(47)

一九〇八年から実施された東清鉄道の運賃政策は、西部線、南部線に出回る穀物のウラディワストークまでの運賃を哈爾浜発とほぼ同額にし、南部線の場合は北行運賃を南行運賃にくらべて極端に安くするという、輸送方向別の不自然なものだった。高橋泰隆は、これは「経済合理性を無視したきわめて政策的な運賃であり、……破綻するのも早かった」と評している。同鉄道の立場としては、南部線の大部分と大連を喪失したため、ウラディワストークからの海外輸出の増加以外に企業の前途がなくなって、「地理的には大連に近き南部線の貨物をも浦塩に差向くる事が現実の必要」となり、「仮令甚だ低き運賃率を以てするも遥かに有利」と考えたのである。[48] 同鉄道はもともと、ロシアの東方進出という政治的・軍事的目的で建設され、経済的にはロシア商品の対中輸出ルートとみなされた程度で、採算性は期待されておらず、国庫から毎年莫大な補助金を受けていた。したがって運賃面でも、かならずしも採算にとらわれない制度が可能であった。

だが詳細にみると、一九〇九年度の東清鉄道の支出総額三〇七六万ルーブルィのうち、守備軍費、民政部費、交渉局費など、鉄道営業以外の費目が一一五八万ルーブルィをしめている。付属地経営にかかわる民政部費は満鉄の地方経営費に相当するが、守備軍費（九八〇万ルーブルィ）や交渉局費は、日本の場合関東都督府なり外務省なりの会計で支弁される費目であるから、東清鉄道が国庫で補填されるのはむしろ当然である。その分をさし引くと、補助金はそれほど巨額ともいえない。第一次世界大戦以前の同鉄道の貨物は、大豆をはじめ農産物を中心に年々増加し、年間の貨物輸送量は一九〇八年の三三三〇万プート（約五四万五〇〇〇トン）から一一年の六七五〇万プート（約一一〇五万七〇〇〇トン）へと倍増し、貨物収支も一九〇九年度には黒字に転じている。[49] 直属の商業部が積極的な集荷活動を展開した結果である。

満鉄は東清鉄道との対抗上、創業以来数回にわたって運賃を引き下げると同時に、線路の改良や複線化で輸送力の増大と輸送時間の短縮をはかり、特産物の検査を厳重にして品質の向上につとめた。産業界の反対で、創立時の政府原案にあった「主要なる鉄道貨物の委託販売業」の兼営を定款から削除された満鉄は、中国人名義の糧桟、協和桟

(長春)を設立し、特産物の買付けにあたらせて南行貨物の増加を策し、東清側と熾烈な競争をくりひろげた。

協和桟は一九一〇年、満鉄が五万円を出資し、日清両国人の合弁をよそおって設立された。役員はすべて中国人であるが、満鉄社員の村田愨磨《かくまろ》が形式的に同社運輸部嘱託の肩書で協和桟の監督となり、経営の実権をにぎった。同桟は満鉄自身の貸付のほか、横浜正金銀行大連支店からも融資をうけて大豆を買いつけたが、満鉄は毎回その債務保証を行った。長春の本店のほか窰門(徳恵)に支店、農安に駐在所をおき、集荷地域は楡樹、陶頼昭、双城堡、哈爾浜、九台などにひろがっていった(50)。

北満貨物の誘致をめぐる満鉄と東清との競争は激烈をきわめた。だが満鉄はかんたんには北満市場の特産物を吸引できず、同鉄道発の穀類のうち南行したものは第一次世界大戦以前は一割未満にとどまっていた。大戦勃発の一九一四年にようやく一二・七%に達したにすぎない(51)。

第一次大戦下の中東鉄道は、ウラディワストークに輸入される大量の軍需品の輸送に忙殺され、営業貨物の輸送力をいちじるしく低下させた。その結果、北満の特産穀物は馬車で遠路長春に輸送され、その数は多いときには日に三〇〇〇台におよんだ。その後も同鉄道は、革命の内乱と連合国の干渉出兵による輸送の混乱・途絶、ルーブルィの惨落に起因する実質収入の激減、それに対処する累次の値上げによる貨物の馬車輸送への逃避、輸出商の苦境と戦後の恐慌などにあいついで直面することになった。その結果沿線特産物の南行比率は一九一七年に三割をこえ、一八年に七割、二〇年には八八%におよんだ。また、当時のウラディワストーク港は、埠頭の係船能力では大連港に遜色はなかったが、貨物の積込料がたかいうえに施設の故障が多く、その点でも顧客をのがしていた(52)。一九一〇年代後半には、中東鉄道は満鉄の競争相手の座から完全に転落したといってよい。一九〇八年の東清鉄道の運賃制度が経済合理性に反していたのは事実だが、第一次大戦期にウラディワストーク中心主義の大豆輸送が破綻するのは、ほかにもこうした深刻な要因がかさなった結果である。

逆に満鉄はこの好機をいかし、満州北部の大豆を馬車輸送で満鉄線に吸収することにつとめる一方、混合保管制度を大豆にも適用、一九一九年一二月にその取扱いを開始して大豆の輸送に画期をひらいた。

また一方で満鉄と東清は、南北満州を各勢力範囲とする鉄道独占体としての共通性をもち、はげしく競争するかたわら一定の協調も模索した。旅客と手荷物の連絡運輸は、満鉄創業の一九〇七年に協定が成立したが、双方の利害に密接にかかわる貨物については当初なにもとり決めがなかった。そこで初代総裁後藤新平は〇八年四月に訪露、東清鉄道副総裁ウェンツェルィと貨物の直通連絡運輸の実施について口約をかわし、無用の競争をさけるために運賃を協定すること、双方は全権委員を任命して至急協議を開始することをとり決めた。同年一一月に第一回協議が開始されると、満鉄は両鉄道の貨物勢力範囲の分界を哈爾浜とする（東清南部線の貨物は満鉄線に南下させる）ことを主張した。哈爾浜は「地勢上松花江下流埠頭三姓、佳木斯、富錦及呼蘭ヨリ集散スルヲ以テ……哈爾浜市場ヲ満鉄圏内ニ置クコトヲ得ルナラハ北満貨物ノ半ヲ制シ得ル」からである。(53)

東清側は当然反対して長春分界をとなえ、協議は翌年三月に決裂した。一九一〇年の第二回協議では、東清発の木材、麦粉、バター、砂糖、酒精類、穀物類、満鉄発の石炭、果実、魚類、麻袋、石油、セメントについて特定賃率の協定が成立したが、問題の大豆についてはなお合意にいたらなかった。協議は一一年の第三回、一二年の第四回をへてようやくまとまり、一二年五月、貨物の南満東清連絡運輸が開始された。(54)こうして協議が難航するあいだに、東清鉄道によるウラディワストーク中心主義が確立したのである。

(二) ロシア革命後の中東鉄道

ロシア革命期の連合国のシベリア出兵（一九一八年）の結果、シベリア鉄道と中東鉄道は一九一九年一月からその共同管理下におかれた。シベリア（正確にはロシア極東地方）に連合国中最大の兵力をおくり、満州北部にも派兵して中東鉄道を事実上占拠した日本は、アメリカと協議のうえ同年二月に両鉄道の連合監理協約をさだめ、実際の運営にあたった。当初は輸送機能がいちじるしく低下しており、連合軍の軍事輸送もままならなかったが、一九二〇年までに白軍が衰滅して内戦の帰趨がさだまるにつれ、鉄道の混乱も一段落した。だがこの時期には、全極東は、対日緩衝政権として四月に成立した極東共和国に属し、ロシア帝国を承継した新政権（ロシア・ソウェート連邦社会主義共和国）は、それを直接掌握していなかった。

中国、とくに張作霖の東北政権はこれを権益回収の好機ととらえ、アメリカ軍が撤退した一九二〇年には、日本の了解のもとに中東鉄道付属地の行政権を接収して、東省特別区および同鉄路護路軍の管下においた。同年一〇月、北京政府交通部は、中東鉄道の親会社の露亜銀行と暫定的な中東鉄路続訂契約をむすんで、中国のロシア新政権承認まではかりにこの両者の合弁とし、中露同数の理事が任命された。中東鉄道庁長官ボリス・B・アストロウーモフ以下、現業の幹部は帝制時代とほとんど変わらずロシア人でしめられ、アストロウーモフをはじめみな白系であった。一方、従業員の多くは労働組合に組織されていた。

東省特別区行政長官兼護路軍総司令には、東北政権によって朱慶瀾が任命されたが、職員や警察官は旧来どおりロシア人でしめられていた。東北政権は、ソウェート政権や共産党の影響力がおよぶのをふせぐため、中東鉄道の現体制を支持するかたわら、雇用など中国人の権利を拡大するにはアストロウーモフ排斥運動をすすめるなど、複雑な対応をしめした。ロシア人幹部の側も、将来への思惑がらみで内紛がたえない状態だった[55]。

中東鉄道のこうした弱体化は、日本の当局者にとっては満州権益拡大の好機とうつった。内閣総理大臣の原敬は、「ロシア革命によって日露の南北満州における勢力圏が崩壊したことと将来のシベリアからの撤兵を想定して、北満へ日本の権益を拡張しようとし[56]」、原内閣は一九二一年五月一三日、「満蒙ニ対スル政策」を閣議決定した。それは前年の新四国借款団の成立の際、米英仏が満蒙に関する日本の特殊権益を事実上みとめたとの認識にたち、民族主義の大勢からは侵略と非難されがちなので細心の用意と熟慮が必要だが、日本の国防・経済にとって必要な地位や利権は今後もさらに獲得に努力する必要がある、としていた。

五月一七日に閣議決定された「張作霖ニ対スル態度ニ関スル件」は、張が東三省の内政や軍備を整理充実させて地域に勢力を確立するのは援助するが、中央政界に野心をいだくことには反対するとの方針にたって、シベリア撤退後の満蒙政策の実施には張の好意的対応が不可欠なことを強調している。とくに中東鉄道の問題、なかでも南部線の哈爾浜―長春間を準軌に改築する件については、㈠張の実権下にある南北満州の交通連絡を円滑自由にする、㈡ことに京奉鉄道との直通連絡統一を実現する、㈢南北満州の兵力集散に便利である、などの利点を説明し、張を経由して中東鉄道に借款をあたえ、彼の力で中東を動かして改築の促進をはかることになっていた(57)。

これにもとづいて翌一八日の閣議が決定した「東支鉄道財政援助ニ関スル件」では、中東にたいし満鉄経由で三〇〇〇万円の借款を供与し、ひきかえに哈爾浜―長春間を改築するとされた。これらの決定は、当時並行して開催されていた一連の「東方会議」で審議されている(58)。

おりからの満鉄事件で社長野村龍太郎、副社長中西清一をそろって罷免した原は、五月末に三井銀行重役の早川千吉郎を社長に任命し、「東支鉄道との関係に於てハルビンまで車輌乗入を必要とする」こと、満州視察後に社内改革を行うことなどを訓示した。早川は政友会の山本条太郎の協力をえて松岡洋右を理事に起用し、北満にむけた満鉄の培養線の敷設権獲得交渉にあたらせた(59)。

一方その間には中東鉄道の混乱も一段落し、ルーブル価値の下落と運賃値上げの悪循環もおさまって、一九二一年には同鉄道の再建が開始された。大戦の開戦までに累計一億七八五八万ルーブルにのぼった国庫補助が以後皆無になり(60)、いきおい企業性をたかめざるをえなくなった中東鉄道は、沿線の産業開発を誘導し、輸出貨物を増加させるような運賃体系を採用したうえ、以前のような極端なかたちではなく東行運賃のひき下げと南行運賃のひき上げを行った。極力東行貨物の吸引をはかりながらも、満鉄との過度の競争はさけるという現実的な判断である。満鉄もこれにたいして対抗値下げを実施するなど、双方の競争は再燃しはじめた。それをうけて両者の協議が再開され、一九二一年五月と翌年六月にそれぞれ新協定が成立した[61]。そのなかで中東側は、満鉄の長年の要求であった哈爾浜分界をうけいれ、南部線出回り貨物の南行を原則的に承認した。そして具体的には、㈠南部線の大豆三品ほか五品目につき、ウラディワストークと南満三港（大連、営口、安東）への運賃を均一にする、㈡従来の東行運賃をひき上げる、㈢松花江河豆のウラディワストーク、南満三港への水陸連絡特定運賃を設定し、かつ神戸までの運賃・諸掛りをウラディワストーク経由、大連経由とも同額にする、㈣中東は三港あての南行運賃をひき下げるかわりに、満鉄はこれに対して中東に払いもどしを行う、との協定が成立した。協定がこれほど満鉄に有利なものになったのは、中東鉄道の機能不全を機に満鉄が北満に扶植した集荷力には強固なものがあり、連絡するウスリー鉄道、ウラディワストーク港とも政治的・施設的にまだ不安定さをかかえていたため、この時点での中東側はなお守勢に立たされていたからである。だがこれをのんだアストロウーモフは非難のまとになった。

営利性を重視し、満鉄の官僚色をうすめたとされる早川[62]は、しかしまとまった改革の成果があがらないうちに一九二二年一〇月病死し、内務官僚出身の政友会系貴族院議員川村竹治が後任の社長になった。同月、連合国のうち最後までのこっていた日本軍がウラディワストークから撤退した。極東共和国は翌月ロシア・ソウェート連邦共和国に併合され、モスクワの権力が直接太平洋におよぶことになった。一二月にはソウェート社会主義共和国連邦（ソ連）が成立した。

ソウェート政権は日中両国との国交樹立を模索し、一九二二年にアトルィフ・A・ヨッフェ、一九二三年にレフ・M・カラハーンを全権として派遣し、予備交渉にあたらせた。東北政権はヨッフェの帰国とカラハーンの着任のあいだに既成事実をつくるため、中東鉄道土地部の業務を接収した。同鉄道への実権をおさめたい北京政府は、国際関係への配慮もあって、東北政権の一方的な権益回収には反対であり、もとよりソ連は中ソ間の協議をへない現状変更にはつよく反発した。三者の利害は複雑にからみあっていたが、駐華ソ連全権カラハーンのたくみな外交手腕と、直隷軍閥との対立・抗争にそなえる張作霖政権の思惑で協義の気運がたかまり、一九二四年五月に北京政府とソ連とのあいだに中東鉄道暫行管理協定（北京協約）が成立し、中ソの国交が樹立された。同年九月には東北政権とソ連が北京協約と同趣旨の奉ソ協定をむすんだ。これらによって、ソ連は中東鉄道についての法的権利を中国にみとめさせ、その経営にかんして基本的に帝政時代と同様の実権を回復した(63)。

三　競争と協調

交渉と対立と牽制が交錯しつつも、中ソ間の国交が正常化にむかいはじめた一九二三―二四年の段階では、借款供与など中東鉄道にたいする日本の直接的な発言権拡大の可能性はなくなりつつあった。二一年の協定で一応有利な協調体制の構築に成功した満鉄は、中東との競争の再燃を見こし、一九二二年、中国人特産商に七〇万円を提供し、長春の協和桟に相当するダミー糧桟として、哈爾浜に成発東を設立させた。

さらに翌年三月、満鉄は同社の手足となって北満貨物の南下をはかり、また貨物の倉庫証券を担保にした金融を制度化する目的で、奉天に東亜運送（資本金五〇〇万円）を設立した。だが、満鉄単独での新会社の設立ではあまりに露骨な拡張策だとして、同年六月に日本の大手通運会社、日本運送を中心に、東亜運送、浦塩運輸、長春運輸、哈爾浜倉庫など外地の既存会社を合併させ、国際運送（資本金一〇〇〇万円）に改組した。このうち長春運輸は、満鉄を筆頭株主として一九一七年に設立された資本金五〇万円の日中合弁会社で、集荷のほか、長春と吉長線頭道溝駅で貨物の取扱いや倉庫運営にあたっていた。満鉄は国際運送に四人の重役を派遣し、満州内の支店には社員を出向させて同社を意のままに動かした。以後満鉄は、国際運送や成発東を活用して奥地貨物の集荷につとめ、また荷主に対して補助金の支給や運賃の割戻しを行った。

一九二六年には国際運送の日本国内支店は、もうひとつの大手である内国通運と合併し（のちの日本通運）、外地各店は独立して国際運輸（資本金一〇〇〇万円、満鉄全額出資、本社は大連）になる。同社は長距離馬車輸送、混合保管業務を中心とする倉庫、それらにともなう金融、港湾での船車連絡、傭船による海運などをいとなみつつ、中国本土、朝鮮、台湾などにも営業地をひろげ、つねに中東鉄道や中国側の警戒をまねきながら満鉄の北満進出の尖兵になっていった(64)。

だが、エゲルシェルィト埠頭の改良、とくに倉庫の設備がすすんだことにより、哈爾浜のロシア側特産商にいわせると、満鉄による南行には長春での積換えを余儀なくされるうえ、大連では倉庫不足で野積みをしいられるため、少なからぬ欠斤を生ずる欠点がある。大手のカバールキン商会では、この欠斤の損失を一プート（約一六・四キロ）につき四厘と見ていたという(65)。

一方、満鉄は二四年三一四月、理事大蔵公望を中東鉄道管理庁のある哈爾浜に派遣してアストロウーモフに肩入れする姿勢をしめし、曲折のすえ満鉄、中東、ウスリーの三鉄道のあいだで、北満貨物の南行・東行数量の配分率の協議を開始することに成功した。これは、ウスリー鉄道が中東鉄道の管理をはなれて当事者になったこと、北満貨物の輸送機関としては距離もみじかく、満鉄・中東間の過度の競争で犠牲になりがちなことをうけ、ウスリー側の要望をうけて満鉄が提案したものだった(66)。

満鉄は鉄道部貨物課長宇佐美寛爾を駐哈させ、数量協定の成立と、その実施機関に国際運送をあてることをめざして折衝した。宇佐美の構想は、三鉄道に国際運送をくわえた四者で北満特産物カルテルを形成することだったようである(67)。折衝の過程で、アストロウーモフや中東鉄道の経済調査局長ミハイロフらには、将来の生活費の支給など利益供与の可能性までほのめかしている。しかしウスリー鉄道商業部哈爾浜出張所長Γ・H・ディーキーのつよい反対で協定は流産した。当時ウスリー鉄道は、国際運送の集荷に対抗するため、輸出商に船舶を提供しようと、朝鮮銀行をバックにする栗林汽船などと接触中で、早急に満鉄と協調する意志はなかったのである。第一次大戦中にロシア極東や北満に連出した朝鮮銀行のウスリー側への接近は、満鉄と朝銀の軋轢をまねいた。[68] このように満鉄の思惑はかなわずに一九二四年九月、奉ソ協定が成立した。中東鉄道のロシア人幹部は、理事ひとりをのこしてソ連の官僚・技術者に交代し、管理庁長官にA・H・イワーノフ、経済部長にはディーキーが就任した。アストロウーモフ、ミハイロフ、土地部長ゴンダッチは東北政権に逮捕された。

中東側の新幹部と連絡運輸について協義するため、大蔵は一〇月に再度訪哈し、運賃協定、貨物配分の問題でも奔走しつつ、ウスリー鉄道副長官B・K・ウェイゼルと折衝した。満鉄は配分協定の対象貨物（輸出品では大豆三品と小麦、麦粉の五品）の東行対南行を一対二とするよう主張、ウスリー側はまず運賃のひき上げをもとめた。満鉄は値上げ容認の条件にウスリーによる国際運送の承認を持ち出し、協議は難航して結論が出なかった。ウスリー鉄道との連絡を密にして国際運送の活動に対抗する態勢をとりつつあるイワーノフも、当面は協調方針に乗らず、満鉄との競争は激化していった。策の尽きた大蔵は、会社に対し、張作霖に日本の経済的・軍事的援助を確約し、東北政権を対ソ連利権の実力回収に誘導するよう進言した。[69]

一方社長の川村は、北京協約交渉さなかの二四年五月に天津・北京を訪問した。表むきはとくに懸案のない修交訪問とされたが、八人の随員をともない、大総統曹錕、国務総理孫宝琦、外交総長顧維鈞、交通総長呉毓麟ら北京政府の高官を歴訪した川村の行動は、大蔵の活動とあいまって、中東鉄道にたいする日本の野心をしめすものと警戒された。川村は、満鉄は南部線を「購買し又は取得する野心は決して有しない。現在通り東支鉄道の所有及管理の下に置いた儘、唯其の軌幅だけを標準軌幅に改め度いと言ふ丈である」と語った。[70]

イワーノフは、経済性を重視する副理事長B・Л・バズデーエフとの対立もあって、「政治の為に経済を犠牲に供せんとする極左派」と目される一方、人事にかんする労働組合の左派的要求に対しては、鉄道経営の面からディーキーらと「結束して之に対抗する……非共産主義即ち国家主義」者でもあり、旧政権時代からの従業員を一律に排除したりはしなかった(71)。沿線貨物の集荷を直営化して国際運送との競争を本格化させ、ウラディワストーク港の一部自由港化(72)を実現するなど積極政策をとるかたわら、無制限な競争を長期につづけられないことも承知していた。翌二五年になると、日ソ国交回復をうけて、満鉄と中東・ウスリーのあいだに協調の気運がたかまり、同年八一九月の会議で数量配分について合意が成立した。

その内容は、中東鉄道各駅発ポクラニーチナヤ、長春両駅着または通過の北満産大豆三品、小麦三品（小麦、麦粉、麩《ふすま》）を、南行五五％、東行四五％に配分し、それを超過した場合は相手に払戻金を支払う、というものである。ただ、満鉄のつよい勧誘にもかかわらず中東鉄道は参加しなかった。この協定は一九二九年に各方向五〇％ずつに改訂され、満州事変で形骸化しながらも基本的には一九三三年まで効力を保持した(73)。

一方で競争もあいかわらずつづけられた。一九二四年から国際運送が実質的に経営していた成発東は業績があがらず、翌年、もと鈴木商店哈爾浜支店主任の宗像金吾を主任とし、国際運送、正隆銀行（満州最初の日本資本の普通銀行、一九〇六年設立、安田系）、朝鮮銀行の融資をうけて再建をはかった。さらに満鉄は成発東の集荷する特産物に奨励金を給付した。

官民あげての財政支援をうけた成発東は、一九二六年には一躍強気の買付けを行い、哈爾浜の豆価をつりあげた。そのため一般特産商は大豆に手が出ず、豆粕を買って日本に輸出するほかなくなった。豆価高で休業する油房も続出した。打撃は在哈日本特産商にもおよび、計一四社のうち多少とも大豆を入手できたのは三井物産など三社だけだった。長春の領事栗原正は外相に事態を報告したが、背後に満鉄があるため、外務省も手をうたなかった。国際運輸成立後、成発東は実質的に同社の集荷組織として、もっとも困難な部分を担当した(74)。

表1－2　中東鉄道の輸出入貨物輸送量の経由別割合

（単位：1,000トン、％）

	輸出				輸入			
	ウスリー鉄道へ		満鉄へ		ウスリー鉄道から		満鉄から	
	実数	割合	実数	割合	実数	割合	実数	割合
1912年度	456	84.9	50	9.3	59	53.6	23	20.9
1913	489	85.9	61	10.7	72	43.9	59	36.0
1914	418	82.9	73	14.5	64	33.0	116	59.8
1915	611	78.7	152	19.6	55	19.6	204	72.9
1916	436	69.4	168	26.8	73	25.9	191	67.7
1917	562	58.8	290	30.4	62	24.3	181	71.0
1918	189	29.0	453	69.5	36	19.8	145	79.7
1919	210	34.5	352	57.8	44	21.5	152	74.1
1920	114	11.7	853	87.2	13	6.0	201	93.5
1921	453	34.4	866	65.7	13	4.3	288	95.7
1922	609	44.1	771	55.9	24	6.9	322	92.5
1923	716	43.4	932	56.6	44	10.8	363	89.2
1924	761	40.4	1,121	59.5	66	15.5	361	84.5
1925	809	36.1	1,433	63.9	49	11.4	383	88.9
1926	1,208	47.8	1,320	52.2	78	15.2	437	85.0
1927	1,487	53.7	1,280	46.3	82	15.2	457	84.8
1928	1,504	56.0	1,183	44.0	94	15.2	523	84.8
1929	816	29.3	1,971	70.7	46	9.0	466	91.0
1930	1,305	64.4	721	35.6	59	14.8	344	86.0
1931	1,392	59.0	968	41.0	44	22.3	153	77.7
1932	420	25.4	1,230	74.5	23	11.9	170	88.1
1933	223	26.2	628	73.8	19	10.3	167	90.3
1934	159	25.4	468	74.6	10	9.5	95	90.5

1．出典では「単位1,000瓩」とあるが1,000瓲の誤りと思われる。
2．1920年度までは、ザバイカル鉄道経由の貨物があったが、少量なので省略した。そのため、1920年度までの各割合の合計は100％にならない。
3．伊澤道雄『開拓鉄道論（下）』（春秋社、1938年）、171頁の表から作成。

さて表1-2は、一九二一―三四年の中東鉄道の輸出入貨物について、ウスリー鉄道経由と満鉄経由の輸送量を対比したものである。第一次大戦期までは前者が圧倒的に多かったが、戦争と革命を契機に逆転して後者が優勢になり、中東・ウスリー側の環境改善によって一九二八年から再度ウスリー経由が優位をしめすことがわかる。[75] 二七年は蒋介石の反共クーデタで第一次国共合作が崩壊し、東北政権も反ソ姿勢をつよめて中東鉄道への政治的圧迫がいっそう強化された年である。とはいえ、表1-2のしめすような大量の貨物が満鉄に流れた一九二九年の奉ソ紛争時をのぞいて、こうした逆境は直接には中東の輸送実績に反映していないようである。一九三〇年の東行は六四・四%と、革命後はじめて一九一七年のレヴェルを回復している。三一年には穀物輸出公団《エクスポルトフレーブ》が登場し、中国側と連繋のうえ中東西部・南部線沿線で積極的な大豆買付けを行い、ウラディワストークから輸出した。また、シベリア鉄道経由でヨーロッパにむけ四万トンの陸送も実施したという。[76]

　このように中東鉄道は、革命後十年ちかく満鉄に吸引されていた北満穀物のおもな輸出ルートにかえり咲いた。輸出貨物の集中する同鉄道東部線は、丘陵地を通過する単線鉄道で輸送力がひくく、線路や車輌で満鉄におよばなかったことを考えれば、この努力は評価すべきだろう。とくに一九二〇年代に、「機関車運転上の改良が行れ、車輌の修繕が着々と進行したのに加へて機関車運転費が減少し運転能力が増加した」ことが大きかった。二〇年代後半には軌条の重量化もすすめられた。従来中東鉄道は、本線でも三二ないし三三キロ級の軽量軌条をもちいていたが、二六年からは東部・南部線に四三・五キロの一号A型軌条を導入し、一九三〇年一月現在六四五キロ（本線総延長の三七・三%）の敷替えが終わっていた。[77]

　一方満鉄は、中東の回復後の競争の時期に、最低の一九三〇年でも三割以上の北満輸出貨物を輸送しているわけである。この競争が行われた地域は、ひとえに満鉄線自身の背後地からはなれた中東線沿線であり、その逆は例外的にしか見られない。当時の満鉄の調査報告などには、中東鉄道側の強引な競争手段に、満鉄がやむなく防戦しているように述べるものが多いが、満鉄が一方的に相手の背後地に乗りこんでの競争であるから、一貫して不平等な争いであった。

だがすでに述べたとおり、満鉄と中東との関係をただ競争・対立の面だけから見るのは単純すぎるだろう。相互に連絡運輸を行う隣接鉄道である以上、日々の業務では必然的に協力しなければならない。その最たるものが混保制度の共有、検査基準の統一化である。中東鉄道は一九二二年に混保に参加、南行大豆にかぎって六駅で実施した。中東には混保の経験がないため業務を満鉄に依存したが、中国側から異議が出、満鉄職員は架空の商会名で実務を行った。改組後イワーノフは混保業務の直営化をはかり、一九二五年一月から同鉄道商業部庶務課の所管とした(78)。

中東鉄道が混保を実施した翌一九二三年は収穫期に雨が多く、乾燥不充分の大豆が出荷されがちで、寄託駅では荷主と検査人のトラブルが頻発した。そこで二四年二月、中東側の要請で満鉄との協議が行われ、㈠機械検査を励行し、等級ごとの水分含有限度をさだめる、㈡寄託品の斤量検査の方法を統一する、㈢紛議の解決のため仲裁委員会を設け、寄託駅に派遣された両鉄道の代表が調査する、などの対策をさだめた。また中東は、一九二五年産の大豆から東行品にも混保を実施することにし、満鉄の制度を参考にしながら検査人の養成をはじめた(79)。中東は満鉄との連絡輸送の必要から、はじめは部分的・消極的に混保を採用したが、やがてその利点をさとり、満鉄に学びながら独自性も加味して検査法を確立し、輸出貨物の品質向上をはかるようになったといえよう。

しかし、中東鉄道発の輸出貨物の東行は、一九三二年には二五・五％に急落、以後三五年三月に同鉄道が満州国に譲渡されるまで輸送量は低迷した(80)。中国側の鉄道が満州事変によって満州国の国有鉄道とされ、その経営が満鉄に委託されると、中東鉄道は四面楚歌のうちに孤立したかたちとなり、競争力を一挙にうしなったのである。満州事変は、中国国民革命の進展から日本の「特殊権益」を死守しようとする帝国主義的衝動だったが、結果的にソ連の対中権益も奪取したことが、貨物統計から読みとれる。

満鉄は、満州国国有鉄道に編入された旧中東鉄道の南部線区間を準軌に改築し、三五年八月、哈爾浜－大連間の直通運転を開始した。三七年六月には、前年の西部線につづいて東部線も改軌され、ウスリー鉄道経由の貨物は綏芬河・ポクラニーチナヤで積換えが必要になった。こうしてウラディワストークは、北満大豆の輸出港としての機能を最終的にうしなった。

三　「大豆経済」の衰退

(一)　豆粕の行方

満鉄の主要貨物である大豆三品のうち豆粕は、前述のように大半が肥料として日本に輸出されていた。また原料大豆で輸出され、日本で製油・製粕にまわるものもあった。豆粕の対日輸出量（朝鮮、台湾をふくむ）は一九一〇年代に漸増をつづけ、一九一八穀物年度に一〇〇万トンを突破（一二三万三〇〇〇トン）、以後一九三〇年まではほぼ一二〇ないし一五〇万トン台で推移した。ピークは一九二六年の一五五万二〇〇〇トンである。ところが二七年以後は一二〇万トン台にへり、三〇年代になると一〇〇万トンを割るにいたった。一九三二年は二六年の半分以下の七二万一〇〇〇トンという激減ぶりである。(81) 大豆の対日輸出量にも年度によってかなりの波があるが、豆粕の高下はさらにはげしかった。

輸出量の変動は、日本での豆粕需要の消長を反映していた。購買力にとぼしい日本の中小農家は、金肥の効用はわかっていても、銀高などで豆粕の値があがれば、厩肥や刈敷きなど自給肥料に退行しがちで、国内需要は安定しなかった。とくに一九三〇年代に輸入量がへったのは、農業恐慌の深刻化で農村の購買力がいちじるしく減退したことが大きい。

豆粕の伸びをさまたげたもうひとつの原因は、競争関係にある窒素肥料の硫安が浸透してきたことである。硫安は一九世紀末にはじめて輸入され、まもなく日本でも石炭乾留による副生硫安がつくられるようになった。一九一〇年代にはカーバイドを原料とする変成硫安工業もおこった。しかし、欧米で主流だった空中窒素の固定によるアンモニア合成は、日本では技術や資金の不足と特許上の制約から一九二〇年代まで実現せず、硫安生産量は多くはなかった。そのため毎年かなりの量の硫安を輸入していた。第一次大戦期にはヨーロッパからの輸入が停滞して高値がつづいたが、二〇年代になるとそれも回復して、窒素量に換算した硫安価格は豆粕を下まわり、特に輸入物の値は劇的にさがっていった。豆粕は窒素分のほか、カリや燐酸もふくむ利点があったが、三〇年代には硫酸加里や過燐酸石灰を併用しても、硫安のほうがおおむね安くなった(82)。

一九二三年には日本窒素肥料による国産硫安の量産が開始され、以後一九四〇年までに、朝鮮、満州をふくめて合計一八のアンモニア合成工場が操業を開始した(83)。はじめは安価な輸入品におされて国産硫安は苦闘したが、政府は三一年、硫安の輸出入を許可制にして、軍需品の火薬製造に転用し得る同工業を保護した。日本の硫安生産量は一九二六年に一四万七〇〇〇トンだったが、三二年に四六万トンに達し、三四年には自給態勢がととのった。これに対して豆粕の国内生産は、一九三三年の三五万トンをピークに以後漸減してゆく。しかし豆粕も一定の需要はたもち、四三年までは二〇万トン台の生産量を維持していた(84)。

豆粕に比して硫安が安くなれば、ただでさえ施用に手のかかる豆粕が敬遠されるのは当然だった(85)。日本における豆粕の需要減退は、営業貨物がへる満鉄にも、大豆経済に依存する満州商工界全体にとっても大問題である。一九三〇年代の満州経済のひとつの課題は、豆粕の用途の開発であった。油房業者のなかには、食品としての用途拡大を主張する声があり、種々の試行もされた(86)が、さらに現実味があったのは畜産・養鶏飼料への応用だった。

満州の円粕はただちに肥料にせず、飼料にもちいてその厩肥を田畑に施すのがよいという主張は早くからあった。たとえば、満鉄中央試験所の初代所長をつとめた慶松《けいまつ》勝《しよう》左《ざ》衛門《えもん》は、豆粕の肥料使用はまちがいだと断じている。植物油の粕は一般に蛋白質に富み、飼料にこそ適するのに、日本では「上等の新鮮な蛋白質の多い大豆粕を惜気もなく態々腐敗させて肥料にする、こんな理窟に合ない話はない……肥料となる為には豆粕中の蛋白質が一度尽く「アンモニア」にまで分解して仕舞ふのであって硫酸「アンモニア」などと其作用が違はない」のだから、肥料は今後発展すべき人造品にまかせて、天然の蛋白質は人造化のできない飼料・食料に供すべきだ、というのが彼の主張である。ただし飼料として流通させるには、充分に乾燥させ、黴の発生をふせぐ必要がある。黴は粕中の残油を分解して脂肪酸とし、家畜の消化を害する。現在は一七％程度の含水率で、倉庫に積んでおくと二週間ほどで黴のため上下の粕が離れなくなるが、水分を一二―一三％に減らせば二〇〇日たっても黴はえない[87]。

満鉄自体も、中央試験所などで満州特産物の用途拡大をつねに研究し、その一環として「従来豆粕が主に肥料として需要されてゐたのを更に家畜飼料化すべく研究宣伝に努力」した。具体的には、満州油房業の振興と日本の飼料問題の解決に資するとして、地方部商工課の所管で一九二七年に急遽開始された満州豆粕の飼料化運動がそれである。満鉄は農林省千葉畜産試験場、北海道帝国大学、宮崎高等農林学校に学術的基礎試験を、群馬、愛知、兵庫、岡山、広島、山口、香川、宮崎の八県および立川養豚場に民間普及試験を委託し、一九二九年からは大豆粕飼料化助成事業を実施した[88]。

満州国建国式をはさむ一九三二年三月、満鉄は試験の委託先の関係者を満州にまねき、意見を聞くとともに各地を視察させた。大連で行われた座談会の席上、一九二七年から試験している日本有数の養鶏地愛知県の技師金井真澄は、鶏は動物蛋白餌だけより、豆粕をくわえたほうが肥育・採卵ともに好成績で、鶏糞の肥効にも影響はないが、豆粕の灰分には苦土が多いのに対して石灰、ソーダ、燐酸、塩素を欠くため、これらを配合する必要があると指摘した。また、五〇〇頭ほどの牛を対象にした試験では、子牛も成牛も豆粕をあたえると肥育と秘乳がよくなり、乳脂肪の含有率もたかくなる、役牛飼料にも適し、豚の場合は子豚の飼料に適すると述べている。(89)

種豚の肥育をおもな事業とし、はやくから豆粕を配合してきた立川養豚場の場長成松静雄は、見学に来る養豚家の話を開くと、豆粕の利点を過信して使いすぎる傾向があり、哺乳期間中に斃死するなどの繁殖障害をまねく例が多いため、繁殖用には豆粕をどのように利用すべきかについて一九三〇年から試験していると報告した。昨年度は、豆粕供与過多では母乳のアルカリ度が低くなり、子豚が佝僂《くる》病になって死ぬことがわかった。アルカリ度をたかめるには飼料にカルシウムなどを添加すればよい。ふつう子豚は六〇日間母乳を飲み、体重三貫から三貫四〇〇―五〇〇匁（約一一―一三キロ）で離乳するが、豆粕を充分あたえて害を防いだものは四貫五〇〇匁（約一七キロ）にもなる、というのが成松の説明である。(90)

豆粕の総消費量のうち飼料に使われる分の推定パーセンテイジは、山口一一・七、兵庫二一・四、広島二六・八と大きな開きがあり、全国平均では一五％程度とされたが、比率は年々上昇しており、豆粕の飼料としての将来は、座談会ではかなり有望と思われた。ただし金井は、豆粕のミネラル不足は鶏にも悪影響をおよぼすので、満州で骨粉、貝殻、ソーダ塩などを配合したものを生産できないかと指摘し、黒牛飼育地帯である広島県技師長崎渉は、豆粕は粉末化がめんどうなため飼料として使いにくく、また従来糠、牧草、藁にくわえてきた麩《ふすま》のかわりにするには脂肪が多すぎる難があると発言した。金井はさらに、肥料としての豆粕の長所についても付言したが、それによると、西瓜、大根、胡瓜、茄子などで試験すると、いずれも硫安より味がよく、稲、麦については収量も多いと強調している。(91) 無機物の化学肥料と、成分の多い有機肥料では、作物の味に差があって当然である。日本の豆粕需要が、漸減はしても一九四〇年代まで一定量をたもったのは、こうした点も影響していたといえよう。

満州国の発足にあたって、満鉄の調査部は関東軍の要請で経済調査会（経調）に改組され、満州国将来の経済建設について調査と立案を行ったが、経調の特産特別委員会第二分科（工業）でも、「現在日本に於ては、農業振興策として有畜農業が唱道せられ、豆粕を飼料として使用し其の糞尿を肥料とする方法の合理的なることの認識せらるるに至り、……豆粕飼料化運動も漸次勃興の機運にあるを以て豆粕利用の方途としては寧ろ飼料化運動に力を注ぐを可とすべし」とする一方、「肥料としての豆粕の価値は決して消滅するものに非ずして或量は肥料としての使用を持続するものと考へられる」と認識していた(92)。

同分科の観察によると、有畜農業の奨励は日本農政の緊急課題であり、満鉄の豆粕飼料化運動は「成功の域に進みつつ」あった。たとえば、地域によっては硫安の濫用で桑の葉が劣化し、蚕に奇形を生じている。その解決策は豚を飼育して堆肥を施すことだとされた。農業の有畜有禽化は、役畜による深耕、副業収入源の確保など、畜産自体を目的にしない自作農の営農形態の改善運動だったが、このように有機肥料源としても重要な意味があった。豆粕を飼料にするには㈠大連などの原産地で破砕し、そのまま、あるいはほかの原料と配合して輸出する、㈡日本の飼料工場で配合する、㈢需要家が自分で調整する、という三方法があり、一九三一年に大連では日清製油や三菱油房がすでに豆粕の配合飼料を製造していた(93)。

一九三五年に満州国が満州特産中央会を設立すると、満鉄の豆粕飼料化助成事業は同会にひきつがれ、同年一〇月には農林省が金肥使用の防止のためうち出した自給肥料生産の方針に追従することになった。この段階では、基礎試験は鳥取県種畜場（牝牛）、岡山県種畜場千屋分場（同）、京都帝国大学農学部摂津農場（豆粕供与牛の厩肥の肥効）、盛岡高等農林学校（農耕馬とその肥効）に委託し、一八府県と台湾に普及奨励を委託していた(94)。

豆粕飼料化運動の成果にくわえ、日中戦争期には中国本土やインドからの各種油粕の輸入が低迷・途絶し、軍需品生産への転換で硫安の供給も減少したため、日本では肥料・飼料の双方で満州豆粕の需要が再度増大した。その結果「満洲油房界は活況を呈し、生産額の激増を見るに至った」という。たしかに円ブロック（大半は日本国内）むけの輸出は、大豆の場合一九三六穀物年度の六七万二〇〇〇トンから一九三八年の八七万五〇〇〇トンに、豆粕では同時期に七〇万二〇〇〇トンから八四万七〇〇〇トンに増加し、大連港から日本国内への豆粕輸出量も三九年度まではのびている。しかし満州大豆の対日輸出は一九三八年の八五万六〇〇〇トンがピークで、三九年には後述のような満州国の統制の失敗から輸出量は激減した[95]。

(二) 世界恐慌とドイツ市場の変容

満州事変がおこされた一九三一年には、前々年にアメリカではじまった世界恐慌のもとで、満州の農村も非常な逆境にあった。日本における生糸と同様、満州は大豆によって世界市場に直結していたうえ、軍閥政権下では農村の政策的保護制度がなかったから、農村経済の恐慌への対抗力はきわめて弱かった。大豆・豆粕の輸出先の日本、中国本土、ヨーロッパでは軒なみ需要が減退した。

豆粕の最大の輸出先である日本（朝鮮、台湾をふくむ）では、前述のように硫安におされて一九三〇年代には輸入量が減少に転じ、三〇年度の一二一万五〇〇〇トンが三一年度に九七万一〇〇〇トン、三二年度には七二万一〇〇〇トンにまで落ちこんだ。中国本土の場合は恐慌の影響より満州事変をめぐる対日ボイコットの影響が大きく、三一年度に六〇万トンをこえたものが、三二年度一三万三〇〇〇トン、三三年度には一二万九〇〇〇トンになっている[96]。

大豆がほかの油料子実とたえず競合関係にあるヨーロッパでは、買いたたかれて価格も下落し、それが満州での大豆価格にも反映した。ロンドン市場の大豆の平均相場は、一九三三年六月のトンあたり一一四円八二銭から毎月さがりつづけ、底値の三四年三月には七八円八三銭になった。おりからの銀安の影響もおりこむと、三三年度の大豆価格は実質的に二九年の四割に暴落したと目された。ただドイツでは、後述のように油料子実の専売制を実施したにもかかわらず、三三年までは大豆の需要は旺盛で、いちじるしく減退したのは三五年であった。しかし満州中央銀行の幣制統一が成功して、三三年以来満州国幣が高値をつけがちになったことは、国際市場での満州大豆に不利にはたらいた。[97]

またこの時期は、満州事変の戦乱にくわえ、水害による凶作が満州農業に大きな打撃をあたえた。一九三二年の夏は満州北部に長雨がつづき、松花江の堤防が決壊して下流域の広大な農地が冠水した。三四年には満州東部を中心に水害・凶作がひろがって深刻な食料不足をまねき、関東軍・満州国の治安政策による農民の強制移住（集家工作）とあいまって、大量の窮民が発生した。[98]

満州国は旧官銀号などを統合して三二年六月に満州中央銀行を設立し、張学良政権による準備を基礎に、従来の複雑きわまりない幣制の統一を実現した。また中銀に実業局をおいて、官銀号が経営していた糧桟、油房などの付帯事業を管理させ、大豆の買付にあたらせた。大豆収買の事実上の国家統制である。同年七月には政府の大豆・糧穀（米麦雑穀）政策の代行機関として大興公司が設立され、北満凶作の救援のための緊急融資や大豆の買上げ、窮民への糧穀配布などを行った。[99]

この間一九三三年九月、関東軍、在満大使館、関東局、満州国政府、満鉄が一堂に会して特産物の販路の拡張、関係業者の統制、取引の合理化、品質の統一・向上などについてひろく意見を交換した。このときまとめられた特産取引改善策にもとづき、会員制の業界団体として三五年六月に設立されたのが前述の満州特産中央会である。中央会の経費は会員企業が拠出するほか、満州国（年額二〇万円）と満鉄（同一〇万円）からの補助金によってまかなわれた。[100] 従来すべて満鉄が主導してきた、大豆流通の制度化のためのさまざまな事業は以後中央会に移管された。

大豆の需要は一九三四年度には世界的に回復の傾向を見せたが、ヨーロッパ最大の満州大豆輸入国ドイツの場合は、悪化した国際収支の改善と国内農業保護の目的で、油料子実の輸入を制限したため、需要の回復は先送りになった。ヒトラーの政権掌握直後の三三年六月、ドイツは油料子実・油粕を専売にして輸入許可制をしき、外国産品に差別的な専売税を課した。三四年五月には油料子実の事実上の輸入禁止を発表、七月になって大口の場合は禁輪を解除したが、恐慌からの回復のきざしにもかかわらず、同年度の大豆輸入は激減した(101)。

この間ドイツには、満独貿易にバーター制を導入して大豆輸入を外国為替から切りはなそうとする動きが生じ、早くも三三年七月、ナツィス党の意を体した貿易商F・ハイエが日満双方を訪れ、交渉の打診にあたった。しかし、満州国がこの件でドイツと貿易協定を結ぶまでには、その後かなりの曲折があった。ハイエの経歴に不審な点があり、言動も奇矯・傲慢で、日満側の信用を得られなかったにもかかわらず、ナツィス新政権の政策調整機能の不充分さから、その解任に時間を要したからである。またこのころは、満州国の長期的な開発計画も詳細には具体化しておらず、バーター制でドイツから何を調達すべきかがはっきりしていなかった。

ハイエの解任が実現し、ようやく正式の使節団が出発したのは一九三五年一〇月だった。団長には、多くのバーター協定をまとめた外務省無任所公使O・C・キープが任命された。この時期には、大豆貯蔵のサイロ、セメントやアルコールの製造設備、採鉱機械など、満州国からドイツ商社に個別・具体的な引合いがくるようになっていた。そこでドイツ側は、貿易規模、クレディット、清算方法などの大枠を協定し、輸入大豆の代金は満州国の対独輸入品代金に充当する方向で交渉にのぞむことにした。

キープ使節団は一二月に満州国に到着し、関係当局や特産中央会との協議を開始した。以後両国で交渉が行われた結果、三六年四月、満独貿易協定が締結された。一年の期間内にドイツは一億円、満州国は二五〇〇万円を限度として、相手国の産品を購入するというものである。協定は、双方が限度額までの輸入ができなかった場合、日本側の顕著な入超である日独貿易の決済を関与させ得るとしており、駐満大使南次郎が、使節団を謁する前日皇帝溥儀に説明したように、実態は「面白い関係」にある日満独三国の協定であった。満州国が産業開発五ヶ年計画を実施した一九三七年五月、協定は三年間延長され、日中戦争が本格化した同年九月には、満州中央銀行とオット・ヴォルフ商会とのあいだでクレディット契約が成立した。つまり満州国は、借款による延べ払いでドイツ工業製品を購入できることになったのである。両国は相互に通商代表を派遣した[102]。

この貿易関係を基礎に、ドイツは三八年五月満州国を承認し、同年九月には新貿易協定が成立した。新協定では、旧協定の限度額のほかに四五〇〇万ライヒスマルク（約六三〇〇万円）までの対等枠が設定され、その決済にもクレディット方式が採用された。ほぼ大豆だけで占められる満州国の対独輸出は、満州国が設立された一九三二年に七四〇七万円だったが、一九三五年には三二八〇万円にまでおちこんでいた。その翌年協定が成立して五〇二八万円にまで回復し、三八年までは五〇〇〇万円台で推移したものの、大豆相場の高騰や、アメリカなど外国産品との競合で、輸出額は満州国が期待するほどのびなかった。

一方機械、鉄鋼、染料、塗料などを中心とする対独輸入は、一九三三年にはじめて一〇〇〇万円をこえ、三七年までは一二〇〇万―一七〇〇万円台と漸増、三八年に一挙に三七三三万円になり、三九年は五二三八万円に達してはじめて入超を記録した。これは三国間決済制度の予想外の事態だったので満州国は同年九月、満独戦時対策要領を策定し、調整のためドイツに提示しようとしたが、ちょうどそのときヨーロッパの第二次世界大戦が勃発し、満独貿易は事実上途絶してしまった[103]。

満独間の協定貿易は、当初の構想では外国為替の悪化に悩むドイツが、必要な満州大豆をバーターで輸入するためのもので、満州国側には毎年一定量の大豆が輸出できるという以外、とくに積極的な必然性はなかった。しかし、満州国が五ヶ年計画による産業開発を開始した一九三七年に日中戦争がはじまり、日本は戦時経済体制に移行した。そのため日本は、五ヶ年計画に必要な開発資材を充分満州に供給できなくなった。なかには日本では製造が困難な資材もあった。日本にかわるほとんど唯一の資材供給元は、満州国からみて、大豆による大幅な出超が基本になっているドイツだった。その状況になってはじめて、満独協定は満州国に大きな意味を発揮した。

とはいえ、協定貿易が実現したのは第二次大戦がおこるまでのわずか三年あまりにすぎなかった。それに符節をあわせるように、一九三二年に最高の三一四万二〇〇〇トンを記録した満鉄の大豆輸送量は、翌年から二〇〇万トン台、一九四〇年以後は一〇〇万トン台に激減する。貨物の総輸送量に対する大豆輸送量の比率も年々低下して、一九三六年に一〇%になった。それ以後は一桁台で、一九三九年からは五%にも満たなくなる。大豆が満鉄の主要貨物だったのは、一九三六年までだったといえるだろう。(104)

(三) 戦時経済下の満州大豆

以上に見たように、満鉄の貨物としての大豆の地位は、満州国が出現し、その産業開発がすすむのと並行して低下していった。さきに述べた凶作など満州農村のさまざまな困難や、世界恐慌後の国際市場の変化がその原因だった。しかし大豆の地位低下の根本要因は、投入係数から見た満州農業生産力の長期的停滞性(105)にくわえて、満州国下の満州経済の転換にあり、その意味でこの退潮は構造的な現象であった。

治安の確保に追われる初期の満州国は、一九三四年に金融合作社を制度化した以外、長期的展望による系統だった農政はうち出せなかった。同年から三六年にかけては、政府が実業部に臨時産業調査局をおき、農村の本格的な実態調査に乗りだす段階であった。この間の大豆の作付面積と生産量は、一九三〇年度を頂点に、以後ともに停滞ないし漸減の趨勢を示していた。だが日満自給ブロックの形成をめざす満州国政府には、大豆三品の国際市場動向への依存を満州経済の弱点ととらえ、大豆の増産より、軍需的特用作物の作付を優先する傾向があった。

関東軍は一九三五年、満州中央銀行の管理下においていた旧官銀号系の大糧桟を廃止した。この官商筋糧桟は、反日民族主義をつよめた東三省軍閥の利害を背景に、一九二〇年代に急速に台頭して大豆流通を左右するようになり、日本商社のシェアを奪いつつあった。つまり満州国は旧軍閥資本を排除し、財閥系を中心とする日本商社に、大豆の産地取引への再進出をうながしたのである。一九三五年七月、三井はみずからの糧桟（三泰桟）を設立した。さきに述べた満州特産中央会の設立も、特産取引におけるこのような日本の支配権確立のあらわれといってよい。

特産中央会は、豆粕飼料化や改良大豆の出回りへの助成を満鉄からひきつぎ、特産物の商品標準化、取引の改善について研究するなど、国家統制の準備をかさねた。それらをふまえ、一九三七年の産業開発五ヶ年計画の実施、とくに日中戦争の勃発によるその修正を契機に、満州国の農業政策は大きく転換した。戦時体制が、満州に円ブロック内の食料基地という性格を与えたことで、輸出特産物である大豆と食料としての穀物の増産が五ヶ年計画の農業部門の柱とされ、耕地の拡張が企図された。そして地方糧桟の搾取に対抗して農民の経済的向上をはかり、同時に行政機構による農村掌握を容易にするため、日本の産業組合を範にして、各県旗に農事合作社が組織された（一九四〇年四月、金融合作社とともに興農合作社に統合される[106]）。

五ヶ年計画は、満州の天然資源を利用して急速に軍需重工業を開発するというものであり、その本格的な始動によって、満州では機械、工場設備、原料資源など広範囲な生産財を輸入する必要がおきた。それらの第一の供給元は日本だったが、当時の日本は技術的・資源的制約から、高精度の工作機械や治具《ちぐ》・測定器、高温・高圧用の設備部品など自給不可能なものがあったし、製造可能な品物でも、おなじ円ブロックで外貨の獲得が期待できない満州国への輸出は、ことに戦時下とあっては極力避けたいのが本音だった。そのため、ほとんど唯一の国際商品の大豆を輸出して外貨をかせぎ、それによって第三国から生産財を輸入することが満州国に課せられた使命になった。とくにドイツとの貿易協定の延長、新協定の締結は、この政策のひとつの具体化だったといえる。

協定貿易の数量確保のためにも、国際市場にくらべて高い大豆の国内価格の低減のためにも、大豆三品を中心とする特産物は政府の統制下におく必要があった。一九三八年には、対外輸出検査としての権威づけのため、混保検査の国営化・義務化がはかられた。政府の指令をうけた特産中央会は、満鉄の協力を得て満州重要特産物検査所を設立・

運営した。同年、大豆の流通に欠かせず、国内では充分供給できない麻袋の流通統制のため、中央会は満州麻袋組合を設立し、同組合は翌年大豆の大集散地である奉天、新京、哈爾浜に麻袋配給組合を組織した。

以上のように、特産中央会の設立とその活動は、満鉄が大豆三品の流通実務から撤退する過程でもあった。それは、日本が全満州の支配権を握った以上、中国の主権や軍閥の実質的権力に対抗しながら日本の「特殊権益」を具現してきた満鉄に、満州経営に関して軍事・警察以外のすべての施策を総合的に担当させる必要はもはやなくなった、ということのあらわれである。しかし一方で満鉄は、前述のように毎年満州国の半額に相当する補助金を中央会に給付し、また満州国についで多くの関係者を役員に送っていた。その意味では、満鉄はあい変わらず日本の満州経営の先駆的な主導体であった。満鉄改組・満業設立という大改革においても、満鉄は資本・技術・人材のすべての面で、満州の産業開発の新体制を主導する役割をはたしたが、大豆の流通統制の準備過程でも同様であった。

こうした過渡期をへて、一九三九年、特産物流通の完全な統制を目的に満州特産専管公社が設立された。中央会は解散し、職員は専管公社に移行した。これと前後して米、高粱などの穀物をあつかう満州糧穀会社、小麦、小麦粉の満州穀粉管理会社も発足し、主要農産物の統制体制ができあがった。また同年、大豆は貿易統制法の対象品目となり、政府は第三国向け輸出量を確保するため、対日輸出許可量に制限をもうけた(107)。

特産専管公社は、従来の特産取引所にかわって大豆その他の油料子実とその油を一元的に集荷・販売するとされ、農民は原則として集散地におかれた公益所で、糧桟、合作社、専管公社または専管公社の特約収買人（日本資本の特産輸出商）に売り渡さなければならず、糧桟や特約収買人が集荷した車扱大豆も、最終的には専管公社に売らなければならなくなった（ただし混保品の受寄駅での収買事務は従来どおり満鉄が実施）。また、油房や醸造業などの大豆加工業者は、専管公社、糧桟、または合作社から購入する原料しか使用できなくなった。要するに市場に出た大豆は、国内消費分をのぞいてすべて専管公社が独占的にあつかい、輸出商に売却することになったのである。こうして農民や業者の販売先が固定化されたため、資金繰りや投機のための取引、混保証券の自由な売買はできなくなり、取引所は意味をうしなって閉鎖された。

ところが、このような公社の「管理方式は余りに農村在来の機構、商習慣と遊離し、……同社の機能が当初極めて不備であったので、大豆の出廻は予期に反して激減を示し、極めて憂慮すべき事態」になった。しかも統制三社「鼎立の煩雑は夫々の機能を相互に減殺し、農民の協力を阻害し」、一九三九、四〇穀物年度の集荷は「ことごとに欠陥、不備を露呈し、一時は満州都会にゐてさへ大豆を食することが出来ぬ程の出廻不足を来した」[108]。

農民と糧桟がこのように法定市場を忌避したのは、特産物専管制が商品作物の自由な取引を禁止したうえ、公社がその収買価格をきわめて低く設定したためである。大連の豆価は、生産費や国内市場を考慮せず、大連倉庫渡し輸出価格の平均値から専管公社の経費を控除して算出された。三九年度の当初収買価格は、新麻袋込み一〇〇斤（約五九キロ）につき七円を基準に鉄道運賃を控除した額とされたが、相場のよい地方にくらべれば半額程度だった。いきおい大豆は、一一月の統制実施前にどっと駈けこみ出荷されたのちは退蔵され、あるいは統制外の馬車輸送や鉄道小口輸送にのがれて闇市場にまわることになった。また、四〇年度には大豆の作付が前年より九％も減り、商品性もあるがより自給性をそなえたトウモロコシ、粟、高粱などの作付が顕著にのびた[109]。

こうした傾向に直面した満州国は、小口輸送の大豆も急遽統制の対象にし、一九四〇年二月には大豆の大連収買価格を九円一五銭に値上げした。しかしその時点では出回り品はすでに大糧桟の手にあったから、値上げは農民や産地糧桟には均霑せず、また再値上げの憶測をよんでまったく効果がなかった。この三九年度の極端な出回り不振により、四〇年四月には大連の油房三八工場が原料不足のため操業休止に追いこまれるなど、満州の大豆経済は深刻な影響をこうむった。一九四〇年度からは、早期出荷者に一〇〇キロあたり六〇銭の出荷奨励金を交付することになったが、顕著な効果は見られず、同年度の大連港の日本内地向け輸出量は、大豆が前年度の約四四万一〇〇〇トンから四万三〇〇〇トンに、豆粕が六八万八〇〇〇トンから一万六〇〇〇〇トンに激減した。この間日本の肥料市場では、一九三九年八月実施の化学肥料の価格統制のもとで、その生産不振とヨーロッパの戦争による輸入激減が生じ、豆粕など有機肥料の需要が急迫した。そのため同年一二月、統制機関として日本有機肥料配給会社が設立され、大豆、豆粕は日満双方で流通の自由をまったくうしなったのである。(110)

麻袋の不足・高騰も大豆流通量の激減に拍車をかけた。インドからの輸入に依存してきた麻袋の価格は、為替管理下の輸入不円滑を見こして一九三八年ごろから上昇の気配を示し、投機対象となった。それまで投機の好対象だった日本製綿糸布が、円ブロック向けの輸出を制限されたことから、大連取引所の取引対象は麻袋だけになり、素人筋まで投機に手を出したという。相場の高騰を反映して、満州麻袋組合が決定する大連埠頭倉庫渡しの新麻袋（青筋）価格も、一九三九年一月に一枚四八銭だったものが毎月のように変更されて五月には八八銭になり、一一月の政府公定価格設定では九五銭とされた。闇値では一円六〇～七〇銭にも達している。(111)

専管制度による大豆の統制にみごとに失敗した政府は、農産物統制のいっそうの強化を意図し、一九四〇年に農事・金融両合作社を統合して興農合作社とするとともに、重用特産物専管法を特産専管法に改定、翌四一年七月、農産物関係の三統制会社を統合して満州農産公社を設立した。そして四一穀物年度には、農民にあらかじめ出荷量を契約させ、それに対して一〇〇キロあたり一円を前渡しする先銭制度を導入した。先銭の金融的効果もあって、同年度の収穫量に対する出廻り率は、統制実施以来はじめて五割をこえる一方、契約を履行できない農民が続出し、国家的青田買いとの非難もまねいた。そのため四二年度からは、出荷者に対して綿布の特配が実施され、一定の効果をあげたものの、円ブロック内の全般的な物資の欠乏から配給糧は年々減少していった。(112)表1-1が示すように、最盛期には年間三〇〇万トン前後を記録した満鉄の大豆輸送量は、一九四〇年になると百数十万トン台に低迷し、大豆は貨物としての重要性を完全に喪失した。

アジア太平洋戦争期には、制海・制空権の喪失で一九四二年末から物資の陸送転換が実施され、大豆も南朝鮮中継の対象になった。しかし、従来大連中心主義で構築された大陸の鉄道体系を朝鮮南部諸港中心に変更するには、新規の投資、設備の転用、線路の改良と複線化などが必要であり、それができないため輸送能率は極端に悪化した。農民を収奪してせっかく集荷した大豆も、産地の駅頭や大連、朝鮮の埠頭でいたずらに滞貨の山をきずき、発芽したり腐敗したりする例が少なくなかった。こうしたことも、満州国が人心をうしなう原因の一環になったといえよう。(113)

注

(1) 加藤繁『支那経済史考証（下）』（東洋文庫、一九五三年）、六〇三、六九一―六九四頁、足立啓二「大豆粕流通と清代の商業的農業」（『東洋史研究』三七巻三号、一九七八年一二月）、三六四―三七一頁、小瀬一「一九世紀末中国開港場間流通の構造――営口を中心として」（『社会経済史学』五四巻五号、一九八九年一月）、三七頁、川野幸男「中国人の東北（旧満州）移民を再考する――労働力移動と覇権サイクル」（『東京大学経済学研究』三八号、一九九六年五月）、二四頁、Eckstein, A., K. Chao, & J. Chang, "The Economic Development of Manchuria: The Rise of a Frontier Economy", *Journal of Economic History*, 34 (March, 1974), p. 263.

(2) 南満洲鉄道株式会社地方部勧業課『満洲大豆』（満蒙文化協会、一九二〇年）、二六頁。豆粕は一八七〇年にはじめて長崎にもたらされ、翌年は神戸に輸入された。横浜への到来はややおくれて一八八一―八二年である。いずれも中国関内からと思われる。八六年には農商務省が豆粕の肥効試験を行った。日清戦争後は商品として認識されたが、魚肥の壁は厚く、日本の農家が豆粕に乗りかえはじめたのは一九〇一―〇二年ごろであった。満州の豆粕が日本に輸入されたのも、一九〇〇年に三井物産が営口から三四八万枚を神戸に輸送したのが最初とされる。遠藤大三郎『穀肥商売之回顧』（神戸、私家版、一九二八年）、一〇三―一〇四頁、関東局文書課編『関東局施政三十年業績調査資料』（一九三七年）、三七一―三七三頁。遠藤は三井物産社員として、穀物・肥料の取引ひとすじに過ごし、のち神戸支店長をつとめた。ただし上記の三四八万枚は、初輸入としては多すぎるように思われる。一方、豆粕の国内流通に関する坂口誠の研究では、日本への豆粕の最初の導入は一八七〇年、南清地方から神奈川県に輸入され、それが名古屋の肥料商の手で愛知県で販売されたという。坂口誠「近代日本の大豆粕市場――輸入肥料の時代」(『立教経済学研究』五七巻二号、二〇〇三年一〇月)、五六頁。

三井物産が日本の対満貿易の先駆者であることはよく知られている。同社上海支店長山本条太郎(のちの満鉄社長)は、一八九一年に日本人としてはじめて営口にわたって大豆取引に手をそめ、満州進出の基礎をきずいた。同社は満鉄の設立を契機に大豆の取扱いを飛躍的に増大させ、相場を左右するようになった。また大連に三泰油房を設立するとともに、奥地にも支店網をひろげて産地糧桟と取引し、買弁を育成した。以後一九三〇年代の統制実施まで、同社は綿布輸出と大豆・豆粕輸入を軸とする日満貿易に圧倒的なシェアを維持した。大谷正「日本帝国主義植民地支配の特質についての覚書―『買弁抜き』論批判」(『歴史科学』六六号、一九七六年一〇月)、八―一一頁、山村睦夫「日本帝国主義成立過程における三井物産の発展」(『土地制度史学』七三号、一九七六年一〇月)、四二―四三頁、坂本雅子『財閥と帝国主義―三井物産と中国』(ミネルヴァ書房、二〇〇三年)、四四―五二頁。

(3) 南満洲鉄道株式会社地方部勧業課『満洲大豆』、二六、三一頁、関東洲民政署『満洲産業調査資料(農業)』(一九〇六年)、一〇五頁、石田武彦「二〇世紀初頭中国東北における油房業の展開過程」(『北大史学』一三号、一九七一年八月)、関東都督府民政部庶務課『満洲大豆ニ関スル調査』(一九一〇年、影印版『明治後期産業発達史資料』五二五、龍渓書舎、二〇〇〇年)、大一ノ二十、二十一丁。なお、日露戦争後の一時期、関東州は「関東洲」と表記されることがあった。

(4) 前掲『満洲産業調査資料(農業)』、六二頁。ただし同資料の商業編は、輸出品としての大豆の有望性を指摘している。関東洲民政署『満洲産業調査資料(商業)』一九〇六年、二二一頁。

(5) Matsusaka, Y. T., *The Making of Japanese manchuria, 1904-1932*, Harvard East Asian Monographs 196, Harvard University Asia Center, 2001, p. 42. 大山梓編『山県有朋意見書』(原書房、一九六六年)、二七八―二七九頁。

(6) 南満洲鉄道株式会社『南満洲鉄道株式会社十年史』(以下『十年史』と略記、同社、一九一九年)、三一九頁。

(7) 渡辺精吉郎「満鉄経営の計画」(南満洲鉄道株式会社鉄道総局建設局『満洲鉄道建設秘話』同社、一九三九年)、五二一―六一頁、『十年史』、二四七頁。

(8) 関東都督府民政部庶務課『満洲大豆ニ関スル調査』、大一ノ四十六―四十七丁、駒井徳三『満洲大豆論』(東北帝国大学農科大学カメラ会/有斐閣発売、一九一二年)、一四六頁。

用途がひろく、変質しにくいのが大豆油の利点だが、食用の綿実油やオリーヴ油、塗料原料の亜麻仁油、石鹸原料の落下生油、パーム油、コプラのような、ある用途での最適原料にはなりえず、どの分野でも重宝な代用品にとどまった。そのため、大豆が世界市場で安定した需要を確立するのはむずかしかった。満洲中央銀行調査課『満洲大豆並に其の製品事情』(資料一三、一九三五年)、二一—二二頁。

一九〇九年の油房数は、菊池一徳『大豆産業の歩み——その輝ける軌跡』(光琳、一九九四年)、七〇—七一頁。

なお、おなじ一九〇八年、ロシアのナタンソン商会も、大豆をふくむ北満穀物をウラディワストークからヨーロッパに輸出している。金子文夫『近代日本における対満州投資の研究』(近藤出版、一九九一年)、四五頁。

また、満州大豆をはじめてヨーロッパ市場に紹介したのは、独逸商人ヴィルヘルム・ローダーヴァルトだという説があるが、この人物の動向が三井物産の売込み活動とべつのものかどうかははっきりしない。塩田道夫「大豆対欧輸出の先駆者に就いて」(『満洲特産月報』四巻一号、一九三九年一月)。

(9) 南満洲鉄道株式社興業部商工課(大連油房聯合会理事中西瀧三郎)『満洲特産物取引指針』(満蒙文化協会、再版、一九二四年)、三八四—三八五頁。

(10) 南満洲鉄道株式会社地方部勧業課『満洲大豆』、二九頁、南満洲鉄道株式会社興業部商工課『満洲特産物取引指針』、一七三—一七五頁。

(11) 南満洲鉄道株式会社『南満洲鉄道株式会社第二次十年史』(以下『第二次十年史』と略記、同社、一九二八年)、三三二—三三三頁、南満洲鉄道株式会社地方部勧業課『満洲大豆』、二七頁。

(12) 関東都督府民政部庶務課『満洲大豆ニ関スル調査』、大一ノ二十一丁。

ここにあげた数字は、『満洲大豆ニ関スル調査』の「日本ニ於ケル豆粕輸入屯数及相場表」のもので、単位は噸と表記されている。戦前、とくに一九二〇年代までの重量単位「トン」は多義的で、業界や商品ごとの慣用により、英トン、米《べい》トン、メートル法のトン(メトリック・トン)が並用されていた。ふつう、ヤード・ポンド法の英・米トンには「噸」、メトリック・トンには「瓲」をあてるが、この区別は絶対的なものではなく、ここでの「噸」の定義は厳密には不明である。

満鉄は度量衡の原則的な定義をさだめ、貨物運賃の規定でははじめ一噸を一六八〇斤(一斤は一六〇匁、つまり約一〇〇八キロ)とする英噸をもちいた。一九〇八年の広軌第一次改正(満鉄では同社鉄道の標準軌間を広軌と称しており、広軌改修後の最初の改正の意味）で一五〇〇斤（九〇〇キロ）の米噸にあらため、翌年の第二次改正でこれを一五一二斤（九〇七キロ）に定義しなおした。一九二七年現在でも米噸（一五一二斤）とメトリックの瓲（一六六六・七斤）がともに使用され、石炭の採掘・販売量には英噸（一六八〇斤）がつかわれていた。『十年史』、三二二―三二三頁、『第二次十年史』、例言一頁。ただし、満鉄の刊行物がすべてこれらの原則を厳守しているわけではないし、社外の刊行物では、重量トンの定義はさらに曖昧である。

英トンとメトリック・トンにはさして差がないので無視しうるが、米トンの場合は約一割がた少なく、ことなる文献の数字を単純に比較すると有意の錯誤が生ずる危険があるが、厳密な校合は事実上不可能なので、以下ではその点は問わないことにする。

(13) 小峰和夫『満洲《マンチユリア》――起源・植民・覇権』（御茶の水書房、一九九一年）、二六九頁、南満洲鉄道株式会社興業部商工課『満洲特産物取引指針』、三七〇―三七一頁。

(14) 駒井『満洲大豆論』、一六二―一六四頁。

(15) 南満洲鉄道株式会社興業部商工課『満洲特産物取引指針』、三六四―三六八頁。

(16) 『満洲重要物産年報』（満洲重要物産同業組合第一二年度、一九二〇年一〇月―二一年九月、一九二一年一二月）、八頁、鉄道省運輸局『重要貨物情況(一)大豆、米、雑穀ニ関スル調査』（一九二六年、復刻、『明治前期産業発達史資料』明治文献資料刊行会、一九七一年、再復刻、雄松堂出版、一九九六年）、一一―一三頁（原表の単位は担《ピクル》なので、一担を六〇キロとみてメトリック・トンに換算した）、同『同(三)肥料ニ関スル調査』（一九二七年、復刻・再復刻、同）、一七一―一七二、一八七―一九二頁。

(17) 満洲中央銀行調査課（村山京）『満洲大豆並に其の製品事情』（資料一三、一九三五年）、一二六―一二八頁。

以上、新穀の収穫期にはじまる穀物年度（大豆の場合は特産年度ともいわれる）の称えかたには、当年一〇月から翌年九月までとする方式と、前年一〇月から当年九月までとする方式とがある。ここでもちいた『満洲大豆並に其の製品事情』九頁以下は前者によっているが、満洲経済実態調査班（江頭恒治・石田興平ほか）「満洲大豆の研究」（『建国大学研究院研究期報』一号、一九四一年五月）、一三〇頁は後者の立場を代表する。大豆流通界をとりしきる満洲特産中央会は後者によっているので、同会の設立された一九三五年六月以後はそれが大勢になったと思われる。いずれにしろ、両者には一年のずれがあるので注意しなければならない。筆者は原則として前者にしたがうが、どちらかはっきりしない文献も少なくないため、厳密は期しがたい。

(18) 南満洲鉄道株式会社地方課（児玉翠静）『商工業上ヨリ見タル満洲ノ大豆』（商工調査第二号、大正七年三月調）、五八―五九頁。

(19) 満史会編『満州開発四十年史（上）』（同刊行会、一九六四年）、八五一頁。

(20) 同右書、八五〇、八五四頁。

(21) 満洲中央銀行調査課『満洲大豆並に其の製品事情』、一六一、一六三頁。

(22) イギリスのリーヴァ・ブラザーズ社、オランダのマルガリーネ・ウニ社などが典型的な油脂工業資本である。一八八五年設立の石鹸会社リーヴァ・ブラザーズは、従来の切売りに対し商品を個装して成功し、第一次大戦中にはマーガリンの製造販売にも乗りだした。オランダでは一九世紀末からマーガリン業界でアントン・ユルゲンス社とファン・デン・バーク社がながく覇をきそったが、両者は一九二七年に合同してマルガリーネ・ウニ社となり、同時にイギリスに進出してマーガリン・ユニオン社を名のった。二九年にはリーヴァ、ウニ（ユニオン）の双方がさらに合併して大食品雑貨メーカー、ユニリーヴァ社が誕生、現在にいたっている。南満洲鉄道株式会社地方部商工課（永田久次郎）『欧州市場に於ける満洲大豆の地位』（倫敦駐在員報告其の二、一九三六年）、六頁、北井義久「ユニリーバ」（『大百科事典（一五）』平凡社、一九八五年）、六六七頁。

ドイツ油脂資本の大豆価格形成力については、満史会編『満州開発四十年史（上）』、八五六頁。

なお、鈴木邦夫「『満洲国』における三井財閥――三井物産の活動を中心として（II）」（『電気通信大学紀要』二巻一号、一九八九年六月）は、表題からは想像しにくいが、一九一〇年代から四〇年代までの満州大豆三品の商況と取扱商の変遷（対欧輸出をふくむ）を詳述しており、参考になる。同論文のI（同誌一巻一号、一九八八年一二月）は日満商事と民間商社との対抗が主題で、大豆三品にはふれていない。

(23) 満州大豆の囤積とは、「高粱稈ト薪トヲ敷キ席子《むしろ》ヲ以テ円墻《えんとう》形ノ外郭ヲ作リ其ノ中ニ大豆ヲ容ルルモノニシテ小ハ三、四百石ヨリ大ハ七、八百石ヲ容ルルニ足ル、満洲ノ如キ雨量少キ風土ニ適シタルバラ豆保管唯一ノ装置」である。南満洲鉄道株式会社興業部商工課『満洲特産物取引指針』、九頁。

満洲の度量衡は地域差が大きく、一石は日本の一・三～一・九倍程度にあたる。関東都督府民政部庶務課『満洲大豆ニ関スル調査』、大三ノ二十二―二十三丁。
(24)『十年史』、三五二、三五五頁。
(25) 塚瀬進「満洲事変前、大豆取引における大連取引所の機能と特徴」(『東洋学報』八一巻三号、一九九九年一二月)、八四―八八頁。
(26)『十年史』、六八四頁、『第二次十年史』、九三八―九四五頁。
(27) 南満洲鉄道株式会社地方課『商工業上ヨリ見タル満洲ノ大豆』、八六―八七頁、満史会編『満洲開発四十年史(上)』、八七五―八七七頁、『商工業上ヨリ見タル満洲ノ大豆』、九〇―九二頁。なお大豆の混保が実施された一九一九年段階の大豆其他検査規則では、穀物のほかそれを包装する麻袋も検査の対象にしている。
(28) R・ヒルファーディング(岡崎次郎訳)『金融資本論(上)』(岩波文庫、一九八二年)、三一三頁。
(29)『第二次十年史』、三七八頁。
(30) 同右書、三七九頁。
(31) 豆油の品質検査とは物理・化学的性状の検査にほかならず、項目が多岐にわたり、測定装置を要し、時間がかかるのがふつうで、混保検査にはなじまなかった。
(32) 南満洲鉄道株式会社興業部商工課『満洲特産物取引指針』、九一―一二頁。
(33) 南満洲鉄道株式会社地方部勧業課『満洲大豆』、八三頁、「一九二三年六月二六日、第四一八号、哈爾賓事務所」(伊藤武雄・荻原極・藤井満洲男編『現代史資料㉛満鉄㈠』みすず書房、一九六六年)、四二〇頁、「一九二五年三月一一日、第五十回処務週報、一一、豆油混保に関し請願の件」(同編『現代史資料㉜満鉄㈡』同、一九六六年)、二〇〇頁、『第二次十年史』、三七九頁。
(34) 満洲中央銀行調査課『満洲大豆並に其の製品事情』、四九頁、南満洲鉄道株式会社『南満洲鉄道株式会社三十年略史』(以下『三十年略史』と略記、同社、一九三七年)、一四九頁。
(35) 塚瀬進「満洲事変前、大豆取引における大連取引所の機能と特徴」、九二頁、井村哲郎編『満鉄調査部――関係者の証言』(研究双書特二、アジア経済研究所、一九九六年)、三六八頁注二。

(36) 丹羽進「満洲大豆に就て」(『南支南洋研究』三三五号、台北高等商業学校南支南洋経済研究会、一九四一年三月)、九四―九五頁、「一九二三年六月二六日、第四一八号、哈爾賓事務所」(伊藤・萩原・藤井編『現代史資料㈢』)、四二〇頁。
(37) 満史会編『満州開発四十年史(上)』、八七八―八七九頁。
(38) 井上晴丸・宇佐美誠次郎『国家独占資本主義論――日本経済の現段階分析』(潮流社、一九五〇年、再版『危機における日本資本主義の構造』岩波書店、一九五一年)、七七―七八頁。
(39) 『十年史』、八七八頁。
(40) 南満洲鉄道株式会社農事試験場『農事試験場業績　熊岳城分場篇』(一九三三年)、二三八―二三九頁、同『同　公主嶺本場篇』(一九三三年)、二九―四〇頁、満史会編『満州開発四十年史(上)』、六八七―六八九頁。
(41) 南満洲鉄道株式会社産業部農林課調査係(木原林二・内ヶ崎虔二郎)『農事施設及農事業績』(産業紹介資料七、一九三八年)、六六―七二頁。
(42) 同右書、一六七―一七〇、一〇九頁第三五表。
(43) 同右書、一一五―一一七頁。
(44) 満洲特産中央会編『社団法人満洲特産中央会略史』(以下『中央会略史』と略記、同会、一九四一年)、一二一―一二四頁。
(45) 満洲国史編纂刊行会編『満洲国史(各論)』(満蒙同胞援護会、一九七一年)、六八七―六八九頁。
(46) 『中央会略史』、一二五頁。
(47) 駒井『満洲大豆論』、一五四頁。ウラディワストークは「東方の支配」ほどの意味で、日本では浦塩(潮)斯徳の漢字をあて、しばしばウラジオストック、ウラジボストクなどと表記されるが、ここでは力点のないOの発音はAにちかく、力点のある母音は長音符号で表記するという原則によった。同港やエゲルシェルィト埠頭の大豆三品輸出機能の推移については、拓殖局『大豆ニ関スル調査』(拓殖局報二五、一九一一年、一八二―二〇八頁)の記述が参考になる。なお、エゲルシェルィトは、一九世紀のロシア海軍士官の名にちなむ。
(48) 高橋泰隆『日本植民地鉄道史論』(関東学園大学研究叢書一一、同大学、一九九五年、日本経済評論社、一九九五年)、一四六頁、満鉄庶務部調査課(横田猷太郎訳)『東支鉄道の輸送並に営業成績』(パンフレット五五、一九二八年)、八―九頁。
(49) 外務省西比利亜経済援助部調査課『戦前戦後西比利亜鉄道事情』(一九一九年)、一〇、一一―一二頁。第一次世界大戦下

に不換紙幣が多発される以前のルーブルィは、単位貨幣あたりの金価値が〇・七五〇グラムだった円とほぼ同様の〇・七七四グラム強の兌換制であり、為替の実勢でも一ルーブルィは一・〇三〜一・〇七円あたりで安定的に推移していた。一プートは約一六・三八キロ。

(50) 満鉄のダミーである協和桟や後述の成発東の史料は日本では知られておらず、研究も目にしない。ここでは蘇崇民『満鉄史』(中華書局、北京、一九九〇年)、一五〇—一五二頁の記述(山下睦男・和田正広・王勇訳『満鉄史』葦書房、福岡、一九九九年、一〇五—一〇七頁)によった。

(51) 伊沢道雄『開拓鉄道論(下)』(鉄道交通全書、春秋社、一九三八年)、一〇二頁。

(52) 同右書、五二、九七、一〇二、一八九—一九〇頁。

(53) 同右書、九頁、南満洲鉄道株式会社興業部商工課『満洲特産物取引指針』、九四頁。

(54) 伊沢『開拓鉄道論(下)』、九七、一九九頁、『十年史』、三四五頁。

(55) 藤井満洲男「資料解説」(伊藤・萩原・藤井編『現代史資料(三)満鉄(一)』)、xxviii–xxix頁。

(56) 加藤聖文「松岡洋右と満鉄」(小林英夫編『近代日本と満鉄』吉川弘文館、二〇〇〇年)、八三頁。

(57) 外務省編『日本外交年表並主要文書(上)』(日本国際連合協会、一九五五年)、五二三—五二五頁。

(58) 雨宮昭一「シベリア撤退過程と東方会議」(『歴史学研究別冊 世界史における地域と民衆』一九七九年一〇月)、二二五頁。

(59) 原奎一郎編『原敬日記(五)』(福村出版、一九六五年)、四〇七頁、加藤「松岡洋右と満鉄」、六六一—六九頁。

(60) 南満洲鉄道株式会社哈爾浜事務所運輸課(田村武夫)訳『東支鉄道年報(一九三〇年版)』(一九三〇年)、四五頁。

(61) 満鉄庶務部調査課『東支鉄道の満洲経済界に及ぼせる影響と創業二十五年間に於ける運賃政策の変遷』(パンフレット五七、一九二九年)、一五—二〇頁。

(62) 土倉賢脩「デモクラシーと早川千吉郎社長」(『満鉄会報』八一号、一九七二年九月)、一六頁。

(63) 金子『近代日本における対満州投資の研究』、四〇四—四〇六頁、井村編『満鉄調査部』、三六八頁注三、伊沢『開拓鉄道論(下)』、九七—九九、一一七、一八九—一九三頁、蘇『満鉄史』、一五三頁(訳書一〇七—一〇八頁)、「一九二三年六月一六日、第一一回処務通報、四、国際運送重役推薦の件」(伊藤・萩原・藤井編『現代史資料(三)満鉄(一)』)、三三三頁。一九二四年一一月、満鉄は後述のウスリー鉄道との輸送量配分交渉への実績をつくるため、指定した集散地の大豆を馬車で吸引するよう国際運送に「下命」し、その資金として横浜正金銀行から借り入れる三〇万円の債務保証をひきうけた。「一九二四年一一月二二日、第三十三回処務通報、五、国際運送株式会社債務保証の件」(伊藤・萩原・藤井編『現代史資料㉝満鉄㈡』)、一六五頁。

たとえば満鉄は一九二三年一一月、北満から大連経由でヨーロッパに輸出される大豆、おなじく日本に輸出される大豆、豆粕に補助金の支給をきめた。ヨーロッパむけ大豆の補助金はトンあたり三円七〇銭とかなりの高額である。日本むけ豆粕はトンあたり一円九〇銭だったが、二四年三月には二円八〇銭にひき上げられた。また同社は、一九二四年一〇月から翌年一月末日まで、北満の大豆と豆粕を「徹底的に南下せしむる」ため、日本むけの南行・東行運賃の差額を、「内外特産商と秘密に相結んで」払いもどすことにした。「一九二三年一一月一七日、第三十三回処務週報、四、大連港経由欧洲向輸出並日本内地輸出北満大豆に対し補助金給与の件、五、大連港経由内地積出北満豆粕に対し補助金給与の件」、「一九二四年三月一五日、第四十九回処務週報、一六、内地向輸出北満産豆粕に対する補助金増加の件」(伊藤・萩原・藤井編『現代史資料㉝満鉄㈠』)、六九、一〇五頁、「一九二四年一〇月四日、第二十六回処務週報、五、北満産大豆及豆粕南下策の件」(伊藤・萩原・藤井編『現代史資料㉝満鉄㈡』)、一五二頁。

(64)　国際運輸はその後不況で相当の打撃をうけ、満州以外の営業から撤退し、海運からも手をひいた。満州事変によって事情が一変すると、特産品のほか、軍需品・建設資材の輸送、満鉄の北鮮線経営受託にともなう朝鮮北部への進出などで成績を向上させ、無配から一九三二年以後は八%配当を実現した。『三十年略史』、六三一―六三三頁。一九三七年の治外法権撤廃に際して、奉天に同名の満州国法人が設立され、満州国内の財産と営業をひきついだが、両者は現実には一体であった。満史会編『満州開発四十年史（下）』(同刊行会、一九六四年)、七四四―七四五頁。

ちなみに『第二次十年史』は、一九二七年三月末日までの満鉄社業全般の記録であるが、国際運輸にもその前身にもまったくふれていない。対外関係をはばかり、満鉄の別働隊として設立された(『三十年略史』、六三二頁)だけに、国際運送・国際運輸との関係を社史に明記するのをはばかったのだろう。

(65)　「一九二三年一〇月八日、哈調第一八二号、二、貨物東行に関する露人側特産商の談」(伊藤・萩原・藤井編『現代史資料㉝満鉄㈠』)、四九八頁。

(66)　藤井満洲男「資料解説」(伊藤・萩原・藤井編『現代史資料㉝満鉄㈡』)、xxiv 頁。

当時シベリア鉄道は、極東ではザバイカル鉄道、アムール鉄道、ウスリー鉄道の三組織にわかれていた。ウスリー鉄道と中東鉄道も別組織で、利害が一致するとはかぎらなかった。なお、ウスリーは漢字では烏蘇里とつくり、同鉄道は次注のように烏鉄と書かれることがあった。

(67) 伊沢『開拓鉄道論（下）』、九九—一〇〇頁、「一九二三年一〇月八日、哈調報第一八二号、烏鉄長官シュシコフ氏来哈の目的に就て」（伊藤・萩原・藤井編『現代史資料㊂満鉄㈠』）、四九六頁、一九二四年六月二八日重役会議決議事項、三「北満貨物数量協定に関する件」（伊藤・萩原・藤井編『現代史資料㊂満鉄㈡』）、一一一—一一五頁。

(68) 一九二四年九月一九日、哈調交第一六五号「烏鉄と国際運送」、一九二四年一二月四日、哈調情第五六八号「アムール国営汽船会社代表チエレンチエフ氏の時局談」、一九二四年一一月二八日、哈調情第五六〇号「当地露紙『満鉄対鮮銀の争い』と題する記事を掲ぐ」（伊藤・萩原・藤井編『現代史資料㊂満鉄㈡』）、二一八、二四七、三二六頁。この時期の朝銀の対露・対ソ活動は尾形洋一「カラハン中国在勤時期の東省鉄路——一九二三〜二五年」（安藤彦太郎編『近代日本と中国——日中関係史論集』汲古書院、一九八九年）、一九〇—一九一頁を参照。

(69) 藤井「資料解説」（伊藤・萩原・藤井編『現代史資料㊂満鉄㈡』、xxiv-xxv頁、尾形「カラハン中国在勤時期の東省鉄路」、一八九頁。

(70) 藤井「資料解説」（伊藤・萩原・藤井編『現代史資料㊂満鉄㈡』、xxii-xxiii頁、「一九二四年五月一三日、北公調二四甲第二号、北京公所長、社長来京に関する支那新聞の論調」（伊藤・萩原・藤井編『現代史資料㊂満鉄㈡』）、二一二—二一五頁。川村の訪京については高畠護輔『川村満鉄社長燕京訪問記』（大連、私家版、一九二四年）も参照。

(71) 「一九二五年三月三日、哈調情第七六六号、職業同盟とイワノフ派の確執及イワノフ派の主義」（伊藤・萩原・藤井編『現代史資料㊂満鉄㈡』）、二五五頁、尾形洋一「カラハン中国在勤時期の東省鉄路」、二二二—二二三頁。

(72) エゲルシェルィト埠頭の一部を通過貨物取扱区域とし、北満発着の貨物に対して無税、無検査、倉庫料減免の特典をあたえる措置。尾形「カラハン中国在勤時期の東省鉄路」、二三〇頁。

(73) 協定の条文は『第二次十年史』、三六〇—三六四頁を参照。前掲『開拓鉄道論（下）』、一〇〇—一〇一頁、尾形「カラハン中国在勤時期の東省鉄路」、一九四—一九五頁。

(74) 蘇『満鉄史』、一五一—一五二頁（訳書一〇六—一〇七頁）。なお、正隆銀行（一九〇六年設立）は満州最初の日本資本の普通銀行（安田系）である。

(75)　伊沢『開拓鉄道論（下）』、一七一頁の表によると、穀物輸送で南行が東行を圧するのは一九一八年度からである。

(76)　満史会編『満州開発四十年史（上）』、二一八頁註一一。

(77)　伊沢『開拓鉄道論（下）』、一六五頁、南満洲鉄道株式会社哈爾浜事務所調査課（堀内竹次郎）訳『東支鉄道年報（一九二七年度）』（一九二七年）、九頁、同『東支鉄道年報（一九三〇年版）』、九頁。なお、満鉄は一九一九年度以来、本線で五〇キロ軌条にほぼ等しい一〇〇ポンド軌条への敷設替えを開始し、二一年には大連－鉄嶺間の複線化も完了させていた。中東鉄道の軌条重量化は満鉄のそれほど本格的とはいえず、またほぼ全線が単線であり、施設面ではなお満鉄の後塵を拝するかたちだった。

(78)　尾形「カラハン中国在勤時期の東省鉄路」、二〇六頁注一七六、「一九二四年一一月二二日、哈調情第五四〇号、東支は混保を直営に決す」（伊藤・萩原・藤井編『現代史資料㊂満鉄㈡』）、四四四頁。中東鉄道の混保採用については、何治濱『中国東北と日本の経済関係史――一九一〇・二〇年代のハルビンを中心に』（白帝社、二〇〇二年）、もふれている（五九―六三頁）。

(79)　「一九二四年二月一六日、第四十五回処務週報、一〇、混保大豆に関する東支との打合会に関する件」、（伊藤・萩原・藤井編『現代史資料㊂満鉄㈠』）、九四―九五頁、「一九二五年六月三〇日、哈調交第八四号、東支鉄道の新事業として向上の域にある大豆混合保管」（伊藤武雄・荻原極・藤井満洲男編『現代史資料㊂満鉄㈢』みすず書房、一九六六年）、二七八―二八一頁。

(80)　伊沢『開拓鉄道論（下）』、一七一頁、「貨物運輸成績表」。原表は単位を瓩としているが、瓲のあやまりと思われる。

(81)　満洲中央銀行調査課『満洲大豆並に其の製品事情』、一二七―一二八頁。

(82)　日本硫安工業協会日本硫安工業史編纂委員会『日本硫安工業史』（同協会、一九六八年）、四二頁。

(83)　同右書、一三四、一三六―一三七頁。

(84)　満史会編『満州開発四十年史（上）』、八五七―八五八頁、同前、四三頁。

(85)　満州の油房で伝統的に生産される円粕は、大豆を圧砕・蒸熱したものを、袋状の油草（イグサ類似の草）につつんで鉄輪につめ、圧力をくわえて搾油した残滓である。そのままで運送にたえる硬さをもち、大玉（ふつうサイズ）で直径二尺（約六〇センチ)、厚さ四寸(約一二センチ)、一枚四六斤(約二七・六キロ)の重さだった。したがって施肥のまえに適当な大きさにくだき、肥効をたかめるには浸水しておく必要があった。そのため電動の豆粕粉砕機も考案された。粉砕機がなかったところは、水につけてよくふやけたら上澄みを追肥に用い、「バラバラにふやけた」粕はくだいて元肥にほどこした。これに対しておなじ豆粕でも抽出法による撒粕《ばらかす》や、硫安をはじめほとんどの人造肥料(化学肥料の当時の呼称)は粒状または細片状で、はるかに扱いやすかった。駒井『満洲大豆論』、六七—六八頁、上田恭輔「我国農家と満洲の豆粕肥料——日本農家の覚醒を促す」(『東亜』一巻二号、一九二八年六月)、三八—三九頁、遠藤『穀肥商売之回顧』、一一二頁。

(86) たとえば中西瀧三郎(大連油坊聯合会理事)「油坊業の現在及将来」(『日満通信特輯号』一九二五年五月、のちに津上善七編『満蒙問題と支那研究』実業之世界社、一九二八年)、一七二—一七三頁。

(87) 慶松勝左衛門「満洲大豆工業の前途」(満洲新報社編『創立十五週年記念論文集』牛荘、同社、一九二二年)、七頁。

(88) 南満洲鉄道株式会社『南満洲鉄道株式会社第三次十年史』(同社、一九三八年)、二二七六頁、「最近に於ける特産界の動向」(『東亜商工経済』三巻一〇号、大連商工会議所、一九三九年一〇月)、一一三頁、南満洲鉄道株式会社地方部商工課『満洲大豆粕と其飼料化に就て』(一九三二年)、はしがき一頁、『中央会略史』、一一七頁。

大豆飼料化運動は、満鉄の事業としてはいささか拙速のきらいがあり、三菱商事大連支店の吉田吉次も、諧謔をにじませてその点を暗に指摘している。吉田「満洲に於ける油房工業」(工業化学会満洲支部編『満洲の資源と化学工業』丸善株式会社、一九三三年)、一四三—一四四頁。吉田のこの一文は、一九三三年三月段階における満州大豆三品の現状と将来を、業界人らしくなく一歩距離をおいて観察しており、参考になるところが多い。

普及試験の委託先のうち、唯一の民間企業である立川養豚場は、一九一四年岩崎輝弥(三菱財閥の二代社長岩崎弥之助の三男)が神奈川県橘樹郡旭村(現横浜市神奈川区)に、付近の地名を冠して設立した子安農園の分園として、一九一七年東京府北多摩郡立川村(現立川市)に開設され、二一年までに種豚の繁殖を中心とする養豚事業を移設したもので、子安農園立川養豚場と称した。イギリスから輸入したヨークシャー、バークシャー種の優良種豚の繁殖・販売をおもな事業とした。隣接する陸軍立川飛行場の拡張のため、アジア太平洋戦争中に神奈川県高座郡大和町(現大和市)に移転したが、名称は変更せず、一九二〇年代から五〇年代まで、民間企業として日本の養豚業界をリードした。

(89) 南満洲鉄道株式会社地方部商工課『満洲大豆粕と其飼料化に就て』、九八—一〇一頁。

(90) 同右書、一〇五―一〇七頁。
(91) 同右書、一〇九―一一三、一二六―一二七、一三二―一三三頁。
(92) 南満洲鉄道株式会社経済調査会『満洲大豆工業方策』(一九三五年)、一三九頁。
(93) 同右書、一四二、一四六―一四七頁。
(94) 『中央会略史』、一一七―一二一頁。中央会の機関誌『満洲特産月報』の記事を見ると、各県での試験は、少なくとも同会が解散する一九三九年末まではつづけられたことがうかがえる。
(95) 「最近に於ける特産界の動向」、二二一―二二三、三七―三八頁、「大豆粕の輸入激増」(『満洲特産月報』四巻一一号、一九三九年一一月)、一〇〇―一〇一頁、神戸商工会議所東亜課(尾崎毅)『満洲の大豆』(一九四三年)、二九、三〇―三一頁。
(96) 満洲中央銀行調査課『満洲大豆並に其の製品事情』、一二六―一二八頁。
(97) 篠崎嘉郎「満洲大豆暴落とその対策に関する報告」(日満実業協会『満洲大豆暴落とその対策』一九三四年)、一〇―一一頁、満洲国史編纂刊行会編『満洲国史(各論)』、五二九頁第一八表、南満洲鉄道株式会社鉄道部『昭和8年度鉄道統計年報(第1編)旅客・貨物・旅館』、二頁。
(98) 岡部牧夫『満洲国』(三省堂選書、一九七八年、講談社学術文庫、二〇〇七年)、一九七―二〇〇頁。
(99) 満洲国史編纂刊行会編『満洲国史(各論)』、七〇九―七一一頁。
(100) 『中央会略史』、四頁。
(101) 南満洲鉄道株式会社地方部商工課(永田久次郎)『独逸と満洲大豆』(一九三七年)、一〇―二五頁、高橋康順「満独貿易協定に就て」、「満独貿易協定解説」ほか(『満洲特産月報』一巻五号、一九三六年七月)、森田甲子三「満独貿易協定の実績」(同三巻一号、一九三八年一月)、六八―七一頁。
(102) ハイエによる交渉とその挫折については、田嶋信雄『ナチズム外交と「満洲国」』(成城大学法学部研究叢書四、千倉書房、一九九二年)が詳細に解明している。同書二二七―二三三頁、二三七頁注二二。南は、ともに輸出入バランスのかたよった満独、日独、日満の貿易関係をリンクさせる可能性をさして、溥儀に「面白い関係」と説明した。なお工藤章「幻想の三角貿易――『満洲国』と日独通商関係・覚書」(『ドイツ研究』二三、一九九六年一二月)は、一九三七年九月の協定内容を紹介するほか、ドイツの対中政策との関係もふくめて多面的に考察している。

(103) 満洲国史編纂刊行会編『満洲国史（各論）』三六三―三六四、五二七―五二九頁、疋田康行「財政・金融構造」（浅田喬二・小林英夫編『日本帝国主義の満州支配』時潮社、一九八六年）、八八〇―八八七頁。ただし満独貿易協定は、対独貿易が事実上途絶したといわれるなかでも改訂・延長がくりかえされ、一九四二年三月には満独経済関係存続協定が結ばれた。四四年末現在、その第四次協定が実施されていたという。満独貿易は皆無になったわけではないようだ。外務省記録A.5.2.0.1-3-29『帝国議会関係雑件　説明資料関係（第二十九巻）』所収の大東亜省大臣官房文書課『第八十六回帝国議会答弁資料（満洲事務局）』（一九四四年）「五六　満洲国ニ於ケル食糧農産物ノ生産並ニ対日供給如何」、四〇一―四〇二頁。

(104) 一九三六年度には羅津を主とする朝鮮北部の港湾整備が終了し、満州東部の大豆の相当量が京図線などの国線で朝鮮に運ばれた。同年度までの統計では社線と国線は別編なので、この分は社線の輸送量減としてあらわれている。南満洲鉄道株式会社鉄道総局『昭和一一年度鉄道統計年報（社線第1編）旅客・貨物・旅館』、三頁。

(105) Chen, Nai-Ruem, "Agricultural Productivity in a Newly Settled Region: The Case of Manchuria", *Economic Development and Cultural Change*, 21-1 (Oct., 1972) p. 90.

(106) 以上、満洲国初期の農政の概略は、岡部『満州国』、二〇〇―二〇九頁を参照。

(107) 「満洲大豆の対日輸出制限問題」（『経済満洲』八巻七号、新京、満洲日日新聞社一九三九年七月）、九―一一頁。

(108) 神戸商工会議所東亜課『満洲の大豆』、三四頁。

(109) 満鉄調査部『日本重工業自立性確立ノ為ノ調査――取纏目次並資料（第三分冊）』（一九四二年三月、復刻、野間清ほか編『満鉄調査部・綜合調査報告集』亜紀書房、一九八二年）、一二六六―一二六七頁。

(110) 神戸商工会議所東亜課『満洲の大豆』、三〇―三一、三六―四〇頁、丹羽「満洲大豆に就て」、七五―七七、八九頁。内地向け輸出量は、一九四二年度には大豆五八万三〇〇〇トン、豆粕四三万トン、四三年度には大豆六五万三〇〇〇トン、豆粕三七万六〇〇〇トンに回復した。大東亜省大臣官房文書課『第八十六回帝国議会答弁資料（満洲事務局）』、二五九―二六〇頁、大河清「戦時下肥料問題雑俎」（『経済満洲』九〇号、一九四〇年一月一五日）。

(111) 満洲経済実態研究班「満洲大豆の研究」、一三三―一三八頁。青筋は大豆一六〇斤（約六〇キロ）用のうち大型のものをさし、縦三・五七尺（約一・〇八メートル）、横二・三九尺（約〇・七二メートル）、重さ三〇〇匁（約一・一三キロ）を規格とした。南満洲鉄道株式会社地方部勧業課『満洲大豆』、二二九―二三〇頁。

(112)　岡部『満州国』、二一四—二一五頁。
(113)　同右書、二一八—二一九頁。

第2章　満洲国期における満鉄の港湾

風間　秀人

はじめに

本章は、満鉄による港湾経営の実態を検討することを課題としている。満鉄が経営する最大の事業部門はいうまでもなく鉄道事業で、開業当初から、その収入の八割前後を占めていたのは貨車収入であった。そこで、貨車輸送される貨物の内訳をみると、その大部分は農産物と石炭が占めていたが(1)、農産物の中心は輸出商品・大豆であり、石炭も一九二〇年代後半には地場消費の他に年間四五〇万トン前後が輸出されていた(2)。したがって、満鉄は、輸出商品である大豆と石炭を輸送することによって目覚ましい発展を遂げてきたのである。そのため満鉄は、奥地から運搬してきた大豆や石炭の輸出を円滑に処理するために自らが港湾経営を行っていた。その中心が創業時から経営する大連港で、その後満鉄は、一一年には営口港、翌一二年には安東港で埠頭業務を開始し、二三年には旅順港にも満鉄埠頭を開設して直営下に置いた。そして、満洲国建国後の満鉄は、壺蘆島港、河北埠頭を傘下に入れ、羅津港・清津港・雄基港の北朝鮮三港の経営にも着手した。この間、上海でも埠頭経営を行っていた時期（一九一一―二六年）もあり(3)、満鉄の鉄道経営と港湾経営は、「海陸一貫経営」といわれる密接不可分の関係にあった(4)。

ところが、鉄道経営との関連で港湾について言及した研究は多いが、満鉄による港湾経営そのものを検討した研究は極めて少ない。その代表的なものとしては、大連港における荷役労働の特質を検討した窪田宏(5)、満鉄が経営した北朝鮮三港と日本海ルートについて、その建設構想の段階から日中戦争期までの動向を明らかにした芳井研一(6)、同じく、北朝鮮三港の経営問題を日本国内の政治問題と満洲国現地社会との関連で論じた田中隆一(7)、満洲国期に力点を置きながら、福昌華工株式会社の活動を通して大連港における荷役問題の変遷とその特徴を究明しようとした柳沢遊(8)などがあげられるのみである。これによって分かるように、満鉄による港湾経営については、大連港と北朝鮮三港に関する研究がいくつかあるだけで、しかも、港湾経営について踏み込んだ議論を行っているのは大連港だけのようである。大連港は、満鉄による港湾事業の核心であり、その実態把握なしに満鉄による港湾経営の内実を究明することは不可能である。しかし、満鉄の港湾経営は、大連港の開業以降、営口、安東、旅順などへと拡大し続けていることから、大連港だけでは成り立たなかったことも事実である。したがって、満鉄の港湾経営の全貌とその実態を究明するためには、大連港を含めた満鉄所管港湾全体の検討が不可欠であろう。

そこで、本章は、大連をはじめとする満鉄の全港湾を検討対象とすることにした。その際、本章は、対象時期を満洲国期に限定し、以下三点の検討課題を設定することにした。その第一は、満鉄の港湾政策の特質を明らかにし、それがどのような転変を辿るのかを検討することである。満鉄は、満洲国建国以降、東北政権が築港しようとしていた壺蘆島港とその経営下にあった河北埠頭を相次いで支配下に置き、さらには羅津港などの北朝鮮三港の経営にも着手した。こうした港湾経営拡大のなかで、満鉄の港湾政策はどのように変化したのか、あるいはしなかったのかを明らかにすることは、同時期の満鉄による港湾経営がいかなる課題を担わされていたのかを解明するための重要な課題であるといえよう。課題の第二は、満鉄所管港湾の経営収支を検討することによって、満鉄による港湾経営の内実を把握することである。この場合、所管港湾すべてを対象に詳論する必要はなく、大連港に限定して論及すればよいと思われる。なぜならば、満鉄の港湾経営に占める大連港の地位は、圧倒的に大きく、港湾収支全体に占める割合も八―九割に達しており、大連港の収支状況が満鉄の港湾経営収支全体に反映されるからである。そして、第三の課題は、各港湾における輸出入貿易の内容とその変化の特徴を究明することである。満鉄所管港湾における輸出入量の推移を検討した著作は、後述のようにいくつかある。しかし、従来の研究は、管見の限りであるが、輸出入量全体の変動とその概要を確認する段階に止まっており、大連港を含めた全所管港湾における品目別の輸出入状況の推移とその特徴を解明していない。そこで、本章では、満鉄が経営していた全港湾について、主要品目別の輸出入状況の推移を検討し、その特質を解明することにした。これによって、満鉄が各港湾においてどのような物流・貿易面での課題を担ったのかを具体的に論証することを企図している。また、輸出入という港湾における物流の変容を解明することによって、満洲国経済の変化の有り様をより具体的に把握する手かがりとしたいと考えている。最後に、本章が満洲国期に限定する理由であるが、それは、(イ)満鉄による港湾経営は、満洲国期に最大規模になるが、その全体像の解明がまったくなされていないこと、(ロ)港湾に内在する諸矛盾が最も明確に現れるのは戦時下の激動のなかであり、満鉄による港湾経営の本質がより鮮明に表れると思われるからである。本章は、以上の課題を検討することによって、満鉄による港湾経営の全容解明の第一歩とすることを意図しているのである(9)。

一　満鉄の港湾経営政策

(一)「大連港中心主義」の転換

満鉄は、鉄道収入の増加＝経営安定を確保するために、ロシアから引き継いで完成した大連港を鉄道本線の起点（終点）とし、沿線の物資流通を大連港に集中するための営業政策、すなわち「大連中心主義」の施策を展開した。(10) さらに、満鉄は、毎年巨額の事業費を大連港に投じ、その整備・拡充を行い貿易の拡大を図っていた。(11) したがって、満鉄の鉄道営業政策である「大連中心主義」は、その港湾経営にも共通するものであったといえる。そして、満鉄の港湾経営政策における「大連中心主義」は、紆余曲折を辿りつつも根本的な変化をみせず、満洲国創建時まで受け継がれていく。しかし、満鉄の港湾経営政策＝「大連中心主義」は、満洲事変勃発以降、日本帝国主義の満洲支配が全面化されるなかで転換を余儀なくされていった。

一九三三年九月、敦図線（敦化－図們間）が本営業を開始し、満洲国の首都・新京と図們を繋ぐ京図線が全線開通した。その直前には、後に北鮮鉄道の東部線と西部線に改称される、朝鮮側の図們江東部線（南陽－雄基間）と同西部線（南陽－清津間）が開通しており、京図線と接続することになった。また、京図線と朝鮮側の鉄道との終端港に決定された羅津と雄基を繋ぐ雄羅線も三五年一〇月に開通した。そして、三五年一〇月には、満鉄の手によって羅津港の一部が完成し、翌月から営業を開始した。さらに、翌年五月、朝鮮総督府は、雄基港と清津港、さらには図們江線などの鉄道の経営を満鉄に委託した。これによって、満鉄は、新京から羅津港などを経て日本（新潟、敦賀）に至る日本海ルートを経営することになった。(12)

この日本海ルートは、満洲国の首都・新京と日本の首都・東京を、既存の大連ルートなどに比べて三分の二の距離で繋ぐ「日満最短経路」で、陸軍中央、関東軍がその実現を熱望していたものであった[13]。しかし、満鉄は、羅津港の背後地となる満洲東部地方（東満）が長年大連港の経済圏であったこと、さらに同地方が未開発地域であることから、羅津港を利用する物資は少ないと判断し、当面、羅津港築港は不要と主張した。しかし、満鉄は、日本海ルートに固執する陸軍中央と関東軍に押し切られ、羅津港築港を承諾することになった[14]。そこで、満鉄は、一九三四年一月、哈爾浜より北鮮三港に至る運賃を南満三港に至る運賃に比し著しく有利に割引特定[15]」する運賃改定を行い、「ハルピン哈爾浜から北朝鮮三港に輸送される大豆の運賃を大連・哈爾浜間よりもトン当たり一円三四銭安とするもので[16]、かつて満鉄が、物資集中効果を狙って大連港に適用した「海港発着特定運賃」と同様のものであった。さらに満鉄は、三六年二月の運賃改正時にはこの特定運賃を一円八〇円安へと強化し、同時に、哈爾浜向けに輸入される雑貨の鉄道運賃について、北朝鮮三港経由を大連経由よりトン当たり二円四〇銭安として、北朝鮮三港により有利な改訂を実施した[17]。その結果、満鉄の港湾経営に限定すれば「満洲国生誕後ハ大連港中心主義カ抛棄サレ[18]」、日満最短経路の要衝である羅津港を重視する傾向が濃厚となったのである。そして、この満鉄による港湾政策転換の背後には、「……会社ノ純利益的見地ニ立脚スレハ北満ノ貨物ハ之ヲ南満ニ輸送スルヲ有利トスルコトハ言フ迄モナイカ、北鮮経路ハ京図、拉濱両線ノ開通カ安奉線ニ於ケル如ク軍事的重要性ヲ有スル点ニ鑑ミ……[19]」る苦渋の選択があったのである。したがって、満鉄による港湾経営政策の転換は、会社の経営方針を半ば放棄し、関東軍の軍事的要請を全面的に受容した結果だったといえるのである。そして、満鉄の港湾経営政策は、日中戦争以降、関東軍の主導下に新たな展開を強いられることになる。

(二) 満鉄の港湾増強計画

大連港の輸入貨物は、満洲国成立後の経済建設ブームのなかで増加の一途を辿り、一九三七年の「満洲産業開発五箇年計画」の開始がそれをさらに加速させることになった。そして、同年七月に日中全面戦争が勃発し、大規模な軍需輸送が実施されるようになると、大連港では、荷役能力が限界に達したため、一〇月頃から深刻な滞貨問題が発生し、翌三八年秋頃まで続いた(20)。また、三八年七月に張鼓峰事件が発生すると、羅津港には大量の軍需物資が殺到したが、羅津港の能力不足から、軍事貨物の輸送に著しい遅延がもたらされた(21)。大連港と羅津港におけるこのような事態の発生は、満鉄の港湾が有事に対応する能力に欠如していることを暴露する結果となった。この点を重視した関東軍は、三八年一〇月四日に新京で、満洲関係港湾整備調整に関する協議会を開催し、「満洲関係港湾整備調整要項」を決議して満鉄が経営する港湾の整備・強化に関する基本方針を提示した(22)。その内容は、「各地港湾ノ整備調整ハ背後地、工業立地ノ條件ヲ考慮シ、左記ニ従ヒ概ネ各港負擔能力ノ均分化ヲ計リ、以テ満洲ニ於ケル全面的運輸ノ調整ニ資スル(23)」ために、満洲国における各港湾の位置づけと役割を明確にし、それに対応する港湾の能力拡充計画を個別に提示するものであった(24)。関東軍は、満洲国の貿易が大連港に一極集中することが、滞貨問題などの矛盾を生む最大の要因であると指摘し、それを打開するためには、満鉄の経営下にある各港湾の適切な整備・運用を行い、満鉄の経営下にある全港湾が有事に対処できるようにすべきであると結論づけたのであった。

それに対して満鉄も、一九三八年七月に港湾審議委員会を設置し、所管港湾の将来計画を検討しており、同年一〇月には関東軍の意向に沿うべく「会社所管港湾能力増強計画案」を作成した。この計画案は、一九三八年から四七年までの所管港湾における輸出入量の推移を予測し、それに対応するために必要な整備・拡張計画を立て、四五年度に完了しようとするものであった(25)。その内容を示したのが表2-1である。実際の計画では三九年度以降、各年度毎に目標が示されているが、本表では、計画の五割前後に当たる四二年度目標と最終の四五年度目標のみを示しておいた。これをみると、最大規模の増強計画が立てられていたのは大連港であり、当時築港中であった壺蘆島港、羅津港、営口埠頭、雄基港の順で増強する予定であった。この五港以外の港湾は、計画をみる限り本格的な増強を図る方針はなかった。[26] したがって、満鉄が立案した港湾増強政策は、関東軍の思惑とは異なって「大連中心主義」から脱し切れていなかったようである。では、満鉄が実行した港湾の整備・拡張計画は、実際どの程度まで実行されたのであろうか。

表2－1　満鉄所管港湾の呑吐能力増強計画と実際

（単位：万トン）

		1938年10月現在の能力	1942年度目標	1945年度目標	1945年3月末能力
大連	本港	700	1,050	1,200	910
	西港	—	—	—	120
	甘井子	300	300	400	300
	計	1,000	1,350	1,600	1,330
旅順		30	40	40	40
営口		125	160	250	80
河北		30	50	50	—
壺蘆島		100	130	400	115
安東		20	20	20	20
大東港		—	—	200	5
羅津		150	200	300	250
雄基		60	60	90	60
清津		90	90	90	—
合計		1,605	2,100	3,040	1,900

1．1938年10月現在の能力は、公称ではなく、満鉄が査定した実質能力である。また、大連本港の目標数値には、艀荷役（1945年時に200万トン）の能力が含まれている。なお、1938年10月現在能力、計画目標、1945年3月末能力ともに船舶焚料炭を含む数値（数量は不明）である。
2．大東港の1945年度目標は、1946年度達成予定の数値である。
3．清津港は、1940年7月に朝鮮総督府へ返還されたので、1945年3月末能力は不明である。
4．1938年10月現在の能力と計画については、満鉄調査部『満洲産業開発五箇年計画実績ノ検討竝戦時統制経済ノ動向　交通部門』（大連、同社、1939年）、142-143、174頁、満鉄総裁室文書課『満洲ニ於ケル港湾ノ現状ト其ノ対策』（大連、同社、1940年）、29-32頁、1945年3月末の能力については、「所管港湾呑吐能力表（年間取扱量）」（アジア経済研究所所蔵張公権文書 R-52「港湾年間取扱量」）より作成。

1　大連港の拡張

一九三八年七月に満鉄が設立した港湾審議委員会は、所管港湾の整備・拡充について検討する過程の同年九月一八日に、大連港の第一埠頭とその東側に位置する寺児溝桟橋との間に第五、第六埠頭を建設する「大連港拡張計画」を立案した。しかし、この計画は、翌年一月に実施された地質調査と測量によって、技術的な困難がともなうことが判明する。そこで委員会は、この計画を放棄し、拡張工事を担当する大連港埠頭事務所副所長・福島三七治が委員会に提出してきた案を取り入れ、大連港の西側に位置する香炉礁海岸に新港（西港）を建設する「大連港西部拡張計画」を決定した。(27) この計画は、三九年度から五箇年計画で呑吐能力四〇〇万トンを有する四つの埠頭を建設する大規模なものであった。(28) しかし、この工事は、第一埠頭と第三埠頭を完成し、四二年八月に仮営業を開始した以降、(29) 資材不足の深刻化によって進展せず、結局未完成に終わったようである。(30)

2　壺蘆島港と大東港の築港

日中戦争勃発以降、大連港西港以外に満鉄が実施した港湾建設工事には、一九三六年に決定された壺蘆島築港と関東軍が主導して三九年に決定された大東港築港計画があげられる。その概要は以下のようであった。

壺蘆島港は、張学良政権が「満鉄包囲網」政策の一貫として築港を開始した港湾で、渤海湾を隔てて営口に対峙する連山湾の東に位置していた。その築港工事は、張政権が委託したオランダ築港会社によって一九三〇年七月から開始されたが、建設中に満洲事変が起こったため中断され、建設中途の壺蘆島港は、満洲国建国と同時にその管理下に入った。その後、壺蘆島港の処理を検討した満洲国は、三二年一一月、オランダ築港会社に契約解除にもとづく損害賠償金など合計一〇〇万USドル（約四三三万円）を支払い、(31) 壺蘆島港とその付帯設備一切を入手して満洲国国有とした。そして、三三年二月、満洲国が国有鉄道の経営権を満鉄に委託する際に、壺蘆島港も新設された満鉄鉄路総局に移管された。そこで満鉄は、経済調査会内に壺蘆島対策委員会を設置（三四年七月）して壺蘆島港建設について審議し、三五年二月に築港継続の結論に達した。それを受けて満鉄は、同年四月、壺蘆島対策委員会に替わる壺蘆島築港委員会を設置し、築港計画の立案作業に取りかかった[(32)]。このような経緯を経て満鉄は、三六年度初頭には築港計画を具体化していった。それは、四〇年度中に荷役量二〇〇万トンの施設（翌年三月には関東軍の指示によって荷役量四〇〇万トンの計画に修正）を完成するという内容で、三六年五月から工事を開始した。なお、壺蘆島港を管理する鉄路総局は、三四年六月から既存設備での仮営業に踏み切っており、三六年には五〇万円の予算を投入して施設の改修を行い、同年一〇月から満鉄埠頭として正式の営業を開始した[(33)]。

以上のような壺蘆島築港計画の立案とその後の関東軍による計画の修正は、背後地に位置する阜新炭砿などの開発が進めば、年間三〇〇万トン程度の石炭を対日輸出できるようになるとの予測を根拠としていた。ところが、「満洲産業開発五箇年計画」が実施に移されると、「五箇年計画内ニ占ムル阜新炭ノ役割ノ変化ニ依リ阜新炭ノ對日輸出量ハ到底初期ノ豫想程、期待出来ナイ[(34)]」情勢となった。そのため満鉄は、壺蘆島港築港計画で当初、予定していた石炭輸出施設建設の一部見直しを迫られることになった[(35)]。しかし、この杜撰な計画がどのように見直されたのかは不明である。そこで築港工事の進捗状況をみると、一九四〇年度になっても「目下築港中ニシテ未タ完全ニ使用シエル岸壁ナク……[(36)]」という段階に止まっており、四一年頃には呑吐能力一〇〇万トン程度の施設を有していたが、倉庫等の陸上施設の多くが未完成であったため、実際の荷役能力はそれを大幅に下回っていた。そのため満鉄は、壺蘆島港築港工事を四一年度で打ち切り、その後は荷役能力一〇〇万トンを目標として陸上施設の整備・充実を進めていくことにした[(37)]。表2-1をみると、壺蘆島港の四五年三月現在の荷役能力は一一五万トンであるから、壺蘆島港では四二年度以降、どのような施策が行われたかは不明だが、一〇〇万トンの目標を達成し、さらに一五万トンの増強が実現されたことになる。しかし、壺蘆島港における荷役能力の増強が実際の貨物取扱量の増加に直結したとはいえない。なぜならば、後述するように、壺蘆島港の輸入量は、三九年度をピークとして翌年度から激減し、北票炭砿の石炭と龍烟鉄鉱の鉄鉱石輸出が中止される四二年度には輸出貨物も急減していくからである[38]。このような壺蘆島港不振の最大の理由は、壺蘆島港が「……繋船バースハ唯一箇所使用シ得ルノミニシテ艀荷役モ風浪高キ際ハ困難ナリ依ツテ所期ノ能力ヲ発揮スルコト不可能ナル状態[39]」にあったといえよう。そのため、壺蘆島港は、四二年度から「時局下船腹不足に伴ふ入港船なかりし[40]」状態になり、閑散とした状況に追い込まれたのである。このことから壺蘆島港築港計画は、当初案が頓挫した後に、適当な見直し計画を立てることができず、最終的には計画の放棄を余儀なくされ、残された施設も十分に運用されることがなかったと推測できよう。

一方の大東港の築港目的は、東辺道開発[41]によって産出される資源とその加工品の輸出を行うことにあった。満洲国は、一九三八年八月、安東市の南西三〇キロメートルの鴨緑江河口に隣接する趙子溝を大東港の建設地として選定した。次いで満洲国は、短期間の内に、東辺道から産出される資源に依拠する工業都市とその輸出港をワンセットにして建設する「大東港都邑建設計画」を立案・策定した。この計画は、その後、関東軍、朝鮮総督府、満洲国、満鉄との四者協議によって修正され、三九年四月に実施計画が決定された。これによって、三九年度から四六年度までの八箇年継続事業、総予算一億一四六〇万円という巨大プロジェクトがその全容を現した[42]。この計画では、満洲国が都市建設を担当し、関東軍から「強制委任」された満鉄が大東港とそれに附属する鉄道の建設を行う共同事業の形態が採用された。計画は八年であったが、そのなかで満鉄は、六年の工期を費やして（着工時期は不明）荷役能力二〇〇万トンの大東港とそれに付帯する鉄道を完成する予定であった[43]。しかし、工事は、大幅に遅れ、四二年八月に埠頭の基礎工事を終了した後、停止状態に陥り、四五年三月段階に至っても表2-1のように、荷役能力五万トン程度の港湾施設の完成をみただけで、開港に至ることなく満洲国の終焉を迎えた[44]。

3 港湾増強計画の結末

このように満鉄が実施した新たな築港工事は、いずれも完成するまでには至らなかった。さらに、それ以外の港湾でも小規模な改修工事が実施されただけで大規模な拡張工事はなかったようである。そのことは、前出、表2-1の「一九四五年三月末能力」が如実に示している。大連港甘井子埠頭における呑吐量一〇〇万トンの拡張計画は未着手に終わり、大連港西港の施設は、四五年三月時点で予定の三割、一二〇万トン分しか建設されていなかったし、壺蘆島港の荷役能力も計画の三割弱に止まっている。ただし、大連港だけは、四五年三月時点で、中間目標をほぼ達成し、最大規模の増強を達成した点で注目すべきであろう。その増強は、二三年からの継続事業である第四埠頭建設工事を三九年度に完成させ(45)、さらに、三七年度に着工した漁港埠頭の八五%を四二年末頃に竣工して(46)二一〇万トンの荷役能力を拡大した大連港本港を中軸としており、当初、計画にはなかった西港の一部完成によって実現されたものであった。また、羅津港も大連港とともに注目すべき存在であろう。羅津港は、三八年完了の第一期工事によって、三〇〇万トン分の荷役施設を完成したといわれているが、表2-1のように、実質的能力は、「背後施設ノ未完成ノ為百五〇万瓩(47)」程度であった。そのため満鉄は、羅津港における荷役施設の充実を図り、四五年には三〇〇万トンの荷役能力を獲得するという目標を掲げ、その結果、一〇〇万トンの増強を実現し、四五年三月現在で二五〇万トンの荷役能力を確保したのであった。つまり羅津港は、大連港の荷役力増強が四二年度目標の水準に止まり、他の港湾が四二年度目標を下回ったのに対し、四二年度水準を大きく超える荷役能力増強を達成した唯一の港湾であった。

以上のことから、中間年度である一九四二年度の目標をほぼ達成していた大連港とそれを上回った羅津港は、満鉄の港湾のなかで、具体的な整備・拡張が実施されていたと評価してよいであろう。しかし、それ以外の港湾は、具体的な拡張施策が実施されなかったか、実施されても計画を大幅に割り込んでいたのである。したがって、満鉄による港湾の荷役能力拡張計画は、全体的にみると奏功することなく終わったといえよう。

では、満鉄の所管港湾は、当該時期にいかなる活動をしていたのか、次節で検討することにしたい。

二　日中戦争期の港湾経営

満鉄が経営していた港湾を個別に検討する前に港湾全体の活動状況について概観してみよう。まず、表2-2、表2-3[48]によって各港湾の輸出入量の推移をみると、以下の特徴があげられる。その第一は、港湾全体に占める大連の割合は、輸出入ともに八割前後を占めていたことである。このような大連港の突出した地位は、「大連港貿易は全満貿易のバロメーター」[49]といわれるように、満洲国の貿易動向を左右するものであった。第二の特徴は、大連港を中軸とする満鉄の港湾は、一九三〇年代初頭には輸出偏重型をとっていたが、満洲国建国以後の経済建設ブームのなかで輸入量の増加が目立つようになり、その傾向は、「産業開発五箇年計画」の実施以後、急進展し、一九三九年度には輸入中心型の港湾へと転換することである。そして、第三には、この三九年度をピークとして満鉄所管港湾の輸出入量が減少傾向に入ることである。関東軍特種演習（関特演）が実施される四一年夏頃には、軍事物資が殺到して貨物

（単位：1,000トン）

1940	1941	1942
3,258.3	2,987.9	3,734.6
194.4	93.6	63.1
390.0	235.6	101.1
34.5	23.2	26.9
147.2	137.4	42.0
20.5	20.0	21.3
183.8	180.2	376.7
69.0	—	—
149.3	72.4	51.7
4,447.0	3,750.3	4,417.4

る。
年）の各年版（昭和10年版は未見）
社　第三次十年史』（大連、同社、

（単位：1,000トン）

1940	1941	1942
4,382.3	3,657.3	3,378.5
136.7	174.6	162.5
214.1	289.8	130.6
72.8	73.3	61.1
42.6	29.6	8.8
79.1	63.1	71.9
285.8	314.2	305.2
120.2	—	—
62.0	45.4	2.4
5,395.6	4,647.3	4,121.0

表２－２　満鉄所管港湾の輸出量の推移

	1931年度	1932	1933	1934	1935	1936	1937	1938	1939
大　連	5,973.0	6,550.6	6,697.7	6,959.1	6,069.7	5,671.2	5,746.7	5,376.1	4,801.9
旅　順	342.0	199.3	198.8	251.1	254.4	228.5	187.4	55.8	90.8
営　口	1,463.3	1,078.4	947.2	1,193.0	1,085.9	1,106.2	650.9	525.2	423.3
安　東	11.7	12.4	16.1	23.6	24.8	21.1	26.9	26.1	40.9
壺蘆島	—	—	—	—	5.6	28.0	16.0	55.5	91.0
河　北	—	—	—	—	108.5	130.8	115.0	171.6	54.1
羅　津	—	—	—	—	17.2	158.1	440.5	708.6	371.8
清　津	—	—	121.5	173.9	328.9	407.1	304.6	276.0	260.0
雄　基	—	—	40.3	136.0	233.1	255.2	250.2	224.5	176.5
合　計	7,790.0	7,840.7	8,021.6	8,736.7	8,128.1	8,006.2	7,738.2	7,419.4	6,310.3

1．輸出量には船舶焚料炭が含まれていない。
2．清津は、1940年７月に朝鮮総督府に返還されるので、その1940年度の数値は、1940年４～６月までのものであ
3．満鉄『鉄道統計年報　第五編　港湾』の昭和６年版（大連、同社、1932年）—昭和17年版（大連、同社、1944
より作成。ただし、羅津、清津、雄基の３港における1936年度までの数値については満鉄編『南満洲鉄道株式会
1938年、龍渓書舎復刻版、1975年）、1416-1417頁より作成。

表２－３　満鉄所管港湾の輸入量の推移

	1931年度	1932	1933	1934	1935	1936	1937	1938	1939
大　連	874.4	1,465.0	2,325.7	3,074.2	2,904.3	3,137.9	3,352.3	4,332.6	5,338.3
旅　順	23.4	26.8	33.3	19.6	33.8	28.0	27.4	59.9	132.9
営　口	71.3	97.7	220.3	354.3	279.3	278.4	236.4	348.8	471.5
安　東	46.7	49.3	164.4	198.7	146.3	141.4	107.6	124.6	223.7
壺蘆島	—	—	—	—	16.9	21.0	23.5	44.2	108.1
河　北	—	—	—	—	84.8	81.7	82.6	142.8	112.7
羅　津	—	—	—	—	9.0	31.8	47.8	133.3	362.7
清　津	—	—	32.7	120.1	267.6	337.0	311.9	412.8	557.3
雄　基	—	—	47.9	80.9	123.1	109.4	60.7	72.1	146.1
合　計	1,015.8	1,638.8	2,824.3	3,847.8	3,865.1	4,166.6	4,250.2	5,671.1	7,453.3

出典は表２－２と同じ。

取扱量が急増する港湾もあったが、満鉄所管港湾全体の動向をみると、四〇年度から一般貨物の輸出入量は減少する趨勢にあり、四一・四二年度には大連港を除く大半の港湾で輸出入量の急落がみられた。第四は、そのなかで羅津港だけが例外的に、四一年度から輸入を中心として拡大へと向かい、四二年度には輸出も急拡大していくことである[50]。したがって、満鉄の港湾による四二年度以降の輸出入貿易は、大連港と羅津港を中心としていたようである。

次に各港湾の営業収支状況をみると(表2-4)、大連の経営規模が圧倒的に大きく、この時期を通して黒字経営を維持する唯一の港湾であったことが特徴的である。大連港の営業黒字は、一九四二年度には急減して満鉄の港湾経営を赤字に転落させるが、それ以前は他の港湾の赤字を補填し、満鉄による港湾事業収支を黒字にしていた。満鉄の港湾経営を支えていたのは、まさに大連港だったのである。それに対して大連以外の港湾の経営収支は、四〇年代に入ると縮小傾向をみせたり、収益の悪化が深刻化するようになる。このことは、大連以外の港湾経営が、縮小に向かっていることを示唆しているといえよう。ただし、そのなかにあって羅津港だけは、赤字経営を続けながら四二年度に

(単位：1,000円)

1939	1940	1941	1942
23,620.2	21,963.8	26,156.0	27,923.6
20,824.8	19,373.9	23,734.7	27,412.1
2,795.4	2,589.9	2,421.3	511.5
230.3	370.7	318.4	380.7
219.8	305.0	199.0	234.8
10.6	65.7	119.4	145.9
1,292.5	963.5	935.0	898.5
1,229.5	1,005.9	901.8	555.3
63.0	−42.4	33.2	343.3
213.2	184.0	163.2	261.9
122.1	162.2	39.9	147.6
91.1	21.8	123.3	114.3
262.8	367.1	622.5	239.6
302.5	621.5	1,167.4	620.3
−39.7	−254.4	−544.9	−380.7
89.7	95.4	94.8	171.4
187.5	149.4	133.7	204.4
−97.8	−54.0	−39.0	−33.0
2,183.7	1,652.1	1,576.0	1,853.8
2,576.0	2,043.1	2,368.7	2,607.8
−392.3	−391.0	−792.7	−754.0
1,086.5	308.5	—	—
754.6	237.6	—	—
331.9	70.9	—	—
347.5	268.8	180.5	76.6
304.1	284.8	136.9	68.3
43.4	−16.0	43.6	8.3
29,326.5	26,174.0	30,046.4	31,806.0
26,520.8	24,503.5	28,682.2	31,850.5
2,805.7	1,670.5	1,364.3	−44.4

また、1940年度の合計支出額には、港湾全体の運営

明書』(大連、同社、1936年、龍渓書舎復刻版、
史』、1430-1431頁より作成。

表２－４　満鉄所管港湾の営業収支

		1931年度	1932	1933	1934	1935	1936	1937	1938
大連	収入	8,357.9	10,260.8	11,766.9	14,099.4	12,707.6	12,272.4	14,457.1	18,683.3
	支出	7,069.2	7,423.3	8,552.3	10,210.9	9,317.4	8,805.0	10,049.7	13,538.7
	損益	1,288.7	2,837.4	3,214.6	3,888.5	3,390.1	3,467.4	4,407.5	5,144.6
旅順	収入	107.7	110.0	118.1	140.6	149.3	168.2	164.6	97.9
	支出	88.5	110.6	139.4	168.4	158.9	142.0	125.9	112.4
	損益	19.2	－0.6	－21.3	－27.8	－9.6	26.2	38.6	－14.5
営口	収入	767.6	978.1	1,040.6	1,361.5	1,254.8	1,251.6	874.7	1,013.6
	支出	409.5	777.6	1,009.2	1,639.6	1,098.6	1,005.1	741.2	833.5
	損益	358.1	200.5	31.4	－278.1	156.3	246.5	133.4	180.1
安東	収入	27.6	57.2	107.9	128.5	112.2	108.8	108.1	147.1
	支出	18.0	55.1	115.8	130.8	142.0	103.8	91.4	113.2
	損益	9.6	2.1	－7.8	－2.3	－29.8	5.0	16.7	33.9
壺蘆島	収入	—	—	—	—	—	36.1	62.3	151.9
	支出	—	—	—	—	—	24.0	102.3	214.3
	損益	—	—	—	—	—	12.1	－40.0	－62.4
河北	収入	—	—	—	—	—	—	—	—
	支出	—	—	—	—	—	—	—	—
	損益	—	—	—	—	—	—	—	—
羅津	収入	—	—	—	—	170.1	572.7	1,088.1	3,068.7
	支出	—	—	—	—	81.7	412.8	841.9	2,609.3
	損益	—	—	—	—	88.4	159.9	246.2	459.4
清津	収入	—	—	—	—	—	576.3	719.8	883.4
	支出	—	—	—	—	—	546.8	633.9	758.7
	損益	—	—	—	—	—	29.5	85.9	124.7
雄基	収入	—	—	—	—	—	278.7	311.7	320.1
	支出	—	—	—	—	—	266.7	289.0	278.8
	損益	—	—	—	—	—	11.9	22.6	40.3
合計	収入	9,260.9	11,406.1	13,033.6	15,730.1	14,394.0	15,264.9	17,786.3	24,365.9
	支出	7,585.2	8,366.6	9,816.6	12,149.8	10,798.6	11,306.3	12,875.4	18,458.9
	損益	1,675.6	3,039.5	3,217.0	3,580.3	3,595.4	3,958.5	4,911.0	5,906.1

1．1935年度の羅津港は、1935年11月１日―1936年３月31日、1940年度の清津港は、1940年４―６月の数値である。
に関わる320．1千円が含まれているため、各港湾の合計額と一致しない。合計損益額についても同様である。
2．満鉄『鉄道統計年報　第五編　港湾』の各年版より作成。なお、羅津港の1935年度は、満鉄『昭和十年度事業説
1977年)、14-15頁、また、羅津港、清津港、雄基港における1936年度は、満鉄『南満洲鉄道株式会社第三次十年

は収入・支出ともに増加し、港湾としての活動が活発になってきている様子が窺える。

以上のことから、満鉄の港湾経営は、大連港の圧倒的な存在によって支えられ、収支の上では一応安定した状態が維持されていた。しかし、大連港と羅津港以外の港湾経営は、一九四〇年前後から縮小過程に入っていく。したがって、大連港と羅津港を除く満鉄の港湾は、日中全面戦争が長期化するなかで、著しい機能低下に陥っていたといえよう。では、かかる状況がもたらされた理由は何か。以下では各港湾の動向を具体的に検討していくことにする。

(一) 大連港・旅順港

本節では、満鉄所管港湾における輸出入貿易の変化を検証することによって、各港湾の特徴を把握するとともに、満鉄が各港湾をどのように活用しようとしていたかを考察することにしたい。そこでまず、大連港とその補助港に位置づけられていた旅順港を取り上げるが、大連港については、他の港湾とは異なり、営業収支の変化の有り様とそれをもたらした要因分析を行うことにした。というのは、前述のように、満鉄による港湾経営の成否は、大連港の経営に左右されており、したがって、大連港の経営収支を検討することは、満鉄による港湾経営の全容を把握することに繋がる重要な課題といえるからである。

1 大連港の輸出入貿易

大連港における輸出入貿易の特徴を検討する前に、表2-5、表2-6、表2-12、表2-13、表2-14で注記している「軍用品」ついて説明しておきたい。原資料の『港湾統計』は、軍需関連の取扱貨物について、昭和六、七年度版では「軍用品」、昭和八―一三年度版では「軍需品」という分かりやすい表記をしていたが、防諜上の配慮であろうか、昭和一四年度版から「官用品」という名称に改め、さらに、昭和一七年度版から「其ノ他官用品」という表現を使用するようになった。そのなかで軍用品の取扱量を掲載しなかったのは昭和一六年度版だけで、『港湾統計』は、軍用品の取扱量を一般貨物と同列に記載しており、輸出入貨物の取扱合計に含めていた（昭和一七年度版では欄外で合計には「其ノ他官用品ハ含マズ」と記載しているが、これは北朝鮮三港も含めて誤植）。だが、この軍需品の取扱いは、大連港と満洲国内の港湾についてのもので、羅津港をはじめとする北朝鮮の所管港湾の扱いは以下のようになっていた。北朝鮮三港の軍用品の取扱量が『港湾統計』に掲載されるのは、昭和一一年度版以降のことで、軍用貨物の記載名称とその変化は大連港などと同じであった。しかし、羅津港などの軍用品取扱量は、昭和一一―一四年度まで輸出入量合計から除外されており、昭和一五、一六年度版では取扱量そのものが秘匿され、掲載されていない。そして、羅津港と雄基港の軍用品取扱量が、輸出入合計に含まれるようになるのは昭和一七年度版からであった。後述のように、北朝鮮の満鉄港湾は、他の港湾と比較して極めて軍事的性格が強く、そのため、軍需貨物の取扱状況については大連港などよりも大分慎重だったようである。そこで、本章も『港湾統計』にしたがい、一九四一年度までの北朝鮮三港の輸出入統計から軍用品の取扱量を除外することにした。したがって、北朝鮮の満鉄港湾、就中羅津港の評価については、軍需品の取扱量に特別の配慮をはらう必要がある。

以上のことを踏まえて表2-5の注記をみると、一九四〇年度までの大連港における軍需品の取扱量は予想外に少ない。しかし、他の資料によって、大連港における軍事貨物の取扱状況をみると、「特殊貨物（軍用品のこと――引用者）ノ取扱ハソノ実績昭和十五年度搭載二四万屯、揚陸七五万屯計九九万屯、同十六年度搭載二五万屯、揚陸一七六万屯計二〇一万屯……」(51)とされている。この内、比較可能な四〇年度をみると、『港湾統計』の数値は非常に小さい。関特演の動員が始まる四一年七月から関東軍は、膨大な軍需品を輸入し、その大部分は大連港から揚陸されたといわれることから(52)、大連港における四〇・四一年度の軍需品取扱量は、『港湾統計』よりも右引用資料の方が正確であると思われる。ということは、『港湾統計』に記載されている四〇年度までの軍用品取扱量は、大連港に限れば、過小に報告されていると思われる(53)。このことを前提に、以下、輸出の特徴から検討してみよう。

大連港の輸出における第一の特徴は、石炭、大豆とその加工品である大豆粕、大豆油によって、その大半が占めら

表2-5　大連港における主要輸移出入品目の推移（各期間平均値）

（単位：1,000トン，％）

		1931～33年度	1934～36	1937～39	1940～42
輸出	大豆	1,794.4(28.0)	1,637.8(26.3)	1,220.6(23.0)	378.6(11.4)
	大豆粕	842.1(13.1)	693.5(11.1)	769.0(14.5)	417.9(12.6)
	大豆油	99.9(1.6)	80.9(1.3)	65.8(1.2)	12.5(0.4)
	雑穀・種子	517.1(8.1)	644.1(10.3)	685.3(12.9)	264.6(8.0)
	石炭	2,457.7(38.4)	2,149.9(34.5)	1,133.2(21.4)	652.1(19.6)
	砿物	20.5(0.3)	48.9(0.8)	99.2(1.9)	225.0(6.8)
	硫安	25.9(0.4)	118.1(1.9)	162.8(3.1)	139.0(4.2)
	銑鉄	298.7(4.7)	217.9(3.5)	200.9(3.8)	472.3(14.2)
	鉄・鋼	12.2(0.2)	85.4(1.4)	145.7(2.7)	97.5(2.9)
	その他合計	6,407.1(100.0)	6,233.4(100.0)	5,308.2(100.0)	3,326.9(100.0)
輸入	青果類	73.9(4.8)	137.8(4.5)	187.5(4.3)	182.6(4.8)
	木材	125.0(8.0)	240.1(7.9)	583.6(13.4)	119.6(3.1)
	石炭	2.1(0.1)	16.0(0.5)	39.1(0.9)	404.4(10.6)
	鉱	18.0(1.2)	78.3(2.6)	101.6(2.5)	123.9(2.8)
	砿物	9.5(0.6)	24.8(0.8)	72.9(1.8)	24.9(0.6)
	麦粉	205.5(13.2)	252.3(8.3)	151.3(3.5)	114.5(3.0)
	砂糖	76.1(4.9)	118.6(3.9)	143.2(2.7)	62.6(1.6)
	繊維品	71.3(4.6)	94.8(3.1)	117.6(2.7)	58.4(1.5)
	セメント他	56.1(3.6)	145.3(4.8)	93.0(2.1)	156.4(4 .1)
	石油類	62.8(4.0)	172.4(5.6)	295.0(6.8)	183.3(4.8)
	鉄・鋼類	205.2(13.2)	390.2(12.8)	551.1(12.7)	227.4(6.0)
	機械類	18.0(1.2)	61.4(2.0)	158.1(3.6)	149.1(3.9)
	紙類	58.0(3.8)	125.5(4.1)	209.0(4.8)	122.4(3.2)
	その他合計	1,555.0(100.0)	3,038.8(100.0)	4,341.0(100.0)	3,806.0(100.0)

1．輸入の鉄・鋼類とは、「鉄及鋼」、「軌条及同附属品」、「鉄及鋼製品」の合計のことである。
2．軍用品の取扱量は、1931年度・輸出1トン、輸入4,322トン、以下同じく1932年度・20トン、17,356トン、1933年度・2トン、3,140トン、1934年度・2トン、402トン、1935年度・73トン、395トン、1936年度・1,106トン、1,068トン、1937年度、130トン、2,350トン、1938年度・4トン、8,790トン、1939年度・0.3トン、6,829トン1940年度・11トン、10,904トン、1941年度・不明、1942年度・287,766トン、1,049,196トンであった。
3．満鉄『鉄道統計年報　第5編　港湾』各年版より作成。

れていることである。それらの輸出先をみると、石炭の八―九割が日本向けで残りは中国向けであり、大豆はヨーロッパ（六割前後）と日本（三割前後）、豆粕は日本（六割）と台湾（二―三割）、大豆油は八割がヨーロッパ、一割が中国向けであった。しかし、石炭の輸出量は、一九三五年度頃より低下し、三七年度を画期として急減していく。その理由は、「満洲産業開発五箇年計画」の実施により石炭の国内需要が増大し、輸出余力が低下したためであった。(54)そして、満洲国の鉄鋼業が急成長し、製鉄用の石炭が不足する三〇年代末頃から大連港は、華北から製鉄用炭を輸入する窓口になっていった。一方、大豆三品の輸出量は、三九年に勃発した第二次大戦の影響を受けてヨーロッパ市場が閉鎖されたこと、さらに、同年、満洲国で実施された農産物統制によって、大豆をはじめとする農産物の出荷量が急減したことによって四〇年度から激減していった。(55)にもかかわらず、四〇年度以降も、大連港における輸出貨物の四割以上を石炭と大豆三品が占めていたのは、産業開発が進展しても、第一次産品の生産に依拠する満洲国の産業構成が大きく変化しなかったことを明示しているといえよう。

第二の特徴は、主要輸出品の多くが低落傾向を辿るなかで、砿物、銑鉄の輸出増大が顕著になっていることである。その輸出先をみると、銑鉄では一貫して対日輸出が九割以上を占めており、砿物では一九四〇年まで日本を中心に欧米への輸出量も多かったが、四一年度から日本が九割前後を独占するようになる。(56)このうち銑鉄は、鋼塊とともに、「満洲産業開発五箇年計画」で三倍近い増産目標が掲げられ、その生産実績は、計画を大幅に下回るが、四三年度にはピークを迎え、三七年度と比較すると二倍強の一七三万トンに達した。(57)大連港からの銑鉄の輸出量は、産業開発による国内需要の上昇によって一時減少するが、増産が軌道に乗り始める三九年度から増加に転じた。そして、大連港の銑鉄輸出量は、四二年度には六二万トンを記録し、満洲国が対日供給した銑鉄の九割以上を独占することになった。(58)

前出表2-2のように、大連港の輸出量は、一九三七年度以降、減少傾向にあったが、四二年度には前年比約七五万トン（軍需貨物を除くと四六万トン）の増加に転換している。これが第三点目の特徴である。他の満洲国の港湾と同様に大連港は、四〇年度前後から船舶不足による輸出困難に陥り、新たな滞貨に悩まされることになった。この状況は、四二年度になっても好転せず、大豆をはじめとする貨物の輸出見通しが立たず、大量の滞貨が生じることになった。この事態を察知した軍中央は、五月に軍用船三〇隻余による船団を編成して大連港に回送し、一〇日間で滞貨を一掃した。(59) 以後、大連港では「特殊輸送船団ニ依ル特産物ノ積取リヲ行ヒ又御用船、復航利用等ヲ以テ戦力物資ノ増送ニツトメタル結果……」(60)、当該年度の輸出量増大が実現されたのであった。

次に、輸入の特徴としてあげられるのは、(イ)麦粉などの食料品を中心としていること、(ロ)満洲国における経済建設ブームが本格化する一九三四年頃からセメント、鉄・鋼類などの建設資材の輸入が増大し、「産業開発五箇年計画」が始まる三七年度以降には工業用の原燃料(鉱、砿物、石炭、石油類)や機械類の輸入が増大すること、(ハ)輸入先の大半は日本で、日中全面戦争以降その依存度がさらに上昇することである。しかし、この特徴は、大連港独自のものというよりも、満鉄が経営する港湾全体に当てはまることであった。このこと以外に大連港の輸入について特筆すべきこととしては、三六年頃まで砂糖の大部分が中国へ再輸出されていたこと、日本以外の輸入相手国として、砂糖のインドネシア、綿糸の中国、小麦粉のオーストラリア、木材とタイプライターのアメリカなどが目立つ存在であったことが指摘できる。(61)

大連港における輸出と輸入の特徴は以上であるが、大連港全体の貿易の変化として重要なことは、大連港が輸出超過港から輸入超過港へと転換したことであろう。大連港は、営業開始二年目の一九〇八年度から輸出量が輸入量を上回る出超港となり、二〇年代に入ると、輸入量と輸出量の格差は、前者を一とすると後者五―六に拡大していた。ところが、大連港の輸出量は、二九年度に六九六万トン強の最高を記録して以来、横ばい状態になり、三五年度から低下傾向をみせるようになる。それに対して大連港の輸入量は、三三年度に初めて二〇〇万トンを突破して以降、加速度的に増加し、三九年度には五〇〇万トンを超え、輸出量を上回る入超港へ転換したのである。(62) 大連港が三〇年代後半の短期間に出超港から入超港へと転換した最大の要因は、満洲国建国期の経済建設とそれに続く「満洲産業開発五箇年計画」の実施によって、建設資材や産業開発のための原燃料、生産財を中心に輸入量が激増したこと、それに対して、満洲国建国を原因とする対中国輸出の縮小、第二次世界大戦勃発後のヨーロッパ市場喪失などによって、大連港の輸出が減少していったことにあった。しかし、入超港としての大連港は、僅か三年で消滅することになる。大連港の主たる輸入先である日本に対する依存率は、華北から輸入する製鉄用の石炭と鉄鉱石、アメリカに依存する石油類を除くと、九〇―一〇〇％に達していた。そのため、日中戦争が長期化し、三九年度後半から日本の国内経済が悪化して輸出力が減退すると(63)、大連港の対日輸入量も繊維品などの日用消費財を中心に激減していくことになる（表2-5）。表2-3のように、大連港の輸入量は、四〇年度には前年度比一〇〇万トン減となり、軍事貨物を差し引いた四二年度の一般貨物輸入量は、ピークであった三九年度の四割強、二三三万トンに急降下し、入超港・大連の命脈は僅か三年間で尽きたのである。しかし、大連港は、出超港から入超港へと転換する過程で新たな矛盾を惹起することになった。それが三七―三九年度に繰り返された滞貨問題である。

2　大連港の滞貨問題

満洲国期の大連港は、輸出が停滞するのに対して輸入が急増し、一九三九年度には輸出超過港から輸入超過港に転換するとともに、輸出入量も一〇一四万トンの史上最高に達した。この時期、大連港で激増した輸入貨物の中心は、取扱いの難しい建設資材や大型機械などであったため、荷役が渋滞して深刻な滞貨問題が発生したといわれている(64)。このことは否定できない事実である。しかし、それとともに、大連港の荷役システムが依然輸出中心主義の立場をとっていたため、滞貨問題を一層深刻化させた点にも注目すべきであろう。

日本を含めて当時の港湾では、マークターリーないしは箇数ターリーによる荷役を実行することが一般的であった。

箇数タ一リーとは、タ一リ一マン（tally man 検数係）が、積荷（揚荷）貨物の個数を確認・チェックし、積込（陸揚）量に過不足が生じないようにするもので、それに対してマークタ一リ一とは、揚荷役（輸入）時に重用される方法で、それを徹底していた台湾の基隆港を例に説明すると以下のようであった。まず、船舶が入港すると、埠頭の荷役担当責任者は、船舶側と荷役に関する打合せを行い、荷役対象となる船艙が複数ある場合、船艙ごとに上屋《うわや》の入口を特定しておく。そして、荷役開始時には、上屋の各入口に船舶側と埠頭側のタ一リ一マン各一名と埠頭側のマーク読担当者一名を配置しておく。基隆港に到着する貨物には、船艙内の積付けと荷揚地での荷捌きを容易にするため、揚地名や打切貨物、鉄道連絡貨物などを示すマークが押印されている。その貨物が上屋入口に到達するとマーク読担当者は、素速く貨物のマークを読み上げ、荷役労働者に上屋内での貨物配布箇所を指示する。一方、マークの読み上げを受けたタ一リ一マンは、搬入貨物とハッチリスト（船艙内の貨物リスト）との照合を行い、受入貨物に誤りがないかを確認する。揚荷役が終わるとタ一リ一マンは、それぞれのハッチリストを整理して交換・検討し、疑問が生ずると該当貨物を調べ、問題を解決していく。その後に行われる総括作業については、引き続いて積荷役にも関与する船舶側のタ一リ一マン一名が引き受け、貨物授受証二通を作成する。そして、船舶出帆時には、船舶と埠頭側の当事者がこの書類に署名捺印して交換し、貨物授受手続を完了する。なお、マークタ一リ一によって荷揚げされた上屋内の貨物は、行き先別に整然と配布されているため、荷渡作業も容易で、速やかに発送されていった。(65)

以上のようなマークタ一リ一による揚荷役は、基隆港に限らず、他の港湾でも一般的に励行されていた。それに対して、積荷役では、時間のかかるマークタ一リ一よりも箇数タ一リ一を実施する傾向が強く、基隆港でもバナナや米などの積荷役には箇数タ一リ一が実施されていた。(66) それに対して大連港では積荷役時の箇数タ一リ一は実行されていたが、揚荷役ではマークタ一リ一どころか箇数タ一リ一も省略され、貨物を無チェックのまま船艙内から上屋内へと搬入し、その後、上屋内で積荷目録と貨物の突き合わせを行い、貨物授受状態を確定するノータ一リ一の荷役が行われていた(67)。この大連港におけるノータ－リ－による揚荷役は、大連港開業直後から採用されており、その実施目的は、輸入貨物の荷役時間を短縮することによって、より多くの荷役労働力を輸出貨物の処理に当てることにあった(68)。したがって、大連港における揚荷役は、取扱貨物の大部分が輸出貨物であった時代に適合する荷役方式であり、その実施は、船舶荷役に精通した従業員が多数在籍していた満洲国成立以前に可能なことであった。ところが、長年、輸出業務を中心としていた大連港では、輸入貨物の取扱を軽視する傾向が強まり、満洲国期には有能な荷役実務者も激減していった(69)。そのなかで、大連港の輸入量は急増していき、従来の揚荷役は実施困難になっていった。にもかかわらず、大連港では依然としてノータ－リ－の揚荷役が継続、実行されていた。その結果、「ノー　ターリー及配布後授受制ノ結果ハ却テ配付作業ノ渋滞ヲ誘起セシメテ、揚荷役力ヲ弛緩セシムルト共ニ貨物突合セノ困難ノ為ニ貨物授受上ニ異常ノ困難渋滞ヲ露呈シ、延テ滞貨ノ主因ヲ醸生シツツアリ(70)」という状況が惹起されたのである。

マークタ－リ－による揚荷役は、ノータ－リ－の荷役に比べて長時間を要するが、貨物のとり間違えなどの事故を最小限に止め、貨物授受の正確を期すことができる。また、マークタ－リ－の実施は、上屋内における貨物配付作業を容易にし、揚荷役後の貨物処理を容易にすることに繋がる。ノータ－リ－による揚荷役を行う大連港で、貨物を運搬する労働者が上屋内で配付箇所を探し回ることが常態化していたこと、さらに、揚陸貨物の過不足や荷札の紛失によって「無籍状態」となる貨物が増加していたことからも、マークタ－リ－実施の重要性が理解できよう(71)。したがって、大連港における滞貨問題の根本的解決のためには、当時の荷役方式を改善することが不可欠であった。だが、大連港は、揚荷役におけるノータ－リ－の見直しを行わず(72)、ために荷役システムに大きな矛盾を残すことになり、「遂ニ未曾有ノ滞貨、沖待船壮観ノ主因ヲ形成スルニ至……(73)」ったのである。大連港の滞貨問題は、一九三八年に続いて翌年夏に再燃するが、それは、かかる矛盾の発露だったといえよう。

表2－6　旅順港における主要輸出入品目の推移（各期間平均値）

（単位：1,000トン、％）

		1931～33年度	1934～36	1937～39	1940～42
輸出	石炭	202.7(82.2)	187.3(76.6)	1.5(3.3)	—
	硅石	15.1(7.6)	12.4(5.1)	6.4(13.2)	6.5(5.5)
	塩	32.4(13.1)	44.4(18.2)	32.2(66.0)	102.1(87.3)
	その他合計	246.7(100.0)	244.6(100.0)	111.3(100.0)	117.0(100.0)
輸入	石炭	—	0.7(2.7)	19.2(26.2)	121.4(76.9)
	塩	26.3(94.3)	22.7(83.7)	3.4(4.6)	23.3(14.8)
	木材	—	—	14.2(19.3)	0.1(0.1)
	その他合計	27.8(100.0)	27.1(100.0)	73.4(100.0)	157.8(100.0)

1．軍用品の取扱量は、1938年度・輸出4,933トン、1939年度・輸出・1,590トン、1940年度・輸出10,904トン、輸入26,123トン、1942年度・輸出585トン、輸入8,222トンであった。
2．満鉄『鉄道統計年報　第5編　港湾』各年版より作成。

3　旅順港の輸出入貿易

大連港の滞貨問題を緩和するために注目されたのが旅順港であった。旅順港は、港湾としては小規模なため、隣接する大連港の補助港に位置づけられ[74]、表2-6のように、一九三〇年代中頃まで主として石炭と塩の輸出に携わっていた。石炭（主に撫順炭）の輸出は、中国三に対して日本一の割合で行われていたが、徐徐に対日輸出が増大し、三〇年代半ばには輸出量の六—七割を日本が占めるようになった。他方、旅順港は、主として日本向けの塩の輸出港であったが、大量の塩を輸入する港湾でもあった。というのは、旅順を含む関東州は製塩の盛んな地域で、旅順港周辺で生産された塩は戎克船などによって旅順港に集められ、そこから日本に輸出されていたからである。ところが、大連港で滞貨問題が起こると、旅順港は、「大連港頭ニ氾濫ヲ豫想サレル貨物ノ一部ヲ特ニ大連港拡張計画カ完成スル迄ノ期間中本港ニ於テ吸収消化スルコト[75]」になった。その結果、旅順港は、それまで大連港に揚陸されていた華北の製鉄用石炭と日本から供給される木材などの荒荷を引き受けるようになった。旅順港では、「産業開発五箇年計画」実施によって石炭輸出が不振となり、三八年度の輸出量は前年の三割に急降下するが、それと対照的に三八年度以降、輸入量が急増していく理由はこの点に求められる。そして、四〇年度以降、日本からの木材輸入が激減すると、旅順港は、関東州で生産される塩の対日輸出と華北から輸入した石炭を満洲国の製鉄業に供給する役割を果たすことにな

表2-7　大連港の営業収支(1931～1942年度)

(単位:1,000円)

		1931年度	1932	1934	1937	1939	1940
収入	船舶	556.8	596.6	716.1	816.7	708.7	687.3
	荷役	4,105.2	5,185.4	7,145.3	7,174.7	14,460.6	13,292.4
	荷繰	2,240.1	2,745.4	3,517.7	3,687.4	4,556.3	4,255.7
	倉庫	1,014.6	1,303.3	2,045.7	2,023.2	2,731.9	2,770.1
	その他合計	8,357.9	10,260.8	14,099.4	14,457.1	23,620.2	21,963.8
支出	総係	533.7	570.7	1,033.3	770.4	2,166.1	2,237.5
	船舶	474.9	492.9	584.9	642.9	875.9	917.7
	荷役	1,876.5	1,940.7	2,624.8	2,809.6	6,191.9	6,120.5
	荷繰	1,443.9	1,163.1	1,712.7	1,808.3	4,314.4	3,838.1
	倉庫	685.6	734.6	1,127.0	1,051.8	1,976.1	1,867.4
	保存	411.2	544.3	714.0	890.4	2,244.6	1,457.8
	その他合計	7,069.2	7,423.3	10,210.9	10,049.7	20,824.8	19,373.9
損益		1,288.7	2,837.5	3,888.5	4,407.4	2,795.4	2,589.9

(単位:1,000円)

		1941年度	1942
収入	船舶	877.3	784.8
	荷役	19,121.9	15,691.7
	倉庫	2,844.7	10,041.5
	その他合計	26,156.0	27,923.6
支出	埠頭局	1,731.6	2,195.5
	埠頭	15,711.4	19,302.4
	工務区	2,172.7	1,625.4
	その他合計	23,734.7	27,412.1
損益		2,421.3	511.5

満鉄『鉄道統計年報　第五編　港湾』各年版より作成。

っていた。

4　大連港の営業収支

表2-7を参照されたい。大連港の営業収支の大まかな変遷については前出表2-4で示しておいたので、一九三一年度以降で大きな変化が起こった年度に注目して作成したのが同表である。なお、表を二つに分割してた理由は、四一年度に収入、収支ともに項目の大幅な組み替えが行われたからである(76)。以下、営業収支の特徴をみてみよう。

大連港における収入の中心である荷役収入は、満洲国成立以降、取扱料金の高い鋼材や機械類、建設資材などの闊大貨物が増加したため、年々増加していった。そして、容量四四才(一才は一〇分の一石)=重量一トンとしていた規定を、一九三八年一〇月に四〇才=一トンに改訂・値上げしたため、荷役収入は激増し、三九年度には全収入の六割を占めるようになった(77)。しかし、大連港の貨物取扱量は三九年度をピークとして翌年度より急減していく。また、第二次世界大戦の勃発以降、ヨーロッパ船籍の大型外国船の入港が激減すると(78)、船舶収入も同年から低下していった。唯一軍需品の取扱量が増加していくが、その取扱料金は他の貨物に比してかなり低率に設定されていたため、収入の上昇には直結しなかった。ただし、同時期には満洲国の経済統制の強化によって、貨物の埠頭倉庫保管日数が延長されたので、倉庫収入が増大したこと、四一年七月に埠頭料金の全面的な値上げが実施されたことなどによって大連港の収入は、かろうじて減少を免れていたのである。[79]

一方、支出の中心も貨物の取扱いに関わる荷役費と荷繰費（一九四一年度から埠頭費に含まれる）であった。これらの支出は、三九年度以降、激増していき、収支を次第に悪化させていった。その増加理由のひとつは、インフレ下の諸経費膨張にあったが、「主要ナル原因ハ苦力賃ノ増大」にあった。[80]では、大連港の経営を悪化させた苦力＝華工労賃の増大をもたらした要因は何であったのか、以下で検討してみよう。大連港における華工費の急増は、戦時インフレによる諸物価の高騰、労働力不足の深刻化を補完するための労働者募集費が上昇したことなどにより、一九四〇年前後から顕著となっていった。[81]さらに同時期は、高賃金を求める労働力移動が激化し、華工の未熟練化が進行しており、[82]それが華工賃金の支出増大をもたらす原因となっていた。なぜならば、未熟練な荷役労働者の増加は、大連港における荷役能力を著しく低下させ、荷役労働力の投下量を増加させることになったからである。たとえば、満洲事変前の大連港における農産品の荷役処理能力は、一日一船当たりで積荷二〇〇〇—二五〇〇トン、揚荷で平均一二〇〇トンであったのに対し、日中戦争後には、同じく積荷役で平均一五〇〇トン、揚荷役で平均八〇〇トンへと三—四割も低下していた。[83]そのため、大連港では四〇年度以降、荷役作業量が減少したにもかかわらず、荷役労働者の投入量はさほど減少せず、四二年度には逆に増えることになった。[84]その結果、大連港における貨物一トン当たりの荷役コスト（荷役経費と荷繰経費の合計を取扱貨物量で除した数値）は、戦時インフレの影響もあったため、三六年度の〇・二二円から四〇年度には〇・四九円へと倍増しており、経営収支の悪化を促進することになった。三九年度から減少傾向に入った大連港の収益が、四二年度に激減するのはかかる事態の進展によるものだったといえるのである（表2-4）。

(二) 営口埠頭・河北埠頭・壺蘆島港

1　営口埠頭の輸出入貿易

営口港は、遼河の河口から約二二キロメートル上流に位置し、一八五八年に締結された天津条約にもとづいて一八六一年に開港された河港である。その港域は、営口市街が広がる遼河東岸を中心としており、外国企業や中国商人の埠頭が連なっていた。営口港は、冬季三ヶ月は結氷により閉鎖状態になること、河口には遼河上流から流出する土砂が堆積してできる浅瀬・門洲《かんぬきす》（Bar）が形成されるため、大型船の航行に支障がでるなどの欠陥を有していたが、大連港が出現するまでは満洲唯一の開港地として繁栄を誇っていた。[85]

満鉄が、ここに大連埠頭事務所営口支所を開設し、埠頭業務に着手したのは一九一〇年一〇月ことであった。[86] だが、「大連中心主義」をとる満鉄にとって営口の埠頭経営は、鉄道業務に付随する程度の位置づけであったため、二〇年代半ばまで営業不振に陥っていた。[87] しかし、一八九一年夏に三井物産社員として営口を訪れ、九五年には三井物産営口出張所を立ち上げた山本条太郎が、一九二七年七月に満鉄社長に就任すると、営口満鉄埠頭の有り様に大きな転換がもたらされる。というのは、大連着任直後に満鉄沿線を視察した山本は、営口の凋落振りを目の当たりにし、その再建を決意したからであった。山本は、鞍山製鉄所で増産を予定していた鉄鋼と撫順炭の移・輸出を拡大するために、営口満鉄埠頭の整備・拡充を行うことを決定し、二八年六月より工事に着手（三〇年七月竣工）した。[88] その結果、低迷下にあった満鉄埠頭は、一転して盛況に転じ、三〇年度には移・輸出量一〇〇万トンを突破し、大連港に次ぐ満洲第二位の貿易港へと成長したのであった。[89]

満洲事変前の営口港は、華中・華南を中心とする対中国貿易の拠点で、中国との交易額は移・輸出入総額の七―八割に達していた。[90] 満洲国成立以降、中国との交易は減少し、替わって日本との貿易比重が高まるが、[91] 営口港における中国人商人・貿易商の活動は、満洲国成立後も一定程度維持されており、中国人商人が介在する戎克貿易も一九三三年頃から回復に向かっていた。[92] しかし、主として華中・華南地域を交易対象としていた中国人商人の交易は、日中全面戦争勃発によって大打撃を受け、戎克貿易も途絶して「営口の満人街の六、七割が空屋と化し……」[93]、壊滅状態となった。

さて、営口満鉄埠頭の輸出入状況を大連港と比較してみると、輸出面において注目すべき特色がある（表2-8）。営口埠頭における輸出品の中心は、全体の四割以上を占める石炭と同じく三割前後に達する大豆・豆粕・雑穀などの特産物であった。その輸出先は日本と中国によってほぼ二分されており、石炭は、七割が日本、残る三割が中国に送出され、特産物は三分の二が中国、残りが日本向けであった。しかし、石炭の輸出は、既述のように満洲国内の需要が拡大する一九三七年度から減少に転じ、満鉄が石炭輸出を大連港甘井子埠頭に集中する方針を決定する三〇年代末[94]に急減し、四二年度には輸出停止状態となる。一方、特産物の輸出は、日中全面戦争以降、中国市場向け輸出の激減によって縮小し、三九年の農産物統制実施後の農産物出荷の低迷がそれに追い打ちをかけることになった。その結果、三七年度以降、満鉄営口埠頭の輸出量は急降下していくのである。

満鉄埠頭で石炭・特産物に次ぐ輸出品は、主に日本へ輸出される銑鉄、マグネサイト（菱苦土鉱）、滑石であった。営口満鉄埠頭では、満洲事変前より鞍山昭和製鋼所で生産された銑鉄が輸出されており、一九三四年、同製鋼所に製鋼工場と鋼材圧延工場が完成すると[95]、三五年からそこで生産された鉄・鋼の輸出も開始される。この銑鉄などの輸出量は、国内需要の拡大によって一時減少するが、三九年度から一〇万トン台に回復し、満鉄が大連港における銑鉄輸出を強化する四二年度までその水準を維持していた。また、マグネサイトは、営口の背後地である大石橋、海城が世界有数の産出地であったことから、営口埠頭が満洲で唯一の対日輸出港となっていた。そして、三八年、満鉄によって、営口に満洲マグネシウム工業株式会社が設立され、マグネサイトの半加工品であるマグネシアの生産が開始され

表2－8 営口埠頭における主要輸出入品目の推移（各期間平均値）

（単位：1,000トン、%）

		1931〜33年度	1934〜36	1937〜39	1940〜42
輸出	大豆	170.7(14.7)	124.9(11.1)	22.1(4.1)	8.2(3.4)
	穀類	152.9(13.1)	98.9(8.8)	57.6(10.8)	1.5(0.6)
	大豆粕	95.3(8.2)	64.1(5.7)	29.2(5.5)	9.4(3.9)
	木材	*1.7(0.2)	3.2(0.3)	1.7(0.3)	15.3(6.3)
	石炭	563.5(48.5)	475.9(42.2)	87.8(16.5)	5.2(2.1)
	滑石	*52.5(5.5)	62.2(5.5)	64.8(12.2)	24.3(10.0)
	マグネシア	—	7.4(0.7)	24.2(4.5)	44.6(18.4)
	マグネサイト	*25.5(3.0)	55.5(4.9)	72.4(13.6)	40.1(16.6)
	銑鉄	—	152.9(13.5)	93.8(17.6)	77.4(32.0)
	鉄・鋼	—	31.4(2.8)	17.5(3.3)	0.3(0.1)
	その他合計	1,163.0(100.0)	1,128.4(100.0)	533.1(100.0)	242.2(100.0)
輸入	穀類	18.0(13.9)	44.0(14.5)	29.6(8.4)	9.8(4.6)
	枕木	—	41.2(13.6)	4.7(1.3)	—
	木材	14.9(11.5)	30.3(10.0)	34.4(9.8)	7.9(3.7)
	石炭	—	0.3(0.1)	14.3(4.1)	80.7(38.2)
	鉱	—	**14.1(5.1)	26.0(7.4)	—
	硅石	—	10.2(3.3)	10.4(3.0)	1.8(0.8)
	マンガン	—	**10.8(3.9)	4.7(1.3)	—
	硫物	—	—	6.0(1.7)	15.0(7.1)
	塩	5.1(3.9)	14.1(4.6)	—	10.8(5.1)
	麦粉	27.0(20.8)	46.1(15.2)	26.4(7.5)	3.8(1.8)
	纖維品	0.7(0.5)	3.3(1.1)	6.0(1.7)	7.5(3.5)
	セメント類	0.4(0.3)	1.1(0.3)	32.3(9.2)	10.3(4.9)
	紙類	1.6(1.3)	9.3(3.1)	19.5(5.5)	6.7(3.2)
	その他合計	129.8(100.0)	304.0(100.0)	352.2(100.0)	211.5(100.0)

1．穀類とは、輸出の場合は主に高梁、玉蜀黍のことで、輸入の場合はその他穀物・種子、高梁、包米、粟などのことである。

2．*の数値は、1931・32年度が不明のため、1933年度のみのもので、割合も1933年度の総計に対応し、**の数値は、1934年度が不明のため、1935・36年度の平均値で、割合も両年度の総計に対するものである。

3．満鉄『鉄道統計年報 第5編 港湾』各年版より作成。

ると[96]、三九年度から満鉄埠頭におけるマグネシアの輸出が本格化していった。こうしてマグネサイトなどの輸出量は、石炭と特産物の輸出が急減していく三七年前後から著増していった。さらに、輸出量全体が縮小するのに対し、銑鉄などの輸出は、大幅に減少しないで一定水準を維持し、その比重を上昇させていった。その結果、四〇年度における営口埠頭では、輸出の三割を銑鉄、同じく四割強をマグネシア・マグネサイトが占め、滑石を加えると全輸出の九割に達した。かくして、営口埠頭は、重化学工業の原料とその中間材の対日輸出港に転換することになる。

次に、輸入についてみてみる。営口満鉄埠頭の主要輸入品は、満洲国建国前後には穀類や麦粉などの食料品であったが、満洲国建国後には木材や枕木などの鉄道・建設資材の増加が目立つようになる。そして、一九三七年に「産業開発五箇年計画」が開始されると、鉄・鋼などの生産財と工業原料である石炭、鉱（鉄鉱石）、砿物の増加が顕著となっている。そのなかにあって、満鉄埠頭では三八・三九年度の二年間に輸入量が躍増することが特徴的で（前出表2-3）、その理由は、大連港の滞貨問題にあった。すなわち、三八年度には「大連港ハ一時超飽和状態トナリタル為営口埠頭利用セラレ奥地各都市向一般雑貨及産業開発用資材ハ殺到シ……埠頭開設以来ノ最高記録タル約三十一萬瓩ノ陸揚ヲ観ルニ至[97]」り、三九年度に大連港で滞貨問題が再発すると、営口満鉄埠頭は、経由する輸入貨物が非常に早く奥地に向けて発送されるので、「奉天、新京、八区方面（哈爾浜の主要な貨物集散基地――引用者）の荷主は最近営口経由を好む様になり、輸入荷物が殺到……[98]」した結果であった。そのため、四〇年頃に大連港の滞貨問題が解消されると、営口埠頭における輸入量は、食料品や木材、セメントなどの激減によって急速に縮小していった。そのなかで唯一輸入が急増したのは石炭であった。満洲における石炭輸入は、華北産出の製鉄用石炭を中心として四一年度から伸長したが[99]、満鉄営口埠頭の華北炭の輸入量は、四一年度には前年度比約一四倍の一四・八万トンへ飛躍的に拡張し、翌四二年度も輸入品中最高の八・四万トンを記録した。

以上が営口満鉄埠頭における輸出入量の推移であるが、この間に営口埠頭と日本との交易関係も大きく変化することになった。営口埠頭における対日輸出割合は、対中国輸出の比重低下とともに増加し、一九三三年度の約六割から三七年度には八五％を超え、四〇年度には九七％に到達して営口埠頭の輸出＝対日輸出という状態になった。しかし、日本に対する実質的な輸出量は、三四年度の七八万トンをピークとしており、三七年度から著しく縮減し、四二年度には二一万トン弱に低下した。営口埠頭の全輸出量は、対中国輸出の減少をも一因として三七年度に激減するが[100]、三八年度以降の輸出縮小は、日本への輸出低落がそのまま反映するといって過言ではない状況になっていた。他方、営口埠頭の輸入では、対日輸入の減少という事態が進行していた。営口埠頭の輸入に占める日本のシェアは、三三年度以降、六割台を維持していたが、三六年度には四割台に低下し、翌年度も実質的な減少をみせていた。ところが、前述のように、大連港の滞貨が深刻化し、大連に陸揚げ予定の貨物が営口埠頭に回送されるようになる三八・三九年度は、日本からの輸入量が急増し、そのシェアは八割台に跳ね上がった。しかし、大連港滞貨問題が解消される四〇年度には日本からの輸入量が激減（前年度から半減）し、そのシェアも四〇年度の六割から四一年度には三割に激落し、四二年度には一割に急降下していく。それに対し、営口埠頭では、前述のように、華北からの製鉄用石炭の輸入が急速に拡大し、輸入の中軸を担うようになる。営口満鉄埠頭における輸入貿易の縮小は、対日輸入量の激減を最大の要因とし、中国（華北）からの輸入シェアが拡大するなかで進行していたのである。では、満鉄営口埠頭における対日輸入が四〇年度以降、急速に低減していくのは何故であろうか。

その最大の理由は、前述の日本経済の悪化にあったが、問題は営口港自体にもあった。営口港では、遼河河口の門州問題を解決するために、遼河下流の改修工事が度々実施されたが、流砂量の多い遼河では十分な効果をあげることができなかった[101]。そうしたなか日本では、戦争の長期化によって船舶不足が深刻化し、一九四〇年九月には「海運統制国策要綱」が閣議決定された。これによって、翌年初頭から配船管理などの海運統制が開始され[102]、それが営口満鉄埠頭には致命的な打撃になったようである。というのは、四一年度から営口満鉄埠頭の「……港灣業務を主體とせる海運関係業務に於て著しく不振を見たるは船舶輸送統制に基く配船減の然らしむる所」[103]だったからである。つまり、大連港と比較して自然的制約が大きい営口港では、限られた輸送船舶を有効に運用できないという海運統制機関の判断が働き、営口港の利用を極力回避するようになったと思われる。そのため、営口満鉄埠頭の輸出量は四一年度に急減し、輸入量も四二年度に半減していくことになる（表2-2、表2-3）。前節のように、満鉄が三八年一〇月に立案した営口満鉄埠頭の拡張計画が未着手のままに終わった理由もここにあったといえよう。

2　河北埠頭と壺蘆島港の輸出入貿易

かつて営口満鉄埠頭に対抗する存在であった河北埠頭は、満洲事変後に壺蘆島港とほぼ同じ経緯を辿って満鉄の傘下に入った。その後、満鉄は、河北埠頭に若干の改修を加え、遼河水運による国内交易港として利用していた。[104]そして、河北埠頭は、満洲国の貿易が拡大すると、一九三七年度から対外貿易港に指定された。

この河北埠頭における輸出入状況は表2-9のようであった。輸出の中心は大豆、雑穀類、輸入品の主力は塩、麦粉などであり、その取引相手は、いずれも対岸の営口で活動する商社や商人であった。したがって、河北埠頭は、遼西地方の農産物を営口へ送出し、替わりに営口で入手した塩や麦粉を遼西地方に供給する中継港の役割を果たしていたのであった。[105]しかし、河北埠頭の交易は三九年度から急速な縮小を余儀なくされていった。河北埠頭は、壺蘆島港とともに阜新・北票で産出される石炭の移・輸出を行うために、日満商事の支所が設けられており、[106]その業務が開始される三八年度には八・四万トン強の石炭が対日輸出された。ところが、河北埠頭における本格的な石炭の輸出はこの年度だけで終わり、翌三九年度の石炭輸出量は三〇トンに急降下する。しかも、三九年度における河北埠頭からの農産物輸出は、農産物統制が実施されたために激減しており、その総輸出量は、前年度の三割、五万トンに低下することになった。そして、四〇年度以降の河北埠頭の交易は、表2-9のように輸出を中心として不振を極めることになる。その最大の理由は、壺蘆島港の建設にあった。なぜならば、河北埠頭は、三九年度には「……隣接壺蘆島埠頭ノ整備ニ伴ヒ愈々閑散ニ向フハ止ムヲ得サルトコロナリ。……（中略）……船舶ノ入港皆無ニ因ルモノニシテ現状ニテハ汽船ノ著埠ハ困難ナリ(107)」という状態に陥っていたからであった。そして、四〇年度の河北埠頭には、「汽船ノ著埠皆無ニシテ愈々閑散ノ一途ヲ辿リ、戎克舢舨《サンパン》ニ依ル對営口ノ国内貿易ヲ営ムニ止(108)」まることになった。したがって、河北埠頭は、四〇年頃に貿易港としての機能を喪失したといえよう。

では、河北埠頭の命運を左右することになった壺蘆島港の貿易港としての実態はいかなるものであったのか以下で検討してみよう。

表2-9　河北埠頭における主要輸出入品目の推移（各期間平均値）

（単位：1,000トン、％）

		1935～36年度	1937～39	1940～42
輸出	大　豆	48.9(40.8)	10.5(9.3)	0.8(4.1)
	大豆粕	10.2(8.5)	4.8(4.2)	0.1(0.3)
	雑穀・種子	43.8(36.6)	50.4(44.4)	5.2(25.2)
	棉　実	6.9(5.8)	3.0(2.7)	5.5(26.7)
	石　炭	—	28.2(24.8)	—
	その他合計	119.7(100.0)	113.5(100.0)	20.7(100.0)
輸入	塩	12.4(14.9)	43.7(38.7)	21.9(30.7)
	麦　粉	31.1(37.4)	10.3(9.1)	0.2(0.3)
	砂　糖	2.1(2.5)	7.3(6.5)	0.1(0.2)
	煙　草	0.4(0.5)	1.3(1.2)	4.9(6.9)
	紙　類	3.7(4.4)	8.9(7.9)	4.3(6.0)
	その他合計	83.2(100.0)	112.7(100.0)	71.4(100.0)

満鉄『鉄道統計年報　第5編　港湾』各年版より作成。

表2-10を参照されたい。前述のように、壺蘆島港による石炭輸出量は、満洲国の石炭需要が拡大したため、一九四〇年度から急減し、四二年度には皆無となった。だが、壺蘆島港では、四〇年度から鉄鉱石の輸出が行われるようになり、石炭に替わって鉱、砿物の輸出が拡大する(109)。その経緯は以下のようであった。察哈爾省宣化の東方に位置する龍烟鉄鉱は、三八年度から鉄鉱石の対日供給を開始し、それは年々増大していったが(110)、唯一の輸出港である塘沽港の荷役能力ではそれに対応できなくなっていた。そこで、龍烟鉄鉱の輸出担当機関は、四〇年七月から協議を重ね、「壺蘆島港ヨリ試験的対日輸出ヲ行ヒタル結果、極メテ良好ナル成績ヲ収ムルコトヲ得タ……(111)」ので、龍烟鉄鉱の鉄鉱石を壺蘆島港から輸出することにした。ところが、アジ

表2-10　壺蘆島港における主要輸出入品目の推移（各期間平均値）

（単位：1,000トン、%）

		1935〜36年度	1937〜39	1940〜42
輸出	大　豆	4.9(29.5)	0.3(　0.6)	4.1(　3.8)
	雑穀・種子	9.3(55.5)	10.6(19.5)	0.8(　0.8)
	鉱	—	—	81.3(74.7)
	砿　物	2.8(10.0)	4.6(　8.6)	6.6(　6.0)
	石　炭	—	41.4(76.5)	15.2(13.9)
	その他合計	16.8(100.0)	54.2(100.0)	108.9(100.0)
輸入	木　材	0.1(　0.6)	17.7(30.2)	2.5(　9.2)
	塩	—	—	2.3(　8.5)
	麦　粉	6.5(34.1)	0.2(　0.3)	—
	砂　糖	1.0(　5.3)	4.9(　8.3)	0.1(　0.3)
	セメント	—	17.7(30.2)	4.7(17.4)
	鉄・鋼製品	0.7(　3.6)	3.5(　6.0)	3.7(13.6)
	機械類	—	—	8.3(30.8)
	その他合計	18.9(100.0)	58.6(100.0)	27.0(100.0)

満鉄『鉄道統計年報　第5編　港湾』各年版より作成。

ア・太平洋戦争勃発後に日本軍は、開灤炭鉱が経営する秦皇島港を接収し、四二年度から塘沽港の補助港とした[112]。そして、四二年一〇月から龍烟鉄鉱の鉄鉱石は、秦皇島港を通じて対日輸出されることになり[113]、壺蘆島港の輸出業務は中止されることになった[114]。こうして、壺蘆島港の輸出は四二年度に激減することになる（表2-2）。一方、壺蘆島港の輸入の中心は、開業当初の麦粉などから三七年度には木材、セメント、鉄・鋼製品へと移行し、四〇年度からは機械類が目立つようになる。こうした建設資材や生産財の輸入量拡大は、三〇年代後半に錦州市を中心として軽工業の発展がみられたこと[115]、さらに、三八年、錦州市に設立された満洲合成燃料株式会社が同年四月から工場建設に着手したことなど[116]と関連しているようである。その輸入先は、三七年度までは大連を中心としていたが、三八年度から日本が急増して翌年度は約八割を独占した。しかし、日本からの輸入は、四〇年度以降、急減していき、同港の輸入量も急速に縮減していくことになる（表2-3）。

(三)　安東埠頭

安東港は、鴨緑江の河口を遡ること四六キロメートルの地点にある河港で、鴨緑江水運の要衝として発達し、一九〇三年一〇月に商埠地として開放された。一一年一二月、鴨緑江の鉄橋架設により安奉線と対岸の朝鮮鉄道京義線が連絡されると安東は、満洲と朝鮮を連絡する経済的にも政治的にも重要な都市となる。その翌年五月、満鉄は、大連埠頭事務所安東支所を設置し、安東港で埠頭業務を開始した（一四年五月より安東駅の所管になる）。しかし、安東港から鴨緑江河口に至るまでの水路は、鴨緑江上流から流出した土砂が堆積するため、干潮時の水深約六〇センチという箇所がいたるところにあり、船舶の航行が困難になっていた。そのため二〇年代末頃、安東港に入港できる汽船は、満潮時でも七〇〇―八〇〇トン以下に限定され、それ以上の船舶は約一一キロメートル下流の三道浪頭に碇泊することを余儀なくされていた[117]。そのこともあって安東の貿易は、鉄道による陸路貿易を中心としており、安東市の貿易に占める海路貿易の割合は、二〇年代後半には二割前後に低下していた[118]。

以上のような安東港の貿易状況は、満洲国期になっても基本的に変わっていない。表2-11のように、安東満鉄埠頭の輸出は、大豆、豆粕、雑穀などの農産物を中心としており、多い年度でも三万トン程度であった。それに対して安東満鉄埠頭の輸入は、鴨緑江上流から搬出される木材を中心として輸出を大幅に上回っていた[119]。しかし、上流で電源開発が行われ、一九四〇年頃から木材の「流筏」ができなくなると、木

表2-11　安東埠頭における主要輸出入品目の推移（各期間平均値）

（単位：1,000トン、％）

		1931～33年度	1934～36	1937～39	1940～42
輸出	大豆	1.4(10.5)	3.1(13.2)	1.6(5.0)	0.9(3.1)
	大豆粕	0.8(5.9)	3.2(13.9)	7.0(22.4)	0.2(0.8)
	雑穀・種子	5.1(38.3)	5.1(21.9)	2.6(8.3)	2.0(7.0)
	木材	0.6(4.8)	1.3(5.6)	5.1(16.4)	3.1(11.1)
	石炭	3.1(22.8)	2.0(8.8)	8.3(26.6)	11.4(40.2)
	その他合計	13.4(100.0)	23.2(100.0)	31.3(100.0)	28.2(100.0)
輸入	大豆	—	1.0(0.6)	1.6(1.1)	9.4(13.6)
	穀物	1.3(1.5)	4.1(2.5)	2.2(1.5)	3.9(5.7)
	米・籾	—	—	—	19.0(27.5)
	木材	56.0(64.5)	109.2(67.3)	74.2(48.8)	6.4(9.2)
	原塩	—	—	8.0(5.2)	8.3(12.1)
	その他合計	86.8(100.0)	162.1(100.0)	152.0(100.0)	69.1(100.0)

1．輸出における雑穀・種子とは、小豆、包米、その他穀物及種子のことで、輸入の穀物とは、包米、粟、その他穀物種子のことである。
2．満鉄『鉄道統計年報　第5編　港湾』各年版より作成。

材の輸入は激減し、輸入量全体も急降下していった。そのなかで、安東埠頭の輸入量は、三九年度に急増して前年比八割増の二二・四万トンに達し、翌年度には三分の一に低落するという変動をみせた（前出表2-3）。三九年度は、大東港の建設が開始されたため、日本から大量の建設資材が輸入され、輸入量全体が急膨張したが、この建設ブームが翌年度には早くも沈静化した結果、このような激変が惹起されたのであった。そして、その頃から安東港とその周辺の水路状況はさらに悪化し、「満鉄埠頭への遡行は満潮を利用しても漸く五〇—六〇噸の船舶しか入港出来ない」[121]ようになり、主要船舶は、下流の三道浪頭に碇泊することを余儀なくされた。しかも、三道浪頭の港湾設備が不備なため、繋留した船舶の貨物は、艀荷役によって満鉄埠頭まで運搬しなければならなかった。こうして、安東満鉄埠頭を利用するのは小規模な船舶ばかりになり、その交易圏は、鴨緑江流域の満洲国側とその周辺に限定された局地的なものとなっていった。したがって、安東埠頭は、この時点で機能不全に陥っていたといえよう。

(四) 北朝鮮三港

1 羅津港の輸出入貿易

北朝鮮三港の中心は、満鉄が建設した羅津港である。その貿易状況を表2-12によってみてみよう。

まず、羅津港の輸出の特徴を一言でいえば、大豆の輸出が圧倒的地位を占めていたことである。羅津港から輸出される大豆は、主に東満地方から搬出されたもので[122]、大連港で滞貨問題が発生する一九三八年度には輸出の九割・六四万トンに達した[123]。満鉄は、羅津港の築港目的のひとつに「露西亜の極東に於ける根據地たる浦鹽港及北鉄・烏鉄を制する」[124]ための特産大豆輸出港にすることを掲げていた。そして、北鉄＝中東鉄道が三五年、満洲国に譲渡され、満鉄の経営下に入り、大豆輸出港としてのウラジオストックの使命も終っていたので、羅津港は、かつてのウラジオストックに代わる存在になったといえる。しかし、羅津港の大豆輸出は、八割以上を独占していたヨーロッパ市場が第二次世界大戦の勃発により閉鎖されたため、四〇年度以降、激減することになる。その後の羅津港の輸出品は、日本に供給される大豆・大豆粕（年間一〇万トン程度）と北朝鮮で生産される織物用の麻類[125]を中心とするようになった。

次に、羅津港の輸入について検討する。羅津港の輸入における第一の特徴は、青果類をはじめとする食料品が最大の輸入品で、その大半が羅津港から直接東満地方へ輸送され、日本から同地域に入植した満洲移民の需要を充たすことになったことである[126]。このことは、羅津港における交易が主として通過貿易という形態をとっていたことを示している。通過貿易とは、輸出入される「……貨物ガ湾港《ママ》ニ於テ船車連絡（或ハ異ル航路間ノ船舶積換）ヲ行フノミデ港湾ヲ通過シソノ港湾ノ商業機関ト全ク無関係……」[127]の貿易のことで、羅津港が輸入するセメント等の建設資材や機械類の大半も、満洲国東北地域における鉱山開発、交通路建設に用いられていた[128]。また、前述の羅津港から輸出される大豆も東満地方からの通過貿易によるものであった。そこで、三七―四一年度における羅津港における通過貿易の割合をみると、一貫して貿易総額の六―八割前後を占めており、三九年度には北朝鮮三港の通過貿易総額の七割を羅津港が担うことになっていたのである[129]。

特徴の第二は、一九四二年度の一般貨物輸入量が激減していることである。四二年度の羅津港における総輸入量三〇万トンの内訳は、軍需貨物一七万ト

表2-12　羅津港における主要輸出入品目の推移（各期間平均値）

（単位：1,000トン、％）

		1935～36年度	1937～39	1940～42
輸出	大豆	70.7(80.6)	448.3(88.4)	131.4(53.2)
	大豆粕	13.3(15.2)	39.7(7.8)	36.9(15.0)
	麻類	—	—	22.2(9.0)
	その他合計	87.7(100.0)	507.0(100.0)	246.9(100.0)
輸入	青果類	1.8(8.6)	20.5(11.3)	48.7(16.1)
	木材	0.7(3.4)	24.9(13.8)	16.7(5.5)
	石炭	—	—	32.9(10.9)
	麦粉	1.2(6.0)	24.7(13.7)	8.1(2.7)
	食料品	1.0(5.1)	13.0(7.2)	16.3(5.4)
	セメント	2.7(13.1)	17.8(8.1)	6.0(2.0)
	金物	4.1(20.0)	—	—
	鉄・鋼製品	—	15.7(8.6)	21.7(7.2)
	機械類	1.7(8.5)	6.6(3.7)	10.9(3.6)
	その他合計	20.4(100.0)	181.3(100.0)	301.7(100.0)

1．軍用品の取扱いは、1938年度・輸入212,835トン、1939年度・輸入385,893.8トン、1942年度・輸出65,243.3トン、輸入171,120.2トンであった。
2．満鉄『鉄道統計年報　第5編　港湾』各年版より作成。

ン、一般貨物一三万トンで、一般貨物は前年度の三分の一に急減した（前出表2-3）。日中戦争長期化のなかで日本は、三八年頃より円ブロック圏に対する輸出統制を強化していく。それを受けて満洲国でも奉天や新京を中心に輸入統制機関の整備が行われ、輸入ルートの大連一元化が進展していった。その結果、食料品を除く東満地方の日用消費財の輸入は、それまでの羅津港経由から大連経由へと転換されていった。(130) 同時期に営口満鉄埠頭などでも日用消費財輸入が急減していくが、それは、こうした事態とも関係していたといえよう。

第三の特徴は、他の港湾に比べ、総輸入量に占める軍需品の割合が格段に高いことである。陸軍中央は、輸送力節約の見地から、満洲国への平時の軍需輸送を極力控え、羅津に補給廠を設置して軍需物資の保管・管理を行っていた。(131) そのため羅津港では、張鼓峰事件の発生以来、大量の軍需品が輸入されるようになった。その量は、一九三八年度二二万トン、ノモンハン事件が発生した翌年度は三九万トン、四二年度も一七万トン余に達した。なお、四〇・四一年度の羅津港における軍需品取扱量は不明だが、「昭和十六年度ノ実績ニ付テ見ルニ総量ノ四〇％ハ軍貨」(132) といわれていることから、両年度ともに一般貨物と同程度の軍需貨物の輸入があったと推測できる。(133) したがって羅津港は、軍中央・関東軍の軍事拠点としての性格を濃厚に有する港湾で、その存立意義もそこにあったといえよう。

羅津港の貿易は、ヨーロッパ市場閉鎖後は日本に集中するようになった。しかし、一般貨物の輸出量は二〇万トン以下、同じく輸入量は三〇万トン前後で停滞し、一九四二年度に急降下することになる。そして、このような羅津港の対日貿易の有り様は、開業当時から一貫して変らなかった。では、羅津港の対日貿易が不振となった原因は何か。以下で検討してみよう。

羅津港の対日貿易拡大を阻んだ最大の要因は、羅津港を経由する日本海ルートが「日満最短経路」であっても「日満最速経路」ではなかったことにある。その理由は多岐にわたるが、最大の問題は、日本海航路の後進性にあった。一九三九年当時の日本海航路は、「……大連航路ノ六千噸級以上ノ優秀船八隻日発制ニ対シ三千噸級ヲ以テ月六乃至八航海ノ寂寥タル配船……」[134]で、三〇時間程度で航行可能な日本海航路に四〇時間を要していた[135]。そのため、四〇年頃の日本の首都・東京から満洲国の首都・新京までの経路別の所要時間（船車連絡時間を含む）をみると、二八六七キロメートルの釜山ルート（関釜連絡船経由）の五九時間五〇分に対し、一九二〇キロメートルの日本海ルートは六八時間という結果であった。この日本海ルートの所要時間は、大連ルート（門司港経由・二九四九キロメートル）の七九時間半[136]よりもかなり速いが、日本海航路は、航海数が少ないなどの不便が多く、利用拡大には繋がらなかった[137]。

第二の理由は、羅津港の荷役力不足が深刻化していたことである。北朝鮮は、もともと人口希薄で、しかも当時、企業勃興熱が盛んであったため、深刻な労働者不足状態に陥っていた。そこで羅津港埠頭事務所は、朝鮮総督府の斡旋下に朝鮮中・南部で労働者の募集を行い、さらに満洲国からの労働者調達にも力を入れていた。にもかかわらず、一九四〇年一月時点で埠頭事務所に在籍していた労働者数は、必要数の二五〇〇名を大きく下回る一五二〇名弱（内四三〇名は満洲国から供給）であった[138]。さらに、労働者の中心となる朝鮮人労働者は、埠頭荷役に不慣れなためか「能率ハ満工ノ七五％見當ナリ」[139]と評価されており、実際の荷役能力も満鉄所管港湾の平均より二―三割ほど低位であった[140]。そのため、羅津港では、荷役労働力の不足を原因とする入港船舶の滞船延長、沖待船の続出という事態が度々発生することになった[141]。

羅津港不振の第三の原因は、羅津港と背後地を繋ぐ鉄道=北鮮線の輸送力不足にあった。南陽から東部線（雄基間）と西部線（清津間）に分岐する北鮮線は、完成を急いだために急カーブや急勾配が多く、列車一編成の車輛数は、東部線が一七輌、より勾配が急な西部線では一四輌であった。満鉄社線の列車一編成の車輛数は四〇―四五輌であったから、北鮮線の列車一編成の輸送力は、満鉄社線の三分の一程度しかなかった。しかも、北鮮線は、単線で運行本数が少ないため、輸入貨物の船車中継時間をいたずらに延長することになった[142]。

日本海ルートについては、これ以外にも運賃が高いなど様々の不都合が指摘されており[143]、一九三九年頃には、阪神地区から哈爾濱に発送した貨物は、大連経由ならば三〇日程度で到着するが、羅津経由では九〇日以上かかる場合もあったといわれている[144]。そのため、羅津港を中心とする日本海ルートの利用は、日本・満洲国双方の貿易関係業者から敬遠され、予期したほどに普及しなかったのである。そして、四一年一一月、敦賀から清津に向けて航海中の気比丸が城津沖合で機雷に触れて沈没する事件が発生すると[145]、日本海航路に対する人々の不安が高まり、安全回復が確認される翌年下半期まで「同地区方面航路は全く閉塞」する状態に陥ることになったのである[146]。

2　満鉄の羅津港優遇政策と清津港、雄基港

羅津港の経営は、極度の不振にあり、そのなかで、北朝鮮三港として本来協力関係にあるべき羅津と清津の間に深い軋轢が醸成されていた。

清津港は、一九〇八年に貿易港として開港され、日本・北朝鮮航路の中心として発展し、三六年六月には北朝鮮三港の一翼として満鉄の傘下に入ることになった。この清津港は、港湾としての規模は羅津港の三分の一程度であったが、長年の運営によって整備された「背後施設に至つては前者（羅津港——引用者）を凌駕するもの数倍[147]」で、貿易港としての総合能力は羅津港をはるかに上回っていた。そのため、北朝鮮における満鉄の港湾政策は、自ら建設した羅津港に有利な方向に展開され、露骨な羅津港優遇策が実行された[148]。

そこで、表2-13によって清津港の輸出状況をみると[149]、主要品であった東満地方の大豆、大豆粕の輸出量は、羅津港の営業が本格化する一九三七年度から年々減少し、三九年度の輸出全体に占める割合は一割程度になる。それに替わって輸出が急増したのは、地場産業による鰮《いわし》加工品で、三九年度には全輸出量の四割を占めるようになっていた。その結果、清津港の貿易総額に占める東満地方との通過貿易の割合は、三七年度の二三％が翌年度には一九％に下降し、四〇年度は約一割に低下した[150]。また、清津港の輸出貨物に占める満洲国発送貨物の割合は、三八年度には二四％

表2-13　清津港における主要輸出入品目の推移（各期間平均値）

（単位：1,000トン、％）

		1934～36年度	1937～39	1940
輸出	大　豆	105.2(34.7)	52.5(18.8)	9.5(13.7)
	大豆粕	56.9(18.8)	47.3(16.9)	—
	穀　類	23.0(　7.6)	20.5(　7.3)	1.0(　1.4)
	魚粉末	3.1(　1.0)	55.0(19.6)	4.9(　7.0)
	魚　粕	16.3(14.0)	26.1(　9.3)	11.3(16.4)
	魚　油	16.3(　5.4)	1.8(　0.6)	0.1(　0.1)
	硬化油	11.1(　3.7)	10.9(　3.9)	1.3(　1.8)
	その他合計	303.3(100.0)	280.1(100.0)	69.0(100.0)
輸入	青果類	20.9(　8.7)	49.1(11.5)	19.4(16.1)
	木　材	2.9(　1.2)	24.2(　5.7)	7.9(　6.6)
	石　炭	17.8(　7.4)	15.2(　3.6)	5.7(　5.0)
	麦　粉	20.2(　8.4)	10.1(　2.4)	0.3(　0.2)
	食料品	8.1(　3.4)	23.3(　5.5)	6.7(　5.6)
	石油類	15.3(　6.3)	3.0(　0.7)	—
	セメント	16.2(　6.7)	30.4(　7.1)	2.7(　2.2)
	鉄・鋼製品	22.1(　9.1)	37.7(　8.8)	8.7(　7.3)
	その他合計	241.6(100.0)	427.4(100.0)	120.2(100.0)

1．1940年度は、1940年4—6月までの第1四半期のみである。
2．軍用品の取扱は、1937年度・輸出5,110トン、輸入3,444トン、1938年度・輸入7,537.9トンであった。
3．満鉄『鉄道統計年報　第5編　港湾』各年版より作成。

であったが、満鉄が大豆輸出の羅津港中心主義を採用する翌三九年度には一六％に下がっていた(151)。したがって、清津港の貿易に占める東満地方の地位低下は、満鉄の羅津港偏重政策によってもたらされたといえるのである。

以上のように、清津港と東満との経済関係は一九三〇年代後半には極めて希薄になっていた。と同時に、この時期の清津経済界では大きな変化が進行していた。それは、三九年の三菱鉱業清津精錬所の操業開始と日本製鉄清津製鉄所の建設開始に代表される、清津の重工業都市への転換である(152)。清津経済界が、清津港の経営を満鉄に委託した背景には、満鉄の経済力によって清津港の施設拡充を図れば、清津の経済的発展を促進できるという思惑があった。しかし、当時の清津経済界では、満鉄・羅津港に対する不満の高まりとともに、満鉄から受ける様々の制約を排除し、工業都市・清津の発展のために清津港を運営していきたいという考えが強まっていた。清津商工会議所を中心として、三九年二月から清津港の満鉄委託経営解除と朝鮮総督府への返還を求める運動が展開されるのは(153)、かかる経緯からであった。他方、朝鮮総督府は、清津を中心とする北朝鮮の産業開発を推進するためには清津港の有効利用が不可欠であると判断し、三八年頃から満鉄との協議を開始していた。その結果、四〇年三月の閣

表2－14　雄基港における主要輸出入品目の推移（各期間平均値）

（単位：1,000トン、%）

		1934～36年度	1937～39	1940～42
輸出	大豆	53.6(25.8)	30.0(13.8)	1.4(1.6)
	大豆粕	30.4(14.6)	4.9(2.2)	—
	木材	26.0(12.5)	19.7(9.1)	14.8(16.2)
	石炭	34.8(16.7)	111.9(51.5)	63.8(70.0)
	鰮粕	5.7(8.9)	13.4(6.2)	4.0(4.4)
	その他合計	208.1(100.0)	217.1(100.0)	91.1(100.0)
輸入	木材	1.2(1.2)	23.7(25.5)	7.5(20.5)
	石炭	—	—	10.5(28.7)
	麦粉	11.1(10.6)	5.5(5.9)	0.4(1.1)
	セメント	24.4(23.4)	7.8(8.4)	1.1(3.0)
	軌条	23.2(22.2)	0.2(0.2)	0.1(0.3)
	その他合計	104.5(100.0)	93.0(100.0)	36.6(100.0)

1．軍用品の取扱量は、1938年度・輸入219.1トン、1939年度・輸入595.6トンであった。
2．満鉄『鉄道統計年報　第5編　港湾』各年版より作成。

議決定を経て、同年七月に北鮮線の西部線（上三峰－清津間）とそれに付帯する鉄道施設、ならびに清津港の経営権を朝鮮総督府に返還し、満鉄が委託経営していた北鮮鉄道東部線の図們・雄基間と同西部線の南陽－上三峰間、さらに雄基港については、改めて満鉄に貸し付けられることになった[154]。

最後に雄基港の輸出入の特質について述べておきたい（表2－14）。満鉄は、経営開始当初から雄基港を羅津港の補助港に位置づけ、北朝鮮や東満地方で産出される石炭、木材を扱う「荒荷港」とする方針を立てていた[155]。しかし、日本本国や華北向けに輸出されていた雄基港の木材は、満洲国が一九三八年に木材の輸出禁止を決定すると[156]、減少を余儀なくされていった。それに対して同港の石炭輸出は、三七年度以降、著しく増加し、輸出貨物の中軸を担うようになった。その輸出先は、三七年度まで、朝鮮向けが六―七割、残りが日本向けであったが、三八年度から日本向け輸出が急増し、約七割を占めるようになった。対日輸出用の石炭は、東満地方の密山炭や鶴岡炭であり、なかでも強粘結炭である密山炭の需要が高く、その七割強は北九州の八幡に送られ、製鉄原料として重用されていた[157]。ところが、前述のように、満洲国の石炭需要が高まっていくと、雄基港から日本に輸出される石炭は、三八年度の約一三万トンをピークとして激減し、四二年度には千トン弱になる。さらに、羅津港優遇政策をとる満鉄が、四〇年頃から雄基港に送出していた物資を羅津港へ回送するようになったため、雄基港の総輸出量は急速に縮小していくことになる。[158]そして、四二年に日本との定期航路が中止されると雄基港は、百トン内外の機帆船によって、地元・咸鏡北道の石炭（有煙炭）を朝鮮東岸諸港へ供給する業務に特化していった。[159]その結果、雄基港の輸出量は、四二年度には三九年度の三分の一、五万トン強に縮減し、その八割を朝鮮向けの石炭輸出が占めるようになった。

他方、雄基港が輸入する貨物の九割以上は日本からのものであった。その輸入量は、羅津港と同じく、北辺振興計画が開始される一九三九年度に木材・セメント等の建設資材を中心に急拡大するが、翌四〇年度から満鉄による羅津港優遇政策が強化されると急減していくことになる（前出表2-3）。

三　アジア・太平洋戦争下の満鉄港湾

(一)　一九四三年度における満鉄の港湾

表2-15は、一九四三年度における満鉄所管港湾別の輸出入状況を主要品目ごとにみたものである。本来ならば、昭和一七年度版の『港湾統計』と比較して検討すべきであるが、四三年度の統計[160]は、主要品目について大雑把な区分をしており、その内容が不明瞭なものが多い。そこで、四三年度単年で扱うことにした。なお、表中の「官用品」とは「軍用品」をさすと思われる。

既述のように、一九四二年度まで、輸出・輸入に占める大連港の地位は、圧倒的なものであったが、四三年度も同様に、大連港の輸出入量は全体の約八割を独占していた。そこで以下では、大連港を中心に検討していくことにする。

まず、最初に指摘すべきことは、一九四三年度における大連港の総輸出量が約二二〇万トン（官用品を含む）、前

表2-15　1943年度における満鉄所管の港湾別・品目別の輸出入量

（単位：1,000トン）

		大　連	旅　順	営　口	安　東	壺蘆島	河　北	羅　津	雄　基	総　計
輸出	大　豆	50.9	—	—	—	—	—	230.5	—	281.4
	穀物種子類	129.2	—	1.0	—	—	—	0.4	—	130.6
	麻　類	19.8	—	—	—	—	—	36.2	—	56.1
	大豆粕	273.0	—	—	—	—	—	34.9	—	307.9
	窯業品類	27.1	—	—	0.4	—	3.9	—	—	31.4
	石　炭	321.1	—	—	11.0	—	—	1.2	42.8	376.1
	マグネサイト・ドロマイト	386.7	—	—	—	—	—	—	—	386.7
	その他鉱産品	71.2	—	5.4	—	3.0	10.3	0.3	—	90.2
	林産品	52.3	—	17.4	3.5	—	1.0	5.7	—	79.9
	塩	112.7	105.7	—	—	—	—	—	—	218.4
	鉄　鋼	85.0	—	—	0.3	1.2	0.4	—	—	87.0
	低燐銑	68.3	—	—	—	—	—	—	—	68.3
	銑　鉄	33.9	—	—	—	—	—	—	—	33.9
	鉄・鋼製品	28.4	—	—	1.4	—	—	0.7	—	30.5
	官用品	170.6	—	—	—	—	—	26.1	—	196.6
	その他合計	2,197.8	109.7	25.1	21.3	4.2	*25.0	339.2	42.8	2,765.1
船舶焚料炭		210.7	50.4	7.8	—	1.4	—	22.6	—	293.0
輸入	米・籾類	97.5	—	—	14.9	—	—	1.8	—	114.2
	農産類	88.1	—	—	—	—	—	65.0	—	153.2
	鉱産類	445.3	—	5.7	0.4	—	—	5.0	0.2	456.6
	木　材	*19.0	—	—	*2.0	—	—	*1.0	—	*22.0
	水産類	135.4	99.7	—	11.2	1.7	10.1	6.8	—	264.9
	食料・嗜好品	176.1	—	0.6	—	—	6.1	8.8	—	191.6
	布帛類	58.3	—	0.6	—	—	—	4.0	—	63.0
	窯業品類	26.4	—	—	—	—	4.0	3.2	—	33.6
	金物類	225.6	—	—	—	0.9	0.5	17.0	0.4	244.4
	官用品	391.4	—	—	—	—	—	71.2	—	462.6
	その他合計	2,268.0	99.8	12.0	*44.0	*15.0	42.4	231.4	1.2	*2,714.0

1．安東港、壺蘆島港における輸入合計数値は、千トン以下を四捨五入したものなので、実際の全港湾の合計値は、2,713.8千トンになる。

2．「終戦直前ニ於ケル満洲経済事情、復旧五ヶ年計画」（長春、執筆者不明、1946年）付表表3-12より作成したが、この史料には印刷（謄写印刷）が不鮮明で判読できない箇所がある。そこで、判読不明な箇所については、「満鉄所管港湾輸出貨物実績表（昭和14年度～昭和18年度）」、「満鉄所管港湾輸入貨物実績表（昭和14年度～昭和18年度）」（アジア経済研究所所蔵張公権文書 R7-52「港湾年間取扱量」）の数値を用いた。表中の＊印を付した数値がそれである。

年度比四割強の大幅減となっていることである（表2-2参照）。その要因をみると、第一に、四二年度まで輸出の中心であった大豆・大豆粕が激減したことがあげられる。なかでも、大豆の輸出量は、四〇―四二年度平均（表2-5、以下同様）の七分の一以下になっている。その第二は、単一品目としては二〇年代から首位を保持していた石炭の輸出量が大幅減となったことである。前述のように、石炭の輸出は、「産業開発五箇年計画」の実施＝内需拡大によって、四〇―四二年度には平均六五万トンに急減したが、四三年度はさらに半減し、三〇年代初頭の十数％に縮小した。第三は、四〇―四二年度に急増した銑鉄輸出量が四三年度にはその一四分の一程度に激減したことである。銑鉄・鋼などの対日供給は、日本帝国主義が満洲国に課した最大の課題のひとつであり、そのために、その対日供給ルートは、後述する大陸転嫁輸送に振り替えられ、その結果として大連港の輸出減少となった（後出表2-17）。

大連港では輸出が激減したが、このことは、満鉄所管港湾に占める大連港の地位低下を意味するものではない。なぜならば、以前の大連港では皆無に等しかったマグネサイト、ドロマイトや塩の輸出が、一九四三年度に目立って増加しているからである。マグネサイトなどの輸出は、四二年度まで営口埠頭が独占していたが、四三年度には大連港が営口埠頭に取って代わることになった。また、銑鉄、鉄鋼などの輸出は、四三年度に大幅減となり、営口埠頭では中止されたが、大連港では継続されていたことから、満鉄所管港湾からの鉄鋼関連品の輸出は、大連港によって一本化されたといえる。さらに、関東州を含む満洲における塩の対日輸出は、四二年度まで、旅順港と普蘭店港などに限られていたが、四三年度から大連港でも実施されることになった。普蘭店港などの港湾施設は、貧弱で、荷役能力が極めて低く、船舶の有効利用には適合しない。そこで、関東局は、四三年度から、満洲で生産される塩の一部を大連港に回送し、旅順港とともに二三万八五〇〇トンの塩の対日輸出を実施することにしたのである[161]。そして、この時の両港の輸出分担量は不明だが、同年度の大連港では、旅順港を超える一一万トン強の塩が輸出された。したがって、満洲国では船舶の有効利用を図り、効率的な輸出を行うために、大連港の重要性がさらに高まっていたといえよう。

次に、大連港の輸入状況について論及してみる。一九四三年度における大連港の総輸入量は二二七万トン弱で、四二年度の七割弱（表2-3）に収縮している。表2-15における輸入品の分類は、輸出品よりもさらに大雑把になっているので分かりにくいが、輸出品の内容から推測すると、鉱産類は石炭と鉱、砿物、水産類は塩、金物類は鉄・鋼などの金属関連製品をさしているようである。[162] そこで、四三年度の大連港における品目別輸入量を、前出、表2-5の四〇—四二年度平均と比較してみると、首位にある鉱産類（中心は華北炭と思われる）は二割減で止まっているが、四〇年代に入って激減した繊維品（布帛類）の輸入量は横ばい、農産類（青果など）、木材、食料・嗜好品（麦粉、砂糖など）、金物類は大幅な減少となっている。なお、水産品（塩）の輸入が著増しているのは、[163] 関東州などから輸入して再輸出したためであろう。このことから、大連港の輸入縮小は、日本から供給される食料品などの消費財と金物類の減少を最大の要因としており、華北などの占領地からの輸入はそれほど悪化していなかったようである。

以上のように、満鉄は、大連港の利用を最重要視し、他の港湾が果たしていた役割を大連港へと移行・集中させ、同港の機能を発揮させようとしていたようである。そのため、大連港以外の満鉄所管港湾は、大連港を上回る衰退振りをみせる場合が多く、港湾としての機能を大幅に減退させていた。その典型的な港湾が旅順港と営口満鉄埠頭であろう。前述のように、旅順港は、大連港の補助港として塩の対日輸出と華北からの石炭受け入れ港として活動していた。しかし、一九四三年度になると旅順港は、石炭の輸入業務を剥奪され、満洲各地で生産される塩の集散業務に専念することになった。また、銑鉄、マグネサイトなどから切り離された営口埠頭の輸出業務は、林産品＝木材に特化することになった。一九三〇年代の満洲国における木材輸出は、大連港と雄基港を中心としていた。しかし、四一年度になると、年間二万—三万トンで推移していた大連港の木材輸出は、中国向けを中心に七・七万トンへと急増し、日本向け輸出に依拠していた雄基港の輸出は、四〇年代には一万台前半で低迷することになる（表2-14）。そして、同年度の営口埠頭では、それまでになかった木材の中国向け輸出が開始されることになる（表2-8）。満洲国は、四〇年二月より木材輸出の全面的統制を開始し、統制機関である満洲林業株式会社（三六年設立の満洲林業股份公司を三八年七月に改組）が、木材の生産と流通、輸出を厳重に管理することになった。しかし、木材の中国輸出は、華北交通株式会社が使用する枕木を主としていたため、満鉄が輸出業務を代行することになった[164]。こうしたことから、満鉄は、四一年度以降、大連港を中軸とし、営口埠頭をその補助港とする木材の中国輸出体制を確立しようとしていたと思われ、その結果、四三年度の営口埠頭に残された主要な輸出対象は、木材になっていたのである[165]。

満鉄所管港湾の貨物取扱量は、一九四三年度にさらなる減少をみせたが、そのなかで羅津港は、四二年度に続いて輸出入量ともに増大した唯一の港湾であった。四三年度における羅津港の一般貨物輸出量は、三一・三万トンで前年度から微増に止まったが、大豆輸出は、前年度から漸増することによって、大連港に替わる大豆輸出港となった。また、農産類（青果類）の輸入量も四〇―四二年度平均を上回り、農産物輸入は、東満・北満を羅津港が担当し、南満を大連港が担当するという地域分担が成立していたようである。その結果、羅津港における四三年度の官用品を除いた一般貨物の輸入量は、一六万トン、前年度の二割増となった。四二年度から回復に転じた羅津港の輸出入貿易（表2-2、表2-3）は、四三年度に入ってからも増勢を続けていた。その結果、「斯クテ現在（一九四四年一〇月頃――引用者）僅カニ呼吸セル港湾ハ大連、羅津ノ二港ニシテ其ノ他ハ旅順ノ一部ヲ除キ殆ト停止ニ近キ状態ニ在リ[166]」といわれたように、四〇年代における満鉄の港湾経営は、大連港と羅津港を主軸として展開することになったのである。では、このような状況が創出されたのは何故か。以下で具体的に検証する。

(二)　大陸転嫁輸送と満鉄の港湾

1　大陸転嫁輸送の展開

一九四二年一〇月、東条内閣は、「戦時陸運ノ非常体制確立ニ関スル件」を閣議決定した。いわゆる大陸転嫁輸送実施の決定である。大陸転嫁輸送とは、輸送船舶の不足と海上航行の危険を回避するために、中国占領地と満洲で獲得した物資を大陸各地の鉄道によって「南鮮諸港（釜山、馬山、木浦、灑水）迄輸送シ茲後ハ機帆船又ハ汽船ニヨリ海上短距離ヲ阪神関門地区まで輸送スヘキ所謂『南鮮中継』ノルートヲ確立」[167]しようとするものであった。この決定を受けて関東軍は、企画院（四四年一一月からは軍需省）が策定した物動計画にもとづき、朝鮮鉄道、満鉄、華北交通、華中鉄道などの現地機関を総動員し、同年一二月から転嫁輸送の試験的実施に踏み切った。その結果、後述のように一応の成果をあげたことから、四三年度には本格的な大陸転嫁輸送が実施されることになった。そこで、関東軍は、大陸転嫁輸送の円滑な運用のために、大陸鉄道輸送協議会（以下、協議会と略記）を設立し、四三年四月に第一回大陸鉄道輸送協議会を開催した。そして、同年六月には満鉄新京支社内に協議会事務局が設置され、大陸転嫁輸送の実務を担当することになった[168]。

大陸転嫁輸送は、関東軍の主導下に、満鉄を実働機関の中心として実施された。満鉄は、満洲国内における転嫁輸送の基幹線となる安奉線（安東―奉天間）と奉山線（奉天―山海関間）の複線化工事に着手した。そして、安奉線については一九四四年九月末に完成して翌月から運転を開始し、奉山線の複線化工事については翌四五年六月の完成を予定していた[169]。さらに、満鉄は、朝鮮鉄道や華北交通に機関車や貨車などを貸与し、輸送力強化に奔走した。特に朝鮮鉄道に対して満鉄は、転嫁輸送の要となる京釜線（京城―釜山間）と京義線（京城―新義州間）の複線工事を促進するために、社線の鉄道軌条を撤去して供給するなど[170]、まさに身を削る支援体制をとった。このような満鉄の協力を得て朝鮮鉄道は、京義線では一部の橋梁工事を残していたが、四五年二月には両線の複線化を達成した[171]。したがって、大陸転嫁輸送は、満鉄の存在なくしては実施不可能だったのである。

それでは、大陸転嫁輸送の実績はいかなるものだったのか。最初の四二年度は、第4四半期のみの実施で、輸送計画量を約四八万トンとし、その八三％を達成した。そこで、協議会は、四二年度の実績を踏まえて、四三年度には約

表2-16　1944年度の大陸転嫁輸送の計画と実績

（単位：トン、％）

	計画A	計画B	B／A	到着実績C	船積実績D	C／B	D／C
第1四半期	1,070,000	821,726	76.8	747,680	764,402	91.0	102.2
第2四半期	1,040,000	846,667	81.4	587,777	492,489	69.4	83.8
第3四半期	1,180,000	987,740	83.7	604,662	619,981	61.2	102.5
小　計	3,290,000	2,656,133	80.7	1,940,119	1,876,872	73.0	96.7
第4四半期	1,130,000	—	—	249,267	272,522	—	109.3
合　計	4,420,000	—	—	2,189,386	2,149,394	—	98.2

1．「計画A」は、1944年末頃までの修正計画で、「計画B」は、それ以降の修正計画と思われるが、原資料では、第4四半期の計画数値が未記入になっている（理由不明）。
2．第4四半期の到着実績と船積実績は、1945年3月初旬までの数値である。
3．朝鮮総督府「昭和19年12月第86回帝国議会説明資料」（『朝鮮総督府帝国議会説明資料第10巻』、不二出版、1994年)、237頁、内務省管理局「(昭和20年）朝鮮及台湾ノ概況」（同局、1945年)、67頁（JACAR：Ref.B02031291800、本邦内政関係雑纂/植民地関係雑纂第6巻、A-5-0、外務省外交資料館）より作成。

二〇八万トンの輸送計画を立て、それも八割強の実績を収めた(172)。この達成率は、かなり高いものであったが、その実施過程で看過できない欠陥が露呈することになった。その欠陥とは、朝鮮における鉄道の輸送力不足と港湾の荷役能力の低位性にあった。特に、港湾問題は、転嫁輸送実施前から致命的な欠点になるといわれており、たとえば、朝鮮最大の港湾である釜山港では、港湾施設が狭隘で上屋保管能力も不足しており、「従いて満支物資ノ釜山ルートヘノ転換ハ現状テハ期待シ得ズ(173)」と評価されていた。そして、実際に四三年度の大陸転嫁輸送が始まると、朝鮮鉄道の貨車輸送は、満鉄から引き継がれると同時に渋滞に陥り、南朝鮮各地の港湾では、荷役遅滞が常態化することになったのであった(174)。

そこで朝鮮総督府は、朝鮮鉄道と各港湾の施設整備とその充実に奔走し(175)、満鉄も大連港の荷役機械や艀船等を朝鮮の港湾に提供してその荷役能力強化を支援した(176)。こうした活動を前提として協議会は、一九四四年度の大陸転嫁輸送計画を六五〇万トンとした。しかし、大陸各地の鉄道輸送力はすでに限界に達しており、協議会は、年度前半には計画を四八〇万トンに縮小、修正した(177)。しかし、修正はこれで終わることなく繰り返され、四四年末までには四四二万トンに下方修正されていた(178)。

一九四四年度の大陸転嫁輸送の実績を示した表2-16を参照されたい。一九四五年三月初旬までの実績にもとづいて作成した同表をみて、まず気付くことは、四四年末頃までに修正された各四半期ごとの計画数値＝計画Aが、四五年三月までに、さらに二割前後低い計画Bへと下方修正されていることである。したがって、四四年度の転嫁輸送は、計画実行中に目標達成が難しくなると、さらなる下方修正を繰り返していたようである。にもかかわらず、第2四半期以降の南朝鮮各港における到着実績は、その計画Bを大幅に下回り、一ヶ月平均の到着量は、年度初めの二五万トンから第4四半期には一〇万トン台前半へと急降下している。また、船積実績は、船舶不足などから、第2四半期には厳しい落ち込みをみせ、到着実績を大幅に下回ることになった。その結果、四五年三月初旬までの輸送実績は、四四年末頃の目標四四二万トンの半分に止まり、「……配船不振、荷役不調、運転用炭入手不良等ニ因リ特ニ下期ハ低調裡ニ推移シ其ノ実績ハ三百万屯ニ達セザル見込」[179]という惨憺たる状況に転落したのである。すなわち、大陸転嫁輸送は、四四年度段階には下方修正を繰り返す「計画倒れ」に陥り、破綻に直面していたといえよう。そこで、大本営は、四五年三月以降、大陸転嫁輸送を直接、指揮・監督して運営に当たることにした[180]。だが、四月以降、関釜連絡船の運航は、空襲の激化などにより極めて困難となり、残された船舶は六月下旬から日本海航路へと配置転換された[181]。こうして大陸転嫁輸送は、十分な成果をあげることなく瓦解していったのである。

2　戦争末期における満鉄の港湾

大陸転嫁輸送がこのような事態に追い込まれるなかで大連と羅津を中心とする満鉄の港湾は、いかなる状況にあったのであろうか。

第一回大陸鉄道輸送協議会は、「南鮮諸港ニ於テ賄ヒ得サルモノハ北鮮及大連ルートニ依ルモノトス」[182]との決定を行い、大連港と羅津港など北朝鮮の港湾による海送ルートを大陸転嫁輸送の補助経路としていた。そして、同協議会は、北朝鮮ルートについては主として大豆、大豆粕の送出に、大連ルートについては石炭、大豆粕などの対日輸出に利用しようとしていた[183]。既述のように、一九四三年度に大連港の大豆輸出が大幅に縮小され、羅津港の大豆輸出が増強された理由は、この大陸転嫁輸送の運用事情にあったのである。したがって、満鉄による所管港湾の経営が四三年度以降、大連港と羅津港の二港を中心として展開されるのは、大陸転嫁輸送の本格的実施と関連していたのである。

そこで、同年度に満洲（満洲国・関東州）から日本に供給された物資四〇〇万トンの経路別輸送量を明らかにした表2-17を参照されたい。それによると、満洲から日本に供給された物資四〇〇万トンの内、大陸転嫁輸送（南朝鮮経由）によって搬送されたのは全体の三割強に止まり、残る七割＝二六九万トンは、主として満鉄の港湾を経由する海送ルートによって輸送されていた。そして、この海送による輸送量は、大陸転嫁輸送全体の実績・約一七〇万トンを大幅に上回ることになった[184]。したがって、同年度における満洲・中国占領地からの対日物資供給は、満鉄の港湾を経由する海上ルートの存在を中軸としていたといえよう。すなわち、大連港や羅津港などの満鉄の港湾は、大陸転嫁輸送の補助経路＝傍流ではなく、日本へ物資を供給する主流であり、日本の戦時体制維持に不可欠の役割を果たしていたのである。そして、この海送ルートの中枢こそは、満鉄港湾のなかでも突出した地位を占めていた大連港であった。

さて、大連港の一九四四年度における輸出量は一一三・七万トン、同じく輸入量は一一八・七万トンに激減した[185]。しかし、海上ルートによる満洲国の対日物資供給政策に占める大連港の地位は、それ程低下していなかったようである。なぜ

表２-17　満洲国による主要物資の経路別対日供給量（1943年度実績）

（単位：1,000トン、％）

	海　送	南朝鮮A	合計B	A／B
石　炭	376	291	667	43.6
銑　鋼	136	608	744	81.7
塩	498	—	498	0.0
非鉄金属	557	5	562	0.9
ピッチコークス	7	4	11	36.4
大　豆	387	315	702	44.9
糧　穀	155	—	155	0.0
大豆粕	321	73	394	18.5
油料種実	60	19	79	24.1
飼　料	48	—	48	0.0
硫　安	46	—	46	0.0
その他合計	2,688	1,316	4,004	32.9

大臣官房文書課「第86回帝国議会答弁資料（満洲事務局）」、462-463頁（JACAR：Ref.B02031396900、帝国議会関係雑件／説明資料関係、第29巻、A-5-2、外務省外交資料館）より作成。

ならば、同年度に日本帝国主義は、満洲国と関東州で四五〇万トンの物資を獲得し、そのうち二七〇万トンを南朝鮮経由で輸送し、残る一八〇万トンを満鉄の港湾を中心に海上輸送する計画を立てており、[186] この計画がどの程度まで実行されたかは不明であるが、同年度における大連港の輸出量は、この海送予定量の三分の二に相当するからである。他の満鉄所管の港湾が、同年度にどの程度の物資を輸出していたかは不明だか、大連港を超える港湾はなかったと思われる。したがって、四四年度も大連港は、満洲国・関東州から日本本国へ物資を供給する導管として大きな責務を果たしていたといえるのである。

だが、一九四四年七月のサイパン陥落以降、大連港に入港する船舶は、急速に減少していき、大連港の業務は縮小の一途となっていった。[187] そして、四五年を迎えると、満鉄は、大連港の荷役設備の一部を撤去し、雇用していた華工数千人とともに羅津港に移管した。[188] こうして、大連港の港湾業務は大幅に縮減され、その地位を羅津港に譲っていくことになった。

では、羅津港は、当該期にいかなる状況に置かれていたのであろうか。羅津港の輸出入貿易は、一九四〇年代初頭には不振を極めたが、四二年度以降、大豆輸出を中心として回復過程に入っていた。この回復振りを示すかのように、羅津港では、四三年一月から荷役力増強のための取り組みが実施された。その結果、同年三月の羅津港では、船舶荷役量が前年比で二五%増加しているにもかかわらず、荷役能力の強化によって船舶碇泊日数を平均〇・四日短縮するという、満鉄の港湾中第一位の成績を収めた。[189] この羅津港躍進の背景には、当時、日本と満洲を繋ぐ航路のなかで日本海航路の危険が最も少ないという事実があった。四三年以降、黄海をはじめとする日本周辺の海域にはアメリカ軍の潜水艦が頻繁に出没し、外洋航路の運航に支障を来すようになった。日本海でも四三年七月上旬から米軍の潜水艦が出現するようになり、同年一〇月には、宗谷海峡から侵入したアメリカ軍の潜水艦が南下し、関釜連絡船の崑崙丸を撃沈するという事件が発生した。しかし、これを最後に米軍の潜水艦は、四五年六月まで日本海から姿を消し、日本海は、他と比較すると「安全な日本の内海」と化したのである。[190] さらに、このような状況と並行して、羅津港の利用拡大を企図する満鉄社員の積極的な行動がいたるところで展開された。その一例をみてみよう。四三年六月、新京で開催された第四回日満経済懇談会に出席した満鉄企画局次長の佐藤晴雄は、「この輸送経路に於きましては現有施設その儘に於きましても尚相當の輸送余力を有つて居るのであります。従ひまして現在の如く輸送力逼迫の状況に於きましては是非ともこの北鮮経由の輸送余力を十分活用する必要がある」[191]、と発言し、日本海ルートによる物資輸送の利点を具体的に提案した。こうした満鉄社員の発言は、様々な協議会等で行われた。こうして、同時期の日本海ルートは、船舶航行の安全性が相対的に高いこともあり、対日輸送ルートとして再度重視されるようになった。そして、大陸転嫁輸送が極度の不振に陥る四四年度には、「海送ノ面ニ於テハ海上危険ト嫁行率ノ点カラ新ニ北鮮航路ガ特ニ北満物資ノ輸送路トシテ利用サル、」[192]ようになり、羅津港は、大連港に代わる海送ルートの中枢に位置づけられた。つまり、羅津港を中心とする日本海ルートは、日本帝国主義に残された最後の対日輸送経路として重要視されることになったのである。

羅津港を中心とする日本海ルートの輸送量は、一九四四年以降、増大しており、それに対応するために満鉄は、北朝鮮と満洲国中枢部とを繋ぐ京図線の応急整備を実施し、輸送力強化を図った[193]。また、前述のように、満鉄は、大連港の荷役設備の一部を羅津港に移設するとともに、羅津港の荷役力増強のために、大連埠頭局の中堅職員百名を羅津鉄道局（羅津港の管轄機関）に配置転換した[194]。そのようななかで軍中央は、羅津港に対し、四五年四月から七月の間に満洲の大豆一〇〇万トンを日本に輸送するよう厳命した。それに対して羅津港の職員は、全力をあげてこれに取り組み期限内に目標を達成した。こうして、羅津港は、八月九日にソ連軍の空襲を受けて機能停止に陥るまで対日輸送業務を継続していた[195]。

だが、羅津港の活動がどの程度まで実効力を持っていたかという疑問が残る。一九四五年六月、日本に帰国するため、羅津に辿り着いた飯塚浩二は、羅津港職員に案内され、埠頭見学を行った時の感想を以下のように述べている。すなわち、「大連航路のほうが使えなくなってから、内地への糧穀、ことに大豆などの輸送に、羅津・新潟線が幹線になっている。麻袋不足の対策として、バラ積みの機械設備を、さすが大満鉄だけに方々から資材を集めて、そろえたのだが、受容れ側の新潟港のほうでバラ積みの大豆を積取る設備が出来ない。そのため、こちらではせっかくの機械が差し当たり赤銹びのバケツを陳列しているに過ぎないといった有様である」(196)、と。さらに飯塚は、羅津港で使用されていた大豆用の麻袋は中古で穴があいており、船積の際には大豆がこぼれて埠頭一面を覆い、足の踏み場もないほどであったと述懐している(197)。羅津港における対日供給物資の荷役作業は、日本本国と満洲における資材不足によって深刻な隘路に陥っていたのである。したがって、港湾としての羅津港の活動は、満鉄の最終末期になってその本領を発揮する機会を与えられたが、その期待には十分答えることができないままに終わったと思われる。このことから、羅津の港湾としての活動は、ヨーロッパ市場が閉鎖される三九年以前をピークとしており、それ以降、本格化することなく終幕を迎えたといえるのではないだろうか。

おわりに

満鉄の港湾経営は、開業当初から「大連中心主義」を基調としていた。しかし、満洲事変以後、日本帝国主義の満洲支配が全面化し、羅津港を経由する「日満最短経路」＝日本海ルートが誕生する。満鉄は、軍部の要請を受け入れて羅津港など北朝鮮三港の経営を担当し、日本海ルートの発展を図ることになった。その結果、満鉄の港湾経営は、羅津港の育成を重要視する施策へ転換していったのである。そこには、軍部の圧力に屈し、会社の経営方針を曲げて対応する満鉄の姿があった。

大連港では、日中全面戦争の勃発を契機として深刻な滞貨問題が、羅津港では、三八年七月の張鼓峰事件勃発をきっかけとして港湾荷役の渋滞が発生した。この事態に危機感を持った関東軍は、満鉄に対して経営下にある港湾の整備を行い、戦時体制下に対応できる体制を確立するように命じた。これを受けた満鉄は、三八年一〇月に港湾の拡張計画を立案・作成し、具体的な港湾整備方針を明らかにした。しかし、港湾の整備・拡張の試みは、大連港と羅津港で一部実現された他は未着手のままに終わるか、着手しても中途で挫折することになった。そして、四〇年代以降、満鉄所管港湾の大半は、荷役能力の縮小傾向を辿っていくことになる。

では、この間の満鉄港湾は、いかなる状況にあったのだろうか。大連港は、大豆と石炭の輸出港として発展してきた。しかし、石炭の輸出は、産業開発の進展にともなう石炭需要の拡大によって、一九三〇年代後半から急減し、大豆輸出は、日中戦争勃発による対中国輸出の減少と三九年のヨーロッパ市場閉鎖、さらには農産物統制下の農産物出廻の減少によって激減していった。このような状況下に大連港は、三七年秋頃から滞貨の発生と増大に悩まされるが、その最大の原因は大連港の荷役システムに内在していた。大連港の荷役システムは、開業直後から「輸出中心主義」の荷役システムを採用していたが、このシステムは、三九年度に輸入超過港へと転換した大連港には矛盾の多いものであった。したがって、滞貨問題の根本的解決のためには、輸出中心型の荷役システムを修正する必要があった。しかし、この荷役システムは改善されず、滞貨問題は三九年度に再発・深刻化することになった。

さらに、一九四〇年代に入り、インフレが昂進すると、満洲国では労賃の上昇と労働力移動の激化という事態が進行する。そのため、大連港では未熟練労働者が増加し、荷役能力の著しい低下が惹起されることになった。その結果、大連港では、貨物取扱量が減少しているにもかかわらず、荷役労働者の投下量は逆に増加することになった。こうして、大連港の支出は、華工経費を中心に急上昇し、それが大連港の収益を激減させることになった。そして、大連港の経営収支の悪化は、満鉄の港湾経営全体に悪影響を与え、四二年度には満洲国期で初めての経営赤字を計上することになったのである。

つぎに、大連以外の満鉄所管港湾についてみてみよう。同時期、営口満鉄埠頭は、中国貿易の不振と対日貿易の拡大によって、大豆などの特産物輸出港からマグネサイトなど工業原料を中心とする対日輸出港へ転換していった。そして、大連港で滞貨問題が発生すると、大連港の輸入補助港として一九三八年から二年連続で輸入最高記録を更新した。だが、日本が、四〇年九月に海運統制に踏み切ると、営口埠頭の対日貿易は、急速に縮小し、その経営は急速に悪化していった。営口埠頭の補助港である河北埠頭は、営口埠頭の衰退に連動して港湾機能を縮小していった。また、二〇年代から不振に陥っていた安東埠頭は、四〇年代に木材輸入が困難になったため、さらに低迷することになった。そして、壺蘆島港は、阜新炭や龍烟鉄鉱の鉄鉱石輸出が中止され、拡張工事が打ち切られる四二年以降、港湾としての機能を著しく低下させていった。

一九三七年度から本格的に営業を開始した羅津港は、ヨーロッパ向けの大豆輸出港として急速に発展していった。しかし、羅津港の大豆輸出は、第二次世界大戦によるヨーロッパ市場の閉鎖などによって激減し、その後の羅津港は、対日貿易に依存するようになった。しかし、羅津港を経由する日本海ルートの利用は、航路運営の後進性や連絡する鉄道輸送力の低位性などを原因として一向に拡大しなかった。そのため、羅津港の貨物取扱量も停滞・縮小を余儀なくされることになった。その一方、日満最短ルートを中継する羅津港は、対ソ戦略を重視する関東軍にとって極めて重要な港湾で、三八年夏の張鼓峰事件以降、大量の軍需貨物が殺到する軍事的性格が濃厚な港湾となっていった。

さて、満鉄所管港湾は、海運事情が一段と悪化する一九四三年度以降、大きく再編されることになる。満鉄は、貨物取扱量が激減するなかで、所管港湾の輸出入機能を大連港に集中し、大連港の強化を図った。その結果、大連港は、鉄鋼製品や工業原料などの唯一の対日輸出港となり、塩をはじめとする新たな輸出業務に進出していった。さらに、大連港は、旅順港、営口埠頭と分け合っていた華北炭の輸入を独占するようになった。他方、大連港に華北炭の輸入業務を奪われた旅順港は、塩の対日輸出に特化することを余儀なくされ、銑鉄などの輸出から分離された営口満鉄埠頭は、木材の対中国輸出を主要な活動領域とせざるをえない状況に追い込まれた。

そうしたなかで、日本帝国主義は、一九四二年一二月より大陸転嫁輸送の実施に踏み切った。大陸転嫁輸送は、関東軍の主導下に、満鉄をはじめとする輸送機関を総動員し、四三年度から本格的に実施された。ところが、転嫁輸送は、朝鮮鉄道と南朝鮮における港湾の力量不足を最大の隘路として予期した成果を達成できずに終わった。

大連港と羅津港は、この大陸転嫁輸送の補完経路に位置づけられ、満洲国による対日物資供給を支える重要な役割を果たした。一九四三年度の大連港を中心とする海送ルートは、南朝鮮を経由する大陸転嫁輸送を大幅に上回る実績をあげ、日本の戦争体制維持に不可欠の働きを展開したのである。そして、翌四四年度も大連港を中心とする満鉄の港湾は、満洲国から日本に物資を供給する導管として重要な役割を果たしていた。

だが、大連港の運営は、戦局がさらに悪化する一九四四年度後半から極めて困難になり、それに替わって脚光を浴びることになったのが、羅津港を中心とする日本海ルートであった。四二年度から回復過程に入った羅津港は、四三年度には大陸転嫁輸送の補助ルートの一翼を担い、満洲大豆の対日供給を中心として貨物取扱量を拡大していった。そして、羅津港を中軸とする日本海ルートは、四四年度後半から日本と植民地・占領地とを結ぶ最後の連絡路として重用されることになったのである。すなわち、羅津港を中軸とする日本海ルートは、終末期の日本帝国主義が満洲、中国占領地から物資を調達するための海上輸送路として最重要視されることになったのである。しかし、この段階になると日本帝国主義は、船舶をはじめとする輸送手段を満足に確保することもできない状態になっていた。そのため、羅津港は、有効な対日輸出を十全に実行できなかったと思われる。そして、四五年八月九日にソ連軍の空襲によって羅津港の機能が停止すると、日本と満洲国の海上連絡も絶たれることになり、満鉄の港湾経営も終幕を迎えることになったのである。

注

（1）以上については、伊澤道雄『開拓鉄道論（下）』（春秋社、一九三八年）、八三―八四頁参照。同上によれば、一九三五年度における貨車収入の四二％が農産物、三五％が石炭であった。

（2）満鉄総務部調査課『昭和五年　北支那貿易年報　上編　満洲』（大連、同社、一九三一年）、二三―二四頁参照。

（3）満鉄の上海埠頭経営は、一九一一年一〇月から始まり、大連汽船株式会社に委託する一九二六年九月一日まで行われた。また、満鉄は、二九年五月に日満倉庫株式会社を設立し、三三年五月には川崎に、三五年五月には大阪に埠頭を建設して経営に当たらせた。以上について、くわしくは、満鉄『南満洲鉄道株式会社　第三次十年史』（大連、同社、一九三八年、龍渓書舎復刻版、一九七五年、以下『第三次十年史』と略記）、六六〇―六六五頁参照。

（4）満鉄総裁室文書課『満洲ニ於ケル港湾ノ現状ト其ノ対策』（大連、同社、一九四〇年）、四八頁参照。なお、満洲国・関東州の主要港湾のなかで、満鉄の管轄外にあったのは普蘭店港だけであった。普蘭店港は、渤海に面した関東州と満洲国の境界に位置し、一九三三年一〇月に、関東海務局の管理下で開港地となった。主な輸出品は、隣接する満洲国の復州で生産される塩、石炭と耐火粘土や関東州産の塩で、三七年度には六〇万トンちかい輸出を記録したが、輸入は、木材などを中心に多くても五千トンを超える程度であった。普蘭店港については、満鉄調査部『普蘭店港ノ現状調査』（大連、同社、一九四〇年）、関東局官房文書課『昭和一六年　関東局要覧』（大連、同局、一九四二年）、二一九―二四七頁参照。

（5）窪田宏「満州支配と労働問題」（小島麗逸編『日本帝国主義と東アジア』アジア経済研究所、一九七九年）。

（6）芳井研一『環日本海地域社会の変容――「満蒙」・「間島」と「裏日本」――』（青木書店、二〇〇〇年）。

（7）田中隆一「満洲国下の満鉄と『日本海ルート』」（小林英夫編『近代日本と満鉄』吉川弘文館、二〇〇〇年）。

（8）柳沢遊「大連埠頭」（松村高夫・解学詩・江田憲治編『満鉄労働史の研究』日本経済評論社、二〇〇二年）。

（9）なお、本章では、満鉄の港湾に関する統計数値を多用するが、特に注記しない場合すべて満鉄『鉄道統計年報　第五編港湾』（特定の年度版をさす以外は『港湾統計』と略記）の昭和六―九年度版、昭和一一―一七年度版（昭和一〇年度版は筆者未見）のいずれかに依拠している。本来ならば、個々に引用箇所を付すべきだが、煩雑になるので省略した。また、満鉄が作成した報告書をみると、品目によって米トン（約九〇七キログラム）、英トン（約一〇一六キログラム）、メートルトン（一〇〇〇キログラム）を使い分けているものがあるが、『港湾統計』はメートルトンで統一、使用している。

(10)「大連中心主義」については、金子文夫『近代日本における対満州投資の研究』（近藤出版社、一九九一年）、一一一—一一四頁参照。

(11)たとえば、一九〇七—一六年度における満鉄の社内事業費のうちの港湾投資額は、全体の第三位である九・八％、一五六四万円であったが、その九割は大連港に投下されていた（満鉄『南満洲鉄道株式会社　第一次十年史』大連、同社、一九一九年、原書房復刻版、一九七四年、以下『第一次十年史』と略記、四六一—四六二、九三一—九三三頁参照）。

(12)以上については、芳井『環日本海地域社会の変容——「満蒙」・「間島」と「裏日本」——』、二四九—二五六頁参照。

(13)朝鮮の日本海側と吉林を結ぶ鉄道の建設構想は、日露戦争直後の陸軍内部で具体化されていった。その後、陸軍中央は、この鉄道敷設を朝鮮支配安定のために必要不可欠なことと考えるようになり、一九二〇年代後半には、日満直行の最短経路として重視するようになった。この経緯については、同右書、第二章、第四章、第八章などを参照。

(14)同右書、二五四頁参照。

(15)日満実業協会『日本海商業委員会資料　第一輯』（同会、一九三五年）、九頁。なお、引用文中のゴチック体は原文のママである。以下同様。

(16)尾崎久市「満鉄貨物運賃引下の意義」（満鉄社員会『協和』第二二四号、一九三八年九月）、八頁参照。

(17)輸入雑貨に対する特定運賃は、阪神地方から輸入される雑貨のＣＩＦ価格を、大連経由よりもトン当たり一円安くするために設定された（同右）。なお、北朝鮮三港に適用された大豆の特定運賃は、一九三八年一〇月の運賃改正では一円五〇銭に縮小されたが、哈爾浜向けに輸入される主要雑貨二七品目の鉄道運賃は、大連経由よりも、北朝鮮三港経由に有利な改訂となった（長谷川潔「鉄道運賃と北満経済の諸問題（完）」、哈爾浜商工公会『北満経済月報』第二巻第五号、一九三九年五月、二二頁参照）。

(18)満鉄調査部『戦時貿易統制ノ拡大、強化ト中継貿易港トシテノ大連港ノ将来』（大連、同社、一九四一年、以下『中継貿易港トシテノ大連港ノ将来』と略記）、七頁。

(19)満鉄編『会社ノ貨物運賃政策及施設関係』（同社、出版地・刊行年不明、国会図書館所蔵）、頁なし、「四　各特定運賃率ノ将来性」。

(20) 大連港の滞貨問題について、くわしくは、柳沢「大連埠頭」、二六二―二六四頁参照。
(21) 田中「満洲国下の満鉄と『日本海ルート』」、二七五頁参照。
(22) 満鉄調査部『満洲産業開発五箇年計画実績ノ検討竝戦時統制経済ノ動向　交通部門』(大連、同社、一九三九年、以下『戦時統制経済ノ動向』と略記)、一二八頁参照。
(23) 同右書、一三一頁。
(24) 「満洲関係港湾整備調整要領」の全文については、同右書、一三一―一三五頁参照。
(25) 同案の立案経過とその内容について、くわしくは、同右書、一二八―一二九、一四〇―一五二頁参照。
(26) 表中の大東港は、後述のように、一九三九年四月に築港が決定され、三九年六月から工事が開始された。したがって、満鉄が計画のなかに大東港を組み入れ、その荷役能力の拡大目標を掲げるのは四〇年頃からで、四三年までに五〇万トン程度の荷役力を持つ施設を完成し、四六年にはそれを二〇〇万トンに拡張するという計画が作成された(満鉄『満洲ニ於ケル港湾ノ現状ト其ノ対策』、二六、三〇―三二頁参照)。
(27) 西港建設計画の決定までの経緯については、顧明義・他編『日本侵占旅大四十年史』(瀋陽、遼寧人民出版社、一九九一年)、二四一頁参照。
(28) 河村弁治「自昭和十四年至昭和十七年　満洲に於ける鉄道整備」(一九四八年)、二九頁(防衛省防衛研究所図書館所蔵「軍事鉄道記録」第四巻所収、以下「満洲に於ける鉄道整備」と略記)参照。
(29) 満鉄会編『南満洲鉄道株式会社　第四次十年史』(龍渓書舎、一九八六年、以下『第四次十年史』と略記)、二三一頁。
(30) 顧『日本侵占旅大四十年史』、二四二頁参照。
(31) 日本円の為替レートは、三一年一二月の金輸出再禁止から具体的な為替管理政策がとられる三二年一一月まで低落を続け、三二年一月の一〇〇円＝三五・九七USドル(月中平均)が、一〇月には二三・一一USドル、一一月には二〇・六三USドルになる。したがって、一〇〇万USドルは、一〇月のレートでは約四三三万円、一一月のレートでは約四八五万円になる。この点について、くわしくは、伊藤正直「対外経済関係」(社会経済史学会編『一九三〇年代の日本経済』東京大学出版会、一九八二年)、四四―四六頁参照。
(32) 満鉄『第三次十年史』、一六七一―一六七三頁参照。

(33) 以上の経過については、同右書、一六七三頁、満鉄産業部『壺廬《ママ》島開港ト重要商品流通系統ノ変革』（大連、同社、一九三七年）、一一―一五頁参照。

(34) 満鉄『戦時統制経済ノ動向』、一六七頁。

(35) 「満鮮重要港湾の任務」（港湾協会編『港湾』第一七巻第四号、一九三九年四月）、六四頁参照。

(36) 満鉄『満洲ニ於ケル港湾ノ現状ト其ノ対策』、三〇頁。

(37) 河村「満洲に於ける鉄道整備」、三三―三四頁参照。

(38) ただし、四一年七月の関東軍特種演習（関特演）実施にともない、壺蘆島港にも大量（同年七―九月に一一・四万トン）の軍事貨物が輸入され、混乱がみられた（満鉄新京事務局文書課『満鉄社業概況』新京、同社、一九四四年、頁なし、「第一三　所管港湾概要」参照）。

(39) 満鉄大連埠頭局『関満対北支民船輸送対策調査』（大連、同社、一九四二年）、一八頁。

(40) 国際運輸株式会社『国際運輸株式会社二十年史』（大連、同社、一九四三年）、三七二頁。

(41) 東辺道開発については、原朗「『満州』における経済統制政策の展開」（安藤良雄編『日本経済政策史論　下』東京大学出版会、一九七六年）、二六四―二六六頁参照。

(42) 大東港築港の決定までの経緯については、越澤明「大東港の計画と建設（一九三七―一九四五年）」（土木学会編『第六回日本土木史研究発表会論文集』土木学会、一九八六年）、二二三―二二六頁参照。

(43) 同右稿、二二〇頁、満鉄奉天鉄道総局附業課『大東港竝工業地帯概要』（奉天、同社、一九三九年）、六、一四頁参照。

(44) 大東港築港の進捗状況については、越澤「大東港の計画と建設（一九三七―一九四五年）」、二三一―二三二頁参照。

(45) 満鉄『昭和一四年度　鉄道統計年報　第五編（上巻）港湾』（大連、同社、一九四〇年）、概況―六、八頁参照。

(46) 満鉄『第八四回帝国議会説明資料』（大連、同社、一九四三年、龍渓書舎復刻版、一九八六年）、一六八頁参照。

(47) 満鉄『満洲ニ於ケル港湾ノ現状ト其ノ対策』、三三頁。

(48) 本節は、一九四一年度までの検討を課題としているので、四二年度の数値を取り扱うのは不適当である。しかし、本章が主として依拠したのは、所在が未確認の昭和一〇年度版を除く昭和六―一七年度版までの『港湾統計』である。そこで、本章は、四二年度までの統計数値を一括して検討することにした次第である。なお、表2-2、表2-3と異なる数値が満史会編『満州開発四十年史　上巻』（満州開発四十年史刊行会、一九六四年）、満洲国史編纂刊行会編『満洲国史　各論』（満蒙同胞援護会、一九七一年）と満鉄会『第四次十年史』に掲載されているので、この点について以下で触れておきたい。

まず、満史会編著は、五八七頁で一九三八―四二年度における満鉄所管の港湾別輸出入貨物量を、六〇二頁で開業当初から一九四二年度までの大連港における輸出入量を掲載している。次に、『満洲国史　各論』は、八八四―八八五頁で大連港と営口港における一九三二―四二年度の輸出入量統計を、八九五頁で三七―三九年度における所管港湾九港の輸出入統計を提示している。これらの港湾統計と本章の表2-2、表2-3を比較すると多くの年度で異なっている。このような差違が生まれた原因を明らかにする糸口のひとつに、輸出量のなかに船舶焚料炭を含めるか否か、という統計処理の問題がある。船舶焚料炭は、港湾に入港した船舶が航行用燃料として購入した石炭であるから、仕向先のある輸出貨物の合計に含むべきではないと判断し、本章の輸出統計では除外している。こうした処理方法は、『港湾統計』や満鉄『第三次十年史』でも行われているが、満鉄『第一次十年史』、同『南満洲鉄道株式会社　第二次十年史』（大連、同社、一九二八年、原書房復刻版、一九七四年、以下『第二次十年史』と略記）のように、船舶焚料炭を輸出合計に含む資料も少なくない。そこで、船舶焚料炭に配慮して上記二書と本章における各年度の輸出統計を比較したところ、一部の年度の差違は船舶焚料炭を含んでいるため生じたことが分かったが、それでも解決できない年度の方が多かった。そこで、のちに述べる軍用品取扱量の処理などいくつかの点を考慮してみたが、結局解決できなかった。このことは、輸入統計にも同様にいえることで、『満州開発四十年史　上巻』ならびに『満洲国史　各論』と本章の港湾統計には多くの年度で差違がみられる。この点についてはさらに追究する必要があるが、上記二著ともに、記載されている港湾統計の出典が示されていないため、これ以上の論議は難しいであろう。

これに対して満鉄会編著は、出典が明示されているので検討が容易である。同上書の二三四―二三六頁には、一九三七―四二年度までの満鉄所管港湾の輸出入貨物取扱量が掲載されており、四一年度までは満鉄『満鉄要覧　昭和一八年版』（大連、同社、一九四三年、復刻版、刊行年不明）、二六六頁に、四二年度は満鉄『第八四回帝国議会説明資料』、一六七、二一九頁に依拠している。この二つの資料の内、『満鉄要覧　昭和一八年版』の輸出量には、船舶焚料炭が含まれており、『第八四回帝国議会説明資料』は、軍用貨物と船舶焚料炭を除外しているので、本章表2-2、表2-3とはこの点で相違することになる。

(49) 大連商工会議所『経済都市大連』(大連、同会議所、一九三七年)、八八頁。
(50) 北朝鮮三港の輸出入量については、『港湾統計』による軍用品取扱量の処理方法が他の港湾と異なっているため、この点に配慮してみなければならない。この問題については後述する。
(51) 『大陸主要港湾概説』(執筆者・刊行年不明、国会図書館所蔵)、二〇頁。
(52) この点と関特演の実施について、くわしくは、山田朗「軍事支配 (2)日中戦争・太平洋戦争期」(浅田喬二・小林英夫編『日本帝国主義の満州支配』時潮社、一九八六年)、二二八―二三八頁参照。
(53) 満鉄『満鉄社業概況』の「第一三 所管港湾概況」は、大連港と羅津港、それ以外の港湾の三つに区分し、一九四一―四三年度の輸出入数量を掲載している。この数値を『港湾統計』の昭和一七年度版と照合したところ、船舶焚料炭(輸出のみ)と軍用貨物の取扱量を合算したものであった。そこで、右資料と満鉄『昭和一六年度 鉄道統計年報 第五編(上巻)港湾』(大連、同社、一九四三年)によって、四一年度における大連港の軍事貨物取扱量を算出すると、輸出二一・二万トン、輸入一七五・九万トンで、本章注51と大差のない数値が得られた。
(54) 満鉄『中継貿易港トシテノ大連港ノ将来』、三―四頁参照。
(55) この点について、くわしくは、拙著『満州民族資本の研究』(緑蔭書房、一九九三年)、一一五―一二三頁、二三九―二四一頁参照。
(56) この砿物の内容について詳細は不明である。しかし、『港湾統計』で個別に扱われているマグネサイト、硅石、マンガン、石灰類を除くと、当時、日本や欧米向けに輸出されていた砿物には、ドロマイトと苦土(酸化マグネシウム)があったことから(満洲国産業部大臣官房資料科『満洲国産業概観 康徳六年度版』新京、一九三九年、一八七、二五五頁参照)、塩基性鋼炉に用いられる耐火材の原料であるドロマイトなどの可能性が強い。
(57) この点については、松本俊郎『「満洲国」から新中国へ』(名古屋、名古屋大学出版会、二〇〇〇年)、四七、五二頁参照。
(58) 一九四二年度における銑鉄の対日輸出量は、六七・五万トンであった(同右書、四七頁参照)。
(59) 河村「満洲に於ける鉄道整備」、八〇頁参照。
(60) 満鉄『昭和一七年度 鉄道統計年報 第五編(上巻)港湾』(大連、同社、一九四四年)、概況―二頁。
(61) 大連商工会議所『経済都市大連』、一二九―一四四頁参照。

(62) 以上については、満鉄『第一次十年史』、四一三—四一五頁、満鉄『第二次十年史』、四九二—四九三頁、満鉄『第三次十年史』、六一五—六一六頁、ならびに前出、表2-2、表2-3を参照。
(63) 日本政府は、戦争長期化に対応するため、一九三八年一月から物資動員計画を策定しており、それによって、軍需関連産業の肥大化と消費財生産の縮小がもたらされる。そして、第二次世界大戦が勃発すると、ドイツに期待していた生産財の輸入が不可能になり、日本の重工業生産は大打撃を受ける。これが、日本の対満輸出の低下を決定的にした。この時期の日本経済の動向について、くわしくは、原朗「経済総動員」(大石嘉一郎編『日本帝国主義史3　第二次世界大戦期』東京大学出版会、一九九四年)、七八—八七頁参照。
(64) 柳沢「大連埠頭」、二六二—二六三頁参照。
(65) 以上については、満鉄鉄道総局調査局『内地、台湾ノ主要港湾運営状態　附　大連港運営状態トノ比較対照』(奉天、同社、一九三九年、以下『大連港トノ比較対照』と略記)、一三九—一四六頁参照。基隆港は、当時の日本の港湾の多くが艀荷役に依存していたのに対し、大連港と同じ岸壁荷役を中心としていた。同右書が基隆港を採り上げた理由はこの点にある。
(66) 日本国内の港湾については、同右書、二三、六〇、七五、九二頁、基隆港については、同じく一四八—一四九頁参照。
(67) 同右書、一七六、一七九、一八六頁参照。
(68) 同右書、一七八、一八〇頁参照。
(69) 同右書、一五六、一七八頁参照。
(70) 同右書、一八〇頁。
(71) 同右書、一七九、一八五頁参照。
(72) 一九四二年頃になっても大連港では、上屋における輸入貨物の授受確定を実施しており、時には貨物を上屋から倉庫に移して受渡手続を行う場合もあった(満鉄社業調査室『日満間海上輸送ノ諸問題』大連、同社、一九四二年、防衛省防衛研究所図書館所蔵、五四—五五頁参照)。
(73) 満鉄『大連港トノ比較対照』、一七八頁。
(74) 満鉄『第三次十年史』、六五四—六五七頁参照。
(75) 満鉄『戦時統制経済ノ動向』、一六〇頁。

(76)『港湾統計』で収支各項目の細目が明らかになっているのは収入だけである。それによって、四一年度以降に組み替えられた項目の内容をみると、四一年度の荷役収入は、四〇年度までの荷役と荷繰の収入をひとつにしたもので、同年度の料金値上げが大幅増収をもたらしたことが分かる。しかし、四二年度には荷役収入に含まれていた上屋保管料が倉庫収入に移される。四二年度の上屋保管料は五九四万円で、四二年度に荷役収入が減小し、倉庫収入が増える主要因はこの点にあった。

(77) 荷役収入の増加については、満鉄調査部資料課第一統計係『満鉄港湾事業ノ統計的分析』（大連、同社、一九四〇年）、頁なし、「収支膨張ノ原因」参照。

(78) 満鉄『昭和一四年度　鉄道統計年報　第五編（上巻）港湾』、概況―五頁参照。

(79) 以上については、満鉄『昭和一六年度　鉄道統計年報　第五編（上巻）港湾』、概況―三頁参照。

(80) 満鉄『満鉄港湾事業ノ統計的分析』、頁なし、「収支膨張ノ原因」。

(81) このことについては、同右書、頁なし、「欽損補塡ノ對策」参照。

(82) 柳沢「大連埠頭」、二六五―二六七頁

(83) 岡崎弘文「港湾の経営と荷役力増強策㈢」（港湾協会編『港湾』第二一巻第八号、一九四三年八月）、六頁参照。

(84) 大連港における四二年度の荷役作業量は一七八三万トン余で、前年比一五％減だったが、荷役労働者の延べ就業者数は、二二五万人増の約三二三万人となった。

(85) 以上については、満鉄庶務部調査課『南北満洲の主要海港河港』（大連、同社、一九二七年）、一三三―一三七頁参照。

(86) 満鉄『第一次十年史』、四五四―四五五頁参照。

(87) 満鉄『南北満洲の主要海港河港』、二一九―二二五頁参照。

(88) 以上の経緯については、山本条太郎翁傳記編纂会編『山本条太郎傳記』（同会、一九四二年、原書房復刻版、一九八二年）、八六―九四頁、七〇二―七〇五頁参照。

(89) 以上については、満鉄『第三次十年史』、六四八―六五四頁参照。

(90) 満鉄庶務部調査課『営口の現勢』（大連、同社、一九二五年）、二五七―二五九頁参照。

(91) 営口港の交易額に占める対中国貿易の割合は、三一年の六五％が三九年には七％に急減し、替わって対日貿易は、三三年の三割弱から三九年には八割強に激増した（営口商工公会『営口の現勢と将来性に就て』営口、同公会、一九四一年、二

五―二六頁参照)。

(92) 営口港に入港する戎克数とその総トン数は、一九三二年の一五〇三隻・二万四二四六トンから三三年には八一九二隻・一四万二二八〇トンに急増し、翌三四年の入港数は四三三二隻に半減するが、その総トン数は一五万五六八八トンに増大して入港する戎克船の大型化が顕著となっている(営口商工会議所『営口事情』営口、同所、一九三七年、五六頁参照)。

(93) 太田正夫「営口港の経済的相貌」(大連商工会議所『大東亜経済』第六巻第六号、一九四二年六月)、七四頁。

(94) 鄧景福編『営口港史(古・近・現代部分)』(北京、人民交通出版社、一九九五年)、一六〇頁参照。

(95) くわしくは、満史会編『満州開発四十年史　下巻』(満州開発四十年史刊行会、一九六四年)、四六五頁参照。

(96) 満洲国におけるマグネサイトの開発とその工業化については、同右書、二七四―二八二頁、五九七―六〇一頁参照。

(97) 満鉄鉄道総局「三、港湾ノ軍事上ニ使用セラレタル結果一般荷役能力ニ及ホシタル影響及之カ対策」(奉天、同社、一九三九年)、頁なし、「営口埠頭」(JACAR・アジア歴史資料センター・Ref. C01003449300・昭和十四年　陸満密大日記第一一号「満洲電力交通輸送港湾関係資料送付の件」・防衛省防衛研究所)。

(98) 営口商工公会『営口の現勢と将来性に就て』、三四頁。

(99) 山本裕「『満州』における石炭業」(原朗・山崎志郎編著『戦時日本の経済再編成』日本経済評論社、二〇〇六年)、二一二―二一三頁参照。

(100) 対中国輸出は、三六年度の二二万トンが翌三七年度には六・六万トン、三八年度には三・六万トン、三九年度には一万トン弱、四〇年度には五千トンへと急減していく。しかし、四一年度から中国占領地との交易が始まると増加に転じ、四二年度には二・五万トンに回復する。

(101) 満洲国期における遼河の改修工事については、原口忠次郎「満洲国営口港に就て(下)」(港湾協会編『港湾』第一六巻第二号、一九三八年二月)、四五―四八、五五頁参照。

(102) 増川治男「海運国家管理と関東州船舶運営会」(大連商工会議所『大東亜経済』第六巻第八号、一九四二年八月)、四〇頁参照。

(103) 国際運輸『国際運輸株式会社二十年史』、三二六頁。

(104) 満鉄『第三次十年史』、一六八〇頁参照。

(105)『港湾統計』にみる限り、営口満鉄埠頭には河北埠頭との交易関係はみられなかった。したがって、河北埠頭と営口港との取引は、満鉄埠頭を利用しない中国系商人が中心であったと思われる。
(106)満鉄鉄道総局調査局『満洲港湾経営ニ関スル研究（第一部南満四港）』（大連、同社、一九四〇年）、二一―二二頁参照。
(107)満鉄『昭和一四年度　鉄道統計年報　第五編（上巻）港湾』、概況―三頁。
(108)満鉄『昭和一五年度　鉄道統計年報　第五編（上巻）港湾』（大連、同社、一九四一年）、概況―四頁。なお、舢舨とは、日本の艀にあたる小型船舶のことである。
(109)それ以前は、錦州省で産出される鉛、亜鉛の対日輸出が中心であった（満鉄『満洲港湾経営ニ関スル研究（第一部南満四港）』、九頁参照）。
(110)一九三八年に七・六万トンであった対日輸出量は、四〇年には二三・九万トン、四一年には三七・五万トンに増加した。くわしくは、甲集団参謀部「北支那資源要覧」（一九四二年）、一九七―一九八頁（JACAR：Ref. C04123868200・昭和一七年陸支密大日記　第五一号1／2・防衛省防衛研究所）参照。
(111)満鉄『昭和一五年度　鉄道統計年報　第五編（上巻）港湾』、概況―一頁。
(112)秦皇島港は、イギリス資本が参加して一九一二年に設立された開灤炭鉱の経営下にあった港湾で、日中戦争後もそのまま存続していた。しかし、秦皇島港は、アジア・太平洋戦争勃発後、開灤炭鉱とともに日本軍に接収され、軍事管理下に置かれた（黄景海編『秦皇島港史（古・近代部分）』、北京、人民交通出版社、一九八五年、三三七―三五〇頁参照）。
(113)「北支炭及鉄鉱石輸移出ニ対スル配船ノ件」（JACAR：Ref. C01000736800・昭和一七年陸亜密大日記　第四八号1／3・防衛省防衛研究所）参照。
(114)満鉄『昭和一七年度　鉄道統計年報　第五編（上巻）港湾』、概況―三頁参照。
(115)一九三八年、錦州市に、日本の東洋棉花株式会社が東棉紡織株式会社を設立すると、それを契機として錦州市を中心とする軽工業の発展がみられた。この点については、眞田春男「躍進錦州の現状と将来性」（大阪市役所産業部貿易課『東洋貿易研究』第一九巻第一号、一九四〇年一月）、六〇―六四頁参照。
(116)満洲鉱工技術員協会編『康徳九年版　満洲鉱工年鑑』（亜細亜書房、一九四二年）、二三四頁参照。
(117)その三道浪頭も一二〇〇トン以下の船舶しか碇泊できなかった。以上については、満鉄『南北満洲の主要海港河港』、二

三〇、二四九頁、満鉄『第三次十年史』、六五七―六五八頁参照。
(118) 竹内虎治「鴨緑江の水運」(『満鉄調査月報』第一二巻第一一号、一九三二年一一月)、一〇八頁参照。
(119)「鴨緑江上流森林地帯テ伐採セラレタ木材ハ全テ鴨緑江水運ヲ利用シテ筏ニ組マレテ流下サレ……」、「……安東港内ニ入ツテ曳船ニ依テ導カレルモノテアル」。「之等木材ハ一部安東及新義州ニ陸揚セラレ一部ハ海路輸出セラルルモノテアル」(満鉄産業部『鴨緑江経済圏調査報告書』出版地不明、同社、一九三七年)、二二三頁。
(120) 安東商工公会『安東産業経済概観』(安東、同公会、一九四二年)、七〇頁参照。
(121) 同右書、一三五頁。
(122) 満鉄牡丹江鉄道局『東満ノ経済事情ト日満間ノ貨物輸送ニ就テ』(牡丹江、同社、一九三九年)、一二二―一二三頁参照。
(123) 一九三八年度の大連港におけるヨーロッパ向け大豆輸出量は、七二・七万トンで、大連港と羅津港との輸出量は拮抗することになった。このような羅津港の著しい台頭理由は、「……羅津、大連共同運賃ニ對シ鉄道輸送距離ノ短イ、即チ鉄道運賃ノ比較的安イ羅津港経由ヲ利用スルコトトナツタ為テ」(満鉄牡丹江鉄路局「東満地方ト北鮮三港ノ状況ニ関スル件」、六頁、JACAR：Ref.B02032463300・大東亜戦争関係一件／情報蒐集関係／牡丹江情報・A-7-0・外務省外交資料館)あった。
(124) 満鉄経済調査会『立案調査書類第一六編第二巻　北鮮港を中心とする海陸運輸の研究』(大連、同社、一九三五年)、四八頁。
(125) 一九三〇年代の北朝鮮地方では、麻織物の原料である大麻の生産が注目されるようになっていた(満鉄新京支社業務課『北鮮工業視察報告』長春、一九三七年、三四頁参照)。
(126)「北鮮三港ノ地理的性格――満洲港湾調査ノ序トシテ――」(満鉄調査局『社業調査彙報』第七号、刊行年不明、ただし、同右稿末尾には「昭和一八年三月三一日稿了」と記入されている)、一二頁参照。なお、満洲移民について、くわしくは、満州移民史研究会編『日本帝国主義下の満州移民』(龍渓書舎、一九七六年)参照。
(127) 同右稿、七頁。
(128) 同右稿、一二頁参照。なお、一九三九年度から木材、鉄・鋼製品、機械類の輸入が急増するのは、同年五月に「北辺振興三カ年計画」が策定され、ソ連と満洲国との国境地域で道路整備をはじめとする開発が始まったためである(満鉄鉄道総局調査局『昭和十四年度　北鮮線関係営業報告資料』奉天、同社、一九四〇年、頁なし、「二　港湾」参照)。

(129)　同右稿、七―八頁参照。
(130)　牡丹江商工公会『日本海ルート経済懇談会報告書』（牡丹江、同公会、一九四一年）、一一一―一一二頁参照。
(131)　河村「満洲に於ける鉄道整備」、三三頁参照。
(132)　『大陸主要港湾概説』、一頁。
(133)　本章注53と同様に、四一年度における羅津港の軍需品取扱量を推計してみると、輸出九千トン、輸入三〇・六万トンとなる。
(134)　満鉄『東満ノ経済事情ト日満間ノ貨物輸送ニ就テ』、九三頁。また、一九三八年頃の日本海航路の就航船五隻の船齢をみると、二五―三八年、平均三一年を超える老朽船であった（満鉄産業部『北鮮―裏日本航路統制経営案（試案）改定案』大連、同社、一九三八年、五―九頁参照）。
(135)　満鉄『東満ノ経済事情ト日満間ノ貨物輸送ニ就テ』、一三三頁参照。
(136)　満鉄「東満地方ト北鮮三港ノ状況ニ関スル件」、七―八頁参照。
(137)　同右稿、九―一〇頁参照。
(138)　満鉄調査部（岡崎弘文）『北鮮二港羅津雄基ノ現状及対策（私見）』（大連、同社、一九四〇年）、四四―五二頁参照。
(139)　同右書、五五頁。そのため、羅津港における貨物一トン当たりの賃金コストは大連港より四割程度高額で、このことが、三九年度以降、羅津港の経営赤字が発生・拡大する最大の原因となった（表2-4）。
(140)　同右書、五四頁参照。
(141)　同右書、五一、六四頁参照。
(142)　以上については、同右書、九九―一〇二頁参照。
(143)　満鉄『東満ノ経済事情ト日満間ノ貨物輸送ニ就テ』、一三一―一三六頁参照。
(144)　長谷川潔「北鮮三港の現況と哈爾濱経済」（哈爾浜商工公会『北満経済月報』第二巻第一一号、一九三九年一一月）、八頁参照。
(145)　国際運輸『国際運輸株式会社二十年史』、二二七頁。
(146)　羅津港における対日貿易の地域別状況をみると、開港当初から太平洋側が日本海側を圧倒し、輸出の七―八割、輸入の六割を占めていた。しかし、船腹不足が顕在化する一九四〇年度から日本海側との取引が増加し、四一年度には輸出入ともに七割前後に達し、日本海航路の利用拡大が顕著になっていった。しかし、羅津港における日本海側からの輸入割合は、四二年度には四割弱、数量で半減することから、気比丸遭難事件の与えた影響の大きさが理解できよう。
(147) 川上胤三「北鮮三港の再検討」(大阪商工会議所『月報』第四〇〇号、一九四〇年九月)、三頁。
(148) 「満鮮重要港湾の任務」、六四頁参照。
(149) 一九三三年一一月に満鉄は、朝鮮総督府からの委託を受けて北鮮鉄道の経営を開始し、その時点で、清津港と雄基港の経営に着手した。この点について、くわしくは、田中「満洲国下の満鉄と『日本海ルート』」、二六五—二六六頁、満鉄『第三次十年史』、一三七七—一三八〇頁参照。
(150) 「北鮮三港ノ地理的性格——満洲港湾調査ノ序トシテ——」、七頁参照。
(151) 満鉄「東満地方ト北鮮三港ノ状況ニ関スル件」、五頁参照。
(152) 清津商工会議所『清津商工会議所史』、(清津、同会議所、一九四四年)、二〇二—二〇三頁参照。
(153) 同右書、二四九—二五三頁参照。
(154) 満鉄会『第四次十年史』、三三二一—三三三三頁参照。
(155) 西東慶治「北鮮の産業と港湾其の将来性に就て(五)」(港湾協会編『港湾』第一七巻第六号、一九三九年六月)、一七頁参照。
(156) 満鉄『昭和十四年度　北鮮線関係営業報告資料』、頁なし、「二　港湾」参照。
(157) 「北鮮三港ノ地理的性格——満洲港湾調査ノ序トシテ——」、一八—一九頁参照。
(158) 同右稿、一九頁参照。
(159) 同右稿、五三頁参照。なお、北朝鮮三港の背後地である咸境北道と満洲国との国境地帯は、朝鮮最大の有煙炭の産地であった。くわしくは、大蔵省管理局『日本人の海外活動に関する歴史的調査』通巻第六冊朝鮮編第五分冊(同局、一九五〇年)、九二—九三頁参照。
(160) 満鉄『満鉄社業概況』、「一三　所管港湾概要」によると、一九四三年度における満鉄所管港湾の船舶焚料炭と軍用品を含む輸出入量は、大連＝輸出三三六・一万トン、輸入三二七・七万トン、羅津＝輸出三七万トン、輸入二四・六万トン、その他＝輸出二四万トン、輸入二一・九万トン、港湾全体＝輸出二九七・一万トン、輸入二七四・二万トンであった。表2-15

の数値は、これと異なるものであるが、両者の差は小さく、近似値といえる範囲である。また、表2-15作成に当たって補助材料とした「満鉄所管港湾輸出貨物実績表（昭和一四年度—昭和一八年度）」と「満鉄所管港湾輸入貨物実績表（昭和一四年度—昭和一八年度）」（アジア経済研究所所蔵　張公権文書 R7-52「港湾年間取扱量」）は、千トン以下の数値を四捨五入しているだけで、三九—四二年度は『港湾統計』と、四三年度のそれは表2-15と同一の数値である。

(161) 関東局「昭和十九年三月　内外地塩務関係官事務打合会説明要綱」（一九四四年）、頁なし（JACAR：B06050560800・研修所旧蔵記録／茗荷谷記録・内外地塩務官会議関係雑件・外務省外交資料館）参照。なお、四三年度に普蘭店港などから対日輸出された塩は、表2-15と後出、表2-17によって推測すると、二八万トン前後であったと思われる。

(162)『港湾統計』の巻末には港湾別の輸出入量の累年比較統計が掲載されている。そのなかの主要品目のひとつに「金物」があり、その内容は、年度により若干の差違はあるが、鉄・鋼とその製品、その他金属製品、軌条、鉄道車輛などであった。

(163)『港湾統計』によって、四〇—四二年度の大連港における塩の平均輸入量を算出すると、四・四万トンであった。

(164) 外林会満蒙部会『満蒙大陸林業史』（同会、一九七七年）、二二四頁参照。

(165) 鄧『営口港史（古・近・現代部分）』、一六五頁によれば、一九四四年以降の営口埠頭は、もっぱら軍事目的によって使用されるだけで、施設は補修されることもなく放置されるようになっていた。

(166) 満鉄『満鉄社業概況』、「一三　所管港湾概要」。

(167) 大臣官房文書課「第八四回帝国議会答弁資料（総務局）」（一九四四年）、二七頁（JACAR：Ref. B02031388400・帝国議会関係雑件／説明資料関係　第二五巻・A-5-2・外務省外交資料館）。なお、大陸転嫁輸送の実態については、林采成『戦時経済と鉄道運営』（東京大学出版会、二〇〇五年）、一〇五—一八四頁が詳細に論じているので参照されたい。

(168) 大陸鉄道輸送協議会の設立経緯については、同右書、一一〇—一一二頁参照。

(169) 以上については、大臣官房文書課「第八六回帝国議会答弁資料（満洲事務局）」（一九四四年）、四四三頁（JACAR：B02031396800・帝国議会関係雑件／説明資料関係　第二九巻・A-5-2・外務省外交資料館）参照。

(170) 高橋泰隆『日本植民地鉄道史論』（日本経済評論社、一九九五年）、四三二—四三三頁参照。

(171) 内務省管理局「（昭和二十年）朝鮮及台湾ノ現況」（一九四五年）、六五—六六頁（JACAR：Ref. B02031291800・本邦内政関係雑纂／植民地関係　第六巻・A-5-0・外務省外交資料館）参照。

(172) 林『戦時経済と鉄道運営』、一〇七―一〇八頁参照。
(173) 『大陸主要港湾概説』、一一頁。
(174) 「大東亜戦争　鮮満鉄道」(著者・刊行年不明、防衛省防衛研究所図書館所蔵「軍事鉄道記録」第三巻所収)、一五―一六頁参照。
(175) 近藤剱一編『太平洋戦下の朝鮮　五』(友邦協会、一九六四年)、一五〇―一五九頁参照。
(176) 満鉄『会社概況報告』(長春、同社、一九四四年)、一八―一九頁参照。
(177) 大東亜省総務局経済課「第八五回帝国議会大東亜地域経済施策ニ関スル想定質疑応答」(一九四四年)、頁なし「二四　大陸ニ於ケル陸運転嫁概況如何」(JACAR：Ref.B02031388800・帝国議会関係雑件／説明資料関係　第二五巻・A-5-2・外務省外交資料館)によれば、四四年度の転嫁輸送計画は、第八五回帝国議会の開催時(四四年九月)には約四八〇万トンに修正されていた。
(178) 朝鮮総督府「昭和一九年一二月　第八六回帝国議会説明資料」(『朝鮮総督府　帝国議会説明資料』第一〇巻、不二出版、一九九四年)、二三七頁参照。
(179) 内務省「(昭和二十年)朝鮮及台湾ノ現況」、六七頁。なお、林『戦時経済と鉄道運営』、一〇七頁は、一九四四年四―一一月の転嫁輸送の実績を二五九万トン余、同じく四四年度全体で三四五万トン強としている。しかし、林が依拠した資料をみると、四―一一月実績には朝鮮国内で消費される五三万トンの「北支発朝鮮到着」貨物が含まれており(朝鮮総督府「昭和一九年一二月　第八六回帝国議会説明資料」、二三六頁)、四四年度実績も同様の貨物を含むようである。転嫁輸送は、対日供給を第一義とし、計画には朝鮮国内で消費する物資は含まれていない。その朝鮮国内用物資を転嫁輸送の実績に加えるのは、実績の水増しを意図したものといえよう。したがって、林の数値は慎重に取り扱う必要があろう。
(180) 「大東亜戦争　鮮満鉄道」、一五―一六頁参照。
(181) 高成鳳『植民地鉄道と民衆生活』(法政大学出版会、一九九九年)、三一頁参照。
(182) 大陸鉄道輸送協議会事務局「第一回協議会決議事項ノ経過報告」(一九四三年)、六四頁(防衛省防衛研究所図書館所蔵「第二回大陸鉄道輸送協議会議事録」所収)。
(183) 同右資料、六四頁参照。

(184) 林『戦時経済と鉄道運営』、一〇七頁の表3-1-1より算出。
(185) 《大連港史》編委会編『大連港史（古、近代部分）』（大連、大連出版社、一九九五年）、二〇九頁参照。
(186) 大臣官房「第八六回帝国議会答弁資料（満洲事務局）」、四五八頁（JACAR：Ref.B02031396900）参照。
(187) 斎藤外吉「大連埠頭局の終焉」（満鉄会編『満鉄社員終戦記録』、同会、一九九六年）、五四四頁参照。
(188) 福島三七治「羅津より撫順まで」（同右書）、四二一頁参照。
(189) 清津商工会議所『清津経済月報』第九〇号（一九四三年五月）、三三頁参照。
(190) 一九四三年一〇月以降、日本海から米軍の潜水艦が姿を消したことについて大井篤は、四三年夏に日本海軍が、宗谷海峡で潜水艦の潜航深度に合わせた機雷敷設を行ったからではないかと推測している（大井篤『海上護衛参謀の回想』、原書房、一九七五年、四八—五〇頁参照）。
(191) 東亜経済懇談会『第四回日満経済懇談会報告書』（同会、一九四三年）、一九九頁。
(192) 大臣官房「第八六回帝国議会答弁資料（満洲事務局）」、四五八頁（JACAR：Ref.B02031396900）。
(193) 守田政之「大東亜戦争末期に於ける満洲鉄道」（刊行年不明、「軍事鉄道記録」第四巻所収）、一一頁参照。
(194) 満鉄会『第四次十年史』、三三七頁参照。
(195) 以上については、福島「羅津より撫順まで」、四二一頁参照。ちなみに、一九四五年五月における羅津港の貨物取扱量は、揚陸二六・七万トン、積込二〇・三万トン、合計四七万トンであった（羅津方面特別根拠地隊「自昭和二十年五月一日至昭和二十年五月三十一日　羅津方面特別根拠地隊戦時日誌」、一九四五年、頁なし、JACAR：Ref.A03032088000・返還文書四・旧陸海軍関係、国立公文書館、参照）。
(196) 飯塚浩二『満蒙紀行』（筑摩書房、一九七二年）、二七五頁。
(197) 同右書、二七九頁参照。

第3章　満鉄傘下企業の設立——一九二〇—三〇年代を中心に——

柳沢　遊

はじめに

本章では、一九二〇—三〇年代の満鉄の関係会社投資の推移を考察し、日本の対満経済支配の展開過程のなかで、満鉄の関係会社投資が果たした役割を、その関係会社政策とともに明らかにする。

満鉄の関係会社投資の実態とその推移について、それを、満鉄の事業投資政策との関連で長期にわたって分析した研究は、これまできわめて不十分であった。松岡洋右『満鉄を語る』（第一出版社、一九三七年）は、一九二七年以前の関係会社投資について、「営利的見地よりは寧ろ産業助成の立場に重きを置いた」、消極的態度に立つものであり、山本条太郎総裁時代に「社業自体の経済化」政策のもと「積極主義」に転換し、さらに「満洲国」の建国後になると、多目的の関係会社が相次いで設立され、「事変後設立の関係会社二五社、及之に事変後始めて実態的に活動するに至った昭和製鋼所を加へると、満鉄の引受金額は実に二億二六四八万四六二〇円の多きに達[1]」し、満洲国経済界の中でその位置を飛躍的に高めたことを指摘している。また、近年の満鉄史研究では、金子文夫が、山本条太郎総裁時代の関係会社設立を考察し、それを「国策」の実現を、「営利」を通して追求する政策基調のなかに位置づけた。すなわち、山本条太郎のいう「経済化と実務化」という経営効率化政策とは、「資産再評価・社債借換等の財務改革から始まって、社外に新会社を設立し、採算可能な社内事業を分離するコンツェルン形成にまで及んだ」と主張した。ただし、金子は、主として社内事業の分離を、「一九二〇年代に輪郭が現われ、三〇年代に完成に向うコンツェルン形成」の視角から論じており、個々の関係会社出資、社内事業の分離政策を通時的に考察しているわけではない(2)。満鉄出資企業の増加をコンツェルン形成という視角から論じることには、一定の意義があるが、ここでは満鉄の傘下企業設立の個別的理由を検討することで、満鉄と個々の傘下企業との関係性の変化という、ミクロ的視点を重視する研究も必要といえよう。松岡が示唆するように、満鉄の追及する「国策」そのものも、一九三〇年代には多様化することを考えると、関係會社政策における「国策」と「営利」の関係についても、時期によってその内実が変化することが想定でき(3)、それは傘下企業の個別的設立事情をみることで検証への途がひらかれる。

最近になり、在満日系企業の全面的分析を行った、鈴木邦夫編著『満州企業史研究』（日本経済評論社、二〇〇七年）が刊行され、満鉄傘下企業を含めて、在満日系企業の全体像とミクロ的考察がはじめて明らかにされ、研究水準が飛躍的に高まった。一一〇〇頁をこえる同書第I部第3章では、満鉄系企業が概観され、他章においても、満鉄傘下企業の動向が、しばしば言及されている(4)。ただし、同書は網羅的な日系企業の研究書でありながら、満鉄系企業の叙述はわずか一六頁にとどまっているため、満鉄の子会社投資政策の展開過程については、なお独自の検討を要する。

そこで、本章では、昭和恐慌期・満州事変を転換点として、満鉄の関係会社出資政策および傘下企業の設立方針がどのように変化したのかという論点に焦点をあて、各関係会社の設立事情、満鉄の出資比率、役員人事などに留意しながら、満鉄の関係会社投資政策の段階的推移とその歴史的特質に接近してみたい。

一　一九一〇―二〇年代の関係会社

(一)　第一次大戦前における満鉄の関係会社出資

表3-1は、一九三四年現在の満鉄の主要出資会社一覧である。第一次大戦以前の満鉄の関係会社投資は、数がわずかであり、その内容も、公共的インフラ整備に関連する企業への出資ないし、社業の延長にかかわる企業に限定されていた。ここでは、営口水道電気㈱、大石橋電燈㈱、大連汽船㈱を例にとって、満鉄の関係会社政策が、各会社設立にどのように貫かれているかをみてみたい。

営口水道電気㈱は、日中合弁企業として一九〇六年設立された。日露戦争時、日本軍の営口占領とともに岩下清周が営口に技師を派遣して実地調査を行い、軍政撤廃後、営口の水道、電車、電燈、電話事業経営の維持を有する会社として資本金二〇〇万円で設立されたのである。(5) 一九〇六年一二月軍政撤廃の際、清国公使林権助と清国政府との間に締結された営口還付協約にもとづき、同社による本事業権の確認を得るとともに、電話事業については将来清国政府の要求にもとづき買収されるとの条件が付加されていた。(6) 一九一一年、同社は経営難に陥り、満鉄に援助を申し出たため、満鉄は、「電気事業ノ統制ト（満鉄）鉄道沿線ニ於ケル利権確保ノ目的」のため半数以上の株式を取得し、役員を派遣することとした。当初、岩下清周であった取締役社長は、一九一一年一一月末から田沼義三郎に変更となった。(7) また、同年一二月に支配人に就任した木下鋭吉は、一九〇七年七月満鉄に入社、用度課購買主任、柞蚕製糸工場勤務を経て営口水道電気㈱に入社した。(8)

これに対し、当初から、満鉄の出資をあてにして一九一六年七月に設立されたのが、大石橋電燈㈱である。本社設

鉄の主要出資会社

満鉄出資の理由
鞍山鉄鉱を処理し、製鉄・製綱を行い、本邦製鋼業の確立に寄与するため
撫順油母頁岩処理事業（オイルシェール事業）の副産物たる粗蝋精製のため
元満鉄窯業工場を分離したもの（空洞硝子および耐火煉瓦の製造販売）
中央試験所において研究完成した硬化油製造法を企業化したもの
満鉄用度課所管の雨覆ローブ家具等の製造事業を継承独立させたもの
満鉄計画の硫安製造事業を企業化したもの
軽金属工業の確立上、満鉄発明の金属マグネシウム製造方法を理研式方法と併用実施するため
撫順炭の内地販売統制のため出資し、その後同社は石炭のほかの燃料・金属物の販売を支援
地方行政上食糧市場の健全な発達を助成するため
地方行政上食糧市場の健全な発達を助成するため
本邦人口食糧政策の一端として関東州に農事植民を図るため
満蒙農業開発の趣旨に基づき東拓、満鉄その他法人関係土地を集め資金貸付、農産物の加工販売のため設立したもの
炭坑用坑木および鉄道枕木の供給を確実にするため
満鉄所有のマグネサイト礦の販売並びに加工を目的とする会社の設立助成
満洲生産品、その他満洲特産品の海外輸出上の便益および大連港を中心とする一般貨物並びに海運の発展を期するため
日満貿易貨物の海陸連絡を円滑ならしむるため川崎、大阪に埠頭および倉庫業を営むもの
鉄道事業と密接な関係を有するため（海陸運送および運送取扱、倉庫代弁労力請負）
元個人（相生由太郎）の経営していた埠頭作業に要する人夫請負管理事業を、満鉄が継承し、会社組織としたため
元満鉄直営の電気事業を独立させたもの
元満鉄直営のガス事業を独立させたもの
公共的事業の援助のため（営口における水道、電気、電話、自動車運輸など）
主として満鉄借款鉄道の工事請負を目的とするもの
朝鮮鉄道委託経営当時元山府発展の一助として株式を引き受けたもの
ハルビンにおける邦人既得権維持のため（土地建物の売買、貸借および経営など）
官営取引所に付随する精算担保機関設立の後援のため
官営取引所に付随する精算担保機関設立の後援のため
鉄道営業と関連事業であるがため
鉄道営業と関連事業であるがため
満洲各般の事情を一般に周知せしめる機関たらしめるため
満洲各般の事情を特に満州国民並びに中国民に周知せしむる機関たらしめるため
満洲各般の事情を一般に周知せしめる機関たらしめるため
牛心台地方の鉱産物搬出を目的として本渓湖煤鉄公司と満鉄で共同経営を行うもの
満鉄宴会の便宜をはかり、一般中国料理店経営のため

の会社、33社を抽出して作成。「満鉄出資の理由」は、同左資料の「出資事由」にもとづく。

表3－1　1934年満

会社名	専　業	役　員	設立年	満鉄出資比率	
				1934	1937
㈱昭和製鋼所	鉄鋼業	伍堂貞雄	1929	全株所有	45.0%
日本精蝋㈱	精蝋の生産	本多重造	1928	全株所有	全株所有
大連窯業㈱	耐火煉瓦の製造	津上延治	1925	全株所有	全株所有
大連油脂工業㈱	硬化大豆油、魚油、石鹸	保田文雄	1916	68.0%	68.0%
大連工業㈱	雨覆、雨具防水塗料	桝田憲道	1918	50.8%	50.8%
満洲化学工業㈱	硫安その他工業品	斯波忠三郎	1933	52.0%	51.7%
日満マグネシューム㈱	金属マグネシウム製造	斯波忠三郎	1933	50.0%	50.0%
撫順炭販売㈱	満鉄の採掘・生産した燃料金属の販売	中田金司	1923	55.0%	55.0%
満州市場㈱	水産物産の売買、委託販売	粟野俊一	1917	50.0%	50.0%
新京市場㈱	水産物産の売買、委託販売			50.0%	50.0%
大連農事㈱	土地の取得、開墾分配	小倉鐸二	1929	全株所有	全株所有
東亜勧業㈱	土地の開墾改良利用並びに之に関する資金の貸付	向坊盛一郎	1921	96.0%	96.0%
満鮮坑木㈱	坑木・枕木および一般木材の生産販売	福田稔	1919	全株所有	全株所有
南満鉱業㈱	鉱物の採掘・製錬	高木陸郎	1918	51.6%	50.1%
大連汽船㈱	汽船業	増田義雄	1925	全株所有	全株所有
日満倉庫㈱	倉庫業	市川数造	1929	全株所有	全株所有
国際運輸㈱	海陸運送業	簗島信司	1926	全株所有	全株所有
福昌華工㈱	貨物の荷役、華工供給請負	秋山卯八	1926	全株所有	全株所有
南満洲電気㈱	電灯・電力の供給	入江正太郎	1926	全株所有	50.0%
南満洲瓦斯㈱	ガスの製造・販売、副産物の精製販売	白浜多次郎	1925	全株所有	50.0%
営口水道電気㈱	水道、電気、電話など	今井栄量	1906	66.0%	66.0%
東亜土木企業㈱	鉄道、港湾、鉱山、土木に関する調査資料	柳生亀吉	1920	50.2%	50.2%
元山海水浴㈱	海水浴場経営	西田常三郎	1923	66.7%	66.7%
哈爾浜土地建物㈱	土地建物の売買、貸借、経営	金井清	1920	全株所有	全株所有
新京取引所信託㈱	新京取引所で成立した先物取引の履行	荒木幸	1916	51.4%	51.4%
奉天取引所信託㈱	奉天取引所で成立した先物取引の履行を担保し、その清算事務を行う	金丸富八郎	1921	50.0%	50.0%
㈱遼東ホテル	旅館、貸店舗	山田三平	1930	55.0%	55.0%
湯崗子温泉㈱	温泉経営	大坪正	1920	50.5%	50.5%
㈱満洲日報社	新聞の発行	村田磨憖	1913	全株所有	全株所有
㈱盛京時報社	新聞の発行、印刷	染谷保蔵	1925	57.0%	57.0%
㈱哈爾浜日日新聞社	新聞の発行	大澤隼	1922	75.0%	75.0%
渓城鉄路公所	本渓湖から牛心台までの鉄道経営		1916	70.0%	70.0%
登瀛閣	中国料理店経営		1928	60.0%	60.0%

1．日満実業協会『満鉄関係会社業績』1934年（東京大学東洋文化研究所所蔵）掲載60社より満鉄出資比率50%以上
2．1937年の数値は、満鉄総裁室監理課『昭和12年関係会社調書』による。

立の契機は、大正天皇の即位大典記念のため「電気事業経営の目的を以て創立を計画せる」もので、「爾後数回発起人会を開催し定款を作成し、満鉄會社に冐りて其賛同を得資本其他の援助を求め(9)」た。大石橋電燈㈱は、営口水道電気㈱に比べると規模が小さく資本金は五〇〇〇〇円であったが、株式一〇〇〇株のうち、満鉄引受五〇〇株、発起人引受二九〇株であった(10)。

営口水道電気㈱や大石橋電燈㈱に満鉄が出資したのは、これらの企業が、水道・電燈など満鉄付属地生活基盤にかかわる公共サービス部門に属していたことによるが、同時に、両者とも、満鉄への出資要請があった後に株式投資をしている点に留意しておきたい。満鉄は産業インフラ・生活インフラにかかわる付属地の経済的事業に対しては、早期から株式投資をしたが、それは当該企業の自立を援助するためであった。

一九一五年一月に設立された大連汽船㈱は、大連を中心として安東、芝罘、龍口、営口、天津諸港との間の定期航路を開いて「航権の伸張」に努めていた大連汽船(名)を継承し、満鉄が改組・出資したものである。一九〇八年八月、満鉄は、日本汽船神戸丸を傭船して、大連－上海間に、次いで〇九年五月には西京丸を傭船して、大連－上海間に定期航路を開設した。一九一一年六月に華北沿岸航路開拓の目的で北清輪船公司（資本金三〇〇〇〇円の組合組織）が設立されると、関東都督府はこれを命令航路として助成することとし、満鉄も、自ら造船した済通丸・天潮丸を北支輪船公司に貸船した。北清輪船公司は、華北沿岸航路の発展にそなえ、一九一三年一月資本金一〇万円の大連汽船(名)に改組した。外国船と競争していくために、いっそうの資本の充実と船舶の質的改善を図る必要から、満鉄は、「世界海運界ノ動向ニ鑑ミ新ニ其ノ資本ヲ以テ別働隊ヲ起シ以テ其ノ海運政策ヲ遂行セシムルノ方針ヲ決定シ大正四年一月資本金五十万円総額引受ヲ以テ大連汽船株式会社ヲ創立(11)」することとした。大連汽船㈱は、大連汽船合名会社の業務一切を買収継承して、大連港を中心とする海運業及倉庫業を開始した。一九一六年四月には資本金を二〇〇万円に増資し、第一次大戦期には、華南方面での航路の拡張など、事業を拡張した。

以上のように、大連汽船㈱は、大連を基点とした海運業の飛躍的発展という「国策」的課題を達成すべく、設立された企業であり、その後の満鉄の関係会社政策の嚆矢をなすものであった。

(二) 第一次大戦期の満鉄の投資

第一次大戦期に目立ってくるのは、満鉄社内事業の外部化と、「国策」的あるいは総資本的な立場にたった出資である。

まず、社内事業の外部化の事例として、大連油脂工業㈱と大連工業㈱をみておこう。

大連油脂工業㈱は、満鉄中央試験所に勤務していた岡田徹平の研究になる大豆油硬化法の事業を企業化したものである。会社の業務は、「豆油、硬化油、石鹸其の他油脂加工品、消毒剤の製造並販売」「酸素ガス、水素ガス及工業薬品の製造・販売」であり、一九一六年五月に資本金一〇〇万円（払込二五万円）で設立された。当初、一九一四年欧州大戦勃発の当時、満鉄総裁中村雄次郎は、陸海軍当局の慫慂により大豆油を分解して軍需品たるグリセリン製造の工業試験を大連中央試験所に命じ、鈴木庸生、岡田徹平が豆油硬化法の研究に着手し、ついに完成させた（詳細は、本書第4章）。株式二万株のうち、一万株は発起人・賛成人で引き受け、七〇〇〇株は、満鉄で引き受けた。発起人は、相生由太郎、鈴木庸生、久保要蔵、川村柳次郎、安田錐蔵、長浜敞介、栃内壬五郎、厳道円であり、残株三〇〇〇株は一般公募の結果、応募額一五三倍に達した(12)。主要製品のうち硬化大豆油は人造牛脂といわれ、水圧式圧搾機で搾出したきわめて新鮮な大豆油を数回精製したものであり、食料や石鹸原料として利用された。大連油脂工業㈱の操業開始後の事業収支は、低迷を続け、製油事業から撤退して、硬化油工業に特化するとともに、公称資本金を二五万円（全額払込）に減資した(13)。

大連工業㈱も、満鉄用度課内の事業の外部化とみることができる。日露戦争時に野戦鉄道提理部材料廠付の木工一〇名前後は満鉄設立後用度課勤務を命じられた。彼らは、三〇〇人程度となり、用度課で満鉄がしようする家具什器類の製作修理のほか、あらたに雨覆の政策修理、被服類の製作修理を一手に引き受けるようになった。しかし、一九一七年末に至り用度課内の線路の敷設替により、三〇〇名前後の木工は用度課から立退くことを余儀無くされた。こうして、用度課内木工作業場の縮小にともなってとられたのが、大連工業㈱の設立であった。

一九一八年四月に設立された大連工業㈱の営業目的は、①雨覆、雨具並防水塗料および各種被服類の製造販売、②ロープ製造販売、③家具・建具等製造販売、④以上の業務に付帯する各種営業、である。(14) 専務取締役は、用度課にいた桝田憲道が就任し、満鉄は、五割強の出資を行った。大連工業㈱の業績は、順調であり、一九二〇年代中葉には、「当会社の主《ママ》もなる得意先は関東庁各官衙、満鉄は勿論大連市役所、吉長鉄路局、……中略……、鮮満所在官衙、公所、諸会社、其他の需用《じゆよう》に対し毎に供給忙殺せられつゝあり」(15) という活況を呈した。

こうした、社業の外部化と異なり、この時期、満鉄沿線都市の取引所信託㈱や市場会社の設立に関与し、多額の出資を行ったことが、いま一つの特徴であった。これらは、営口水道電気㈱や大石橋電燈㈱とほぼ類似した出資目的によるものであった。ここでは長春取引所信託㈱、長春市場㈱を例にとって、その設立経緯をみておきたい。

長春取引所信託㈱（一九一六年三月設立、公称資本金一〇〇万円）は、長春取引所の補助機関として、長春取引所で成立した取引の履行を担保とし、その精算事務を引き受け、同取引所取引人に資金の融通をなし、官営取引所の機能を十全に発揮させるために設立された。取引人は、長春の日中商人約八〇人で、特産物の出廻期には大戦好況期に一日の出来高五〇〇車に及んだという。同社の専務取締役（一九二四年時）山崎重次は、東京外国語学校卒業後一九〇九年満鉄に入社し、一九一九年在職のまま満州刷毛㈱専務取締役に就任、一九二一年七月長春取引所信託㈱の専務取締役に就任した。しかし、同年九月には、長春特産信託㈱と合併し、資産の整理を行った。(16)

長春市場㈱の設立は、満鉄長春地方事務所が付属地在住者の生活必需品である魚菜の供給を円滑ならしめるために一九〇九年に小売市場を設置したことが嚆矢となった。当初長春市中に散在していた魚菜商の市場への収容をこころみたがこれに失敗して、編成換えされて設立されたのが、同社であった[17]。すなわち、一九一七年六月二日に資本金五万円（半額払込）で設立された長春市場㈱は、「水陸産物の委託販売」という主要業務のほか、糶市場・小売市場の経営も行った。同社は設立当初「不良仲買勘定ノ償却ニ追ハレ、設備其ノ他ニ欠クル所少カラズ[18]」という状況で市場に入っている小売店舗の販売品（生鮮食料品）の品質についても悪評がたたなかったといわれる。満鉄は、五〇％出資するとともにこうした同社の経営改革に着手し、「設備改善費の援助」、魚菜販売方法の指導を行って、生鮮野菜・魚類の需給組織としての機能向上につとめた。一九二一年、満鉄の各地方事務所を歴任した久米吉治が取締役兼支配人に就任し店舗の改築をはじめとした経営改革を断行した[19]。満州事変後、「新京市場株式会社」と名前を変えた同社は、「（昭和）七年度以降ハ従来ノ無配当ヨリ一転シ年八分ノ配当ヲ行フニ至[20]」った。

以上のように、一九一〇年代の満鉄は、一方で社内事業の外部化をすすめ、他方で、満鉄地方行政の一環として、生活必需品の流通秩序の整備や特産物等の取引環境の基盤整備にもあたったのである。長春市場㈱への介入にみられるように、公共的事業に不正な経営が発覚したときには、満鉄は、人事面、財政面で介入をつよめた。ただし、大戦ブーム期、戦後ブーム期には、大豆、証券、不動産、化学関連の数多くの民間会社が相次いで設立されたにもかかわらず、満鉄は、これらの新設企業の設立・出資にほとんど関与しなかったことは注目される。満鉄が、こうした民間企業の救済・整理に本格的に乗り出すのは、一九二〇年代に入ってからのことであった。

㈢　一九二〇年代の満鉄傘下企業

一九二〇年代は、大戦期に設立された在満日系企業が、相次いで不振に陥るなか、満鉄の出資した諸企業および満鉄と取引面で強い関連を有する商店・企業は相対的に安定的業績を示した。「満鉄王国」の成立といわれたのは、こうした在満日系企業界における満鉄へゲモニーの確立を意味している。

一九二〇年代に設立された満鉄系企業には、一九一〇年代にみられた①社内事業の外部化によるもの、②付属地行政の一環としてのインフラ整備のほか、新たに、③社業の延長・補完にかかわる事業会社の設立、④バブル期に設立した企業のうち総資本的・公共的業務にかかわる企業への産業助成、という二つの特徴が加わった。

そこで、まず、①を代表する企業として、大連窯業㈱および南満洲瓦斯㈱の設立事情、営業活動をみておこう。

大連窯業㈱は、元満鉄窯業試験工場において試験的経営を行っていた空洞ガラスと耐火煉瓦製造販売事業がその試験期間を終えて、その製品の評価が高まったため、一九二五年七月に窯業試験場から独立させて新会社として設立させたものである。同じ窯業試験工場で試験製造していた窓ガラス製造については、旭硝子㈱との共同経営のもとで昌光硝子㈱が一九二五年四月に設立され、担当することになった。その後、空洞ガラス製造販売事業については、別に一九二八年一一月三日に南満洲硝子㈱を設立し、これに移管した。大連窯業㈱は、硬質煉瓦、耐火煉瓦、硅石煉瓦、マグネサイト煉瓦、モルタルなどを製造し、これを満鉄各組織はじめ、海運会社、日本内地の炭鉱、さらに中国各地、シンガポールなどに出荷していた[21]。満洲事変以前では、他の会社同様営業成績は良好でなかったが、満洲事変後、満州ブーム（とりわけ建設ブーム）によって、製品の需要は急拡大した[22]。この大連窯業㈱に対し満鉄は全額出資したが、その子会社たる南満洲硝子㈱とは関係が弱かった（直接株式投資一六・七％）。多品種少量生産であった南満州硝子㈱は、市場を満州のみならず、中国本部、東南アジア方面に拡大したため、設立当初は業績好調であったが、一九三〇―三三年まで不況により毎期欠損を計上し、一九三四年末には一時破産に瀕した。その後親会社たる大連窯業のテコ入れて会社の整理を行い、主として満洲国内需要に対応するガラスの製造・販売に活路を見出していった[23]。

一方、南満洲瓦斯㈱は、一九〇九年以降継続していた満鉄のガス事業を一九二五年四月分離・独立したものである。満鉄の技師であった富次素平が専務取締役に就任した。満鉄内事業のときは、「大連ニ於テ当面ノ採算ヲ度外視シテ事業ノ開始ヲ見タルモノ」[24]であった。その後、大連における企業の急速な発展、市民生活の拡大などにより、採算が好転し、分離・独立することとしたのである。ガスの普及は、在満日本人家庭と中国人家庭で大きな差異があり、前者にほぼ限定されていたが、満洲国建国後は、従来ガス事業の普及が遅れていた奉天・新京でも躍進的発展を示した。[25]

以上のように、満鉄は、窯業、ガラス製造業、ガス事業、電気供給事業など、従来は社内事業であった事業に対し、製品の品質向上とを採算ベースをみて、一九二〇年代中葉に独立させることにより、不況基調にあった在満日本人経済全体の発展に、産業インフラ整備の側面から貢献しようとしたのである。これらの傘下企業の大半は、満洲国期になってから市場拡大にささえられて飛躍的な発展を示した。

次に、一九二〇年代に新たに出現した満鉄の社業の延長・補完、ないし社業に代行する分野の満鉄傘下企業の動向をみてみよう。

満鉄および在満主要企業にとって、大連埠頭に働く中国人労働者の管理、統轄はきわめて重要であったが、第一次大戦期までは、相生由太郎の個人企業である福昌公司がこれを担っていた。しかし、戦後ブーム期に一〇社をこえる新設株式会社の役員、株主を兼任していた相生は、一九二〇年恐慌で打撃をうけ、諸会社の整理と福昌公司の業績悪化に直面するようになった。さらに、相生は、大連商業会議所会頭としての多忙な活動と自らの放漫な会社経営とのため病気となり、福昌公司の事業の満鉄への移管を受け入れた。すなわち「近時支那内地ニ於ケル華工労働問題ノ発生…中略…ニ鑑ミ当社埠頭華工ニ於テモ徒ラ《ママ》ニ晏如タルヲ得サル情勢ニ立至リ殊ニ埠頭荷役ノ請負作業ハ港湾営業ハ素ヨリ鉄道輸送上ニモ重大ナル関係ヲ有シ華工労働問題ニ対シ善処スヘキ手段ヲ講スルハ極メテ緊急事ニシテ今後機械荷役施設ノ充実竝之ニ伴フ荷役作業賃率設定等機宜ノ方策ヲ樹立スル」[26]ために、一九二六年一〇月、福昌華工㈱を設立したのである。新会社は、公称資本金一八〇万円（三万六〇〇〇株）とし、満鉄はこのうち二万株（一〇〇万円）出資して、残額を相生由太郎の所有とすることで、財務面でも個人企業から脱皮させた。満鉄系企業として再組織された福昌華工㈱は、その後大連埠頭の荷役労働者以外にも業務を拡大し、満鉄は、この福昌華工㈱と国際運輸㈱をともに「社業の補完」として分業・協業させることによって、自らの中国東北部での運輸・輸送能力の向上につとめていった。福昌華工㈱は、満鉄社外の、労力供給事業にも事業拡大を行ったのである(27)。さらに、満鉄の「社業の補完」として、福昌公司以上に重要な役割を果たしたのが、陸運を担当した国際運輸㈱である。ここでは、国際運輸の設立とその主要な活動について、満鉄との関連に留意しつつ述べておこう。

国際運輸㈱の前身となる国際運送㈱は、一九二三年六月、資本金一〇〇〇万円、専務取締役小日山直登という陣容で設立された。本会社設立の背景には、東支鉄道による北満大豆のウラジオストック向け輸出拡大に危機感をもった満鉄の運送政策が存在していた。すなわち、ロシア革命後、ウラジオストックの治安回復と東支鉄道の東行運搬政策によって、一九二一年頃から北満大豆がウラジオストック経由で輸出されるようになったことにより、大連南下政策をとる満鉄は、運賃低減などの対応措置を余儀なくされたのである。小日山直登などは、東支鉄道の運輸政策に対抗するためには、長春以北の陸上運送と満鉄とを連接し、満州各地の貨物を統一した運賃と運輸体系のもとに取り扱う一大運輸会社を満鉄のテコ入れで設立させる必要を痛感した。そこで、日本内地・朝鮮各地に足場をもつ日本運送㈱と、東アジアの運送会社として活動してきた山口運輸㈱の二社の満州における事業を統合することとし、一九二三年六月に国際運送㈱が設立されたのである。

その後、日本内地の運送業者相互の競争激化と関連して、国際運送㈱と他の内地業者との合同の機運が強まるとともに、国際運輸㈱大連支社は、本社と分離して、国際運輸㈱（専務小日山直登、資本金一〇〇〇万円、本社大連）が、一九二六年八月に誕生することになった。この間、一九二三年下期には、大阪商船㈱との間に、海陸連絡輸送に関する契約が締結されたことで、海陸連絡貨物輸送に対する連絡証券の流通が増加した(28)。一九二三—二四年には、長春・哈爾浜で既設運輸会社・倉庫会社を買収した。その後、同社はチチハル・間島・龍井村・山東省・天津に店舗を開設した。こうして、一九二六年八月に設立された国際運輸㈱は、社員総数四九一人、支店一五、出張所一二、営業所など一七ヶ所を擁する一大運輸会社となった。国際運輸㈱は、満鉄の貨物輸送と緊密に連携して、営業区域を満州のみならず、蒙古、朝鮮、中国都市、ロシア領沿海州にも拡大した。満洲事変後の国際運輸㈱は、大豆輸送のほか、軍需品の輸送、乗合自動車運行、都市開発事業など、多面的な業務を取り扱うようになった(29)。

次に、一九二九年五月に設立された日満倉庫㈱について述べよう。同社は、満鉄の産出した撫順炭や昭和製鋼所（一九二九年設立）の銑鉄などの内地向き特殊貨物用の倉庫施設を管理・運営するために設立された。営業目的には、「倉庫業」「運送業」のほか、「貨物の揚卸、荷役、通関竝運送業」が掲げられた。川崎市に埠頭施設（倉庫）を設け（一九三三年竣工）、特殊貨物の海陸連絡の円滑化をはかり、一九三三年には、大阪埠頭をも開設した。三三年六月から大連汽船の撫順丸の入埠により、運送事業が始まり、大連−川崎間も一九三四年に、川崎埠頭と浜川崎駅との間の専用線運転が開始された。また、倉庫業については、一九三三年一二月に、政府米の保管活動を開始し、翌三四年三月には米穀倉庫を増設した。満鉄は、同社に全額出資していた(30)。日満倉庫㈱は創立当初は業績があがらず、もっぱら施設拡充につとめていたが、一九三五年になって資本金が一〇〇〇万円に増額された。

以上のほか、金福鉄路公司㈱、昭和製鋼所、日本製蝋、満洲船渠などが、満鉄の社業に関連する事業会社、社業の延長としての関係会社であった。ただし、福昌華工㈱のケースでみられたように、一九一〇年代末に好況であった企業が業績不振に陥ったために、満鉄系企業がその業務を代行したという側面も存在した。一九二〇年代に形成された「満鉄王国」は、社業の発展が新たな外延的業務を担う満鉄傘下企業の誕生を伴っていたといえよう。

一九二〇年代の満鉄傘下企業の第三のタイプは、一九一〇年代末に設立した株式会社で二〇年代に業績悪化したもののうち、重要な役割を期待されていた会社を満鉄出資によって救済しようとしたものである。こうした企業の代表例として、東亜土木企業、南満鉱業、南満州製糖、大連農事の各株式会社をとりあげ、各社の設立と満鉄の関与について考察してみたい。

東亜土木企業㈱は、一九二〇年一月、石本鏆太郎・相生由太郎らによって設立され、旅順－大連間の道路建設事業をはじめとした土木建築請負事業を日中合弁で企画したが、一九二〇年恐慌に直面してその計画の縮小・挫折を余儀無くされた企業である。当初満鉄は日中合弁企業（東亜土木企業股份有限公司）である東亜土木企業に対し、一〇万株中四八〇〇株（四・八％）を引き受けた。だが、二代目専務取締役の有賀定吉（菅原工務店など）をはじめとした会社幹部の放漫な経営により、多額の資金の固定化や、不正事件の露呈により、同社は連絡危機に直面した。一九二三年に役員の更迭、事業の整理を断行した。満鉄鉄道部・技術部出身の津田元吉が同社の専務取締役に就任し、吉敦線その他の工事を請負った。一九二五年度から二八年度まではごくわずかな配当を行いえたが、朝鮮での水利事業の失敗などで、二九—三二年までは再び無配当に転落した。満鉄は、東亜土木企業の救済に乗り出し、当社四・八％であった出資比率は、五〇％に上昇した。満洲事変後には、同社の使命を「満鉄の借款鉄道敷設工事請負」とし、「満州国」下での鉄道の敷設、道路の新設、各種土木事業の活況により、一九三三年度からの収益は大幅な改善をみるにいたった[31]。

南満鉱業㈱は、一九一八年四月、資本金三七万五〇〇〇円で設立された（取締役社長は高木陸郎）。同社は満鉄から大石橋のマグネサイト鉱、周水子の苦炭石鉱区の採掘権を得て、さらに大浦元三郎のリグノイド工場を継承・設置して一九一八年末に事業を開始した。その後事業を拡大し、満鉄から、長春と陶家屯の炭鉱の採掘権を得たが、その採炭がうまくすすまず、一九二一年六月採掘事業を中止した[32]。

同社も一九二〇年恐慌後、会社事業の整理を満鉄の出資比率の上昇がみられた。すなわち、マグネサイト採取やセメント販売の不振により、一九二四年二月資本金を三〇〇万円から一五〇万円に減資し（払込金三七万五〇〇〇円）、翌二五年三月に之を二〇万円（全額払込済）にさらに減資した。同年九月、満鉄により一七万五〇〇〇円の増資が行われるとともに内部整理が断行された。一九二七年には不始末事件が発生、会社再建は再度一頓挫をきたした。株式配当も一九三三年下期まで無配当が続いたが、一九三四年の抜本的整理によりようやく軌道にのせることができた(33)。

東亜土木企業㈱と南満鉱業㈱の両社に、満鉄が経営介入をつよめ、財政支援を行ったのはなぜであろうか。両社とも、当初は、利権追求型の政商的企業家が経営を行っていたこと、また、東亜土木企業の場合、交通インフラにかかわる日中合弁企業であったことが重要な要因といえようが、両社の事業が、「社業の延長・補完」とはいえないまでも、満鉄と密接に関連していたことも無視できない。すなわち、東亜土木企業㈱は、満鉄の企図する借款鉄道の工事請負会社として、南満鉱業㈱は満鉄の関与した鉱産物の取引会社として、活用の余地が存在していたからこそ、満鉄は財政面、人事面で介入を強めたのである。

このほか、大連農事㈱、東亜勧業㈱、山東鉱業㈱、登瀛閣㈱、札免採木公司、遼東ホテル、湯崗子温泉なども、業績悪化により、満鉄が会社経営に介入し、出資額を増資してこれらの企業の存続を可能にした。このうち、大連農事㈱（一九二九年設立、払込資本金五〇〇万円）は、関東州における日本人農業移民の導入のために設立され、田辺敏行、大蔵公望、栃内壬五郎、小倉鐸二といった満鉄幹部社員が、相次いで、経営者となった(34)。

しかし、こうした、一九二〇年代に業績悪化した企業の救済が満鉄の中で、ただちに認可されたとは限らない。業績悪化した在満日系企業のなかで、満鉄が、どのような出資・人事介入を行うかが、各社ごとに調査・検討され慎重に決定されていったものと思われる。いったん満鉄の傘下企業となった業績悪化企業が、その後、出資額・人事の両面で見直しを迫られる場合も少なからず存在した。こうした関係会社見直しがもっとも熱心に進められたのは、満鉄自身が、業績悪化に陥った昭和恐慌期であった。一九三〇—三一年頃の総務部では、満鉄の傘下企業との関係を見直す方針が率直に述べられている。次に、昭和恐慌期の満鉄の関係会社整理方針をみてみよう。

二　満洲国期の満鉄傘下企業

(一)　関係会社の見直し方針

一九三〇―三一年の満鉄総務部（一九三一年八月に監理部が継承）では、関係会社に対する満鉄の方針として、「(1)社業ノ延長トシテ密接ナル関係ヲ保持スヘキモノ」と「(2)(1)ノ如ク密接ナル関係ヲ保ツノ要ナキモ採算其他ニ稽ヘ関係スルモ可トスルモノ」「(3)全然関係ヲ要セス適当ノ機会ニ於テ手ヲ切ルヲ可トスルモノ」の三種類が打ち出された(35)。満鉄は、出資企業が増えるにつれて、表3-2に見られるように、直系会社・傍系会社・参加会社・その他の関係会社の四種類に分類したが、ここで見直しの対象となったのは、主に傍系会社と参加会社であった。

例えば、右記方針(3)の対象会社として、二四社があげられていたが、そのなかには、前述した南満鉱業㈱、大連工業㈱、大連油脂工業㈱、長春取引所信託㈱が含まれていた。

南満鉱業㈱に対しては、「現在に於ては何等強いて之と関係するの要なし況んや同社の内容は特に不良を極め居るを以て将来如何なる尻を持ち込まるるも測られさる等旁々適当の機会に此と手を切る方特策《ママ》なり(36)」とした。同社経営陣が一九二七年におこした不祥事が、関係断絶方針の背景にあったと推察される。

満鉄社内事業の独立化の典型的事業である大連工業㈱も満鉄が投資を引き上げる会社と規定された。「現在としては満鉄か之に関係すへき必要毫もなし、又た投資関係より観ても今後左程期待し得へき会社にもあらさるを以て出来得れは適当の機会に此と手を切る方宜しかるべし(37)」ときめつけたのである。

満鉄中央試験所の大豆油硬化法の事業を受け継いだ大連油脂工業㈱については、「現在に於ては此と関係すべき意

表3－2　満鉄傘下企業区分（1934年）

	区　分	基準（株式出資）	会社数	会社名
(1)	直系会社	満鉄が全株式ないし9割以上を有するもの	14	昭和製鋼所、日本精蝋㈱、大連窯業㈱、大連農事㈱、東亜勧業㈱、満鮮坑木㈱、大連汽船㈱、日満倉庫㈱、国際運輸㈱、福昌華工㈱、南満電気㈱、南満瓦斯㈱、哈爾浜土地建物㈱、満州日報社
(2)	傍系会社	満鉄が5割以上の株式を所有するもの	21	満州化学工業㈱、日満マグネシウム㈱、大連油脂工業㈱、大連工業㈱、撫順炭販売㈱、満州市場㈱、新京市場㈱、南満鉱業㈱、渓城鉄路㈱、営口水電㈱、東亜土木企業㈱、元山海水浴㈱、各取引所信託㈱（新京・奉天・公主嶺・四平街）、遼東ホテル、湯崗子温泉、盛京時報、哈爾浜日日新聞、登瀛閣
(3)	参加会社	満鉄が1割以上5割未満の株式を所有するもの	16	満州石油㈱、東洋窯業鉱業㈱、昌光硝子㈱、満州紡績㈱、満蒙毛織㈱、南満州硝子㈱、銑鉄共同販売㈱、撫順市場㈱、山東鉱業㈱、復州鉱業㈱、満州航空㈱、阪神築港㈱、鞍山不動産信託㈱、哈爾浜交易所、大連火災海上㈱、マンチュリア・デーリー・ニュース
(4)	その他の関係会社	満鉄が1割以下の零細株を所有するもの（13社）		東亜煙草㈱、南満製糖㈱、満州製粉㈱、大連製油㈱、日清燐寸㈱、満蒙冷蔵㈱、開平鉱務㈱、朝鮮鉄道、満州電信電話㈱、金福鉄路㈱、東亜鉱業㈱、中日実業㈱、開原取引所信託㈱

「南満洲鉄道」（『第8回・昭和10年版会社かゞみ』（週刊東洋経済新報・臨時増刊、1934年11月）、455頁、日満実業協会『満鉄関係会社業績』1934年。

義を没却し居り又其業績より見るも回復到底困難なりと思惟せらるるを以て此と手を切り得は結構なり[38]」と評価された。これに対し、長春取引所信託㈱に対しては、関係廃止論と存続論の両論が述べられていた。すなわち、「最近の特産先物取引は四囲の出廻状態と取引状態との変更せさる限り減少の一路に進むへきを以て此を往時の夫れに立ち直すへく困難」であるため「適当の機会に手を切る方可なり」とした。その一方で、「満鉄の輸送政策より見てこれか関係持続を主張するものあるへきも現状の取引方に於ては大連取引所を利用せしむれは優に其目的を達し得へし　只た満鉄付属地の繁栄を発達せしむるの目的を以て満鉄これに関係すへしとせは議論は亦別箇なり」と指摘した[39]。つまり、「満鉄の付属地行政のための出資会社」であった長春取引所信託㈱の場合、会社の業績からみて出資継続する根拠はなくなったものの、「付属地の繁栄」、経済秩序の維持という満鉄の総資本的立場からは、簡単に手を切れないという矛盾的関係を表したものといえよう。

このほか山東工業㈱、阪神築港㈱、金福鉄路公司、満州紡績㈱なども「適当の機会に於て手を切るを可とするもの」の対策会社であった。一九二三年五月、山東省青島に山東利権の確保の立場から設立された山東鉱業㈱は、魯大公司の窮状の現状からみて、満鉄の出資をやめるべき会社であったが、その実情は次のように複雑なものであった。「山東に於ける我鉱業権の確保を目的とする日支合弁魯大公司の経営に参加せんとする同社の創立を援助する意味と一面我か撫順炭販売政策確立の一助たらしむへしとの見地」からこの山東鉱業㈱への出資を行っていた。「同社の現状は魯大公司の窮状と相俟って手も足も出す甚た荷厄介なるを以て適当の機会に於て手を切る方宜しかるへし(40)」。しかし、ただちに出資を停止するわけにはいかない。「一応魯大（公司）の現状並に其将来を研究すると共に我撫順南支方面の販売政策とを考慮したる上に善処するの手段は採らさるへからす(41)」という慎重な方策が結論として述べられた。

山下汽船㈱との提携で、一九二九年に設立された阪神築港㈱も、満鉄からみて関係を断絶したい出資会社であった。「現状よりすれは山下一派に居喰せらるるの結果となり、最後は満鉄の背負込となるへし　又事業其のものよりしても是非共満鉄が関係すへき筋合のものにあらす　従而満鉄としては寧ろ不離不測余りに深入りせすに要領よく之と手を切るに如くはなし(42)」という苦悩にみちた方針が、叙述されていた。

一方、金州と城子疃間の鉄道経営や倉庫経営の業務を担うべく一九二五年に設立された金福鉄路公司の場合、社業の延長としての出資政策であったが、その経営悪化が満鉄にとって大きな問題であった。満鉄は、赤字経営のツケを満鉄にかぶせようとする同社の経営陣に対して、次のように警戒感を表明した。「現在にては表面上何等関係なきも近年公司側よりなんとかして満鉄と密接なる聯契《ママ》をつけんとする状態なり　同公司創立当初の因縁よりせは今直に無下に手を切ることの困難なるへきは勿論なるも同公司の近状に鑑みては一層近寄らさるのを得策とすると共に先方より言ひ掛りを付けられさる様注意する必要あり」[43]。つまり、出資額はわずかであったが、業績の悪化した金福鉄路公司の救済を満鉄にもちこまれることを満鉄は警戒していた。

このほか、満鉄が重要産業助成の立場から一九三四年まで満鉄の出資が義務づけられていた満州紡績㈱に対しても、昭和恐慌期の満鉄は、関係の全面的な見直しを表明していた。「……満洲に於ける邦人紡績業の発達助長の意義に於て従来相当踏み込んで世話し来たりたるも現在となっては寧ろ手を切る方賢明の策なるへし」[44]。

以上のように、満鉄の総務部考査課は、恐慌下で、満鉄自身の経営合理化をすすめるために、多くの傘下企業から株式投資を引き上げる意向をもっていた。ただし、経営悪化が深刻化していた多くの傘下企業からみると、満鉄の出資引上げは、いっそうの業績悪化と負債増加を招来するものであったから、満鉄は、傘下企業との紛争をおそれ、株式投資打切りの機会を慎重にうかがっている場合が多かった。だが、こうした方策が実行に移される前に、満洲事変がおこされ、「満洲ブーム」の到来によって、前述の(3)の会社「全然関係ヲ要セズ……手ヲ切ルヲ可トスルモノ」も満鉄傘下企業としての位置を存続させていくことになるのである。満洲侵略の開始と「満洲ブーム」の到来は、関係会社への出資を縮小・廃止しようとする満鉄と業績悪化のツケを満鉄に転嫁しようとしていた傘下企業の双方にとって歓迎すべきものと意識された。

(二)　満洲国建国直後の傘下会社

昭和恐慌下で、一時的に業績悪化に陥った満鉄は、一九三二年度後半から回復基調に入り、満鉄傘下企業をふくめて在満日系諸企業も、一九三三―三四年にはその大半が業績の好転を示すようになった。満洲国樹立と、「財閥入るべからず」とした初期関東軍の経済政策は、満鉄沿線都市経済の好転によって、とくに満鉄傘下企業の多くに新たなビジネスチャンスを提供することになった。満鉄傘下企業に対する満鉄の対応は、民政党政権下の緊縮政策とは一転して、再び積極的投資政策に転じ、投資を縮小させる方針は放棄された。恐慌下で「適当ノ機会ニ於テ手ヲ切ルヲ可トスルモノ」に指定された傘下企業も、その大半が業績を好転させた。

「不良を極め」ているといわれた南満鉱業㈱は、一九三二年六月まで各期ともに欠損を出していたが、同年一二月から当期純益を生み出すようになり、一九三三年には上期、下期とも三万円をこす純益を計上した。(45)「備考」欄でも「事変後ノ業績好転ニ乗ジ発展策考究中」と記述されていた。大連工業㈱は、一九三一年から三三年にかけて、順調に「純益金」を伸張させており、「今後左程期待し得べき会社にもあらざる」という評価は一変して、「創業以来堅実ニ経営セラレ業績良好ナリ」(46)と指摘されるようになった。満鉄が六八％の出資をしていた大連油脂工業㈱も、一九三一年五月には当期利益金はわずか五六〇円と少なかったが、一九三三年五月には、三万六八〇〇円の純益金を計上した。「備考」では、「創業以来不振なりしが製品の改良、販路の開拓等に努力したる結果、業績好転の見込を生ずるに至れり」(47)と述べられていた。

山東利権との関連で設立された山東鉱業㈱の場合、魯大公司の業績向上で、一九三二年以降一〇万円をこえる前期繰越金を示し、「将来配当復活の見込」(48)となった。阪神築港㈱は、満洲国の建国後土地取得、築港事業を活発化させ、「兵庫県鳴尾地先に於て六〇万坪の海面埋立を為す予定にて、昭和八年秋第一期工事一三万坪の埋立に着手」(49)した。㈱金福鉄路公司も一九三一―三二年春まで損失を計上したが、ようやく一九三三年三月には五万円の利益を生み出した。ただし、繰越損失金は、その額を縮小させつつも継続している。「備考」も「金州、城子疃間ニ於ケル鉄道運輸及倉庫経営、本線ハ尚未タ貨客少ク営業不振ナリ」(50)と指摘していた。また、満洲国の首都として、都市経済の発展が期待された新京（長春）を活動基盤とする新京取引所信託㈱（旧長春取引所信託㈱）は、一九三四年に入っても「業績芳カラズ多額ノ固定貸ヲ有シ資産状態不良ナリ」と指摘された。しかし、満鉄は、関係廃止論を引っ込めて、五一・四％の出資を継続した。(51)一方、満州紡績㈱は、「昭和七年上期より従来の不振を脱し、関税保護と需要増加とに恵まれ著しく好転を見たるが将来更に有望視さる」[52]と指摘されている。一九三三年には年四分五厘、三四年には年六分の株主配当金を計上しており、昭和恐慌期からの業績回復は順調であった。一九二〇年五月に設立された哈爾浜土地建物㈱も満洲事変後にハルピン市在留者の増加と日本人商業の活況、空家家屋の欠乏により、業績不振から立ち直り、一九三四年には貸家一二〇戸新築中となった。[53]

以上みたように、金福鉄路公司と新京取引所信託㈱をのぞき、「手ヲ切ルヲ可トスル」満鉄傘下企業の大半が、昭和恐慌期から、「満洲ブーム」期にかけて、急速に業績を向上させており、そのことは、満鉄の傘下企業政策をも再度転換させていくことになった。投資の縮小・廃止と「国策的」課題との二律背反的両立を業績悪化企業において実現しなければならないという、満鉄の矛盾に満ちた傘下企業政策は、景気回復下で、その前提条件の消失により、再び一九二〇年代の投資政策にもどり、むしろ、満洲国の樹立という新しい環境に適合して、日本帝国のみならず満洲国の「国策」的課題を担う傘下企業への出資・人事による介入を強めていったと言えよう。

一九三三―三四年には、新規の傘下企業の設立がみられた。むしろ、関東軍の経済統制政策下において、特殊会社・準特殊会社の設立に出資面をはじめとした協力を行ったところに、この時期の傘下企業政策の特徴があった。ちなみに、一九三四年末における特殊会社一九社中一三社が、準特殊会社一〇社中八社がそれぞれ満鉄出資会社であった。満鉄は、「企業具体化に至る基礎調査、事業計画、会社設立後の運営等に就き技術的、人的助力」を行ったのである。[54]具体的には、満洲化学工業㈱（一九三三年五月設立、満鉄出資五二%、硫安製造事業）、日満マグネシウム㈱（一九三三年一〇月設立、満鉄出資五〇%、マグネシウムの製造販売）、満洲石油㈱（一九三四年二月設立、満鉄出資四〇%、石油類の採掘・精製）などのメーカーのほか、銑鉄共同販売㈱（一九三二年八月設立、満鉄出資三四%、銑鉄の共同販売事業）、満洲電信電話㈱（一九三三年八月設立、満鉄出資七%、電信電話事業）、満洲航空㈱（一九三二年九月設立、満鉄出資四三%、航空機輸送、修理など）、など、満洲国建国後に、関東軍主導下で設立された重要企業が、満鉄傘下企業の一翼を担うようになったのである。[55] こうして、一九三一年頃の満鉄総務課（監理部）の緊縮方針は一八〇度転換し、満鉄は従来からの傘下企業に出資と人材提供を続けるとともに、さらに満州国の「国策」的会社への出資を積極的に行うことになった。ただし、満鉄が出資する企業の増加と、出資理由の多様化は、それを統轄する満鉄の関係会社政策の再編をよびおこすことになった。次に、満洲国期の満鉄の傘下企業政策の内実にたちいって検討しよう。

(三) 傘下企業の諸類型――一九三二―三八年――

一九三〇年代中葉、満鉄は、自らの出資した関係会社を持株比率によって、表3-2のように把握していた。これまで関係会社を管轄していた総務課にかわって、一九三六年から総裁室監理課によって、関係会社を監理・統轄することとした。一九三八年四月、満鉄総裁室は、七四社にのぼる関係会社を、直系会社（一四社）、傍系会社（一四社）、参加会社（二四社）、投資会社（一二社）に分類した。この新しい分類と表3-2と比較すると、投資額が一〇％以下の「その他の関係会社」が「投資会社」に編入されたと言えよう。これらの七四社への投資を満鉄の産業部門別にみると、鉄道関連投資が三億一七四二万円、港湾に関する事業が一億一〇二四万円、炭鉱に関する事業が、一億三七二六万円に達し、七四社全体の関係会社払込価額は、一億五一二三万円に達していた。[56]

満鉄の直系会社とは、満鉄の所有持株比率が一〇〇％のもので、傍系会社（持株比率五〇％以上一〇〇％未満）、参加会社（持株比率一〇％―五〇％未満）と区別された。

出資比率による関係会社の基準化とともに、満鉄の出資する理由から、関係会社が八種類に区分された（表3-3参照）。すなわち、①社業の延長又は代行機関として満鉄が出資したもの（大連汽船、福昌華工など）、②社業の補助機関としての出資会社（国際運輸、満鮮抗木、湯崗子温泉など）、③社業を分離・独立させたもの（大連都市交通、

表3－3　1940年満鉄関係会社の出資目的

	満鉄の出資理由	会社名
(イ)	社業の延長または代行機関としての投資	大連汽船㈱1915（直）、福昌華工㈱1926（直）
(ロ)	社業補助機関としての投資	国際運輸㈱1926（直）、満鮮坑木㈱（直）、東亜土木企業㈱1920（傍）、日満倉庫㈱1929（直）、阪神築港㈱（参）
(ハ)	社業を分離独立させたもの	大連都市交通㈱（直）、南満州瓦斯㈱1925（傍）、南満州電気、昭和製鋼所（直）、日満商事㈱1936（傍）
(ニ)	満鉄における試験研究の企業化	大連油脂工業㈱1916（傍）、大連窯業㈱1925（直）、昌光硝子㈱1925（参）、満州大豆鉱業㈱（参）、日本精蝋㈱（直）、満州化学工業㈱1933（傍）、大連工業㈱1918（傍）、撫順セメント（直）
(ホ)	満蒙における産業助成	南満砿業㈱1918（傍）、満蒙毛織㈱1918（参）、満州紡績㈱（参）、復州鉱業㈱1937（傍）、元山海水浴㈱1923（傍）、登□閣1928（傍）、湯崗子温泉㈱1920（傍）、大連火災海上保険1923（参）
(ヘ)	公共的施設への傘下	安東市場㈱（傍）、撫順市場㈱（参）、興徳銀行、各取引所信託㈱（参）、哈爾浜土地建物㈱（直）、営口水道交通㈱（傍）、新京市場㈱（傍）、錦州市場㈱（傍）、哈爾浜交易所（参）、満州広報協会
(ト)	国策的見地より経営を必要とする	満拓公社（参）、大連農事㈱（直）、鮮満拓殖㈱（参）、山東鉱業㈱1923（傍）、東亜勧業㈱1922（直）、札免株松司1922（傍）、日仏対満事業公司1936（傍）、興中公司1935（直）
(チ)	満州国への重要統制産業への参加	満州石油㈱1934（参）、満州鉱業開発㈱（傍）、満州火薬販売㈱（参）、満州航空㈱（参）、大満採金公司1934（傍）、満州電信電話㈱、日満マグネシウム㈱（傍）、同和自動車、満州大豆工業㈱（参）、満州炭砿㈱、満州軽金属㈱、満州採金㈱、満州鉛鉱㈱（傍）、奉天工業土地㈱、興中公司（直）、満州不動産（直）、満州映画協会1937（傍）、東洋窯業工業㈱（参）、満州曹達㈱1936（参）、満州塩業㈱（参）、満州合成燃料㈱（参）、銑鉄共販㈱1932（参）、満州電業1934（参）、満州林業1936（参）

1．満鉄総裁室監理課『満鉄関係会社調書』（1940年）、2－8頁。総裁室監理課『昭和12年度　関係会社調書（直系会社）』の「満鉄関係会社ノ概要」より作成。
2．（参）は「参加会社」、（直）は「直系会社」、（傍）は「傍系会社」を示し、いずれも1937年時での評価。

南満ガス、日満商事など)、④満鉄社内において行った試験的研究を企業化したもの(大連油脂工業、撫順セメントなど)、⑤満蒙における満鉄の産業助成の立場から出資している企業(南満鉱業、満蒙毛織など)、⑥満鉄の付属地行政とも関連した公共的業務や施設に出資しているもの(各市場、各取引所信託、弘報協会など)、⑦国策的見地から満鉄の出資と経営関与を必要とするもの(大連農事、興中公司、満洲拓殖など)、⑧満洲国の統制事業に満鉄が出資・参加した企業(満洲石油、満洲航空、満洲電電など)の八種類がそれである。[57]

以下では、満鉄総務室による八種類の区分を、(1)社業の延長ないし補助、(2)社業の分離、(3)産業助成と公共的業務援助、(4)満洲国国策事業への協力、という四つに組み替え、それぞれの代表的な企業の設立経緯と経営動向をみておこう。

1　社業の延長ないし補助

満洲国建国後の、社業の延長ないし補助事業の会社として、撫順セメント㈱(直系会社、一九三四年設立)、満洲化学工業(傍系会社、一九三三年設立)、を取り上げてみたい。

撫順セメント㈱への投資理由として、「満鉄カ多年研鑽ノ方法ニ依リ撫順油母頁岩屑ヲ利用シ優良ナル高級セメントヲ安価ニ供給セムカ為ナリ」と述べる。本会社は、「セメントの製造ならびに販売」を目的とする会社であるが、撫順炭鉱の油母頁岩屑とその乾燥屑を有用化してセメントの原料として利用しうるのみならず、採算可能となったので、企業として独立することになった満鉄の直系会社である。撫順セメント㈱は、満鉄から撫順油母頁岩屑と乾燥屑を無償で供給を受けるかわりに、満鉄が本事業の企業化にあたって支出した費用を満鉄に支払うという特殊な協定関係を結んでいた。[58]

満洲化学工業㈱も、「満鉄計画ノ硫安製造事業カ企業化セラレタル」ものであった。同社は、「硫酸アンモニア其ノ他各種肥料ノ製造売買竝輸出入」とし、満鉄が五一・七％の出資した会社である。満鉄は、一九二八年に政府の認可を得て硫安事業経営準備に着手していたが、「満州ニ於ケル生産原価ノ低廉ヲ以テスレハ当時欧米製品ノ独占市場タリシ南支南洋方面ヘノ進出モ亦期待サレ加フルニ硫安工業カソーダ工業其ノ他ノ化学工業ヲ有利ニ誘発スル基礎トナル点及軍需原料資源タル点等ニ於テモ満州ニ於ケル之カ実現ノ要望[59]」があり、一九三三年五月、同社の設立をみた。満鉄のほか、「全購連」（九・九六％）、「東洋窯業」（五・九六％）、「其ノ他」（二八・五〇％）が出資した。満洲化学工業㈱は、一九三三年八月に工場の建設に着手し、一ヶ年半後に設備を完成した。日本内地の全購連と一九三四年八月に硫安需給契約を締結し、三ヶ年毎年一二万トンの供給を約束した。一九三五年上期から硫安の産出をみて順調な業績を示し、一九三六年からは増産計画をたてて、一九三七年一〇月増産設備を拡充した。一九三七年から、水不足及び石炭・電力の供給不足により、工場操業率が低下し、一九三八年三月にはついに無配当に転落したが、一九四三年二月には、大和染料㈱を合併した[60]。

2　社業の分離

ここでは、社業の分離独立した満鉄傘下企業の例として、大連都市交通㈱、日満商事㈱を検討する。

大連都市交通㈱は、満鉄の直営事業であった電車、バスなどの交通事業を、分離したもので直系会社の一つある。大連市の発展に伴い、街区の充実、西部市街の振興、星ヶ浦および老虎攤方面への電気鉄道の延長、バスの拡充により、一九二六年五月に設立された。営業目的は、電気鉄道の経営、乗合自動車（バス）の経営の二本柱を中心に、これに付帯する業務を管掌した。乗合自動車の経営では、一九二七年に旅大自動車㈱より旅順－大連間および旅順市内の営業を継承したのをはじめとして、一九二八年から、大連市内の営業を開始した。創立以来営業各部門とも順調な発展を遂げ、一九二八年以来、八分配当を持続した。当初は、電気供給事業も行っていたが、満洲国設立後、満洲電業股份有限公司が一九三四年一一月に設立されたのち、電燈、電力供給業を同公司に一括譲渡して、電車とバスの交通業にその業務を限定したのである。(61) 同社の資本は、全額満鉄の出資で、会社役員も満鉄社員を派遣した。

次に、満鉄の商事部を独立させて設立した、石炭その他の生産品の販売統制会社である日満商事㈱の創業事情をみておこう。(62)

満鉄系の撫順炭鉱を別として、満州国の炭鉱の多くは、満洲炭鉱会社設立以来、同社に包摂され、それらの全満重要炭鉱の採掘・販売については、満鉄の傘下炭鉱をふくめて関東軍のもとで炭業統制委員会が統制するようになった。ところが、満鉄系炭鉱と満炭系炭鉱はそれぞれ錯綜して散在するため、両者の利害関係の調整が困難となり、「販売業務ノ方面ヨリ見ルモ各地石炭需給ノ調節ヲ図リ鉄道輸送ノ円滑ヲ期シ両者日常業務ノ連絡ヲ密ニシテ利害ノ衝突ヲ緩和セシムルカ為販売期間ヲ一元化スルコト切ナルモノ」となったために、日満商事㈱が設立されたのである。日満商事㈱の設立の背景には、石炭・コークスなどを用いる在満メーカーの要求も存在し、昭和製鋼所、満洲化学工業などは、「之等生産会社ノ共同販売機関タル一商事会社ニ委託販売ヲ為サシメ、販売経費ノ節減、売値ノ低下其ノ他需要者ノ便宜ヲ図リ以テ商品配給ヲ円滑ナラシムル必要大ナルモノ」(63) があった。こうして、満鉄商事部、満炭営業部、撫順炭販売会社の合併により、満鉄・満炭共同出資のもとに、一九三六年一〇月に日満商事㈱が満洲国準特殊法人として設立されたのである。満鉄は、六〇%の出資を義務付けられた。その後日満商事㈱は、一九三九年一二月に満洲国の特殊会社に改組され、石炭・コークス・セメント・化学製品・銑鉄・特殊鋼などを取り扱う重要生産資材の一元的な配給機関となった。

大連都市交通㈱の事業変更、日満商事㈱の設立は、一九二〇年代の「社業の分離」とはやや異なり、満洲国経済秩序の維持と関連した公共的機能の発揮という側面も強まっていることを指摘しておきたい。すなわち、都市内交通業の整備、満洲国各地の石炭需給調節とその安定的供給の一元化という課題のために、事業変更と会社設立を行ったのである。

3　産業助成と公共的業務援助

満鉄は、創業以来、満洲および関東州の各種産業助成・育成をはかるとともに、産業発展の制度的基盤の整備につとめてきた。ここでは、満洲国建国後の産業育成の事例として、銑鉄共同販売㈱と満洲畜産工業股份有限公司の二社をとりあげ、満鉄の産業助成の経緯とその論理をみてみよう。

銑鉄共同販売㈱は、「本邦ニ於ケル製鋼及鋳造各種工業ニ要スル原料銑鉄ノ販売統制助長ノ為」満鉄が三四％の出資を行った会社（一九三二年八月―一九三八年一二月）である。当社設立の背景には、世界市場で、低価のインド銑鉄販売攻勢にさらされた、各製鉄資本による共同販売会社設立の必要性があった。すなわち、当初は輪西製鉄㈱、釜石鉱山㈱、三菱製鉄㈱、本渓湖煤鉄有限公司と満鉄の五社が発起人となり、「問屋ノ販売値段モ統制シ又需給ノ調節ニ就テハ思惑買付ノ排除ニ努ムルト共ニ協定各社ノ増産計画実施ヲ促進スルコトトシ」[64]て、銑鉄の日本市場での共同統制販売会社として設立された。だが、一九三四年二月に日本製鉄が設立されたことにより、輪西、釜石、兼二浦の各社は日鉄に合併され、のち三五年に日鉄が、この銑鉄共同販売㈱から脱退したので、本社には、本渓湖煤鉄有限公司と満鉄の二社のみが存続することになったのである。一九三五年以降、銑鉄共販㈱の中心的業務は、昭和製鋼所・本渓湖煤鉄有限公司の製造した銑鉄の委託販売となった。代表役員は、一九三二年設立時には、小日山直登（専務取締役）、一九三六年一一月には竹中政一（代表取締役）というように、満鉄の理事クラスの高級社員が就任していた。一九三八年に、日満一体となった銑鉄・鋼材の販売統制組織である、日満鉄鋼販売㈱が設立されたことにより、本社は、歴史的役割を終えて合流した。[65]

次に、一九三六年に満鉄全額出資の直系会社として設立された満洲畜産工業股份有限公司をみてみよう。

本社は、「満州ニ於ケル畜産工業発達ノ助長竝海軍向冷凍肉輸出ヲ計ル為」東亜勧業㈱の事業を継承して独立したため、満鉄全額出資となったものである。つまり、本来、東亜勧業㈱が行っていた畜産食料品の販売・加工を、満鉄主導のもとに独立させたのである。奉天屠場、鉄嶺屠場で殺牛された満蒙牛は、海軍軍需部と陸軍糧末廠に納入され、市販肉分の販売実績もあわせて、好業績を示した(66)。

両社は、在満鉄鋼産業の安定的育成と市場確保（銑鉄共同販売㈱）、満蒙牛を中心とした畜産工業の育成という、満洲国の産業助成の見地から設立された傘下企業であったといえよう。

4　満洲国国策事業への協力

満洲国建国後に、急増したのが、満洲国の国策ないし日本帝国の膨張を目的とした満鉄傘下企業の設立と、満洲国の経済統制政策の一環として設立された特殊会社・準特殊会社への出資である(67)。前者の代表例として、興中公司㈱と満州拓殖㈱を、後者の代表例として、満洲石油㈱、満洲電電㈱をとりあげ、それらの設立経緯と満鉄出資の理由を検討してみたい。

一九三五年一二月、満鉄全額出資の直系会社として設立された興中公司は、一九三〇年代後半の満鉄の華北経済開発を名目とし、関東軍、満鉄一体となった華北侵略準備の調査組織であった(68)。同時代の文献表現によりながら、本社の設立過程を述べると次のようになる。「……満鉄及関東軍ニ於テハ夙ニ此ノ情勢（日中経済提携がすすまず、日本国・満州国と中華民国との間に懸隔が拡大していること——引用者）ニ善処シ相互ノ緊密ナル経済的提携ニ資セシムル為本公司ヲ設置(69)」した。興中公司は、満鉄、関東軍、中国駐在武官の三者の意見調整をもとに、一九三五年三月に満鉄総務部東亜課において会社設立案が起草され、八月二日に日本政府の認可をへて、一二月二〇日に創立総会が開かれるという手順をとった。営業目的は「対支輸出入貿易竝其ノ代理及仲介」と「支那ニ於ケル経済諸事業ノ直営、斡旋及仲介竝諸事業ニ対スル投資」の二つが揚げられたが、会社の意図は、当初から後者、すなわち、華北の経済的諸利権の確保とそのための交渉に重点がおかれた。具体的な活動をみると、福建省農業合作社、広東協商公司、広東時達洋行、福建省建設庁との商取引交渉が一九三六―三七年初頭に行われた。後者の対中国利権交渉として、一九二二年八月、中華電業公司（天津特別市政府と半額出資）の設立、一九三七年二月塘沽運輸公司の設立（長蘆塩の対日輸出の企画）、泰和銀公司（土地建物、有価証券の売買管理）の買収など、満鉄の別働部隊として、中国内諸利権の確保に暗躍した。三七年七月に日中戦争がおこされると、井陘炭鉱・正豊炭礦・宝昌炭鉱・龍烟鉄鉱など、重要な鉱産物拠点を、軍に協力してただちに接収し、その管理運営にあたった[70]。だが、最終的には、北支那開発㈱や中支那振興㈱にその業務を譲っていった。

次に、満洲拓殖㈱（一九三六年設立、資本金一五〇〇万円）とこの業務を継承した満洲拓殖公社（一九三七年設立、払込資本金三〇〇〇万円）への出資は、継承した東亜勧農㈱への出資実績があったことも重要だが、主として満洲国の日本人移住民政策への協力のためであった。満鉄は、日満両国に籍をもつ満洲拓殖公社の資本金の五分の一（二〇%）を引き受けた。満鉄の投資理由は、「日本農民ノ対満移住ヲ奨励シ、満洲国ノ国土開拓ヲ図ラントスル両国政府ノ方針ニ追随シ之ニ投資参加セシモノナリ」と明記されていた。満洲拓殖公社は、事業目的として、開拓地の経営に関する助成、開拓民に対する資金の貸付、開拓用地の取得・管理など、日本の満洲農業移民を保障する業務を担当した[71]。

以上のように、関東軍や満洲国への全面的協力のための特殊な会社が設立され、それに対しあるときは満鉄主導（興中公司が代表例）で、あるときは、出資に限定した関与を行った。

これと関連して、満洲国の重要産業や産業インフラにかかわる特殊会社の設立にも、満鉄は深く関与することになった。満洲電信電話㈱（一九三三年八月設立、山内静夫総裁、満鉄出資七%）は、そうした会社の代表例であった。

投資理由は、「鉄道トノ関係竝公共的事業援助の為」とあるが、本社は、満洲国内の電話、電信、無線電信、無線電話など、電気通信事業を経営する会社であり、「両国親善精神ニ悖ルハ勿論、帝国ノ国策遂行上就中国防上ノ要求」に基づいていた(72)。これに対し、満鉄の傘下会社であった南満洲電気㈱の業務を継承した満洲電業㈱（一九三四年一一月、満州国特殊法人）は、満鉄との関連がより密接であり、投資持株率も二五・八三%に及んだ。「営業概況」には、従来、南満洲電気㈱が独占的に経営していた事業を、満洲国成立後の新情勢のもとで、満洲電業㈱が業務を継承することになった経緯が詳細に述べられている(73)。

満洲電信電話㈱と同様に、満洲国の「国策」に従属して、重要産業部門への出資（満鉄は二五%）を要請されて設立された会社が満洲石油㈱であった。同社が関東軍特務部の主導した国策企業であったことは、次の文章が示している。「昭和八年三月関東軍特務部、満鉄、三井、三菱、小倉石油、日本石油等ノ代表者新京ニ集合シ、満洲石油会社設立ニ関スル打合ヲ為セル結果、同年八月新京及大連ニ設立準備事務所設置ノ運ヒニ至リ、昭和九年二月二十一日満洲石油株式会社ノ発布ト同時ニ設立委員長、副委員長ノ任命ヲ見(74)」た。「投資理由」をみると、「満洲国ニ於ケル石油資源ヲ確保シ需給ノ調整ヲ図ルハ日満両国ノ産業経済上竝国防上甚タ緊要事ナリトノ設立趣旨ニ賛成シ出資セルモノナリ」という一般的理由にとどまっており、同社への満鉄の出資が、関東軍特務部の要請にこたえたものであったことを示唆している。

一九三二年に準特殊会社として設立された満洲航空㈱への出資も同様の性格であり、総株数七七〇〇株のうち、満鉄は三三〇〇株（一六五万円）を引き受けた(75)。

三　アジア太平洋戦争期の満鉄傘下企業

(一)　満業成立後の関係会社出資

一九三七年から実施された満洲産業開発五ヶ年計画による重化学工業の本格的展開のため、日本産業㈱が移転し、同年一二月に満洲国特殊法人・満洲重工業開発㈱が設立された。満業は、満洲国内で鉄工業、軽金属工業、自動車工業、鉱業などを営む総合的な国策会社となった。満業設立にともない、昭和製鋼所をはじめとする満鉄傘下企業（重工業）の持株は満洲国政府に譲渡されることとなり、さらに満洲国政府から満業に譲渡された。また、満鉄の地方行政権移転にともない、新京、奉天、安東などにおける市場会社、取引所信託会社などは、解散ないし改組されることになり、従来の付属地行政と関連した地方産業助成政策も抑制されることとなった(76)。

満鉄は、大陸交通一貫運営に主力を注ぐことになったが、昭和製鋼所・満洲炭鉱・満洲軽金属製造㈱・満洲採金㈱・同和自動車工業㈱以外の傘下企業を鉄道総局業務課ないし本社監査課で統轄することとした。すなわち、大連汽船㈱・日満倉庫㈱・大連都市交通㈱・国際運輸㈱・福昌華工㈱・大連船渠鉄工㈱・華北交通㈱・青島埠頭㈱など、社業の延長・補完にかかわる直系会社は、鉄道総局業務課において監理・統轄することとし、それ以外の投資会社は、従来通り本社監査課監理下に置いたのである(77)。一九三七年以降、華北交通㈱、大連船渠鉄工㈱、満洲製鉄㈱、満洲生活必需品㈱、関東州工業土地㈱など主要企業への新規投資を行ったことを考慮すると、満業設立にともなう株式譲渡の意味は大きかったが、それをこえる傘下企業の設立も日中戦争期になされたことに留意する必要があるであろう(78)。満鉄は、こうした投資により満業と「分業」しながら、満洲国の産業開発と華北－満洲国にまたがる交通支配を確立しようとしたのである。

一九四〇年における満鉄の関係会社は六八社にのぼり、これらの会社の公称資本金一七億円、満鉄引受額は三億九〇〇〇万円に達した。(満鉄の払込資本額は二億六〇〇〇万円)[79]。

この時期の満鉄傘下企業の属する産業部門を満鉄引受額の多い順に述べると、①「交通・運輸」(八社)一億七五八五万円、②「工業」(一九社)一億一九六九万円、③「興業・拓殖」(六社)四一五九万円、④「不動産・土木」(四社)一七六二万円、という順であった。次に満鉄の持株比率五〇%以上の主要会社(一九四一年三月現在)を列挙しておこう。

満鉄の投資額が最も大きかった「交通業」では、大連汽船㈱・大連都市交通㈱・国際運輸㈱・福昌華工㈱がいずれも一〇〇%の持株率であり、ついで日満倉庫㈱(五〇%)、華北交通㈱(四〇%)、青島埠頭㈱(四〇%)にも満鉄はかなりの出資であった。「工業」では、日本精鑞《ろう》㈱と大連窯業㈱に満鉄は全額出資しており、満洲化学工業㈱(五一・七%)、撫順セメント㈱(五〇%)、大連工業(五〇・八%)にも約半額出資であった。「興業、拓殖、農林」では、大連農事㈱、満鮮坑木㈱に全額出資し、日佛事業㈱には半額出資、鮮満拓殖㈱、満洲林業㈱には、四分の一出資を行っていた。このほか、大連船渠鉄工㈱には、四五〇万円(二五・三%)、関東州工業土地㈱には一二五万円(六・五%)の満鉄出資が行われた[80]。

一九四〇—四一年時の持株比率は、日満倉庫㈱(全額→半額)をのぞき、ほとんど同じ比率であった。一九三八年以降に、一〇社近い新設企業にあらたに出資し、満洲国の重化学工業化と、大陸鉄道の連携強化に貢献したといえよう。

(二) 太平洋戦争末期の関係会社出資

太平洋戦争期になると、満鉄は、新規投資の実行、既存関係会社への追加投資拡大により、満鉄の投資額残高（払込額）は一九三七年の二億四七〇〇万円余から五億二二〇〇万円弱へと倍増した。一方で、平均持株比率が一九三七年の四七・七%から一九四五年になると、一六・三%に下落した。ここでは、産業部門別に、満鉄引受比率が大きく低下した企業をみてみよう。(81)

「交通・運輸・倉庫」では、日満倉庫㈱の比率が一〇〇%から五〇%に半減した。国際運輸も、一〇〇%から六五%に比率は減少したが、払込額は、八二五万円から四七五〇円万円に増大した。国際運輸は、一九三〇年代に満洲国のみならず華北方面にも業務範囲を拡大し、倉庫面積も一九三三年度から三九年度に約三倍増加した。(82) 満洲国と中国華北の巨大な運輸企業に成長した国際運輸㈱は、その結果として満鉄の出資比率は小さくなったのである。「工業」部門では、撫順セメント会社が、払込額では二五〇万円（一〇〇%）から三四三万円（五〇・〇%）へと比率を減少させながら金額では増額させた。「商事」部門では、満州畜産工業㈱が三〇万円（三七年、一〇〇%持株）から一五〇万円（四五年、五〇%持株）へと変化した。満州国の石炭・銑鉄など重要生産資材の流通統制会社であった日満商事㈱も、持株比率は五〇%に低下したが、出資額は、三六〇万円（三七年）から二〇〇〇万円（四五年）に増加した。同社は、石炭に始まって鉄鋼類・非鉄金属・化学工業製品、さらにセメントとその取扱商品を多角化していき、昭和製鋼所・満洲化学工業㈱の製品をはじめ満州国のほぼすべての生産資材の配給を一手に支配するようになった。ここに至り、満鉄出資の比率はやや小さくなり、文字通り、満州国全体の生産財統制機関に転換したと言えよう。(83) これに対して大連農事、満鮮坑木などの関係会社は、一九四五年にいたるまで一〇〇%の持株比率を継続していた。

「鉱業」では、満州鉱業㈱が、三四五万円（四六・〇%）から、三五〇万円（五〇・〇%）に微増した以外は、一九三七年四月以降の設立会社が多くなった。満州への日本の投資が相対的に増加していくなかで、満鉄の投資活動も活発化したが、満鉄の持株比率は相対的に低下していったと言えよう。かつて、業績悪化企業でありながら、マグネサイトの採掘・精錬の重要性から、満鉄が出資し続けていた南満鉱業㈱は、一九三五年八月に設立された満州鉱業開発㈱に満鉄が、その所有鉱区を出資することで、同社の傘下に入った。

一九三七年三月には、「満鉄関係会社」は八〇社[84]と記されていた（『第三次十年史』）が、四五年三月には、七一社に減少した。産業部門では、「工業」が、二三社から一六社へ、「商事」が、一四社から七社に大きく減少したが、「鉱業」では、九社から九社へ、会社名は変わったが、投資会社の数は変わらなかった。こうした数値は一見すると、満州国経済の中での満鉄傘下企業の相対的低下と推定されるかもしれない。だが、一九四〇年代に、満鉄傘下企業の一部分が、投資活動を展開し、満鉄にとっての「孫会社」を設立している事実にも留意する必要があろう。活発な投資行動を行った例として、大連都市交通㈱、国際運輸㈱、大連汽船㈱をあげることができる[85]。また、出資面より、人事面で満鉄が大きな役割を発揮する場面も少なくなかった。一九三六年に準特殊会社として設立された満洲曹達㈱の場合武部治右衛門が社長に就任して、一九四〇年に操業を開始した。また、満洲石炭工業㈱も事実上日満商事の子会社であった[86]。このように満鉄の傘下企業が、新たに子会社への投資や新設工場を設置したのが一九四〇年代前半の特徴であった。

おわりに

本章で考察した満鉄の関係会社投資の時期別考察から明らかになったことをまとめておこう。

満鉄の社外投資および傘下企業の設立が顕著になるのは、第一次大戦後、一九二〇年代であった。それまでも営口水電㈱、大石橋電燈㈱など付属地経営と結びついた生活基盤会社への投資を行っていたが、大戦期の大連汽船㈱への出資を手始めに、社業の延長ないし社業に密接に関連する事業への投資を開始した。大連油脂工業㈱および大連工業㈱・大連窯業の設立は、いずれも、満鉄内部で育成した試験的研究・製品開発を企業として外部化したものであった。一方、一九二〇年代の満鉄は、産業助成・市場秩序維持の立場から、業績悪化した日系経営の危機に介入し、その企業に資金面・人事面でのテコ入れを行った。東亜土木企業・南満鉱業・南満洲製糖などの会社への介入がその代表例である。これらは、交通業・鉱業・食料原料調達など、日本帝国の国策的利害に即した企業であったために、満鉄として、企業救済にのり出さざるを得なかった。

昭和恐慌期に、満鉄総務部は、欠損をつづける傘下企業との関係を整理・縮小しようという方針をいったんは打ち出したが、ほどなく「満洲ブーム」の到来により、この方針は見直された。「国策」的課題を担った傘下企業といえども、満鉄の業績悪化の下では、関係の見直しを余儀なくされた。「満洲国」期に、満鉄の出資する投資会社は数を増やし、満鉄とのつよい関係を有する直系会社から、三〇％以下の株式参加の「参加会社」にいたるまで、多様な出資形態の投資会社が出現した。一〇〇％出資の直系会社は、満鉄社業の延長ないし補完をなす業務に従事する企業や国策的使命を負って満鉄が育成した企業が多かった。一方、満洲国建国直後から一九三六年頃までにとくに増加したのは、関東軍が画策した満洲国国策に沿う特殊会社・準特殊会社への満鉄の出資であった。満洲石油㈱、満洲電信電話㈱、満洲航空㈱などの設立は、こうした事例とみなすことができる。一方、満洲国建国という新しい情勢のもとで、新たな重化学工業の育成とその流通機構の整備という課題に直面した満鉄が主導して、関連する工業や試験事業さらには、製品販売組織を企業化するケースも増加した。この時期には「社業の分離」といえども、公共的業務の独立という性格を帯びるようになった。満洲化学工業㈱、日満マグネシューム㈱、満洲電業㈱、銑鉄共同販売㈱、日満商事㈱などは、関東軍と満鉄の協議をへて設立されたが、人事面、出資面で、満鉄のはたした役割は相当に大きかった。

一九三七年の付属地変換と満州重工業の設立は、満鉄傘下企業の満洲経済の中での相対的低下を一時的にもたらしたが、交通業、製鉄業、鉱山業・化学工業などの新規投資が増加し、太平洋戦争期にかけて、満鉄の傘下企業への投資（出資額）はむしろ増加したといえる。[87] とりわけ一九三八年以降、満洲産業開発五ヶ年計画の遂行において、満鉄傘下企業や満鉄出身の企業家、技術者が設立した工業会社は、大連・奉天・新京などで大きな役割を果たした。[88] しかし、満鉄傘下企業の影響力の拡大のピークは、日中戦争期（一九三七―四一）であった。一九四二年以降、満鉄の影響力の強かった企業の中で、満洲国の統制会社・特殊会社となるものや、財閥系企業の大陸進出と出資が増大していった。だが、アジア太平洋戦争期の満洲経済の膨張のなかで、満鉄関係会社の数は若干減少し、投資比率も相対的に小さくなったといえ、満鉄の投資高の絶対額は拡大しつづけており、傘下企業の一部は、活発な投資活動を展開していた事実も重要であろう。人事面・出資面や「孫会社」を含めた満鉄の総体的な位置は、なお巨大なものがあったのである。[89]

注

（1）松岡洋右『満鉄を語る』（第一出版社、一九三七年）、一九六、二〇七頁。

（2）金子文夫『近代日本における対満投資の研究』（近藤出版社、一九九一年）、二二四、三九一頁。

（3）この点とかかわり、近年の満鉄史研究では、「国策」の多義性とその時期別変化に対する関心が高まっている。山本裕『満州』日系企業研究史」（田中明編著『近代日中関係史再考』日本経済評論社、二〇〇二年）同「事業化された調査」（松村高夫ほか編『満鉄の調査と研究』青木書店、二〇〇八年、第4章）を参照。

（4）鈴木邦夫編著『満州企業史研究』（日本経済評論社、二〇〇七年）。とりわけ「第三章　南満州鉄道系企業」（九一―一〇六頁）は、本章と直接重なる。

（5）長岡源次兵衛（著作兼発行人）『満鉄王国』所収、「満鉄王国の関係会社」（一九二七年）、五九―六〇頁。

(6) 満鉄総裁室監理課『昭和一二年度関係会社調書（傍系会社）』二頁（以下、中巻と略記）。
(7) 同右書、五―六頁。
(8) 長岡『満鉄王国』、六一頁。
(9) 同右書、五八頁。
(10) 同右書。
(11) 満鉄総裁室監理課『昭和一二年度関係会社（直系会社）』、三頁（以下、上巻と略記）。
(12) 長岡『満鉄王国』、二〇頁。
(13) 鈴木編著『満州企業史研究』、八二一頁。
(14) 満鉄総裁室監理課『関係会社調書（傍系会社）』中巻、五一、五三頁。
(15) 長岡『満鉄王国』、一七頁
(16) 同右書、九八―九九頁。
(17)『昭和九年度版　満洲事業会社総覧』（一九三四年）、二六〇―二六一頁。
(18) 満鉄総裁室監理課『関係会社調書（傍系会社）』中巻、二三五頁。
(19) 長岡『満鉄王国』、一〇〇―一〇一頁。
(20) 満鉄総裁室監理課『関係会社調書（傍系会社）』中巻、二三五頁。
(21) 長岡『満鉄王国』、三三二―三四頁、前掲『満洲事業会社総覧』、三五三頁。
(22) 満鉄総裁室監理課『関係会社調書（直系会社）』上巻、一一七、一二一頁。
(23) 満鉄総裁室監理課『関係会社調書（傘下会社及投資会社）』下巻、一六九頁、日満実業会社『満鉄関係会社業績』、二三―二四頁。
(24) 満鉄総裁室監理課『関係会社調書（傍系会社）』中巻、七二頁。
(25) 同右書。
(26) 満鉄総裁室監理課『関係会社調書（直系会社）』上巻、七五頁。
(27) 柳沢遊「大連埠頭」（松村高夫ほか編著『満鉄労働史の研究』日本経済評論社、二〇〇二年）、二五七―二五八頁、長岡

『満鉄王国』、五四―五五頁。

(28) 『国際運輸株式会社二十年史』、一―八頁（『社史でみる日本経済史　植民地編』二二巻、二〇〇三年）、北満大豆掌握の重要性については、本書第1章参照。

(29) 鈴木編著『満州企業史研究』、三三〇―三三一頁。満鉄総裁室監理課『関係会社調書（直系会社）』上巻、五四―五五頁。

(30) 満鉄総裁室監理課『関係会社調書（直系会社）』、二七―二八頁、満鉄総裁室監理課『満鉄関係会社調書』（一九四〇年）、四五頁。

(31) 満鉄総裁室監理課『関係会社調書（傍系会社）』中巻、二九一、二九三、二九五、二九八頁、長岡『満鉄王国』、二六―二七頁。

(32) 『昭和九年度版　満州事業会社総覧』（満蒙評論社、一九三四年）、三七八頁。

(33) 満鉄総裁室監理課『関係会社（傍系会社）』中巻、九六―一〇五頁。

(34) 鈴木編著『満州企業史』、八九九―九〇〇頁。

(35) 満鉄旧総務部考査課長中山正三郎『関係会社関係要否ノ事由ト其ノ管理方針』（一九三一年、東洋文庫所蔵）、「目次」―二一頁。

(36) 同右書、一五頁。

(37) 同右書、一六頁。

(38) 同右書。

(39) 同右書、一七―一八頁。

(40) 同右書、一六頁。

(41) 同右書。

(42) 同右書、一八頁。

(43) 同右書、一九頁。

(44) 同右書。

(45) 日満実業協会『満鉄関係会社業績』（一九三四年）、五一―五二頁。

(46) 同右書、二一一頁。
(47) 同右書、一九―二〇頁。
(48) 同右書、四七―四八頁。
(49) 同右書、七四頁。
(50) 同右書、六三頁。
(51) 同右書、八九頁
(52) 同右書、一〇頁。
(53) 同右書、八一頁、『昭和十年度版　満州国職業別商工人名簿』(日満商報社)、九三九頁。
(54) 満鉄総裁室監理課『満鉄関係会社調書』(一九四〇年)、六頁。
(55) 同右書、「目次」。建国期の満鉄傘下企業の設立とその位置については、蘇崇民著(山下睦男他訳)『満鉄史』(葦書房、一九九九年)、四四八―四七一頁参照。
(56) 「満鉄関係会社ノ概要」満鉄総裁室監理課『関係会社調書(直系会社)』上巻。
(57) 同右書。
(58) 同右書、九〇―九二頁。
(59) 満鉄総裁室監理課『関係会社調書(傍系会社)』中巻、三七頁。
(60) 同右書、三九―四三頁、「満洲化学工業」(『昭和十年版　会社かゞみ』一九三四年)、四五九頁、『満洲経済企業年報』(満洲経済社、一九四三年一二月)、一七二―一七三頁、柳沢遊「一九三〇年代大連の工業化」(『三田学会雑誌』一〇一巻一号、二〇〇八年四月、一六三―一六四頁)。
(61) 満鉄総裁室監理課『関係会社調書(直系会社)』上巻、三九―四〇頁、「大連都市交通株式会社」(満鉄総裁室監理課『満鉄関係会社調書』一九四〇年)、七二―七三頁。
(62) 満鉄総裁室監理課『関係会社調書(傍系会社)』中巻、一七〇―一七一頁。前掲『満洲経済企業年報』、二一〇―二一一頁。日満商事㈱については、山本裕「『満州国』における鉱産物流通組織の再編過程」(『歴史と経済』一七八号、二〇〇三年一月)。

(63) 満鉄総裁室監理課『関係会社調書（傍系会社）』中巻、一七一頁。
(64) 満鉄総裁室監理課『関係会社調書（参加会社及投資会社）』、一九八頁。
(65) 同右書、一九三―二〇五頁。
(66) 満鉄総裁室監理課『関係会社調書（直系会社）』、一三二―一三四頁、鈴木編著『満州企業史研究』、六二三頁。
(67) 原朗「一九三〇年代の満州経済統制政策」（満州史研究会編『日本帝国主義下の満州』御茶の水書房、一九七二年）、四四―五〇頁。
(68) 満鉄総裁室監理課『関係会社調書（直系会社）』、一四四―一五六頁。
(69) 同右書、一四四頁。
(70) 同右書、一四八―一五〇頁。
(71) 満鉄総裁室監理課『関係会社調書（参加会社及投資会社）』、二九二、二八九、二九四頁、日本産業調査会満洲総局編『満洲国建国十周年記念満洲産業経済大観』（一九四二年）、六〇〇―六〇一頁。
(72) 満鉄総裁室監理課、同右書、三八五―三八七頁。
(73) 同右書、八九―九〇、八六頁。
(74) 同右書、九三頁。
(75) 鈴木編著『満州企業史研究』三五六―三五七頁。
(76) 『満鉄関係会社調書』（一九四〇年）、七頁、鈴木編著『満州企業史研究』、一〇〇、一六一―一七二頁。
(77) 日本産業調査会満洲総局編『満洲産業経済大観』、六四七頁。
(78) 鈴木編著『満州企業史研究』、一〇一頁。
(79) 満鉄総裁室監理課『満鉄関係会社調書』一九四〇年、九―一〇頁。
(80) 日本産業調査会満洲総局編『満洲産業経済大観』、六四八―六五二頁。
(81) 鈴木編著『満州企業史研究』、九六―九七、一〇一―一〇三頁。
(82) 同右書、三四二頁、『満洲経済企業年報』、二一〇―二一一頁。
(83) 鈴木編著『満州企業史研究』、五四一―五四四頁、『満洲経済企業年報』、二一〇―二一一頁。

(84)　鈴木編著『満州企業史研究』、九五—九七頁。
(85)　「満鉄の満洲企業投資」(『満洲経済』一九四二年七月、臨時増刊特集〈満洲企業の全面的検討〉)、一一〇—一一一頁。
(86)　『満洲行政経済年報』(一九四三年)、三〇四頁。
(87)　鈴木編著『満州企業史研究』、一〇一頁。
(88)　柳沢遊「一九三〇年代大連の工業化」(『三田学会雑誌』一〇一巻一号、二〇〇八年四月)、一六四—一七九頁。
(89)　花井俊介は、満鉄が、アジア太平洋戦争期に傘下企業に対する影響力を低下させたと主張した(『満州企業史研究』一〇一—一〇四頁)が、満鉄傘下企業の出資や人材輩出を考慮に入れると、この評価への見直しが必要となろう。ただし、この点の全面的究明は、今後の課題としたい。

第4章　満鉄中央試験所と満洲化学工業

飯塚　靖

はじめに

満鉄の自然科学系研究機関の中心として中央試験所（以下中試と略記）が存在した。中試は一九〇七年関東都督府の機関として設立され、一九一〇年に満鉄に移管された。満鉄の附属研究機関が様々に改編を繰り返す中で、中試は一九四五年の満鉄解体まで同一の名称と機構が保持された。そして中試は満洲の資源を利用した数々の技術開発に関与し、その企業化を手掛けた。それは満洲における工業建設、特に化学工業の発展を論じるには、無視できない存在である。この満鉄中試に関して、これまで元所員により回想録や歴史書が多数出版されている。(1)またその研究内容と研究成果についても、元所員により概要が紹介されている。(2)さらには、中試に関するいくつかのノンフィクション作品も出版されており、その活動や所員の動きを知ることができる。(3)しかし、中試が満鉄の経営や満洲国の重化学工業開発政策の中でどのように位置付けられたのか、また実際に満洲の化学工業の発展にいかに寄与したのか、これを論じた本格的な研究はまだなされていない。(4)元所員の回想では、中試は数々の技術開発に成功し、その多くが企業化されたとされている。だがそうした回想でも、中試の研究者がそれらの企業化にいかに関わったのか、さらにその企業の経営は本当に成功したのかなどの点は、十分解明されていない。満洲における化学工業の発展過程を解明するためにも、こうした満鉄中試の技術により設立された企業の経営実態を今後一つ一つ解明していく必要がある。

こうした満洲での重化学工業開発は、これまでは日本資本主義との関係から論じられることが一般的であった。(5)また中試の技術開発を論じる際にも、その技術力・技術者が戦後日本でいかに貢献したかを中心に論じられてきた。しかしそれでは不充分であり、戦後中国の科学技術や重化学工業の発展との関係も考究される必要がある。こうした問題提起はすでに松本俊郎によりなされており、鞍山製鋼業に関する緻密な実証研究もなされている。(6)松本は、満洲国時期に構築された工業力は新中国へ「継承」されるのか、それとも両者には明確な「断絶」が存在するのかとの問題提起を行い、一九四〇年代から五〇年代前半にかけての鞍山製鋼業の経営実態を詳細に分析した。そして鞍山ではソ連による工業設備の撤去があっても、操業記録などの残存書類と留用日本人技術者を活用し設備の再構築と操業再開が実現した。またその生産回復の上では、中国人技術者・労働者の奮闘が大きかった。このように松本の研究は、現実の工業設備の継承だけではなく、技術の継承をも重視する点が大きな特色となっている。筆者はこうした松本の問題提起を受けて、満洲における化学工業の建設とその戦後中国への影響を、技術問題に重点を置いて検討したい。(7)

本稿では特に、満鉄中試と撫順（及びそこに隣接する奉天の新工業地帯鉄西区）における化学工業との関係について検討する。まず第一節において、中試の機構の変遷と活動内容を追う。満鉄の経営の中で中試はいかに位置付けられたのか、そしてどのような研究成果と企業化がなされたのか、満洲事変以後の重化学工業建設の中で中試の位置付けはどう変わるのか、こうした点を論点とする。次に第二節においては、満鉄が総力を結集して取り組んだ撫順石炭液化事業及び過熱汽筒油製造事業の実態を、中試との関係に重点を置いて解明していく。特に石炭液化事業の技術的特色を検証し、中試の技術的寄与を考察する。またこの石炭液化事業に日本の陸海軍がいかに関与したのかも検討したい。さらに第三節においては、戦後に中試機構がどのような形で中国側へ移管されたのかを考察する。中試機構は中国側へ「継承」されたと本当に言えるのか、あるいはそこには大きな「断絶」があるのか、この点を論点とする。また石炭液化事業・過熱汽筒油事業は戦後中国に「継承」されるのか否かも、重要な論点である。

一　中央試験所の機構と活動

(一)　創設から一九二〇年代前半まで

中央試験所は一九〇七年一〇月、満鉄初代総裁兼関東都督府最高顧問後藤新平の提唱により関東都督府立の機関として設立されたものである。(8) その設立目的は「満洲ニ於ケル殖産工業及衛生上ノ鑑定並試験ニ関スル事項ヲ掌ラシムル」(9)とされた。すなわち中試には、満洲の鉱工業開発と衛生問題を、基礎的な分析鑑定・試験面で支えるという二つの任務が与えられていたのである。周知のように後藤新平は満洲経営において「文装的武備」を唱えた。その施策の柱は、まず現地住民に恩恵を与え日本への支持を獲得するための学校・病院などの充実があり、さらに満洲経営の長期的合理性を確保するための調査業務の徹底があった。(10) 中試もそうした後藤の「文装的武備」論の具体化として構想されたものである。

中試所長には、後藤の友人である北里柴三郎の紹介により、慶松勝左衛門《けいまつしょうざえもん》（一八七六―一九五四）が招聘された。表4-1のように、慶松は東京帝国大学薬学科卒の薬学専門家であり、東京衛生試験所技師を勤めていた。満鉄中試

表4－1　満鉄中央試験所の歴代所長

	在任期間	氏名・生没年	履　歴	備　考	出所
1代	1910・5～1911・8	慶松勝左衛門（1876～1954）	1901東京帝国大学医科大学薬学科卒、同大学助手及び東京薬学校講師、1904年東京衛生試験所技師、1907年関東都督府技師、1908年関東都督府中央試験所所長に就任、1909年薬学博士、1910～11年ヨーロッパ留学、1911年衛生課課長に就任		⑪
2代	1911・8～1914・10	高山甚太郎（1857～1914）	1878年東京大学理学部卒、1878年農商務省地質課勤務、1882年地質課は独立し地質調査所となる、1900年地質調査所から中央工業試験所が独立しその所長に就任	嘱託 中央工業試験所所長との兼任	⑭
3代	1914・10～1915・8	久保要蔵		総務部課長との兼任	
4代	1915・8～1917・12	佃一豫（1864～1925）	1890年東京帝国大学法科大学理財科卒、内務省に入り地方参事官、秘書官、書記官などを歴任、1906年日本興業銀行副総裁兼計理部長、1913～17年満鉄理事	満鉄理事の兼任	①⑧
5代	1917・12～1919・6	改野耕三（1857～1928）	農商務省官房長、兵庫県会議員、1914～19年満鉄理事	満鉄理事の兼任 所長事務取扱	⑧
6代	1919・6～1920・6	中川健蔵（1875～1944）	1902年東京帝国大学法科大学政治科卒、文官高等試験に合格し、北海道事務官、内閣恩給審査官、拓殖局書記官などを歴任、1913年逓信省書記官となり後に同省通信局長となる、1919年満鉄理事	満鉄理事の兼任 所長事務取扱	①
7代	1920・6～1922・7	慶松勝左衛門	1920～21年欧米旅行、1922年東京帝国大学医学部教授に転出		⑪
8代	1922・7～1927・3	斎藤賢道（1878～？）	1900年東京帝国大学理科大学植物科卒、以後同大学大学院、農商務省醸造試験場嘱託、東京税務監督局嘱託として醸造学を研究、1909年理学博士、1909～11年日本政府の海外実業練習生としてドイツ留学、1911年満鉄中央試験所入所、1912年中央試験所醸造部次席、1920年中央試験所研究課課長、1927年大阪高等工業学校（後に大阪帝国大学）に転出		①②⑮
9代	1927・3～1930	田村羊三（1883～1981）	1907年東京高等商業学校卒、1907年満鉄入社、1920年ニューヨーク事務所長、1925年興業部長	満鉄興業部長との兼任 所長事務取扱	③⑨⑬

表４－１　続き

	在任期間	氏名・生没年	履　歴	備　考	出所
10代	1927・４～ 1931・12	世良正一 (1887～？)	1914年東京帝国大学農学部農芸化学科卒、三共製薬㈱入社、同社品川工場副長、その後欧米の化学工業を視察、帰国後1927年満鉄入社、中央試験所所長代理・所長、1932年満鉄計画部審査役、満鉄産業部次長、1937年満業理事に転出、1941年満洲軽金属製造㈱理事長	1930年までは所長代理 農産化学科科長を兼任	④⑤ ⑥⑦
11代	1931・12～ 1932・２	根橋禎二 (1883～？)	1905年東京帝国大学土木工学科卒、その後日本鉄道株式会社、鉄道院工務部を経て、1907年満鉄入社	技術局次長との兼任 所長事務取締	①
12代	1932・２～ 1934・８	栗原鑑司 (1879～1934)	1905年東京帝国大学工科大学応用化学科卒、同大助教授、1910～12年欧米留学、1912年明治専門学校（現九州工業大学）教授、1922年「石炭の研究」で工学博士、海軍省嘱託として燃料問題を研究	燃料科科長を兼任	⑧
13代	1934・８～ 1936・10	根橋禎二		計画部長との兼任	
14代	1936・10～ 1940・10	丸沢常哉 (1883～1962)	1907年東京帝国大学工科大学応用化学科卒、1911年九州帝国大学工科大学助教授、1911～14年ドイツ留学、1914年九州帝国大学教授、1917年工学博士、1923年九州帝国大学辞任、1926～30年旅順工科大学教授、1930年大阪工業大学（後に大阪帝国大学）教授、1943年11月満鉄化学工業委員会委員長に就任	理事待遇の満鉄顧問	⑫
15代	1940・10～ 1945・６	佐藤正典 (1891～1985)	1917年九州帝国大学工学部応用化学科卒、1917年満鉄入社、1923年ヨーロッパ留学（２カ年)、1928年工学博士、1945年6月満鉄化学工業委員会委員長に転出		⑩
16代	1945・６～	丸沢常哉			

歴代所長の氏名・在任期間は、財団法人満鉄会監修『南満洲鉄道株式会社課級以上組織機構変遷並に人事異動一覧表』（龍渓書舎、1992年）より。その他は、①『支那在留邦人興信録』（東方拓殖協会、1926年）（『日本人物情報大系』皓星社、1999年、所収)、②『満洲紳士縉商録』（日清興信所、1927年）（同上)、③『満蒙日本人紳士録』（満洲日報社、1929年）（同上)、④『昭和12年版　満洲紳士録』（満蒙資料協会、1937年）（同上)、⑤『第三版　満洲紳士録』（満蒙資料協会、1940年）（同上)、⑥『第四版　満洲紳士録』（満蒙資料協会、1943年）（同上)、⑦中外産業調査会編『人的事業大系　化学工業篇』（上）（1941年)、⑧『日本人名大事典』（平凡社、1979年)、⑨満鉄『職員録（昭和３年１月１日現在)』、⑩佐藤正典『一科学者の回想』（1971年)、⑪根本曽代子『慶松勝左衛門傳』（廣川書店、1974年)、⑫丸沢常哉『新中国生活十年の思い出』（非売品、1961年)、⑬山崎元幹・田村羊三『思い出の満鉄』（龍渓書舎、1986年)、⑭竹内清和『耐火煉瓦の歴史――セラミック史の一断面――』（内田老鶴圃、1990年)、⑮田中泰夫「解題」（『南満洲鉄道株式会社中央試験所要覧（昭和16年版)』（龍渓書舎、満鉄史料叢書⑭、1992年)。

時代には国産サルバルサン「アーセミン」（梅毒治療薬）の合成に成功し、一九一五年一〇月にはその生産販売会社「アーセミン商会」（後の第一製薬）を創業している。彼は、後に東京帝国大学医学部教授に転出し、日本薬学会会頭も務めている。[11] こうした慶松が中試所長として招聘されその創設を任されたのは、当時満洲の衛生状態は非常に悪く日本人進出のためには衛生問題を重視する必要があり、薬学専門家の起用となったものである。[12] 中試は大連市西郊高台の伏見台に設置され、一九〇八年七月より業務を開始した。[13] この時期の中試は、所長の下に主任の中尾万三（一九〇八年東京帝国大学医科大学薬学科卒）と数名の薬剤師、さらに中学卒の助手若干名で構成される小規模なものであった。[14]

一九一〇年五月、中試は満鉄に移管された。そして一一年には、中央工業試験所（一八年に東京工業試験所と改称）所長の高山甚太郎（経歴は表4-1）を、兼任のまま所長事務取扱として招聘した。[15] こうして満鉄の附属機関となった中試は、高山所長のもとで組織の拡充が図られた。高山は耐火煉瓦の専門家であり、耐火煉瓦の品質評価を数値化しその製造を最新技術のルートに乗せたと高く評価されている。また中央工業試験所の創設を主導し、その初代所長として運営に尽力した人物でもある。[16] 満鉄はこの高山を招聘し、中央工業試験所をモデルに中試を拡充しようとしたのである。また高山の専門である耐火煉瓦製造技術は、満鉄が企図していた製鉄所建設にも不可欠であった。

一九一〇年当時の中試は、庶務係と第一部（衛生）・第二部（無機）・第三部（有機）の三研究部があるだけの簡単なものであり、その人員も一一年四月現在僅か二六名であった。[17] 一一年に高山を所長に迎えると機構の拡充が図られ、一二年五月の組織改革では庶務部の他に七つの研究部が設けられた。すなわち、第一部（分析）・第二部（製造化学）・第三部（製糸染織）・第四部（窯業）・第五部（醸造）・第六部（衛生化学）・第七部（電気化学）より構成された（ただし第七部は未設置）。一三年一〇月の組織改編では、庶務部・分析部・応用化学部・製糸染織部・窯業部・醸造部・衛生部・電気化学部・豆油製造場の八部一場となった。この豆油製油場とは、大豆油ベンジン抽出法の試験工場である。一四年五月には「部」は「科」に変更され（一八年には「科」が「課」に変更）、未設置であった電気化学科も一六年六月科長が任命され活動を開始した。こうして人員も増加し、一四年九月には五九名となった。第一次世界大戦の好況期にはさらに人員が拡充され、一九年八月現在では一二九名を数えた[18]。

一九一〇年代の中試を代表する研究者は、応用化学科科長・鈴木庸生《すずきつねお》（一八七八―一九四一）である。鈴木は、東京帝国大学理科大学化学科卒（一九〇三年）の極めて応用の才に富む科学者であった。彼は、大豆油ベンジン抽出法及び大豆油の水素添加による硬化油製造法の研究を主導し、工業化試験を経てそれを企業化することに成功した[19]。一九一〇年代初頭、慶松勝左衛門と鈴木庸生はヨーロッパに留学し、帰国後、ドイツにおいて工業化されていた油脂類のベンジン抽出法を満洲産大豆にも応用すべきことを提唱した。ベンジン抽出法の方が旧来の圧搾法よりも収油率が高く、また大豆粕も油分が少なく肥料用により適したからである[20]。そこで中試所員上畠吾一郎が研究を担当することになり、上畠はドイツに赴き製油機械を購入した[21]。一三年七月には大連寺児溝に豆油製造場が着工され、ドイツより輸入した機械を据え付け、一四年三月より試運転が開始された。一五年四月には鈴木庸生が工場長を兼務した[22]。豆油製造場は製造試験に成功し、ベンジン抽出法は圧搾法に比して作業能率も良く、その製品の豆油・豆粕の高品質も認められた。そこで満鉄はベンジン抽出法による製油事業を民間の有力事業家に委譲することにして、一五年九月に工場が鈴木商店に譲り渡された[23]。鈴木商店はその後、清水・鳴尾（兵庫県）・横浜にも工場を建設した。後に鈴木商店の経営不振により製油事業は分離独立され、二二年四月豊年製油株式会社の設立となった[24]。

中試では、一九一三年より鈴木庸生の指導の下に、岡田徹平が水素添加による大豆硬化油製造の研究を進めた。他方で、陸海軍は第一次世界大戦により輸入が途絶したグリセリン（火薬原料）の生産を満鉄に求めた。そこで鈴木を中心にその研究も実施した。一六年五月には大豆硬化油とグリセリンなどの製造を目的に、満鉄の傍系会社として資本金一〇〇万円で大連油脂工業㈱が設立され、社長には鈴木庸生が就任した。しかし、同社の経営はその後、不振を極めた。その要因は水素製造の技術的困難さにあった。同社の水素製造法は鉄・水蒸気法であり、これは鋳鉄管内に鉄粉・鉄片を充填しそれを高温に熱し、その中に高温の水蒸気を通して水を分解し水素を得るものであった。こうした技術は当時の満洲では未経験のものであり、鋳鉄管の破損が頻発し、連続的操業が出来ず水素生産は僅少に止まった。原料水素の不足から、大連油脂工業㈱は大豆硬化油などの生産が目標に届かなかったのである。(25)

一九一三年に中試窯業科員吉沢篤次郎などによって、満鉄本線大石橋駅付近にマグネサイトの大鉱床が発見された。鈴木庸生は化学工業原料としてその加工に着目し、一六年頃より片山嵓とともにマグネサイトを原料としたマグネシアセメント（硬く光沢も良いのでタイルや模造大理石の原料となるセメント）製造研究に着手した。旧来のマグネシアセメントは湿気に弱く、表面に「シオ」を吹き出し、また発汗して次第に光沢を失うなどの欠点があった。さらに、使用に際しては、予めマグネシアの粉末と塩化マグネシウムの溶液とを別々に作り、それを一定割合に捏ねなければならないという不便さがあった。鈴木と片山は、この欠点と不便さを改良するための研究を進めた。そして、マグネシアを焙焼して軽焼マグネシアとし、これに塩酸ガスを吹き込みマグネシアの一部を無水塩化マグネシウムとし、これに鋸屑・顔料などを混和して均質な粉末を製造することに成功した。これならばすでに塩化マグネシウムを含有するので、水で練れば直ちに硬化したのである。両名は更に研究を重ねて旧来の欠点を改良した新製品の開発に成功し、それをリグノイドと命名した。他方、マグネサイト鉱床の発見以来その開発のための会社設立の議論があったが、リグノイド製造の成功が会社設立の動きを進展させ、一八年四月には資本金四〇万円でマグネサイト及びその加工品の製造販売を目的とする南満鉱業㈱が設立された。同社は満鉄よりリグノイド製造事業を継承しその生産を拡大させ、関東大震災後の復興材料としての需要増も加わり経営を発展させた。(26)

鞍山の鉄鉱石は鉄分含有量の少ない貧鉱であり、これをそのまま溶鉱炉に入れることはできなかった。そこで鈴木庸生は、原鉱石を還元焙焼して磁鉄鉱とし、これを磁力選鉱して富鉱を得る方法を考案した。この方法の実用化のために鈴木は、一九二〇年六月鞍山製鉄所製造課課長に転出している[27]。

このように鈴木庸生は、一九一〇年代の中試の研究活動に大きく貢献した人物である。衛生科科長・慶松勝左衛門とは、東京帝大の二年後輩で同じく「恩賜の銀時計組」であり、ライバル関係にあった。表4-1のように高山甚太郎所長が死去したあと、長い間文科系出身理事が所長を兼任したのは、両雄並び立たずということでどちらか一方に決め兼ねたためであると言われている[28]。後に鈴木は理化学研究所の主任研究員として活躍した[29]。

窯業科科長・平野耕輔は、一九一三年東京高等工業学校教授との兼任で窯業部部長（嘱託）に招聘され、一七年には正式に満鉄に入社し、窯業科科長として活躍した。平野はすでに窯業界の長老であり、過去の経験を生かし窯業関係の試験工場を次々と建設しその事業化を進めた[30]。満鉄は、大連で珪岩、撫順・本溪湖などで耐火粘土を発見し、これらを原料とした耐火煉瓦の製造を企図した。そこで中試は、一一年に大連小崗子海岸に小規模な耐火煉瓦工場を建設し、その製造試験をしながら満鉄の必要品を造っていた。さらに開設が予定されていた鞍山製鉄所の膨大な需要に応じるため、一六年には耐火煉瓦工場が拡張され年産一万トン工場となった。また耐火煉瓦工場の同一敷地内で、一一年より陶磁器の試作も始められ、一八年に小規模工場が完成した。一八年には同地に空洞硝子（コップ類）工場が建設され、一九年には窓硝子製造の研究も始められた。この窓硝子製造研究は、輸入品に依存していた中国国内市場への販売を目的としたものであった[31]。

一九二〇年には戦後不況による中試の規模縮小に伴い、窯業課は中試より分離独立し窯業試験工場となった。さらに同年一〇月陶磁器生産部門は、日本本国の専門家に経営が依託され大華窯業公司となった。同公司は中国人向けの廉価な碗・皿などを製造した。二四年窯業試験工場は窯業工場に改められ、「試験」の文字がはずされ事業体となった。二五年には、窯業工場の各事業が満鉄より独立した。まず二三年より建設が進められていた窓硝子工場は旭硝子㈱との共同経営に移行され、二五年五月に満鉄と旭硝子㈱の共同出資で昌光硝子㈱が設立された。同社の資本金は三〇〇万円、うち満鉄出資は一二〇万円であり、旭硝子側に経営権があった。窓硝子生産は技術的に難しく、満鉄は日本国内の硝子メーカーである旭硝子との提携を選択したのである。耐火煉瓦と空洞硝子部門に関しては、満鉄の全額出資で大連窯業㈱が二五年七月に設立された[32]。さらに二八年一一月には、大連窯業㈱から空洞硝子工場が分離して、南満洲硝子㈱が設立された。平野耕輔は二五年の大連窯業㈱設立時に顧問の地位に退き、二八年八月に帰国している[33]。大連窯業㈱は、耐火煉瓦の主要な供給先を鞍山製鉄所としていたが、同製鉄所でも耐火煉瓦工場が附設されたため、その経営は一時期苦しかった。だが撫順にオイルシェール工場ができてからは、多量の耐火煉瓦を必要としたためその経営は拡大していく[34]。

電気化学科科長・鉛市太郎（一八八三―一九五一、一九〇六年東京帝国大学工科大学応用化学科を主席で卒業）は、マグネサイトからの金属マグネシウム製造の研究を行った。当時マグネシウムは世界唯一の生産国ドイツにおいてカーナライト（カーナル石）より製造されていたが、一九一六年中試窯業科により大石橋付近においてマグネサイトの鉱床が発見され、鉛はこれを原料としてマグネシウムを製造しようと着想したのである。しかし、この研究は結局成功せず、一九二三年には研究が中断された。なお、鉛は一九二〇年に中試を辞任し、その後に大阪工業大学（一九二九年に大阪高等工業学校より改組、三三年に大阪帝国大学工学部に昇格）初代教授となっている[35]。醸造科次席・斎藤賢道（経歴は表4-1）は、満洲産微生物の研究に没頭し、応用面では高粱酒の中国古来の固体発酵法に代わる液体発酵法を開発しその大量生産を目指した。斎藤は後に中試所長となり、大阪高等工業学校に転出している[36]。

以上のように、一九一〇年代の中試の科長・次席には主として東京帝国大学出身の若手の優秀な研究者が充てられ、彼らは後に本国の大学・研究所に転出する場合が多かった。その研究の中心は満洲資源の開発と利用であり、工業化試験を経て事業化までが目指された点に特徴がある。中試が基礎研究から工業化試験までを担い、それが成功すれば満鉄本社の出資で企業化するというこの方式は、これ以降も基本的な形態となる。

一九二〇年には第一次世界大戦後の不況により、満鉄組織の再編が実施された。特に中試では大規模な組織の削減が断行され、後にはこれが第一次組織改革と呼ばれた。[37] まず前述のように窯業課及び附属工場が窯業試験工場として分離・独立させられ、他の各課は併合して試験課・研究課の二課に統合され、醸造・製糸両工場は閉鎖された。[38] そして所長には慶松勝左衛門が再度就任している（表4-1）。一九一九年には一二九名いた所員も、二〇年八月現在四五名へと激減している。[39] 一九二〇年代前半の中試は、予算・人員が削減され研究は低調であったが、撫順炭砿のオイルシェール事業に関する試験・研究は、この時期になされたものである。

(二)　一九二〇年代後半から敗戦まで

一九二七年四月には中試の拡張がなされ、農産化学科・畜産化学科・鉱産化学科・油脂化学科・タール化学科・庶務係の五科一係となった。これが後に第二次組織改革と呼ばれるものである。[40] この改革を主導したのは、二七年三月の斎藤賢道所長の辞任後、興業部長として中試所長を兼務した田村羊三であった。田村は、沈滞する試験所の建て直しを考え、あまりにも基礎的研究に傾斜していた中試を満洲の資源開発に貢献できる組織に再編しよう企図した。そこで田村は、撫順炭砿顧問として渡満していた理化学研究所所長大河内正敏に依頼して、鈴木梅太郎を満鉄顧問に招聘した。さらにその鈴木の推薦で中試所長代理として世良正一（経歴は表4-1）が迎えられ、中試の改編となったものである。周知のように鈴木はビタミン発見で知られる著名な農芸化学者であり、この鈴木の指導下、研究の重点は満洲の重要資源である大豆利用に置かれることとなった。鈴木自身も、大豆粕を肥料ではなく家畜飼料として利用すべきことを提案している。[41] こうして農産化学科科長を兼務した所長代理世良正一と油脂化学科科長となった佐藤正典は、大豆工業の改善に関する研究を推進することとなった。特に佐藤正典の研究テーマである大豆油エタノール抽出法は、大豆粕の食用をも可能とする重要テーマであった。[42]

一九二七年七月には、満鉄新社長（二九年六月に総裁の呼称が復活）に山本条太郎（元三井物産常務取締役、衆議院議員、政友会幹事長）が就任した。山本は満洲の資源開発と工業発展を主張し、製鉄・製油（オイルシェール、石炭低温乾溜、石炭液化）・肥料を満鉄の三大計画と位置付け、さらにマグネサイトを原料としたマグネシウム生産も重視した。[43] 満鉄はこの山本社長の強力なリーダーシップの下、銑鋼一貫製鉄工場の建設、オイルシェール事業、硫安肥料製造事業を構想・具体化していくのである。こうして中試にも、農産物中心の資源開発のみでなく、重化学工業関係の研究開発も要請されることになる。ただ実際には、この時期の研究は「農産物の利用方面の偏重主義」[44]とも言われ、依然として大豆油利用の研究に重点が置かれていた。

一九三一年八月満鉄は、機械工学の権威である斯波忠三郎（東京帝国大学航空研究所所長）を副総裁格の技術顧問に迎え、技術局を新設し斯波をその局長とし、中試・理学試験所（大連沙河口にあった鉄道技術の研究所）・地質調査所をその管轄下に編入した。この技術局の次長には「満鉄社内技術者の先覚」とも言われた根橋禎二（経歴は表4-1）が就任した。[45] さらに同年一二月には、中試に理学試験所が併合され、その組織は庶務係・無機化学科・有機化学科・燃料科・農産化学科・機械研究科・電気研究科・土木研究科となった。三二年二月には、中試所長に明治専門学校（現九州工業大学）教授で燃料化学の権威であった栗原鑑司（経歴は表4-1）が招聘された。[46] この三一年一二月の改革と栗原所長の下での中試の拡充が、第三次組織改革と呼ばれるものである。八月の技術局の設置は、内田康哉総裁が満鉄の頽勢を技術開発によって挽回しようと行ったものであり、満洲事変を予期してのことではないとされている。一方、一二月の改革は、満洲事変後の現実に対応して、社内研究機関を一元化し満洲資源の大々的な技術開発の要請に応えようとしたものであった。[47] ともかくも満洲事変を前後して、中試の大改革が断行され、理学試験所の併合もありその組織が拡充していくのである。この時期の中試について佐藤正典は、「斯波博士が副総裁同格の技術行政面での最高顧問の地位にあるところから、研究部門の社内におけるウエイトはめだって大きくなり、所内のふんい気も一段と活気を加えた」[48]と回想している。

三二年一二月に技術局は計画部に改組され、技術局次長であった根橋禎二が部長に就任した。中試は、地質調査所・満洲資源館と共にその管轄下におかれた[49]。計画部は「会社新規事業の計画立案竝に企業化を図るを目的とし、同時に之に関連する各種の調査研究を併せ行ふ機関」[50]とされた。計画部には業務課と審査役が置かれ、また計画部長を委員長として社内各技術関係箇所長よりなる「技術委員会」が設置された[51]。計画部は、満鉄の調査立案機関である経済調査会（経調）と連携して活動した。経調は三二年一月に関東軍の求めに応じて設置され、事実上関東軍の組織として満洲国全体の諸政策の調査・立案を担っていた。他方、計画部は重化学工業分野の技術者を結集し、満鉄自身の新規事業の立案・調査・企業化を任務としていたのである[52]。計画部は関東軍の要請に基づき、硫安工業、曹達工業、石炭液化事業、軽金属工業（マグネシウム・アルミニウム）などについて調査研究を進め、その企業化を推進した。中試研究員はその技術面での中軸となり、基礎研究から実験プラントの建設・操業、さらには本格工場の建ち上げまでを担ったのである。

満鉄は早くから石炭液化事業を重視し、徳山の海軍燃料廠との提携の下で研究を展開していた。山本条太郎社長時代の一九二八年には、満鉄が海軍へ三〇万円の資金を提供し、撫順炭を用いた石炭液化の研究を依託した。ドイツIGファルベン社からのベルギウス法特許権の購入も視野に入れ、それが不可能な場合は独自技術を開発し、工業化の実施権は満鉄が持つという合意内容であった[53]。同年には、技術研究所（三〇年六月理学試験所と改称）に入所した阿部良之助によって、満鉄側での研究も開始された。三一年一二月の中試と理学試験所との合併により、その研究は中試燃料科に移された[54]。特に、石炭化学の権威である栗原鑑司が所長兼燃料科科長に就任してからは、研究が活発化した。三二年一一月燃料科に入所した寺澤正道の回想では、当時同科は石炭研究室と一般燃料研究室に分かれ、石炭研究室は阿部良之助主任以下スタッフ一四名、一般燃料研究室は田中猶三主任以下七名の構成であったとされる[55]。三四年八月栗原は癌で急死し、燃料科科長には阿部良之助が就任した(56)。中試燃料科では阿部を中心に石炭液化研究に総力を上げ、海軍燃料廠の研究をも超える成果を生み出すことになる。

航空機材料ともなるアルミニウム生産も重要であった。満洲でのアルミニウム生産研究は、一九二四年頃鞍山製鉄所研究員が煙台炭砿付近でアルミナ含有量の多い粘土を発見し、それが礬土《ばんど》頁岩と命名されたことに始まる。その後の調査で礬土頁岩は満洲に広く分布することが判明し、日本や満洲では産出されないボーキサイトに代わるアルミニウム原料として注目された。鞍山製鉄所では、二七年から有森毅などによりアルミナ製造研究が開始されたが、三〇年の有森の中試転勤によりその研究は中試に移された。三二年六月中試無機化学科科長に内野正夫（元大阪工業試験所勤務）が着任すると、関東軍は礬土頁岩を原料としたアルミニウム工業の樹立を満鉄に要請した。内野は計画部審査役も兼任し、彼を最高責任者として満鉄のアルミニウム企業化が着手された(57)。アルミニウム製造法として、中試の有森毅は原料をまず硫酸処理する湿式法を研究していたが、理研の鈴木庸生・田中寛は原料を電気炉内で焙焼し、これを塩素ガス処理して不純物を除去するという乾式法を開発していた。そこで満鉄では、三四年二月撫順に中央試験所臨時撫順アルミニウム試験工場を建設し、乾式法の工業的試験を開始した。また中試本部では、従来の湿式法の研究を継続すると同時に撫順の研究を補助する基礎的研究を行った。こうした研究の結果、湿式法だけでは不適当とわかり乾湿両式併用に切り換えられた。こうして三六年一一月には、資本金二五〇〇万円で満洲軽金属製造株式会社が設立され、年産四千トンのアルミニウム工場が撫順に建設された(58)。同社は満洲国特殊法人として設立され、満鉄一四〇〇万円・満洲国政府一千万円の出資であった。その理事長には満鉄の根橋禎二、理事兼技師長には内野正夫が転出した(59)。

一九三四年に栗原所長が死去した後、所長はとりあえず計画部長根橋禎二が兼任していた（表4-1参照）。三六年一〇月、懸案となっていた中試所長に大阪帝国大学工学部長の丸沢常哉（経歴は表4-1）が、理事待遇の満鉄顧問として招聘された。そして同時に、中試は総裁直属機関に昇格した。これが第四次組織改革である。この中試改革の理由は、「満洲の産業開発上各種科学的試験研究を最重要とする実情に鑑み、その中心統制機関とするため総裁直属機関に改めた」[60]と説明されている。所長人選には松岡洋右総裁（一九三五年八月就任）自らがあたった。松岡は、その人選を同郷（山口県）の先輩でもありかつ満鉄初代理事でもあった田中清次郎（一九三九年満鉄顧問兼調査部長事務取扱に就任）に委任した。その際の松岡の注文は、「学者として一流であること、そして見識が高く軍人や財界人、官僚たちに対して、その所信を枉げることのない勇気ある人物」とされている[61]。

満洲事変以降、満鉄は次々と関係会社を設立していた。重化学工業関係の主な会社だけでも、満洲化学工業株式会社、日満マグネシウム株式会社（以上一九三三年）、満洲石油株式会社、撫順セメント株式会社、同和自動車工業株式会社（以上一九三四年）、満洲曹達股份有限公司、満洲軽金属製造株式会社（以上一九三六年）などがあった[62]。また石炭液化事業も、三六年二月には徳山で会議が開かれ、海軍法による工場建設が決議された[63]。その後の撫順での石炭液化工場の建設については、次節で詳述する。さらには満洲の重工業開発の主導権をめぐる、満鉄と関東軍との確執もあった。このような状況下で、関係企業の活動を技術的に支えるには強力な研究機関が必要であり、そのトップには広汎な専門知識と優れた行政手腕が求められたのである。こうして大阪帝国大学工学部創設の中心となり、将来の総長候補とも目されていた丸沢の起用となったのである[64]。

所長に就任すると丸沢は、その組織の強化を図った。まず次長制を新設し、このポストに有機化学科科長の佐藤正典を充て補佐役とした。また庶務主任を庶務課長に昇格させ、満鉄本社の人事課長・文書課長と同格として、事務機能を強化した。さらには組織拡充の三カ年計画を策定し、定員の三〇〇名から五〇〇名への増員を計画し、研究室の増設と優秀な研究者の招聘を進めた[65]。三七年三月には、機械・車輌・電気・土木の各研究科は、三六年一〇月設立の鉄道研究所（奉天）に移管された[66]。また三八年一〇月には会社分課規程改正により、「科」が「課」に改められた[67]。

表 4－2　満鉄中央試験所の人員と経費

(1)　人員（1935年 8 月現在）

所属＼資格	月俸社員	雇　員	日本人傭員	中国人傭員	計
所　長	1	—	—	—	1
庶務係	6	4	29	11	50
調査室	1	1	1	—	3
小　計	8	5	30	11	54
無機化学科	20	5	8	13	46
有機化学科	16	5	5	3	29
燃料科	15	7	12	2	36
農産化学科	13	5	6	3	27
小　計	64	22	31	21	138
機械研究科	14	14	27	14	69
車輌研究科	9	3	6	—	18
電気研究科	14	7	13	4	38
土木研究科	12	4	15	5	36
小　計	49	28	61	23	161
合　計	121	55	122	55	353

(2)　人員（1941年 6 月現在）

所属＼資格	参　事	副参事	職　員	雇　員	日本人傭員	中国人傭員	計
所　長	1	—	—	—	—	—	1
顧　問	2	—	—	—	—	—	2
研究員	10	—	—	—	—	—	10
研究員附	—	1	6	1	7	—	15
庶務課	1	2	13	11	61	15	103
無機化学課	(2)	2	23	10	31	16	82(2)
冶金課	(1)	2	10	9	8	—	29(1)
有機化学課	(1)	6	20	10	14	6	56(1)
燃料課	(1)	4	37	18	48	5	112(1)
農産化学課	(2)	1	19	6	7	12	45(2)
所長直属研究室	—	3	13	7	33	—	56
嘱　託	5	—	—	—	—	—	5
合　計	19(7)	21	141	72	209	54	516(7)

（　）は研究員との兼任。

一九三九年四月には、調査部の大拡充に伴い、中試はその傘下に組み込まれた(68)。一九四〇年一〇月、丸沢は四年の任期を終え帰国した。ただ大阪在住のまま満鉄顧問の地位には止まった。その後任には、佐藤正典（経歴は表4-1）が就任した。中試生え抜きの初の所長の誕生であった(69)。四二年四月には、中試は再度、総裁直属機関に戻された(70)。これ以降は敗戦まで、総裁直属機関であった。

ここで表4-2により、一九三〇年代後半からの中試の人員拡充状況を探ろう。三五年八月当時の人員は合計で三五三名であり、そのうち研究活動の主体となる月俸社員（専門学校卒以上）は一二一名であった。ただこれには沙河口の鉄道関係の研究科も含まれており、無機・有機・燃料・農産化学の四科では一三八名（うち月俸社員六四名）であった。それが四一年六月には、庶務課を除いた人員は四〇六名（兼任者を除く）にまで増員され、三五年と較べて研究要員はほぼ三倍となった。研究活動の主体である参事・副参事・職員は、庶務課を除くと一五八名であり、二・五倍の増加であった。表4-2(2)の研究員とは、研究者の待遇改善のために四〇年四月に設けられた制度である。研究員は満鉄課長級と同格となり、予算・助手などの配分は各研究課とは独立して各自の研究テーマに応じて受け、研究員中の比較的管理能力がある人物が各研究課の課長を兼任することとなった(71)。

一九四一年六月現在、中試は以下のように六課二二研究室から構成されていた(72)。

表4-2　続き

(3)　経費　　　　　　　　　　　　　　　　　　　　　（単位：1,000円）

年　度	事業費	人件費	物件費	合　計
1932年	172	366	430	968
1933年	261	411	398	1,070
1934年	252	435	344	1,031
1935年	569	495	431	1,495
1936年	755	596	529	1,880
1937年	508	445	762	1,715
1938年	399	495	1,164	2,058
1939年	377	640	1,128	2,145
1940年	356	1,127	867	2,350

(1)は『南満洲鉄道株式会社中央試験所一覧（昭和10年8月）』、9、10頁、(2)(3)は『南満洲鉄道株式会社中央試験所要覧（昭和16年版）』、5-8頁（共に満鉄史料叢書⑭、龍溪書舎、1992年、所収）より。

庶　務　課…庶務係、経理係、調査係、機械係
無機化学課…電気化学研究室、窯業研究室、一般無機化学研究室、無機分析室
冶　　金　課…冶金研究室、選鉱研究室
有機化学課…油脂研究室、大豆研究室、繊維研究室、一般有機化学研究室、有機試験室
燃　　料　課…石炭研究室、高圧化学機械研究室、硫油研究室、合成燃料研究室、瓦斯研究室
農産化学課…食品発酵研究室、一般農産化学研究室、皮革研究室
所長直属研究室…特別研究室、物理研究室、開放研究室、奉天汽筒油試験工場

このうち特別研究室とは、研究方法の行き詰まりを打開するため、物理化学の理論的方法による研究を導入して新しい道を模索するために、丸沢所長の提案で三七年に創設されたものであった。その創設の契機は、朝鮮興南においてマグネシウムの仕事に従事していたドイツ人技術者がカーバイドから直接に炭化水素を製造することを提案したことにあった。それに松岡総裁が興味を持ち、丸沢所長に相談した。しかし、それは世界的にもまだ例がなく、まず物理化学者による理論的研究が必要であるとの結論となり、同研究室の設立となったのである。[73]

表4-2(3)は中試の年間経費の推移である。鉄道関係研究科が分離された三七年度には経費はやや減額されたが、それ以降は毎年増額し、四〇年度には二三五万円となっている。しかし、中試次長であった佐藤正典は、四〇年当時の年間研究費を約三〇〇万円としており、[74]表4-2(3)の金額はあくまで満鉄からの支給分だけであり、軍・企業などからの委託研究費がそれとは別に存在していたものと思われる。満鉄経理局予算課の資料では、中試の四三年度経費（決算額）二八六万円、四四年度経費（修正予算額）三〇九万円、四五年度経費三五一万円（予算額）となっている。[75]他方、廣田鋼藏によれば一九四一年の年間経費は六〇〇万円（工業化に要する費用は別途計上）としており、佐藤正

典は終戦時の通常予算は一千万円でありその他工業化試験のために通常予算を上回る多額の資金が投入されていたと回想している[76]。このように中試には、満鉄からの経費支給だけでなく、軍などから巨額の研究資金が投入されていたと考えられる。

表4-3によれば、一九四四年九月末の中試人員は七一五名であった。表4-2(2)の四一年六月現在の人員と比較して、顕著な増加が見られた。この人員増加を支えたのが日本人女性雇員と中国人傭員であった。両者が兵役で抜けた日本人男性を補填し、さらに業務拡大に必要な人員を補ったのである。日本人女性雇員は事務職の庶務課だけではなく、各課にも多数配属されており、実験補助に従事したものと考えられる。また同表によれば、職員・准職員など研究の中軸となる部分に中国人は皆無であり、研究補助・雑役などを担う雇員・傭員にしかなれなかったことが分かる。

太平洋戦争時期、中試は軍の要請に応えて様々な国策的研究を進めた。その中で重要なものは、石炭液化研究・過熱汽筒油製造研究（後述）であり、さらにはアルミニウム・マグネシウムなどの軽金属の生産研究であった。

前述のようにアルミニウムはすでに、満洲軽金属製造㈱により高品位礬土頁岩（アルミナ含有量五〇％以上）を原料として乾湿併用法と呼ばれる製法により製造されていた。中試ではさらに、満洲にほとんど無尽蔵に存在する低品位礬土頁岩（硬質粘土、アルミナ含有量四〇％前後）からの湿式法（酸アルカリ二段法）でのアルミナ製造を研究し、半工業的試験も成功させた。一九四二年末より四三年一月まで大連甘井子の満洲化学工業㈱の既設設備を用いて試験を行い、四三年八月には同構内に二五〇万円を投じて年産七五〇トンのアルミナ試験工場を建設することとした。四四年七月には試験工場が完成し、翌月からは試運転に入り終戦まで試験が継続された[77]。

マグネシウムは、一九四三年当時、満洲軽金属製造㈱営口工場で、人工苦汁（大石橋のマグネサイトより製造）及び塩田の天然苦汁（塩化マグネシウム）を原料に電解法により生産されていた[78]。しかし、その生産は軌道に乗らず、別の製造法が求められていた。中試では、弗化マグネシウム（マグネサイトより製造）を炭化石灰（炭化カルシウム）で高温により直接還元する方法を開発した。満鉄首脳部はその試験の成功を待たずに、経済採算性を度外視してまでその工業化を断行しようとした。小日山直登総裁は三千万円の予算と要員一〇〇名の増員を決定し、味の素㈱大連工場を六〇〇万円で買収し、工場建設に着手した。工場施設の整備に先立って、四三年四月頃から中試では小規模プラントでの工業化試験を開始した。しかし、中試内でのこの試験操業に成功せず、結局は工業化を断念した。佐藤正典所長はその責任を取って辞表まで提出したが、それは受理されなかった。(79)

（1944年９月末現在）

中国人その他									総計	
社員					社員外			合計		
職員	准職員	雇員	傭員	計	嘱託	臨時方	計			
									20	
									48	〈14〉
		6	6	12		28	28	40	142	〈41〉
		3	4	7				7	85	〈19〉
			2	2				2	78	〈24〉
		4	57	61				61	110	〈13〉
			6	6				6	106	〈18〉
		1	13	14				14	54	〈15〉
		2	13	15				15	72	〈7〉
		16	101	117		28	28	145	715	〈151〉

は中等学校以下の卒業者である。

太平洋戦争末期には、中試は直接的に軍事研究にも動員された。その一つが関東軍から依託され「丸ロ」と呼ばれた、長距離ロケット砲の発射薬となる高濃度過酸化水素の製造研究である。また、「丸フ」と呼ばれた、兵士を気球に乗せレーダー網を避け敵地を急襲するための簡易水素製造法の研究にも協力した。(80)

一九四三年一一月、満鉄は新京に化学工業委員会を設置し、丸沢常哉を副総裁待遇の顧問として委員長に迎えた。(81)同委員会の設置目的は、「満洲国の要望によって、満鉄のみでなく広く満洲の化学工業、特に吉林の満洲電気化学工業㈱や吉林人造石油㈱等の推進をはかるため(82)」とされている。だが、一九四五年六月、関東軍と意見が対立した丸沢は、同委員会委員長の辞任

表４－３　満鉄中央試験所の人員

	日本人														
	社員							社員外					合計	
	職員	准職員		雇員		計		嘱託	臨時方		計			
所勤務	20					20							20	
研究室	13	2		27	〈13〉	42	〈13〉		6	〈1〉	6	〈1〉	48	〈14〉
庶務課	29	15	〈4〉	55	〈35〉	99	〈39〉	1	2	〈2〉	3	〈2〉	102	〈41〉
無機化学課	23	11		44	〈19〉	78	〈19〉						78	〈19〉
有機化学課	28	5		38	〈22〉	71	〈22〉		5	〈2〉	5	〈2〉	76	〈24〉
冶金課	15	11		21	〈13〉	47	〈13〉		2		2		49	〈13〉
燃料課	33	19		48	〈18〉	100	〈18〉						100	〈18〉
農産化学課	19	2		17	〈15〉	38	〈15〉		2		2		40	〈15〉
試験工場	13	7		33	〈5〉	53	〈5〉	2	2	〈2〉	4	〈2〉	57	〈7〉
計	193	72		283	〈140〉	548	〈144〉	3	19	〈7〉	22	〈7〉	570	〈151〉

1．『満鉄在籍社員統計』（満鉄史料叢書⑩、龍溪書舎、1989年）、48-49頁より。
2．〈　〉は女性。
3．職員は専門学校卒業以上の学歴でかつ２年以上勤務した者、准職員は中等学校卒業で２年以上勤務した者、雇員
4．所勤務職員20名の詳細は不明であるが、おそらく所長・次長・研究員などであると考えられる。

を申し出た。当時の満鉄総裁山崎元幹は、丸沢を満洲に引き止めるために佐藤正典と話し合った。そして佐藤が化学工業委員会委員長に転出し、丸沢を中試所長に再任することで合意した。(83)このような理由から、中試は丸沢を所長として敗戦を迎えたのである。敗戦時には、男女学生の勤労動員もあり所員は一千名を越えていたとされる(84)。中試は、「化学関係、化学工業の専門研究機関としては、日本の内地を含めて最大(85)」と言われる規模となっていた。

二　撫順における化学工業の展開

(一)　石炭液化の研究

満鉄が海軍燃料廠と協力して開発を進めた石炭液化法は、直接液化法と呼ばれるものであった。その方法は次のような内容である。まず石炭微粉末とコールタール及び触媒（酸化鉄など）を混合しペースト状にして、これを高圧反応筒に装入する。そこに二〇〇―三〇〇気圧にした水素を注入し、四〇〇―五〇〇℃に加熱すると、数時間の反応で石炭が重質油に液化する。

この過程が第一次液化工程である。次にこの重質油は蒸溜されて粗揮発油、中油、残滓油となり、粗揮発油は再度蒸溜されガソリン（揮発油）となる。中油は燃料油としてこのまま使用可能ではあるが、セタン価が低いので高級ディーゼル油（軽油）にはならない。この中油に再度水素を添加しガソリン化することが、第二次液化工程である。この液化ガソリンは石油系ガソリンよりもオクタン価が高く、高オクタン価が要求される航空機用ガソリンに最適であった。第二次液化工程においては、まず中油を加熱し蒸気化し、高圧反応筒に送る。反応筒内部は多孔板が棚になっており、その上に金属の硫化物触媒が載せられている。油蒸気はここで触媒の作用を受けて分解し、さらに水素添加によりガソリン化するのである。その反応圧力は二五〇―二七〇気圧、温度は四五〇―四八〇℃であった(86)。このように第一次液化は液相水素化であり、第二次液化は気相水素化であった。以上のように、直接液化法は固体・液体・気体の三相よりなる流体を高圧高温の下で操作しなければならず、極めて困難な技術であった。

この直接液化法はドイツ人ベルギウスの発明によるものであり、ベルギウス法とも呼ばれる。ドイツのＩＧファルベン社はこのベルギウス法特許を取得し、それを基礎に独自の石炭液化法であるＩＧ法を開発し、一九二七年四月には中部ドイツ・メルゼブルクのロイナ工場（アンモニア合成工場）において液化工場を稼動させた。二九年一一月、ＩＧファルベン社はスタンダード・オイルと協定を結び、ドイツ以外の国々において自社の水素添加分野の特許権を実施する権利を同社に与えた。その後スタンダード・オイルは、アメリカ国外での水素添加法のライセンシングを目的とする子会社国際水素添加特許会社（ＩＨＰ）を設立した。またＩＨＰのライセンシング業務のエンジニアリングを担当する会社として、国際水素添加エンジニアリング化学会社（ＩＨＥＣ）を設立した。こうして一九三〇年代初頭には、スタンダード・オイルを中心にシェル及びインペリアル・ケミカル・インダストリー（ＩＣＩ）も関係して国際特許プールが形成された。このような理由から、ＩＧ社はアメリカ以外の諸外国における水素添加技術のライセンシングに関して、ＩＨＰによる制約を受けたのである(87)。

一九二八年、満鉄からの三〇万円の研究資金を得て、徳山の海軍燃料廠は石炭液化の研究を本格化させた。基礎的実験は小川亨技師（京都帝国大学理学部有機化学科卒）が担当し、撫順炭砿大山炭を用いた液化研究を進めた[88]。一方、半工業実験装置の設計・製作は横田俊雄機関少佐が担当した。それは基礎的実験によるデータ及び各種文献に頼った完全な自主製作であった。機械設備は呉海軍工廠、ならびに神戸製鋼所などの民間工場により製作され、反応筒は軍艦主砲砲身の廃材を用いていた。三〇年一二月には装置組み立てが完了し、以後試運転を行いながら装置の不具合の改造を進めた。三二年八月には改造工事を完了し、九月に石炭液化に成功した。しかし、その後も反応熱の調節不適、附属装置の作動不良などにより、石炭のコークス化の事故が続発した[89]。さらに改造と運転を反復し、遂に三四年一〇月には四昼夜の連続運転に成功した。その装置の反応筒内のペースト撹拌方式は、圧縮水素噴射（水素撹拌）では多量の水素を必要とすることから、機械撹拌式が採用された。また使用された触媒は塩化亜鉛であった[90]。

他方、満鉄中試も石炭液化の研究のために、大連の試験所構内に石炭液化パイロットプラントを建設した（表4-4）。実際に完成し運転されたものは第一・第二・第三プラントであり、第五プラントは後に第二・第三プラントを組み合わせて作成されたものであった。第一・第三プラントはドイツのウーデ社からの輸入であり機械撹拌方式が採られ、第二プラントは水素撹拌方式が採用され日本製鋼所で製作された。第四プラントはパイプを反応器とする管式液化プラントであったが、完成には至らなかった[91]。このように満鉄中試はパイロットプラントをドイツから購入しており、これが中試の石炭液化研究の重要な基盤となった[92]。

第一プラントは一九三三年ウーデ社より八万円で購入したものであり、三四年秋には据付が完成し、その後三五年の春までに数十回の連続運転を行った。その結果、六：四ペースト（タールと石炭の比が六対四）で塩化第一銅を触媒として、完全な連続的石炭液化に成功した。だが運転が一〇日以上続くと、反応装置と冷却器を結ぶ管が破裂するという事故が二回も発生した。事故の詳細な検討の結果、触媒の塩化第一銅が液化反応中に分解して塩酸を遊離し、

表4－4　満鉄中央試験所における石炭液化パイロットプラント

試験運転年度	液化プラント	反応器		水素		ペースト送入量（ℓ／h）	反応温度（℃）
		容積（ℓ）	型式	送入量（㎥／h）	圧力（気圧）		
1933～38	第1パイロットプラント	15	横型 機械攪拌	2～3	200～300	2～4	400～500
1936～37	第3パイロットプラント	50×2	竪型 機械攪拌	15	200	20	420～450
1937～38	第2パイロットプラント	120	竪型 水素攪拌	15	200	4～9	380～450
運転せず	第4パイロットプラント		管型				
1941～42	第5パイロットプラント	液相・気相水添直列型 第2・第3パイロットプラントの機器類を組み合わせて建設した。					

1．森川清・広瀬鮮一「満鉄における研究」（『石炭資源開発・液化技術《総合資料集》』株式会社サイエンスフォーラム、1981年）、257頁より。
2．第1パイロットプラントは、ドイツからの購入が1933年であり、実際の試験運転は1934―35年であるとされている（「満州化学工業の発達と中央試験所」満史会編『満州開発四十年史』下巻、工業編、満州開発四十年史刊行会、1964年）、618頁。

その塩酸により配管が腐蝕する事実が判明した。これは金属塩化物では工業的石炭液化触媒にならないことを意味し、研究の大きな頓挫であった。これ以降、腐蝕を起こさない新しい触媒の発見が石炭研究室の大きな課題となった。そして研究を重ねた結果、全く腐蝕を起こさない触媒として第一硫化鉄を発見した[93]。

次に問題となったのは、長期の運転になると液化油中の無機物（石炭中の灰分）により減圧弁の材質が甚だしく磨耗することであった。この問題に対しては、石炭を粉砕する際に石炭質に比べて灰分は硬く粉砕しにくいという性質を利用して、粗粉砕の途中で篩分けして灰分を除去するという方法を確立した。また、大気中での石炭粉砕による空気酸化を防ぐために水中粉砕を採用したが、コロイド化した微粉炭をいかに水と分離するかが問題となった。この問題は石炭の懸濁液に低温タールを加えると、石炭の微粒子はタールに吸着され完全に水と分離されることで解決した。この水中粉砕炭は「特粉」と呼ばれた[94]。

第三パイロットプラントは竪型五〇リットル二基であ

り、第一パイロットプラントの六・六倍のスケールであった。その試験運転は一九三六年から三七年にかけて行われ、連続運転に成功した。これにより中試研究グループは、石炭液化工業化への自信を深めた。ただ第一・第三プラントはいずれも機械攪拌方式であり、反応筒を大型化し工業化する場合には水素攪拌方式が不可欠であることが認識された。(95)

以上のように、パイロットプラントは海軍燃料廠側が独自の設計・製作であったのに対して、満鉄中試側はドイツ製であった。このために中試側は装置の故障や改造に労力を取られることなく、石炭液化に必要な触媒やペーストの研究に集中することができたのである。これが石炭液化研究において海軍よりも中試が優位に立てた大きな要因である。

(二)　石炭液化工場の建設

一九三四年一一月、満鉄は海軍燃料廠での石炭液化連続運転の成功を受けて、陸海軍関係者も委員とした石炭液化委員会を設置した。(96)この後、満鉄では海軍法によるべきか、それともドイツより特許を購入すべきか真剣な議論が展開されたと予想される。工藤章の研究では、三五年にＩＧファルベン社は満鉄にＩＧ法特許購入を働きかけたとされている。三五年八月に満鉄総裁に就任した松岡洋右は一時期ＩＧ法特許購入に傾いたが、ＩＨＥＣが購入交渉に干渉し、満鉄の特許購入は実現しなかったとされる。(97)他方、日本の海軍側もＩＧ法特許購入に反対し、独自技術での生産を強く主張した。(98)このように満鉄のＩＧ法特許購入断念の背景には、ＩＨＥＣの牽制だけではなく、独自開発技術にこだわる海軍からの強い要望があったものと考えられる。こうして三五年一一月二日の満鉄重役会議では、計画部提出の一三〇〇万円で液化油年産二万トンの試験工場建設案が内定され、松岡総裁は工場建設実施のために計画部に工場施設事業費の再査定を命じた。(99)本建設案は満鉄と海軍との協議の結果策定されたものであり、この時点で満鉄は海軍法採用を決定したと思われる。

一九三六年二月七・八日、徳山の海軍燃料廠において「石炭液化装置ニ対スル国内権威者意見聴取会」（いわゆる徳山会議）が開催された。阿部の恩師である京都大学の喜多源逸教授はさらに実験を継続すべきことを主張したが、大多数は海軍燃料廠の研究成果による企業化に同意した(100)。この会議の結果を受けて、日本窒素肥料㈱は三六年五月、海軍燃料廠の技術と自社技術を融合し、北朝鮮阿吾地炭田に石炭液化工場を建設することとした。そのために日本窒素肥料㈱は朝鮮石炭工業株式会社（後に朝鮮人造石油株式会社と改称）を設立した(101)。

満鉄も一九三六年五月一三日、石炭液化事業の着手を社議決定し、八月四日には撫順炭砿に臨時石炭液化工場建設事務所が設置された。計画では一四〇〇万円の事業費を投じ、一次液化油年産二万トン工場を建設することとし、三八年三月の建設完了を予定した(102)。その建設事務所長には計画部審査役千石真雄が就任した(103)。この建設事業に対して、中試からは燃料科一般燃料研究室が協力し、田中猶三主任をはじめ大部分のスタッフが撫順へ出向した(104)。

しかし、液化工場の建設は停滞して進まず、海軍式液化装置には種々の欠陥があることが判明した。そこで三七年六月八日、徳山海軍燃料廠において石炭液化協議会が開催され、撫順液化工場の建設を中試の技術でやり直すことが決定された(105)。そして新たに建設事務所長に深山達蔵、副長に宮本春生と阿部良之助（中試燃料科長との兼務）が就任した(106)。かくして中試燃料科が総力を上げてこの建設事業に協力することとなり、燃料科スタッフの多くが撫順に転勤した(107)。そして当時建設途中であった石炭液化装置に、一部改変が加えられた。触媒ならびにペースト製造法が中試方式に改められ、液化反応筒の型式も機械攪拌法から水素攪拌法に変更された(108)。同時に、当面は第一次水素添加設備の完成に全力を傾注することとし、その石炭処理量も一日五〇トンに縮小された(109)。

一方、大連の中試高圧機械研究室では、水素攪拌法技術の完成に全力を注いだ。これは第二パイロットプラントを用いて研究が推進され、一九三八年四月に二〇日間の連続運転に成功した(110)。

一九三九年二月には、予定した撫順液化工場設備の大部分が完成した。[111] 三月より昇圧昇温試験に入り、五月からは低温タールの水素化分解を始めた。ところが五月一〇日、水素化分解の作業中に大爆発を起こし、装置の一部と計器類が破壊された。[112] その後、故障箇所を修復して試運転を再開し、六月二一日には石炭液化一次原油の製出に成功した。[113] この後、数日間の中断はあったものの、七月二一日まで一カ月の連続運転に成功した。[114] ここまでに要した費用は、直接投資一二八〇万円、附属設備投資二五四万円、試験費二二万円、経費一〇八万円、合計一六六四万円であった。[115] この連続運転の成功は、「日本における大規模液化法の完成」[116] とされた。

石炭液化工場建設の主要機器設備の供給先は、水素ガス発生炉が石井鉄工所、水素ガス変換設備が満洲化学工業株式会社（設計）・満洲民間工場（製造）、水素ガス圧縮機が石川島造船所及び神戸製鋼所、その他ポンプ類が撫順炭砿機械製作所・神戸製鋼所・石川島造船所・荏原製作所などであった。さらに石炭液化工場の心臓部とも言える反応工場の高圧筒類は呉海軍工廠と日本製鋼所で製作された。反応工場の高圧高温に耐え得る配管材料は、特殊鋼管がドイツのクルップ社、スウェーデンのサンドビック社及び住友金属工業より購入され、特殊鋼板はクルップ社・日本金属工業株式会社の製品が使われた。[117] このように水素ガス変換設備は満洲国内での生産が可能であったが、その他の設備は日本国内での生産に頼らざるを得ず、さらに高圧高温に耐えうる特殊鋼材はヨーロッパからの輸入も不可欠であった。こうした特殊鋼材の入手難が、この後の工場建設を遅滞させる一因であった。

第一次水素添加設備では連続運転には成功したものの、軽質油（すなわち中油）の収量があまりにも少ないことが問題となった。そこで阿部良之助は、第一次・第二次水添設備を直列に結合して、少しでも揮発油生産を増やそうと考えた。[118] この直列型液化は、第一次水添により液化したガスを高温高圧のまま第二次水添設備に注入して直接揮発油に変化させるという内容であり、ドイツでも実用化されていない斬新な方式であった。この方式は、一九四〇年二月に実験されたが、結局は失敗に終わり実用化は断念された。[119] それでもこの実験で少量の揮発油は精製できたようであ

表4－5　撫順石炭液化工場における主要製品生産量

（単位：kℓ）

製　品	1940年	1941年	1942年	1943年	1944年	1945年
航空機用揮発油	5.4	125.9	149.6	469.4	2,354.5	924.5
自動車用揮発油	24.0	244.2	620.1	495.2	1,956.8	913.1
軽　　油	—	—	—	282.1	—	701.0

遼寧省地方志編纂委員会弁公室主編『遼寧省志・石化工業志』（遼寧科学技術出版社、1996年）、30頁より。

り、海軍側には同年三月一七日に第二次水添による揮発油生産に成功したと報告されている[120]。また表4－5でも、少量の航空機用揮発油・自動車用揮発油が生産されたことが確認できる。

直列型液化の失敗により、ドイツと同様の並列式（単独式）液化方式を採用することとなった。第二次水素添加設備の建設は一九四一年初頭に着工され、同年八月半ばに反応筒二基が完成し、九月から試運転に入った[121]。しかしそれは後述のように様々な技術上の問題点を抱え、安定的な連続運転はできなかった。四一、四二年の主要製品生産量は表4－5の通りであり、生産目標にはるかに及ばなかった。工場建設のための事業費額は、四二年度末までに二三七一万円に達した。内訳は、直接投資額一六八二万四千円、その金利四二〇万五千円、間接投資額二六八万一千円であった[122]。このように事業費一四〇〇万円の計画で開始された石炭液化事業は、その予算を大幅に超過しても未完成であった。

一九四〇年には撫順の中試所員は、ほとんどが大連に戻った[123]。そして彼等は、大連で石炭液化のための基礎的研究を再開した。ここで阿部良之助は、撫順で失敗した直列型液化法の実験を実施した。そのために組み立てられた装置が第五パイロットプラント（表4－4）であり、これは第二プラントと第三プラントの機器類を組み合わせ液相反応筒と気相反応筒とを高温分離筒を介して直結したものであった。その実験は四一年一二月と四二年三月の二回にわたり実施され、一千時間に及ぶ長期連続運転に成功した[124]。しかし、この技術は結局、撫順工場に応用されることなく終わった。

一九四三年における石炭液化工場の生産実績は、表4－5の通りである。ただ、その生産実績を航空機用揮発油四七一キロリットル、自動車用揮発油五四七キロリットル、軽油一五一キロリットルとする資料もある[125]。その資料によれば、第一次水添で液化原油三八八〇キロリットルを生成し、それを処理して中油一〇一〇キロリットル、粗揮発油三九二キロリットルを収得し、中油・粗揮発油合計一四〇二キロリットルを第二次水添の原料油としたとされる。(126)このように三六年に一次液化油年産二万トンを目標に開始された石炭液化計画は、四三年に至っても僅か一次液化油生産三五〇〇トン弱（一次液化油の比重を〇・九として計算）に止まっていたのである。

戦後、元中試技術者はPBレポート（米英技術調査団の旧枢軸国技術調査報告書）で明らかとなったドイツのデータと比較して、撫順液化工場での第一次石炭液化が成功しなかった原因を次のように総括している。まず水素添加圧力は三〇〇気圧以上にすべきであったが、中試における機械攪拌式オートクレーブ（高圧釜）の実験結果を採用して二〇〇気圧で充分であるとしてしまったこと。次に、反応温度は四五〇℃以上必要であったが、三九〇—四二〇℃としてしまったこと。これも中試第二パイロットプラントの水素ガス攪拌式による実験結果をそのまま採用したことによる。こうして第一次石炭液化装置内での反応容量が小さく、かつ一次液化油中の重質成分が多くなり、軽質成分が少量となってしまったのである。(127)ただ仮により高圧高温での液化が計画されても、装置の材質・構造・機能上からそれは困難であったとも言われている。(128)当時の日本の高圧化学技術では、ドイツのような格段に高い圧力・温度下での反応は容易に実現できなかったのである。さらに、二次水素化分解装置では反応筒内の触媒層の温度制御が問題となったとされる。すなわち、撫順工場では触媒層の温度は送入原料の温度調節によってのみ行われ、運転初期にはしばしば触媒層の異常昇温を招いた。撫順工場でも、四日市海軍燃料廠で一九四四年頃に棚式触媒層の中間に水素を吹き込む温度制御方式を採用し順調な運転を維持していることを知り、その導入の準備をしたが、実行に至らず終戦となった。(129)以上のような技術上の問題から石炭液化工場は安定操業に至らず、一次液化油及び各種揮発油の生産は伸展しなかったのである。(130)

一九四三年一一月、満鉄石炭液化工場と吉林人造石油株式会社とが合併され、満洲人造石油株式会社が設立された。

資本金は五千万円（満洲国政府三五％、帝国燃料興業株式会社三五％、満鉄三〇％）であり、経営は満鉄が全責任を持つこととなり、大垣研（前撫順炭砿長）が社長に就任した[131]。

吉林人造石油㈱は満洲国政府・帝国燃料興業・朝鮮窒素肥料㈱の出資により一九三九年九月設立され、工場を吉林市に建設し舒蘭炭を原料とした石炭液化が目指された[132]。しかし、原料炭問題及び技術面で行き詰まり、これを満鉄で引き受けることになったものである。満鉄は撫順液化工場計画係において作成した案に基づき、吉林工場を合成メタノール工場に転換することとした[133]。

満洲人造石油撫順工場は吉林工場の支援だけでなく、四平街の二三八部隊（陸軍燃料廠四平製造所）への技術援助も行った[134]。同工場は一九三六年満洲油化股份有限公司として設立され、低温乾溜法による石炭液化を目的としていた。しかし、四一年五月から陸軍燃料廠の管轄下に入り、アジア太平洋戦争開始以後は石油の水素添加による揮発油生産が目指された[135]。

満洲人造石油撫順工場は一九四四年初めには、陸軍燃料廠の管理下に置かれた。陸軍が南方から原油をタンカー輸送し、錦西の九四五部隊（陸軍燃料廠満洲支廠）の常圧蒸溜装置で分溜したナフサ（石油の揮発油の一部）をタンク車で撫順工場へ輸送し、撫順の水素添加設備で精製した。ナフサを水素添加すると約七〇％が航空揮発油として生成され、その揮発油をさらに加鉛すると九四オクタン価程度になった。生産された揮発油は全量、陸軍の駐在官の指示により北満方面の燃料集積所や在満の陸軍補給廠へ送付された[136]。一九四四年における揮発油の生産量は、表4-5の通りである。また「張公権文書」所載の経済部調査組化工班の文書では、四四年の生産実績を、ナフサ五七五四キロリットルを原料として航空機用揮発油二四八九キロリットル、自動車用揮発油二二八八キロリットルを生産したとしている[137]。このようにその生産量には若干の相違があるが、ともかくも撫順工場は石油精製設備としてはある程度正常に機能し、石炭液化による生産実績を上回る揮発油が生産できたのである。

一九四五年に入ると戦況悪化に伴い、撫順工場への原料ナフサの入荷が激減した。陸軍側は航空機用揮発油の量を確保するためにオクタン価の引き下げを要求し、精製揮発油は七四オクタン価にまで引き下げられた[138]。四五年八月末現在、撫順液化工場への投資額は二三五二万六六九六円とされる[139]。前述のように四二年度末の工場建設事業費額は二三七一万円であったので、四五年八月末の金額の方が少額なのはおかしい。おそらく後者には金利負担分が含まれていないものと推測される。四二年度末の金利を除いた投資額は一九五〇万五千円であったので、それ以降さらに、金利負担分を除いて約四〇二万円が投入された計算になる。以上のように、巨額の投資にもかかわらず石炭液化事業はついに成功せず、敗戦時には石油精製設備として利用され少量の揮発油生産を行うだけであったのである。

(三)　鉄道潤滑油工場

アジア太平洋戦争時期には、頁岩蝋を原料とした過熱汽筒油の生産も実施された。過熱汽筒油とは過熱水蒸気を使用する蒸気機関の潤滑剤であり、蒸気機関車の運行には不可欠であった。過熱汽筒油は当時米国ペンシルベニア原油とソ連バクー原油のみから製造され、日本はこれを完全に米国からの輸入に頼っていた。一九四〇年八月、米国はその過熱汽筒油を航空機用ガソリンなどと共に対日輸出禁止とした。日本国内ならびに満洲には過熱汽筒油の一定の備蓄はあったが、一刻も早い自給生産が求められていた。これより以前の三六年頃阿部良之助は、頁岩精蝋の生産工程で不純物として副産される粗軟蝋の有効利用をテーマとした研究を行っていた。そして阿部は、頁岩蝋を塩素化して塩素化蝋を造り、次にこの塩素化蝋から無水塩化亜鉛を脱塩素剤として潤滑油を合成するという実験を行った。その結果、引火点三八〇度の過熱汽筒油の製造に成功し、三七年には特許も取得していた[140]。

一九四一年四月に満鉄は、この中試技術に基づく過熱汽筒油製造の試験工場を、奉天の新工業地帯である鉄西区に造った。さらに、四三年四月には鉄道潤滑油工場として本工場の建設が開始され、四四年春から操業が開始された[141]。

この鉄道潤滑油工場は、奉天曹達株式会社曹達工場（四〇年に満洲曹達株式会社奉天工場として操業、四二年に独立）、満洲農産化学工業株式会社奉天工場（味の素の第二工場として三九年設立）と隣接して建設され、原料供給面での提携が目指された。鉄道潤滑油工場は奉天曹達から塩素の供給を受け、副産される塩酸は満洲農産化学工業に送られ味の素合成に使用され、こうして奉天曹達で塩酸を合成する工程を省略しようとしたのである。[142]

この鉄道潤滑油工場の建設と操業には、中試燃料課の技術者が多数動員された。阿部良之助が中試燃料課課長との兼務で工場長となり、燃料課高圧化学機械研究室主任であった遠藤外雄が工場建設事務所長兼技術長を務めた。[143] しかし工場建設は資材・人員の不足から困難を極めた。一九四三年に同工場の塩酸職場長として赴任した石黒正（中試燃料課）の回想では、「戦時中のため良質の機材がなく、補助装置や配管には専ら普通鋼が使われ、腐蝕や劣化の起り易い工場環境にあった」とされ、塩酸工場では濃硫酸と塩素ガスを噴出する事故が二、三日に一回は発生したと言われている。[144] 四四年になると関東軍から一個中隊の応援があり人員は充足され、四四年末頃から月産二五〇―三〇〇トンの生産を上げられるようになったとされている。四五年四月には、鉄道潤滑油工場が奉天曹達㈱工場を併合して満鉄化学工場と改称し、阿部工場長は兼務を解かれ中試次長として大連に帰った。[145]

三　戦後の中央試験所と撫順化学工業

㈠　中央試験所の中国側への移管

一九四五年八月二二日、ソ連軍は大連に進駐した。中試では丸沢所長の方針によって、実験設備やデータの破壊・散逸を防いだ。九月一六日には、ソ連軍将校二名が来所し、試験所の財産目録を作成してソ連軍司令部に提出するよう求めた。この後も多くのソ連軍技術将校が来訪し、自己の専門に関係する中試の研究業績を調査するなどした[146]。

一九四五年九月二二日、満鉄は消滅し中国長春鉄路公司（中ソ合弁）に引き継がれた。ただ、中試の帰属はあいまいにされ、所員に給与も支給されなかった。そこで丸沢所長は、レズニック中佐を責任者とする部隊（大連市内及び近郊の工業施設の調査と撤去・輸送を任務）と交渉し、部隊の調査活動に協力することを条件に二〇〇名分の給料を支給させた。当時の所員は日本人約六〇〇名、中国人労働者約一〇〇名であったが、日本人所員の約三分の二は外部でのアルバイトのため欠勤しており、中国人労働者もほとんど出所しない状態であった。しかしこのレズニック部隊も同年一一月には、任務を終えて帰国した[147]。

一九四六年一月には、帰属があいまいとなっていた満鉄文化機関を統合して、科学研究所（科研）が設立された。この科研に編入された機関は、中試・調査部・地質部・鉄道技術研究所・満蒙資源館（博物館と改称）・大連図書館・南満工業専門学校・小村図書館の合計八カ所であり、各機関の責任者には従来通り日本人が留任した。科研は中国長春鉄路公司大連鉄路局の管轄下にあり、その管理官には白系ロシア人地質学者エゴロフが任命され、本部は中試内に置かれた[148]。

こうして旧中試では所員の給料は確保されたが、戦後のインフレの中でその生活は苦しく別途収入の方策を講ずる必要があった。そこで分析業務を再開し、また試験所の設備を利用してマッチ原料の塩素酸カリや甘味料ズルチン、医薬品サルゾールなどが生産され、そのために「生産委員会」も組織された。またソ連軍に依頼されて、ＤＤＴの生産も行った。ソ連軍は大連の工業設備を完全に撤去はせず、一部必要なものを残し接収・管理していた。そうした工場管理のために、ルデンコ少佐を責任者とする技術部隊が派遣されていた。旧中試では、このルデンコ部隊に技術上のアドバイスを行い、問題が解決すると解決料金を得ていた[149]。

一九四六年四月には、中試三次長の一人であった阿部良之助が、家族とともに失踪した。続いて七月には、所員及びその他技術者三二名が、その家族とともに失踪した。阿部及びこれら技術者は、共産党の勧誘を受け、山東解放区で同党が計画中の技術研究所設立の援助に向かったものであった。しかし、それらの人々は国共内戦に巻き込まれ、苦難を味わうこととなった。特に、高木智雄、橋本国重らは、安東を経て東北奥地にまで強制的に連行された(150)。そして彼らは、瀋陽鉄西区の満鉄化学工場（鉄道潤滑油生産）の再建に貢献することとなる。

一九四七年一月には、大連の日本人遣送事業が開始された。この第一次引揚げで、旧中試でも佐藤正典元所長など所員の大部分が帰国し、残留したのは約八〇名であった。この引揚げに際し、ソ連側は帰国希望者を全員帰すという方針であった。しかし、事実上中国共産党の掌握下にあった大連市政府側は、今後の復興建設のために日本人技術者はできる限り留用するという方針を採っていた。四六年末に、共産党幹部である廖華が科研副管理官に就任したのも、その任務からであった(151)。

日本人の第一次引揚げに前後して、科研も大きく改組された。まず南満工業専門学校が廃校となり、学校設備は中国側に譲渡され、中等程度の工業学校に格下げして中国青年の技術教育機関となった。その学校の校長には、ドイツの大学で皮革工業を専攻した共産党員の屈伯川が就任した。さらに、調査部は廃止され、鉄道技術研究所は鉄路局の管理下に移された。なお引揚げ完了後には、エゴロフは博物館長に左遷され、代わってフィリポフというソ連軍技術大尉が管理官に就任した(152)。

旧中試では、文献整備委員会をつくり、未発表の研究成果を報告書にまとめることとし、各研究者には引揚げ前に必ず報告書を提出するよう義務付けた。また同委員会では、試験所開所以来の全研究報文の日・英両国語による抄録作成を行った。これら業務は一九四九年の第三次引揚げまでに完了した。そしてそれら書類は、五〇年四月北京の中央政府重工業部が派遣した調査団に提出され、中国語訳された(153)。

科研に残留した日本人技術者に様々な支援を行い、彼らに高く評価された人物が李亜農であった。一九四七年九月山東より大連に移った李亜農は、中国美術品の散逸を防ぐ目的で博古堂という骨董店を経営していた。一九四八年一月、丸沢常哉と李亜農の会談が持たれ、科研はこの博古堂の委託により無水酒精とDDTを生産し、その生産量に応じて科研には報奨金が納付されることとなった。同年三月初めに生産が開始され、生産は順調に進み所員に手当が支給され、彼らの収入を補填した。博古堂はそれ以外にも、喫茶店や日本料理店を営業して科研日本人技術者に憩いの場を提供し、さらには彼らに顧問料などの名目で金銭の支援も行った。この李亜農及び博古堂による科研への支援は、彼が急遽大連を去る四八年九月まで続いた[154]。李亜農が中国共産党のいかなる機関の指示で、その活動を展開したのかは不明である。しかし、彼の兄は李初梨（一九〇〇―一九九四、抗日戦争時期は中共中央軍事委員会総政治部敵軍工作部副部長、戦後中共中央対外連絡部副部長）であり[155]、李亜農も兄との関係から共産党中央あるいは東北局からの指示で活動をしていたものと推測される。石堂清倫の回想では、李亜農は中国共産党の高い機関の命令によって行動していたとされている[156]。

一九四八年七月には日本人の第二次遣送が開始され、元中試所員約五〇名が帰国した。残留は約三〇名となり、半分がソ連側の留用、半分が中国側の留用となった。四九年一月には、旧中試は中国長春鉄路公司から大連市政府に移管された[157]。中国側は旧中試が重要であると判断して、巨額の資金を払ってソ連側から買い取ったとされている[158]。同年四月には工学院（旧南満工業専門学校）・医学院からなる大連大学が創立され、旧中試はその附属科学研究所となった。所長は大連大学工学院院長となった屈伯川が兼務した。この頃から高等教育を受けた中国人も、科研に採用されるようになった。最初に入所したのは台湾生まれの蘇子蘅（東北帝国大学工学部化学工学科卒）であり、郭沫若の長男である郭和夫（京都帝国大学工学部工業化学科卒）も所員となった。また張大煜が副所長兼大連大学工学院教授として迎えられた[159]。

一九四九年七月には第三次遣送が実施され、旧中試所員約二〇名が帰国した。科究には丸沢常哉を含めた各部責任者一〇名だけが、中国側の要望で残留した。その被留用者一〇名とは、丸沢以外に関皓之（窯業）、内藤伝一（無機化学・分析）、井爪清一（農産化学）、久我敏郎（皮革）、小田憲三（燃料）、片岡三郎（燃料）、萩原定司（資料室）、大竹良平（金属）、高村泰文（農産化学）であった。その直後、科研には南方から陸続と少壮中国人科学技術者が入所した。科研では燃料・有機・無機（分析を含む）・窯業・染料・農産化学の六研究室制が採られ、燃料研究室の主任は張大煜副所長が兼任し、有機は蘇子蘅、無機は内藤伝一、窯業は関皓之、染料は彭少逸（米国留学）、農産化学は井爪清一がそれぞれ主任となり、萩原定司は資料室主任、丸沢は顧問に任命された。[160] 満鉄中試時代には中国人研究者は皆無であり、この時期に中国人技術者と残留日本人技術者が共同で研究を実施できたことは、中国側への技術の継承の上で大きな意義があった。

一九五〇年九月には、大連大学科学研究所が長春の東北科学研究所（戦前の大陸科学院）と合併され、東北人民政府工業部の所管となった。大連大学科学研究所は東北科学研究所大連分所と改称され、分所所長には董晨、副所長には張大煜が就任した。[161] 同分所は、農業化学・燃料第一・燃料第二・染料・有機・無機の六研究室より構成された。[162] 五二年六月には、長春の東北科学研究所燃料試験室と大連分所農業化学研究室が交換され、[163] 大連では燃料化学研究に重点が置かれることとなった。同年八月には、中国科学院東北分院が設立され、また東北科学研究所は長春綜合研究所、大連分所は工業化学研究所となり、共に中国科学院東北分院の附属研究所となった。[164]

一九五三年春、東北地区の日本人は殆ど帰国できたにもかかわらず、大連在住の日本人には帰国が許されなかった。一一月には、大連・安東の残留日本人約千名が、南方の新任地へ送り込まれた。工業化学研究所の日本人一〇名は八カ所に分散され、一二月丸沢は元満洲化学工業㈱技術者四名と四川省の長寿化工廠へ送られた。[165] 丸沢など南方各地の日本人の帰国が許可されたのは五五年一月であり、同年二月二四日ようやく丸沢は帰国した。

一九五四年六月、工業化学研究所は石油研究所と改称された。[166] 石油研究所は液体燃料の研究を中心とし、高圧水素添加・合成燃料・潤滑油・軽油・中油・分析の六研究室から構成された。同年八月に中央政府は大行政区を撤廃し、これにより中国科学院東北分院も廃止され、東北の各研究所は中国科学院の直轄となった。同年一〇月には、石油研究所の固体燃料部門が石炭研究室として独立し中国科学院直轄組織となった。五四年当時、石油研究所は所員八〇〇名、図書館蔵書五万冊を擁していた。[167]

一九五七年一二月には甘粛省蘭州市に石油研究所蘭州分所（現在の中国科学院蘭州化学物理研究所）の設立が決められ、五九年六月には石油研究所石炭研究室を山西省太原市に移転し石炭研究所（現在の中国科学院石炭化学研究所）とすることが決定された。一九六一年一二月には石油研究所は中国科学院化学物理研究所と改称され、さらに七〇年五月に中国科学院大連化学物理研究所と改称され現在に至っている。[168]

㈡　石炭液化工場・鉄道潤滑油工場の帰趨

一九四五年八月二七日、ソ連軍は撫順に進駐し、一〇月中旬から一カ月に渡り撫順の各企業の主要機器・施設を撤去した。[169]ソ連軍は石炭液化工場にも立ち入り調査を繰り返し、工場・社宅の大部分を占拠した。だが、工場幹部の努力により、その設備の接収・撤去を免れることができた。[170]こうして石炭液化工場は、「終戦後各職場の主要機器施設は比較的良く保管されていたが、計器類は大部分消失し、高圧資材も不足していた」[171]と言われる状況にあった。

中華人民共和国建国直後、中央財政経済委員会は工業視察団を撫順に派遣した。団長は劉鼎、化工組組長は顧敬心であった。[172]視察団は旧石炭液化工場を調査して、工場修復は相当困難であるがぜひ修復しなければならないと判断した。その理由は、第一に本工場の高圧水素添加装置は中国で唯一のものであり非常に貴重であること、第二に頁岩油を加工して航空揮発油などの高級油を生産するには高圧水素添加が不可欠であること、第三に本工場の修復を通じた経験蓄積と人材養成は以後の石油精製技術発展の基本条件となる、ということにあった。一九五〇年一月二六日から二月七日、中央政府重工業部は第一次全国化学工業会議を北京で開催した。この会議では、旧石炭液化工場の水素添加装置の修復を東北人民政府工業部に指示すること、ならびに顧敬心ほか三名の専門家を撫順に派遣して詳細な調査に当らせることを決定した。そして顧敬心など専門家は撫順での調査結果に基づいて、工場修復計画を作成した。それは、頁岩重油を原料として水素添加法により航空機用揮発油・自動車用揮発油・灯油・軽油などを生産する、そのための修復経費三〇〇〇万元（新人民元）、修復に必要な期間は一年、南方から技術者四〇―五〇名を招聘することを骨子としていた(173)。

この旧石炭液化工場の復興に協力した日本人技術者が、森川清・北脇金治・高木智雄の三名であった。四九年当時、長春の東北大学自然科学研究院化学系主任教授の職にあった森川は、撫順砿務局からの要請により旧石炭液化工場再建の技術指導を担当することとなった。森川は当時撫順に留用されていた元撫順炭砿製油局長・北脇金治及び鉄道潤滑油工場の復興に従事していた旧中試同僚・高木智雄に協力を要請した(174)。

森川清・高木智雄によれば、この旧石炭液化工場復興方針は次の七点にまとめられている。「一．高圧水素添加技術の確立を目指し、易より難へと進む事。これがため始めは精製頁岩軽油を原料とする高圧気相水素添加分解法を採用する。二．撫順研究所及び工場内の小型パイロットプラントを復興し、高圧水添技術の研究を重点的に行う。三．山海関以南より大量の優秀な技術者・技術工を移入し、研究所及び工場の要員とする。四．活発な研究及び技術活動を通じて研究者、技術者を養成する。また多数の技術者・技術工をアンモニア合成工場に派遣して長期実習させる。五．重要技術問題は会議に掛けて徹底的に討論し、具体的措置まで考究決定する。六．不足機器資材は至急外国へ発注する。また他工場・研究所の遊休品を借用する。七．所要経費は十分支出する。邦貨換算約四億円、復興建設期間約一カ年(175)」。

このように旧石炭液化工場の復旧は、石油化学工業発展のための高圧水素添加技術の確立に最大の目的があったとされる。この点は、前述の中央財政経済委員会工業視察団の報告と共通している。なお、頁岩軽油は不飽和で酸素・窒素・イオウ化合物を多量に含み、そのままでは気相水添分解にかけられなかった。そのために森川は、この頁岩軽油をまず濃アルカリで煮沸して、さらに硫酸洗・アルカリ洗を行い精製頁岩軽油として、これを高圧気相水素添加分解するという方法を提案していた。これが工場復興方針として採用されたのである。[176] 技術者・技術工の実習先のアンモニア合成工場とは、大連の旧満洲化学工業㈱工場であると考えられる。同工場は大連化学廠と名称を替え、建国後アンモニア合成装置の修復が進められていた。[177] そこに人員を派遣して、高圧高温装置の操作に習熟させようとしたのである。

一九五〇年三月、東北人民政府工業部は旧石炭液化工場の修復計画を批准し、資金を支給した。その資金には、一〇数万米ドルの外貨も含まれていた。同年五月一二日には、「修復建設動員大会」が開催され、修復委員会の成立が宣言され、撫順砿務局は褚志遠を同委員会主任に任命し、顧敬心を第一副主任兼技師長に任命した。[178] こうして旧石炭液化工場の修復は開始された。しかし、朝鮮戦争が勃発し中国がこれに参戦すると、東北人民政府工業部は同工場の黒龍江省への移転を決定した。だが顧敬心や技術者達は、工場設備は移転不可能であり修復工事も中断すべきでないとして、一致して反対した。まもなくして工業部も移転方針を撤回した。そして、航空揮発油を生産し「抗米援朝」を支援するためとして、建設工事は強力に推進されることとなった。[179]

一九五一年七月には、旧石炭液化プラント一組が精製頁岩軽油の高圧気相水素添加分解装置（反応筒四基）として修復された。その年間加工能力は一六・五万トンであった。同時に、圧縮・蒸溜・触媒などの工場も相次いで修復された。こうして七月三一日には、頁岩一号軽油を気相水素化分解した揮発油・灯油などが生産された。五一年のその生産量は、航空機用揮発油五三八トン・自動車用揮発油一六四トン・灯油一六五三トンであった。[180]

森川・高木はPBレポートによりドイツで反応筒の温度制御のために多段冷却水素送入方式を採用していたことを

知った。これは触媒層を数段に区切り冷却水素を各段に送入する方法であり、既述のように日本の海軍燃料廠でも採用され、撫順でも導入が検討されていたものであった。頁岩軽油を原料とする高圧気相水素化分解にもこの方式が適用され、成功を収めた。(181)

その後、もう一組のプラントは、粗頁岩軽油を予備水添して水添分解用原料軽油を作る予飽和プラントとして復興することとなった。前述の粗軽油を二段階洗浄して精製軽油とする方法はあくまでも暫定的なものであり、高圧気相水添分解プラントが完成したからには、そこに原料を大量に供給する予飽和プラントの建設が不可欠だったのである。森川・高木は、ドイツのデータと小型パイロットプラントでの試験により、予飽和触媒と工程の基本設計を案出し、それを中国側に提案した。これが工場首脳部により採用され、第二プラントが改装され、試運転が行われた。(182)

森川・高木・北脇の三名は、工場復興や工業化試験に従事するだけではなく、技術者育成のための教育活動も行った。森川の回想では、瀋陽の工科大学四年生の液体燃料コース学生約一五名が撫順の研究所に移り、森川ら三名の講義を受講したとされる。そしてこの学生達の大半は卒業後、撫順の東製油工場に配属されたと言われている。(183)

一九五二年春には、全高圧水添技術の確立を目指して、旧中試の石炭液化パイロットプラントを利用しての頁岩原油の液相水添の研究が開始された。予飽和プラントが生産運転に入り時間ができた森川・高木両名は、大連への出張を命じられた。旧中試のパイロットプラントは長年放置され甚だしく破損しており、森川・高木の協力により整備改修がなされた。旧中試側の研究責任者には小田憲三がなり、森川・高木と連絡を取りながら研究が進められ、五三年初頭までにその研究を終えることができた。(184)

ここでその後の旧石炭液化工場の動向を一瞥しておこう。一九五二年八月には、東北人民政府に東北石油工業管理局が設立され、撫順の各製油工場は撫順砿務局の管理を離れて東北石油工業管理局の管轄下に入った。そして頁岩油生産の製油工場は石油一廠（元西製油工場）・石油二廠（元東製油工場）と改称され、旧石炭液化工場は石油三廠となった。五三年一一月には東北石油工業管理局が廃止され、この三工場は中央政府燃料工業部石油管理総局の管轄下に入った。さらに五五年七月には中央政府に石油工業部が設立され、三工場はその管轄下に編入された[185]。この間、石油三廠では、五三年三月に二組目の水素添加装置（反応筒四基、前述の予飽和水添プラント、年加工能力一四万トン）も修復が完了し、五五年には三組目の水素添加装置（反応筒三基、年加工能力九・五万トン）も新しく建設された。そして六二年初めからは、大慶油田の軽油を原料に自動車用揮発油及び灯油を生産するようになった[186]。

満鉄化学工場の鉄道潤滑油工場には、終戦後八月二一日にソ連軍が進駐し、過熱汽筒油の生産が命じられ、まもなくして運転が再開された。そして一九四六年三月には、国民政府軍に接収された。しかし、同年四月、塩素化工場装置の修理中に溶接の火花で工場が全焼し、操業不可能となった[187]。四九年に鉄道潤滑油工場は、東北人民政府工業部化工局管轄下の瀋陽化工廠の一部となった。同年には、高木智雄を総指揮として橋本国重（元中試燃料課）、石黒正知などがこの工場の復興にあたった[188]。この後、既述のように高木智雄は森川清と共に旧石炭液化工場の修復にも従事することになるのである。

一九五三年五月に留用を解かれ帰国した森川清は、帰国直後の講演の中で、中国東北地域における旧石炭液化工場をはじめとした石油工業の急速な復興の要因を次のように述べている。まず留用された日本人幹部技術者の存在である。この日本人技術者が復興計画の作成から正常運転化まで一貫して指導し、その功績は非常に大きなものであった。しかし、一人、二人の日本人技術者だけで大工場の再建はできるものではなく、多数の中国人技術者・工員が地元及び関内（山海関以南）から集められたことも重要であった。満洲国時代中国人労働者の多くは単純肉体労働者であり、技術経験に富んだ工員は少なかった。また海外留学から帰国した科学者・技術者の多くも帰国後は大学教員や官吏になる場合が多く、工場での現場経験を積んだ人材は少なかった。それでも撫順地区には、中国としては優秀な人材が集められた。しかもこれら技術者・熟練工は待遇面で非常に優遇された。さらに、重要大企業はすべて国営であり、各地工場の遊休機器資材を相互に融通することが可能であった。撫順の高圧水素添加工場は、計器類は大連の旧満洲化学工業㈱および旧中試より借用し、特殊鋼材の不足は四平街の元陸軍燃料廠工場より移譲された[189]。

撫順地区に集められた技術者・工員の技術経験の不足は否めない事実であった。森川清によれば、旧石炭液化工場では技術水準の急速な向上のために次のような方法が取られた。まず、緻密な復興建設計画の作成である。多大な日数と労力をかけてボルト一本までの詳細な計画が作成され、これは半ば技術者及び工員・事務職員の学習を兼ねていた。次に、失敗事故の徹底的検討であり、技師長以下工員に至るまで全関係者が出席し、結論が出るまで何回も会議が開かれた。ここで技術的原因、管理上の欠陥、思想上の欠陥（運転管理上の注意心及び機器愛護心の不足、国民に服務する精神の不足など）までが指摘された。さらに、工場では「創造新記録運動」が展開され、技術者・工員に工場の運転管理技術に関する創意工夫を募集した。以上のように、計画も失敗もすべて学習の機会とし、積極的に仕事をし、創意工夫を凝らすように奨励したのである[190]。

このように旧石炭液化工場には大勢の中国人技術者が集められ、彼らは技術と政治の学習を同時に始めた。森川清によれば、そこでは技術が政治に盲従するという偏向が生じたとされる。森川は中国人技術者について、「政府の政策要求とあれば技術的に正しくなくても呑み込んでしまう。あとで四苦八苦している。もちろんこれは政権を背後に感じまた思想的批判を恐れるためである。今でもこの弊は残っているようだ。また技術幹部には民主に偏し大衆の意見に頼り過ぎて指導性の足りない憾みがある。いずれも科学技術水準が高くないことの表われであろう[191]」と述べている。すなわち、中国人技術者にかけられた強い政治的圧力の存在、技術者の主体性の弱さと大衆迎合性が看取されているのである。あくまでもこれは一工場内での森川の個人的観察ではあるが、後の反右派運動での知識人弾圧や科学的合理性を無視した大躍進運動に技術者が追従することを予期した、優れた観察であると言える。すでに「三年恢復時期」の政府権力と技術者との関係に、その後の政治的・経済的混乱の萌芽は胚胎していたのである。

おわりに

一九一〇年に満鉄の附属研究機関となった中央試験所は、その後満鉄の経営戦略の変化に沿って組織規模と内容を大きく変化させながら、多様な研究課題に取り組んだ。その三五年に及ぶ歴史の中で中試が一貫して追求したことは、満洲資源の有効利用を研究目標とし基礎研究から半工業化試験を経て工業化まで実施するということであった。そのために研究対象は、大豆・高粱などの農産物から石炭・オイルシェール・マグネサイト・礬土頁岩などの地下資源にまで及んだ。

こうした中試の在り方は、一九一〇年代に確立された。この時期中試では鈴木庸生などの優れた研究者の存在もあり、様々な研究とその企業化がなされた。しかしこの時期の研究は、大豆油ベンジン抽出法や窯業などの軽工業分野が中心であった。一九二〇年代は予算の削減と組織の縮小により、基礎研究に傾斜した時代であった。応用研究は停滞し、オイルシェール事業を除けば企業化の成果も上らなかった。一九二〇年代の後半には、世良正一を所長に迎え組織の活性化が図られた。しかし、この段階でも研究の重点は大豆を中心とした農産物の利用研究に置かれた。

中試の研究内容が大きく変貌したのは、満洲事変以後であった。満洲の重化学工業開発が唱えられ、それに伴い中試は拡充され研究の重点も重化学工業分野に置かれるようになった。そして硫安・曹達工業、石炭液化事業、軽金属工業などの企業化を、技術面で支えた。それに伴い満鉄内での中試の地位は、飛躍的に向上した。丸沢常哉は最初の所長就任時は理事待遇で満鉄に迎えられたが、後に化学工業委員会委員長に就任する際は副総裁待遇であった。また丸沢の所長就任時には、中試自体も総裁直属機関となった。こうした満鉄の石炭液化・軽金属工業などの重化学工業分野への進出を強力に進めたのは、松岡洋右総裁であった。中試所長への丸沢の選任と機構拡充も、松岡総裁のイニシアチブで進められたものである。

満鉄中試の石炭液化研究は海軍燃料廠の液化技術より優位に立ち、海軍法にペースト・触媒・撹拌法で修正を加えることができた。そして撫順の液化工場は本格操業までには至らなかったが、ともかく第二次気相水素添加まで実施し少量ではあるが揮発油も生産されたのである。そうした中試の研究を支えた基盤は、ドイツから購入したパイロットプラントであった。IG法特許権購入は海軍の反対やIHECの干渉があり実現しなかったが、このパイロットプラントの存在が石炭液化技術の独自開発を可能とさせたのである。

中華人民共和国においては、撫順石炭液化工場及び鉄道潤滑油工場も残留した中試技術者の指導により再建された。しかし石炭液化工場は石炭液化という形では継承されず、頁岩油の精製設備として修復・継承された。それは将来の石油化学技術の発展を展望した、水素添加技術の習得を兼ねた修復工事であった。森川清によれば、その修復工事には海外留学も経験した優秀な技術者が集められたとされる[192]。本稿では、それら中国人技術者の全体像はつかめなかったが、副工場長兼技師長を務めた顧敬心の経歴は明らかにできた。こうした撫順での技術蓄積と人材養成が、戦後中国の石油化学の発展に大きく貢献したと考えられる。また撫順の三つの石油化学工場は、六〇年代には大慶原油の精製工場として発展を遂げていく。

満洲国時期、中試には中国人研究者は皆無であった。その意味から言えば、満鉄中試と戦後の科学研究所（現在の中国科学院大連化学物理研究所）とは全く別の組織であった。後者は、北京・上海方面の研究者・技術者、留学帰国研究者などを招聘して新たに組織されたものである。ここでも張大煜などの海外留学経験者が活躍することになる。ただ丸沢所長の尽力もあり、中試の建物・図書・実験設備及び実験データが殆んど無傷のまま中国側に引き継がれたことは、特筆されるべきである。それだけではなく少数ではあるが日本人技術者が建国以後も残留し、中国人技術者を指導して研究を進めたことは、中試技術の継承と言える。こうして大連化学物理研究所は、中試の研究テーマを継承して、石油化学研究の拠点となるのである。

注

（1）阿部良之助『招かれざる国賓』（ダイヤモンド社中小工業指導部、一九四九年）、同『中共に科学ありや』（ダイヤモンド社、一九五〇年）、丸沢常哉『新中国生活十年の思い出』（非売品、一九六一年）、同『新中国建設と満鉄中央試験所』（二月社、一九七九年）、佐藤正典『一科学者の回想』（非売品、一九七一年）、廣田鋼藏『満鉄の終焉とその後――ある中央試験所員の報告――』（青玄社、一九九〇年）、森川清「中央試験所と満洲の資源開発」（井村哲郎編『満鉄調査部――関係者の証言――』アジア経済研究所、一九九六年、もとは『アジア経済』第二九巻第二号、一九八八年二月に掲載）などがある。またかつての中試所員により「満鉄中試会」が組織され、一九七五年より二〇〇一年まで『満鉄中試会々報』が毎年発行されていた。

（2）「満州化学工業の発達と中央試験所」（満史会編『満州開発四十年史』下巻、工業編、満州開発四十年史刊行会、一九六四年）、田中泰夫「工業化学会満洲支部と『満洲』における化学工業」Ⅰ・Ⅱ（化学史学会編『化学史研究』第一九巻第四号、一九九二年、第二〇巻第一号、一九九三年）、同「解題」（『南満洲鉄道株式会社中央試験所要覧（昭和十六年版）』龍溪書舍、満鉄史料叢書⑭、一九九二年、所収）、技術安保研究会『技術による経済安全保障に関する調査研究報告書――満鉄中央試験所の活動――』（社団法人日本機械工業連合会、一九八六年）。

（3）杉田望『満鉄中央試験所』（講談社、一九九〇年）が、中試所長を勤めた佐藤正典を中心に据えて中試の設立から中国側への移管、さらには帰国技術者の戦後までを追っている。原勢二『炎は消えず』（兼光社、一九七四年）は、日下式海綿鉄製造法を開発し、撫順に製鉄工場を建設した中試研究員日下和治の半生を描いた作品である。また原には、『芒なり満鉄――追憶の満鉄撫順炭鉱長久保孚』（新人物往来社、二〇〇〇年）もある。

（4）飯島孝『日本の化学技術――企業史にみるその構造――』（株式会社工業調査会、一九八一年）では、満鉄の石炭液化事業について比較的詳細に紹介されている。鞍山鉄鋼業発展への中試の貢献については、奈倉文二『日本鉄鋼業史の研究』（近藤出版社、一九八四年）が言及している。石炭液化事業をめぐる海軍と満鉄中試との技術的対立については、三輪宗弘

「対英米蘭開戦と人造石油製造計画の挫折――『臥薪嘗胆』論の背景――」（日本歴史学会編『日本歴史』第四六五号、一九八七年二月、後に三輪宗弘『太平洋戦争と石油――戦略物資の軍事と経済』日本経済評論社、二〇〇四年、所収）、同「海軍燃料廠の石炭液化研究――戦前日本の技術開発――」（化学史学会編『化学史研究』第四一号、一九八七年）がある。また野田富男「海軍燃料廠における技術開発――石炭液化の研究開発と石油精製技術――」（『九州情報大学研究論集』第二巻第一号、二〇〇〇年三月）、同「戦時体制下における日本石油産業――石油精製業と海軍燃料廠――」（同右誌、第三巻第一号、二〇〇一年三月）では、海軍燃料廠との関係から満鉄のオイルシェール事業と石炭液化事業が検討され、満鉄中試についても簡単に言及されている。中国側の研究として、日本の植民地科学研究機構を検討した梁波『技術与帝国主義研究――日本在中国的殖民科研機構』（済南、山東教育出版社、二〇〇六年）が出版され、中試の概要も紹介されている。またその姉妹編として韓健平・曹幸穂・呉利薇編著『日偽時期的殖民地科研機構：歴史与文献』（済南、山東教育出版社、二〇〇六年）も出版されている。

（5）　最近の満洲経済史研究の大きな成果として、鈴木邦夫編著『満州企業史研究』（日本経済評論社、二〇〇七年）が出版され、本稿とも関連する食料品工業・鉱業・金属工業・窯業・化学工業などの諸企業の実態が詳細に解明されている。また同書執筆者の一人でもある須永徳武には、「満洲の窯業」（『立教経済学研究』第五九巻第三号、二〇〇六年一月）、「満洲の化学工業」（上）（下）（『立教経済学研究』第五九巻第四号、二〇〇六年三月、第六〇巻第四号、二〇〇七年三月）がある。

（6）　松本俊郎『「満洲国」から新中国へ――鞍山鉄鋼業からみた中国東北の再編過程一九四〇―一九五四』（名古屋大学出版会、二〇〇〇年）。

（7）　こうした視角から、すでに筆者は満鉄の撫順におけるオイルシェール事業の内容と戦後中国への継承について検討している。飯塚靖「満鉄撫順オイルシェール事業の企業化とその展開」（『アジア経済』第四四巻第八号、二〇〇三年八月）。また田島俊雄は、満洲国時期の化学工業が戦後中国化学工業の発展の基礎となった事実を指摘している。田島俊雄「中国化学工業の源流――永利化工・天原電化・満洲化学・満洲電化――」（『中国研究月報』第五七巻第一〇号、二〇〇三年一〇月）、田島俊雄編著『二〇世紀の中国化学工業――永利化学・天原電化とその時代』（東京大学社会科学研究所、二〇〇五年）第一章・第七章の田島論文。さらに、峰毅「『満洲』化学工業の開発と新中国への継承」（『アジア研究』第五二巻第一号、二〇〇六年一月）は、満洲化学工業が戦後中国に継承された事実を指摘している。

（8）南満洲鉄道株式会社『南満洲鉄道株式会社十年史』（大連、一九一九年）、八九八頁。
（9）同右書。
（10）北岡伸一『後藤新平』（中央公論社、一九八八年）、九四―一〇三頁。
（11）根本曽代子『慶松勝左衛門傳』（廣川書店、一九七四年）参照。
（12）森川「中央試験所と満洲の資源開発」、二九一頁。
（13）南満洲鉄道株式会社『南満洲鉄道株式会社十年史』、八九八頁。
（14）根本『慶松勝左衛門傳』五七頁。なお中尾万三については、中野卓・鈴木郁生『中尾万三伝――中国古陶磁と本草学の先駆者――』（刀水書房、一九九九年）がある。
（15）南満洲鉄道株式会社『南満洲鉄道株式会社十年史』、八九八頁。
（16）竹内清和『耐火煉瓦の歴史――セラミックス史の一断面――』（内田老鶴圃、一九九〇年）、四七、四八頁。
（17）南満洲鉄道株式会社『南満洲鉄道株式会社第三次十年史』（下）（大連、一九三八年）二四五六頁、南満洲鉄道株式会社『職員録（明治四四年四月一日現在）』、八三、八四頁。
（18）南満洲鉄道株式会社『南満洲鉄道株式会社十年史』八九八、八九九頁、『職員録（大正三年九月一日現在）』、八九―九一頁、『社員録（大正八年八月一日現在）』、四五三―四五九頁。
（19）廣田『満鉄の終焉とその後』、一三六、一三八頁。なお、『鈴韻集』（http://www5d.biglobe.ne.jp/~j-sakura/sy omoide jyo-bun.html、二〇〇七年五月二〇日アクセス）は鈴木庸生の追悼集であり、その経歴・業績などが詳しい。また同書には、佐藤正典「鈴木博士と満洲の化学工業（昭和一八年一二月）」も掲載されている。同書「年譜」によれば、鈴木庸生は、一八七八年金沢市生まれ。一九〇〇年金沢第四高等学校卒、一九〇三年東京帝国大学理科大学化学科卒、成績優秀につき銀時計の下賜。一九〇四―〇七年東京帝国大学理科大学講師、〇七年六月―〇九年五月台湾総督府嘱託としてドイツ出張。〇九年帰国後満鉄入社、同年一〇月ドイツ留学。一〇年一一月帰国、満鉄瓦斯作業所長心得、一一年満鉄中央試験所応用化学科長、二〇年鞍山製鉄所製造課課長。二二年満鉄退社。二三年㈶理化学研究所研究員、三一年理学博士、四一年脳溢血にて逝去。なお、佐藤「鈴木博士と満洲の化学工業（昭和一八年一二月）」では、鈴木は一二年に第二部長（有機化学部門）として中試に入所したとしており、この記述の方が正確であろう。また、南満洲瓦斯株式会社「大連市瓦斯事業」（『鈴韻集』所収）

によれば、鈴木は一〇年より一八年一月まで満鉄瓦斯作業所長を兼務していた。

(20)「満州化学工業の発達と中央試験所」、五八二頁、南満洲鉄道株式会社調査課『満鉄会社経営自然科学研究所のなせる業績概観』(満鉄国際叢書第二編、一九三二年)、七頁。

(21)「満州化学工業の発達と中央試験所」、五八二頁。

(22) 南満洲鉄道株式会社『南満洲鉄道株式会社十年史』、九〇〇頁、佐藤「鈴木博士と満洲の化学工業(昭和一八年一二月)」、「満州化学工業の発達と中央試験所」、五八二、五八三頁。

(23) 南満洲鉄道株式会社『南満洲鉄道株式会社十年史』、八九九頁、佐藤「鈴木博士と満洲の化学工業(昭和一八年一二月)」。

(24)『豊年製油株式会社二十年史』(同社発行、一九四四年)、緒言二、三頁。

(25) 佐藤「鈴木博士と満洲の化学工業(昭和一八年一二月)」、坂本善三郎「関東州に於ける化学工業」(二)(『大東亜経済』第七巻第三号、一九四三年三月)、三二、三三頁、興業部商工課「大連油脂工業株式会社整理に関する件(大正一三年五月二二日)」(伊藤武雄ほか編『現代史資料』(32)、みすず書房、一九六六年)、四九—六六頁。

(26) 佐藤「鈴木博士と満洲の化学工業(昭和一八年一二月)」、「満州化学工業の発達と中央試験所」、六〇九、六一〇頁。この南満鉱業㈱の創業経過とその後の経営動向については、鈴木編著『満州企業史研究』第Ⅱ部第八章「鉱業」(柴田善雅執筆)が詳しい。

(27) 田中「工業化学会満洲支部と『満洲』における化学工業」Ⅱ、二五頁、財団法人満鉄会監修『南満洲鉄道株式会社課級以上組織機構変遷並に人事異動一覧表』(満鉄史料叢書⑫、龍溪書舎、一九九二年、以下『人事異動一覧表』と略記)四八頁。

(28) 根本『慶松勝左衛門傳』、七三頁、佐藤『一科学者の回想』、四八頁。

(29) 廣田『満鉄の終焉とその後』、一三六頁。

(30) 平野耕輔「満鉄の窯業試験と満洲の窯業」(満洲技術協会編『満洲技術協会誌』第三巻第一三号、一九二六年五月)、一八五、一八六頁。

(31) 同右稿、一八七—一九〇頁、南満洲鉄道株式会社『南満洲鉄道株式会社十年史』、九〇一、九〇二頁、南満洲鉄道株式会社庶務部調査課『南満洲鉄道株式会社第二次十年史』(一九二八年)、九三七頁。

(32) 平野「満鉄の窯業試験と満洲の窯業」一八六—一九〇頁、南満洲鉄道株式会社庶務部調査課『南満洲鉄道株式会社第二次十年史』、九三四―九三八頁。
(33)　平野耕輔『布袋荘小誌』(一九四〇年)、八四、八五、八八頁。
(34)　木村一男「耐火材料工業」(工業化学会満洲支部『満洲の資源と化学工業(増訂版)』丸善株式会社、一九三七年)、三〇三、三〇四頁。
(35)　「満州化学工業の発達と中央試験所」、五九七、五九八頁、廣田『満鉄の終焉とその後』、一三六、一四〇頁、「鉛市太郎さん」(日本化学会編『化学と工業』第四巻第七号、一九五一年七月)、二二頁。
(36)　佐藤『一科学者の回想』、四五、一〇七頁、田中「解題」四頁。
(37)　佐藤『一科学者の回想』、五八、五九頁。
(38)　南満州鉄道株式会社庶務部調査課『南満洲鉄道株式会社第二次十年史』、八七三頁。
(39)　『社員録(大正九年八月一日現在)』、五〇五―五〇七頁。
(40)　南満洲鉄道株式会社『南満洲鉄道株式会社第三次十年史』(下)、二四五五頁、佐藤『一科学者の回想』、一〇八頁。
(41)　山崎元幹・田村羊三『思い出の満鉄』(満鉄会叢書①、龍溪書舎、一九八六年)、一九四―一九七頁。
(42)　佐藤『一科学者の回想』、一一一―一一八頁。
(43)　山本条太郎『経済国策の提唱』(日本評論社、一九三〇年)、二三六―二五一頁。
(44)　佐藤『一科学者の回想』、一三二頁。
(45)　満鉄鉄研会編『満鉄鉄道技術研究所史』(非売品、一九九〇年)、二四―二六頁。斯波忠三郎(一八七二―一九三四)の経歴については、『日本人名大事典』(平凡社、一九七九年)参照。
(46)　満鉄鉄研会『満鉄鉄道技術研究所史』、二六頁。
(47)　同右書、三一頁。
(48)　佐藤『一科学者の回想』、一三四頁。
(49)　満鉄総務部資料課編『満鉄調査機関要覧(昭和一〇年度)』(一九三六年)、三一―三四頁。
(50)　同右書、三一頁。この計画部も依然として最高顧問斯波忠三郎の指導下にあった(佐藤『一科学者の回想』一四五頁)。ただ斯波は計画部設立当時満洲化学工業㈱創業の中心となっていたので、計画部長には就任しなかったものと思われる。

(51) 満鉄総務部資料課『満鉄調査機関要覧(昭和一〇年度)』、三一頁。
(52) 南満洲鉄道株式会社『南満洲鉄道株式会社第三次十年史』(下)、二四〇九頁。なお、経調については、井村哲郎「拡充前後の満鉄調査組織」(I)(『アジア経済』第四二巻第八号、二〇〇一年八月)、三頁、及び小林英夫「満鉄経済調査会小史」(遼寧省档案館・小林英夫編『満鉄経済調査会史料』第一巻、柏書房、一九九八年)、参照。
(53) 脇英夫・大西昭生・兼重宗和・冨吉繁貴『徳山海軍燃料廠史』(徳山大学総合経済研究所、一九八九年)、一六一、一六二頁。なお満鉄から海軍への研究費は、三一年春に三三万円が追加された(三輪「海軍燃料廠の石炭液化研究」、一六五頁)。
(54) 満鉄鉄研会『満鉄鉄道技術研究所史』三二頁。阿部良之助は一八九八年生まれ、一九二三年京都帝国大学卒業、その後母校で研究生活を続け、二八年満鉄入社、技術研究所にて石炭液化の研究を開始する。三三年液体燃料の研究で工学博士号取得(阿部『中共に科学ありや』参照)。
(55) 寺澤正道「中央試験所燃料科を回顧する」(『満鉄中試会々報』第二三号、一九九七年)、四六頁。
(56) 「満州化学工業の発達と中央試験所」、六一八頁。
(57) 同右稿、六〇一、六〇二頁、満鉄会『人事異動一覧表』、八五、九一頁、田中「解題」、七頁。なお内野は、東大応用化学科卒であった(清水健児「大連時代の思い出・その一・中試アルミナ試験工場」『満鉄中試会々報』第四号、一九七八年、二八頁)。
(58) 「満州化学工業の発達と中央試験所」、六〇二―六〇五頁、廣田『満鉄の終焉とその後』、一五八、一五九頁。
(59) 『満洲国現勢(康徳五年版)』(満洲国通信社、一九三八年)、四六九、四七〇頁。
(60) 満鉄会『人事異動一覧表』、二七三頁。
(61) 佐藤『一科学者の回想』、一四九頁。
(62) 南満洲鉄道株式会社『南満洲鉄道株式会社第三次十年史』(下)、二四〇九―二四一四頁。
(63) 「満洲化学工業の発達と中央試験所」、六一九、六二〇頁。
(64) 丸沢『新中国生活十年の思いで』、一八九頁、佐藤『一科学者の回想』、一五〇頁。
(65) 佐藤『一科学者の回想』、一五六―一五九頁。
(66) 満鉄会『人事異動一覧表』、一一〇頁、満鉄鉄研会『満鉄鉄道技術研究所史』、三六頁。

(67) 『南満洲鉄道株式会社中央試験所要覧（昭和一六年版）』、四頁。
(68) 満鉄会『人事異動一覧表』、一五九頁。
(69) 佐藤『一科学者の回想』、一六七、一六八頁。
(70) 満鉄会『人事異動一覧表』、一九五頁。
(71) 佐藤『一科学者の回想』、一七二、一七三頁、『南満洲鉄道株式会社中央試験所要覧（昭和一六年版）』、四頁。
(72) 『南満洲鉄道株式会社中央試験所要覧（昭和一六年版）』、五―七頁。
(73) 技術安保研究会『技術による経済安全保障に関する調査研究報告書――満鉄中央試験所の活動――』、七〇頁。
(74) 佐藤正典「中央試験所の業績を顧みて」（『満洲の技術』第一七巻第一三一号、一九四〇年二月）、四四頁。
(75) 井村「拡充前後の満鉄調査組織」（Ⅰ）、七頁。
(76) 廣田『満鉄の終焉とその後』、二二九頁、佐藤『一科学者の回想』、二二二頁。
(77) 「満州化学工業の発達と中央試験所」、六〇五―六〇八頁、田中「工業化学会満洲支部と『満洲』における化学工業」Ⅱ、二二七、二二八、三二一頁。
(78) 佐藤武一「満洲マグネシウム株式会社について」（『満マグ会誌』第二八号、一九九六年）、四一―四四、「満州化学工業の発達と中央試験所」、五九九頁。
(79) 佐藤『一科学者の回想』、一八六―一九八頁、廣田『満鉄の終焉とその後』、一六八、一六九頁。マグネシウム工場建設事務所の解散は一九四四年八月（伊藤四郎『満鉄中試会々報』第二二号、一九九六年、五六頁）、佐藤正典の辞表提出は四四年秋（佐藤正典「研究生活余禄」『満鉄中試会々報』第一号、一九七五年、四頁）とされている。
(80) 詳しくは、廣田『満鉄の終焉とその後』、三八―四二頁、前川義郎「特攻兵器用ロ号薬に参画」（『満鉄中試会々報』第九号、一九八三年一二月）、四八、四九頁。
(81) 丸沢『新中国建設と満鉄中央試験所』、一一、一八六頁。
(82) 田中「工業化学会満洲支部と『満洲』における化学工業」Ⅰ、二八七頁。
(83) 佐藤『一科学者の回想』、二〇六―二〇八頁。
(84) 満鉄会編『南満洲鉄道株式会社第四次十年史』（龍溪書舎、一九八六年）、五〇二頁、佐藤『一科学者の回想』、二二二頁。

ただ、田中泰夫は敗戦時の所員総数を約八〇〇名としている（田中「解題」、八頁）。
(85) 森川「中央試験所と満洲の資源開発」、三〇一頁。
(86) 阿部良之助『石炭液化』（ダイヤモンド社、一九三八年）、九二―一二三頁、景気研究所編『新興産業の基礎知識㈦人造石油』（春秋社、一九三八年）、七六―一〇六頁。
(87) 詳しくは、工藤章『イー・ゲー・ファルベンの対日戦略――戦間期日独企業関係史』（東京大学出版会、一九九二年）、二四一―二四五頁参照。
(88) 脇ほか『徳山海軍燃料廠史』、一五八、一六三―一六五頁。
(89) 同右書、一六五―一六七頁、及び横田俊雄「石炭液化の技術開発と民間指導」（燃料懇話会編『日本海軍燃料史』上、原書房、一九七二年）、二九六、二九七頁。
(90) 三輪「海軍燃料廠の石炭液化研究」、一六七―一七〇頁。
(91) 森川清「満洲の石炭液化技術」（『石油学会誌』第一八巻第五号、一九七五年五月）、三二頁、飯島『日本の化学技術――企業史にみるその構造――』、一一七、一一八頁。
(92) 渡辺徳二編『現代日本産業発達史13化学工業』（上）（交詢社出版局、一九六八年）、五三四頁では、この点を「他の研究所では、連続試験装置の組立てと正常運転のために、研究者の精力の大部分を消耗してしまった。満鉄は完成された試験装置を購入することで、早くから工業化に要する具体的な問題の解決に研究を集中することができた」と高く評価している。
(93) 「満州化学工業の発達と中央試験所」、六一八、六一九頁。
(94) 同右稿、六一九頁、阿部良之助「石炭液化の思い出」（『満鉄中試会々報』第二七号、二〇〇一年）、三八頁。
(95) 高木智雄・広瀬鮮一ほか「南満洲鉄道㈱における石炭液化技術」（科学技術庁資源調査所『我が国における石炭直接液化に関する工業化技術――戦時中の開発技術を中心に――』一九七八年）、八五頁。
(96) 水谷光太郎『満洲に於ける液体燃料事業の回顧と展望』（一九三八年）、五三頁、南満洲鉄道株式会社『統計年報』昭和十一年度（下）（一九三九年）、七四〇頁。なお、水谷光太郎は元海軍燃料廠長（中将）であり、石炭液化事業での海軍と満鉄との連絡役として二八年満鉄顧問に就任したものである。
(97) 工藤『イー・ゲー・ファルベンの対日戦略――戦間期日独企業関係史』、二四九―二五一頁。

(98) 三輪「海軍燃料廠の石炭液化研究」、一六五頁。
(99) 「燃料液化事業化／愈一千三百万円の試験工場を設置」(『満洲日日新聞』一九三五年一一月三日、神戸大学附属図書館デジタルアーカイブ「新聞記事文庫」)。
(100) 三輪「海軍燃料廠の石炭液化研究」、一七〇、一七一頁。
(101) 脇ほか『徳山海軍燃料廠史』、一七三頁、鈴木俊郎「朝鮮人造石油㈱阿吾地工場」(燃料懇話会『日本海軍燃料史』上)、三〇五頁。
(102) 南満洲鉄道株式会社『統計年報』昭和十一年度(下)、七四〇頁。本工場では一日石炭一〇〇トンの液化が計画された。それに対し、ドイツのIG社ロイナ工場では一基の反応筒で一日五〇〇トンの石炭を液化でき、全体で九セットの反応工場を有していた(阿部『石炭液化』、九七、一七九頁)。このように本計画の液化工場は極めて小規模であり、未だ試験工場の域を出るものではなかった。
(103) 満鉄会『人事異動一覧表』、九四頁。千石真雄は一九〇八年東京高等工業学校機械科卒、同年満鉄に入社し撫順炭砿に勤務、後に沙河口鉄道工場作業係主任、鉄道部技術局機械班主査などを歴任し、当時は計画部機械班主査審査役であった(『第三版満洲紳士録』満蒙資料協会、一九四〇年、一〇九〇頁、なお同書は『日本人物情報大系』皓星社、一九九九年、所収)。
(104) 寺澤「中央試験所燃料科を回顧する」、四七頁。
(105) 野田「海軍燃料廠における技術開発」、三三一—三三四頁。
(106) 満鉄会『人事異動一覧表』、一〇八頁。なお深山達蔵は、かつて昭和製鋼所副産物工場長、満洲化学工業㈱技師長を勤めた高圧化学の専門家であり、後には撫順炭砿工業局長に就任している(『満洲の技術』第一七巻第一三七号、一九四〇年九月、三五九頁)。
(107) 寺澤「中央試験所燃料科を回顧する」、四七頁。一九三七年には、アメリカプリンストン大学での二年間の留学を終えた森川清も帰国し、石炭液化工場の建設に参加した(森川「満洲の石炭液化技術」、三一頁)。なお、森川清(一九〇七—一九八四)は、二八年東京高等工業学校化学工業科卒業、同年満鉄中試への入所である(井村『満鉄調査部——関係者の証言——』、七六三頁)。

(108) 森川清・広瀬鮮一「満鉄における研究」(『石炭資源開発・液化技術《総合資料集》』株式会社サイエンスフォーラム、一九八一年)、二六〇頁。
(109)「撫順石炭液化工場の概要(一九三九年八月)」(解学詩主編『満鉄史資料・第四巻煤鉄編』第三分冊、北京、中華書局、一九八七年)、八八七頁。なお本資料集は日本語資料を中国語に翻訳し掲載しているが、本稿では資料標題を便宜的に日本語訳にして掲出した。
(110)「満州化学工業の発達と中央試験所」、六二〇頁、森川・広瀬「満鉄における研究」、二五八、二五九頁。
(111) 南満洲鉄道株式会社『第八十四回帝国議会説明資料』(龍渓書舎復刻版、一九八六年)、二七三頁、前掲「撫順石炭液化工場の概要(一九三九年八月)」、八八七頁。
(112) 白川正之助「石炭液化工場の思い出」(『満鉄中試会々報』第八号、一九八二年)、三二頁。
(113) 南満洲鉄道株式会社『第八十四回帝国議会説明資料』、二七三頁、前掲「撫順石炭液化工場の概要(一九三九年八月)」、八八八頁。
(114)「撫順石炭液化工場の概要(一九三九年八月)」、八八八頁、「満州化学工業の発達と中央試験所」、六二〇頁。
(115)「撫順石炭液化工場の概要(一九三九年八月)」、八八九頁。
(116)「満州化学工業の発達と中央試験所」、六二〇頁。一九四〇年一月、満鉄の深山達蔵・阿部良之助には、朝鮮阿吾地の朝鮮石炭工業株式会社技術者及び海軍燃料廠技師などと並んで、「石炭直接液化法の研究」を受賞理由に朝日文化賞が授与された。ただ、この時点で朝鮮及び満鉄の石炭液化工場は共に未完成であり、同賞贈与は国民の石油供給不安を打ち消すための政策的側面が強かったとされる(脇ほか『徳山海軍燃料廠史』、一七八頁)。
(117)「撫順石炭液化工場の概要(一九三九年八月)」、八八八、八八九頁。反応筒はクロム・モリブデン鋼、特殊鋼管はステンレス鋼が使われたとされている(四条栄一「石炭液化工場回想」満鉄東京撫順会編『撫順炭礦終戦の記』謙光社、一九七三、一六二頁)。
(118) 白川「石炭液化工場の思い出」、三三頁。
(119)「満州化学工業の発達と中央試験所」、六二〇、六二一頁。
(120)「撫順炭砿長久保孚より海軍省軍務局長井上成美への書簡(一九四〇年四月一〇日)」(解『満鉄史資料・第四巻煤鉄編』

第三分冊、八九〇頁)。
(121) 白川「石炭液化工場の思い出」、三三頁。
(122) 南満洲鉄道株式会社『第八十四回帝国議会説明資料』、二七五頁。
(123) 白川「石炭液化工場の思い出」、三三頁。
(124) 森川「満洲の石炭液化技術」、三二頁、「満州化学工業の発達と中央試験所」、六二一頁。その報告書が、阿部良之助他「直列型石炭直接液化法」(上)(中)(下)(『石油と石油化学』第二三巻第一一・一二号、第二四巻第一号、一九七九年一一・一二月、一九八〇年一月)として発表されている。
(125) 森川・広瀬「満鉄における研究」、二六九頁。
(126) 同右稿、二六七、二六九頁。
(127) 高木・広瀬ほか「南満洲鉄道㈱における石炭液化技術」、一二七、一二八頁。なお、PBレポートの名称は、技術調査報告書中の有益と判断された部分が米国商務省の出版委員会(Publication Board)より出版されたことによる(桑田勉「PBレポート」日本化学会編『化学と工業』第五巻第九号、一九五二年九月、一頁)。
(128) 森川・広瀬「満鉄における研究」、二六六頁。
(129) 同右稿。
(130) 石炭液化工場では事故が多発した。敗戦時までに重大事故だけでも十数回発生し、そのうち三回は重大爆発事故であったとされている(遼寧省地方志編纂委員会弁公室主編『遼寧省志・石化工業志』遼寧科学技術出版社、一九九六年、三〇頁)。
(131) 満鉄会『南満洲鉄道株式会社第四次十年史』、三九一頁。
(132) 『満洲国現勢』康徳八年版(満洲国通信社、一九四〇年)、四二五頁。
(133) 満鉄東京撫順会『撫順炭礦終戦の記』、五一頁。その設備は終戦までに約七〇%の建設を遂げていたが、ソ連軍により主要機器・資材を殆んど全部撤去された(経済部調査組化工班「満洲人造石油株式会社吉林工場復興ノ可否ニ就テ(一九四六年九月三日)」(「張公権文書」R七-二六)、三頁。
(134) 満鉄会『南満洲鉄道株式会社第四次十年史』、三九二頁。
(135) 申力生主編『中国石油工業発展史・第二巻・近代石油工業』(北京、石油工業出版社、一九八八年)、二一〇、二一一頁、

十川透編『陸軍燃料廠史　技術編・満洲編』（一九七九年）、一六―二一頁。なお同製造所の関係者の回想として、山岸重治『13歳の関東軍兵士』（長野市、川辺書林、一九九七年）がある。同氏は一九四四年に一二歳で同製造所に設置された陸軍燃料廠技能者養成所に入所しており、敗戦前後の同製造所の状況を知ることができる。

(136) 満鉄会『南満洲鉄道株式会社第四次十年史』、三九一頁。

(137) 経済部調査組化工班「満洲人造石油株式会社撫順工場（一九四六年二月二七日）」（「張公権文書」R七-二二）、一頁。なお同資料では、本工場は製品合計年産約七千キロリットルを目標として整備中であったが、完了しないまま終戦を迎えたとしている。

(138) 満鉄会『南満洲鉄道株式会社第四次十年史』、三九二頁。

(139) 経済部調査組化工班「満洲人造石油株式会社撫順工場（一九四六年二月二七日）」、二頁。

(140) 「満洲化学工業の発達と中央試験所」、六二二、六二三頁、岡田寛二「満鉄化学工場の使命と初期運転」（『満鉄中試会々報』第二六号、二〇〇〇年）、三八頁、田中「工業化学会満洲支部と『満洲』における化学工業」Ⅱ、三〇、三五頁。

(141) 「満洲化学工業の発達と中央試験所」、六二二、六二三頁。

(142) 岡田「満鉄化学工場の使命と初期運転」、三八頁、佐伯千太郎「化学三社コンビナート」（「回想の日満商事」刊行会編『回想の日満商事』非売品、一九七八年）、二八九頁、鈴木編著『満州企業史研究』、八四一頁。

(143) 遠藤外雄「化学工場（元鉄道潤滑油工場）への回想」（『満鉄中試会々報』第一四号、一九八八年）、二五頁、同「追想（中試の栄光の下に）」（『満鉄中試会々報』第二二号、一九九六年）、三五頁。

(144) 石黒正「満鉄化学工場塩酸職場の回想」（『満鉄中試会々報』第二二号、一九九六年）、二九頁。

(145) 岡田「満鉄化学工場の使命と初期運転」、三八、三九頁。「満鉄化学工場（奉天旧称汽筒油工場）」（「張公権文書」R七-一一、一九四六年三月）によれば、満鉄化学工場の汽筒油生産実績は一九四四年五〇六キロリットル、四五年一六六キロリットルとされており、結局は四五年に入ってからも生産は軌道に乗らなかったのであろう。

(146) 丸沢『新中国建設と満鉄中央試験所』、一五―二〇頁、廣田『満鉄の終焉とその後』、一一―一八頁。

(147) 丸沢『新中国建設と満鉄中央試験所』、二一―二三頁、廣田『満鉄の終焉とその後』、一四―一五頁。

(148) 丸沢『新中国建設と満鉄中央試験所』、三二、三三頁、廣田『満鉄の終焉とその後』、七四頁。

(149) 丸沢『新中国建設と満鉄中央試験所』、三八―四三頁、廣田『満鉄の終焉とその後』、七八頁。

(150) 廣田『満鉄の終焉とその後』、七九―八三頁。この阿部良之助の山東省での体験をまとめたものが、阿部『招かれざる国賓』である。なお、阿部は山東において建設大学校長・李亜農と出会い、彼の保護を得て四七年九月大連に戻った。李亜農（一九〇六―一九六二）は、四川省江津人、一六年に日本に留学し、二七年に京都大学で中国共産党に入党、二九年に日本で逮捕され三年間の投獄。三三年に帰国後、中法大学教授に就任、四一年に蘇北抗日根拠地に入り、翌年共産党に再入党。その後、新四軍政治部敵工部副部長、華中建設大学校長兼党委書記、華東研究院院長を歴任。四九年五月には上海市の科学機関接収の責任者として上海博物館・上海図書館を創設する。人民共和国設立後は、中国科学院哲学社会科学部委員、上海社会科学院歴史研究所所長として、甲骨文・金文及び中国古代史の研究に従事した（徐友春主編『民国人物大辞典』石家荘市、河北人民出版社、一九九一年、二七六頁）。

(151) 丸沢『新中国建設と満鉄中央試験所』、五二―五七、六八頁。

(152) 同右書、五七―六〇頁。

(153) 同右書、七六、一〇四、一〇五頁。

(154) 丸沢『新中国建設と満鉄中央試験所』、八一―九〇頁。阿部良之助の回想では、博古堂は曾達斎（共産党員、早稲田大学留学）なる人物の経営であったとされている。彼は藍衣社出身で、後に汪精衛政権に関係し、その後共産党への加入・離脱・加入を繰り返し、華中抗日根拠地では情報参謀であったとされる謎の人物である（阿部『招かれざる国賓』、二五八、二五九頁）。

(155) 李初梨については、水谷尚子『「反日」以前――中国対日工作者たちの回想』（文芸春秋社、二〇〇六年）参照。また詳細は不明であるが、李初梨は国共内戦時期には東北で活動していた。中共東北局は日本人問題に注目し、東北局の中に民族部を設置し李初梨を部長に任命したとされている（呉学文「編集後記」中国中日関係史学会編・武吉次朗訳『新中国に貢献した日本人たち』日本僑報社、二〇〇三年、四四七頁）。

(156) 石堂清倫『大連の日本人引揚の記録』（青木書店、一九九七年）、二二九頁。

(157) 丸沢『新中国建設と満鉄中央試験所』、八五―九二頁。

(158) 森川清・萩原定司「対談満鉄中央試験所と丸沢先生」（同右書所収）、一九四頁。

(159) 丸沢『新中国建設と満鉄中央試験所』、九三—九六頁。張大煜(一九〇六—一九八九)は、江蘇省江陰県に生まれ、一九二九年清華大学化学系卒(理学士)、その後ドイツに留学し、ドレスデン工科大学に入学し、博士号を取得。三三年帰国し、清華大学講師・教授を勤める。抗日戦争期には西南連合大学教授兼中央研究院化学研究所専任研究員。四七年上海交通大学教授。四九年上海の共産党地下党員の導きで東北解放区に入り、大連大学化工系教授・系主任及び同大学科学研究所副所長に就任する。五二年には工業化学研究所(大連大学科学研究所が改組)所長に就任し、その後身である石油研究所所長も勤めた。その後、蘭州の石油研究所蘭州分所所長、太原の石炭化学研究所所長も兼任した。五〇年代初期には人造石油研究、六〇年代には石油精製・石油化学工業、化学肥料工業などの研究で国家建設に大きな貢献を果たしたと評価されている(徐光栄『一代宗師——化学家張大煜伝』北京、科学出版社、二〇〇六年、徐『民国人物大辞典』九〇一頁、王鴻賓ほか主編『東北人物大辞典』第二巻上、瀋陽、遼寧古籍出版社、一九九六年、九〇四頁)。なお、郭和夫は後に、科研の後身である中国科学院大連化学物理研究所の副所長となっている(森川清「大連化学物理研究所・郭副所長を迎えて」『満鉄中試会々報』第七号、一九八一年、九頁)。

(160) 丸沢『新中国建設と満鉄中央試験所』、九六—九九頁。なお科研の一九五〇年当時の職員数は、研究員一四名、副研究員六名、准研究員六名、研究助理員三二名、助理員一五名であった(梁波『技術与帝国主義研究——日本在中国的殖民科研機構』、九四頁)。

(161) 丸沢『新中国建設と満鉄中央試験所』、一〇六頁、「大事記」(武衡主編『東北区科学技術発展史資料・解放戦争時期和建国初期』科研管理巻、中国学術出版社、一九八五年)四八九頁。董晨(一九二五年遼寧省鳳城県生まれ)は燕京大学化学系で学んだ技術系の共産党員であり、国共内戦時期の吉林省・石峴造紙廠の再建が高く評価されていた(李国経主編『中国科学院瀋陽分院志』人民日報出版社、一九九三年、六六三頁)。

(162) 「中国科学院原東北分院所属研究機構歴史概況」(武『東北区科学技術発展史資料・解放戦争時期和建国初期』科研管理巻)、一二頁。

(163) 同右稿、一三頁。

(164) 「大事記」、四九三頁。

(165) 丸沢『新中国建設と満鉄中央試験所』、一四二、一六二、一七七、一七八、二二二頁。

(166)「大事記」、四九六頁。

(167)「中国科学院原東北分院所属研究機構歴史概況」、一三、一七頁。

(168) 梁波『技術与帝国主義研究——日本在中国的殖民科研機構』、九四頁、『中国科学院瀋陽分院志』、五—七、二一—二四頁。

(169) 満鉄東京撫順会『撫順炭礦終戦の記』、六—一七頁、撫順市地方志弁公室編『撫順市志』第一巻（遼寧人民出版社、一九九三年）、四八頁。

(170) 満鉄会『南満洲鉄道株式会社第四次十年史』、三九二頁。元中試燃料課課員であり敗戦時石炭液化工場研究課長であった空閑忠雄は、次のようにソ連軍将校を説得したと回想している。それは、本工場は試験工場で能力も小さくソ連の燃料増産には役に立たない、また本工場はドイツの技術を学んだものであり、ソ連はすでにドイツの石炭液化工場の機械設備を大量に入手したはずである、と（空閑忠雄「終戦前後の思い出」『満鉄中試会々報』第二六号、二〇〇〇年、五三頁）。あるいはこうした空閑の説得が効を奏したのかも知れない。

(171) 森川清・高木智雄「高圧水素添加工場の復興建設概要」（化学機械協会編『化学工学』第一八巻第三号、一九五四年三月）、二二四頁。

(172) 遼寧省地方志編纂委員会弁公室『遼寧省志・石化工業志』、七二頁。劉鼎（一九〇三—一九八六）は、四川省南渓人、一九二四年ドイツに留学し、勤工倹学生としてベルリン大学などで学ぶ。同年中国共産党に入党。二六年モスクワ東方大学及び空軍機械学校に入学。三七年延安にモーター学校を創設し校長となる。四〇年八路軍総部軍工部長。建国後、重工業部副部長、第一・第二・第三機械工業部副部長などを歴任する（徐『民国人物大辞典』、一三九八頁）。顧敬心（一九〇七—一九八九）は、上海市南匯人、二八年南京の中央大学化学系を卒業。三一年ドイツに留学し、三四年ベルリン工科大学化工科を卒業、バイエルン窒素中央研究所技師に就任、三六年ベルリン工科大学工学博士。日中戦争開始後帰国し、国立同済大学理学院化学系教授兼主任となる。その後、雲南の昆明燐廠建設の責任者となり、廠長兼技師長を務める。四六年には瀋陽兵工総廠副廠長兼遼陽薬廠廠長・技師長。四七年には南京の中央大学化工科教授となり、国民政府行政院資源委員会業務委員と糖業組長を兼務する。建国後、華東軍政委員会重工業部化工処技師長。四九年末より、撫順石油三廠・石油一廠副廠長兼技師長、石油設計院院長、遼寧省石油化工局副局長などを歴任。また中国化工学会副理事長、中国石油学会副理事長なども務め、五七年には中国民主同盟にも加盟。文化大革命中には迫害を受ける（徐『民国人物大辞典』、一六七八頁、王ほか『東北人物大辞典』第二巻上、一三六七頁)。
(173) 遼寧省地方志編纂委員会弁公室『遼寧省志・石化工業志』、七二頁。
(174) 森川清「新中国工場復興物語」(日本化学会編『化学と工業』第一五巻第一〇号、一九六二年一〇月)、一三〇—一三二頁、同「新中国工場復興物語その2・失敗即成功」(『化学と工業』第一五巻第一一号、一九六二年一一月)、一一一頁。
(175) 森川・高木「高圧水素添加工場の復興建設概要」、二四頁。
(176) 森川「新中国工場復興物語その2・失敗即成功」、一一二頁。
(177) 秦仲達・丁一「対大連化学廠回復和建設的回憶」(武衡主編『東北区科学技術発展史資料・解放戦争時期和建国初期』化学工業巻、中国学術出版社、一九八八年)、二五二頁。
(178) 遼寧省地方志編纂委員会弁公室『遼寧省志・石化工業志』、七二頁。褚志遠(一九一五—一九八四)は黒龍江省寧安人、満洲事変以後、抗日闘争に参加する。三五年中国共産党入党、三六年モスクワ東方大学にて学習、四〇年の帰国後、延安で青年救国連合会宣伝部長に就任。四五年九月、牡丹江市政府副秘書長、後に市長。瀋陽解放後、遼寧省石油化工工業局副局長となる(王ほか『東北人物大辞典』第二巻下、一六九八、一六九九頁)。
(179) 遼寧省地方志編纂委員会弁公室『遼寧省志・石化工業志』、七二、七三頁。
(180) 同右書、七三、七四頁。航空機用揮発油にはさらに加鉛が行われオクタン価が八八・五—九〇まで上げられた。この燃料を用いての試験飛行も行われたが、燃料がソ連の規格と相違するとして、五二年には生産が中止された。本工場で航空機燃料とジェット燃料の生産に成功するのは五四年のことであり、サハリン原油を原料とするものであった(同右書、七四頁)。
(181) 森川「満洲の石炭液化技術」、三五、三六頁。森川清によれば、このPBレポートはアメリカから祖国建設に馳せ参じた新帰朝者により中国にもたらされたとされる(森川「新中国工場復興物語その2・失敗即成功」、一一二頁)。
(182) 森川清「新中国工場復興物語その5・自主独往の技術水準へ」(『化学と工業』第一六巻第三号、一九六三年三月)、九三頁、森川・高木「高圧水素添加工場の復興建設概要」、三〇—三二頁。
(183) 森川「新中国工場復興物語その5・自主独往の技術水準へ」、九四頁。
(184) 丸沢『新中国建設と満鉄中央試験所』、一二一頁、森川・高木「高圧水素添加工場の復興建設概要」、三二頁、森川「新中国工場復興物語その5・自主独往の技術水準へ」、九四頁。

(185)　遼寧省地方志編纂委員会弁公室『遼寧省志・石化工業志』、二二四頁。
(186)　同右書、七三、七四頁。この三組目の水素添加装置も、四平より調達した設備と解放前に遺留された設備により建設されたとされる（『中国煉油工業』北京、石油工業出版社、一九八九年、五六頁）。この四平とは陸軍燃料廠四平製造所を指すと考えられる。
(187)　寺澤正道「終戦前後より満洲引揚げ迄」（『満鉄中試会々報』第二六号、二〇〇〇年）、五九頁。
(188)　橋本国重「鉄道潤滑油工場の復興」（『満鉄中試会々報』第一七号、一九九一年）、四三頁。こうして鉄道潤滑油工場は再建され、一九五〇年には三〇八トンの過熱汽筒油を生産し、五四年には年産二九八一トンにまで生産が拡大した（「瀋陽化工廠不断改進生産技術」武『東北区科学技術発展史資料・解放戦争時期和建国初期』化学工業巻、一四七頁）。なお、瀋陽化工廠は、八一年当時従業員四二〇〇名の大工場となり（満鉄時代は六〇〇名）、苛性ソーダ・塩酸・さらし粉・シリンダー油・農薬など二〇種類の化学製品を製造していた（鐘ヶ江重夫「瀋陽化工廠を見学して」『満鉄中試会々報』第七号、一九八一年、二九―三一頁）。
(189)　森川清「新中国の石油工業の現況とその復興経過について」（『燃料協会誌』第三二巻第一二号、一九五三年一二月）、六五九、六六〇頁。森川はさらにＰＢレポートによりドイツ水添工業技術の情報が入手できたことの重要性も指摘している（森川「新中国工場復興物語その2・失敗即成功」、一一二頁）。
(190)　森川「新中国の石油工業の現況とその復興経過について」、六六〇、六六一頁。
(191)　同右稿、六六一、六六二頁。
(192)　森川清「科学者中共より帰る(二)中共の技術はいかにして向上したか」（『東洋経済新報』第二五九九号、一九五三年一〇月三一日）、五〇頁。

第5章　アジア太平洋戦争下の満鉄調査組織

井村哲郎

はじめに

一九三九年に拡充された満鉄（南満洲鉄道株式会社）調査部は、日本、満洲国そして中国本土の日本軍支配地区で活発な調査活動を行った。調査部は四〇年に統一的業務計画[1]（以下、綜合調査）として「日満支インフレーション調査」（以下、インフレ調査）を、さらに四一、四二年には戦時経済調査を実施した。インフレ調査は、日本の対中政策変更の可能性を、戦時経済調査は、当初、「日満支経済ブロック」の経済的自立、アウタルキー確立の可能性の検討をめざした。しかし、戦時経済調査では、時局の緊迫にともなって調査目標は変化し、調査二年目の四二年度には、「大東亜共栄圏」建設のための調査に変質する。さらに、四二年秋の「満鉄調査部事件」によって、綜合調査を支えた満鉄調査組織の中堅職員が共産主義者であるとして関東憲兵隊に検挙されたために、四三年には綜合調査は中止され、満鉄の調査活動は社業調査・ソ連調査を含む軍依頼調査が中心となる。

一九三九年の調査部拡充以降、四〇年度までの満鉄調査組織についてはすでにある程度明らかにしたため(2)、本章では、四一年度以降の満鉄調査組織の活動について、とくにこの時期もっとも重視されていた戦時経済調査を中心に検討する。「満鉄調査部事件」までの調査部は、社業調査（満鉄が満洲国経済に占めた位置はきわめて大きかったために、社業調査と言われてはいるが、満洲国経済の全体を対象としている）と、対ソ作戦準備を進める関東軍に対する直接的協力であるソ連シベリア調査、兵要地誌調査、「大東亜共栄圏」内におけるアウタルキー確立のための軍需物資調査などを行う一方で、満鉄調査組織の独自性をいかに保つかに腐心しながら調査を実施したといえよう。四一、四二年度の満鉄の調査活動については、綜合調査の報告書が復刻されており、それに付された解題とあわせて相当程度明らかにされている(3)。しかし、この時期の調査部内に生起した問題については、なお明らかにすべきことも多い。ほかに「満鉄調査部事件」関係者の回想は四二年までの調査部について主に検討している(4)。しかし、「事件」以降の調査活動については、予算の逼迫と軍機保護のために調査報告書の印刷点数・発行部数はともに著しく減少した。「事件」の影響と考えられる文書破棄などもあって、残存する調査部の業務文書や報告書は限られており、この時期の調査活動の全体像を描くことは困難である。本論で言及できることも、ほぼ四三年度までに限られており、四四年から四五年にかけての満鉄調査組織の活動がいかなるものであったのかは明らかにしにくい。このため、残される課題も多いことをあらかじめお断りしておきたい(5)。なお、この時期の調査活動のうちでは、華北の農村慣行、華中を中心に行われた商業慣行、華北・華中の都市不動産慣行などの慣行調査が重要であり、また調査活動を支えた資料・情報活動があるが、これらについては別稿を考えているため、本章では扱わない。

綜合調査が開始されたのは一九四〇年度である。その前年三九年度に行われた「支那抗戦力調査」は、綜合調査とはされていない。調査部全体の統一的業務計画として行われなかったためである。この年度の調査部は、調査活動の特徴を「現地性」、「国策性」、「綜合性」の三点にまとめている(6)。現地性とは、満洲、華北、華中、東京におかれた現地調査組織による調査を意味している。また、国策性とは「東亜新秩序建設」のために軍・政府に協力する調査を、綜合性は「日満支」全域にわたる調査を綜合することをさしている。

この時期の調査部を主導した人々は、こうした「日満支」全域の政治経済社会を分析する手法として「科学的調査研究」を主張した。科学的調査研究とは、マルクス主義的方法による調査をさしている。これは、経済調査会以来の「満鉄マルクス主義」の影響によるものであった。[7]一九三九年拡充後の調査部において、拡充の理念やこうした調査部の運営方針が調査員全体に浸透することは容易ではなかったともされており、[8]「科学的調査方法」をとらない調査員も多かったと考えられる。さらに「満鉄マルクス主義」と「科学的調査研究」は、第五節で述べるように、四二、四三年の「満鉄調査部事件」によって調査部とともに消滅させられたのである。

一　一九四一年の調査部

(一)　予算と調査組織

調査部は、一九四一年度予算について各地調査組織から要求のあった金額を査定し、営業収支予算を九三〇万円（中央試験所を含まず）とし、[9]一九四〇年九月一〇日経理部に提出した。[10]これは前年度予算にくらべて三〇万円の増加であった。これに対して、経理部は四一年度の調査部予算を八〇〇万円（中央試験所をのぞく）と査定した。[11]これは前年度と比べて一〇〇万円の減額であった。一一月一五、一六日東京狸穴の満鉄総裁社宅で開催された調査部主脳者会議は、四一年度調査部予算などを審議し、調査部予算の減額対策として、人件費の削減、予算配分の重点をどこにおくかを各地機関で検討したうえで、翌四一年一月の主脳者会議で決定することとした。[12]この減額については、田中清二郎調査部長と副総裁との折衝の結果、「現下の満鉄財政上已むをえず」との結論に達し、四一年度の調査部予算八〇〇万円が重役会議で正式決定された。(13) この減額は、張鼓峯事件やノモンハン事件など、ソ連との国境紛争の続発によって一九三九年頃から低率運賃が設定されている軍需物資・礦産品・社用品の輸送が増大したことと、特産物専管法の施行によって大豆出回りが減少した結果、満鉄収支が悪化したことによるものであった。(14) 軍需物資にはトンキロ一銭という極端な低運賃が設定されており、軍需物資輸送の急増が満鉄の営業収支を悪化させたのである。

一九四〇年十一月の主脳者会議では、満鉄調査部が、国策調査機関として、㈠調査対象と調査内容が適正であること、調査員の質の向上、㈡政策樹立機関によって調査上の協力者として認められるために、「良き調査」を実施し、その結果を政策樹立機関に持ち込むことが重要であること、㈢「満鉄が、国策調査を以て国家に奉公するの、(ママ)確固たる決意を有すること」を満鉄社内に示すために社業調査に力を注ぎ、また、政府機関や軍の調査部に対する期待が大きいことを社内に周知して、社内の調査部に対する認識を深めることを強調している。(15) 社内では、調査部の調査の意図と活動がさほどよく了解されておらず、評価もされていなかったことが窺われる。調査部は、ほかに東京支社調査室の業務係機能の強化・拡充を行うことによって東京支社調査室と調査部本部との連携の強化を図った。調査部本部の組織では、「綜合課機能の純化」(16)、すなわち綜合課の縮小、庶務課と資料課の運用の一体化を決めた。これらの措置はいずれも予算の逼迫によるものであった。さらに、慣行調査、法制、外事、外交、社会を担当していた第二調査室に、第一調査室が担当していた経済一般、日本の対外経済関係部門を統合し、「日満支」にわたる経済、政治、法制、社会、文化の理論的、歴史的研究を行うこととした。第一調査室は社業調査を企画することとし、これまでの調査部の調査成果を社業の観点から再検討し、また、社業経営の動態的分析を行うこととし、そのために企画班（七名）、研究班（二〇名）、統計班（二一名）がおかれた。第四調査室は、三七年の地質調査所の満洲国への移管の際に満鉄産業部に残った地質調査部門が、三九年の調査部拡充の際に、第四調査室として設置されたものである。中国の地質構成の研究、地下資源調査の受託、鉱業経済研究を行うとされた[17]。ほかに東亜における地質鉱床基本調査、鉱産資源に関する調査、探鉱を行うものとされている[18]。この会議では、新京支社調査室から、満洲重点主義の内容を明確にし、拡充強化するようにとの提案がなされている[19]。これは、(三)で検討する、同年一二月に関東軍から調査部に対して行われた申し入れの前触れともいうべきものであった。新京支社調査室は関東軍参謀部との連絡を主要任務の一つとしており、関東軍との接触の結果そのような提案がなされたものと考えられる。なお、この「十一月首脳者会議申合事項」は調査部第三調査室には触れていない。第三調査室は、北方調査、すなわちソ連シベリア調査を行っていた。第三調査室の調査員の多くは関東軍嘱託としてソ連シベリア調査を行っていたが、この会議の直前に新京でソ聯研究会が開催されており、このため第三調査室からの参加がなかったと考えられる。

(二)「調査部運営基本方針」

昭和一六年度調査部予算に関する一九四〇年一一月の主脳者会議の結果を受けて、翌四一年一月三一日から二月五日まで主脳者会議が開催された。この会議では、四一年度予算とあわせて綜合調査のテーマが論議された。予算については、満鉄の営業収支の悪化がある以上予算の一〇〇万円減額はやむをえないが、将来いかに予算が圧縮されても、綜合調査機関としての最小限度は死守するとの部長の説明があり、「調査部業務運営の基本方針竝運営要領」にもとづいて、各地との打ち合わせにより予算配分することを決定した[20]。

主脳者会議と並行して行われた業務担当者会議で阿部勇綜合課長が提案した、調査部運営基本方針と組織合理化案の具体的な内容は明らかではないが、その方針は、調査部予算の縮減下で調査部が掲げる国策調査を遂行するために必要な最低限の組織と予算を前提としていた。これに対して、各現地調査組織の業務担当者から、このような方針は積極性に欠けているだけなく、調査員一般を対象としているのか、社外向けか、あるいは幹部の心覚えのためかが不明であるなどと厳しい批判が相次いだ。その結果、二月四日綜合課長提案の原案が撤回され、新たに調査部の基本方針の起草委員会をおき、そこで起草された「調査部運営基本方針」が、翌五日の主脳者会議で決定された(21)。この会議では、十六年度予算あるいは最小限度の予算を離れて、調査部の基本方針の決定をめざし、それとは別に「十六年度実施要領」を作成し、上記の「基本方針」に付加するとされている(22)。この「調査部運営基本方針」とそれに含まれる「組織竝運用方針」にもとづいて、「昭和十六年度運営実施要領試案」が作成された(23)。この試案では、内外の情勢緊迫と綜合調査の必要性、会社収支の悪化により次年度以降さらに予算が削減される可能性のあること、このため満鉄の現況に寄与するための社業調査を急ぎ実施すること、次項で述べる「軍の満鉄に対する要望」についても配慮することなどを前提として、国策調査として綜合調査「日満支戦時経済調査」などを行い、また社業調査を精力的に行うことを決定した。さらに戦時経済調査のために東京支社調査室を強化すること、社業調査のために奉天の鉄道総局調査局の機能整備を決定し、各地調査組織の調査の重点をどこに置くかを検討している。なお、経費については、調査部機構の合理化だけでは支障が生じる場合には、国ないし社外の補助を受けることの可否を検討すること、また華中関係経費について、満洲国為替管理強化にともなう資金繰りの困難の善処を提起している(24)。

主脳者会議で決定された「調査部運営基本方針」は、調査部の基本方針と組織竝運用方針を次のようにまとめている(25)。まず、調査目標は「東亜新秩序建設に寄与せんがため、科学的調査研究を遂行し、以て政策に妥当なる基礎を与へ、対策樹立の基本方向を指示して、国策竝社業の遂行に資す」るとする(26)。そして、㈠日本の中国政策は綜合性を欠くことが最大の問題であるため、調査部は各地域、各部門を綜合する調査の確立に重点をおくこと、㈡綜合調査によって客観的に情勢を把握し、日本の国家意志統一の基礎とする、という二点を基本方針とした。さらに国策調査では、国家機関が行う具体的な施策あるいは立案を代行するのではなく、それらの基礎となる調査成果を提供する。社業調査においては、社業を規定する外部条件を分析し、会社の運営方策確立のための具体的資料を提示し、かつ「共栄圏」を中心とする国策調査と社業調査の関連を明確にする。綜合調査遂行のためには、「日満支その他」にわたって調査網を保有することが必要であるが、各地機関にどのように比重をおくかは、現地調査機関である調査部の性格と日本のアジア政策の方向に即して決定されるべきであるとしている。(27)

また、調査部は、㈠現地調査機関として、「東亜共栄圏」の実態把握を綜合調査の基本任務とする。理論的研究あるいは「東亜共栄圏」外を対象とする調査は、原則としてこれらの任務を補うものに限定する、㈡経済社会の実態に関する調査を第一とし、㈢政治、法制、文化等に関する調査はこれに次ぐものとして行う、㈣自然科学的調査は、日本にとって重要な「東亜」資源の開発及びその利用に資すべき調査を中心とし、あわせて社会経済的調査に協力し、その技術的基礎を与えるものとする、という四点を、調査の重点とすることとした。調査対象地域は、㈠「日満支」とし、㈡なかでも日満に重点を置き、満洲については、日本の「東亜政策」において最も重要な地域であることに留意し、日本については「東亜政策」の遂行が日本の経済力に依存することを勘案してその重要度を決定する、㈢中国については、日本の政治的・経済的支配力の強弱を勘案するとともに、満鉄の社業に関連する地域に重点をおき、華北（蒙疆を含む）、華中、華南の順とする、国民政府重慶政権の支配地域である「奥地支那」については、日本軍占領地域と不可分の関係にあること、また日本の国策遂行の重要な阻害要因であるという意味で取り扱う、㈣南方地域については、資源と市場調査に重点をおき、西南アジアについては、列強の動向、一般事情の調査は行うが、南方に比べて比重を低める、㈤その他の諸国については、日本の「東亜」政策遂行を制約する主要国の政治経済動向を把握するとともに、それらの国々の戦時経済政策を日本経済再編成の参考とするために扱う、北方調査、すなわちソ連シベリア調査は国防上重要であり、ソ連が中国の抗戦力維持に重要な役割を果たしているために重視する、という五項目を掲げている。(28)これらはいずれも、この時期の日本の対中国、対ソ政策を反映するものである。調査部は逼迫する予算と人員の範囲内で、軍の要望を容れながら、重点を「日満支」におき、日本の戦争遂行、対中国・対東南アジア政策のための基礎となる調査、北方調査を行うとする方針を定めたのである。同時に、各現地調査組織はそれぞれ現地軍と密接に関わって調査を実施した。このような方針は当然関東軍を含む軍の了解を得ていたものと考えられる。

さらに、予算の逼迫を受けて、大連の調査部本部の機能と組織の簡素化、現地調査組織が行う調査の重点の明確化、国策調査と社業調査の機能の分化と両者の関係を明確にすることを掲げ、次いで調査部本部、日本、満洲、華北、華中の地域別に調査の重点項目をまとめている。調査部本部では、業務の中心を調査部運営の企画統制、促進、連絡、社内外機関との連絡、実証的調査を活用するための綜合的原理的研究、調査資料の集中、各地機関の成果の蓄積と編纂を行うとしていた。また、中央試験所、地下資源調査を行う第四調査室、北方関係調査を担当する第三調査室を調査部本部外局機能とするとしている(29)。一九三九年の調査部発足の際に自然科学・技術部門は調査部に組み込まれたが(30)、実際には、これらの部門は満洲国、関東軍と密接に関係して調査を行っており、調査部本部の人文・社会科学系の調査とは独立して運営されていた。技術的研究・開発研究や軍・満洲国と密接に関わるソ連関係調査を調査部本体から切り離すことの意図がどこにあったのかは明らかではないが、この外局化構想は、直接には首脳者会議での第四調査室坂本峻雄主査の要望によるものであった。坂本の主張は、第四調査室は技術者を多数抱えているが、満鉄が、その研究結果にもとづいて、事業を起こすことがないため、調査員の志気を挫く恐れがあるなどの理由から、第四調査室の研究分野を明確にし、地質研究所などに名称変更してほしいというものであった(31)。しかし、実際には、ソ連・北方調査、地下資源調査は調査部から切り離されることはなかった。これは、調査部と軍との関係を維持するためであったと考えられる。ただし、その理由は明らかではないが、中央試験所は一九四二年四月一日調査部から分離される(32)。

(三) 関東軍の「要望」

この主脳者会議では、もう一つ重要な問題が審議された。関東軍からの「要望」についてである。この関東軍の

「要望」については、先に触れたように、すでに一九四〇年一一月の首脳者会議で新京支社調査室から、調査部運営方針にある調査の重点を満洲におくということの内容の明確化、新京支社調査室の拡充強化が要望されていた。この新京支社調査室の提案の背景には、おそらく関東軍の要求があったと考えられる。そうした関東軍の要求が具体的に現れるのは、同年一二月のことであった。

一九四〇年一二月東京において関東軍参謀部第四課長から宮本通治調査部次長あて、調査部運営に関する申し入れがあり、その後翌四一年一月七日付で同一内容が「満鉄調査部運営ニ関スル要望」という文書で関東軍参謀長から満鉄総裁あて送達された。その内容は、「一、満鉄調査部ハ社業遂行竝ニ対蘇作戦準備ニ関スル調査ヲ第一義トシ併セテ世界ノ新事態ニ処シ可及的速ニ東亜共栄圏ノ確立ニ資スヘキ基本的調査研究ヲ行フモノトス　二、前項ノ目的ヲ達成スルタメ関東軍ハ全般的運営ニ関シ所要ノ指導ヲナスモノトス　三、国防上必要ナル調査ニ関シ陸軍省、参謀本部、支那派遣軍総司令部及北支派遣軍司令部ハ各々所在ノ満鉄調査機関ヲ指導スルコトヲ得ルモノトス　四、前項調査機関以外ノ依頼ニ依ル臨時調査事項中重要ナルモノニ付テハ予メ関東軍ニ協議スルモノトス　五、調査本部《ママ》ハ速ニ新京ニ移転スルモノトス　特ニ調査ノ指揮及綜合ニ必要ナル機関ハ本年秋迄ニ新京ニ移転ヲ了スルモノトス」というものであった(33)。なかでもとくに第一、二項と第五項が重要であった。この「要望」の「説明」によれば、調査部は満洲と極東ソ連を重点とすべきこと、調査一部は華北・華中・華南・南洋にまで調査範囲を拡大しているが、「実情ハ各々所在ノ各種機関ニ奉仕シ然モ各所、各様ノ調査ニ従ヒ人ト金トヲ浪費」していることを是正すること、満洲国との関係を密接にすること、「東京、北京及上海等ノ調査部出先機関ハ陸軍中央官衙及軍司令部ノ指導ノ下ニ調査業務ニ従事スル様要望セラレマシタカ現下時局ト今日迄ノ経緯トニ鑑ミ今後トモ充分ナル御努力ヲ御願致シマス」と各地の調査については今後とも尽力されたいとして、満洲、華北、華中、東京での調査に特化し、暗に綜合調査を中止すること、調査部本部の新京移転を迫るものであった。一九三九年の調査部拡充以来毎年関東軍から調査部に対して申し人れがなされていたが[34]、それまでの要望と対比して、内容自体はほぼ同一であったが、「説明」にある表現は厳しいものであった。こうした関東軍の要望は、張鼓峯事件以降ノモンハン事件にいたる対ソ関係とヨーロッパの国際関係の緊張を背景とするものであった。

この関東軍の「要望」をめぐって、一月三一日からの主脳者会議開催中に、宮本調査部次長が新京に派遣され関東軍と調整を行った結果、最終的には、関東軍は調査部の「自主的運営を傷つける意思」はないが、関東軍と密接な連絡をとること、調査部年度計画の樹立の際に関東軍依頼の調査を織り込むこと、外部からの重大な依頼調査についてはあらかじめ協議されたいこと、関東軍に対する連絡組織を新京に設けること、の四点がこの文書の趣旨であることを双方が確認したとしている[35]。調査部は、この関東軍の「要望」に対して、㈠関東軍が満洲における指導的立場にあることを考慮して、「之への正しき協力者として」この「要望」に対処する、㈡この「要望」は軍全体（陸軍省、参謀本部、支那派遣軍）の統一した意志であること、あるいはその促進に努力すべきこと、㈢調査部の使命は、日本全体としての立場から調査を行うことにあることから、中央政策担当機関との緊密な連携の実現を阻害しないようにすること、の三点をまとめている[36]。㈡、㈢は、関東軍の「要望」が関東軍単独のものではなく、軍全体のものであるとすることによって、関東軍の要求する満洲およびソ連調査だけではなく、綜合調査などによる日本、満洲、中国の調査も行うとする調査部の姿勢を再確認したものである。さらに、二月八日新京軍人会館で開催された関東軍と調査部首脳との懇談において、「国防上必要なる調査」としての大規模な兵要地誌調査は、莫大な費用と人員を要し、調査部の調査を阻害する恐れがあるため軍としてもあらかじめ注意されたいとの申し入れを調査部側は行っている[37]。ただし、これら関東軍との間の諒解・確認とされていることは、あくまでも調査部内部向けのまとめであり、関東軍がこうした妥協あるいは調査部の方針についてどのように考えていたのかは明らかではない。

この主脳者会議で決定された調査方針は、関東軍との調整をへて、関東軍の「要望」を実質的に受け入れたものであった。一九三九年の調査部拡充以来、次年度の調査部業務計画が検討される時期には毎年関東軍から同様の要望がなされていたことは、先にみたとおりである。しかし、今回の「要望」は、満鉄総裁あての文書であることからも分かるように関東軍の圧力が前年度までに比べて飛躍的に強まっていたことを示しており、そのために、関東軍の意向にそって綜合調査方針を修正する必要が生じたのである。

ところで、この問題について、当時調査部の中堅職員であった三輪武と野間清は相反する解釈を述べている。三輪は、この「要望」は「往年の主導権を喪失した関東軍が一種の苛立ちから」行ったものであり、「関東軍の縄張り根性」によるものであったとする。(38)これに対して、野間は「用語は軍隊調が強く、内容もかなり突っ込んだもの」であり、「要するに調査の重点をソ連調査にそそぎ、軍の要望をいれる体制」にしてほしいというものであり、関東軍からではなく、軍中央の方針を示すものであったと解釈する。(39)両者とも、調査部拡充以来各年度当初になされた関東軍からの要望については触れていないが、それまでの軍からの要望もあわせて考えると、この「要望」は、関東軍の「苛立ち」や「縄張り根性」といった問題ではなく、軍中央の了解を得た関東軍の「要望」であったといえよう。

こうした関東軍の「要望」の背景には、一九三八年の張鼓峯事件、三九年のノモンハン事件、同年度からの北辺振興計画など、対ソ関係の緊張とそれにともなう対ソ作戦準備の開始があった。すなわち、関東軍の「要望」は、対ソ作戦準備のために満洲国とソ連シベリア調査の重視を要求したものであり、拡充調査部の調査範囲の拡大に対して、関東軍との関係強化、ソ連調査の重視を申し入れたものと考えるべきであろう。一九四〇年度の業務計画立案の際には、「時局に毫も影響」(40)されずとしていた調査部の業務方針は、この「要望」を契機に実質的に変質した。この「要望」以後、調査部は綜合調査を実施する一方で、軍の「要望」にそった調査を実施するようになる。東南アジア情勢が次第に緊迫するなかでも、関東軍の満鉄調査部への要求は、ソ連・シベリア・満洲国の調査であり、何よりも対ソ作戦を意識した、その準備のための調査であった。三九年調査部拡充の際の要望以来、調査部に対する関東軍の要求は一貫していたが、この時期にいたってその要求ははるかに強まった。その結果調査部は、関東軍の要求をいれながら、調査部が独自に設定した綜合調査の実施をめざしたが、これらは相反することであり、これ以降の調査部にさまざまの事態をひきおこしていく。

二　戦時経済調査

(一)「戦時経済調査大綱」の作成

前節でも触れたように、一九四一年一月二八日から、四一年度の綜合調査を検討するために現地調査組織の業務担当者と綜合課課員による業務担当者会議が開催された。そこで決定されたのが「戦時経済調査大綱[41]」であり、次年度の戦時経済調査のテーマとして、「高度国防力の確立の為の日満支経済再編成の諸条件の分析と其の基本方向に関する調査（称仮《ママ》）[42]」が提起された。そして、戦時経済調査を委員会制度によって運営すること、抗戦力調査、世界情勢調査、社業調査を一体として企画、運営するために綜合委員会を設置し、その下に第一委員会（戦時経済委員会）、第二委員会（抗戦力委員会）、第三委員会（世界情勢委員会）、第四委員会（満鉄経営研究委員会）の四委員会を設置することとした[43]。綜合委員会は、綜合調査の企画運営の中心機関として、各委員会で作成された業務計画を綜合的立場から再検討し統一を図り、必要に応じて全体的取り纏めを行うこととし、また、四つの調査課題のうちで戦時経済調査を中心課題とすることを決定した[44]。第一委員会は戦時経済調査を行い、第二委員会は三九年度から実施していた「支那抗戦力調査」を継続するものであった。第三委員会はヨーロッパ情勢の緊迫がアジアに及ぼす影響を検討するために設置され、第四委員会は社業調査のためのものである。ただし、後に見るように、この年六月には第二、第三委員会の設置は中止される。このような委員会方式の調査は、二七年に設置された臨時経済調査委員会以降、満鉄調査組織において常にとられてきたが、直接には四〇年八月の主脳者会議において上海事務所調査室から提案のあった「事変処理研究」のための委員会設置をほぼそのまま取り入れたものであった。上海事務所の提案は、「支那事変」処理研究のために、綜合委員会を設け、その下に日本政治経済研究委員会（インフレ調査）、支那政治経済研究委員会（抗戦力調査）、世界情勢研究委員会（新設）を設けるというものであった。上海事務所調査室の提案を受けて、第一調査室世界経済班を東京支社に移し、拡充強化することが決定された。(45)

「戦時経済調査大綱」は、インフレ調査では行えなかった「日満支」各地経済の構造的特質の分析を行い、それによって「日満支」経済の再編成の基本方向を把握することをめざすとしている。前年度に行われたインフレ調査では、インフレの発生と激化の過程の分析に重点が置かれ、日中戦争下の「日満支」経済再編成を可能にする諸条件の解明が不十分であったという「反省」がその背景にあった。他方、日本経済は、日中戦争の長期化と英米との経済関係悪化のために、縮小再生産の過程をたどっていた。この対策として、日本は「日満支経済ブロック」の強化による高度国防国家の建設を目指しており、国策調査を標榜する調査部は、これに応える必要があった。そのために掲げられたのは、「日満支経済ブロック」と「南洋」を含む「広域経済圏」における国防経済のアウタルキー確立であった。そしてその中心目標を、㈠高度国防力の充実、すなわち軍需生産と生産財生産の拡充、㈡生産部門間の均衡を確立しつつ、生産力の全体的発展を図ること、㈢国民最低生活水準を確保すること、の三項目とした。さらに地域別目標として、日本については、インフレ激化を抑制しつつ、軍需生産と生産財生産工業を拡充し、満洲国と中国の日本軍支配地域で必要な開発資材と生活必需品を供給し、かつ日本経済の再生産を維持しうる体制を作り上げる方策の検討、満洲国については、重要資源の開発、農業生産力の増大、民衆生活の安定とインフレ抑制に関する基本対策の樹立のための調査、華北については、治安維持と重要産業部門の生産力確保、とりわけ現地調弁による戦費調達と対日資源供給のための資源開発と生産機構の再編、インフレ抑制のための流通機構再編成の検討、華中では、日本の「中支」経営と新中央政権（汪精衛政権のこと）安定のための悪性インフレの克服と民生問題の基本対策の樹立を掲げている。(46)また、それまで文章表現の上では慎重に避けられてきた「国策調査」や「国策調査機関」という用語が、調査部運営方針や主脳者会議の記録などで頻繁に使用されるようになった点も特徴であろう。(47)この時期にいたって調査部の活動が、軍との関係を重視せざるをえなくなり、戦時経済体制確立のための調査に向かっていたことの現れである。こうしたことから、前年度のインフレ調査に比べて、戦時経済調査は政策提言に踏み込んだ内容を持っていることが明らかになる。言うまでもなく、軍の要望を受け入れて調査計画を作らざるをえなかった結果であった。

(二) 戦時経済調査を巡る調査部内の意見対立

この一月の業務担当者会議において綜合課が提起した次年度の調査大綱試案に対して、東京支社調査室から批判が提起された。その主要な論点は、綜合課による戦時経済調査の計画原案は、情勢の緊迫と国策調査機関としての満鉄調査部に対する日本の官公方面（すなわち軍や企画院）の期待を考慮していないこと、さらに各地から多くの調査員が参加する調査テーマとしては高度あるいは特別の理論的一致を必要とし、かつ複雑広範な構成であること、「日満支」経済の再編成という問題を取り上げるには微妙な情勢であり、「日満支戦時経済の強化、確立に資すべき調査」のようにテーマを設定すべきであるとし、満鉄調査部としては「日満支」経済の再編成をテーマとするのではなく、基礎的データである経済的事実に重点を置き、直接に国策に寄与する調査を行うことが必要であり、具体的には「日満支」の原料、食糧、労働力、資金、輸送力などの問題を取り上げるべきであるというものであった。(48)

最終的には東京支社調査室案を提起した伊藤好道嘱託が綜合課案に積極的に協力すると言明する形で決着を見ているが、(49)このような相違が生じた理由は、東京と大連では情勢認識に大きな相違があり、また東京では政策への関与の

表5-1 満鉄調査組織予算決算

（単位：万円）

	総 計	中央試験所を除く組織	中央試験所	調査局	企画室
1938年度	550	116			
1939年度	978	780	198		
1940年度	1,117	900	217		
1941年度	957	751	206		
1942年度	892				
1943年度					
予算額				748.7(800)	
決算額	1,104.1	814.1	286.3	814.1	0
1944年度					
認可予算額	1,306.2	940	366.2	824.8	115.2
修正額	1,161.9	852.6	309.3	707.4	145.2
1945年度*	1,119.3	768.4	350.9	637.3	131.1

注：*予算額
出所：1938年度：「満鉄調査機関拡充整備ニ関スル要綱」（『満鉄与侵華日軍』20巻、338-339頁。1939～42年度は野間、他編『満鉄調査部綜合調査報告集』12頁。1943～45年度は、南満洲鉄道株式会社経理局予算課「昭和20年度総務収支予算額内訳表（19-11-12）」（[満鉄] 経理部予算課「昭和20年度満鉄予算内訳書」1944年11月12日）（安冨歩氏提供）。1943年度予算額は『局報』第1巻第1号／関東憲兵隊『在満日系共産主義運動』618頁。かっこ内は南満洲鉄道株式会社『第八十四回帝国議会説明資料』306頁）。

必要性が強く感じられていたためである。もともと東京支社調査室は、東京支社嘱託であった尾崎秀実の活動に見られるように、情報調査に力点をおいていた。さらに、東京では、調査に対して政策への即効性が軍・政府から求められる傾向が強く、しかも、綜合調査のような「政策に基礎を与える」ための調査に対する圧力に敏感であった。なお、新京支社調査室、北支経済調査所、上海事務所調査室の綜合調査案は、各地の抱える課題に即して経済の再編成の基礎的条件の調査を行うこととしており、綜合課案を肉付けした形となっている(50)。

一九四一年度調査部予算は、実行予算段階でさらに七五一万円（他に、中央試験所二〇六万円）に減額された(51)（表5-1参照）。対ソ作戦準備のためにソ連との国境地帯に軍事施設を建設し、国防用鉄道新線建設などを行う北辺振興計画への支出、北辺振興計画実施にともなう軍需物資と社用品輸送の増大による運賃収入の低下、満鉄の重要な収入源である大豆の出貨減による輸送の減少によって、満鉄の営業収支の悪化が予想されたためであった。この大幅な減額のため、人事局の決裁を得た四一年度の定員は、調査部本部で一二六名、その他機関で一七四名、中央試験所で八名を減員

表5－2　1940年、1941年定員、実在員比較表

	1940年定員	1941年定員	減少数	1941年2月1日現在員	1941年4月18日現在
本　部	680	554	126	617(　63)	553(－1)
その他	1,280	1,106	174	1,148(　42)	1,066(　40)
計	1,960	1,660	300	1,765(105)	1,619(－41)
中　試	473	465	8	407(－58)	420(－45)
合　計	2,433	2,125	308	2,172(　47)	2,039(　86)

注：(　) 内の数字は、過不足人員。マイナスは不足を示す。
出所：調査部庶務課「組織・予算・定員に関する概要―十六年度」(『満鉄調査部報』第2巻第2号、1941年5月)、57-59頁。

することとなった。最終的に生じた四一年度調査部定員に対する余剰人員は、調査部本部六三名、その他機関で四二名であり、中央試験所では逆に五八名が不足し、合計で四七名の減員を図る必要が生じた(52)。その結果、軍需資源の試験研究と技術開発にあたる中央試験所の定員が充足される一方で、一般経済調査部門の大幅な減員が行われた。四一年四月中旬の現在員は、本部五五三名（定員に対して一名不足)、その他一〇六六名（四〇名過剰)、中央試験所四二〇名（四五名不足)、合計二〇三九名（八六名過剰）となっている（表5-2参照)。この定員と実員の調整のため、華北交通株式会社資業局、北支那開発株式会社調査局、華北綜合調査研究所などへの調査員の転出が行われた。華北交通、北支那開発の調査部門との業務調整をめぐって、北支経済調査所から北支那開発への調査員の割愛は不可能であるとした一九四〇年八月の主脳者会議(53)からそれほどの時期を経ないうちに調査員の転出が行われたことになる。四〇年度末までに北支那開発調査局に移譲された人員は四六名、華北交通資業局に移譲された人員は一六名、その他機関に五三名、合計一一五名が転出した(54)。

この人員削減の結果、前年一一月の主脳者会議での決定に追加して、さらに「綜合調査機関として本部機能を純化」するために調査部職制を変更せざるをえなくなった。その具体的な内容は、㈠現地における調査は現地調査機関に委ね、本部の関与を縮小し、本部機能を簡素化し、組織の単一化を図ること、㈡調査部本部は調査企画と調整を行い、研究は現地に委ね、企画と研究の分離を行うこと、これらと同

じことであるが、㈢即地的あるいは実証的調査機能を調査部本部、綜合課から整理すること、の三点であり、さらにそれまでの主脳者会議、業務担当者会議に代えて、業務審議委員会、業務連絡会を設置することとした(55)。これらは予算の逼迫を直接の原因としているが、綜合課による調査の統制が実際には不可能であることが明らかになったためにとられた措置でもあった。これら三点は、前年度の綜合課第一班主務者渡辺雄二を中心にとられた「ディグニティ論」による綜合課中心主義を廃し(56)、調査の現地主義を採用するものであったが、積極的な意味合いで現地主義を唱えたわけではなく、予算の逼迫によってやむを得ずとられた方針であった。

一九四一年四月調査部内の人事異動が行われ、調査部次長に押川一郎前北支経済調査所長が、綜合課長は阿部勇に代わって安盛松之助が就任した。阿部前綜合課長は、関東軍との連絡などにあたるために新京駐在となった(57)。前年一二月から一月にかけての関東軍からの「要望」に応える措置であった。

その後同年四月二二日から二八日までの六日間大連において戦時経済調査の打合会が開催され、戦時経済調査に関する各地の調査案が審議された。しかし、綜合調査のテーマである「日満支戦時経済再編成」をどのように理解するかについて各地調査組織において不統一があり、明確な一致が見られなかったために(58)、四月二四日・二五日両日各現地調査組織の代表による小委員会を開催し、意見交換を行った(59)。そこで作成されたのが覚書「日満支戦時経済再編成の統一的理解の為に」である(60)。この覚書は、高度国防国家建設のために軍需生産を含む国民経済の再生産を可能にすることをめざして、㈠国民最低生活水準を維持するに足る消費財生産の確保、㈡軍需工業及び生産手段生産の増強と社会的蓄積の増大を可能にする諸条件確立、の二点を掲げている。その内容は次のようなものであった。日中戦争は日本経済を縮小再生産に追い込んだが、その解決策として考えられた高度国防国家建設と重工業の確立は、日独伊三国同盟締結以降英米に依存することが不可能になったために、もっぱら「大陸把握」（中国からの資源収奪をさす）によって行われざるをえない、しかし戦時経済の矛盾はさらに激化し、「大陸把握」自体も深刻な矛盾に陥っている、この解決には、㈠日本の高度国防国家の建設とそのための経済再編成、㈡日本経済再編に対応する中国経済の再編成が必要であり、このためには三国同盟以降の日本による中国経済支配の実態と方向性が明確にされる必要がある、中国各地の日本軍支配地域では、日本の高度国防国家の確立に寄与しうる経済再編成が行われる必要があるが、満洲国、華北、華中の地域的特質と日本の支配の強度が地域によって相違しているために再編成の形態は異なる、というものであった。すなわち、日本の中国支配が地域によって強弱のあることを反映した調査を行うべきであるとしたのである。

こうした議論を受けて、この会議第一日で説明された戦時経済調査についての東京支社調査室案は、日本経済の総生産過程という全体的視角からとりあげられていないこと、しかも戦時経済の緊急の課題を重点的にとりあげておらず、とりあげられている課題が羅列的であるとされて、修正が行われた。[61] その結果、日本経済再編成のために、生産部門間の均衡、再生産過程の維持、三国同盟締結の影響、英米依存からの脱却、これらを踏まえた中国支配の方向性を調査することとなった。しかし、修正後もなお、新京支社調査室から、東京支社調査室案は、全体的把握にとらわれすぎ、再編成の中心目標である日本重工業自立の確立のために何をなすべきかが不明確であるという批判がなされた。このため東京支社調査室はさらに修正案を提出したが、軽工業、輸出産業の再編成の問題をほとんど無視しており、国民最低生活水準維持も重工業の確立と軽工業の再編とに密接に関連しているという視点が必要であるという批判が新京支社下條英男からみたび提出された。この結果、異例なことであるが、新京支社調査室が東京支社調査室の調査計画案の代案を作成し、ようやく採択されるにいたった。[62] また、新京支社調査室が作成した満洲での調査計画案は、農業増産、鉱工業増産、土着資本の統制を中心課題としている。[63] さらに、上海事務所調査室の調査案についても、日本の戦時経済再編の一翼としての華中経済の再編という観点から修正が行われ、華中経済の日本経済への編入過程の分析を行い、華中の投資構成、日本資本の再生産を維持・阻害する条件を分析するものとしている。[64]

この会議の最終日に田中調査部長の挨拶があった。その内容は、㈠四月には組織改正があり、かつ首脳部の人事異動があったこと、㈡予算削減に伴う調査員の整理、㈢関東軍の要望についての調査部の態度決定などを説明し、最後に、㈠調査結果を重役その他に報告する際、膨大な資料をそのまま提出するのではなく、簡単な概要を作って示すなど、わかりやすくする必要があること、㈡綜合調査が一段落した際に軍や会社重役などに適宜報告し、その時点での国策ないし社業に役立てるように努めること、㈢満鉄の調査報告書は用語が晦渋であることで定評があるが、これは理解困難であるだけでなく、思わざる誤解を受ける危険もあるために、科学的意味を失わない範囲で、用語はできるだけ平易にするように努めることというものであった(65)。これらは調査部の活動が社内においても十分には知られておらず、理解されていなかったこと、それに対する対応を考えるべきであるということを意味している(66)。また、㈢は、マルクス主義的用語をできるだけ避けて、調査部外に説明する際にわかりやすい言葉で説明することを指示したものであるが、右翼紙『日本新聞』による満鉄調査部攻撃など、外部からの調査部批判を受けてのものであったと考えられる(67)。

この会議では、調査部内各箇所の一九四一年度の調査計画が報告され、質疑が行われている。以下、その内容を紹介する(68)。第一調査室は機構改革で大幅な人事異動が行われたためまだ充分な計画をたてておらず、また戦時経済調査に対応する研究も調査員が手薄であるとしている。第二調査室では、戦時経済体制下での満鉄の地位、社業の業態の悪化の原因の解明と解決の方向、基本的な綜合統計の作成などを行う。第三調査室は軍依頼調査が中心であるが、ソ連邦の政治、経済などの部門別調査、極東ソ連調査、ソ連国防力調査を行う一方、「ソ聯邦叢書」六〇輯を出版する、なお「（ソ連の——引用者）国防力調査は軍が直接参加して共同調査を行ふが、特にソ聯の戦時諸政策と日、独の夫との比較検討をする筈で、後者の経済構成分析の資料の相当信用せらるべきものが提供され、これは戦時経済委員会で利用しても差支無し(69)」とする関東軍の許可をあらわす表現がなされている。法制班は、民国行政法、支那土地不動産慣行、満洲国の土地制度、満洲国成立以前の村落行政と村落自治、さらに慣行調査資料および各省市法令の編訳を行うとしている。文化班では、綜合調査に直接関連させることは困難であるが、各調査員は専門の立場からテーマを選び、社会構造と精神文化との関連を明らかにすることにつとめる。特別班は、大連特務機関の要求で一九三八年に作られた特別調査班の後身である(70)。上海、哈爾浜などのユダヤ人問題、ソ連・米・英・仏などのユダヤ人問題、シオニズムの検討を企画している。第四調査室は、東アジアの鉱床地質調査と鉱業経済調査（立地及び稼行鉱山調査、軍需鉱物、エネルギー経済）を行い、東亜経済調査局では、南洋班および西南亜細亜班とにわけて調査を行うとした。

第二委員会（抗戦力調査委員会）は、「奥地支那政治経済動向」について南京総軍の資料を利用して調査の取り纏めを行い、第三委員会（世界情勢調査委員会）では、一九四〇年度の「南進政策遂行に伴ふ諸影響と其の対策」調査は六月までに報告会を開き、四一年度には、日本の中国政策を制約する要因である世界情勢および列強の極東政策の動向を明らかにするために「世界大戦の現段階と極東情勢」を調査するとしている。

また、もともと海軍の依頼で行われていた「日満支需給調査」は、重要物資自給力調査として調査部独自の調査として行うこととし、成果を海軍に提供して資料入手を図ることとした(71)。また、工業立地条件調査は、一九三九年度には、満洲、華北、華中の製鉄、紡績、製粉について資源・生産・市場の検討を行い、四〇年度には、「日満支」の製鉄、紡績、製粉に加えて、電力と採炭業についての企業条件を取り纏めた。四一年度は戦時経済調査委員会の下に置き、成果は戦時経済調査委員会に提供するとした。そのため戦時経済調査委員会に分科会として立地条件調査委員会をおくこととなった(72)。全体として、予算の削減とそれにともなう調査人員の縮小の中での調査体制再編の色濃いものである。需給調査や工業立地条件調査は、「日満支」経済ブロックのアウタルキー確立のための調査であり、軍需物資生産など軍事機密にも触れない限り調査は行えないため、軍からの資料提供と軍への調査結果の報告をともなうものであったと考えられる。

この業務担当者会議を受けて、六月一〇日から四日間、東京支社において戦時経済調査実行計画打合会議が開催され[73]、東京支社調査室、新京支社調査室、北支経済調査所、上海事務所調査室から調査要綱が提出されて、調整が行われた。東京支社調査室案は「重工業の自立を中心とする再編成の方向」をさぐるために、重工業生産の停滞・縮小の要因である資本構成の変化、労働能率の低下、資材・労力の不足と生産資本の遊休化、生産費の高騰などを調査するとしている。こうした項目から国内戦時経済の矛盾の分析検討という面が強いことがわかる。また、新京支社調査室案「日本戦時重工業自立性確立のための調査要綱」は、日本重工業の市場構成の特質、重工業の利潤形成が困難であること、金融資本確立の条件などについて日本と満洲とを関連させて調査分析するとしている。北支経済調査所「北支戦時経済再編成調査要綱（第三次）（北支案）」は、華北の占領地経営が華北の経済の再生産に与える影響、日本軍占領地区の再生産の総括的調査、石炭業を中心とする重工業原料部門と交通部門の日本資本による編成替え（すなわち、日本資本による支配）、再生産の条件と増産の限界に関する調査、衣料生産を中心とする軽工業部門の日本資本による編成替えと再生産条件の調査、配給部門の編成替えとそれを制約する条件である土着商業資本に関する調査、「匪区」・中間区における中国共産党の政策とそれが日本側に与える影響について調査するとしていた。重工業原料の対日供給と食糧などの自給を中心とする華北戦時経済の再編成と中国共産党対策を目ざすものである。上海事務所調査室「重工業自立を中心とする日本政治経済編成替を起動的条件とし之に対応する中支那経済の再編成過程の分析（上海案）」は、日中戦争開始後の華中経済の基本的動向、華中の経済再編、農業生産機構の変化、日本の戦時経済編成替えが華中経済に与える制約、華中経済の発展の方向性を探るというものであり、華中の経済再編成を分析することを内容としていた[74]。日本による華中経済再編を、軍事・政治・経済情勢を反映させて検討しようとするものであった。このような上海案に対して総花的であるという批判があったが、上海での調査の蓄積が不足していることから、やむをえないとされた。各地の調査計画案は、それぞれの地域に固有の課題を明らかにしようとしているが、日本と日本軍支配地域を全体としてとらえようとする観点からの課題の設定と調整を欠いている。これは人員削減の結果調査部本部の企画機能を縮小しながら現地主義をとろうとしたことの結果であるが、同時に関東軍の「要望」をいれた調査計画という面を色濃く持っている。

また、先に触れた綜合委員会設置は、調査の進行状況からみて困難であるとして、第二委員会から第四委員会は設置されず、第一委員会である戦時経済調査委員会だけが設置され、幹事長に安盛松之助綜合課長、副幹事長に水谷国一東京支社調査役がついた(75)。

この会議では、東京支社調査室提出の調査要綱案(東京案)(76)と新京支社調査室要綱案(新京案)(77)のどちらをとるかで対立が続いた。東京案は、戦時経済を全面的に調査することは不可能であり、重工業に集中的に現れている矛盾に重点をおいて調査するものとしていたが、これに対して、新京支社調査室は、重工業部門を検討するには原料、資材、労働力だけではなく、農業、軽工業との関連を見る必要があるとした。新京支社調査室下條英男は、東京案は重工業の再生産構造において重工業を支える軽工業・農業が機構的に把握されていないと批判した。再生産構造再編の検討という意味では当然の批判ではあるが、調査の現実を無視したものであった。東京案が戦時経済下で重工業の自立が可能かどうかという当面の問題を重視する立場を取っていたのに対して、新京調査室案はやや長期にわたる重工業自立を考慮しているという点から出た批判でもあった。もう一つの相違点は、新京案が「日満支」全体を検討するための調査要綱という側面を持っていたのに対して、東京案は日本を重視して作成された調査要綱であった点である。新京支社調査室には綜合調査重視という視点が強く、これに対して東京支社調査室は、日本経済の現状から出発しようとしていたことがわかる。これは、満洲国と日本とでは戦時経済の水準と再生産構造が相違していることからきており、この対立は、「日満支」全域の戦時経済解明という綜合調査の課題設定の困難さを示すものであった。いずれも経済の各部門にわたる大規模な調査計画であり、それまでの調査蓄積はあるにしても、半年程度の期間に完了させられるとは考えられないものである。

他方、華中経済の再編過程を分析するという上海事務所調査室の調査要綱案については、新京案や東京案と比べて、戦時経済の矛盾の解明という観点が不充分であるとする批判が出されたが、最終的には、上海事務所の現状では華中経済を明確に把握するだけでもやむを得ないとされた(78)。

以上が、この会議の議論の概要であるが、会議議事録を見る限りでは、綜合課あるいは綜合課長は、いかに議事を進行させるかに終始しており、調査課題の設定あるいは調査の進め方についての指導性をほとんど発揮できず、調査テーマの統一を図るという観点からの調整は行われていない。調査部本部機能の縮小と、課長交替によって、綜合課は明確な方針を出しえなかったのである。このためもあって会議は相当混乱したようにみえる。戦時経済調査の各地実行計画の調整にあたっては、私信ででも調査担当者が個人的に話し合うことが必要であると綜合課長がしていることにも(79)、このことは現れている。

この会議でのやり取りのすべてを紹介することは不可能であるが、六月の時点にいたってもなお、戦時経済調査の位置づけ、何を調査するのか、そしてその調査方法といった基本的な問題において、現地調査組織間の意思統一はできなかった。戦時経済調査の出発点では、前年度のインフレ調査が、「日満支」インフレの分析に終わったという反省のもとにテーマが設定されたにもかかわらず、日本の戦時経済体制について統一した視角を提出することはできなかったのである。このことは、国策調査を遂行するに当たって、データ収集の面でも、政策の方向性をどこに求めるかという点でも、次第に課題設定が困難になってきていることから生じたものである。この困難は、満鉄調査部が国策調査機関であると主張しながら、実際には「民間調査機関」であるという限界から生じたことであった。さらに予算規模の縮小の結果、各地の状況を全体として把握する機能が弱体化したこと、そのために現地での調査を重視せざるをえなくなったことの結果であった。戦時経済調査は調査開始時点においてすでに躓いていたというべきであろう。

さらに、この時期、調査部は独ソ戦間近という世界大戦勃発の危機が、三国同盟や日本の南進政策にどのような影響を及ぼすのかという当面する情勢の分析に追われていた。

八月一八日から三日間戦時経済調査に関する打合会（臨時幹事会）が開催された(80)。六月の戦時経済調査打合会議で政府機関向けに作成された(81)「綜合要綱案（所謂説明案）(82)」についてなお意見の一致を見なかっただけでなく、北支経済調査所から「戦時経済下に於ける日満支重工業生産拡大の為の再編成大綱案」が、さらに七月二四日付「満鉄調査部昭和十六年度綜合調査説明案要旨」が綜合課あてに送付されたために、それらとの調整をはかる目的で開催されたものである。送付されたこれらの文書の内容を知ることはできないが、この会議では、戦時経済調査委員会に対する東京、新京、北京、上海の現地調査組織の構成、各地の工業立地条件調査・自給力調査・独ソ戦の影響を調査しようとする世界情勢調査との関連、戦時経済調査の実施計画、進行状況、見通しなどを検討した。なお六月の戦時経済調査実行計画打合会議において決定された「綜合要綱案」（所謂「説明案」）を改訂した(83)「綜合要綱理解の統一のために――調査重点の説明書――(84)」が決定され、これにもとづいて各地の実施計画を作り、調査を行うこととなった。この文書は、戦時経済調査の重点項目である、㈠日本重工業を中心とする「日満支」戦時経済の生産・流通機構の特質とその均衡条件、㈡低物価維持のための日本重工業成立の条件、㈢日本重工業における金融資本の基礎確立諸条件について補足説明を行っている。

㈢　調査部運営に対する部内の批判

一九四一年六月二二日の独ソ戦開始、それと前後する関東軍特種演習（関特演）の発動など、情勢の緊迫は、調査部内にさまざまの議論を呼び起こした。その一つが、上海事務所調査室からの調査部運営に対する全面的な批判である(85)。その内容は、綜合調査が年度ごとに提起されていることが地方調査組織を不必要に疲労させているため、年々の業務計画樹立に半年もかけることはさけるべきである、そのため綜合調査を、㈠短期間の「時局分析」、㈡一定の政策目標によって確定しうる半長期的なもの（戦時経済調査、「支那抗戦力調査」、世界情勢調査などの綜合調査）、㈢調査部の理論的水準を引き上げるために満洲を含む中国社会の構造的特質に関する調査、の三種類に分け、さらに、時局資料すなわち情報を、調査の観点から収集し整理すること、とりわけ弘報係との調整が必要であるとするものであった。なお、弘報係は、総裁室に直結する情報・宣伝業務を担当する組織である(86)。情報調査の強化のために、この時期調査部に情報を担当する係として設置されていた資料課第二資料係と弘報係の調整を図るべきであるとする提案であった。また、一九四一年度の綜合課は実質的に事務連絡の箇所となっており、そうした本部機構の弱体化が、綜合調査だけでなく、各地の一般調査全体を沈滞させている、調査部本部すなわち綜合課の果たすべき役割は、第一に満鉄調査全般の方向を検討し、的確な判断のもとに、各現地機関に何を課題とすべきかを提示すること、第二に各地調査の原動力となる調査方法、問題理解のための実証的基礎理論を供給し、満鉄調査の水準が向上するように処置することであると主張した。さらに、満鉄調査の蓄積は素材（資料）の蓄積ではなく、理論的に高度に武装した調査員の蓄積であるべきであり、そうした調査員による情勢分析活動と現地社会の構成の特質に関する各地の研究が強化されれる必要があると、この春以来の戦時経済調査実施をめぐる混乱を批判している。予算の逼迫によってやむをえず現地主義が採用され、調査部綜合課の本部機能が弱体化したことに対する批判であった。こうした批判自体は間違っているわけではないが、調査部をとりまく現実を無視した原理的・理念的な批判であったといえよう。上海事務所のこの立論は、独ソ戦開始以降の情勢分析強化と調査体制整備の必要性を主張している。こうした主張は、直接には、汪精衛政権の成立など、華中での日中戦争の段階を踏まえた上海事務所調査室の情勢認識によるものであった。情勢の変化にともない、綜合調査の実行が不可能になってきていることを現地調査機関が主張したものであった。

一九四一年八月二二日新京支社調査室は、関東軍及び満洲国政府から戦時経済調査を満洲国第二期産業開発計画の遂行に資すべき綜合基本調査として実施することを認められ、北支経済調査所でも戦時経済調査実施について、軍の援助を得ることの許可を九月二日現地軍参謀長名で得ている。(87) これは、満鉄現地調査組織が現地軍と密接に関係を持って調査を行っていたことの証左であり、現地軍も各現地調査組織が行う戦時経済調査に必ずしも反対していなかったことを示している。

同年一一月二二日から三日間大連で業務担当者会議が開催された。(88) この会議では、㈠各地の調査進行上の諸問題と、次年度の調査の方向、㈡それぞれの現地調査組織の綜合調査経過報告、㈢各現地調査組織が業務進行上で具体的な措置が必要な事項、㈣次年度の業務基本方針と各地調査の重点、㈤次年度の業務計画作成手順、の五点について、この議題の順に調査部本部、現地調査機関の調査進行上の課題が箇条書きでまとめられている。そこでは、とくに戦時経済調査の取り纏めを行う東京支社調査室の重要性が強調されている。東京支社調査室は組織的にも調査においても弱体であったが、戦時経済調査のための企画院総務室との連絡などのためその強化を図ろうとしたものである。

戦時経済調査は、その後対米英開戦直前の一九四一年一一月二七日から一二月四日までの七日間大連で中間報告会と打合会を開催した。この打合会では最終取り纏めと四二年度の調査テーマに関する議論が行われた。一二月一三日には企画院部長会議で総括報告が行われ、さらに一二月一七日には東京支社で北支経済調査所を除く各地の報告が行われ、一二月二二日には企画院第二課との懇談会が行われた。(89) 翌四二年三月一日から戦時経済調査の取り纏めが大連で行われた。そこでは、各地の調査はなお取り纏めを終わっておらず、これらの綜合は困難であるため、各地でどのような調査を行い、どのような資料を収集したかを報告し、原資料の目録を作成した。また、各地の調査成果を相互に関連させていかにまとめるのかを討議した。その結果、「日本を中心とする東亜共栄圏に於ける重工業自立性確立の為の戦時経済調査取纏め要綱案」(90) が作成された。その内容は、㈠「日満支」経済の構造と日本の中国経済支配の様式、㈡戦時経済の矛盾拡大と中国に対する経済的犠牲転嫁の激化およびそれによる中国経済の矛盾の拡大、㈢日本重工業自立性確立の基礎条件と中国経済支配の方向、の三点からなっている。しかし、収集された各地の資料にはばらつきがあったため、日本の中国支配の構造的特質についての取り纏めは不可能であることが明らかになる。そのため、第二項の日本と中国各地域、各部門間の矛盾の相互関連に関わる取り纏め目次を作成することになった(91)。これにもとづいて作成されたのが、四一年度戦時経済調査の報告書「日本重工業自立性確立ノ為ノ調査――取纏目次竝資料――」(92)である。その後四月にいたって満洲、華北、華中の総括編の執筆が完了した。五月四日から一八日の間東京支社調査室において戦時経済調査幹事会が開催されたが、そこでは、四一年度の戦時経済調査最終取り纏めが行われると同時に、四二年度の戦時経済調査業務計画が審議された。この間五月六日には企画院総務部第二課に対して、また一四日には企画院部長会議に対して、四一年度の戦時経済調査成果に関する報告会が行われた(93)。その内容は、重工業の自立化、その急速な拡充の実現のための基本的対策を、日本、満洲国、華北についてまとめたものである。詳細を述べることはできないが、そこでは、それぞれの地域の深刻な経済状態が報告されている。さらに五月一五日には、参謀本部に対して、満洲、華北部分の報告と総括報告が行われた(94)。その報告内容は不明であるが、各地経済の深刻化など、企画院での報告会と同様のものであったと考えられる。

三　その他の主要な調査

(一)　世界情勢調査委員会

一九四〇年一一月八日の主脳者会議で決定された世界情勢調査のために、一二月一三日上海事務所調査室において、調査部本部、東京支社調査室、北支経済調査所の関係者が参加して世界情勢調査打合会が行われた。この会議では、世界政治経済情勢に関する調査を綜合委員会形式で行うこと、東京支社調査室が中心になって調査を担当し、四〇年度の調査テーマは「我が南進政策遂行に伴ふ諸影響と其の対策」に限定すること、そのための「世界情勢委員会設置要綱（案）」を決定した。そして一二月二八日東京支社調査室において再び打合会が開催され、調査項目、委員会の構成と運営方法について討議・決定を行い[95]、翌四一年一月二二日に世界情勢調査委員会が設置された[96]。この委員会は、委員長東京支社調査室主事中島宗一、幹事長東京支社嘱託尾崎秀実、幹事兼委員平舘利雄、東亜経済調査局南洋班主査（氏名は記入されていない）、調査部綜合課堀江邑一、調査部第三調査室具嶋兼三郎等で構成されている。この調査は、東京支社調査室を中心に、東亜経済調査局、上海事務所調査室、北支経済調査所、新京支社調査室が協力して行うこととし、東京支社調査室、上海事務所調査室、大連の調査部本部に分科会をおいた。調査目標は「世界政治経済情勢、特に列強の極東政策の動向を把握して我国の世界政策の確立に資せんとす」とされている[97]。欧州大戦の激化と四〇年九月の日独伊三国同盟結成、四一年の日蘭会商の難航、四〇年から四一年にかけてのタイ仏印国境紛争への介入など日本の本格的な東南アジア侵略の開始が、欧米列強にどのような反応を引き起こすか、さらに中国戦線にいかなる影響を与えるのかを調査しようというものであった。調査項目は、㈠第二次世界大戦下の極東情勢、㈡英・米・ソ・独・伊など列国の極東政策の動向、㈢日本の南進政策遂行の諸影響、㈣戦時経済下の「日満支」重要物資需給状態、㈤日本の南進政策の限度、の五項目である。

一九四一年六月一三日から二一日の間世界情勢調査委員会が開催された[98]。この委員会では、欧州大戦と「支那事変」、日ソ中立条約の成立と極東情勢、「東亜新秩序」と南進政策の必然性、三国同盟と極東情勢、列強の極東政策などについて報告が行われることになっていた。ところが、独ソ戦勃発が必至となったために、一九日からの全体討論のテーマを急遽「欧州大戦と世界政治」に変更した。その内容は、㈠欧州大戦と世界政治、(i)ドイツの長期戦体制と英本土上陸作戦の関連、(ii)アメリカの対英援助と参戦に対するドイツの対策、ドイツの対日態度、三国同盟と日ソ条約に対する態度、(iii)アメリカの参戦を規定するアメリカ国内の政治動向と対外政策、(iv)ドイツの長期戦体制とソ連の中立政策との関係、ソ連の極東・対日政策の変化、(二)極東情勢、であり、それぞれについて討論が行われた。その結果を取りまとめる形で、「世界情勢委員会十六年度（十月迄）業務計画案（『世界大戦の現段階と極東情勢』）」が決定された。その骨子は、極東情勢を規定する内外情勢を分析するために、世界大戦の現段階を独、伊、英・米・ソについて分析し、極東については、独ソ戦が極東に与える影響と極東における日・独・伊と英・米・ソ・中の二陣営の対立を分析しようとするものであった(99)。満洲国と国境を接するソ連がドイツとの戦争に至ったこと、日ソ不可侵条約と三国同盟によって、ドイツ、ソ連と関係を有していた日本に対する影響を計ろうとするこの調査は、満鉄にとっても必要なものであった。この調査は、尾崎秀実、平舘利雄、具島兼三郎などを中心として行われたが、尾崎秀実の世界情勢認識を強く反映したものである(100)。

一九四一年一一月一三日から五日間世界情勢委員会報告会が開催された。その約一ヶ月前の一〇月一五日に世界情勢調査委員会幹事長であった東京支社嘱託尾崎秀実がゾルゲ事件によって検挙された。調査部首脳からも信頼されていた尾崎の逮捕は満鉄調査部に衝撃を与えた(101)。このためか、この報告会については報告題名が触れられているだけで、報告・会議の内容は不明である(102)。一一月二二日から二五日の業務担当者会議では、世界情勢調査委員会は情勢を科学的に判断するために設置されたが、中心的な役割を果たすべき東京支社調査室世界経済委員会班では、「外部よりの依頼調査たるアメリカ経済の調査に動員」（外部とは、おそらく軍をさしているであろう）されているため人員不足であり、各国戦時政治経済の基本調査は行えず、目前の世界情勢の動向調査に絞らざるをえないこと、また調査部の行う国策調査として外部に発表することは、この委員会が成熟していないために困難であり、部内首脳部、他の調査委員会、社業運営のため、すなわち社内向けに時局判断を行うとされた(103)。しかし、先にふれたように、世界情勢調査は、列強の極東政策の動向把握をめざしていたのであり、この時期各国戦時経済の基本調査を行っていたわけではない。成熟していないということの意味は明らかではないが、ゾルゲ事件における尾崎の検挙による調査の停滞と萎縮を意味するものであった。

一九四二年三月の業務審議委員会では、世界情勢委員会は東京支社調査室世界経済班が行っていた世界情勢分析を取りやめ、米国その他主要国の経済力・抗戦力の基礎的調査に重点を変更すること、大連では北方調査室と資料課第二資料係が担当することを決定した。(104) 四一年一二月八日の「大東亜戦争」開戦はそのような調査を必要としていたといえようが、それを理由に、ゾルゲ事件によって検挙された尾崎の関わっていた調査を中止したものである。

(二) 時局影響委員会

時期はさかのぼるが、一九四一年七月末に日本軍は南部仏印進駐を実行し、またアメリカは在米日本資産の凍結、対日石油輸出を禁止した。前後して蘭領インドも日本資産凍結を行い、日蘭石油民間協定を停止した。同月陸軍は対ソ作戦である関特演を発動した。このような情勢下で、八月六日調査部は、「緊迫せる現情勢を正しく速かに把握し、各種情報資料の検討と分析によって正確な判断を行うために、時局分析のための臨時的組織である「時局分析委員会（仮称）」の設置を決定した。この委員会運営にあたっては特に機密保持に留意するとされて、委員会の成果は土曜会(105)に報告するものとされている。調査部本部の各調査室、綜合課、資料課から連絡責任者を出し、毎週一回の会議を設定している。(106) また議事録が省略されているために内容は不明であるが、これに先立つ七月二八日から数日間、大連で全調査機関の時局認識と態度を統一するために主脳者懇談会が開催された。(107) この会議では、独ソ戦開始以降の情勢が各地に与える影響調査を至急実施することも決定した。それにもとづいて、この影響調査は各地で戦時経済調査の一部分として実施された。(108) 九月九日には大連でこの調査の報告会が行われ、翌日大村卓一総裁、その後、佐々木謙一郎副総裁、在大連・奉天の理事に報告がなされた。報告項目は以下のとおりである。(109) (一)新情勢の日本政治経済に及ぼす影響と動員可能の限度（東京、かっこ内は担当箇所、以下同じ）、㈡時局が満洲経済に及ぼす影響、具体的には、対日輸入の激減と第三国貿易の途絶、重要生産財需給逼迫が農産物出回りと軽工業生産に及ぼす影響（新京）、㈢華北の占領地経済と貿易構成の性質、新情勢の経済各部門に及ぼす影響、炭礦業に及ぼす影響（北京）、㈣同年七月二五日から二七日にかけて欧米諸国が行った日本資産凍結令後の上海経済と今後の見透し、資産凍結後の英米系銀行の緊急措置及び凍結令の具体的運用方法、欧米諸国の資産凍結令の上海経済に与えた影響、今後の上海経済の見通し（上海）であり、東京支社調査室、新京支社調査室、北支経済調査所、上海事務所調査室を動員して行われた。報告内容は明らかではないが、独ソ戦の開始と欧米諸国の対日資産凍結の与える影響を図ろうとする緊急調査であった。その結果、九月二〇日に華北の労働関係と満洲の重工業について、二四日には華北への影響と労働関係について会社重役への報告が行われた(110)。

㈢「支那抗戦力調査」

一九三九年に上海事務所調査室を中心に作られた「支那抗戦力調査委員会」は、翌四〇年度には軍と政府機関に対する報告会を行い、四〇年夏には、国共両勢力の日本に対する抗戦力を調査した『支那抗戦力調査報告』が刊行された(111)。「支那抗戦力調査」は、四〇年度には、重慶政権の抗戦力調査として、上海事務所調査室と北支経済調査所が共同して調査を行った。さらに、軍の依頼で行われた西北ルート調査が一〇月末までに完成した。そこでは、㈠西北ルートの意義、㈡中ソ公路の輸送力の現状、㈢西北の政治経済社会、が調査されている(112)。西北ルートとは、中国西北諸省を経由するソ連からの中国援助ルートである。

一九四〇年一二月一六日から一九日まで上海事務所調査室において抗戦力調査委員会第三回報告会が行われた(113)。中西功が過去の調査成果と今後の問題に関する総括的報告を行い、他に西北ルート、西南ルート（ビルマ経由の中国援助）の問題、重慶政権の金融・農業・鉱工業建設・商業、八路軍実地調査、八路軍の政治経済政策、国際情勢、英米独ソの対中政策など、国共両勢力の活動状況を包括的に調査した結果を報告している。しかし、四〇年度の抗戦力調査委員会の報告は中国に関わる一部が残されているだけである。[114] さらに一九四一年度には上海事務所は支那抗戦力調査の基幹部分の調査として「奥地支那政治経済の動向調査」を行うことを業務計画にうたった。[115] その後、調査部の綜合委員会第二委員会を抗戦力委員会とすることを四一年一月末の業務担当者会議で決定しているが、[116] この第二委員会は最終的には設置されなかったことは、すでに触れたとおりである。ただし、抗戦力委員会は設置されて、その後四一年三月に作成された「奥地支那政治経済動向に関する調査運用要領」にもとづいて四一年度の抗戦力調査が行われた。[117] その基本的目標は、中国の経済・政治動向を調査することとし、当面の中心テーマを、中国奥地経済の再生産構造の特質とその戦時経済政策との関連を究明すること、中国経済の弱点を明らかにすること、重慶政権の物資自給状況の解明、戦費の負担と経済との関係を追究すること、の三点としていた。[118] その後同年九月二四日から二六日まで上海事務所において調査部の関係者、南京総軍（支那派遣軍）から参謀が参加して、第四回中間報告会が開催された。そこでは、抗戦力調査北支部会の強化のために、一〇月末北京で打合会を開催することを決めている。[119] この中間報告会では、重慶政権の鉱工業、農業、交通建設、財政、西南貿易、商業について、また、列強、華僑の重慶政権援助、西北ルート問題、晋察冀辺区での中共の農業政策などが報告された。さらに、第四回中間報告会での決定を受けて、一〇月二九日から一一月一日まで北京で西北調査合同研究会が開催された。報告内容は、独ソ戦後の外モンゴル情勢、ウラル政権の経済力、金融・財政からみた重慶政権の経済力、西北における工業建設、奥地建設、西北ルート問題、欧州大戦を中心としてみた日米関係、上海経済の孤島化と重慶政権の抗戦力である。[120] しかし、「大東亜戦争」開戦直前の一一月二二日から二五日に行われた業務担当者会議では、資料入手難のために調査が次第に困難になってきていること、また実態調査を行うには制約があること、中国社会経済に関する理論的研究が不充分であること、戦時経済調査や世界情勢調査との関連づけが不充分であるなどの課題が掲げられている。[121]「大東亜戦争」開戦以降は情勢に対応する調査の必要性が強まったため、四二年一一月に決定された「調査部運営方針」において、抗戦力委員会は解散した。[122] 後に改めて触れる「中共諜報団事件」や「満鉄調査部事件」などで、関係する調査員が検挙されたことによる方針転換であったと考えられる。一九四〇年度以降の抗戦力調査は、軍と密接に関わって行われたこと、さらに中西功など中心メンバーが検挙されたために報告書は処分されたと考えられ、中国に関わるものをのぞいて残されておらず、調査結果は明らかではない。

(四)　物量調査

次年度のことになるが、一九四二年度の綜合調査の一つとして、それまで行われていた重要物資需給調査、自給力調査、主要工業立地条件調査、主要企業条件調査を統合した物量調査が計画され、一九四二年五月二五日から三日間、物量調査打合会議が開催された。この調査は、対米英開戦と東南アジア占領による「大東亜共栄圏物量調査」として計画されたものである。すでに前年度末に調査部は『東亜共栄圏物資提要』を編纂していたが、[123] その改訂をめざしたものである。戦時下の「大東亜共栄圏」における重要物資・資源について需給状態を調査し、それらについて「圏内」各地域間と第三国間の相互依存関係を明らかにすること、とくに衣料、食糧、重化学工業製品の主要なものについて、資源・生産条件を技術、副原料と関連物資について明らかにし、大東亜共栄圏資源自給方策の確立をめざすものであった。第一種物資八七品目について、生産量と貿易量を調査し図表化する。また、第二種物資として、第一種物資中で、とくに戦時重工業の自立性確立と「南方経営」に関連して海上輸送に特別の考慮を図る必要のある一六種の物資について、「東亜共栄圏」を通じて原料から製品までの生産条件を含めた一貫調査を行い、過去および将来のバランスを究明し、「大東亜重要物資提要」を編纂するとした。[124] しかし、物量調査の対象品目のほとんどは、軍用資源秘密保護法の対象であり、資料の性格から、企画院や軍からの依頼調査の形をとらないかぎり実施は不可能であった。こうした資料的制約を打開するためには、国家的調査機構の確立が必要であるが、その確立は困難であるために、全体としては海軍省依頼の自給力調査として行い、同時に各地の軍ないし興亜院の諒解をえて調査を行うこととした。最終的には、海軍省の諒解が得られたため、「自給力調査」の継続として行われた。[125] なお、物資自給力調査は、前年度は海軍依頼ではなく、調査部独自の調査として軍の協力を得ながら行うとしていたものである。

また、物量調査と密接に関わって、「日満支」および南方地域を対象に、鉄道、港湾、海運を対象として、東亜戦時交通動向調査と戦時交通動態調査がやはり一九四二年度に行われている。この調査は、鉄道総局調査局調査課を中心として、船舶不足を原因とする海陸輸送力の逼迫が日本の戦時経済の隘路となっていることを解決するために、海陸輸送の整備拡充方策の確立をめざして行われた。[126] 物量調査、交通調査は、「日満支経済ブロック」、また「大東亜共栄圏」内でのアウタルキー確立のための条件を探ろうとするものであった。調査部が行った国策調査として重要なものであるが、軍に協力して行われたために、その内容は明らかにはできない。戦時経済調査も含めて、調査部が重要であるとみなしたこの時期の調査はすべて戦争と密接に関わるものであった。

なお、一九四一年七月の関特演では、第三調査室や新京会メンバーが関与している。[127]

四　一九四二年度の戦時経済調査

(一)「大東亜戦争」開戦直後の調査部運営

「大東亜戦争」開戦直後の一九四一年一二月一一日と一二日に業務審議委員会（それまでの主脳者会議にあたる）

が開催された。田中調査部長はこの会議の冒頭で「今次の大東亜戦争は戦ひそのものとしては憂ひなかるべきも敵国の態勢は経済圧迫により我が国が自ら弱るを待つ如きものたるべく」として、「綜合的調査研究は依然根幹たるべく併せて臨機的に各方面の要請に応ずるの要あらん」と述べている。(128) 対米英開戦に対応して調査方針の修正を迫られたのである。業務審議委員会は、「調査部は其の国策性に鑑み、今次戦争に際し従来に倍し国家機関に対する協力を強化す」として、調査部幹部の心得として、次の各項の申し合わせを行った。㈠調査部運営の基本方針は、綜合的調査研究に重点を置くが、具体的実践的成果によって時局の要請に応えるように努力すること、㈡現地軍や興亜院など国家機関との連絡をこれまで以上に強化し、その要請に応じた調査を行うように特別な努力を行うこと、㈢南方・北方についても、余力のある限り調査部の蓄積に応じて協力すること、㈣国策への協力は、調査研究機関としての本質に沿い、なるべく組織体として活用されることを原則とし、調査研究以外の業務に個々別々に流用されることは努めて避けること、㈤時局下、今後制約が増加すると考えられるため、業務の敏活かつ能率的な運営を図るため、業務の合理化、人材の活用をはかり、国策への貢献に最善の努力をなすこと、の五点である。(129) このうち、㈣は、関東軍や軍中央の「要望」をいれて、前年度においてすでに決定されていたことであるが、(130) 現地軍の参謀から直接に依頼される調査や調査業務以外の仕事で調査員を依頼機関に送り込むことを避けることをさしている。企画院、参謀本部、各地の軍への人員派遣・調査協力が増加したことも特徴の一つである。

これらは、一部修正のうえ「業務審議委員会申合処置要領」として文書化された。(131) そこには、以下の点が掲げられている。㈠綜合調査のテーマ選定、成果取り纏め、それを政策機関に持ち込むに際して、具体的実践的に直ちに利用しうる内容と表現をとること、㈡各現地調査組織は、それぞれ綜合班、情勢分析班、企画班などの活動を行う調査員を定め、国家機関の緊急の要請に応ずる体制をとること、㈢物量調査、資源調査に対応できるように本部機構を整備し、現地調査機関はそのために必要な人員を割き、全機関の統一的調査を行うこと、㈣国家機関との連絡には代表者の派遣・嘱託などによって行う体制をとる、㈤第三調査室、東亜経済調査局の現有職員だけではソ連極東調査、東南アジア調査は困難なため、人員を重点配置し、必要な場合には調査部外の人材の活用も考慮する、㈥調査部本部機構の統合調整を図る、㈦業務班的活動を各現地調査組織は確立する、㈧業務上必要な場合には、現地調査組織の主任クラスの人員を室付とし、あるいは本部に配属させる、㈨調査部本部部付、現地調査組織から本部に配属された者を、部門別緊急調査、資料活動、物量調査、現地機関の応援、南方・北方調査への動員要員とする。㈩資料活動の強化、㈩一思想及び防諜対策の立案、など一一項目の具体的処置である。㈢の物量調査・資源調査はもともと海軍からの依頼による、「大東亜共栄圏」内の物資自給のための調査であった。㈣は、軍政府機関との関係をこれまで以上に重視しようということであり、㈤については、南方調査班が編成派遣されている。㈥から㈨は、本部機構の縮小による調査の統合調整機能の弱体化を現地調査組織側で補うための方策であった。また、㈩一の思想・防諜対策は、一般的には対米英戦争開始のためであるが、同年一〇月のゾルゲ事件での尾崎秀実の検挙、綏化合作社事件による調査部関係者の検挙などの影響があった。情勢の急激な変化に対応する社内検閲を資料課と東京調査室が担当することも決定している。こうした方針は「大東亜戦争」開戦後には、一九四〇年度に主張されていた軍と一線を画す調査姿勢は保ちえなくなったことを示している。「大東亜戦争」に対応する体制を整えることを調査部は志向せざるをえなくなったのである。ほかに、『満鉄調査月報』の編集方針を、㈠主として公表しうる研究的部門を代表し、㈡調査の実証的歴史的理論水準を高める、㈢読者層は、調査部内外の満洲、中国の社会経済の研究者を対象とする、㈣編集体制の強化など、九項目をまとめている。これらの内容は、この会議に先だって一一月二二日に行われた業務担当者会議での議論(132)とほぼ同一内容であり、その部内での徹底を図ったものである。

さらに、田中調査部長は、業務審議委員会の翌一三日に「大東亜戦ニ際会シ調査部ハ益々本来ノ使命達成ヲ要請セラル。各員其ノ職域ニ於テ最善ノ努力ヲ盡サレムコトヲ望ム(133)」との訓示を発した。

㈡　一九四二年度戦時経済調査をめぐる諸議論

上述した一九四一年一一月二二日から二五日に開催された業務担当者会議は、四一年度の戦時経済調査の進行状況について次のようにまとめている。㈠戦時経済調査は高度の調査であり、高い理論的水準が必要であるが、調査部の現状では、こうした要請を満たす条件を欠くこと、㈡地域的差異にもとづく調査水準の相違があり、とくに華北・華中での調査の蓄積が低いこと、また日本の支配地域での支配の強弱によって政治的要請が異なること、㈢各地での資料的制約が増大していること、㈣各地、部門間の連携が不十分であること、㈤とりまとめの中心的機能が欠如していること、とくに東京支社調査室が戦時経済調査の中心となるはずであったが、その体制整備が不徹底であったこと、㈥調査計画要綱の作成に長時日を要したこと、これらがこの年度の戦時経済調査の欠陥であったとして、その対策をあげている(134)。しかし、これらの欠陥は、戦時経済調査の開始時点ですでに明らかになっていたことであり、ほとんど改善されないまま、調査が推移したことになる。

一九四二年二月一〇日綜合課は廃止され(135)、新たに設置された総務課の一係とされた。本部業務機構の簡素化の一環であった。三月一二日から三日間業務審議委員会が開催された(136)。この会議では、まず四一年度戦時経済調査の仮報告が行われ、その後各地と大連の調査担当者から四一年度の業務についての一般報告があり、前年一二月の業務担当者会議で決定した申合せの各項についての点検とその後の調査実施経緯が報告された。東京支社調査室は、「大東亜戦争」の開始にともなって、調査の重点を日本と大陸および東南アジアとの関連の究明にあてること、調査の結論が直接政策に取り入れられるように結論を取りまとめること、世界情勢調査は調査方針を変更し、米英独ソの主要国の経済の基礎的調査を行うこと、軍、興亜院、企画院などからの調査協力依頼、情報の収集などに調査の比重が移りつつあることなどの現状を述べている(137)。ほかに、各地調査担当者から、東南アジアへの調査員派遣、各地の情勢分析機能の強化、東京支社調査室世界経済班における米国その他の主要国の経済力・抗戦力の基礎調査の実施など、「大東亜戦争」勃発後の情勢変化への対応が掲げられている。また、一九四二年度の調査部運営方針、定員、予算関係を決定した。

この業務審議委員会では、戦時経済調査について次のような議論が展開された。まず、宮本通治上海事務所長は、「今日に於ては盲目的に、又は過去に於けるが如き個々の課題に就いての調査は成立し得」ないとして、調査の綜合、ある程度の視角の統一は必要であるが、現地での調査はその大枠から逸脱しない限りは自由とし、調査実施計画も現地に一任すべきであり、現地で必要とされるものを実態調査によって把握することを調査の中心とし、綜合はそこから得られた材料によって本部あるいは東京で適任者が行えばよい。調査部は綜合調査以外の調査によって国家に寄与し、それによって調査部の国策性と政治性を満たすべきである。調査部の国家への最大の貢献は、現実に生起している事態に関する基礎資料の収集とその適宜迅速な整理提供に重点をおくべきであり、綜合は「国家の有能なる官吏その他に依て為さるべし」と、綜合調査の見直しを提起し、上海では、華中の軍官の政策に役立つことを主眼とし、そのために現実に起きている事態の把握に努めているとした。[138] また、高田精作鉄道総局調査局長も、ほぼ宮本上海事務所長と同様の見解を述べたあと、「綜合調査を一枚看板とし、又結論を早急に持出す事の危険なる事の判明せる今日に於ては、戦経（戦時経済調査のこと――引用者）を現在の如き筋のみで提出する事なく、今迄の調査は予備調査と見做し、完成せられたる確実なる資料を蒐集補遺しさらに掘下げの上取纏むれば国家に大なる貢献を為し得ると信ず……」とした。[139] これらの見解は、一九四一年の企画院事件、合作社事件、[140] ゾルゲ事件など相次ぐ「不祥事」による調査部員の検挙と、「大東亜戦争」開戦にともなう対策を要求するものであった。

これらの議論を受けて、押川一郎調査部次長は、綜合調査の結果が調査部全体の唯一の意見ではないとして、調査部の任務は「大陸竝南方諸地域の現状を明白にするにある。実態把握を重視し、綜合はこの上にのみ築かるべき事はもとよりなり。但し企画院をはじめ政府各庁はその日の実務に多忙にして、大東亜全域に亙る構想等は比較的に熟慮の余裕なき現状に鑑み」、調査部は各地実態調査を綜合のうえ取り纏める必要がある。「綜合調査は十六年度の経験に鑑み共通の視角より一層精力的に部門別調査を遂行し、その成果を以て具体的に国家機関に寄与すると共に、全調査成果を綜合的に判断し、全調査活動の一段の深化と連絡を計り、併せて国家機関の施策に資するものとす」[141]とし、綜合調査の必要性を強調している。しかし、この押川次長のまとめは、「大東亜戦争」の勃発と、調査部に大きな衝撃を与えた尾崎秀実の逮捕、相次ぐ調査部員の検挙を契機として、満鉄調査部は戦時経済体制樹立への直接的な協力を掲げざるをえなくなり、綜合調査も「大東亜戦争」の進展にあわせて変質を迫られたことを明らかにしている。

さまざまの議論がありながら、戦時経済調査は一九四二年度も行われることになった。ところが、新年度早々の四月中旬に北支経済調査所が作成した「戦時経済調査と満鉄調査部の立場」と題される文書が、五月四日から東京で開催された戦時経済調査委員会幹事会に提出された[142]。本文書は、四〇年度以来二年間にわたって調査部の全組織を動員して行われてきた綜合調査の全面的な見直しを主張するものであった。これは、先に見た三月の業務審議委員会で宮本通治上海事務所長、高田精作鉄道総局調査局長などが主張した内容をさらに明確に述べたものであった。

北支経済調査所の見解は次のようなものである。戦時経済調査は「日満支」の再生産の全過程を統一的に把握することをめざしたが、このような調査は「民間調査機関」である満鉄調査組織の能力の限界を超えている。なぜならば、㈠仮に満鉄調査機関が国策調査機関として国家的に活動が承認されて一切の統計数字を入手しうる場合でも、これらの統計数字は、経済各部門の有機的連関を考慮して作成されていないために、それらを統一して理解するためには、組み替えに莫大な手数を要する、しかしそれは民間調査機関の力では不可能である、㈡満鉄が国策調査機関として綜合調査を主張しても、政策担当機関と部分的に関係を持ち、部分的な了解にもとづいてデータを入手しうるだけであり、それでは綜合調査の取り纏めには不十分である、これらの限られた数字をもって再生産の総過程を把握しようとしても、現実とはかけ離れた結果となりかねない、㈢現地調査機関として戦時経済調査への参加は困難になっている。戦時経済調査は、現地では、軍嘱託という身分によって初めて可能であり、必要資料の入手もこのルートを通じるしかない。しかし、軍は、戦時経済調査に掲げるような課題を満鉄調査部のような民間調査機関が行うことを好まない傾向がある。こうした調査を行うためには、軍嘱託となる必要があるが、そのためにも軍の望む具体的政策に結びつけて課題を設定する必要がある。また、戦時経済調査に必要な資料の重要部分は軍から特別の関係を利用して入手しえたとしても、部内の調査関係者にさえ伝えられない場合がある、こうした状態で戦時経済調査を行うことは、調査員の負担を増すだけでなく、思わぬ犠牲者を出すことになろう、こうした限界を考えると、満鉄調査機関が行う綜合調査は、現地調査によって明らかにできる基本的な条件と経済の諸部門あるいは他地域との関係の解明であるべきである。華北では、戦時経済が要請する研究課題は、㈠鉄、石炭、塩など重化学工業原料部門の増産のための労働力の再編成とその過程、㈡棉花増産と食糧自給、㈢中国共産党の政策と工作を華北社会の特質との関連で解明すること、㈣華北経済再編成のための民族資本の分析、などに設定されるべきである。戦時経済調査がめざす「日満支」の再生産過程を統一的に把握することの必要性は今後さらに強まると考えられるが、これらの点を調査するためには、国家機関である綜合調査機関の確立が必要であり、民間調査機関である満鉄調査部は、本来そうした機関を補完する掘り下げた調査を行うべきである。ただし、国家的調査機関が未確立である現在は、満鉄調査部がそれを行う必要があるが、その場合にも、少数の人員の参加に限られるべきであり、国家機関を代行すべきではない。これらが北支経済調査所の主張の要点である。

こうした北支経済調査所の主張は、満鉄が華北で本格的な調査活動を開始してさほど年数を経ておらず、蓄積も少なかったこと、また華北が日中戦争の第一線にあるという特殊性によるものであったといえるが、しかしこの主張は、戦時経済調査を実質的には行いえないとする調査部内外の動向の反映でもあった。調査部の業務機関誌である『部報』第一六号の巻頭に、こうした見解が掲載されたことは、調査部が綜合調査方針の修整を試みようとしていることの表れであった。こうした綜合調査に対する批判は、一九三九年の鈴木小兵衛による批判にはじまり[143]、インフレ調査の過程でその実施が困難であることが次第に明らかになるにつれて強まった調査部内のさまざまの綜合調査批判の主張を集成したものであり、拡充調査部が当初の調査理念として掲げた「綜合性」、「現地性」、「国策性」のうち、「綜合性」が不可能であるとするものであった。こうした見解の背景には、対米英戦争の開始と日中戦争の膠着化によって、戦時経済に関わる資料を軍から入手することが困難になってきたこと、そして治安弾圧の強化があった。北支経済調査所の主張にあるもう一つの論点は、国家的調査機関の設立の主張である。これは、前年度に、興亜院の「対支調査機関構想」に対して調査部綜合課が行った主張を否定するものである[144]。「民間調査機関」としての満鉄調査組織の主体性を主張しながら、国家的調査機関の必要性を強調したのである。これもまた、前述したように調査をとりまとめるためのデータの入手が次第に困難になってきたことの反映であった。なお、国策調査機関設置問題については、別に論じたため、ここでは触れない[145]。

(三)　一九四二年度戦時経済調査の実施

一九四一年一二月二六日調査部綜合課は各地調査組織に対して、翌四二年度の調査業務計画の提出を要請した[146]。その後、何回かの会議と草案の作成を重ねたあと、四二年三月上旬に「十七年度綜合調査要綱案」の原案が完成した。ゾルゲ事件による尾崎秀実検挙の責任をとって一九四二年三月一五日、田中清次郎調査部長は退任し、山崎元幹副総裁が調査部長事務取扱に就任した。そして、上述したような北支経済調査所の批判はあったが、四二年五月六日の戦時経済調査委員会幹事会は「昭和十七年度戦時経済調査要綱」を決定した。そこでは、調査目標を「東亜共栄圏に於ける日本重工業確立を中心とする経済建設の基本的具体的条件の検出」とし、(一)「重工業の確立を中心とする日本戦時経済の発展過程と之に副へる大陸及南方諸地域の役割の検討」、㈡「東亜共栄圏内各地に於ける経済社会の構造的特質竝之に規定せられる各地域経済建設協同者及対抗勢力の検討」としている。[147] すなわち、日本の戦時重工業確立のための日本経済の再編成、日本が支配するようになった東南アジア諸地域の資源の有効な調達、日本軍占領地域の傀儡政権を強化するための方策、そして中国における日本側の対抗勢力である国民政府および共産党支配地区の分析をめざすものであった。なお、四二年度の戦時経済調査の必要性と調査項目を対外的に説明するために「綜合調査の統一的理解の為の説明」が作成された。[148] そこでは、四〇年度のインフレ調査では「日満支インフレーション」の抑制方策を検討し、四一年度の戦時経済調査である重工業自立性調査はその調査目標を「東亜共栄圏」のアウタルキー確立のために、「日満支に亙る日本重工業確立の為の基礎条件の検出」をめざしたとし、以下のように四一年度までの綜合調査を総括している。四一年度の戦時経済調査は、「日満支」経済の構造的特質を分析し、日本経済が自らの再編成とあわせて、「満支」経済をどのようにして日本の経済体制に包摂するか、そしてそれにもとづいた日本重工業の自立性確立をテーマとしていた。四一年度の戦時経済調査で明らかにされた諸問題は、国内では中農を中心とする農業関係の検討、中農成立に対応する資本の性格、公企業と民間企業との結合、満洲では、大家族制と大農経営との関連、華北では労働形態および労働の農村との結合、華中では日本財閥資本の機能とその活動方向などであるとされている。また今後新たに検討されるべき課題としては、華北における共産軍の農業政策とこれに対抗して行われるべき農村の再編成、華中では汪精衛政権成立にともなう経済の再編成、南方の日本政治経済への貢献、そのための東南アジア華僑の活用、中国共産党対策などである。[149] 要するに「大東亜共栄圏」に対して「日満支」の各地域がどのように対応できるのかという面からたてられた調査計画であった。

これに対して、四二年度の戦時経済調査は、㈠重工業確立を中心とする日本の戦時経済の発展、そのための大陸と南方諸地域の役割、㈡「大東亜共栄圏」における経済建設の基本的方向とその担当者の検討を重点としていた。[150]「大東亜戦争」の開始にともなって、「大東亜共栄圏」の確立に向けての目標を設定したことが特徴である。

一九四二年七月一六日と一七日の両日、部内各機関の首脳者の懇談をかねて、臨時業務審議委員会が開催された。山崎部長事務取扱は、そこでの挨拶で「最近の部を繞る内外の情勢は極めて多事にして、部の動向竝諸成果は諸々の意味に於て注目せられあり。部の調査活動も諸般の制約を受け、一般的に従前の如き機能の発揮は困難となりつゝあるが、……困難なる局面に対しても萎縮沈滞するが如きことなく」、「各地機関の連繋を密にして」、「国家的公器たる調査部の使命達成に邁進」すること、特に留意すべき点として、「(1)調査成果の発表乃至機密資料の取扱に厳密に注意すべきこと、(2)調査部員の公私に亙る不断の指導誘掖を適切ならしむるため各級上司の善処工夫を期待すること、(3)社外との連繋に劣らず、社内会社幹部竝他箇所（とくに社内の企画部門――引用者）との連絡を一段と強化すべきこと」の三点をあげている。[151] 情勢の緊迫と調査部関係者の検挙が続く中での、調査部内の重苦しい雰囲気を反映する挨拶であった。この会議では、物量調査についてまず議論したあと、情勢分析（経済動向調査）では、軍事・政治には触れず、経済の基本動向あるいは経済上の主要問題に対象を限定すること、慣行調査はこれまでどおり十年計画で実施するが、会社幹部の認識が十分ではないので、社外発表に先立ち経過報告あるいは調査報告会を社内で実施すること、「大東亜共栄圏」内の民族問題調査の企画を調査部本部で行う、人的資源の国家的立場における総合的配分計画による調査部内の人材養成につとめることなどの議論が行われた。[152]

一九四二年五月に開催された四一年度戦時経済調査の東京報告会を契機に、北支経済調査所など調査部内で提起された戦時経済調査の方向性に関するさまざまの議論を整理して、綜合調査の功罪を調査部自身が評価した文書が、一九四二年八月に総務課によって作成された。「綜合調査（旧戦経調査）に関する諸意見覚書」である。[153] まず、「最近の調査部を繞る困難なる内外情勢」における綜合調査の役割と効果について、(一)従来の孤立分散的調査課題の設定、非有機的な業務の遂行と結論の統一の困難を排し、有機的に連携させたこと、(二)調査部のあらゆる部門での連携と組織化に寄与したこと、㈢調査部全体としての調査水準を向上させたこと、㈣四一年春の北支那開発株式会社調査局の成立と同年一月の関東軍の要望による調査の満洲重点主義の強調を契機とする調査部の地域別への解体、現地調査機関化を阻み、「日満支」にわたる統一調査機関として存続させると共に、綜合的な調査立案の必要性を認識させたこと、としている。他方、調査実施上の困難については、以下のように述べている。㈠戦時経済調査は重工業を中心に日本と大陸の間の負担の転嫁関係とその矛盾を検討したが、これは、民間調査機関の限度を超えた課題であった、とりわけ官庁資料の入手と利用が「大東亜戦争」勃発以降困難になってきたために、「支那関係調査機関」においては調査が困難になってきていること、こうした調査は国家としては必要なものであるが民間調査機関である満鉄調査部の限界を超えるものであることなどがあげられている。また戦時経済調査の取り纏め機関であった東京支社調査室では、中国現地の調査の基礎の上に立つことが不十分であったこと、日本に関する調査も既存の日本研究の蓄積の継承と社外機関の成果の摂取の面で不十分であった。㈡総括・結論での対策が抽象的であり、政策担当者の要求と一致していなかった。また、現地調査組織では、当面の施策のための調査、具体的な政策についての意見を求められる傾向が強く、中央では現地の経済社会の基本的把握を求めるという乖離があること。㈢現地調査組織では、調査実施・資料入手の必要性から、軍に協力して政策立案に直接関わる調査に応ぜざるをえないことが多いこと、㈣調査成果報告上注意すべき点として、提出の相手に応じた成果の組み替え、個々の具体的成果の報告、社外関係機関に対する報告の必要性、具体的な成果を直接関係する政府関係者に報告することをあげている。

そして、今後の綜合調査の方向性として、㈠日本でも中国でも、戦時下の民間調査機関として日本の主体的条件を調査することは困難であるため、中国経済社会に重点を置き、日本と中国の関係を研究し、調査の視角と狙いの統一を図り、総合的判断を行う、㈡政策担当者との分野調整のために、国家的必要を解決するための国家的調査機構、とくに調査行政機関の実現を促進し、調査部による中国経済社会の調査と相互補完関係をもたせることが重要である、

㈢中国現地の調査組織では、民間調査機関としての制約を持つ調査部の限界を超えた立案を要請されることもありうるが、この場合には、そのための身分保障を必要とする、という三点をあげている。

これらは、各現地機関における調査の問題点と、綜合調査の功罪をまとめたものである。しかし、すでに見てきたように、綜合調査そのものについて、すでに部内においても反対意見が強く打ち出されるようになっており、また実際には、各現地調査機関が現地軍に要請されて行う独自の調査を「現地主義」として追認せざるをえなくなっていた。しかも、ここであげられている綜合調査の効用の多くは、調査部内の統一という観点からのものであり、綜合調査が、事態の「本質的究明」をめざしたことについて、そのような調査が困難になってきていることに触れているが、それらの困難を打破するための具体的な対応策は打ち出すことはできなかった。この文書は、戦時経済調査について調査部の総括をめざしたものであるとされている。しかし、前述した内容に明らかなように、綜合調査の状況に応じた変化を求め、国策に対応すべきであるということを示しているだけである。調査部を取りまく状況はそこまで困難なものとなっていた。

五　「満鉄調査部事件」

㈠　事件の衝撃と影響

一九四二年九月一日付けで新京支社調査室は、新京支社調査局に拡充された[154]。関東軍の要求に応じたものであったと考えられる。その直後、九月二一日調査部の業務の中心にあった部員二四名が関東憲兵隊に検挙された。さらに、その後六名が検挙され、検挙者は合計三〇名にのぼった。この検挙は、一九四一年のゾルゲ事件、合作社事件、企画院事件、四二年六月の中共諜報団事件[155]に続くものであった。翌四三年の第二次検挙でさらに一四名が検挙され、中間検挙を含めると検挙者の合計は四四名となった。いわゆる「満鉄調査部事件」である。この「事件」は調査部の活動に決定的な打撃を与えた。第一次検挙の後の調査部内の混乱と動揺、直後の処置については、当時調査部総務課長であった枝吉勇が詳細に述べている。[156]

「満鉄調査部事件」の発端、経緯、満鉄調査部の調査のいかなる点が「事件」とみなされて立件されたのか、取り調べ状況、そしてその満鉄調査活動に及ぼした影響などについては、関係者の証言がいくつかある。[157]関東憲兵隊の編纂した資料[158]と関係者の証言とでは食違う点も多いが、それらによって事件の概要は明らかになる。関東憲兵隊がなぜこのような事件を立件したのかについてもさまざまの推測がある。[159]また、残存する調査部事件の調書が公開されたことにより、被検挙者の調書の一部が明らかになった。しかし不明な点も多い。しかも、官憲の記述、とりわけ調書は強制によって聞き出されたものであり、この「事件」自体がフレームアップである以上、関東憲兵隊の資料については、特に慎重な吟味が必要であろう。[160]

「満鉄調査部事件」前後に調査部内には綜合調査からの撤退に向けての準備を進めようとする動きがあった。一九四二年一月調査部総務課長となった枝吉勇は、四一年一二月、戦争が開始された場合には綜合調査は状況に対応できるように引き締めるときであろうと考え、「時局に対応する満洲の開発と満鉄自身のより深い分析研究を指向」しようとした。[161]すなわち、満洲研究と社業調査に特化しようとしたのである。また、四二年秋の第一次検挙のあと、石堂清倫は押川一郎調査部次長の求めに応じて、第三調査室は関東軍に、第四調査室は満洲国に移管し、研究図書館的機能を持った基礎調査部門だけを残すという調査活動の方針転換を提起した。[162]これらの提案は、相次ぐ調査部員の検挙に対応して、社業調査と基礎研究に調査活動を限定しようとするものであったが、枝吉も石堂も第二次検挙で検挙されており、いずれの提案も一九四三年に、「満鉄調査部事件」の後始末の意味合いも含めて改組された調査局の設置まで実現をみていない。

「満鉄調査部事件」においてあらわになったことに、いわゆる「経調派」と「資料課派」[163]の対立がある。調査部拡充を行い、綜合調査を主導したのは、経済調査会時期に満鉄に入社した調査部員であり、綜合課や各地調査組織の業務係の主要な地位を占めていた。彼らは経調派とされた。一方調査部拡充前後に調査員の充足のために多数の前歴者（転向したマルクス主義者）が採用されていた。彼らは国内での共産主義・社会主義運動に対する弾圧によって転向した者が多く、なかには綜合調査に批判的な態度を取った者があった。彼らは主に資料課に所属していたために、資料課派とされている。経調派とは経調時期に大上末廣の影響を受けた、松岡瑞雄、渡辺雄二、野間清、三輪武などであり、彼らは綜合調査を推進する業務係系統、すなわち満鉄調査組織運営の中心にいた。これに対して、資料課派とは、途中入社の石堂清倫、野々村一雄、嘱託であった鈴木小兵衛らである。資料課派とされる人々は綜合調査のような軍の意向に迎合する結論を導き出さざるをえない調査は最小限にとどめ、危険性の少ない基礎的調査に向かうべきであると主張し、綜合調査の中止を求めたとされる[164]。綜合調査に対して冷ややかであったといえよう。他方経調派と目された人々を中心に、調査部内には理論的な問題も含めて対立というほどのものはなかったとする見解がある[165]。この対立が実際にはどのようなものであったかは明らかではないが、相当厳しいものであったことが当事者の回想に示唆されている[166]。満鉄マルクス主義をどのように見るのか、また経調派と資料課派の関係をどのように位置づけるのかは、戦前期の日本の共産主義運動やマルクス主義をどう見るかとも関連しており、さらに調査部内の人的関係を含めて錯綜した複雑な問題をはらんでいる。

一九四二年一〇月三日付けで、内容は不明であるが、調査部長訓示が出された[167]。「満鉄調査部事件」に関連したものであったと考えられる。同月一三〜一五日の間、当初予定から一ヶ月近く遅れて綜合調査中間打合会が開催された。この議事録の「まえがき」では、「内外の事情により約一箇月遅延」したとされており[168]、「満鉄調査部事件」の第一次検挙があったために遅れたものであった。この会議では、各地からの調査進捗状況の報告の後、「満鉄調査部事件」以後の状況を踏まえた「調査部運営方針に就て――覚書――」(169)を枝吉勇総務課長の責任において提起し、今後の方針については、これを踏まえて一一月の業務審議委員会で決定することとした。(170)本文書は、「社業、北方、地質関係諸調査は支障なく既定方針通り実施され得る」としており、(171)今後の調査方針の討議資料として、綜合調査、社会科学的調査の全面的見直しを図ろうとするものであった。そこでは、調査部運営上留意すべき点として、次の五点が掲げられている。(一)綜合調査の建前は堅持する。調査部は満鉄に基礎を置く民間調査機関であり、戦時下では調査活動に一定の限界があるが、「大東亜」各地に調査網を持つ調査部は、その組織を有機的に連携させ、国家的必要に協力する。このため、現地調査組織の調査蓄積を基礎として、全調査項目にわたって、「日満支」と南方の綜合的観点に立つ視角の統一を行う。(二)日本の条件の解明を行うことは、現下の情勢では国家権力、すなわち軍に裏付けられない限り不可能である。このため、中国および東南アジアの経済社会の実態を明らかにする調査に重点を置く。(三)調査の重点を、農村調査、石炭・鉄を中心とする鉱工業調査、労働調査、土着資本調査、慣行調査などに置き、その他の、金融などに関する部門については、上記の調査の遂行と綜合判断に必要な資料の整備活用の範囲にとどめ、調査の集中を計る。(四)専門部門の蓄積、エキスパート養成を計り、綜合機能は少数有能な調査員によって行う、(五)戦時下の現地調査活動は国家権力に裏付けられているため、軍からの調査依頼には応じるというものであった。すなわち、現地調査組織を動員するこれまでの綜合調査ではなく、各地の調査組織の現地性を生かしながら、戦時経済体制確立条件の調査ではなく、基礎的調査を中心とし、それによる軍への協力と調査の南方への転進を図ろうとした。ここでは、ソ連シベリア調査には特に触れていないが、それまでと同様に実施されていたことは改めていうまでもない。これらの方針は一九四二年度はじめに北支経済調査所が提起した調査方針転換をほぼそのまま追認し、具体化したものであった。軍と戦争への全面的な協力を余儀なくされたのである。

さらに、同年一一月二四、二五の両日、一九四三年度予算方針と「昨年来数次発生せる不祥事件に伴なふ内外情勢の変化に処し、今後の調査部運営を如何に調整すべきや」を議論するために、業務審議委員会が開催された。そこでは、四三年度予算と定員については、四二年度予算の枠内で編成し、激しい各地のインフレに伴う給与改訂の予算もその枠内でまかなうこととした(172)。さらに思想対策として、「日本的新理論体系」樹立を目指すこととし、新たに「部誓」を制定することとした。後に決定された「誓」は、「吾等は調査報国の至誠に徹し以て大東亜建設の礎石に任ずると共に会社使命の先駆に挺身せしむ」というものであった(173)。ほぼ、ここで定められた方針に従って、翌年度の調査は進められる。

一九四二年九月の「満鉄調査部事件」の第一次検挙のあと、調査部内では、基礎的調査部門を中心として、縮小・再建をめざそうとするなどさまざまの動きが見られるが(174)、実際には、これは民族調査室として部分的に実現しただけである。しかも、民族調査室はそれまで社会調査などを行っていた調査員の受け皿として設置されたものであり、調査の中心は社業調査とソ連調査になっていく。

相次ぐ調査部員の検挙、そして何よりも満洲国経済の悪化と中国戦線および東南アジア戦線における日本軍支配の拡大においては、軍の要求に従い、軍に協力することによって調査部を立て直すほか方法は残されていなかった。『部報』第一七号（一九四三年一月）は、四二年一二月の日付をもつ、ソ連シベリアを占領した場合の占領地統治を研究した新京会への満鉄調査部第三調査室・北方調査室の関与に対する「北方調査室業務に関する関東軍司令官の感謝状」、上海事務所情勢斑の支那派遣軍への貢献に関する支那派遣軍参謀副長の「上海事務所に対する感謝状」を掲げて(175)、調査部の方向が軍に支持されていることを示して、部内の動揺を防ごうした。それまで軍への協力に対する軍からの「感謝状」はいくつもあったが(176)、調査部の雑誌に掲載されたのは初めてのことであった。

さらに、正確な時期は明らかではないが、一九四三年五月調査局が設立されたあと、「調査部事件」の処理として、九名の職員が勤務地はそのまま調査局附とされ、調査業務から外され、また、出向中の五名については出向先での「善処」を要求することとした。[177] 四三年六月二日の重役会議において、「九・二一事件処理方針」を決定するとともに、事件に関連すると目される人員を総務局付とすることを決定した。この時点では、調査部の関係人員は一三名とされ、検察当局の処分決定は六月末頃と推測された。調査局の方針は、出来る限り自粛措置によって解決するというものであり、[178] 関東憲兵隊との交渉と取引が行われた。その結果、実際には、一九四三年の第二次検挙でさらに九名が検挙された。[179]

「満鉄調査部事件」の結果、検挙者以外にも四〇名にのぼる調査関係職員が、事務部門や鉄道現業部門に配置転換され、また社外機関に転出させられた。[180] 経調派とされた人々、資料課派とされた人々で検挙されなかった人も、調査部から排除された。[181] これには満鉄会社全体の思惑と、調査部と関東憲兵隊・検察との取引など複雑な動きがあった。

一九三九年から四二・四三年までの満鉄の調査活動はさまざまの矛盾と問題を抱え込んでいたが、満鉄調査組織の長い歴史のなかで、人員も予算も、さらに調査の内容もそのピークにあったと言っていいであろう。その調査部の崩壊は、日本国内の厳しい弾圧と取締が、戦局の悪化とともに満洲にも及んだ結果であった。

(二) 調査部の新方針

先にも触れた一九四二年一一月二四日、二五日開催の業務審議委員会では、新たな「調査部運営方針[182]」が申し合わされた。この方針では、「戦時下益々精神を作興し調査報国に邁進す」という精神規定を述べ、「国策的調査機構確立までは概ね現体制を維持し、国策及び社業に寄与する如く運営す。但し満洲に於ける調査活動の充実を第一に考慮す」とされている。これまでとほぼ同様の方針にみえるが、国策調査機関設立を前提として、各地の調査機能は大幅に変更された。大連におかれていた調査部本部機能を満洲国の首都であり、関東軍司令部の置かれている新京に移転し、調査部運営の中心として、企画統制促進連絡を中心任務とすることとした。実際にはこの移転は、四三年五月一日の調査局への改組に際して実施されるが、三九年以来の軍の要求がようやく実現することになる。新京支社調査室は昭和一七年九月一日新京支社調査局に改組され、(183) ㈠満洲社会経済の実態の綜合的、個別的究明と諸情勢の解明、国策樹立に必要な基本方向を提示するために、満洲国官庁との連携を強化する、㈡社業を規定する外部的諸条件と社業に関連する研究を行うこととした。このため大連の社業調査室を第二調査室として新京に移し、大連では、北方調査、地下資源調査、文化民族関係調査を行うために、大連調査局を設置するか調査部（本部）大連在勤とする。奉天の鉄道総局調査局は、会社企画機能に対応する社業の実態に関する調査、東亜交通体系に関する基礎的調査研究、その他交通一般に関する調査を行うこととした。これらはそれまでの業務をそのまま引き継いだものである。

華北、華中では、中国の社会経済の実態に関する綜合的、個別的究明と情勢に対応する調査、「支那慣行調査」、英米等の中国支配の実態に関する調査を行い、抗戦力委員会は解散する。東京支社調査室と東亜経済調査局は、中国と東南アジアに関する調査成果を政策担当者その他所要機関に提供連絡すること、日本の中国と東南アジア支配の基本動向についての調査と現地に対する問題の提示、日本における調査の動向とその成果の摂取および在京諸機関との連絡、南方諸民族と経済生活に重点を置く東南アジアの社会経済実態に関する調査、世界経済に関する基礎的調査、「東亜交通」とくに、東南アジアの交通に関する調査を行い、東亜経済調査局と東京支社調査室との統合調整を図る。また、業務審議委員会、綜合研究委員会、物量調査委員会、大東亜交通調査委員会、支那慣行調査委員会、社業調査委員会を設置するとしている。

鉄道総局調査局の昭和一八年度の調査計画によると、調査項目は、第一に経営企画調査として、満鉄諸企業間相互の依存度の分析、会社鉄道事業・北満江運・国内自動車路線の業態分析と収支、国民負担力と鉄道交通費との関連、建設改良補修における資材節減方策、道路負担金の供出効果、外国戦時鉄道調査、ソ連邦鉄道経営調査、国土計画と交通機関、旅客賃率の理論、戦時貨物賃率理論と実績、第二に交通体系調査として、大東亜交通動向調査、海陸一貫輸送方式、清羅線建設が羅津・雄基港に及ぼす影響と日本海ルートに及ぼす影響、南方交易趨勢、陸送転換輸送の影響、港湾統制の進展に伴う港湾運営、満洲鉄道網体系樹立、鉄道輸送体系再編成方策、第三に輸送量調査として、四四年度輸送量想定、四四年度月別輸送量想定、四三年度月間輸送量想定の実績との比較、四三年度線別輸送量想定、四四年度旅客線別輸送量想定、満洲における木材加工業調査、林業資本調査、戦時鉱工業製品の生産、農産物収穫高、農産物統制、など、第四に輸送力調査として、鉄道電化、木造船・機帆船建造、木材荷役など、の四項目を掲げている。[184] いずれも戦局の悪化にともなって満鉄が要請された課題であるが、これらは、調査局に改組された後奉天調査室において実施されることになる。

こうした組織替えは、「大東亜戦争」下の中国支配と東南アジア支配に対応する調査機能の大幅な改編であった。一九四三年度の調査局の組織がほぼこの時期に固められたとしてよいであろう。ただし、実際の四三年の調査組織は、関東軍からの圧力と満洲国経済情勢の悪化、満鉄の収支悪化のなかで、たとえば新京支社調査局の廃止など、さらに簡素化を図らざるを得なくなる。この点については次節で検討したい。

六　調査局

調査部は一九四三年五月一日調査局に改組され、本部機構の中枢は新京に移転した。四一年一月の関東軍の「要望」が最終的に実現したのである。この職制改正の目的を、大村卓一総裁の「訓諭」は「業務処理ノ徹底的簡素化ト企画統制力ノ強化ヲ企図シ依ツテ最効率的ナル人員ノ配置編成ト敏活強固ナル経営トヲ得」るためとしている。[185] 業務機構全般について簡素化を図るこの組織改編は、戦局悪化にともなう満洲国の経済状況の悪化にともなう収支悪化、太平洋・中国沿岸の制海権喪失による中国大陸から満洲国、朝鮮半島経由日本への軍需物資輸送である大陸輸送転嫁の増大にともなう満鉄社内体制の変更のために行われた。

『部報』第一八号はタイトルページに「今般会社職制改正ニ伴ヒ調査部ハ解消シ調査局ノ誕生ヲミタ。本号ハ調査部編纂ニ依ル『部報』ノ最終号デアル」(186)と記している。また調査局では『局報』を発行するとされている(187)。『部報』第一八号は、一九四二年一一月の「調査部運営方針」にそった内容であるが、「満鉄調査部事件」の影響を受けた、調査部の調査局への改組という状況を反映して、いわば調査部の残務処理としてまとめられたものである。その目次と内容は、以下のようなものである。「各地動向」として、鉱床地質調査室「調査部鉱床地質調査室昭和十七年度業務実績」、北方調査室「調査部北方調査室業務概要」を、また、「会議報」として、北方調査室「北方懇談会懇談要録」、総務課「満洲食糧問題研究会第一回委員会議事概要」、総務課「第一回畜産技術研究会議事概要」を掲げる。調査部第四調査室の後身である鉱床地質調査室の、「鉱床地質調査室昭和十七年度業務実績」では、江北炭田、鶴岡炭田、開灤炭礦などの鉱産資源調査の他に、海南島海軍特務部の依頼によって海南島調査に一二名の人員を割き、また新たに四二年一〇月以降東南アジアの軍政地区に九名の人員を派遣しているとされている。また「調査部北方調査室業務概要」は、満鉄のソ連調査の歴史を概観した後、関東軍に密接に協力して極東シベリアなどのソ連調査を行って調査員八六名を擁していた北方調査室の業務概要を紹介している。会議録では、社内関係箇所へのソ連関係情勢認識の徹底のために開催された北方懇談会、満洲国、中国の食糧問題を検討する満洲食糧問題研究会、軍需物資としての畜産技術改良のための第一回畜産技術研究会の議事などが掲載されている。

拡充調査部がめざした「綜合的・科学的」調査は、アジア太平洋戦争が苛烈化するなかで、「満鉄調査部事件」の形をとって否定され、さらに戦局に対応して満鉄の組織の再編が行われた。調査部は調査局に改組され、情報調査、ソ連調査、社業調査、自然科学・技術調査を中心に行うこととなる。調査部から調査局への改組は、満鉄全体の組織改編にともなうものであると説明されている。しかし、他面では、前節で検討した「満鉄調査部事件」の事後処理であった。

調査局は発足の前日、一九四三年四月三〇日新京から「会社職制大改革の要請に応じ調査局は全員一丸となりて『我等は調査報国の至誠に徹し以て大東亜建設の礎石に任ずると共に会社使命の先駆に挺身せむ』の誓の伝統的大精神を愈昂揚実践せんとす。各自は、其の本部《ママ》を恪守し、其の行動に於ては、公私とも満鉄人の模範たるべし。而して全員協力一致全調査機構の有機的運営に万全を期し、負荷の大任を完遂すべく、鉄石の決意を以て、五月一日新に於て堂々の新発足を爲さんとす……」という電報を現地調査組織に発信した。五月一日、内海治一調査局長、梅本正倫調査局次長、安盛松之助調査局参与、北条秀一調査局総務課長は、まず新京神社・忠霊塔に参拝、その後関東軍など関連機関に就任の挨拶をし、調査局結成式を行った。さらに五月三日大連の殉職社員記念碑前で同様の発足式を行った[188]。科学的調査を標榜した調査部は、発足に際してまず儀式を行わざるをえないほどに、厳しい情勢を迎えたのである。

調査局の設置に関連して、組織変更という点で重要なのは次の二点である。一つは、すでに前年一一月の業務審議委員会において決定されていたことであるが、会社創設以来大連にあった本部機能を新京に移したことである。もう一つは鉄道運営を行っていた鉄道総局を解消し企画局を新設し、これまで奉天にあった鉄道運輸部門と大連にあった調査部門を新京に移したことである。その結果、これまで社業調査を行っていた鉄道総局調査局は企画局と奉天調査室に解体された。また、調査内容については、基礎的調査部門を縮小し、社業調査、ソ連調査など軍と密接に結びつく調査に重点を置いた。

新設された調査局は総裁の直轄とされ、経済その他の調査研究ならびに社内調査、資料を担当することとした。調査局には、総務課、資料課、第一満洲調査室、第二満洲調査室、北方調査室、民族調査室、鉱床地質調査室の二課、五室がおかれた（表5-3参照）。総務課は、局内業務の統括、業務計画の企画と連絡および調整、社外機関との連絡を、資料課は資料の蒐集、整理、保管を担当した。第一満洲調査室は社業に関する調査研究、第二満洲調査室は、満洲における農業、工業および流通調査、北方調査室は北方（ソ連邦とくにシベリア）に関する調査、民族調査室は「東亜民族」に関する調査、鉱床地質調査室は、地下資源、鉱床及び地質に関する調査を行った。なお、民族調査室、鉱床地質調査室、第二満洲調査室の物量部門、北方調査室の一部は大連におかれたが、その他の部所は新京に移転した。[189] 調査局の管理下には、ほかに華北と西北辺境地域についての調査研究を行う北支経済調査所（北京）、北満農業と農産物に関する研究を行う北満経済調査所（哈爾浜）、蒙疆の一般経済調査を行う張家口経済調査所がおかれた。[190] また、東京支社調査室は廃止され、東亜経済調査局が存続した。[191] 東亜経済調査局は、世界情勢調査、農業・鉱工業・流通、交通関係資料の収集整理、他部局への調査成果の提供、東南アジア・西南アジアの政治・経済・社会、交通とこれらの地域に対する列強の政策についての調査を行うものとされ、東京支社調査室が行っていた日本の国内情勢調査は廃止された。また、調査部本部の新京移転により、新京支社調査局も廃止された。[192] 上海事務所調査室は、「中南支」とその隣接地域の交通・法制外事・経済・政治・社会・文化・農業・畜産・水産林業・鉱工業・商業貿易・金融通貨・財政・回教・華僑、辺境・慣行調査などに関する調査研究、資料を担当した。[193] 鉄道総局調査局は奉天調査室に改組され、総務局の管轄下におかれた。奉天調査室には調査課、資料課がおかれ、「東亜」と満洲の交通に関わる調査研究と資料を担当した。[194]

このように、調査部門は全面的に改組されているが、その特徴は、拡充調査部において行われていた綜合調査が中止されたこと、および人文・社会科学的調査部門が縮小され、社業調査など満鉄経営に関わる調査と、関東軍と密接な関係を持っていた北方調査・ソ連調査を中心としたことである。またこれまでの情勢調査は名称が社会の誤解を招くという理由で、動向調査と改称した。[195] これらは、アジア太平洋戦争において日本軍が次第に劣勢になり、「日満支経済ブロック」も先細りになるなかで、満鉄自体が満洲国に閉じこもる体制をとらざるをえなくなった結果である。また、現地調査部門は、現地軍、興亜院などと協力して、経済・産業・政治に関わる調査を行っている。

調査局は存続自体が二年余りと短く、かつ印刷予算の逼迫、資料配付基準の厳格化などの理由によって調査報告書はほとんど現存していないために、その調査内容を明らかにすることは困難であるが、現存する史料と報告書によって一九四三年の調査局について以下にまとめておきたい。

『第八十四回　帝国議会説明資料』は、一九四三年度の調査局の予定業務として、前年度からの継続業務を中心に「新情勢ノ要請度強キ調査課題ヲ前者ニ織交セテ本年度業務計画ヲ編成セリ」として、㈠東南アジア諸地域の政治経済、ソ連邦の抗戦力、㈡北方農業の経営経済的・技術的調査研究、在来農法、農産物商品化、農業経済記帳、㈢「満支」の民族工業、工業立地条件、㈣「満支」の農村労働力供出、労働者の定着条件、採炭業を中心とする労務管理、㈤資金動員のための土着資本、在来流通機構、物価動向、㈥社業（鉄道）運営と企画、東亜交通体系、輸送力・輸送量、㈦鉱業経済、重要鉱産資源、東亜における地質および鉱床、㈧「支那農村農業慣行調査」、「支那都市商業慣行調査」、文化現象の基礎、の八項目について、業務計画に従って調査を行うとしている。ほかに社外機関からの依頼調査として、「東亜」における重要物資需給調査、東亜における地下資源調査、ソ連邦の一般政治経済調査、南方諸地域の一般政治経済調査、中国奥地の共産党支配地区の政治経済調査、農産物収穫高予想、主要港湾と海運輸送力調査、華北の工業実態調査、華中の農村実態調査、土着資本調査、労働力調査が掲げられている。(196)「大東亜戦争」下で軍が要求する調査、社業関係調査、各地の戦時経済体制維持のために必要な調査に集中していることが明らかになる。引き続き行われた慣行調査にしても中国占領地統治のためのものであった。この時点では、なお、「国策性」、「現地性」、「綜合性」は掲げられているが、「大陸政策ノ遂行竝南方関係ノ処理ニ伴フ」調査に力点がおかれるようになる。

一九四三年六月二二日から二四日にかけて、一九四三年度の業務計画全体打合会議が大連本社重役会議室で開催された。この会議での内海調査局長の挨拶は、まず前節で触れたように、「満鉄調査部事件」の事後処理の概要を報告している。その後、昭和一八年度の調査業務計画にもとづいて各部局の調査業務の説明がそれぞれの責任者によって行われた。(197)

第一満洲調査室（上野愿主査）では、第一に、戦時下の満洲国経済の基本的動向を把握し、社業運営の前提となる一般経済情勢調査を行い、『満洲経済季報』、『満洲経済動向』、『満洲統計季報』などの定期刊行物に発表し、会社幹部と社内関係箇所に配布する、第二に、戦時下の満鉄経営の根幹を総合的に把握すると同時に、国策的使命達成のための基本方策確立の方向を明らかにし、また、戦時下の満鉄経営上の隘路を検討し、打開方策の樹立に資するとする。第二満洲調査室（天野元之助主査）は、満洲在来社会の基礎的調査研究に重点を置き、范家屯において在来農業社会の総合的調査研究を行う、また土着資本の性格と動向の研究、労働力の確保と生産力増強についての基本的調査に主力を注ぐとした。なお、調査役が統括する物量調査も行われた。この年度は、満洲に重点を置き、鉄鋼、石炭、電力、化学工業、綿花の増産、海運、食糧確保について調査を行い、戦時重要物資について「東亜共栄圏重要物資提要」の改訂版を作成するとしている。また、海軍からの依頼については、別途海軍と協議したうえで決定するとしている。鉱床地質調査室では、鉱業経済調査として渤海沿岸・鴨緑江流域の製鉄原料および資源配置から見た工業適地研究、重要資源・不足資源の調査などを行い、満洲、オーストラリア、インドの鉱産便覧、ソ連シベリアの鉱床調査、満洲国緊急資源、華北の重要鉱産地調査、輸送資源としての石炭の調査などを掲げている。北方調査室（佐藤健雄主査）は、ソ連の内政、外交分析、経済・工業・農業・東部ソ連、外モンゴルの基礎調査を行うとしている。ただし、新京会など関東軍に直接関係する調査項目は掲げられていない。民族調査室（天海謙三郎主査）は、法制班、文化班、民族班を置き、慣行調査や中国社会の研究を行うが、研究的要素を有するために年度計画は立てられないとし、とくに民族班は陣容整備もこれからであるとされている。

北満経済調査所（岡川栄蔵所長）は、北満の農業立地、経営形態と経営組織、技術と経営、北満の日本開拓民と原住諸民族の農家経済、計画生産に対応する農地の利用方法と農場設営に関する実践的調査、農作物鉄道輸送量の想定を掲げている。さらに、北満とシベリアを含む北方農業と農村の創設のための経営と技術研究を行うとして、殖産局と連携して増産を目指す農場経営を行い、農業の実態把握を行うとした。他に研究農場と研究農村実施計画をあげている。奉天調査室（高田精作主事）では、企画局が新京に新設されたことにともない、企画局及び関係機関との連携強化をうたい、社業運営企画、交通体系、輸送力、輸送量に関する調査項目を掲げている。

東亜経済調査局は、東南アジア地域の土着民族社会の基礎的調査研究と旧宗主国の統治政策の検討、インド及び西南アジア研究、英米抗戦力の調査を行うとした。南方関係調査として、南方統治のために民族社会の分析を机上調査で行い、ほかに、南方交通対策に必要な基礎資料提供のための調査を実施し、また、サイゴン、バンコクに駐在員を置き、一般情勢調査と資料入手を行う。南方外側地帯（インド、アフリカを含む西南アジア）については基礎研究を行い、欧米については、現実の戦力判断はそのための基礎資料の入手が不可能であるため、調査の重点を歴史的基礎的な面におくとした。

なお、東亜経済調査局は、社外機関との関係として、一九四二年秋に設立された社団法人調査研究聯盟の育成強化にふれている。調査研究聯盟がいかなる活動を行ったかは現在のところ明らかにできないが、内閣の下に作られた組織のようである。(198) おそらくは国策調査機関をめざして設立されたものであろう。調査研究聯盟の調査方針は、アジア全域を対象とする広範なものであった。(199) さらに調査局の調査は現地の軍官の依頼あるいは共同調査が増えており、満鉄独自の調査として処理できない場合が増加していた。しかし、調査研究聯盟は満鉄調査局に調査を依頼するとしており、このための調整が困難であることが想定され、また、調査の取り纏めをどこで行うのかも明らかにはなっていなかった。これらの理由から、結局、調査研究聯盟を通じてなされる軍と政府からの調査依頼に対しては、各地の業務計画の範囲内に於いて関連する調査成果と資料の提供を行うにとどめ、それ以上の要請については、全体的な審議を行った後で決定するという結論にいたった[200]。調査研究連盟からの依頼調査事項は、「大東亜」における各種慣行、諸制度、民族、重要地下資源賦存状況、産業立地、工業、農林畜産物、物資交流、満洲の土着資本、「大東亜共栄圏」各地における物価、中国における英米の経済活動と中国の財閥との関係、大東亜の労働力、肥料などの項目である[201]。これらの項目から明らかなように、「大東亜共栄圏」内の基本的事項全体にかかわる調査であり、東南アジアに拡大した日本支配地域に関するものである。

北支経済調査所では、農業、鉱工業、流通、慣行、西北調査、軍に協力する調査などが掲げられている。一九四〇年度以来行われてきた華北の農村慣行調査は、北支経済調査所本体からは外れ、燕京支所で行うこととなった。また天津、済南、太原に支所が置かれ、食糧事情、商品作物などの調査を行い、太原では蒙疆政権下の商業調査などを行うとしている。また軍と大使館から北支経済調査所、華北綜合調査研究所などの華北の調査機関への、思想対策、治安強化、民生向上、経済、農業などの調査依頼事項を掲げている[202]。

上海事務所調査室は、主要農産物の増産と出回り促進のために、華中の主要作物である米、小麦、綿花の生産地帯に標準部落を設定し、土地関係、耕作事情、経営・家計、貸借関係、公租公課などについて調査を行う。工業では、南京、蕪湖、鎮江、常州、杭州など華中の主要地方都市の工業調査として、工場の分布、資本関係、企業形態、設備能力、生産、労務事情などについて調査を行うと同時に、油坊、土布生産など地方商工業についても調査し、地方小工業・地方都市工業・上海工業の関連を明らかにするとしている。また商業では土着商業資本と商業機構の特質を、農村、地方都市、上海との関係を調査し、金融では、汪政権の儲備銀行券の価値維持のための調査を行うとする。また奥地政治経済調査として蔣政権下の政治、経済、文化などの動向調査を行うために奥地調査委員会を設置した。他に、法制・外事関係調査、商事慣行調査、統計業務があった[203]。

また、資料課（菊池課長）では、課税その他の理由による印刷費の高騰のために、四三年度の編纂刊行費は従来の三分の二減となり、調査成果の印刷は困難となっているため、刊行物をできるだけ統合し、またどのような印刷形態をとるのかを決める。このため、社外依頼の調査成果は原則として折半を考慮するとしている。(204) この結果、調査成果の印刷は減少したと考えられる。

予算と定員の審議が会議第二日の六月二三日に行われた。現地調査組織からは、予算と定員については、調査局本部の明確な指示が必要であり、いかなる比重で各地の調査を考慮しているのかについて明確な方針を示すよう要求がなされた。その結果、現地調査組織の予算と定員担当者による下打ち合わせを行い、四三年度調査局予算の配分が決定されるにいたった。その内訳は、本部二八〇万三〇〇〇円、北支経済調査所一一九万二〇〇〇円、北満経済調査所二七万三〇〇〇円、奉天調査室六二万三〇〇〇円、東亜経済調査局（大阪を含む）一〇九万一〇〇〇円、上海事務所一四六万五〇〇〇円、保留金四万円、総計七四八万七〇〇〇円である。(205) 名目的にはさほどの減少を示していないが、戦時インフレとその影響による給与改定が予定されていたため、実質的には減少であった。

この会議の最後に、調査局長から全部で六項目の内容からなる指示があった。その主な内容は、㈠「調査局の業務は悉く戦力増強に資すべきこと」、㈡各部所は業務計画の遂行に全力を尽くすこと、「今日の戦局の進展よりして業務進行に時間的齟齬を生ずるが如きことあれば直に決戦戦力に影響を来すべきを以て全計画は万難を克服して予定通りに完遂すること」、㈢「国家機関より委嘱を受けたる業務はその委嘱関係を明かにし以て協力に遺憾なきを期すること」、㈤「既往に於ける不祥事を将来絶対に再発せしめざらんが為には反国家的思想を抜本塞源的に芟除するは勿論是等思想の根元となる自由主義的思想を抱懐するを許さず牢固たる態度を以て部内の粛正に全力を尽すこと」などであった。(206) なお、この「指示事項」は、関東憲兵隊の資料に「満鉄に於ける自粛処置」としてまったく同一の記述が見られ、(207) この指示事項の第三項「国家機関より委嘱を受けたる業務はその委嘱関係を明かにし以て協力に遺憾なきを期すること」は、関東憲兵隊によると、満鉄調査当局の積極的協力の現われとされている。[208] このことは、関東軍、関東憲兵隊の諒解を得て、調査計画が作られたことを示している。

こうした調査計画と予算措置によって、四三年度の調査が各地で進められた。『満洲関係業務月報』は、満洲の経済動向、交通動態、北鮮三港、満鉄輸送能力、農林業の経営、農家経済調査、国民所得、農村労働力、入満労働者の定着条件、鉄道枕木需給、東亜共栄圏物資需給、食糧問題、不動産慣行、民国行政法、ソ連調査、鉱産資源調査などについて、業務遂行状況、会議議事録の概要、調査のねらいがまとめられている。[209]『満洲関係業務月報』によると、一部の調査は情勢悪化、あるいは調査員の転出などの理由で中止されているが、全体としては調査は進行していた。ただし、調査報告書はほとんど残されておらず、残されている調査報告書は社業調査に関わるものが多い。[210]

一九四四年二月に調査局が作成した「重要調査実施ニ関スル内規」[211]は、「国防上秘匿ヲ要スル調査」および「調査局長ニ於テ指定セル調査」について、その取扱を規定している。「国防上秘匿ヲ要スル調査」とは、国防と軍用資源、国家総動員に関係する調査とされており、これらの調査は、㈠調査の担当者は主幹箇所長と総務課長の合議により、局長が任命する。そして重要調査の担当者は調査が一段落するまで原則として変更しない、㈡業務計画は主管箇所長自身が作り、調査の実施は主管箇所長が指導監督する、各担当者は調査の秘密を守り、他の担当者に漏らすことを禁止する、㈢重要調査の成果の複写と配布は必要最小限とし、担当者自ら複写紙を以て作成することを原則とする。また調製および配布の必要があるときは、局長の許可を得ること、複製の取扱を厳重にし、調査成果の浄書、印刷は総務課長の監督下に行い、原稿、損紙等の処分を確実に行うこと、調査成果が不用になったときには、資料の管理者である資料課長監視のもとで焼却すること、などを規定している。このような内容は、それまでの報告書の作成管理に比べると、格段に厳しいものであった。四三年度も終わりに重要調査に限られているとはいえ、このような調査に関する規程が改めて制定されたのは、この時期には軍機保護法や軍用資源秘密保護法の適用強化によって軍からの資料入手が困難になったこと、また軍事機密保護のために、軍と調整の上このような規程を作ることによって、資料入手を確保しようとするものであったと考えられる。

また、「資料課運営方針[212]」は、一九四三年度あるいは四四年度の方針であると考えられるが、「調査局ノ新方針ニ基キ調査活動ト資料活動トヲ通ズル一体的運営体制ヲ確立シ以テ調査活動ノ基礎的推進力タルベキ資料活動ヲ振作強化スベク主タル目標」を「一　資料蒐集方法ヲ合理化シ且蒐集ニ遺漏ナカラシム」、「二　資料ト調査トノ遊離ヲ防止ス」、「三　同一事項ニ関シ重複調査ヲ避ク」、「四　資料ノ利用価値ヲ大ナラシム」と一般的に規定した後、「運営要領」を掲げ、その中で、資料収集の対象として「イ　交通政策及産業政策ニ関スルモノ」、「ロ　交通事業及鉱工業就中重化学工業経営ニ関スルモノ」、「ハ　交通及鉱工業就中重工業、化学工業、電気工業、機械工業等ノ技術ニ関スルモノ」の三項目をあげている。いずれも社業、あるいはこの時期の満鉄が重点を置いた事業に関係するものである。なお、この文書は、北京、上海、東京の資料は原則として大連に集中し、南洋に関する資料は東京に集中するとし、新たに入手した資料についても大体この方針によるものとしている。南洋関係資料の東京集中は、東南アジア調査は満鉄では東亜経済調査局だけが行っていたためであり、また、軍・政府の南方政策は大連ではなく、東京に中心があったためである。

調査局の組織は、これ以降毎年変更されている（表5-3参照）。一九四四年一〇月刊行の「社員録[213]」によれば、調査組織の人員は九一三名であり、社業調査、情報関係、ソ連調査、地質調査、中央試験所にほぼ限られた人員構成となっており、それまで調査活動を行った部所と人員の縮小を示している。表5-4によると、調査組織の人員数は、四五年にいたってもそれほど減少していない。四四年九月末現在の調査組織の定員は総計二四〇一名である。このうち、審査統計事務所一七一名、中央試験所七一五名、鉄道技術研究所四六二名を除くと、合計一一〇〇名を数える。数字の差は、どの部局を調査組織とみなすかが時期によって相違していること、雇員、傭員を含むかどうかの相違と

表５－３　調査局職制

[1943年４月職制]

- 調査局
  - 総務課
  - 資料課
  - 第一満洲調査室
  - 第二満洲調査室
  - 北方調査室
  - 民族調査室
  - 鉱床地質調査室
  - 参与
  - 調査役
  - 北支経済調査所
  - 北満経済調査所
  - 張家口経済調査所
  - 大連図書館
  - 吟爾濱図書館

上海事務所
審査統計事務所。

[1944年４月職制]

- 調査局
  - 総務課
  - 資料課
  - 企業調査室
  - 特別調査室
  - 交通調査室
  - 新京調査室
  - 鉱床地質調査室
  - 参与
  - 調査役
  - 北満経済調査所
  - 北京事務所
  - 上海事務所
  - 大連図書館
- 東亜経済調査局
  - 総務課
  - 調査室
  - 調査役
- 審査統計事務所
  - 第一課
  - 第二課
  - 鉄道実費調査室

[1945年２月職制]

- 調査局
  - 総務課
  - 特別調査室
  - 交通調査室
  - 新京調査室
  - 鉱床地質調査室
  - 参与
  - 調査役
  - 北満経済調査所
  - 北京事務所
  - 上海事務所
- 東亜経済調査局
  - 総務課
  - 調査室
  - 調査役

審査統計事務所

注：1944年４月および1945年２月職制にある新京調査室は、前年までの北方調査室を改称したものであり、ソ連調査を行っていた。また、北支経済調査所は、北京事務所と改称した。

出所：『南満洲鉄道株式会社　課級以上組織機構変遷並に人事異動一覧表』満鉄会監修、龍渓書舎、1992年。

考えられるが、四四年を除いて社員録が存在しないために、現在のところこの相違の明確な根拠を示すことはできない。

一九四四年度と四五年度の調査局の活動内容は、まったくと言っていいくらいに不明である。業務計画を見ること

表5－4　調査関係社員数

	1944年9月末	1945年1月末	1945年3月末
調査局	942	783	942
本局	495		495
局勤務	54		54
総務課	68		68
資料課	58		58
企画調査室	37		37
特別調査室	45		45
交通調査室	114		114
新京調査室	57		57
鉱床地質調査室	62		62
北満経済調査所	90		90
北京事務所	157		157*
所勤務	10		10
業務課	111		111
調査課	36		36
上海事務所	153		153
所勤務	24		24
業務課	70		70
調査課	36		36
生計事務所	23		23
大連図書館	47		47
東亜経済調査局	111	? **	111
局勤務	23		23
総務課	32		32
調査室	56		56
審査統計事務所	171	153	171
中央試験所	715	669	715
鉄道技術研究所	462	451	462
総　計	2,401	2,056	2,401

注：*北平事務所とされている。
　　**東亜経済調査局は東京支社に含まれており、実数は不明。
出所：南満洲鉄道株式会社『在籍社員統計』1989年、龍渓書舎復刻。

はできず、現存する調査報告書も数少ない。おそらく、一〇〇〇名以上の調査員を擁して、四四年度はほぼ前年度の調査業務を継承していたと考えてよいであろう。一九四五年の研究調査については、「輸送及生産力ノ発揮ヲ図ル為メ調査研究ニ関スル科学力ヲ社業上ノ緊切ナル課題ニ凝集スルト同時ニ他面満鉄創業以来培蓄積セル化学研究陣ヲ国家戦力貢献ニ動員ス」とし、調査局は「大陸交通決戦体系、地下資源調査、北方調査ニ調査ノ重点ヲ指向スル外軍官ノ施設調査ニ協力ス」[214]とされているが、その実態は明らかにできない。また、四四年三月一三日、理由は明らかではないが、調査局の本部は大連に戻された。[215]四五年にも戦局の決定的悪化の中でも、調査員の個別の調査は行われていたと考えられるが、[216]次第に調査の規模を縮小させながら、調査は衰退していったものと考えられる。

調査局における調査活動の全体像を明らかにすることは困難である。調査局の組織と満鉄調査部事件以降の調査課題による限り、すでに触れたように、社業調査、軍依頼の物量調査、ソ連調査、情報にほぼ限定された。調査局では、農村調査なども行われていたが、組織的な調査はソ連調査、社業調査などが中心となる。

アジア太平洋戦争で日本軍が次第に劣勢になったことは、満洲国をほぼ破綻状態にいたらせた。関東軍の南方転用が開始され、また華中、華北との海上交通の途絶により陸上転嫁輸送が行われ、大連港埠頭の軌条、新京・大連間の連京線の複線の一部の軌条が撤去され、安奉線、奉山線、華北鉄道京山線と華北から朝鮮半島への鉄道の強化にあてられた。さらに、一九四五年になると「決戦輸送」として、北部朝鮮の羅津港発新潟港行きの経路が重視された。また、満洲重工業開発の子会社である満洲国の重化学関係企業の経営がほぼ破綻したために、満鉄は再びマグネシウム、アルミナ、バナジウム、自動車、工作機械などの事業化を検討するまでにいたる。さらに、敗戦時には職員数は三〇万人を越えた大きな組織となっていた満鉄では、食糧不足を補うために、満鉄自給農場での食糧の自足さえはからなければならなかった。こうした事態は、当然調査活動にも大きな影響を与えたと考えられ、調査課題もきわめて限定されたものとなっていったと推測される。

おわりに

一九四一年から四三年の間の満鉄調査部と調査局の調査活動は、不充分な内容ではあるが、これまで触れてきたとおりである。調査部が、当初綜合調査を発案した背景には、熾烈化する日中戦争の継続が不可能であることを示そうと考えたともされる。しかし、日米開戦による時局の緊迫化のなかで、綜合調査自体が不可能になり、情勢に対応して軍に協力する中国、ソ連、東南アジア調査と満鉄社業に関わる調査に向かわざるをえなくなっていった。さらに「満鉄調査部事件」により拡充調査部を支えた調査部員が多数検挙された結果、調査部自体が解体される。一九四三年の調査部解体、調査局の創設は、直接には「満鉄調査部事件」を契機としているが、その背景には、満鉄の経営悪化、アジア太平洋戦争の戦局の苛烈下のなかで満鉄の経営体制の簡素化と総力戦体制への対応の必要性があった。その意味では、調査部解体、調査局の創設は、「満鉄調査部事件」がなくとも、行われたと考えられる。

表5-1に調査予算の変遷を示したが、「満鉄調査部事件」によって、綜合調査が終焉させられた後も、予算額自体はそれほど変化していない。一九四四年度は金額の上では増加しており、四五年度に大幅な減少が見られるだけである。四四年度の修正後予算の増加が何を意味しているかについては明らかにはできず、今後に残された課題である。この調査予算には人件費が含まれており、四二、四三年ごろからの戦時インフレの急激な進行を考慮して、四二年一二月に行われた給与改訂によって[217]、調査予算は実質的に減少したといえよう。

最末期の満鉄の組織的な調査は、社業調査、北方調査室によるソ連・シベリア調査、各地調査機関の現地軍に協力する調査、中央試験所の技術・試験研究、情報にほぼ限られているが、現地調査組織を含めて、社会経済調査も引き続き行われていたと考えられる。また、政治経済研究を禁ぜられた調査部事件関係者の個人研究もあった。現在明らかにできる一九四三年度の満洲関係調査の進行状況による限りは、軍依頼の調査と社業調査を中心としている。その意味では、なお、大規模な組織を有して、国策調査を行うと同時に、通常の日本の企業調査組織と同様の機能を果したといえよう。これまでの満鉄調査部史研究では、満鉄調査部事件の結果、調査活動は終焉したとされることがままあるが、社業調査と軍依頼調査が中心になったとはいえ、引き続き調査活動は行われたとすべきであろう。『満鉄調査月報』は一九四四年二月号をもって廃刊され、また『ソヴェート聯邦事情』は四五年一・二月号が最終号となった。十カ年計画で行うとされていた「支那慣行調査」も、四五年には北支那開発株式会社調査局に移管された。調査部から調査局への組織替え以降、調査は次第に縮小し、一九四五年の敗戦を迎えたと推測できる。

注

(1) 調査部内の正式の呼称である。いわゆる綜合調査のこと。

(2) 井村哲郎「拡充前後の満鉄調査組織——日中戦争下の満鉄調査活動をめぐる諸問題——」(I)—(II)(『アジア経済』第四二巻第八—九号、二〇〇一年八—九月号)、同「『日満支インフレ調査』と満鉄調査組織」(『アジア経済』第四四巻第五/六合併号、二〇〇三年五/六月)。

(3) 野間清・三輪武・宮西義雄・下条英男編『満鉄調査部　綜合調査報告集』(亜紀書房、一九八二年)。

(4) 「満鉄調査部事件」関係者の回想には、伊藤武雄『満鉄に生きて』(勁草書房、一九六四年)、平舘利雄「私のソ連研究史の一齣」(『専修大学社会科学研究所月報』№一五〇、一九七六年三月)、小泉吉雄「愚かな者の歩み——ある満鉄社員の手記」(横浜、一九七八年、私家版)、枝吉勇「調査屋流転」(東京、一九八一年、私家版)、具島兼三郎『どん底のたたかい——わたしの満鉄時代——』(九州大学出版会、一九八〇年)、同『奔流——私の歩いた道——』(九州大学出版会、一九八一年)、石井俊之「私の回想録」(石川県時事と教育研究会、一九八三年)、石堂清倫『わが異端の昭和史』(勁草書房、一九八六年)、石堂清倫・野間清・野々村一雄・小林庄一『十五年戦争と満鉄調査部』(原書房、一九八六年)、野々村一雄『回想　満鉄調査部』(勁草書房、一九八六年)、和田耕作『大戦争の表と裏——潜り抜けた幸運な男の記録』(富士社会教育センター、二〇〇〇年)、など多数がある。

(5) この時期の満鉄調査活動の研究には、国内では、山田豪一『満鉄調査部——栄光と悲惨の四十年——』(〈日経新書〉日本経済新聞社、一九七七年)、原覺天『現代アジア研究成立史論』(勁草書房、一九八四年)、がある。山田『満鉄調査部』は、「満鉄調査部事件」までの調査活動を概観して、「事件」の背景を検討している。また原『現代アジア研究成立史論』は、満鉄の調査報告書を丹念に解題し、満鉄の調査活動を検討する。野間ほか編『満鉄調査部　綜合調査報告集』は、その「解説」で調査部拡充以降の経緯を解説し、「日満支インフレーション調査」、戦時経済調査の現存する報告書を収録している。宮西義雄『満鉄調査部と尾崎秀実』（亜紀書房、一九八三年）は、尾崎秀実と満鉄調査組織との関係を明らかにしている。野間ほか編『満鉄調査部　綜合調査報告集』と宮西『満鉄調査部と尾崎秀実』は、史料の復刻を主とするが、両書に付されている解題は、満鉄調査組織をそれぞれの主題に即して検討した優れた研究論文である。また注4で掲げた回想のなかでは、野々村『回想　満鉄調査部』は、拡充調査部時期の自身の調査部での活動と綜合調査の問題点をまとめている。石堂『わが異端の昭和史』は、満鉄マルクス主義の問題点、調査部時期の資料活動などについて述べ、「満鉄調査部事件」第一次検挙から第二次検挙にいたる時期の調査部内の動揺にも触れている。枝吉『調査屋流転』も同様である。石堂、枝吉の著書は、「満鉄調査部事件」をどのように考えるかという点で示唆を与えてくれる。石堂ほか『十五年戦争と満鉄調査部』は綜合調査をどのように考えるかという点で示唆を与えてくれる。石堂ほか『十五年戦争と満鉄調査部』は綜合調査をどのよ

以降、一九四二年から四三年の間の調査部の動向に触れている点でも貴重である。井村哲郎編『満鉄調査部：関係者の証言』（アジア経済研究所、一九九七年）は、調査部関係者の回想を編纂したものであり、この時期の調査活動についての回想も含んでいる。小林英夫『満鉄調査部の軌跡　一九〇七～一九四五』（藤原書店、二〇〇六年）は、小林がこれまでに執筆した満鉄調査部に関する論考をまとめたものであり、本章で扱う時期の満鉄調査部の調査についてはきわめて概括的である。また、松村高夫・柳沢遊・江田憲治編『満鉄の調査と研究――その「神話」と実像』（青木書店、二〇〇八年）は、満鉄の調査研究を本格的に論じている。なお、「満鉄調査部事件」についての研究は、注157から166に掲げた文献を参照のこと。

中国・台湾でのこの時期の満鉄調査部を扱った研究では、蘇崇民『満鉄史』（中華書局、一九九〇年）、黄福慶「満鉄調査部検粛事件之背景探討」（『中央研究院　近代史研究所集刊』第二二冊下冊、民国八二年六月）、同「九一八事変後満鉄調査機関的組織体系（一九三二～一九四三）」（『中央研究院近代史研究所集刊』第二四冊上冊、民国八四年六月）がある。蘇の『満鉄史』は、満鉄史全体を概観しているが、一章を割いて、遼寧省档案館所蔵の満鉄档案を利用しながら、満鉄の調査活動を検討している。また、黄の「満鉄調査部検粛事件之背景探討」は、「満鉄調査部事件」の背景を広く検討している。いずれも優れた論文・著書であるが、本章で扱う時期については概括的である。もっとも包括的に満鉄調査部を検討した研究に、解学詩『隔世遺思――評満鉄調査部』（人民出版社、二〇〇三年）、がある。本書は満鉄調査部の活動を知るための必須の研究である。また、解学詩「論満鉄〝綜合調査〟与日本戦争国策」（『中国現代史　復印報刊史料』二〇〇八年第一期［原載は『社会科学戦線』二〇〇七年五月］）は、綜合調査を概観している。解学詩『満鉄与華北経済　一九三五～四五』（社会

科学文献出版社、二〇〇七年）は、華北での満鉄の活動を明らかにした大著であるが、満鉄の華北での調査活動についても検討している。

(6) 調査部綜合課「統一的業務計画について」（『満鉄調査部報』第一巻第一号、一九四〇年五月）、一七頁。

(7) 「満鉄マルクス主義」については、石堂清倫「満鉄調査部は何であったか」（井村編『満鉄調査部』）、六〇九―六一〇頁の三輪武発言、石堂清倫「満鉄調査部は何であったか（補遺）」（井村編『満鉄調査部』所収）など参照。

(8) 野間ほか編『満鉄調査部　綜合調査報告集』、解説一七―一八頁参照。

(9) 「調査部業務処理報告（八月分）」（『満鉄調査部報』第一巻第五号、一九四〇年九月）、四六頁。

(10) 「調査部業務処理報告（九月分）」（『満鉄調査部報』第一巻第六号、一九四〇年一〇月）、五五頁。

(11) 「調査部業務処理報告（十一月分）」（『満鉄調査部報』第一巻第八号、一九四〇年一二月）、三九頁。

(12) 調査部綜合課「十一月首脳者会議申合事項」（『満鉄調査部報』第一巻第八号、一九四〇年一二月）、二頁。

(13) 同右文書、一―二頁。一九四一年度予算は一九四〇年一一月二五日の重役会議で決定されたが、調査部側の不満を残したまま決定されたようで、次の記述が見られる。「調査機関昭和壱拾六年度営業支出予算は経理部の一方的査定にて八〇〇万円経理部案を作成し十一月二十五日重役会議にて採決せられたり」（「調査部業務処理報告（十一月分）」）、三九頁。

(14) 『満鉄財政近況』一九四〇年、三〇頁。

(15) 調査部綜合課「十一月首脳者会議申合事項」、三頁。

(16) 同右文書、四頁。

(17) 同右文書、四―六頁。

(18) 松田亀三「満鉄地質調査所私記」一九九〇年（私家版）、三九―四〇頁。

(19) 調査部綜合課「十一月首脳者会議申合事項」、六頁。

(20) 綜合課長「首脳者会議申合事項」（『満鉄調査部報』第一巻第一〇号、一九四一年二月）、一―三頁。なお、「調査部業務運営の基本方針竝運営要領」は、調査部「調査部運営基本方針」（『満鉄調査部報』第一巻第一〇号、七―一六頁）として決定された。

(21) 綜合課「業務担当者会議主要議事経過報告」（『満鉄調査部報』第一巻第一〇号）、二七―二八頁。調査部「調査部運営基本方針」が決定案である。
(22) 同右文書、二八頁。
(23) 起草委員会「昭和十六年度運営実施要領試案」(『満鉄調査部報』第一巻第一〇号)、一七—二六頁。
(24) 同右文書、二〇頁。満洲国の外貨準備不足のために上海への送金が途絶えたため、上海事務所職員の給与が欠配となったことを救済するための要望であった。
(25) 調査部「調査部運営基本方針」、七—一六頁。
(26) 同右文書、八頁。
(27) 同右文書、九頁。
(28) 同右文書、一〇頁。
(29) 同右文書、一一—一四頁。
(30) 調査部に自然科学・技術研究機関を取り込んだ理由は明らかではない。さしあたり、井村「拡充前後の満鉄調査組織」(Ⅱ)二八—二九頁参照。
(31) 綜合課長「首脳者会議申合事項」、六頁。
(32) 『南満洲鉄道株式会社　課級以上組織機構変遷並に人事異動一覧表』(龍渓書舎、一九九二年)、一九五頁。
(33) 関東軍参謀長木村兵太郎発満鉄総裁大村卓一宛「満鉄調査部運営ニ関スル要望」(関参満発第一六六号、昭和一六年一月七日)(野間ほか編『満鉄調査部　綜合調査報告集』、一九一—二〇一頁)。また、JACAR(アジア歴史資料センター)Ref：C01003643200「陸満密大日記　第三冊　一/二」昭和一六年)(防衛省防衛研究所)。
(34) 一九三九年、四〇年の軍の要望は、関東軍参謀部第四課「満鉄調査機関ノ整備拡充ニ関スル件」昭和一四年一月一三日(関参満発第八九号)関東軍参謀部第四課高級参謀片倉衷発満鉄理事中西敏憲宛(遼寧省档案館『満鉄与侵華日軍』第二〇巻、桂林、広西師範大学出版社、一九九九年、三四二—三四三頁)。ここでは、調査部の整備拡充にあたっては、調査の重点を満洲・シベリア、とくにシベリアでの作戦に備えた調査を行うこと、調査部本部を新京に置くことを求めている。また、陸軍省軍務局長「満鉄調査部指導ニ関スル件」昭和一五年一月二七日(軍務発第一二一号)陸軍省軍務局長武藤章発関東軍参謀長飯村穣宛(遼寧省档案館『満鉄与侵華日軍』第二〇巻、三三二—三三四頁)では、満鉄調査の地域的重点を、満洲および極東ソ連におくこと、それ以外の地域の調査は、社業遂行のために必要な程度にとどめることを指示していた。井村『日満支インフレ調査』と満鉄調査組織」、四八—四九頁参照。また、大本営陸軍参謀部も一九四〇年七月に、一参謀の依頼による調査をさけるよう指示している。注130参照。

(35) 綜合課長「首脳者会議申合事項」(『満鉄調査部報』第一巻第一〇号、一九四一年二月)、三頁。

(36) 起草委員会「昭和十六年度運営実施要領試案」、一九頁。

(37) 綜合課長「首脳者会議申合事項」、四頁。

(38) 三輪武「経済調査会から調査部まで」(井村編『満鉄調査部』)、四八一頁。

(39) 野間清「調査部綜合課」(井村編『満鉄調査部』)、五五九頁。

(40) 「調査部の使命は、時局により毫も影響さるゝところなし」調査部長「八月首脳者会議申合事項」(『満鉄調査部報』第一巻第四号、一九四〇年八月)、一頁。

(41) 「戦時経済調査大綱」(綜合課「業務担当者会議主要議事経過報告」『満鉄調査部報』第一巻第一〇号、一九四一年二月)、三七—四〇頁。

(42) 同右文書、三七頁。

(43) 「綜合委員会設置の趣旨及構成竝運営方針」(「業務担当者会議主要議事経過報告」)、三四—三七頁。

(44) 綜合課「業務担当者会議主要議事経過報告」、三〇—三一頁。

(45) 調査部長「八月首脳者会議申合事項」、三—四頁。

(46) 「戦時経済調査大綱」(綜合課「業務担当者会議主要議事経過報告」)、三七—四〇頁、および「日満支経済再編成の目標竝主要問題(案)」(綜合課「業務担当者会議主要議事経過報告」)、四〇—五五頁。

(47) 綜合課長「首脳者会議申合事項」、調査部「調査部運営基本方針」。いずれも『満鉄調査部報』第一巻第一〇号、一九四一年二月所収。

(48) 「昭和十六年度綜合課調査テーマに就て——昭和十六年度綜合調査計画各地案(東京案)——」(綜合課「業務担当者会議主要議事経過報告」)、五五—五九頁。

(49) 綜合課「業務担当者会議主要議事経過報告」、二九—三〇頁。

(50)「インフレーション調査を通して見たる満洲経済を中心とする諸問題（新京案）」、「昭和十六年度綜合調査計画要綱案（北京案）」、「中支経済の再編成調査計画案説明（中支案）」。いずれも「昭和十六年度綜合調査計画各地案」（綜合課「業務担当者会議主要議事経過報告」）、六〇—六八頁。
(51)調査部庶務課「組織・予算・定員に関する概要」（『満鉄調査部報』第二巻第二号、一九四一年五月）、五六頁。
(52)同右文書、五七—五八頁。
(53)調査部綜合課「北支開発調査局へノ業務竝調査員委譲ニ就テノ覚書（昭和十五年八月二十九日　綜合課）」昭和一五年八月、調査部綜合課「北支開発株式会社との業務調整に就ての覚書」（『満鉄調査部報』第一巻第五号、昭和一五年九月）。また、井村「『日満支インフレ調査』と満鉄調査組織」、六一—六二頁参照。
(54)調査部庶務課「組織・予算・定員に関する概要」、五九—六〇頁。
(55)同右文書、五五頁。
(56)井村「拡充前後の満鉄調査組織（Ⅱ）」、三七—三八頁参照。
(57)この異動には、他に綜合課内のなんらかの問題がからんでいたのではないかということを野間清は示唆している。野間「調査部綜合課」、五六〇—五六一頁。
(58)綜合課「戦時経済調査計画打合会経過報告」（『満鉄調査部報』第二巻第二号）、四—一一頁。
(59)「日満支戦時経済再編成の統一的理解のために協議」（綜合課「戦時経済調査計画打合会経過報告」）、一二頁。
(60)調査部綜合課「日満支戦時経済再編成の統一的理解の為に」（綜合課「戦時経済調査打合会経過報告」）、一三—一四頁。
(61)綜合課「戦時経済調査打合会経過報告」、二五頁。
(62)「ヤマトホテルに於ける東京調査計画案審議に関する小委員会」（綜合課「戦時経済調査計画打合会経過報告」）、三三—三五、三七頁。
(63)「一、日満支戦時経済の再編成に関する新京支社調査室案の説明と討議」（綜合課「戦時経済調査打合会経過報告」）、九—一〇頁。
(64)「中支経済の日本経済への編入過程の分析——中支に於ける日本資本への軍事的編成替——」（綜合課「戦時経済調査打合会経過報告」）、二九—三一頁。

(65)　綜合課「戦時経済調査打合会経過報告」、三六頁。
(66)　野間「調査部綜合課」、五五八―五五九頁参照。
(67)　『日本新聞』の所在は現在のところ確認できない。石堂清倫は同紙に掲載された佐野学の論評が、満鉄調査部は左翼的であり、粛正の必要があると主張していたことに触れている。山口博一「満鉄調査部事件（一九四二～一九四五年）」（井村編『満鉄調査部』、五二九頁）の石堂清倫の発言参照。また、石堂によれば、佐野学は宇田尚にあてた手紙で、『満鉄調査月報』をあげて、「在満日本人の思想統制の必要」を論じているとされる。同右報告、六〇六頁の注一七参照。
(68)　綜合課「戦時経済調査打合会経過報告」による。
(69)　同右文書、一三頁。
(70)　「猶太民族研究ニ関スル件通牒」関東軍参謀長発満鉄副総裁大村卓一宛、昭和一三年六月二七日（遼寧省档案館『満鉄与侵華日軍』、第一八巻、一四四頁、大連陸軍特務機関長安江仙弘「満鉄外国経済調査係ニ課スル研究課題」昭和一三年一〇月、同右書、三〇三―三〇八頁。
(71)　綜合課「東亜に於ける重要資源自給力調査に関する打合」（『部報』第一二号、一九四一年八月）、八九頁。なお、『満鉄調査部報』は第一二号から、「対外発表の意味を有する『満鉄調査』の四字を削り、部内連絡機関誌として」再発足している（綜合課長「部報解題に際し」『部報』第一二号、一九四一年八月）、一頁。
(72)　綜合課「戦時経済調査計画打合会経過報告」、二〇―二二頁。
(73)　綜合課「戦時経済調査実行計画打合会議報告」（『部報』第一二号、一九四一年八月）、二一―八五頁。
(74)　同右文書、八―五一頁。
(75)　同右文書、七頁。
(76)　「東京調査室戦時経済調査要綱（東京案）＝重工業の自立を中心とする再編成の方向に関する調査要綱」、同右文書、八―二六頁。
(77)　「日本戦時重工業自立性確立のための調査要綱（新京案）」（綜合課「戦時経済調査実行計画打合会議報告」）、二六―三三頁。
(78)　（綜合課「戦時経済調査実行計画打合会議報告」）、六七―六八頁。

(79) 同右文書、六九頁、七五頁。
(80) 綜合課「戦時経済調査進行に関する打合会」(『部報』第一三号、一九四一年九月)、一五―二三頁。
(81) 綜合課「戦時経済調査実行計画打合会議事報告」、七頁。
(82) 「日本重工業自立性確立の為の調査要綱＝綜合要綱案＝(所謂『説明案』)」(綜合課「戦時経済調査実行計画打合会議報告」)、五一―五七頁。
(83) 「日本重工業自立性確立の為の調査要綱＝綜合要綱」(「戦時経済調査進行に関する打合会」)、二四―三〇頁。
(84) 改訂されたものは、「綜合要綱理解の統一のために――調査重点の説明書」(「戦時経済調査進行に関する打合会」)、三一―三三頁、である。
(85) 上海事務所調査室「時局と調査部運営に関する若干の考察」(『部報』第一三号、一九四一年九月)、一―一四頁。一九四一年九月執筆と記されている。
(86) 弘報係については、さしあたり、磯村幸男「情報・弘報活動」(井村編『満鉄調査部：関係者の証言』所収)参照。なお、弘報係とは別に調査部系統の情報組織があった。時事資料と称される情報を扱う資料課第二資料係である。
(87) 調査部「調査部業務処理報告」(『部報』第一三号、一九四一年九月)、三七頁。
(88) 綜合課「業務担当者会議議事報告」(『部報』第一五号、一九四二年三月)、一三―三五頁。
(89) 「調査部業務処理報告」(『部報』第一五号、一九四二年三月)、四〇頁、「昭和十七年度業務計画作成経緯報告」(『部報』第一六号、一九四二年九月)、八頁、および総務課「昭和十六年度戦時経済調査幹事会」(『部報』第一六号)、九六頁。なお、報告内容はこれらの文書には記されていない。この報告概要は、新京支社調査室「東京に於ける満洲戦時経済調査中間報告概要(極秘)」(『資料彙報』第一号、昭和一六年一二月)である。この報告は、野間、他編『満鉄調査部　綜合調査報告集』に収録されている。
(90) 「日本を中心とする東亜共栄圏に於ける重工業自立性確立の為の戦時経済調査取纏め要綱案」(総務課「昭和十六年度戦時経済調査幹事会」)、九七―九八頁。
(91) 戦経幹事会「十六年度戦経調査仮報告書目録」(『部報』第一六号、一九四二年九月)、一六三―一六七頁。
(92) 満鉄調査部「日本重工業自立性確立ノ為ノ調査――取纏目次並資料」第一分冊～第四分冊、昭和一七年三月(野間ほか編

『満鉄調査部　綜合調査報告集』所収)。なお、報告書は漢字カタ仮名交り文で印刷されているが、同右文書は漢字平仮名交り文で記されている。各分冊の標題は、第一分冊「軍事的消費の増大に伴ふ重工業拡充過程の特質と矛盾の発展」、第二分冊「日本重工業の急激なる蓄積を可能ならしめた紡織資本の役割とかゝる機能そのものの内包せる脆弱性、最近に於ける矛盾の発展」、第三分冊「日本重工業の技術的特質と戦時的拡充に伴ふ矛盾の発展」、第四分冊「軍事費増大に伴ふ重工業拡充過程に於ける工業と農業との結合関係の特質と矛盾の発展」、第四分冊補「満洲に於ける日資軽工業の生産停滞並利潤減少過程の分析――紡績業を中心として――」(第四分冊と合冊)、第四分冊補の二「日本戦時経済諸要請負担転嫁の最終基底たる北支農村に於ける矛盾の激化」(第四分冊と別冊)(戦経幹事会「十六度戦経調査仮報告書目録」、一六三―一六七頁)。また、第五分冊「総括＝巨額の軍事的消費とそれに伴う重工業拡充」が編纂されたが、現在のところ所在は確認できない。この五分冊(全六冊)が戦時経済調査の仮報告書のすべてである。

(93)　この報告要旨は、戦経幹事会「戦経調査企画院報告要旨」(『部報』第一六号、一九四二年九月)である。外部向けに比較的平易な文章でまとめられている。

(94)　総務課「昭和十六年度戦時経済調査幹事会」(『部報』第一六号、一九四二年九月)、一〇七頁。

(95)　「世界情勢調査打合せ会報告」(「調査部業務処理報告(十二月分)」(『満鉄調査部報』第一巻第九号、一九四一年一月)、五一―五四頁。

(96)　「世界情勢調査委員会設置に関する件」(「調査部業務処理報告」『満鉄調査部報』第一巻第一〇号、一九四一年二月)、八七―九二頁。

(97)　同右文書、八七頁。

(98)　綜合課「東京支社調査室に於ける世界情勢委員会の経過報告」(『部報』第一二号　昭和一六年八月)九八―一〇七頁。なお、その報告書は、南満洲鉄道株式会社調査部世界情勢調査委員会「世界情勢調査委員会報告」であり、一四点の所在が確認できる。

(99)　同右文書、一〇二―一〇七頁。

(100)　宮西義雄『満鉄調査部と尾崎秀実』亜紀書房、一九八三年、七三―七六頁、同「満鉄調査部と尾崎秀実・中西功・日森虎雄」(井村編『満鉄調査部』所収)、四九二―四九三頁参照。

(101) 石堂ほか『十五年戦争と満鉄調査部』、一四一―一五〇頁参照。
(102) 綜合課「世界情勢委員会十一月会議議事報告要約」(『部報』第一五号、一九四二年三月)、三六―三八頁。なお、報告は、独ソ戦とソ連及びドイツの抗戦力、英米の政治経済情勢と極東政策、独ソ戦後のソ連の極東政策、ドイツの極東政策、重慶政権と世界大戦、仏領インドシナ・タイ・マレー・ビルマ・フィリピン・蘭領インド・オーストラリア・インドの動向、日本の南進政策の世界戦局に及ぼす影響をテーマとするものであった。
(103) 綜合課「業務担当者会議議事報告」(『部報』第一五号、一九四二年三月)、二五―二七頁。
(104) 総務課「業務審議委員会」(『部報』第一六号、一九四二年九月)、二九―三〇頁。
(105) 土曜会については不詳。
(106) 調査部綜合課「時局分析のための臨時的組織設定に就て」(『部報』第一二号、一九四一年八月)、一三一―一三二頁。
(107) 調査部綜合課「時局に関する首脳者の懇談」(『部報』第一二号、一九四一年八月)、一三二頁。
(108) 調査部綜合課「戦時経済調査と影響調査との関連」(「戦時経済調査遂行に関する打合会」『部報』第一三号、一九四一年九月)、一二頁。
(109) 綜合課「新情勢の日満支経済に及ぼす影響調査経過報告」(『部報』第一三号、一九四一年九月)、三四―三五頁。
(110) 調査部「調査部業務処理報告」(『部報』第一三号、一九四一年九月)、三七頁。なお、南満洲鉄道株式会社東京支社調査室「新情勢ノ日本政治経済ニ及ボス影響調査」一九四一年八月、同「新情勢の石炭需給に及ぼす影響及び其の対策」(年記入なし)、などの報告書が残されている。
(111) 南満洲鉄道株式会社調査部支那抗戦力調査委員会「支那抗戦力調査委員会　昭和十四年度総括資料」昭和一五年。一九三九年度の抗戦力調査の問題点については、井村「拡充前後の満鉄調査組織」(Ⅱ)(『アジア経済』第四二巻第九号、二〇〇一年九月)、三二一―三三頁参照。なお、三九年度の抗戦力調査については、江田憲治「綜合調査の『神話』――支那抗戦力調査」(松村・柳沢・江田『満鉄の調査と研究』)が包括的な検討を行っている。
(112) 調査部「調査部業務処理報告」(『満鉄調査部報』第一巻第七号、一九四〇年一一月)、四〇頁。そこでは「……首題調査は、予定通り進捗中なるが、十月末迄に、一応の取纏めを〇より依頼されありたる……」とされている。「〇」は軍のことをさすと考えられる。

(113) 調査部「調査部業務処理報告（十二月分）」（『満鉄調査部報』第一巻第九号、一九四一年一月）、四六―四八頁。

(114) 上海事務所調査室第五係「『抗戦力調査』昭和十五・十六年度『抗戦力』商業篇」一～七、一九四一年―一九四二年、上海事務所調査室第四係「支那抗戦力調査参考資料」一、四～六、一九四一年、など。

(115) 起草委員会「昭和十六年度運営実施要領試案」（『満鉄調査部報』第一巻第一〇号、一九四一年二月）、二四頁。

(116) 綜合課「業務担当者会議主要議事経過報告」、三四頁。

(117) 「第二委員会（抗戦力調査委員会）十六年度調査計画及運営方法の説明」（「戦時経済調査計画打合会経過報告」『満鉄調査部報』第二巻第二号、一九四一年五月）、一六―一七頁。

(118) 「奥地支那政治経済動向に関する調査運用要領（昭十六、三月作成）」（綜合課「本年度抗戦力委員会活動の回顧と展望」『部報』第一四号、一九四一年一一月）、五―一一頁。

(119) 調査部「調査部業務処理報告」（『部報』第一三号、一九四一年九月）、三八頁。

(120) 綜合課「本年度抗戦力委員会活動の回顧と展望」、三―四頁。

(121) 綜合課「業務担当者会議々事報告」（『部報』第一五号、一九四二年三月）、二五頁。

(122) 総務課「調査部運営方針（昭和十七、十一、業審申合要旨）」（『部報』第一七号、一九四三年一月）、一二二頁。

(123) 南満洲鉄道株式会社調査部『東亜共栄圏物資提要』一九四二年。

(124) 「東亜共栄圏物量調査要綱」（総務課「物量調査打合会議」『部報』第一六号、一九四二年九月）、一一七頁。

(125) 総務部《ママ》「臨時業務審議委員会経過報告（昭一七、七、三一）」（『部報』第一七号、一九四三年一月）、一五―一六頁。

(126) 総務課「交通調査打合会議」（『部報』第一六号、一九四二年九月）、一一九―一二六頁。

(127) 独ソ戦開始後、関東軍はソ連の抗戦力調査のために新京会を設置した。新京会には、満鉄調査部第三調査室、満洲国政府、満洲電信電話株式会社、外務省、三菱経済研究所、東亜研究所などのソ連専門家が参加した。新京会メンバーのほとんどは、関東軍参謀部第五課の宣誓嘱託となりシベリア占領予定地行政計画を作成している。佐藤健雄「ソ連調査」（井村編『満鉄調査部』）、三三三―三三四頁、防衛庁防衛研修所戦史室『戦史叢書　関東軍〈2〉――関特演・終戦時の対ソ戦――』朝雲出版社、一九七四年、六〇―六一頁参照。

(128) 綜合課「業務審議委員会議事摘要」（『部報』第一五号、一九四二年三月）、一―二頁。

(129) 同右文書、二頁。

(130) 調査部長「大本営陸軍参謀部ノ調査要望ニ関スル件」（満綜調三九第一八二号、昭和一五年三月二七日）（遼寧省档案館編『満鉄与侵華日軍』第二〇巻）、二四九頁。そこでは次のように述べられている「……之は一参謀ノ依頼ニ基キテ直ニ調査部ニ於テ発動スルカ如キコト乃至依頼機関ノ中ニ調査員ヲ送リ込ミ之ヲ先方ノ随意ニ駆使スルカ如キコトヲ避ケムトスルモノニシテ、機関トシテ引受タルカ故ニ依頼計画全部ノ経費其ノ他一切ニ就キ当方ノ責任ニ於テ実施スルノ意ニアラス。殊ニ今回ノ要望事項中ニハ当部ノ使命ニ□（一字不明）ミテ全ク本来的業務ト認メ難キモノモ少カラス」。

(131) 「業部審議委員会申合処置要領」（「業務審議委員会議事摘要」）、一一―一二頁。

(132) 綜合課「業務担当者会議議事報告」、一三―三五頁。

(133) 調査部「調査部業務処理報告」（『部報』第一五号、一九四二年三月）、三九頁。

(134) 綜合課「業務担当者会議議事報告」、二二―二五頁。

(135) 『南満洲鉄道株式会社　課級以上組織機構変遷並に人事異動一覧表』、一七七頁。

(136) 総務課「業務審議委員会」、二四―三四頁。

(137) 同右文書、二五―二六頁。

(138) 同右文書、三一―三二頁。

(139) 同右文書、三三頁。

(140) 「企画院事件」では、日満支インフレーション調査の理論的指導者といわれる調査部第一調査室の川崎巳三郎が検挙された。また「合作社事件」とは浜江省農事合作社に関った佐藤大四郎ら四四名が共産主義運動を行ったとして関東憲兵隊に検挙された「事件」。

(141) 総務課「業務審議委員会」、三二―三三頁。

(142) 北支経済調査所「戦時経済調査と満鉄調査部の立場」（『部報』第一六号、一九四二年九月）、一―八頁。

(143) 鈴木小兵衛「調査業務計画を規定する諸要因」（『満鉄調査彙報』第二巻第一二号、一九三九年一二月）。また、井村「拡充前後の満鉄調査組織」Ⅱ、参照。

(144) 興亜院の「対支調査機関構想」とそれに対する満鉄調査部の対応については、井村「『日満支インフレ調査』と満鉄調査組織」参照。

(145) 井村哲郎「日本の中国調査機関――国策調査機関設置問題と満鉄調査組織を中心に――」(末廣昭編『地域研究としてのアジア』岩波書店、二〇〇六年(岩波講座「帝国」日本の学知　第六巻)所収。

(146) 総務課「昭和一七年度業務計画作成経緯報告」(『部報』第一六号、一九四二年九月)、八頁。

(147) 「昭和十七年度戦時経済調査要綱」同右文書、一〇頁。

(148) 「綜合調査の統一的理解の為の説明」(総務課「昭和十七年度業務計画作成経緯報告」)、一三―一七頁。

(149) 同右文書、一五―一六頁。

(150) 同右文書、一六頁。

(151) 総務部《ママ》「臨時業務審議委員会経過報告(昭和十七、七、三一)」、一四―一五頁。

(152) 同右文書、一五―一七頁。

(153) 総務課「綜合調査(旧戦経調査)に関する諸意見覚書(昭和十七年八月)」(『部報』第一七号、一九四三年一月)、一―八頁。

(154) 『南満洲鉄道株式会社　課級以上組織機構変遷並に人事異動一覧表』、一九八頁。

(155) 中国共産党対日諜報団事件ともいわれる。一九四二年六月満鉄調査部員であった中西功、尾崎庄太郎らが検挙された。

(156) 枝吉『調査屋流転』、七〇―七一頁。

(157) 石堂清倫『わが異端の昭和史』、同「満鉄調査部は何であったか」(井村編『満鉄調査部』所収)、同「満鉄調査部は何であったか(補遺)」(井村編『満鉄調査部』所収)、石堂ほか『十五年戦争と満鉄調査部』、伊藤武雄『満鉄に生きて』、三輪「経済調査会から調査部まで」(井村編『満鉄調査部』所収)など。また注4参照。

(158) 関東憲兵隊司令部編『在満日系共産主義運動』(一九四四年、極東研究所出版会一九六九年復刻)。

(159) 伊藤武雄、石堂清倫の推測は、山口博一「満鉄調査部事件(一九四二~四五年)」(井村編『満鉄調査部』)の「質疑応答」の部分に述べられている。

(160) なお、「満鉄調査部事件」の解明をめざした研究には次のようなものがある。松村高夫「フレームアップとしての満鉄調査部事件(一九四二~四三年)」は、被検挙者の供述調書を利用した研究である。また、解学詩『隔世意思――評満鉄調査部』（人民出版社、二〇〇三年）は、吉林省档案館が所蔵する関東憲兵隊文書を利用して、「満鉄調査部事件」について詳細に検討している。小林英夫・福井紳一『満鉄調査部事件の真相　新発見史料が語る「知の集団」の見果てぬ夢』（小学館、二〇〇四年）も、吉林省档案館所蔵の供述調書によって、事件にいたるまでの調査活動を明らかにしている。また、松村高夫「フレーム・アップと『抵抗』――満鉄調査部事件」（松村・柳沢・江田『満鉄の調査と研究』）が、もっとも詳細な研究である。

(161) 枝吉「調査屋流転」、六三―六五頁。

(162) 石堂『わが異端の昭和史』、二三七―二四一頁。

(163) ただし、この表現自体は、鈴木小兵衛の命名であるとされ、関東憲兵隊『在満日系共産主義運動』によってよく知られるようになったものである。

(164) 三輪武「経済調査会から調査部まで」（井村編『満鉄調査部』四六二頁、石堂清倫「満鉄調査部は何であったか（補遺）」（井村編『満鉄調査部』六三二頁）、石堂ほか『十五年戦争と満鉄調査部』参照。

(165) 三輪「経済調査会から調査部まで」、四六三―四六四頁。

(166) 石堂清倫によれば、経調派によって資料課派の中心であったとみなされた石堂清倫に対する圧迫は相当なものであったとされている。この点については、石堂ほか『十五年戦争と満鉄調査部』、九四頁の野々村一雄の発言で示されており、また、石堂清倫「調査部資料室と大連図書館」（井村編『満鉄調査部』、四三五、四四六頁）にも婉曲に触れられている。

(167) 総務部《ママ》「綜合（旧戦経）調査中間打合会（昭和一七・一〇・二五）」（『部報』第一七号、一九四三年一月）、一二五頁。

(168) 同右文書、一二四頁。

(169) 総務課「調査部運営方針に就て――覚書――（昭和十七年十月）」（『部報』第一七号、一九四三年一月）、九―一二頁。

(170) 総務部《ママ》「綜合（旧戦経）調査中間打合会（昭一七・一〇・二五）」、一二八―一二九頁。

(171) 総務課「調査部運営方針に就て――覚書――（昭和十七年十月）」、九頁。

(172) 総務課「業務審議委員会経過報告（昭和十七年十二月一日）」（『部報』第一七号、一九四三年一月）、一八―一二三頁。

(173) 同右文書、一二三頁。

(174) 山口「満鉄調査部事件」、五三一頁、石堂「調査部資料室と大連図書館」、四四一―四四二頁、枝吉『調査屋流転』、六四―六六頁など、参照。

(175)「北方調査室業務に関する関東軍司令官の感謝状」および「上海事務所に対する感謝状」(『部報』第一七号、一九四三年一月)、一二八―一二九頁。

(176)たとえば、上海事務所長「海軍武官長ヨリノ感謝状送付ニ関スル件」昭和一五年一〇月三一日(遼寧省档案館編『満鉄与侵華日軍』第二二巻)、二〇七―二〇八頁、上海事務所長「上海方面陸軍最高指揮官ヨリノ感謝状送付ノ件」一九四一年三月六日(同右書)、二六五―二六六頁、など。

(177)「満鉄における自粛措置」(関東憲兵隊司令部編『在満日系共産主義運動』)、六一五―六一六頁。

(178)調査局総務課「昭和十八年度業務計画全体打合会議」(『局報』第一巻第一号、一九四三年八月)、七―八頁の内海調査局長の挨拶。

(179)処分の詳細については、松村「フレーム・アップと『抵抗』」参照。

(180)「満鉄における自粛措置」、六一三―六二三頁。

(181)その一端は、満鉄側公式文書では、総務課「昭和十八年度業務計画全体打合会議」(『局報』第一巻第一号、一九四三年八月)、七―八頁に記されている。

(182)総務課「調査部運営方針(昭和十七、一一、業審申合要旨)」、一二〇―一二二頁。

(183)『南満洲鉄道株式会社　課級以上組織機構変遷並に人事異動一覧表』、一九八―一九九頁。

(184)南満洲鉄道株式会社鉄道総局調査局「昭和一八年度調査業務計画」一九四三年三月。

(185)「訓諭」(『南満洲鉄道株式会社　社報』号外、一九四三年四月二九日)、一頁。

(186)『部報』第一八号、一九四三年四月、タイトル頁。『部報』第一八号は、調査局が発足した後に、日付をさかのぼって発行されたようである。

(187)南満洲鉄道株式会社『第八十四回　帝国議会説明資料』一九四三年、三一二頁。

(188)調査局長「調査局結成と其の新発足に際し」(『局報』第一巻第一号、一九四三年八月)、一頁。『局報』は、業務方針の説明、業務計画、業務進行状況、主要会議議事録、業務成果内容梗概を掲載するとされた。『部報』の改題であり、年三回刊行予定とされている(「局報竝業務月報編輯方針に関する件(昭一八、六調査業務計画全体打合会議決定」(『局報』第一巻第一号)、一一五頁。

(189) 南満洲鉄道株式会社調査局『満洲関係業務月報』によれば、第一、第二満洲調査室、大連関係として、物量班、民族調査室、北方調査室、鉱床地質調査室が新京におかれたとされている。調査局全体の移転がなされなかったのは、大連にあった調査組織の全体を、新京に移すには、事務室・住宅が不足していたためである(調査局長「調査局結成と其の新発足に際し」、二頁)参照。

(190) 『第八十四回　帝国議会説明資料』三〇四頁、『南満洲鉄道株式会社　課級以上組織機構並に人事異動一覧表』、一九五頁。

(191) 「達甲第七十号」(『社報』号外、一九四三年四月二九日)、五頁。

(192) 「達甲第八十一号」(『社報』号外、一九四三年四月二九日)、八頁。

(193) 「達甲第八十三号」(『社報』号外、一九四三年四月二九日)、八頁、『第八十四回　帝国議会説明資料』、三〇五頁。

(194) 南満洲鉄道株式会社『第八十四回　帝国議会説明資料』、三〇四—三〇五頁。

(195) 総務部《ママ》「臨時業務審議委員会(昭和一七、七、三一)」、『部報』第一七号、一九四三年一月、一六頁。

(196) 南満洲鉄道株式会社『第八十四回　帝国議会説明資料』、三〇九—三一一頁。

(197) 「各機関調査方針並調査計画」(『局報』第一巻第一号、一九四三年八月)、一二一—一二八頁。

(198) JACAR(アジア歴史資料センター)Ref:A03010071100、公文類纂第六七編巻九　官職門三の二　官制三の二　内閣一の目録に「社団法人調査研究聯盟ニ関スル事務ニシテ内閣総理大臣ノ決済スベキ事項中一部企画院総裁代決ノ件ヲ定ム」とあり、内閣総理大臣と企画院に関連する組織のようである。柘植秀臣『東亜研究所と私——戦中知識人の証言——』勁草書房、一九七九年、二一〇頁参照。その実体はあきらかではないが、大蔵公望、狭間茂、中野友礼らが中心となって作ったものとされている。また、企画院は一九四三年一一月一日には廃止される。その後、一九四四年二月二五日に調査研究動員本部が設立されて、調査研究連盟はそこに吸収された。

(199) 調査局総務課「昭和十八年度業務計画全体打合会議」(『局報』第一巻第一号、一九四三年八月)、一五頁。

(200) 同右文書。

(201) 「社団法人調査研究連盟依頼調査事項(東京)」(「各機関調査方針並調査計画」(『局報』第一巻第一号、一九四三年八月)、八七—八八頁。

(202)「各機関調査方針並調査計画」九八―一一一頁。
(203)同右文書、一一二―一一八頁。
(204)調査局総務課「昭和十八年度業務計画全体打合会議」、一〇頁。
(205)同右文書、一八頁。
(206)同右文書、一七頁。
(207)関東憲兵隊司令部編『在満日系共産主義運動』、六一七―六一八頁。
(208)同右書、六一四頁。
(209)南満洲鉄道株式会社調査局「満洲関係業務月報」第一号、第三号、一九四三年一二月一五日。なお、「業務月報」は、業務遂行状況、会議録、完成調査研究資料を掲載し、隔月刊とされた。「局報竝業務月報編輯方針に関する件」(『局報』第一巻第一号)、一二六―一二八頁。
(210)奉天調査室、交通調査室、北支経済調査所などの報告書が一〇点前後現存している。
(211)南満洲鉄道株式会社調査局『重要調査実施ニ関スル内規』、一九四四年二月。
(212)「資料課運営方針」満鉄用箋に手書き。調査局の文字があることから、一九四三年度あるいは四四年度のものと考えられる。
(213)南満洲鉄道株式会社『社員録　昭和十九年十月一日現在』、一九四四年。
(214)南満洲鉄道株式会社『昭和二十年度満鉄総力動員要綱　昭和二十年二月十一日』一五―一六頁。
(215)満鉄社員会編『満鉄小史』一九四五年、一〇〇頁。
(216)一例ではあるが、満鉄北京事務所『山東省青帮ニ関スル調査㈠其ノ分派ト分布状況ニ於ケル結合力分析資料』(一九四五年五月)がある。一九四四、四五年に刊行された報告書は丹念に探せば発見はほかにもされるであろう。また、天野元之助は次のようにこの時期を回想している。「満鉄調査機関の進歩的な同僚に対しおよそ四次にわたってレッド・パァジ(「赤の追放」)が、官憲の強権でおこなわれた。私も入社十七年目の一九四三年九月三日調査局を追われる身となり、総務局大連在勤を命ぜられた。その部屋は待機状態におかれた参事級の社員が、毎日型通り出勤しては囲碁や将棋、また雑談などで時を過ごしていた。……それから館長の北川勝夫君にたのんで大連図書館の小部屋をあけてもらって中国古農書を繙く身となった。……政治経済の問題に触れることを堅く禁ぜられた当時の私には、あり余る時間を黙々として〔中国古農書の〕異なった版本と対比校合したところを、私の本に書き込む仕事に費やして来た。……」（天野元之助「苦難から立ちあがる」（私の学問的遍歴　五）『UP』第四巻第五号、一九七五年五月、一九―二〇頁。

(217)　総務課「業務審議委員会経過報告（昭和十七年十二月一日）」、一九頁。

補　章　満鉄研究の歩みと課題

岡部　牧夫

はじめに

満鉄についての研究と論評は、戦前戦中の同時代からさかんに行われてきた。戦後もまもなく研究は再開され、多くの成果を生んで今日におよんでいる。日本ばかりでなく、満鉄の事業地の主権国である中国、満鉄の前身を建設し、その後は日本と抗争・協調を展開したロシア・ソ連、ながく満州進出を念願としたアメリカでも、長期にわたる研究史の蓄積がある。

一九六〇年代後半にはじまる戦後日本の社会科学的満鉄史研究は、日本帝国主義の構造のなかに満鉄を位置づけるという問題意識のもとに、理論的にも実証的にも長足の進歩をとげた。そして帝国主義論の一環としての政治外交史や金融史、労働史の観点を中心に、満鉄への関心は近年、産業史、技術史、教育史、社会史、アジア研究史、組織論、戦後日本論などへと視点をひろげている。中国史としての東北の政治史、社会経済史、反帝民族運動史の枠組から満鉄を相対化することも、日本ではすでに常識である。

史料の発掘と所在調査も、日本、アメリカ、ついで中国について精力的にすすめられ、往年の史料上の隘路は基本的には解消した。一九七〇―八〇年代におおくの日本近現代史研究者がアメリカで史料を収集したように、一九九〇年代からは日本の研究者が中国所在の史料によって論文を書いたり、中国の研究者と共同研究をしたりするのもめずらしくなくなった。ただし、ロシア所在の史料はほとんど知られておらず、今後の組織的な調査が望まれる。

こうした状況のもとに、満鉄の社業自体の基本統計が研究に活用され、日本の植民地鉄道全体にしめる満鉄の特性、鞍山製鉄所（昭和製鋼所）をはじめとする産業投資の実態、満州国期の統制経済における満鉄の位置づけなどの基本的な問題が実証的に明らかにされてきた。個別の社業では、企業の組織論・シンクタンク論のようなかたちで調査部が特別の関心をあつめている。調査部論は一面人物論からの満鉄への接近法であるが、初代総裁後藤新平をはじめ、山本条太郎、松岡洋右などの大物総裁もしばしば人物研究の対象になっている。また、満鉄による大連や付属地の都市経営、各種教育機関の活動、満鉄の周囲をとりまく在満日本人社会と日本人企業の動向などの分野でも、すぐれた研究成果が示されている。二〇〇〇年代になると、日中の研究者による共同研究・共同著作はいっそう本格化した。

また満鉄の組織や人物は、狭義の研究者にとどまらず、いわゆるノンフィクション・ライターの関心もとらえ、いくつかの注目すべき著作が生まれている。これは、一般国民の満鉄への興味・関心、ひいては日本近代史への理解を、研究者固有の問題関心よりもっと直接的に反映するものと考えられる。だがそこには、無意識にしろ懐旧的ナショナリズムの感情がにじみやすく、社会科学の立場からする満鉄研究とは位相を異にする。この位相の差異は、国民の歴史認識・歴史意識の形成を考えるうえで基本的な問題でもあり、戦後の満鉄史研究にとっては、それ自身視野のすみに入れておくべき問題であろう。満鉄のいちじるしい特色のひとつに、満鉄会をはじめとし、職制ごとに結成された旧社員の組織が編纂した、または個人の手になる戦後の回想記がきわめておおいことがあげられるが、これらも同様の問題をはらみながら、国民の歴史意識を表象しているといえよう。

一方で社会科学的な満鉄研究は、それ自体まだ多くの課題をのこしている。実証研究が多面的になったといっても、複数の研究者がさまざまな意図と視角から研究し、論争も行われているような対象分野はごくかぎられているし、一応多様な研究分野は成立していても、それらの問題関心は相互にことなって拡散しており、満鉄の全体像はかえって見えにくくなっている。また、研究分野が多様化した反面、満鉄の根本的性質と近代日本における役割に関しても、個々の社業ごとの活動状況についても、研究の欠落面は少なくないのである。

たとえば満鉄は日本の対中投資の主要ルートであったが、満鉄の社債発行と国内シンジケート団との具体的関係、外債募集をめぐる大蔵省と満鉄の関係や満鉄自身の対外弘報活動の実態、中国の鉄道建設に対する借款供与と建設請負の実情などは、充分明らかにされたとはいいがたい。満州国期以後の満鉄の基本的な性格、日中戦争期の満鉄の役割の転換と華北進出、アジア太平洋戦争下のその再転換と戦争末期の経営困難の実態など、十五年戦争期の重要な問題も未解明の側面が大きい。戦後日本社会の再編における満鉄とその社員の位置・役割についても、問題の指摘はあるが、本格的な実証研究はこれからである。

また社業に関しては、たとえば鉄道と密接に関連する港湾・倉庫業、投資規模でも収入面でも鉄道業についで重要な炭鉱業とその関連工業、重要貨物としての石炭、大豆三品などの諸商品、商品販売を担当した商事部、中央試験所その他の試験研究機関とその業績の評価、地方経営の意味と実態、産業助成とその効果、子会社への投資などについては研究がきわめてすくないか、場合によってはモノグラフひとつない。

史料の蓄積も大筋では顕著な一方、探索にはつねに遺漏がつきまとう。現に、研究者が知りつくしているはずの国立国会図書館（東京本館）でも、根気よくさがしてみると、いまもときに未知の文献を発見することがある。新史料を発掘し、研究をさらに発展させる余地は国内でもまだある。

この章では、同時代から最近までの満鉄研究のおもな達成を具体的にふりかえり、今後の研究方向を勘案する素材を提供したい。南満州鉄道会社という歴史的実在を、なるべくひろい視野から多面的にとらえるため、会社自体が記述の主対象でないもの、たとえば満鉄をとりまく国際情勢や、他国の対中国政策などを主対象としたものも必要に応じてとりあげた。

ただし、ロシア・ソ連における研究の成果は、ソ連の崩壊後、外国人の参照環境がいちじるしく改善されつつあるとはいえ、なお全貌が把握されるにはいたっていない。アメリカ以外の英語圏および諸ヨーロッパ語圏での研究も組織的には知られておらず、あらたに調査する余裕もなかった。そのためここでは、日本語、中国語、アメリカを中心とする英語の文献をおもに検討の対象にした。中国語文献の場合も、同時代から冷戦期にかけてのものは、日本では必ずしも系統的に知られておらず、本稿の検討でも遺漏が多いと思われる。将来、中・露文文献もふくめて、満鉄についてのより包括的な研究史整理が行われることを期待する。

本文では、個々の文献については原則として著・編者名と刊行年だけをかかげた（重要なものには書名も付記するが、副題はほぼ省略した）ので、正確な書誌情報は、巻末のやや網羅的な「主要文献目録」によられたい。

一　同時代の研究

a　日本語

同時代の満鉄研究は、書籍を中心とし、雑誌論文には例外的にふれることにする。また満鉄は、調査部をはじめ各箇所ごとに、社業についてみずから多数の資料を刊行しており、そのなかには研究といってよい内容のものも少なくない。しかし業務の一環として出されたこれらの文献は、ここではとりあげないことにする。

まず満鉄の関係者の手になる研究的著作が複数存在するが、これはほかの会社や官庁にはない満鉄の特色だろう。その代表例は永雄策郎［一九二八、一九三〇］の『植民地鉄道の世界経済的及世界政策的研究』である。[1]永雄は東亜経済調査局勤務をへて一九二八年当時は満鉄審査役であった。欧米の業績の整理・紹介と自説の対置によって、「植民地鉄道」と「植民地鉄道政策」についての学問体系をきずき（第一、第二編）、あわせて日本が「其の世界経済的及世界政策的発展に参与せしめつゝある政策の研究」を付した（第三編）学位論文で、第一編は方法論、第二編は英、露、独、仏を中心とする列国の植民地鉄道を通観したものである。第二編第四は「『日本の楔』としての南満洲鉄道」と題し、満鉄についての概観を提供している。清露間の東清鉄道契約（一八九六年）第六条の仏・中・日文があるのは便利だ。

本書はその題名にもうかがえるように、おもに編別構成の説明において論理がまわりくどく、分かりにくい。また、そのわりに第三編の記述は学究的というよりジャーナリスト的な修辞に満ち、ナショナリストの熱もこもっていて、なかなか読ませる。なかでも傑作は、桂・ハリマン覚書はアメリカの好意的調停をひき出すための鰻香《まんこう》にすぎず、破棄ははじめからの予定だったというこじつけである。P・T・トリートの緒論の批判（二七四頁）など、感情的な反米論の勇み足も少なくない。[2]その一方で、G・ケナンのハリマン伝の抄訳・紹介（二六二―二七一頁）は功績といってよく、また、覚書の主因は、外相とはいえ元老からみて弱輩の小村の反対ではなく、民衆の暴動への恐怖だったとの、なお検討に値する「某先輩」の説を紹介している（二八九―二九〇頁、注七）のも興味ぶかい。

永雄のおもな関心は植民地鉄道の静的な比較認識にあるようで、世界的観点から植民地鉄道を論じ、そのなかに満鉄を位置づけて、その性格や日本にとっての意義を論じている。満鉄自体の成立過程や社業の展開などは具体的に分析されていない。日露戦後の国際関係における、満鉄を中心とする日本の対中権益の本質の理解に関しても、法学的厳密さには無頓着である。たとえば、満鉄が東清鉄道から譲渡された沿線市街地の権利義務の淵源は、一八九六年の契約のような成文の協定ではなく、中国の黙認による慣習であるとする。C・W・ヤングは、恣意的な拡張解釈が可能なこのような永雄の便宜主義をきびしく批判している。(3)

満鉄関係者の大部の著作としては、ついで伊沢［一九三七、三八］の『開拓鉄道論』が重要である。伊沢は鉄道院・鉄道省から一九二七年満鉄に移って、鉄道部渉外課長、同貨物課長、上海事務所長、鉄路総局次長などを歴任し、三七年東京支社長、翌年は理事に就任した。この本は世界のおもな「開拓鉄道」を比較・記述したもので、実証性に富んだすぐれた研究といえる。総論（満鉄の実例を含む）につづき、日本の開拓鉄道として北海道、台湾、朝鮮、樺太の鉄道がとりあげられ、つづいてカナダ、シベリア、インド、オーストラリア、アフリカ、アルゼンティン、中国の例が検討されている。

満鉄は中東鉄道、東北の中国鉄道とならび、下巻の第四部「満洲鉄道篇」であつかわれているが、その分析はいまでも参考になる。国際的な比較の視点では永雄の研究視角を受けつぎながら、比較対象への接近法はさらに具体的なだけに、歴史研究者には違和感が少ない。

外部の研究者やジャーナリストによる同時代の文献は、全貌をつかむのが不可能なほど多い。ここではごく代表的なもの、特色のあるものを、かいつまんで検討しておく。

会社や社業自体を対象にした記述では、まず業界紙『運輸日報』を主催した宮本源之助編［一九一三］の『明治運輸史』、運輸五十年史編纂局編［一九二二］『運輸五十年史』、帝国鉄道大観編纂局編［一九二七］『帝国鉄道大観』を見よう。『明治運輸史』の「南満洲鉄道株式会社小史」は、満鉄の公式社史である『南満洲鉄道株式会社十年史』（以下『十年史』と略記）刊行の六年まえにおける社史的事項を網羅したユニークな記述である。満鉄の船舶部（大連汽船会社の前身）については第三編「海運」、撫順その他の炭鉱は第五編「動力」で別個にあつかわれている。『運輸五十年史』には上記の「小史」を非常に詳細にした同題の記事があるが、多くは『十年史』のひき写しであり、安奉線の改築に関しては簡略化されている。ただし、社史をはなれたオリジナルな部分も少なくないので、研究者は一読すべきだろう。『帝国鉄道大観』は、『運輸五十年史』の改訂版の編纂中に、関東大震災で原稿、資料を喪失したため、想をあらたに編纂したもの。第五編「殖民地の鉄道」の第一章「満洲に於ける鉄道」は満鉄の記述が中心である。内容は『運輸五十年史』の一部と『南満洲鉄道株式会社第二次十年史』の第二編「会社の事業」の第一章「鉄道業」を簡略にし、文体を口語にあらためたもので、オリジナリティにとぼしい。

つぎに、一九三〇年代にマルクス主義による総合的な日本資本主義史の体系化をめざし、「講座派」の名の起源にもなった、岩波書店版『日本資本主義発達史講座』の第二部「資本主義発達史」における満鉄認識を一瞥しておこう。その1「資本主義経済の発達史」に含まれる山田盛太郎［一九三三］「工場工業の発展」は、「原基機構」としての製鉄業構造における封建的労働編制を強調する文脈の延長で、鞍山製鉄所の例を出している。「支那の苦力」の上にたつ「基幹職工」には、独立守備隊の除隊兵の志願者を選抜し、八幡の官営製鉄所で実習させて使用したとの記述である。(4) 独立守備隊は関東軍の隷下で満鉄の守備を本務とするが、満州でリクルートされた面もあり、付属地への入植斡旋など、満鉄自身で除隊兵の定住化を制度化していた。その一環であり、より直接に社業に貢献する仕組であろう。第二部の3「政治史」にも満鉄関連の論文があるが、伏字が多くて論点の理解は不可能である。(5)

一方猪俣津南雄［一九三二］『極東に於ける帝国主義』は、随所に削除や伏字はあるものの、満鉄に関する記述で理解できないところはほとんどない。すなわち、第二章「半植民地化された支那」の「租借地と勢力範囲」の項で、関東州の重要性を位置づけたうえ、満鉄についてはつぎのような評価をくだしている。

……此の近代的な東印度会社は、最良の諸港湾と並んで満鉄本支線より成る鉄道網を掌握して満蒙経済の大動脈を手中に収め、もって本国のコンツェルン資本（三井・三菱・大倉等等）をして満蒙の商権を独占せしめると同時に、鉄（鞍山鉱）と石炭（撫順炭）の二大鉱山を経営し、本国の金融資本（三井・三菱、等等）と国家との結合した戦闘的国家資本主義の前衛部隊をなす。……更に支那国有の吉会鉄道の経営をさへ掌握して満蒙の全産業に対する支配権を握ってゐるのみならず、たとへば山東省の魯大公司（日支共同出資の鉱山）の場合の如く、満蒙以外への投資、及び支那政府への諸借款にも深く喰ひこんでゐる。(6)

本国のコンツェルン資本に、満鉄が満蒙の商権を独占させているとの表現は、この本の刊行の時点ではやや大袈裟であり、また、鉱業経営と、金融資本と国家との結合による「戦闘的国家資本主義」との論理的関連がはっきりしないが、一応要点はおさえた指摘といえよう。魯大公司への出資に関しては説明が簡略すぎてわかりにくい。同社は、第一次大戦で日本が独逸から奪取した淄川《シセン》炭礦などを経営するため、ワシントン会議の合意によって設立された日中合弁企業である（公称資本金一〇〇〇万円、日中折半出資）。そして魯大公司の日本側の出資を管理する持株会社として、政府の主導で公称資本金五〇〇万円の日本法人、山東鉱業株式会社が設立され、満鉄は約五六パーセントを出資した。したがって魯大公司は、満鉄の孫会社ということになる。しかし、一九三〇年代の後半には山東鉱業の満鉄持株比率は五割未満に低下したようだ。(7)

小島精一［一九三七］『満鉄コンツェルン読本』は、経済ジャーナリストによる要領のよい満鉄社業の概要と満鉄論である。満鉄の沿革と社業の展開をふりかえったうえ、満州事変以後、とくに松岡洋右が総裁になってから大きく転換しつつある満鉄の現実を、ときに辛辣な観察をまじえて生き生きと描いている。当路者の説明や新聞の論調も引用・紹介され、当時の日本社会の満鉄観が行間からつたわってくる。いまでも研究者が目をとおして損はない。

吾孫子豊［一九四四］『満支鉄道発達史』は、満鉄も含めた中国本土・東北の全鉄道について、国際関係・日中関係の法的側面を中心に記述したものである。ただしそのなかでの満鉄の位置づけにはふれていない。吾孫子は鉄道省出身で、一九三九年興亜院に出向し、華中連絡部で「中華民国維新政府」の交通部顧問をつとめた。

中国をめぐる国際関係を論じて、行論上満鉄にふれている文献もきわめて多い。中心は国際法学者の著作だが、その多くは日本の権益設定の必然性・正当性を前提にしており、相対化が不充分で客観性を欠く。一般の著述家はなおさらである。だがたとえ固定観念に支配されていても、具体的な事実に聞くべきものがあれば多少役にたつだろう。

蜷川新［一九一三］『南満洲ニ於ケル帝国ノ権利』は、日本が満州に保持する諸権益を国際法の観点から全体的に記述した文献で、以後ながくこの分野のスタンダードとなった。満鉄については第三「財産権」の乙「私的財産の継承」と第四「南満洲鉄道附属地の法律上の性質」で論じられている。満州事変によって日本の勢力が全満州におよんだのち、本書は新版にあたる蜷川［一九三七］『満洲に於ける帝国の権利』として増訂された。これは第一編に旧版をそのまま収載し、第二編「重要史実」、第三編「関東州租借地還附論に対する論駁」、第四編「世界大戦と租借地問題」、第五編「満洲国の性質及満洲国に於ける日本の指導権利」をくわえたものである。

第二編は、第一「撫順炭坑還附請求事件」、第二「東支鉄道附属地上の会社の権力に関する史実」からなる。第一で蜷川は、満鉄の撫順炭礦経営権には条約に明文規定がなく、法的な根拠をもたないことを述べた。しかし日本は、日露講和条約第六条を根拠に、中露両国の原所有者の還付請求を却下した。その経緯が詳述されている。国際法の専門家として日露戦争に従軍し、以後日本の対外行動を正当化した国家主義者で、戦後公職を追放された蜷川だが、ここでの議論は意外に中立的である(8)。

第二は、中東鉄道付属地に対する会社の行政権に関して、一九二二年ないし二三年に哈爾浜の領事団が作成した「中東鉄道付属地とその行政権」（仏文）、「土地問題に関する覚書」（英文）の二文書を紹介したもので、中東鉄道を譲受した満州国に、利害関係国である日本の権利を尊重させるように主張している。

一方美濃部達吉（矢田長次郎編）［一九二五］『日本行政法総論』は、満鉄の付属地行政権を行政法の一環として論じ、その法的根拠を会社設立時の政府の命令書（いわゆる三大臣命令書）(9)に求めた。美濃部は「之ニヨリテ会社ハ略内地ニ於ケル地方自治体ト同様ノ権限ヲ与ヘラレ、ソノ事務ニ干シ諸規則ヲ定メソノ地方住民ニ対シテ費用分賦ノ権ヲ与ヘラルルナリ」と述べている。満鉄の地方経営機能を地方自治体の行政作用に準ずるものとする見解である。(10)

矢内原忠雄［一九二六］『植民及植民政策』は、重商主義期以来の特許植民会社の性質が論じられ、自由主義期（帝国主義的競争以前の過渡期）にはそれが統治行政体に特化したことを指摘する。そのうえで、満鉄が付属地内の土木、教育、衛生などの施設を行い、居住者に会社諸規則の遵守と費用の負担を強制する権限を認められたのは、植民地統治の実際上の便宜のためであり、警察権や司法権を有するわけではないから、英独などの政治的特許植民会社とはことなるとしている。これも地方自治体説のひとつといえる。

しかし矢内原は、［一九三四］『満洲問題』では満鉄を「満洲経営の主体として設立せられし特許植民会社である」と断定している。前著の説明との逕庭はあまりにも大きく、論理の一貫性を欠くが、ここではその謎に深入りする余裕はない。

特許植民会社とは、重商主義時代のヨーロッパの産物で、資力のある冒険的な野心家の会社に植民地の支配・経営を特許し、利益をあげた場合には国家にも均霑させる制度である。そのため会社は軍隊をもち、行政、司法、外交などを担当する権限が認められ、それが「特許」の内実であった。したがって、政府行為に代わる権能をもたず、単に付属地行政のみを命令されている満鉄は、植民地会社ではあっても、特許会社とはいえない。前著のいうように、地方団体の機能をもった国策会社と考えるべきだろう。

しかしこの本は、満鉄の性格とその変遷についてまとまった記述をあたえており、研究史的に有意義な文献といえる。満鉄の性格は、後藤新平の言動に象徴される創立時の抱負においては、「緊急切要なる国家問題であり、国家政策上の機関たるもの」だったが、「その後の経営方針は漸次国策機関たる色彩を減じて、営利会社たる方面が濃厚」になったという。私のかつての表現によれば、「独占資本主義とは相対的に独自な絶対主義の支柱のひとつ」から、「独占資本主義の支柱」への転換である。[11] 満鉄が国策機関と営利会社の両面の性格をもつことは、おおかたの論者で一致した認識だが、この両面性を固定的にとらえる傾向はいまも見られる。私は、日本の独占資本主義の性格の変転に応じて、満鉄もその役割を変えてきたと考えており、ここでの矢内原の認識は正しいと思う。

また矢内原は、満鉄の株主構成（一九三三年の増資以前）を分析して、「満鉄資本は一方に於ては我が国金融資本の尖端に結合すると同時に他面に於ては広汎なる地方的資本に分散し、之によりて満鉄会社は資本的に『全国的』『国民的』色彩を与へられて居る」と述べ、つづいてその多様な事業を概観しているが、[12] 満鉄についての記述はそこまでで、満鉄論としては尻切れとんぼに終わっているのが残念だ。

長野朗［一九三一ａ］『満洲の鉄道を繞る日米露支』は、軍人出身の「中国通」ジャーナリスト、猶存社系の国家主義者の著作である。だが末尾の「日本の満洲鉄道対策」に多少ナショナリズムの主張はあるものの、全体に満州事変直前までの状況の概説で、事実を知るのに便利である。洮昂鉄道の日本人顧問に対する中国側の敬遠ぶり、同鉄道と四洮鉄道との連絡の悪さ（九六頁）、東北交通委員会の人的構成や規模、チェコのシュコダ工業との関係（一六一―一六二頁）、葫蘆島築港の沿革と一帯の地形の描写（一八四―一八五頁）、国民政府鉄道法案の説明（二〇三―二〇七頁）など、記述はあくまで具体的でリアリティーに富む。[13]

蜷川と同世代で、やはり国際法の専門家として日露戦争に従軍した信夫淳平も、［一九三二］『満蒙特殊権益論』で日本の在満権益全体の法的記述を行った。この本は第一章「特殊権益の本質」で日本のいわゆる「特殊権益」の沿革と性質を論じ、第二章「西眼に映ずる満蒙特殊権益論」では日本の権益に対する列国の観察や論評を検討したうえ、中心となる第三章「満蒙特殊権益の具体的検討」において、各権益について網羅的な論述を展開している。満鉄に直接かかわるのは第八項「南満洲鉄道の経営権」、第九項「南満洲鉄道附属地の行政権」、第十一項「鉱山採掘権」で、それぞれの法的沿革と性質を詳細に論じ、国際法からの満鉄論としてきわめて綿密である。この分野では、後述するアメリカのC・W・ヤングの業績と双璧をなすものといえる。

蜷山政道［一九三三］『日満関係の研究』は、第二章「日満政治関係」の第四節「満鉄附属地の行政」で、付属地行政の機構と財政を一瞥したのち、日本の国際法学者による満鉄付属地の性格規定を手際よく整理した。すなわち領土説（蜷川新）、専管居留地説（今井嘉幸）、準租借地説（泉哲）である。蜷山のこの分類は、C・W・ヤング［一九三一 c］で紹介されている。(14)

蜷山は、これに対応した自説は展開していないが、付属地の性質は国際法と条約のみからは判断できないとし、国内法上の地位から見れば付属地は専管居留地とはことなると主張する。それは事実上は租借地関東州の延長と考えられており、付属地行政の主体は満鉄ではなく日本政府と目されるから、中国ないし第三国が国際法の立場で日本に異をとなえても問題は解決しないというのである。理念的な法解釈より、実際統治の事実を重視する現実主義の立場で、日本の帝国主義政策を正当化する論理といえよう。

満鉄自体に関しては、この本は第三章「日満経済関係」の第二節「経済的活動の態様」の一において、「満鉄の事業方針と経営形態」の項で論じている。蜷山はまず満鉄の性格について、単なる植民地鉄道会社ではなく、国家の軍事的・政治的大陸政策の一部を分担するものと規定したうえ、山本条太郎総裁時代には軍略的目的は後景にしりぞき、「日本内地の経済事情の解決と云ふ点に力点が置かれた」としている。それはよいとしても、門戸開放政策の必要性から、この経済優先化に際しても日本一国の独占的利益に帰することがないような考慮が、後藤時代から充分払われたと主張するのは事実に反する建前論にすぎない。

つづいて満鉄の沿革と組織についてふれ、事業投資の概略を分析してそこに経営の合理化のあとを見、最後に産業助成などの金融機能の重要性を簡単に指摘する。この項に見られる蝋山の満鉄論は、概説としての全体性や論理の一貫性は充分とはいえないが、部分的にはするどい観察もされており、いまも多少の参考にはなるだろう。

同時代の国際関係研究の最後に、信夫清三郎〔一九四二〕『近代日本外交史』の記述を検討しておこう。信夫は第六章「日露戦争」の五「満洲鉄道の中立論」で、満鉄の設立に先だつ、アメリカの金融資本家E・H・ハリマンによる南満州鉄道買収計画の蹉跌にふれ、その裏に、ハリマンの属するクーン・レープ商会のライヴァルであるモーガン系資本が、日露講和条約全権の外相小村寿太郎にもちかけた融資話があったことを指摘した。モーガン系の「ニューヨークの銀行家」がハリマンの企図を頓挫させたわけだが、信夫は、「数年後に、南満洲鉄道は、その修理費用としてニューヨークの銀行家より三百五十万円の貸付をうけ」たとしている。

戦争当時アメリカに滞在して日本のために工作した、大統領T・ローズヴェルトの知己金子堅太郎の後年の談話を根拠とするこの説は、戦後にもうけつがれてひとり歩きしているが、にわかに信じがたい面があり[15]、後述したい。

満州事変以後は、満鉄論や日中関係論は排外ナショナリズムの傾向をつよめ、見るべき研究・論評は少なくなる。そのなかで、姫野徳一〔一九三二〕、末木儀太郎〔一九三二〕、今村俊三〔一九三三〕、同〔一九三四〕など、日支問題研究会（姫野主宰）の出した小冊子に何点か比較的客観的な満鉄論があるのが注目される。今村〔一九三四〕『満洲新情勢下の満鉄を曝く』は、関東軍の立場とは一線を画すものの、明快な満鉄改組論で、参考になる。

また、南満州鉄道の起点としての大連については、古くは篠崎嘉郎〔一九二一〕『大連』が行財政から産業、はては花柳界まで視野にいれた百科事典といってよく、その一二―一三章で満鉄の事業を包括的に記述している。さらに、自由港としての大連の沿革と、十五年戦争期の自由港地帯の縮小問題は岸田英治〔一九三五〕が要領のよい解説である。

b　中国語

二〇世紀になると、中国では帝国主義国による主権の侵害がはっきり自覚され、社会科学的な認識と論述があらわれる。日清・日露戦争と、それによる日本の覇権がこれらの営為を推進したことは否定できない。そのなかから満鉄論・満鉄研究も台頭した。

曽鯤化［一九〇八］『中国鉄路現勢通論』は、満鉄の営業開始の翌年に出された、中国の鉄道に関する百科事典的な便覧である。上巻は当時既設または建設中の三七鉄道の概要を網羅し、下巻は建設、運輸、管理などの実務・技術を論じている。戊編第一章「管理権」では、中国側が管理の実権を握らないと人事や財政でどのような従属を強いられ、どれほどの日常の損害が生じるかを列挙している。

満鉄とその前身については、上巻乙編「路線」一章二節に概要が記され、満鉄の株式募集のとき中国側が応募しなかったのは、主権をみずから放棄したものと評する（二六頁）。また設立時役員の年俸、本社のおもな課長、主要駅や撫順炭坑その他現業機関の長・主任の氏名、野戦鉄道提理部の運輸規則、営業収支など、日本の研究者にも知られていない情報があって興味ぶかいが、事実の誤りも多い。提理部が運賃支払いを軍票にかぎったことを主権侵害の象徴として指弾し、また日本人駅員の中国人に対する横暴な言動の具体例を示しているのが注目される。

曽［一九二四］『中国鉄路史』は右の改訂増補改題版で、段祺瑞政権の鉄道利権の一部回収をたかく評価する。元版では少なくとも一〇以上あった外国利権鉄道が、ここでは中東鉄道、南満州鉄道など四鉄道に減っている。反帝ナショナリズムの進展の反映だろう。満鉄に関する記述は元版より正確になった一方、外国の権益保持への批判的な叙述はなぜか姿を消している。

これに対して謝彬［一九二九］『中国鉄道史』は反帝国主義の姿勢が明瞭で、日本の対中侵略機関としては、政府系国策機関のほか、中華滙業、東亜興業、中日実業、財閥銀行、地方銀行などにも目をくばっている（四章四節）。満鉄については、一六章「外国承弁鉄道」で中東鉄道とならんで概略を記すが、格別の特色はない。巻末付録にある「孫中山先生中国鉄道建設計画」は興味ぶかい資料である。

反帝の姿勢をとりつつ、謝より客観性のたかいのが許興凱［一九三〇］『日本帝国主義与東三省』で、間もなく出た翻訳が許（松浦訳）［一九三二］である。第一篇「政治篇」の二章三節は満鉄附属地の政治を、第二篇「鉄道篇」五章は満鉄本線・安奉線を、第三篇「経済篇」一〇章「満蒙に於ける日本の原料奪取」は満鉄の各事業を全体的に論述している。研究者は一度は目をとおしておくべきだろう。

祁仍渓《キジョウケイ》［一九三〇］『満鉄問題』は、満鉄を中国側から見た「満鉄問題」としてとらえ、国際関係のなかでの満鉄設立の経緯、満鉄と東北のその他の鉄道との関係、満鉄の事業内容、満鉄による日本の満蒙侵略政策、満鉄問題と国際関係、条約を逸脱した日本の侵略政策について、包括的・実証的に記述した力作である。第六章「日本対於満鉄条約外侵略政策之索隠」の末尾「歴任満鉄社長成績之調査」は、初代後藤新平から第一一代仙石貢までの歴代総裁・社長の経歴を述べ、人物像と在任中の事績に寸評をくわえたもので、するどい指摘が散見される。

また陳覚［一九三三］『日本侵略東北史』は、日清戦争から満州事変期までの日本の政策と行動を具体的かつ詳細に叙述している。在郷軍人会や居留民の「義勇隊」を日本の兵力と見て過大に評価するなどの問題はあるが、満鉄付属地の法的沿革や借用地の非合法性の記述は客観的で、当時の中国側の見かたを理解するのに役にたつ。満洲事変直前の都市別借用地面積の表などは資料的にも貴重である。陳暉［一九三六］は戦後復刊され、安藤実が［一九六〇］に言及している。

なお、謝［一九三四］の巻末広告に魏承先編『満鉄事業的暴露』のタイトルが見えるが、これまでに現物に接することはできなかった。

c 英語

アメリカでは満鉄自体の研究より、満州をめぐる国際環境の枠組とその変転を明らかし、自国の門戸開放主義の正当性を位置づけるという問題関心のなかで、満鉄にふれるかたちのものが多い。その先駆かつ典型は、T・F・ミラード［一九〇九］だろう。日露戦争後のアジア情勢を、日本の膨張を軸に客観的に叙述した労作といえよう。

つづいて興味をひくのがW・ストレイト［一九一〇］である。著者は満鉄の買収に乗りだしたE・H・ハリマンの女婿で、しかも日露戦争時のアメリカの駐奉天総領事、この本の刊行時には日本に批判的なタフト政権の国務省極東部長代理だった。当然立場は日本に対してきびしいが、戦後社会科学の日本帝国主義批判と相似した文脈をふみはずすことはなく、事実の記述と議論は冷静である。この論文は、当時、満州における日米の利害の矛盾の結節点は対満綿糸（綿布の誤りか）輸出での日本の優越性だったことを、あらためて浮き彫りにしている。

L・ロウトン［一九一二］は、イギリスの新聞記者が同盟国日本の実情と東アジア情勢をひろく取材し、読者に紹介したもので、第二巻第七編が満州の状況にあてられている。門戸開放原則に反する日本の強引な姿勢は随所に具体的に描かれるが、経済・貿易の発展という日本の基本原則は列強の支持を得ているとして、中国の偏狭なナショナリズムや稚拙な外交対応には冷淡であり、イギリス外交政策の宥和的伝統を体現している。ロウトンは日本から軽便鉄道時代の安奉線をへて帰国しており、その危険さの描写は生々しく、おもしろい。

S・K・ホーンベック［一九一六］は、ミラードやストレイトの研究姿勢をうけつぎ、日清戦争から第一次大戦期にかけての中国における日米関係を詳細に記述した。第二編一四章「日本の対露挑戦と南満州への登場」、一五章「南満州―日本統治の十年」は、日本の覇権確立の経緯と、満鉄、三井物産、横浜正金銀行を軸とする実質的独占政策を、関税問題、煙草輸出問題などに即して具体的に分析していて興味ぶかい。

ホーンベックはウィスコンシン大学の政治学博士課程を修めて中国で教職に就き、帰国して母校に勤務、本書を執筆した。第一次大戦中に国務省に入り、極東専門家としてパリ会議やワシントン会議で活躍、一九二八年極東部長、三七年国務長官政治顧問。三〇年代の米国極東政策を方向づけ、のち対日占領政策の形成にも主導力を発揮した。

このほか一九一〇年代には、やはりのちに外交官として名をなすG・ケナン［一九一七］のE・H・ハリマン研究が異彩をはなつほか、中国における列国の権益設定とその抗争を詳細に記述したW・W・ウィラビー［一九二〇］が注目される。後者の元版は、日露戦争から二一ヶ条要求にいたる日本の言動が対象だったが、増補版ではワシントン会議での日中米の立場も論じ、また「中国における日本の『特殊権益』要求」の章をもうけて、「特殊権益」を容認した石井・ランシング協定の含意とその後の動向を、日米双方のモンロー主義の対比から述べている。

永尾策郎に関連して述べたP・T・トリート［一九二一］にもふれておこう。トリートはプリンストン大学の極東近世史の教授で、同年秋に来日して早大、慶大、東京帝大で行った講演をもとに本書を上梓した。鎖国中の日米の遭遇にはじまり、第一次大戦直後までの日米関係史を平易に叙述したもので、研究史上の意義はとくにないが、日米双方の国民感情のくい違いを憂慮しつつ、両国の協同で中国を支援すべきだと説く。ロウトンに対応するアメリカの「穏健な帝国主義者」の主張といえよう。

満鉄自体についての研究は、なんといっても国際法の専門家C・W・ヤングの右に出るものはない。ヤングは、右にあげたジョンズ・ホプキンズ大学のウィラビーの弟子で、満州における日本の国際法的地位の実証研究を行い、柳条湖事件の年に日本の管轄権とその国際法上の地位に関する三部作（ヤング［一九三一 a、b、c］）を刊行、翌年はリットン調査団の専門委員になっている。そのうち満鉄付属地の管轄権の研究については、宮坂宏のすぐれた紹介[16]がある。ヤング［一九二九］は、同年一一月に京都で開かれた太平洋問題調査会（ＩＰＲ）の第三回会議の討議資料に用意された概説である。

劉大鈞［一九三一］は、各国の対中投資額の推計値を整理・検討し、独自の穏当な数字を提起したもので、イギリスにつぐ第二の投資国日本に関しては、満鉄の地方経営という社会事業投資を重視し、経済的・政治的投資は前者にくらべて多くないと評価しているが、これはいまでも論点になり得る指摘だろう。

キングマン［一九三二］は、東北の民族鉄道の建設計画が日本の権益との摩擦をふかめてゆく過程を叙述し、吉敦線の会寧延長および満鉄へのモーガン資金の導入に対する中国側の反対、撫順炭鉱や安奉線に対する日本の権利への疑念、鉄道守備兵力の問題点などにもふれている。後半では中東鉄道の問題をあつかう。

伊藤武雄［一九三二］は、満州事変以前の官民の反日運動の様相を具体的に記述し、当時の満州社会の雰囲気をよくつたえている。とくに遼寧省国民外交協会の組織・活動に一章をあてているのが、いまの研究者にも有用である。ただ、満鉄の調査課長という立場からは当然かもしれないが、「序」で民衆の反日感情を「病的」と評するなど、中国民族運動・労働運動の台頭に同情的な前著『現代支那社会研究』[17]とは観点ががらりとことなる。

有名なレーマー［一九三三］は、二〇年代からの中国の対外貿易の研究をふまえ、前述のＩＰＲ第三回会議を契機に行われた国際的調査にもとづいた包括的な推計とその根拠の記述であり、議論は一切さけている。その禁欲が、本書を戦後もくりかえし参照される標準的な成果にしたといえよう。日本の満州支配と満鉄の投資については、第二篇一七章で一九三〇年時点の状況が集中的に分析されている。

Ｊ・Ｒ・ステュアート［一九三六］と金井清［一九三六］は、ともに一九三六年八月にカリフォーニア州ヨセミティー・ナショナル・パークで開かれたＩＰＲの第六回会議に提出された討議資料である。ＩＰＲの会議は、満州事変開始直後の第四回会議（上海）以後、その基本方針である学術的討論の場というより、日中の対立を軸に各国のナショナリズムにもとづく発言の応酬になった。第六回会議では日本側の準備が不充分で、各ペイパーは国益を反映した政治性がつよく、学問的・客観的な研究とはいいがたかった。[18]

最後にE・B・シュンペーター／G・C・アレン編〔一九四〇〕をあげておこう。訳書第二巻の三章は一九三〇年代の満鉄の概容を紹介しているが、これは日本の読者の常識の範囲をこえない。ただ、満州国期の開発が軍事的・戦略的な欲求によるものであっても、平時経済にとってもきわめて有効だと強調しているのは、後述する近年の「侵略と開発」論の先駆として注目される。満鉄の石炭液化の研究に関して、一九三六年、撫順に実証工場がつくられたとし、三八、三九年に独、米から機械の引合いがあったと述べている（二〇一―二〇二頁）のは検討の余地がある。

d　ソ連の研究

一方同時代のソ連での研究は、その反帝国主義の立場がしばしば教条的で、議論にはイデオロギー的なバイアスはあるものの、帝国主義国の著作ではふれられない多くの事実を暴いており、実証研究の反面教師としても学ぶ余地がある。たとえばA・カントロウィチ（広島定吉・堀江邑一訳）〔一九三八〕『支那制覇戦と太平洋』は、一九二〇年代までのアメリカ帝国主義の欲求と行動を論述する行文上、その対抗要素としての日本帝国主義や満鉄の動向にもしばしばふれている。

まず、日本の一九一〇年代前半の南満州独占政策の具体例をミラード〔一九〇九〕から引いている（上、二四五頁）のが注目され、それに関連する注で、一四年のロシアの公文書に、満鉄が日本から直送される商品の運賃率を三〇％も割引いているとの指摘があることを紹介している（同、三三六頁、注一四八）のは、高村直助〔一九七二、一九八八〕の研究の先駆といえる。また、一九二〇年代の借款鉄道の建設を満鉄線の培養の観点から重視し（下、一五八―一五九頁）、張政権の鉄道建設政策はこれらの借款鉄道の培養機能も低下させると同時に、アメリカの財政援助の対象物をつくり出す意図があったとする（同、一六〇―一六一頁）。さらに、二七年秋のモーガン社員T・ラモントの日本訪問と、同社の対満鉄借款案の背景に米金融資本の一部の対日提携の動きを明らかにした点も先駆性がたかい。

満州における国際関係についての当時のソ連の研究で、翻訳されているのはほかにБ・А・ロマノフ（ロシア問題研究所訳／山下義男訳）［一九三四］、В・Я・アヴァリン（ロシア問題研究所訳）［一九三四―三五］などがあり、いずれも参考になる。

二　戦後の研究

a　日本語

一九四五年以前の日本では、歴史学・社会科学の研究には国家権力によるきびしい制約が課されてきたが、敗戦後はその政治的桎梏が消滅し、研究者は原則として自由な環境を獲得した。満鉄研究からいってもこのことの意味は大きく、国家主義的ナショナリズムを前提とする従来の満鉄像は、国民意識面への残存はあるとしても、すくなくとも学界では、より相対的・客観的な分析対象としての満鉄像に転回していった。その結果、戦後日本における満鉄研究は、植民地経営体としてのそれ自体のありかたに注目すると同時に、日本資本主義・帝国主義の歴史的性格と、東アジアの国際関係におけるその推移というより大きな状況の枠組のなかに、満鉄を論理的・整合的に位置づけようとする傾向をつよめた。帝国主義論、国際関係論、政治外交史などの観点による満鉄研究である。

そこで、本項ではまず帝国主義論・国際関係論による満鉄研究をまとめて検討し、ついで日本の対満進出過程の研究を概観する。その作業を前提にしたうえで、つぎに満鉄自体を全体としてあつかった研究に目をむけ、さらに個別の社業・業務の内容とその経営実態に関する研究におよぶことにしたい。

i　国際関係

まず満鉄をとりまく、また満鉄がつくりだした東アジアの国際環境を対象にした研究を見ておこう。従来は帝国主義論の立場にたつものが主流だったが、国際関係論あるいは政治外交史には帝国主義論にむしろ対抗する研究の蓄積もある。双方を一括して論ずるのは理論の面ではかなりむずかしい。しかし両者が考察の対象とする事象はほぼ同一であり、史観や方法の差異を論ずるのがこの章の目的ではないから、実際の論述には一括して考察するのが便利であろう。

この分野での戦後満鉄研究のはじまりは、井上清・鈴木正四［一九五五］『日本近代史（上）』ではないだろうか。その五章「帝国主義の形成」三節「朝鮮併合・植民地収奪」の二項めの小見出し「南満州の支配」（藤井松一の草稿ともいわれる）は、全面的に信夫［一九四二］に依存し、ハリマンの満鉄買収計画とその挫折の背景をあらためて指摘した。

ここで、金子堅太郎の回想談を根拠とするこの問題の研究状況をまとめて見ておこう。岩倉使節団にしたがって渡米し、ハーヴァード大学を卒業、第一次伊藤博文内閣で総理大臣秘書官をつとめ、憲法制定に参画、のちに農商相・法相などを歴任した金子は、日露戦争に際して米国に派遣され、旧知の大統領セオドア・ローズヴェルト（以下T・Rと略記）をはじめ、各方面に工作して日本の立場を宣伝した。講和会議中も全権の外相小村を援けるため裏面で活躍した。その金子が一九三二年に当時を回顧した講演を行い、それが小冊子として出版された(19)。

そこでの金子の説明では、講和条約の調印がすみ、ハリマンが日本に発ったあとで、大統領の従兄で「親友」のサミュエル・モンゴメリ・ローズヴェルト（以下S・M・Rと略記）がニュー・ヨーク滞在中の金子を訪ね、概略つぎのように提案した。「日本政府がハリマンに南満州鉄道の経営を掌握させれば、日本は戦争の利益を手中にできなくなる。もし日本政府がそれをみずから経営すると決心するなら、自分は財政的に支援できる。すでにニュー・ヨークの五銀行の頭取と相談ずみであり、鉄道資材を米国から購入するなら、彼らは年五分五厘の利息で三―四〇〇〇万円を喜んで融資するだろう。自分はきのうワシントンに行き、この件で大統領と面会したが、彼もこの案に賛成し、支持を約した」。

これをもとに前述の信夫［一九四二］は、五銀行を、ハリマンとその背後のクーン・レーブ系金融資本の宿敵、モーガン系の諸銀行と推定したわけである。井上・鈴木はほぼそれをなぞっている。永雄［一九二八］の桂・小村芝居説には批判的な波多野善大［一九五七］も、金子談話に興味を示して、ハリマン提案は、講和条項に対する国民の不満が日比谷焼打事件となり、その矛先が大統領T・Rにさえ向けられていたときになされたことを指摘し、心配したS・M・Rが、日本のなけなしの収穫にアメリカが手を出さないよう、ひそかに従兄に差配したようにも想像されると、ローズヴェルト芝居説というべきもうひとつの憶測を示した。この点は永雄に符号する。

これらに対して、金子談話に史料上の疑問を提示したのは安藤実［一九五九］「満鉄会社の創立と資金」が最初と思われる。その註八で安藤は、信夫の推定を誤りとし、それが戦後の井上清・鈴木正四［一九五五、五六］にもひきつがれていることを指摘して、その根拠を示している。ただし安藤［一九六〇a］「満鉄会社の創立について(二)」の注二八では、信夫の「見解は、金子談話を無批判に採用しているという意味で、正当性を疑わしめる」が、いまはただ疑問の提示するにとどめるとして、それ以上の具体的な批判は安藤彦太郎編［一九六五］『満鉄』にもち越している。

その間にアメリカでR・T・チャン［一九六一］の詳細な研究史批判論文（訳題「桂・ハリマン協定の不履行」）が発表された。チャンは安藤［一九五九］は見ていないようだが、信夫や、より公式の『小村外交史』[20]が金子談話を額面どおり受けとっていることを批判し、ついで波多野の「ローズヴェルト芝居説」もあり得ないとしてしりぞける。T・Rは生まれも育ちもアメリカの貴族で、政府は無知な大衆が扇動で暴動に走ることを予想し、もっと賢明に行動すべきであると考えており、暴動に左右されることなどないはずだからである。ローズヴェルトの後年の回想記がその傍証である。チャンはまた、S・M・Rが金子に融資話をもちかけたのは焼打事件のほんの数日後であり、その間に大統領や銀行家と内話がまとまったというのも、話がうますぎると述べている。ともに穏当な解釈だろう。

さらにチャンは、金子談話の根本的な史料批判として、事後長期間がたってからの回想であるうえ、まさに満州事変を弁明するナショナリズムの心理が金子の説明を彩っているのではないか、というふたつの疑点をあげる。金子の誠実さや大統領との友情を考えれば、彼の説明を単なるごまかしと片づけるわけにはいかないものの、その真実性は金子の主張を支持するあらたな史料の発見にかかっている。つまり、S・M・Rがこの件で大統領にほんとうに会ったのかについては彼らの個人文書を、五人の銀行家がだれとだれかについては、ニュー・ヨークの複数の銀行の文書を探索しなければならないが、前者に関連史料はまだ見あたらず、後者はきわめて困難な仕事になろう。しかし金子のじれったい説明は、東アジア外交史の研究者にとってなお挑戦すべきテーマである。これがチャンの結論である。

すでに［一九五八］「南満州鉄道中立化問題」のある黒羽茂の［一九六二］『世界史上より見たる日露戦争』は、チャンや安藤実の指摘のあとに刊行されたが、なぜかそれらを無視し、金子談話を鵜呑みに引用[21]している。大筋では国際環境から日露戦争を論じた好著だが、行文にナショナリズムの色彩が濃く、筆致は読み物的で、厳密な歴史記述としては難がある。

これに対して安藤彦太郎編［一九六五］における安藤実の記述[22]は、永尾の桂・小村芝居説のこじつけを紹介したのち、金子談話（一九三二年）は、当時の「国際情況からみて、あきらかに『米国は満州について口をはさむな』という主張」であると、チャンを敷衍する史料批判を行った。また金子は、問題の三〇〇〇―四〇〇〇万円の融資とはべつに、「それより数年後、南満洲鉄道会社は該鉄道修理費用としてニウヨーク銀行家連より三百五十万円の貸付を受け、南満洲鉄道会社はアメリカの製造業者からレール、汽罐車、車輛を購入して鉄道は再興することを得た」と述べ、信夫はこれも丸呑みする。筆者は、このうち融資の部分は金子の意図的な誤伝と見ており、金子談話の史料価値を根本的に疑わせる論拠になると思う。しかし安藤はそこまで踏みこまず、金子・小村には実際に何らかの資金調達の見込みがあったと推定している。

鈴木隆史［一九六九］は、チャンや安藤の批判をうけつぎ、金子談話に疑念を呈するが、この問題に深入りはしていない。S・M・Rのいう案を大統領が支持したことを証する史料なく、覚書破棄の根拠とした資金見込みがS・M・Rの提案だったのかどうかはなお検討が必要だとする一方、小村が桂らを翻意させるには何らかの有力な切札が必要だったことはあきらかだと述べ、安藤と結論を共有している。鈴木が独自の議論をさけているのは、名古屋大学で指導をうけた信夫への遠慮からかもしれない。しかし鈴木が、問題は資金見込みの内容よりも、破棄によって、日本の満州自力経営・勢力範囲設定の構想が支配層内で合意された事実である、というのは帝国主義論・政治外交史の立場から正論だろう。

それから一〇年以上あとの河合俊三［一九八〇］は、前述トリートの「親日的」解釈と永尾の芝居説を紹介したのち、金子談話の発表経緯を明らかにし、信夫の鵜呑み説を三〇年代なかばの著書にまでさかのぼらせるなど、いくつかのこまかい知見をもたらした(23)。しかし金子談話については明確に批判しておらず、P・H・クライド［一九二六］の記述を根拠に三五〇万円の融資も事実と見ているようである。そして満鉄がはじめて外債をつのったとき、米国の銀行がそろって応募をことわったのは、日本の覚書破棄で心証を害した可能性がつよいものの、もしモーガン系がハリマンにひと泡吹かせようと決意したのなら、問題の融資もむげには断らないだろうから、「所詮この約束はリップ・サービスの域を出るものではなかったと評価されても致し方ないだろう」と論じている。

つまり河合の金子批判は、三〇〇〇万―四〇〇〇万円の融資話が三五〇万しか実現しなかったとの前提にたち、S・M・Rのもたらしたリップ・サーヴィス的な情報を確実な約束と判断したことにしぼられているわけで、不徹底の感をぬぐえない。クライドはたしかに満鉄の米国からの資材購入額を示しており、金子談話の三五〇万円借入れの傍証に見えるかもしれないが、それは満鉄の『十年史』の数字とまったくおなじであり、まちがいなく事実である。[24]その一方で、三五〇万円の融資を証する史料はまったく知られていない。筆者は、ロンドンで発行した英貨債によって、おもに米国から資材を調達したという満鉄の公式説明を疑う余地はないと考える。金子の意図的な誤伝と見るゆえんである。

もと外交官による松村正義［一九八〇］『日露戦争と金子堅太郎』は、史料を博捜して金子の滞米活動の全貌を克明に明らかにした労作であり、外務省記録からもうひとつの金子談話[25]を発掘・紹介している点が注目される。この新史料では、S・M・Rは金子に会う前日にニュー・ヨークからワシントンに行ってT・Rに会い、その了解をとりつけたから「何時デモ五大銀行ノ連中ト（金を）出スヤウニ話ヲツケタノダ」と説明、すべてを前日一日ですませたことになっている。談話特有の短絡かもしれないが、文字どおりならとうていあり得ない早さであり、論理的には史料の信憑性を根底から疑わせる。ところが松村はまったく無邪気にこれに依存し、ひと言の議論もなく先行研究を拒否するかたちになっている。研究者のとるべき態度ではなかろう。

しかし金子談話鵜呑み派は、松村以後も後を絶たない。たとえば原田勝正［一九八一］『満鉄』である。原田は一方では、一九三二年という金子談話の時期から、満州事変後の事態への「米国の介入に反対するという意図」があったことを考慮すべきだと正当に主張しながら、金子がその主張するような融資提案をうけたことは事実と見ている。

またこまかなことだが、ハリマンは一九〇五年一〇月一二日に覚書に調印し、一六日の船で横浜を出航したという。そこへ入れ違いに小村一行の乗った船が到着するのである。このドラマティックな情景は、おそらく菊池寛の通俗小説『満鉄外史』[26]がひろめた俗説であり、チャン［一九六一］が否定している。ハリマンの出航は従来覚書交換当日の一〇月一二日とされてきたが、かれはそれが出典の誤植で、ただしくは一三日（金曜）だったと考証した。[27]

最後に、寺本康俊の力作［一九九九］『日露戦争以後の日本外交』も、松村の叙述に賛意を表し、一方的に金子談話に依存していることを指摘しておく。原田も寺本も異説を批判せずにただ無視している点、研究史への冷淡な無関心さは松村と五十歩百歩といわざるを得ない。またこの間、鈴木隆史は浩瀚な［一九九二］『日本帝国主義と満州』を上梓したが、金子談話問題については、前掲論文よりいっそう簡単な叙述にとどめている。

一九五〇年代以後の帝国主義論・政治外交史的な満鉄研究の系譜の検討にもどろう。堀川武夫［一九五八］『極東国際政治史序説』は、対中二十一ヶ条要求（一九一五年）の詳細な研究であるが、要求のかなりの部分が満州・満鉄権益に関するものなので、おのずから国際関係史的な満鉄研究になっている。まず満鉄線の権利期限延長要求の前提としての満鉄の性格規定と清露原約、安奉線のそれの前提としての日清条約付属協定が確認され、吉長鉄道の権利の経緯とその延長問題が論じられる。

二十一ヶ条条約の背景には、四国借款団が第一次大戦で機能をうしない、日本が対中投資を独占する立場になったことがある。西原借款もその一環だが、本書はそのなかの、満鉄による新吉長鉄道借款（一九一七年一〇月）、四洮鉄道続借款（一九年九月）を紹介している。新四国借款団の結成交渉（一九年五月―二〇年五月）では、日本は満蒙権益全般への、ついでは満鉄の利益のための投資を特定して留保しようとするが、英米から一般的な保証の言質を得るのとひきかえに撤回せざるを得なかった。しかし、銀行団のあいだでは特定案件を除外する了解がなり、その結果ようやく借款団が成立した（二〇年一〇月）。その経緯の記述も詳細にわたる。

一九六〇年代後半には、満鉄への問題関心は国際関係研究の分野でもたかまった。まず言及すべきなのは佐藤三郎［一九六七］「日露戦争における満州占領地に対する日本の軍政について」で、満鉄の直接の前史である表題テーマについては先駆的な研究といってよい。満鉄の付属地行政の前身としての軍政の内実を略述し、清国官民との紛議、戦後の軍政継続の問題などをバランスよく記述している。

ついで、イデオロギーや理論化には原則的に関心をむけない、典型的な政治外交史の力作として、角田順［一九六七］『満洲問題と国防方針』がある。一九〇〇―一二年の満州をめぐる日本の外交・軍事政策を概観した本書は、この問題に関する戦後の実証研究の一基準になった。あくまで事実の記述に終始し、論評や批判には抑制的だから、マルクス主義などの影響をうけた読者にはものたりない面もあろう。

マルクス主義の立場からは、井上清［一九六八］『日本帝国主義の形成』が注目される。とくにその第七章「植民帝国の形成と民族運動および列強との対立」には、満鉄についてのまとまった記述と評価がある。開業年度の償却費控除後の利益率は二分強、六年後には六分以上に達し、さらに一〇年後には一割をこえたと指摘している。

満鉄成立の前史のひとつは、前述の桂・ハリマン覚書問題もふくめた小村外交で、同時代には満鉄社内はもちろん、国民一般にもそれはなかば神話化していたが、これを正面から批判的に論じ、相対化したのは内山正熊［一九六八］「小村外交批判」である。とくに北京会議（一九〇五年）における小村の露骨な強硬姿勢は、日清講和時の陸奥とおなじように脱亜入欧の対中優越感を露呈し、中国に抗日精神をつのらせたとする。さらに、「それは今日においても未だあとをひいているといえる」とのべ、戦後日本社会をも批判したが、この問題は現在もなお克服されておらず、その意味でも先駆的といえよう。

谷寿子［一九六九］「寺内内閣と西原借款」は、堀川の問題意識をひきつぐかたちで、吉会鉄道、満蒙四鉄道借款を記述している。戦後の西原借款研究のはしりでもある。

一九七〇年代には実証もぐっと精緻化した。たとえば長幸男［一九七一］「アメリカ資本の満州導入計画」は、満鉄を中心とする日本の満州経営への、ハリマン以来の米資参加のうごきを詳細に概括したものである。アプルビー調査団の鞍山訪問（一九二一年）にふれ、満鉄とＵＳスティールの合弁による製鉄事業経営計画を指摘したこと、満州国期の米資導入構想を明らかにしたこと、日本経済聯盟会が、米経済界に影響力を影響力をもつ弁護士Ｊ・Ｆ・オライアンを招請した事実にふれたことなどが功績といえよう。

日中関係にしぼった論考として、藤田敬一［一九七二］「辛亥革命期における清朝政権と〝満州問題〟」がある。日露戦後の中国側の満州開発構想と、日本をはじめとする帝国主義列強との関連によるその制約についての画期的な考察である。清朝の戦略は、ある国に対し、べつの帝国主義国にすがって対抗する枠組を一歩も出ず、そのため「闘争主体が半植民地権力を構造的に把握することをきわめて困難にし、あいまいにしてきた」と、きびしい評価をくだしている。

岡本俊平［一九七四］「明治日本の対中国態度の一断面」も批判的小村外交論である。小村は伊藤博文、井上馨らの穏健主義を軽蔑しており、「紋切り型膨張主義」（A・イリエ）を展開したとのべ、小村のなかには「日本の対外政策の主体としての中国はなく、ただ日本の膨張拡大の前に、なすことなく横たわる客体としての中国のみがあった」とする。その評価はうなずけるとしても、既述の内山［一九六八］の指摘をとくにこえるものではない。

三谷太一郎［一九七五］「ウォール・ストリートと極東」は、満鉄研究の古典的テーマといえる米資導入問題をあらためて相対化して問題を整理し、論理化したもので、一読に値する。従来モーガンとクーン・レープの競合が強調されてきたが、三谷は、米銀行団の成立による四国借款団の発足（一九一〇年）から、二〇年代の米金融資本と日本との密接な経済関係にもかかわらず、その対満導入にはいたらなかった経緯までを記述している。

大江志乃夫［一九七六］『日露戦争の軍事史的研究』の第四章には、満鉄の前身である軍事鉄道の記述があり、井上勇一の研究の先駆になっている。辛亥革命時の満鉄の政治的な動きに目をむけた菅野正［一九七八］は、総裁の中村是公が裏で革命側を操縦して、東三省総督趙爾巽を危地に陥れたうえでこれを救援し、「大連ニ拉シ去ラントスル計画」をたてたことを明らかにした。奉天総領事小池張造の上申で、中村は首相西園寺公望から厳重注意されたという。出典は『日本外交文書』だが、満鉄がはやくも満州における「多頭政治」の一方の主体になろうとしたことがうかがえ、興味ぶかい。

寺本康俊は［一九七九］、［一九八〇］、［一九八六a］、［一九八六b］など、国際環境と日本の対満政策の関連を考察し、それらをもとに［一九九九］『日露戦争以後の日本外交』を刊行した。国権拡張的な小村の強硬外交と、より協調的な西園寺、林董の路線とを対比させている。戦争中に桂、小村が伊藤、山県らの慎重論をのりこえて強硬になったことを示した［一九八三］「満州の国際中立化案と小村外交」の趣旨は、本書の第一章になった際にはあまり明快でなくなっているのが残念である。安奉線改築の強行が清国政府に衝撃をあたえ、粛親王ら日清関係改善論者が、間島の領有権での日本の譲歩とひきかえに、満州をめぐるその他の懸案では清国が譲歩する結果になったという論点、中村是公の強硬論・国権ナショナリズムの言辞の指摘は興味ぶかい。戦前にさかのぼる文献の博捜は仏・独語にもおよび、意欲的である。

井上勇一は［一九八〇］、［一九八三a］、［一九八三b］などで、日露戦時・戦後の国際関係のなかに満鉄の前身や隣接鉄道を実証的に位置づけた。これらは満鉄の競争線計画をあつかった井上［一九八四］、［一九八五］ほかの論文とともに同［一九八九］『東アジア鉄道国際関係史』にまとめられた。二〇世紀初頭の東アジアの国際環境を、鉄道問題に収斂させて詳細に描いた本書の新視点は魅力的であるとともに、鉄道問題を中心にすると逆に見えにくくなる諸関係もあることを暗示している。また井上［一九九〇］『鉄道ゲージが変えた現代史』は、一般書として注目された。

一九八〇年後期の注目作としては、ほかに萩原充［一九八七］があり、一九三〇年代後半における満鉄の華北への関与を具体的にのべている。また、日中経済関係における資金のフローとストックを史料的に再検討した小島麗逸［一九八九］は、日本の対中進出と軍事侵略とがどのような経済的結果をのこしたか、その前提となる史料を簡潔に確認した。東北統一接収委員会清算処（一九四六年一二月成立）の推計によると、日本敗戦時の東北各企業（六五六四社）の資産（簿価）は総額二四〇億九〇〇〇万円で、うち満鉄が七八億四九〇〇万円（三二・六％）、同関係会社（五九社）計が二二億七六〇〇万円（九・四％）である。満鉄の大きさと重要性があらためて実感として印象づけられよう。

満鉄をはじめ満州の鉄道やその貨物運輸をめぐっては、日露・日ソ関係が独自の重要性と問題性をはらむが、その研究はさほど多くない。寺山恭輔［一九九一］によると、一九二六年一月前後、日ソによる満州の勢力圏分割の維持をのぞんでいたソ連は、洮昂線による日本の北満進出に抗議した。そして三二年二月の関東軍の北満侵攻から三月の満州国「建国」の前後には、ソ連はもっとも「反抗的」になり、中東鉄道の機関車・車輛のソ連領内留置、在満ソ連人の引き揚げ（一月から四月までに約一五〇〇人）などを実施したことを、天羽日記その他で論証している。

日中関係を中心としたものとしては、田中内閣の対中国政策の政治外交史的分析、佐藤元英［一九九二］『昭和初期対中国政策の研究』(28)が注目される。その第五章「満鉄主導の『満蒙問題』解決交渉」は、山本条太郎を総裁に起用した田中積極外交のもとでの満鉄に関する分析である。田中や山本は、積極政策といっても当時の外務省、とくに政務次官の森恪や奉天総領事吉田茂などの強硬論には一線を画し、外務・陸軍の反張作霖姿勢を警戒して満鉄のルートで先手をうって局面を打開するつもりだったという。田中が陸軍や森の強硬論に距離をおいたことはまちがいないが、山本の「産業立国策」を採用し、その実現にむけて画策したという田中・山本一体論はなお論証不足の感がのこる。

大連に赴任した山本は張作霖と交渉を開始し、一方大蔵省や日銀はモーガン商会の総支配人T・W・ラモントを招聘して米資導入をはかった（米世論の警戒で成立せず）。佐藤はこれを日米の政策対立とはいえず、募債上民間の不人気を無視できなかった営利判断によるものとするが、満州事変以前、すでに日本の中国政策に対する端緒的な批判の論調がアメリカで台頭していたことはもっと重視してよいのではないだろうか。

日本語による近年の満鉄研究の蓄積には、中国人・朝鮮人研究者の活躍が見のがせない。たとえば陸偉［一九九五］、［一九九六］は、一九一〇年代以来の日張関係の変遷を詳細に論述した。一九二〇年代初頭に培養線の鄭通線、鄭洮線が開通すると満鉄の貨物量と鉄道純益がのび、日本側にはいっそうの借款契約の実現をのぞむ声がつよまった。しかし二三年の旅大回収運動、二五年の五・三〇運動の東北への反映などを契機に中国の民族主義の台頭はめざましく、張政権の日本ばなれも本格化して、借款鉄道建設の回避策をとるようになった。二四年、日本は洮昂線、吉会線吉林‐敦化間の促進とひきかえに中国側の奉海線の自弁を承認するなどの譲歩を示した。陸はこれを、「満鉄は洮昂鉄道による北満進出を重視するあまり、『満鉄包囲網』の端緒を与えてしまった」と評している。培養線の洮昂線も競合線に転ずる可能性があったからである。

しかし陸も述べているように、吉敦線が吉敦鉄路局の抵抗で着工できなかったり、満鉄培養線のひとつ長大線（長春‐大賚）が吉林省長王樹翰の反対で契約にいたらなかったり、日本の米資導入には張も蒋介石も反対を表明したりと、中国の民族主義化が関内・東北をつうじて組織的なレヴェルになっていたことがより重要だろう。二七年の田中内閣の登場による東方会議の強硬策もそれをうけたものだった。同年八月の奉天の反日運動は田中をさらに刺激した。陸も田中を強硬論一本槍とは見ていないが、そのニュアンスは佐藤の田中像とはかなり異なる。

史料はだいたい既知のものにかぎられているが、張の政治キャリアの筋道にそって対日関係を綿密に再確認している。言及はないが、黎光・孫継武［一九八二］の論理をさらに緻密にしたものといえよう。ただし、誤植が多く、二回分載の一論文にもかかわらずタイトルに一貫性がないなどの欠陥が惜しまれる。

最後に崔文衡（朴菖熙訳）［二〇〇四］『日露戦争の世界史』にもふれておこう。韓国の碩学による、日露戦争前後の国際環境に関するバランスのとれた総合的叙述である。とくに第五章「戦後の状況と日本の《韓国併合》」は、日露戦後の日本の大陸進出を、露米との関係を軸に韓国の視点から描く。しかし中国の主体的行動やその限界については、満州の中国鉄道への借款をめぐる唐紹義の対米交渉以外具体的に述べていない。一九頁におよぶ口絵写真には、ウィッテの政敵で日露戦争の黒幕とされるベゾブラーゾフ、戦時戦後期の蔵相でのち首相になるカコーフツォフなどの貴重な肖像が載っている。

ii　日本の満州進出

つぎに、日本資本主義・帝国主義の進展に対応する満州進出を対象にした研究を見よう。この問題は当然国際関係と切り離せないが、国内の政治・経済的要因や満州自体の情勢により力点をおいたものを念頭においている。

井上晴丸・宇佐美誠次郎［一九四八］はこの分野の戦後の研究の先駆である。これは雑誌『潮流』が、戦時の日本帝国主義の構造を総合的に解明するため、多くの歴史家、社会科学者を組織した共同研究の一環として書かれた。明快な国家独占資本主義論の立場から、戦時国家独占資本主義の成立、海外侵略の必然性、矛盾の拡大と体制の崩壊、再生とその人民民主主義への転化可能性を叙述・展望したなかの、植民地・占領地に関する部分である。敗戦直後の、基礎的な史料がまだほとんど利用できない時期であるから、理論化が先行しているのは否めないが、極力実証も並行させようとの姿勢がうかがえ、かなりの説得力をもつ。単行本化された［一九五〇］、［一九五一］は、経済史や植民地史研究にながく顕著な影響をおよぼしている。

だが日本資本主義が、半封建的構造による産業の低位性によって、植民地の民族資本（産業資本）を買弁に育成することができなかったという所説（［一九五一］七〇、七六頁）に対しては、のちに小林英夫［一九七五］が、日本帝国主義は「買弁抜き」を志向したが貫徹できず、逆に土着資本との妥協・協調を余儀なくされたと指摘し（七頁）、大谷正［一九七六］は、三井物産の満州大豆輸出を例に「買弁抜き」論を全面的に批判した。

しかしここでは「買弁」の概念が論者によってまちまちで、混乱を生んでいると思われる。井上・宇佐美は、買弁は、帝国主義勢力と植民地産業資本とを媒介するものと規定しており、産業資本の未発達な二〇世紀初頭の満州にはまずありえない勢力である。大豆の買付を例にとると、この段階では外国商社は日本も含めて、一義的に商業・高利貸資本である都市糧桟を買弁とし、地方糧桟や生産者である農民には接していなかった。都市大糧桟は、大豆の世界商品化と外商によるその大量買付を契機に発生・成長しており、その意味でも買弁そのものであった[29]。

ただ、開港場に拠点をかまえる外国貿易商が、国内市場に接近するために使用する中国人仲介人を買弁と定義すれば、山村睦夫［一九七六］が主張するように、三井物産は買弁の排除を社の方針とし、国内市場で自力で取引できる職員を制度的に養成した[30]。この職員が都市糧桟との交渉を担当したわけであり、そのかぎりで買弁ぬきの取引だったといえる。しかしそれは、ただちに日本資本主義の後進性と結びつけられる問題ではない。

さて、一九五〇年代には近代日本政治史の実証的研究も復活する。そのなかで前島省三は、桂・原内閣期の政治過程における満鉄の意義を論じた。前島［一九五三］は、鉄道国有化によって多額の民間資金が鉄道事業から解放されて日露戦後の企業勃興を生んだとし、満鉄株ブームもその一環に位置づけた。そして原内閣の満鉄に対する人事政策、合理化対策とそれが産んだ汚職事件について述べ、原内閣は寺内内閣にくらべて「ブルジョア内閣として前進した」が、それはリベラルではなく、「ファッショ的性格をおびたブルジョア権力」だったと評する。

前島は天皇制絶対主義論にたつが、絶対主義権力が植民地獲得戦にのりだして帝国主義権力になったと説き、天皇制を日清・日露戦争にかりたてた原動力は「早熟的な金融資本＝国家的・財閥的ブルジョアジー」だとしている。日本帝国主義は、日清戦争後の軍備拡張、内政改革、義和団事件出兵などを契機に、財閥的ブルジョアジーの政治的盾《シールド》として成立した、と前島は主張する[31]。評者は、日露戦争の段階ではブルジョワジーはまだ政治勢力としての主体性をそなえておらず、軍事的帝国主義の実践、満鉄の設立、政党政治の導入などをみな絶対主義権力の主導にゆだねたと見ており、日清戦争のブルジョワ利益反映論にも、原内閣のファシズム先導説にも賛成できないが、一九五〇年代前半の議論としては一定の意義があったと考えている。

また前島［一九五七ａ］は、第二次桂内閣の外交政策を検討するなかで、桂・ハリマン覚書破棄後の満鉄共同経営問題、競争線計画問題の概要をあつかい、戦後の先駆的な記述になっている。(32)［一九五七ｂ］では、「満鉄への外資導入は、ブルジョアジーのどの部分に、とくに力を与えることに役立ったか」という観点から、満鉄と三井（物産）のいちじるしい癒着を指摘している。とくに国民党の代議士が第二七議会に提出した「満鉄の現状に関する質問書」のするどい批判の紹介は貴重である。三井に関しては綿製品対満輸出の独占にもふれ、のちの高村直助らの研究を先導するかたちになっている。

谷良平［一九六〇］は満州国期の満鉄について、対満投資ルートとしての役割の変遷を簡潔に記述した。この時期の満鉄に関する先駆的な言及だろう。中山治一［一九六二ａ］、［一九六二ｂ］、［一九六二ｃ］は西園寺内閣期の対満政策決定過程を詳細に検討した労作で、ある意味で前島の問題関心をひきついだ研究といえる。

満史会編［一九六四、六五］『満州開発四十年史』は、多くの満州・満鉄関係者を執筆者とし、日本帝国主義下の満州における経済・産業の発達を部門別に回顧した大冊で、懐古的・弁明的な性格を指摘されながら、史料的には戦後の満州研究に一定の寄与をしてきた。編者の意図はそれとして、いまあらためて検討してみると、客観的・社会科学的な記述がけして少なくないことがわかる。たとえば上巻では「序説篇」第五章「日本の開発活動下における満州の社会的経済的発展」、「農業篇」第一章「日本の満州経営と満州の農業・農民」、第二章「農民経済の発展」、下巻では「工業篇」第一章「満州工業の発達の特徴」、第三章「満州における製鉄業」、「商業篇」第一章「満州流通機構の特徴」、第二章「国内市場と地方市場」、第三章「満州における物価の変遷」、第四章「日本商業資本の進出の経過」がそうで、研究というにふさわしい。

また上巻の「交通・建設篇」と下巻「鉱業篇」、「工業篇」の一部は、産業史・技術史的にすぐれた記述である。「南満洲鉄道株式会社篇」は批判的視点にとぼしいが、社業調査のエクスパートだった上野愿が執筆し、事実の記述はおおむね正確で参考になる。満鉄の社業はほかの篇でもあつかわれており、撫順炭礦は下巻「鉱業篇」第二―五章、製鉄所は同第七章と「工業篇」第三章、地質調査所は「鉱業篇」第十二章、中央試験所は「工業篇」第六章に記述がある。

一九七〇年代には、政治史では山辺健太郎［一九七一］『日本統治下の朝鮮』が、枢府議長山県有朋が一九一一年、日露再戦にそなえて満鉄の奉天以北と安奉線の複線化、朝鮮鉄道の改良を主張する意見書を政府に提出したことを紹介、浅田喬二［一九七二］は満州での土地商租権を満鉄の利害との関連で論じた。商租権の問題は日本帝国主義と中国のナショナリズムとの確執の一焦点であるが、その後本格的な実証研究には馬場明［二〇〇二］がある程度で、さほど進展していない。臼井勝美［一九七四］『満州事変』は、東北政権によるいわゆる「満鉄包囲網」政策について、文字通りやや大げさにとらえすぎているように思うが、満鉄をめぐる幣原外交に関する要をえた記述がある。鉄道要求での日本の譲歩や、とくに幣原の意をうけた理事木村鋭市の交渉に詳しい。

経済史の面ではまず志村嘉一［一九六九］が、一九三〇年代の満鉄の株式・社債とその国内資本市場への依存関係を最初に記述した。高村直助［一九七二］の下巻第六章「独占形成期紡績資本の構造」第一節は、日本綿布の対満輸出と満鉄の運賃政策の関連を論じた。この問題関心は高村［一九八〇］『日本資本主義史論』にうけつがれ、そこでは満鉄と私的資本、とくに三井（物産）との関係がていねいに描かれている。満鉄の性格規定にもただちにかかわる論点である。高村は［一九八八］で、創業期の満鉄に大量の貨車を納入した日本車輌製造が、汽車製造、川崎造船所と共同で、国有化後の官鉄に受注をはたらきかけたことを記している。満鉄の資材調達が独占形成（カルテルの結成）をうながすという構図である。

満鉄と三井財閥、とくに三井物産との関係は、満鉄論にも財閥論にも重要な論点であり、物産の史料公開姿勢もあって一九七〇年代以後多彩な業績がある。とくに山村睦夫［一九七六］が満鉄創業期に関して実証密度を一挙にたかめ、つづく［一九七九］で第一次大戦後の状況を分析した。十五年戦争期については坂本雅子［一九七七］が先鞭をつけ、以後［一九七九ａ］、［一九七九ｂ］などで、日本帝国主義の侵略性における財閥の責任を一貫して追究し、［二〇〇三］『財閥と帝国主義』を刊行した。そこでは軍部、官僚、財閥など、日本帝国主義を構成する諸集団間の対立・抗争の側面よりも、財閥をふくめた支配層全体にひとしく侵略責任・戦争責任があることが強調されている。

一九八〇年代には三井研究はいっそう精緻になり、春日豊［一九八二、八三、八四］は、三井文庫所蔵の未整理文書もつかって、一九三〇年代の物産の商品取引と社外投資を詳細に分析した。（上）［一九八二］では、この時期の物産の経営動向を概観するなかで、一九二九年に満鉄株五万株を購入したのは、配当利回りを考慮した余裕資金の運用だったことを実証した。また満鉄は一九三一年、創業期から物産が一手にあつかってきた撫順炭販売に三菱商事の参入をみとめるが、そのときの物産の反論の文書が紹介されていて興味ぶかい。満鉄に関連する取扱い商品では、（中）［一九八三］で機械類・鉄道用品と鋼材が、（下）［一九八四］で金物（鞍山銑をふくむ）と大豆がくわしく検討される。大豆の場合この時期には、従来満鉄に遠慮して積極的なとり組みをひかえてきた、日本海諸港むけのウラディワストーク積出しも推進されたという。投資の面では、軍の主導で一九三七年に設立された満洲合成燃料（公称資本金五〇〇〇万円）に、満州国政府と同額の一七〇〇万円を出資した（満鉄は五〇〇〇万円）ことの三井側の論理が分析されている。

春日［一九九二］は、一九一〇―三〇年代の三井財閥（三井物産のほか鉱山、銀行、信託、生命の各社）の対中投資を概観し、時期別特色を浮き彫りにした。二〇年代から三〇年代はじめの恐慌期には、三井物産の満鉄株のほか、銀行も過剰資金の運用のため満鉄の社債を購入している。満州国の成立後、経済が安定すると、三井の対満投資は銀行の昭和製鋼所社債、信託の大連汽船社債など満鉄の子会社をはじめ、満鉄社債より高利回りの満州国国策会社にもひろがっていった。そのため満鉄社債を売却する例もあり、創業期からの満鉄と多面的に利害を共有してきながら、三井は個別資本としての独自の判断で不即不離の態度をとったことがわかる。日中戦争期には、前述の満州合成燃料に合名、三井物産、鉱山の三社で計一七〇〇万円を出資したが、これは三井合名の最大の対満投資であった。満鉄の株や社債への投資も、信託、生命の手で復活した。以上のような分析である。

鈴木邦夫［一九八八、八九］は、十五年戦争期の満州における三井物産の活動を論じている。商品取扱いでは、満鉄と満州炭礦の子会社日満商事の出現（三六年一〇月）以来、三井物産を代表とする商社は、石炭、鉄製品、非鉄金属、セメントなどの取引から次第に排除され、これらの貿易業務と大豆三品のあつかいに限定されるようになった。この論文の（Ⅱ）［一九八九］は、一九一〇年代後半から三〇年代までに大豆取引にかかわった内外の商社とその時期的変遷を整理・記述しており、業界全体の動きがよくわかる。そのなかで物産は、子会社の三泰油房から三泰桟を独立の糧桟として分離し、大豆集散地に設置していったこと、満州事変を機に、二〇年代に一度失敗した北満進出を再開したこと、大連・ロンドン間の精算操作を改善したことなどが指摘されている。しかし一九三九年の第二次大戦勃発、満州国の特産物流通統制の開始以後、商社の大豆三品の市場扱い量は減少し、特約収買人として輸出に専念することになった。その時期は年度ごとに輸出大豆の取引状況が述べられているが、とくに一九四一年度については、法制と慣習の複雑なからみあいと矛盾を、物産など糧桟兼営の大特約収買人のうまみもふくめて具体的に記述しており、統制期の大豆取引の実態をめぐって、これ以上にすぐれた叙述はない。物産の大豆取引については、ほかに塚瀬進［二〇〇五］も有益である。

物産の機械取引についてのモノグラフには麻島［二〇〇〇ａ］、［二〇〇〇ｂ］、［二〇〇〇ｃ］があり、それをまとめたのが［二〇〇一］『戦前期三井物産の機械取引』である。同社の「考課状」によって時期ごとの取扱品目、量、大口取引先の推移などを統計的におさえたもので、全期間を網羅することはできないにしても、創業から終焉までの満鉄の位置がよくわかる。

一九七〇年代には植民地の経済史研究が画期的な進展を見せた。それを先導したのが小林英夫［一九六九］、［一九七四］、原朗［一九七二］、［一九七六a］、［一九七六b］などの、一九三〇—四〇年代についての研究である。とくに小林［一九七五］『「大東亜共栄圏」の形成と崩壊』は注目すべき労作で、原らとの共同研究をふまえ、史料や議論を共有しながら、大きな影響をのこした。

また、一九二〇年代以前の状況については、満鉄を軸とする日本の対満投資全般を検討した金子文夫［一九七七］、［一九八〇］、［一九八二］をあげなければならない。これらを改変し、書きおろしをくわえた成果が金子［一九九一］『近代日本における対満州投資の研究』である。まず第一章で、日露戦後期に綿豆交換体制の日満貿易がはじまり、大豆の対欧輸出を軸に「大豆経済」が確立することが確認されたのち、満鉄自体に関する記述として第二章「満鉄の創業」、第五章「満鉄の発展」、第八章「満鉄の拡充と『危機』」がおかれている。要するに本書はなかば満鉄史の専著であり、安藤彦太郎編［一九六五］にいたる満鉄史研究グループのメンバーの業績、高橋泰隆［一九八六］につぐ戦後の社会科学的満鉄史研究の系列につらなる。当時可能なかぎりの史料を博捜して手がたく実証を行い、穏当な議論を展開しており、もはや研究史上スタンダードの地位をしめている。

この間政治外交史では、波多野澄雄［一九七六］が満州国成立時の鉄道政策の展開過程に満鉄を位置づけた。ついで北岡伸一［一九七八］『日本陸軍と大陸政策』は、日露戦後から第一次大戦期まで、約一三年間の大陸政策（「中国大陸に対する領土・権益・政治的影響力等の拡大を説く主張」）を、この政策のもっとも重要な推進者である陸軍が長州閥から政治的に独立してゆく側面（山県有朋の指導力の低下と、寺内正毅、田中義一、上原勇作らの台頭による、対立する複数集団化）に留意しつつ詳細に論じた力作である。日本の帝国主義を根底的に批判する論理はもたないが、実証研究としては角田につぐ画期的な業績といえよう。

実証の対象は、中国政策と満州経営政策とを区別したうえでの相互の関連であり、満州経営については鉄道、金融、経営機関の三部門について重点的に考察される。つまり一面ではそのまま満鉄研究ということになる。満鉄の経営原理である「大連中心主義」に対する、軍事的必要による「奉釜ルート」の設定や、そのための運賃政策、植民地関係会社の政友会化（以上第二章）、二十一ヶ条要求における陸軍の強行姿勢の実証的記述、朝鮮総督府（寺内）、大連経済界・外務省、大隈政権と同志会（加藤高明）の三勢力による運賃制度の再検討および朝鮮鉄道の満鉄委託問題の経緯と政策的意味（以上第三章）などがとくに注目される。だがこれらの問題は、その後の研究に充分うけつがれていない。

一九八〇年代の経済史では、まず柳沢遊［一九八一］が大連在住の日本人商人に注目した。日露戦争後に登場したこの社会層は、中国人商人とは密接な取引関係をもたず、いわば満鉄に寄生しながら、独自の存在として日本帝国主義の構成要素になっていった。浮沈のはげしい層であるが、そのもっとも困難だった一九二〇年代の動向を分析している。その後柳沢は一貫して植民地の日本人商工業者の社会経済史的研究をつづけ、満州に関してはその第一人者になった。柳沢［一九九九b］『日本人の植民地経験』はそのひとつの達成である。

沢井実［一九八五］、［一九九二］とその集成［一九九八］『日本鉄道車輌工業史』は、一八九〇年代から一九三〇年代までの鉄道車輌工業の展開に関する研究で、後者はとくに三〇年代について満州市場との関係を分析している。三井物産研究では、車輌は数多い満鉄の需品のひとつにすぎないが、本書はそれを製造業との関係で検討した点で、産業史・技術史的に重要である。君島和彦［一九八六］は十五年戦争期の鉱工業支配を包括的に記述している。松本俊郎［一九八八］『侵略と開発―日本資本主義と中国植民地化』は一九三〇年代を中心に日本帝国主義の経済進出を実証的に論じた論稿を主にした力作であるが、タイトルから「開発」の側面を積極的に評価するものと即断され、旧来の帝国主義論の立場から物議もかもした。

政治史では、日清戦争以後の日本の大陸政策を、軍部・官僚の動向に即して考察してきた小林道彦［一九八五］、

［一九八八］などの成果が、小林［一九九六］『日本の大陸政策』にまとめられた。この本は国内の政治過程を大陸国家化の観点から解明したもので、大陸政策史研究の面では角田、北岡、三谷らの先行研究を批判的に継承し、従来軍部（長州閥・山県閥）に一括されがちだった桂太郎に、後藤新平とならぶ政策的独自性をみとめるなど、刺激的な新説を対峙させてかなりの説得力をもつ。また、山県の指導力低下に並行して日露戦争後に「軍部」が成立したという有力な通説に対し、一体的な「軍部」概念への疑念を呈し、複雑な政治過程をもっと具体的に把握する必要を強調している。

しかし一方、それら具体的な事実を仮説によって抽象化する理論的努力も歴史研究には不可欠である。筆者自身は、国民に誇大に認識された日露戦争の「栄光の果実」を背景に、つとに小林が再検討したように(33)「帝国国防方針」の策定がやはりひとつの契機になって、個々の政策課題に応じてかなり一体化した言動をとる「軍部」という政治主体は成立したと考える。それを満鉄の設立にからめて見れば、満州の占領を継続してできるだけの権益確保に執着した前時代的軍事思想をしりぞけ、外資も導入しようという桂的な「軍部」の政策がありえたため、あのようなかたちの「会社」が創出されたといえる。満鉄設立前後の政治過程は第二章「日本の大陸国家化と国内政治―一九〇五‐一一年」で詳述されており、満鉄研究としてはこの部分がとくに重要である。

邵建国［一九九二］は吉会鉄道敷設交渉を中国側の論理から論じた。戦後の日本帝国主義の満州進出研究に大きく貢献した鈴木隆史の一連の研究も［一九九二］『日本帝国主義と満州』全二巻にまとめられた。満鉄とその環境については、日露戦争期の軍政の状況、満州開放問題の経緯をへて、桂・ハリマン覚書問題から満鉄が設立されるまでの過程、後藤新平の構想、初期の事業体制などにはじまり、一九二〇年代の経営動揺と中国ナショナリズムへの対抗、十五年戦争期の新体制にいたる変遷を綿密に叙述している。このテーマについて、実証水準をたもちながら全期間をあつかった通史は少ないだけに、特筆すべき労作である。

満鉄の培養線拡大を目的とする対中鉄道交渉に注目してきた芳井研一は、［一九八六ａ、ｂ］につづいて［一九九八］、［一九九九］、［二〇〇〇ａ］などを発表し、それらを［二〇〇〇ｂ］『環日本海地域社会の変容―「満蒙」・「間島」と「裏日本」』にまとめた。新潟地域に根ざして日満交通の政治史的側面を考察するなかから、日本帝国主義の意表外の、しかし社会史的にも重要な様相が浮かびあがり、興味がつきない。白石仁章［一九九三］も芳井と関心を一にする。塚瀬進［一九九三］『中国近代東北経済史研究』は満鉄とその培養線沿線をふくむ研究である。また、加藤聖文は［一九九七］以来、［二〇〇〇ａ］、［二〇〇〇ｂ］、［二〇〇一］などで満州進出の政治外交史的側面にあたらしい光をあて、満鉄研究に貢献している。田中隆一も［二〇〇〇ａ］、［二〇〇〇ｂ］および［二〇〇七］『「満洲国」と日本の帝国支配』で新視点をうち出した。

植民地経済史の実証研究の第一人者である山本有造は［一九九七ａ］で、寺内正毅ら「朝鮮組」による「鮮主満従」政策、つまり三線連絡運賃制度、朝満間の関税軽減、朝鮮鉄道経営の満鉄委託などの非合理性と国際問題化を論述し、朝鮮米の飢餓輸出と満洲雑穀輸入の構造が運送体系を変化させたと指摘する。この論文は山本［二〇〇三］『「満洲国」経済史研究』の第六章「『朝鮮』・『満洲』間陸境貿易論」に収載された。また書きおろしの本書第二章「『満洲国』経済論」では、日満商事の鉱工業製品の流通独占が、満洲国の産業開発五ヶ年計画の立役者である満業の利害と対立しながら、最後までつづいたことに注目している。

iii　満鉄自体の研究

国際関係に規定されながら満州進出を図る日本帝国主義を背景に、そこで主役を演じた満鉄そのものを対象にした研究に移ろう。ここでは満鉄の政治的・経済的な存在形態やその基本的性格に関する論稿にしぼり、個々の社業についての分析はiv以下の各項であつかうことにする。戦後の満鉄史研究を切り開いたのは、安藤彦太郎を中心とする満鉄史研究グループの共同研究だった。そのもっともはやい成果がiに紹介した安藤実［一九五九］である。この論文はまず東アジアの国際関係における満鉄設立の歴史的意味をおさえたのち、創立当時の満鉄の資金調達を、株金と社債の双方につき公刊史料を批判・検討して実証的に記述した。

やや奇異なのは、前述の矢内原忠雄がいうような満鉄の国民的色彩をめぐって、「国民の会社」とはデマだとしている点である。この表現は安藤のその後の論稿からは姿を消しているが、評者は満鉄の国民的色彩は、同時代の国民がひろく共有する社会的表象だったと考えている。

安藤はこれをより整理したかたちの［一九六〇a］を発表し、それが改変されて安藤彦太郎編［一九六五］の第一部の安藤担当部分に収載された。この本に先だつ満鉄史研究グループの成果としては、ほかに宮坂宏［一九六〇］「満鉄史研究報告—満鉄附属地をめぐる問題」がある。これは日本が撫順・煙台両炭鉱を強引に自己の利権とした経緯を『日本外交文書』で実証した好論文で、タイトルと少しずれている。

安藤彦太郎編［一九六五］『満鉄—日本帝国主義と中国』が戦後日本の満鉄・満州研究に与えた意義の大きさはだれしもみとめるだろう。この労作は、第一部「日露戦争と満鉄」、第二部「『満州』」、第三部「『満州事変』と満鉄」の構成で、創業から主要事業の展開をへて旧中東鉄道の経営受託まで、時系列的に満鉄の諸側面・諸問題を叙述し、補論に「満鉄調査部」、「反満抗日武装闘争」をおさめる。第二部は付属地経営をあつかうⅡ「満鉄王国」、鉄道・炭鉱経営と労働問題のⅢ「満鉄コンツェルン」、そして中国民族主義の台頭と植民地支配の動揺を論じたⅣ「張作霖軍閥」からなる。執筆には安藤彦太郎、安藤実、宮坂宏のほか、木塚泰弘、神尾京子、吉田玲子、田中恒次郎、山田豪一が参加している。日中戦争期の諸問題が捨象されていることをのぞけば、社会科学的満鉄研究の主要な論点をカヴァーし、論じており、その総合性でこれを凌駕する研究はいまでもないといってよい。安藤実はそののちも［一九六八］で、レーニンの帝国主義論によって日本帝国主義の特質を規定し、そのなかに満鉄を位置づける理論的な論稿を発表している。

藤井満洲男［一九六六、六七］は、松岡洋右がのこした理事時代の社内文書を軸とする、満鉄の史料集の解説として旧社員によって書かれたものだが、一九二〇年代の満鉄の諸業務や対外関係を詳細に記述し、優に研究のレヴェルに達している。一九六〇年代にはほかに前述の鈴木隆史［一九六九］があり、安藤についで満鉄の設立過程をたんねんに叙述した。一九七〇年代には、満鉄を中心とする日本帝国主義の満州支配を、思想的には佐藤信淵までさかのぼり、くだって日中戦争期にいたるスパンのなかに位置づけた宇田正［一九七三］、満州事変後の満鉄改組問題の専論である槇田健介［一九七四］、設立以来の満鉄の基本的性格の変遷を前提に、一九三〇年代以降の満鉄のおもな社業を検討した岡部牧夫［一九七八］、満鉄の財閥利害への奉仕を強調した桜井徹［一九七九］など、満鉄研究は多彩になった。かつて、満鉄設立以前を中心に、満州の多重的植民地性を独自の方法で経済史的に解明（［一九六四］）した石田興平の［一九七九］は、満州事変以前の満州を日露の寡占する、それ以後を日本の独占する二重植民地（帝国主義の投資植民地兼漢民族の移住植民地）と規定し、その変遷に応じて満鉄も機能を変化させ、再編成されたと論じる。それ以外は刊本による既知の事実の記述でとくに新味はない。

一九八〇年代初頭には、鉄道史研究の第一人者原田勝正による［一九八一］『満鉄』が出た。「あとがき」に、満鉄創立の背景と満鉄の体制、満鉄に対する政党・軍部という外からの圧力、そして侵略戦争が満鉄にもたらしたものを、日露戦争の終結から一九四五年の敗戦にいたる日本帝国主義の体制とその進路を背景に描くように心がけたという本書は、新書の形式で、著者ならではのエピソードをちりばめ、「簡単に読める通史」が目ざされている。

しかし、創業後に確定した満鉄の「体制」が、その後政党・軍部という「外からの圧力」で「主体性」を喪失したという筋書きは、満鉄社員の固定観念から描かれた菊池寛の小説世界ならいざ知らず、歴史的・社会科学的には根本的な難をかかえている。「日本帝国主義の体制とその進路」は四〇年間一定不変だったのではなく、国際環境や日本資本主義の発展段階に規定されて顕著に変化した。政党や軍部とならぶ帝国主義の一構成要素、半官半民の植民地経営体としての満鉄も、それに応じて、役割を変化させてきた。したがって、なにか固定した理念型のような満鉄像を措定し、その主体性が外部の力で喪失したとする「満鉄中心史観」は一種の神話化であり、客観的な歴史認識を害する。また右にあげたような、安藤彦太郎編『満鉄』や満史会編『満州開発四十年史』以後の社会科学的満鉄史研究をまったく無視しているのも納得できない。評者は当時それらを批判した(34)。しかし前述のような誤りもふくめ、増補版［二〇〇七］でもとくに変わりがないのは残念である。

これに対し高橋泰隆は［一九八二］以下で、研究動向を適切に反映した実証的な満鉄研究をふかめた。なかでも［一九八六］は、十五年戦争下の満鉄の実態を鉄道業に焦点をあてて検討した意欲的な力作である。まず満鉄全体のなかでの鉄道部門の位置を明確にし、軍事輸送（とくに華北進出）、満州の鉄道独占化とその経済的影響、運賃政策をふくむ経営実態、戦時体制の各局面における満鉄の性格・戦略の変化の検討を分析している。高橋は一連の満鉄研究のほか、台湾、朝鮮、中国関内の諸鉄道にも視野をひろげ、［一九九五］『日本植民地鉄道史論』を上梓した。本書の満鉄の部分も鉄道業を直接の対象とし、満州のほかの鉄道とつねに対比させながら、経営、技術、労働を中心とする諸問題を記述している。運輸成績や運転事故にも目をむけているのは、高橋の独擅場である。また満鉄の華北進出は、中国占領地の鉄道の章であつかわれている。そして、満鉄がまさにそうだが、占領を媒介にした敵産品の現金評価にもとづく国家資本の設定は「資本輸出論の範疇に入るのだろうか」という疑問が提示される(35)。重要な論点だが、その後議論はふかめられていない。

その後橋谷弘［一九八二］、兒嶋俊郎［一九八四］などのモノグラフが出たあと、満鉄研究はしばらく下火になった。再燃するのは一九九〇年代なかばである。とりわけ安冨歩［一九九五］は、満州国をめぐる「貨幣の流れ」の解明の一環として、満州国期の満鉄による資金の調達・投資を実証的に分析した緻密な達成である。満鉄の経営実態、日本の資本・金融市場、満州国の政策とそれに応じた満鉄の改編などをめりはりよくおさえ、安冨［一九九七］の一章として収載された。金子や高橋などの先行研究をよく参照し、理論的な論点を指摘するなど、満鉄研究に大きく貢献した。

一九九〇年代以降は小林英夫の活躍が目ざましいが、満鉄自体を対象にしたものには［一九九六］『満鉄―「知の集団」の誕生と死』、［一九九七b］、そして編書である［二〇〇〇］『近代日本と満鉄』が注目される。『満鉄』は、一般読者むけに書かれた満鉄の平易な通史であると同時に、現在の「日本の経済システムの原型をこの会社の調査部が作り上げた」など、随所に独特の史観が示されていて興味ぶかい。ただこうした認識が、満鉄のもうひとつの神話化にならなければ幸いである。『近代日本と満鉄』は気鋭の研究者を糾合し、日本政治史とのからみから多角的に満鉄を論じた論集で、満鉄研究に大きく貢献している。くわしくは評者の書評(36)にゆずりたい。

変わった着眼点の論稿に、経営能率化に関する満鉄のとりくみを、思想と制度化の両面から分析した裴《ハイ》富吉《フキツ》［一九九八―二〇〇二］がある。単行本［二〇〇二］での表題は『満洲国と経営学』(37)となっているが、立役者はあくまで満鉄である。そして経営思想史の観点から、日本の満州経営全体を視野に、ひろい問題意識のもとに論じており、きわめてユニークな問題史といえよう。［二〇〇二］の第二部「満州と満州能率協会」第三章「満鉄『能率係』設置―『満州国』建国―『満州能率協会』創立をめぐる経済社会政治史的背景」の第一節は、満鉄の性格と沿革、満業設立による性格の変化について詳述し、独自の満鉄論を展開している。一方、第一部「満州と能率」第二章「能率指導家のかかわり―現代への歴史的な合意」の第四節「暉峻義等」では、暉峻流「労働科学」の欺瞞性の指摘から、満鉄・満州国の労働政策における人命軽視、賃金格差、指紋登録と現代の外国人登録制度における指紋押捺の問題、外国の事例というように（それ自体はみな重要な問題だが）、話題がしばしば逸脱し、論理が拡散してしまうのが惜しまれる。

高成鳳［一九九九］は朝鮮、台湾、満州の鉄道とその民衆生活への影響を社会経済史的側面から把握しようとしたものだが、研究書としてはレヴェルがひくすぎる。満州に関しては、詰めの甘いH・タッパーのノンフィクションにたよるなど誤りが多く、そのほかも一般的な刊本や南満洲鉄道の社史類のみに依拠し、実証的な新味はない。ただし、第三、四章で、装甲車の運用など、シベリア出兵時以来の満鉄の軍事機能を論じたことは評価できる。第三章の三「満鉄と『開発』―政策と実態」では、大豆の商品化と撫順炭礦の経営を軸に東北経済の変容を論じている。いずれも独自の論点は示されず、とくに撫順に関しては、「鉄道と一体化した工業と民衆との関わりについて考えてみる」としながら、炭鉱そのものの説明が三分の二頁ほどあるだけで、石炭関連コンビナートにはまったくふれていないし、炭礦とは別組織の鞍山製鉄所の不採算性に話がとんでしまい、記述の論理化に難がある。また、劣悪な労働条件の実証に本多勝一『中国の旅』の聞き書きをそのまま無批判に利用し、匿名の筆者による撫順炭礦見聞記の引用に「ヘモタキシス」（趨血性？）なる意味不明の単語が二度も出るなど、研究書としても単に文章としても納得できない。学位論文を加筆修正したものというが、これで博士号がとれたとすれば不思議なことである。(38)

浜口裕子［二〇〇〇］は槇田健介、高橋泰隆以来の満鉄改組問題についての本格的研究であり、当時の日本帝国主義内部の政治的抗争を実証的に分析している。その後二〇〇〇年代には、二〇〇六年が満鉄の設立百周年にあたることもあって、出版界ではにわかに「満鉄ブーム」がおこった。そのなかで加藤聖文［二〇〇六c］『満鉄全史』は、満鉄の政治性を人物を軸に描いた通史で、ひとつの明確な満鉄像をうち出している。

ただその際加藤は、日本の満州支配は一貫した国策にもとづいて行われたのではなく、「実際は、陸軍・関東軍・外務省・関東都督府（関東庁）・政党・満鉄などの諸政治勢力、後藤新平・原敬・松岡洋右・山本条太郎・石原完爾ら満洲や満鉄に深く関わった人物それぞれにおいて『国策』のイメージも受け止め方もバラバラであり、満洲支配は何ら統一された意思も構想も実行もないまま、さまざまな矛盾を抱えながら進められ、そして破綻していった」と強調している。そして満鉄は、「『国策』の曖昧さに翻弄された」存在である。(39) 日本資本主義の発展段階ごとに満鉄独自の役割をみとめる評者などの帝国主義論的な理解とことなり、満鉄をもっと無定形《アモルフ》な存在と見ているようだ。満鉄の主体性より被動性を強調する点で、「満鉄中心史観」とある程度認識を一にするのではないだろうか。今後の議論がのぞまれる。

iv　基幹事業

以下、満鉄の各事業の内容やその問題点の研究を検討する。まずここで、社業のうち満鉄の収益構造に寄与し、または満州開発に重要な関係をもつ基幹事業、鉄道・港湾、炭鉱、製鉄、社外投資に関する研究を見ておこう。

まず鉄道部門では、戦争末期に大陸の物資輸送網が崩壊した過程を、安藤良雄［一九五八］が早期に指摘したことが注目されるが、その後はながく研究がなかった。雑誌『鉄道ピクトリアル』の特集号［一九六四］や市原吉積ほか編［一九七〇ａ］、［一九七〇ｂ］、［一九七一］、［一九七二］は、満鉄とその車輛について写真・図版とともにを多用して解説したものだが、鉄道趣味世界の収穫である。しかし研究対象のヴィジュアルなイメージを得るうえで歴史研究者にも有益である。

鉄道部で車輛設計に携わった市原には［一九七六］『満鉄・特急あじあ号』という回顧的読み物もある。市原はあじあ号の車輛設計にあたって欧米に出張調査し、空調設備を中心に設計・製作に関与した。ところが小澤恒三（もと工作局）は、本書があじあ号に関係したもっと重要な技術者たちを無視し、自己中心的すぎてフェアでないと、翌年出た林青悟の小説『満鉄特急あじあ物語』とともに口をきわめて痛罵している。(40) 市原に関しては、たしかに小澤の指摘に的確なところが多々あるが、本書の主要部をなす「欧米出張記録」、あじあ号の仕様、空調設備発注にあたっての英文計算書、車輛の図面などは技術史的に貴重であり、全面的に否定し去るのも行きすぎだろう。

鉄道に関するより研究らしい研究は、既述の高橋泰隆以外に本格的なものは少ない。いくつかあげれば、技術をめぐっては加賀谷一良［一九八三］、佐藤吉彦［二〇〇二］がある。社会科学面では運賃政策についての本山実［一九七五］、陳景彦［一九九三］、満州国鉄道の満鉄への経営委託に関する兒嶋俊郎［二〇〇八ａ］が注目される。また、運輸・貨物については松本俊郎［一九八六］や平井廣一［二〇〇二］が代表的な貢献である。林采成［二〇〇一］、［二〇〇二］は戦時下朝鮮鉄道の経済研究で、［二〇〇五］『戦時経済と鉄道運営』に結実したが、戦争末期の輸送実態の分析では、陸送転換による満鉄の対応も視野に入れている。日本帝国主義の大陸運輸体系を朝鮮から見たものとしては、ほかに坂本悠一・木村健二［二〇〇七］がある。

以上見てみると、満鉄は鉄道の運営を第一の事業としていたにもかかわらず、戦後はそれに関する本格的研究が極端に少ないことがわかる。また、鉄道に密接に関係する港湾・倉庫・旅館などについては、朝鮮北部港湾に関する井村［二〇〇八］を例外として、研究は皆無の状態である。

炭鉱やそれに関連する分野の研究はどうか。日本の石炭市場の研究で撫順炭に言及したものは松尾純広［一九八五ａ］、［一九八五ｂ］、丁振聲［一九九一］、［一九九三］、荻野喜弘［一九九八］、［二〇〇二］、新鞍拓生［二〇〇二］、北澤満［二〇〇二］、長廣利崇［二〇〇二］、［二〇〇五］、［二〇〇七］など蓄積が厚く、撫順炭その他の上海市場における競争は塚瀬進［一九八九］が検討している。しかし満鉄の撫順炭礦経営そのものについての研究は、簡単な概観として安藤彦太郎編［一九六五］『満鉄』の第二部Ⅲの３（神尾京子）、頁岩油製造の研究・実施に関する溝口憲吉［一九七五］、飯塚靖［二〇〇三］、山本裕［二〇〇三ｂ］らの業績のほかは、撫順の労働問題の研究者庾炳富《ユヘイフ》による［二〇〇二］がある程度で、いたってさびしい。そのなかで山本は、ほかに［二〇〇五］、［二〇〇六］、［二〇〇八］などを発表、満州における炭鉱経営と石炭流通の全体像にとりくんでおり、今後が期待される。

撫順炭礦は単なる炭鉱ではなく、一九一〇年代から石炭化学コンビナートを形成して満州の重工業化の一方の核になり、頁岩油工業の実用化もそのひとつの結果であった。撫順に蓄積された技術が戦後の中国や日本の経済再建に継承されている点からも、満鉄研究は本格的な撫順炭礦研究なしには完結しないといえる。

鞍山製鉄所の操業については、日本製鉄業の研究者長島修、奈倉文二、岡崎哲二、堀切善雄らがそれぞれ注目しているが、鞍山そのものに即した研究はなんといっても松本俊郎の独擅場で、前述の［一九八八a］『侵略と開発』はその最初の結実である。とくに第三章で満州国における五ヶ年計画の鉄鋼増産と鉄鋼統制を論じており、昭和製鋼所の水津史料によった貴重な論稿である。その後松本は、満業傘下に移った一九四〇年代の昭和製鋼所の研究をふかめ、その戦後への継承を多面的にあとづけた［二〇〇〇b］『「満洲国」から新中国へ』をあらわした。中国で刊行された［一九八四］『鞍鋼史』の編者解学詩によるモノグラフ（松野周治訳）［一九八九］もある。

このように、鉄道・港湾、炭鉱、製鉄という満鉄の基幹となる個別事業の研究は、いまも充分ではない。日本の満州支配を産業・技術の面からとらえる問題関心が、帝国主義論の盛行に比していちじるしく低いといわざるを得ない。日本資本主義史一般としては、産業史・技術史の視点は希薄ではないのだから、研究史上かなり奇異な感じをいだく。

前述の鞍山製鉄所・昭和製鋼所は別格として、満鉄の社外投資やそれによる子会社の研究もあまり進んでいない。原朗［一九七六b］、柴田善雅［二〇〇〇］の興中公司、佐藤元英［一九八〇］、江夏由樹［二〇〇四a］、［二〇〇四b］、［二〇〇五］の東亜勧業、山本裕［二〇〇三a］の日満商事、花井俊介［二〇〇七］の満鉄傘下企業、柴田［二〇〇七］中の満業傘下の旧満鉄系企業の各記述などが数少ない業績である。満鉄研究の立場から、社外投資やその目的、時期的変遷などを全体として考察したものは、上記花井の概説のほか皆無といってよい。ただ、満鉄傘下をふくむ新聞については中下［一九九六］、李相哲［二〇〇〇］の二書が刊行されている。いずれにしろ社外投資、子会社の研究も今後の大きな課題である。

V 地方経営

地方経営は、満鉄社業のなかで不採算部門の筆頭であるが、日本の満州支配を実施する総合的国策機関という満鉄の基本的役割からいえば、きわめて重要な事業であった。地方経営には、まず付属地の一般行政全般（戸口、水道光熱、消防、衛生、医療、産業振興、学校、社会教育施設など。ただし警察はのぞく）のほか、都市建設、土地建物経営、事業地獲得・拡張のための対中交渉といった植民地特有の業務もあって、地方部の機構は大がかりなものになった。これらの多面的な活動のなかで、研究の進んでいるのは学校教育と図書館の両分野で、これらは質量ともに突出した蓄積を示しており、それぞれ別項で論じたい。

それ以外の地方行政については、研究は概して遅れているといわざるを得ない。付属地の性格をめぐる論稿は宮坂宏［一九六〇］、安藤彦太郎編［一九六五］『満鉄』第二部Ⅱの2（宮坂）、外務省条約局法規課［一九六六］、山崎有恒［二〇〇四］のほかにないだろう。関東州の一般行政についてはわずかに水内俊雄［二〇〇三］があるが、付属地のそれをあつかったものは、伝染病の防疫についての飯島渉［二〇〇〇］以外に評者は知らない。付属地の居住者やその団体の経済活動には、日本人をめぐる前記柳沢の一連の業績のほか、中国人を対象にした松重充浩［二〇〇一（大連）、大野太幹［二〇〇四］、［二〇〇五］、［二〇〇六］がある。関東州と付属地の建築・都市計画は、建築史や地理学からの研究が進み、越沢明［一九七八］、［一九八四］、［一九八八］、水内［一九八五］、西澤泰彦［一九九六］、［二〇〇〇］、［二〇〇八］などの労作が注目される。

付属地は満鉄設立以来約三〇年にわたって日本が行政権を行使し、中国に対する治外法権を享受してきたわけだが、一九三七年一二月、前者は満州国に「返還」され、後者は撤廃された。その政策の実施過程については、田中隆一［二〇〇〇 a］、田浦雅徳［二〇〇四］などがある。

vi　学校教育

満州における日本の教育については、新島淳良［一九六二］が未完ながら問題提起の論稿を発表したが、教育史の分野で植民地教育が注目されはじめたのは一九七〇年代のなかばで、八〇年代以後急速に発展し、専門の学会も設立された。槻木瑞生、野村章が先駆で研究を先導し、鈴木健一、竹中憲一、磯田一雄らがすぐつづいて隆盛をむかえたといえよう。鈴木［二〇〇〇］、竹中［二〇〇〇b］はその集大成である。そのほか小島勝、熊本史雄、佐藤恵一らの業績があり、中国人の立場からの提言として王智新［二〇〇〇］も注目される。

ただ満鉄史の観点からいうと、初等教育における教授技術、教育内容、教科書などの研究とならんで、中国人学童の進路、中等職業学校の実態、満鉄自身の社員教育施設などへと関心がひろがってほしいと思う。教員養成の専門学校として満鉄が経営した満洲教育専門学校のモノグラフが、鈴木［一九八九］だけというのもさびしい。また、教育史では南満医学堂（のち満洲医科大学）への関心がひくいらしく、そのわずかな研究は、江田いづみ、末永恵子、軍医学校跡地で発見された人骨問題を解明する会編など、人権無視や軍への協力を強調するものに傾斜しがちである。一方で、関係者の田村幸雄や熊田正春が自己の体験を客観的に見なおそうとしているのは貴重で、満洲医大の全体像の解明に貢献するだろう。

vii　図書館

満鉄は大連や付属地の各都市で図書館を運営した。なかで大連図書館は充実ぶりが有名で、大谷探検隊が招来した古籍や豊富なロシア語文献の所蔵でも知られていた。したがって戦後も東洋学・スラヴ学ではときに話題になったが、図書館史の世界で満鉄の図書館が注目されはじめたのは、一九八八年に専門誌『彷書月刊』が特集号を刊行し[41]、石堂清倫《きよとも》、稲村徹元、西原和海、原山煌が稿をよせて以来と思われる。河田いこひ、岡村敬二、松野高徳、小黒浩司、東條文規らが続々と論考を発表し、一九九〇年代にピークをむかえている。関連する書物も日本図書館協会編［一九九二］をはじめ、岡村［一九九四］、村上美代治［一九九九］、東條文規［一九九九］、加藤一夫・河田・東條［二〇〇五］と五指におよぶ。このほか中見立夫、くろこ・つねお、鞆谷純一らがユニークなモノグラフを書いている。社会科学の観点からは、満鉄をふくむ植民地図書館の司書の養成・就職・人事異動などの制度、戦後の中国や日本の図書館界との関係などに目がむけられてほしいと思う。

viii　調査機関

満州を中心とする中国・アジアの政治・経済・社会の現状と歴史に関する調査は、満鉄の社業のなかでも一大領域を形成し、多くの多彩な人材を擁していた。創業とともに設置された調査部は初代総裁後藤新平のつよい主導性によるといわれ、その意味でも調査部は社会的な関心をあつめた。

ひとくちに満鉄調査部といわれるが、はじめの調査部は間もなく庶務部調査課になり、多くの地道な調査業績を蓄積して満州事変期におよんだ。その後曲折をへて、日中戦争期に大規模な調査部が成立する。また哈爾浜、天津、北京、上海などの出先機関にも調査組織が配置されたほか、東京支社には世界的な視野をもつ東亜経済調査局が付置された。それらすべての調査機関をさして調査部とよぶことがある。

調査機関は、満鉄の社業のうち研究がもっとも進んだ分野である。安藤彦太郎・山田豪一［一九六二］はその先駆であり、重要な問題提起であった。また安藤・山田は、調査課長や上海事務所長をつとめた伊藤武雄に聞き書きを行い、伊藤［一九六四b］にまとめた。事実上研究者の編書であり、時期もはやく貴重な証言であるが、いま見ると思いちがいや誤りもふくんでいる。もと調査部員の野間清も［一九六四a］、［一九六四b］以来、自らの体験を出発点にながく研究をつづけ、調査部像の相対化に貢献した。

関係者の著作で、一定の客観性がたもたれているものはほかにも多い。児玉大三（小林庄一）［一九六〇］、枝吉勇［一九六五］『調査屋流転』、高後虎雄［一九七四］、石堂清倫［一九七八］、原覺天［一九七九―八四］とその集成［一九八四］『現代アジア研究成立史論』そのほか、野間・下條英男・三輪武・宮西義雄編［一九八二］『満鉄調査部綜合調査報告集』、宮西［一九八三］『満鉄調査部と尾崎秀実』、石堂・野々村一雄・野間・小林［一九八六］『十五年戦争と満鉄調査部』などである。

研究者ないし第三者の業績もきわめて多く、代表的なものをあげるにとどめるが、まず一九七〇年代後半に、山田豪一［一九七七］『満鉄調査部』、草柳大蔵［一九七八―七九］、およびその単行本化［一九七九］『実録　満鉄調査部』がひろく読まれた。そしておなじころから井村哲郎と小林英夫が群を抜いた実証研究を発表し、その後の調査部研究に双璧をなしている。ライブラリアン出身の研究者である井村には、［一九九六］『満鉄調査部―関係者の証言』、『一九四〇年代の東アジア：文献解題』、天野弘之との共編［二〇〇八］『満鉄調査部と中国農村調査―天野元之助中国研究回顧』などの編書があり、調査部に関する文献や人物の紹介をとおして事実の確定に多大の努力をかたむけた。アメリカに数年滞在して満鉄の刊行物を中心とする文献の所在調査を精力的に行い、その後は中国での同様の調査に努力しており、それらをめぐるモノグラフは学界への大きな貢献である。

一方小林には［一九九六］『満鉄―「知の集団」の誕生と死』、［二〇〇五c］『満鉄調査部―「元祖シンクタンク」の誕生と崩壊』、［二〇〇六］『満鉄調査部の軌跡』、加藤聖文・南郷みどりとの共編［二〇〇四］『満鉄経済調査会と南郷龍音』などの著書・編書がある。新史料の発掘にも精力的で、独自の歴史認識にもとづく調査部論を提示し、とくに戦後日本社会とのつよい関連性を主張するのが小林の真骨頂で、魅力でもある。ただ、それには丹念な実証にもとづく説得的な論理展開が不可欠で、その点でまだ少なからぬ課題がのこされている。発掘した史料の公開にも力をそそいでほしい。

そのほか実証研究のモノグラフとして、岡部［一九七九］、中生勝美［一九八七］、祁建民［一九九一］、三谷孝［一九九三］、奥村哲［一九九七］、原朗［一九九六］、平山勉［二〇〇二］、寺内威太郎［二〇〇四］、末廣昭［二〇〇六］、桜沢亜伊［二〇〇七］などがあげられる。最新の大著、松村高夫・柳沢遊・江田憲治編［二〇〇八］『満鉄の調査と研究』は、満鉄の調査に関する研究水準を一挙にたかめる画期的業績である。

一九四三年に、満鉄調査部員やその周辺の知識人が多数逮捕されたいわゆる満鉄調査部事件（関東憲兵隊が立件した治安維持法違反の冤罪事件）についても、少なからぬ研究や記述がある。小林英夫・福井伸一［二〇〇四］『満鉄調査部事件の真相』は、敗戦時に関東憲兵隊が焼却・埋設した文書が戦後発見・修復されたのを解読し、事件の経過にせまったユニークな研究である。これを一読しても、中国側にねばり強く史料の全容公開を要求していかなければならないことがわかる。また松村高夫［二〇〇二a］、［二〇〇八］も調査部事件の解明に貢献している。

ix　試験・研究・技術

満鉄は中央試験所（中試）をはじめ、鉄道技術研究所（鉄技研）、撫順炭礦研究所、地質調査所、農事試験場（農試）、獣疫研究所（獣研）などの理学・工学系の試験・研究機関をかかえていた。それらの箇所で開発された技術の多くは、満州の風土や資源に即した実際的・応用的な性格をもっていたが、技術の特性として多かれ少なかれ普遍性もあり、戦後日中双方で継承・発展していったものが少なくない。したがって、調査部ほどではないにしろ、この方面の研究も相当進んでいる。そしてここでも、もとの関係者が回想をもとにした事実の記録に活躍している。佐藤正典［一九四七］、［一九七二］『一科学者の回想』、森川清［一九七五］、松田亀三［一九九〇］『満鉄地質調査所私記』、満鉄鉄研会編［一九九〇］『満鉄鉄道技術研究所史』、田中泰夫［一九九二］、［一九九三］、加藤二郎［二〇〇六］などである。ノンフィクション作品には原勢二［一九七四］『炎は消えず―科学技術にかけた満鉄マンの群像とその背

景』、杉田望［一九九〇］『満鉄中央試験所』、前間孝則［一九九四、九八］『亜細亜新幹線』、［二〇〇六］「満鉄と国鉄」がある。

このほか、純技術史の観点から満鉄の試験・研究を論じたものとして、早くは村田富三郎［一九六八］、溝口憲吉［一九七五］があり、飯島孝［一九八一］『日本の化学技術』、奈倉文二・原田勝正・飯田賢一［一九八二］、三輪宗弘［一九八七］、竹内清和［一九九〇］『耐火煉瓦の歴史』、梁波［二〇〇一］などがつづいている。なお、日本機械工業連合会［一九八六］は、多く満史会編［一九六四―六五］『満州開発四十年史』の引き写しにすぎないので、注意が必要である。

x　労働問題

満鉄は駅や埠頭の荷役、炭鉱・鉄鉱の採掘などの現業部門で、大量の中国人労働者を使用していた。その労務管理と労働条件は、企業体としての満鉄の高利潤の源泉であり、帝国主義論の立場からはとりわけ重要な研究テーマである。それだけにはやくから注目をあつめ、量はかならずしも多くないが、質の高い研究が蓄積されている。

この分野の先駆は松村高夫［一九七一］であり、その後しばらく中断はあるが、松村はいまも研究の前線にあって後述の大著を編んだ。その後窪田宏［一九七九］、藤本武［一九八四］『組頭制度の研究』、高綱博文［一九八六］、田中恒次郎［一九八九］などがつづいたものの、一九九〇年代前半は研究が下火になる。その後再度の興隆期をむかえ、上羽修［一九九六］、蘇崇民（老田裕美訳）［一九九八］、王紅艶［一九九九］、兒島俊郎［二〇〇〇］、［二〇〇二］、杉原達［二〇〇二］『中国人強制連行』、郭洪茂［二〇〇二a、b］などの業績が発表された。

満鉄の労働問題を正面からあつかった近年の業績としては、庾炳富が［二〇〇〇a］以来、撫順炭礦の労務管理の制度的変遷を中心とする論考を発表し、［二〇〇四］『満鉄撫順炭鉱の労務管理史』にまとめたのが注目される。しかしなんといっても松村・解学詩・江田憲治編［二〇〇二］『満鉄労働史の研究』は、満鉄の箇所ごとの労働状況を実証的に論じ、労働者側の主体的動向も視野に入れた日中共同の労作で、研究水準を一挙にたかめた特筆すべき成果だろう。庾が単行本［二〇〇四］の段階でこれにまったく言及していないのは不可解である。

xi　敗戦と戦後

満鉄の主体的な活動ではないが、敗戦により業務を停止して以後の満鉄の機構、資産、人員、役員・職員の引揚までの状況、留用や内戦への従軍といった複雑で多面的な現象も、社会科学・歴史学の研究対象であり、注目すべき研究・記録が出されている。

満州は一九四五年八月、関東軍を撃破して進出したソ連軍の占領下に入った。ソ連は当面の占領政策のために満州の経済・産業を再編成するとともに、それ以上に熱心に、満鉄の資産をふくむ産業・軍事施設を「戦利品」と称して撤去・後送した。この時期の問題をあつかった論稿に香島明雄［一九八〇］、［一九八五a］、［一九八五b］とその集成［一九九〇］『中ソ外交史研究』、三浦陽一［一九八三］、王強［一九九三］、井村哲郎［二〇〇五］がある。また、国民政府による東北接収、戦後再建構想をめぐっては山本有造［一九八六］（［二〇〇五］）、田畠真弓［一九九〇］、西村成雄［二〇〇〇］、［二〇〇一］などがある。

満鉄の開発した技術の中国への移転についても、研究者の関心がたかい。松本俊郎は［一九九五］、［一九九七］、［一九九九a］などにより、戦争末期の昭和製鋼所（満洲製鉄）の生産能力を実証的に確定し、それがどのように戦後中国に継承されたかを論じて［二〇〇〇b］『「満洲国」から新中国へ』にまとめた。化学工業をめぐっては田島俊雄［二〇〇三］、［二〇〇五］、峰毅［二〇〇六］があり、鉄道技術や中試の技術の継承は長見崇亮［二〇〇三］、［二〇〇六］が論じている。中試の関係者による客観的な記録としては、丸沢常哉［一九七九］『新中国建設と満鉄中央試験所』、廣田鋼蔵［一九九〇］『満鉄の終焉とその後』が貴重である。教育史に業績の多い竹中憲一は、［一九九五］で大連図書館の蔵書と大連市档案館との関連を紹介している。

日本人の引揚・留用問題については、本格的な研究はこれからというところだが、すでに永島勝介［一九八六］（東北行轅）、鈴木健一［一九九七b］（大連日僑学校）、加藤聖文［二〇〇六a］、山本有造［二〇〇七］などの実証や提言がなされている。

xii　伝記・人物論

多方面にわたりおびただしい人材を擁した満鉄であるから、有名・無名を問わず、関係者の伝記や人物論にもこと欠かない。なかでも人気があるのは初代総裁後藤新平で、まとまった評伝・論集だけでも北岡伸一［一九八八］をはじめ、近年になって御厨貴編［二〇〇四］、星亮一［二〇〇五］、藤原書店編集部編［二〇〇七］が続々と刊行された。さらに往年の名著、鶴見祐輔［一九三七、三八］の新版［二〇〇四―〇六］も登場している。ほかに山田豪一［一九六〇］、前田康博［一九六五］、溝部英章［一九七六、七七］、小林道彦［一九八五］、五十嵐卓［一九八六］、尾崎耕司［一九九八］、沈潔［一九九八］、小林英夫［二〇〇〇a］、西宮紘［二〇〇二］、中見立夫［二〇〇四］、許介鱗［二〇〇五］、岡田和裕［二〇〇六］など、論文は枚挙にいとまがない。

その他の役員では、松岡洋右、ついで十河信二がよくとりあげられている。前者の三輪忠公、松岡洋右伝記刊行会編、J・D・ルー（長谷川進一訳）、阿野政晴、岡田和裕、後者の中島幸三郎、北条秀一、十河信二伝刊行会編などである。ほかに総裁・副総裁では内田康哉伝記編纂委員会／鹿島平和研究所編（内田康哉）、満鉄会編（山崎元幹）、青柳達雄（中村是公）、山田豪一（八田嘉明）、理事については岡本敬一（竹中政一）、平野零児（河本大作）、木村武雄（同）、河原円（大蔵公望）、小川薫（犬塚信太郎）などがある。

各箇所の長や職員についても、専門的職種を中心にかなりの業績がある。以下、いくつかのグループにわけ、発表順に列記しておこう。

教育・図書館関係　青木実（柿沼介《かたし》）、鈴木健一（保々《ほぼ》隆矣《たかし》）、竹中憲一（同）、鞆谷純一（大佐三四五《おおさみよご》）

調査機関　竹内好（大川周明）、野島喜晌（同）、宮西義雄（尾崎秀実）、今井清一・藤井昇三編（同）、満鉄会編（嶋野三郎）、木村英亮（石堂清倫）、松本健一（大川周明）、笹本駿二（尾崎秀実）、尾崎秀樹（同）、大塚健洋（大川周明）、小林英夫（宮崎正義）、米重文樹（嶋野三郎）、小林・加藤・南郷編（南郷龍音）、呉懐中（大川周明）、天野良之・井村哲郎編（天野元之助）

技術者　廣田鋼蔵（丸沢常哉）、原勢二（久保孚《とおる》）、松田順吉（松田武一郎）、中野卓・鈴木郁生（中野万三）、高橋団吉（吉野信太郎）

その他　岡部牧夫（笠木良明）、伊藤卓二（千葉豊治）、森功（北条秀一）、井村哲郎（H・キニー）、柳沢遊（榊谷仙次郎）

以上、日本語による戦後の満鉄研究についてざっと見てきた。見おとしもあろうし、評言に独断もさけがたい。しかし研究史の大勢はざっとつかめ、研究不足の対象もおのずから明らかになると思われる。たりない点は、今後の学界の努力に期待したい。

b　中国語

中国語による戦後の研究は、大陸（以下中国と記す）と台湾、香港の各地を中心に行われてきた。中国には満鉄ののこした膨大な量の第一次史料があり、研究を主導して当然であるが、中国の社会科学・歴史学は、戦後長期にわたって教条的マルクス・レーニン主義の抑圧のもとにおかれ、敗戦前の日本と同様、客観的な実証研究が自由にできる環境にはなかった。とくに日本帝国主義下の支配の実相が、中国側の時代条件もふくめて多少とも相対視されるようになったのは、文化大革命の終焉後、改革・開放・現代化の政策が本格化した一九八〇年代以後である。中国の研究史を論ずるにはこの空白を念頭におく必要がある。

そのなかで、吉林省社会科学院の解学詩は、一九五〇年代から満鉄の史料に接して整理と研究にとりくみ、その一部の公刊に中心的な役割をはたした。同院《満鉄史資料》編輯組編〔一九七九〕『満鉄史資料　第二巻路権篇』、解学詩主編〔一九八七〕『同　第四巻煤鉄編』がその成果である。前者は満鉄の鉄道利権についての、後者は炭鉱と製鉄に関する基本資料をあつめたものである。前者の「序言」は刊行以前に発表されており（解〔一九七八〕）、尾形洋一〔一九七九、八〇〕が翻訳・紹介している。

帝国主義時代の国際環境をめぐる著作としては、台湾で凌鴻勛《リョウコウクン》〔一九五四〕が出され、中国では前述のように陳暉〔一九三六〕が復刊された（〔一九五五〕）。前者は総論で中国の鉄道の起源・沿革、法規、管理機構、建設、車輌、保安、運輸、資材、財政、会計、従業員につき簡潔に記述する。またとくに「鉄路対外関係」の章をもうけ、英・仏・露・日・白・蘭・米・独各国との鉄道をめぐる関係について個別に概観している。各論では関内、東北、台湾、海南島の既設線をはじめ、工事中の路線、計画線などについて、路線ごとに概略を記載している。したがって個別の鉄道に関してはさほどくわしくはない。満鉄については第一六章「東北各路」の一節で約四頁がさかれているだけである。年号にやや誤りがあるほかは大きな問題はなく、一九〇八年からの欧亜連絡運輸の開始にあたり、北寧鉄道（中国国有）の車輌は構造上の問題から乗入れができなかったこと、満鉄の築港の結果、大連の海関収入が上海についで中国第二位になったことなどが指摘されている。また中東鉄道の節では、譲渡後の改軌・複線化をへた旧中東線の輸送量が具体的に紹介され、興味ぶかい(42)。

帝国主義下の鉄道に関し、中国で戦後はじめて出た本格的研究は宓汝成《ヒッジョセイ》［一九八〇］『帝国主義与中国鉄路』だろう。主題について戦後までふくむ長期の総合的研究である。まず帝国主義国間、帝国主義と中国支配層、中国人民と支配層・帝国主義の矛盾・抗争を時期ごとに見わたし、後半では鉄道の営業による経済変化を中心に叙述している。しかし公式主義的な表現が多く、それにともなう大げさな表現や不正確さもあって、読みやすくはない。満鉄や日本の対満投資に関しては第三、第五、第六章に分散して記述されている。依田憙家の丹念な翻訳がある。

満鉄自体に関する研究としては、なんといっても蘇崇民の力作［一九九〇b］『満鉄史』に指を屈する。ひとりの研究者が、前史から戦後にいたる満鉄とその機構、事業、活動の全体を実証的に叙述したもので、内外に類例のない達成である。資料的には、日本語の基本文献や前記『満鉄史資料』はもとより、満鉄がのこした文書類に直接あたっているのが本書のいちじるしい長所であり、残念ながら日本の研究者にはいまのところ太刀打ちできない。その結果、たとえば日本では研究が皆無の、北満大豆の集荷を目的とする満鉄のダミー会社協和桟、成発東の事実関係がくわしいなど、多くの成果をあげている。翻訳もある（［一九九九］）があるが、研究者から見るとやや正確さに欠けるのが残念だ。

個別の社業については、解が張克良との共編で鞍山製鉄所の研究、［一九八四］『鞍鋼史』を出している。教育では斉紅深編［一九九一］『東北地方教育史』、王鴻浜・向南・孫孝恩主編［一九九二］『東北教育通史』があり、前者は『植民地教育史研究年報』に紹介されている。(43)

調査部については解［二〇〇三b］『隔世遺思—評満鉄調査部』が出色である。満鉄の全期間における調査機関の全体像を、これまたひとりの研究者が実証的にあとづけた作品で、日本にもまだ例がない。解は「前言」で、晩年の石堂清倫に会って大きな影響をうけ、その日本近代史・満鉄史の見かたに影響されたと記している。「緒言」では研究対象、視点と方法が明確にされているほか、「日本学者的〝満鉄調査部論〟」の節でかなりくわしく研究史サーヴェイを行っている。

中試その他の自然科学系試験・研究機関に関しては、韓・曹・呉編［二〇〇六］『日偽時期的殖民地科研機構：歴史与文献』および梁波［二〇〇六］『技術与帝国主義研究』が注目される。

前者は日本支配下の満州と関内の試験・研究機関の全体を概観し、各機関で発行した文献の目録などを付したもので、この資料部分が全体の三分の一ちかくをしめている。したがって個々の施設の解説はごく簡単である。満鉄の機関としては中試、地質調査所、農試、鉄技研、獣研、衛生研究所（衛生研）をとりあげ、調査部、大連図書館にも言及している。どれも一〇頁をこえない略述である。最後に戦後の各施設の動向を、文献の接収状況を中心に紹介しており、今後の文献調査に有用である。蔵書印を図版で示しているのは、どれが満鉄来源の資料かを確定するための手段だからだろう。現在、主要文献の再刊や中試関係者の回想記の翻訳などが進んでいるようだ。文献目録は中試、地質調査所、鉄技研、獣研、衛生研、農試、満州国大陸科学院刊行のおもなシリーズものをほぼ網羅している。

後者は台湾、満州、関内における日本帝国主義の試験・研究機関を通観・解説し、科学技術普及機構・科学技術団体、政治家と科学者（後藤新平・丸沢常哉）、科学者の社会的責任、「植民地科学」の評価、戦後の接収なども論じている。全体に科学技術帝国主義論という新観点を提起する気概が感じられる。論述の内容は、各施設一〇―二〇頁と前者よりややくわしい。満鉄の機関では中試、地質調査所、農試とその後進、鉄技研をあつかい、ほかに上海自然科学研究所、大陸科学院に言及している。

c　英　語

戦後のアメリカは、占領中に接収した政府・軍部や満鉄の膨大な一次史料を本国に送り、その後議会図書館や国立公文書館で公開した。したがってアメリカは、満鉄をふくめた日本の対満進出の戦後の研究のメッカになった。それらの史料があらかた返還されたのちも、日本の官庁が公開に消極的だったため、日本の現代史研究者もワシントン詣でを余儀なくされる状況がながくつづいた。それだけに戦後の一時期、実証的な満州進出史はアメリカが世界をリードしたといっても過言ではない。それらは、同時代のものや中国の研究にくらべて、いまでは書誌情報の入手が比較的容易なので、ここでは紙数の都合もあり、おもな業績をざっとかかげるにとどめる。

まず本場だけに、国際関係論的な研究がもっとも多い。マロゼノフ［一九五八］、前述のチャン［一九六二］、イリエ［一九六五］、年代がさがってクウェスティド［一九八二］、コンロイ［一九八三］、近年のミッター［二〇〇三］、ミラー［二〇〇五］、スタインベルグほか編［二〇〇五］などである。コンロイは、明治期の日本は統一された政策としてではなく、いわば即興的《アド・ホック》に帝国主義的行動をとったが、日露戦争を契機に即興性を脱したとする。その際自覚的に帝国主義を選択したのは、伊藤らに対抗した桂・小村であり、その転換の象徴がハリマン提案の拒絶だった。基本的にチャンの理解にそった解釈である。桂・小村が伊藤らを乗り越えて強硬になったことは、同年寺本康俊［一九八三］も強調している。

満州の経済についてはスン／ヒューネマン［一九六九］、カン［一九八二］、エクスタインほか［一九九四］、ゴットシャング／ラリー［二〇〇〇］その他の業績がある。

日本の対満進出に焦点をあわせたものには、ドクスン［一九四六］、A・R・キニー［一九六二］、オガタ［一九六四］、ウェイ［一九八〇］、マイヤーズ［一九八二］、マイヤーズ／ピーティー編［一九八九］、L・ヤング［一九九八］、マツサカ［一九九六］、［二〇〇一］などがある。アメリカ人研究者には多かれ少なかれ近代化論の影響があり、帝国主義論の観点はうすい。ヤングには新左翼的な視点の影響が感じられる。カヴァーに満鉄のポスターを配しているが、満鉄自体は論題になっておらず、十五年戦争期の満州進出が日本社会をどう逆規定したかを、「総合帝国」という概念によって描いた力作である。(44)

満鉄そのものの研究は案外少なく、マイヤーズ［一九八九］、マッサカ［一九九三］程度なのがさびしい。前者は満鉄をいわば日本の帝国化指標ととらえ、設立から満州事変期までの機構、事業、収支を概観し、論じている。一九三三年までに限定したのは、帝国化への関東軍の関与が確立して、満鉄が質的に変化したからだろう。設立期に関して『ジャパン・タイムズ』の記事を有効に活用しているほかはほとんど公刊文献によっていて、史料的にはとくに新味はない。

後者はハーヴァード大学の博士論文で、帝国の成立過程にいっそう即した、第一次大戦までの政治外交史に関する研究で、実証性のきわめて濃密な力作である。その問題関心は、日本帝国主義が大陸進出を政策的に確定する段階の満鉄の意味にあるといえよう。第一部「ハリマン問題と日本の対満戦略の起源」、第二部「政治セクショナリズムと満鉄の設立」、第三部「対満政策と辛亥革命」の三部にわかれ、丁寧に叙述されている。たとえば第一部は、日清戦後期の前史から書きおこされ、ハリマン覚書破棄の背景については、永尾策郎をふくめて各論者の意見を公平に紹介しながら、真相は不明と穏当に解釈している。ついで満州経営の可能性について、満洲軍には軍事的観点による議論があり、経済的観点からは満州売却論や鉄道の価値に関する議論があったことが的確に整理されていて、日本の研究者にも資するところが多い。

個別社業の研究はなお少なく、トッド／レイ［一九九三］（港湾）、ヤン［一九六六］（調査部の概容と刊行物目録）しか目にしていない。伊藤武雄［一九六四b］の翻訳(45)があるが、日本の研究者にはさほど資するところがないと思われる。戦後の諸問題については、研究とはいいがたいが、米国賠償使節の大統領への報告書、ポーリー［一九四六］が在満日本資産とそのソ連への搬出に関して基礎的情報をあたえた。太平洋問題調査会の提出ペイパーであるクラッブ［一九五四］は、中国の開発計画の前提となる日本の在満遺産を論ずるが、近代化論の立場から生産力の発展を評価し、F・C・ジョーンズの数字を根拠に「アジアにとってよいことだった」と断じている。

以上、満鉄をめぐるこれまでの内外の研究・論述のおもな業績をとりあげ、各論考の時代状況と現在の問題関心を加味して多少の論評もくわえてきた。なるべく公平を心がけたつもりだが、なにぶん筆者一個の知見と判断によるもので、見おとしは多く、偏見もまぬがれがたい。しかしこれまでのごく大まかな学問的・社会的関心の所在はある程度はっきりし、今後の研究課題の一斑も遠望できたのではないかと思う。議論の出発点になれば幸いである。

個人的な感懐になるが、文中に述べたように、かつて原田勝正［一九八一］の批判的な書評を書いたとき、現代史家の中村政則から、あれだけ批判した以上、自分の満鉄史を世に問うべきだと忠告された。その言は一日も忘れたことがない。その四半世紀まえの宿題の一端を本書のようなかたちではたせることになり、この補章の執筆にとり組んでいるさなかに、原田の訃報に接した。ついに面識を得る機会のなかった研究上の大先輩に、追悼の念切なるものがある。

注

（1） 拓大創立百年史編纂室編［二〇〇四］『永雄策郎――近代日本の拓殖（海外雄飛）政策家』は、同学教授をつとめた永雄の業績を紹介し、論稿を収録したものだが、『植民地鉄道……』はいちじるしい抄録で、満鉄を対象とした部分はすべて省略されている。

（2） プリンストン大学（永雄は誤ってスタンフォード大学としている）教授P・T・トリートは一九二一年秋に来日、そのときの講演をもとに『日本と合衆国』（トリート［一九二二］）を出版した。そのなかで彼は、桂・ハリマン協定は、当時の日本政府に、獲得した鉄道を自国の特殊利益発展のために利用する考えがまったくなかったことを示している、と述べた。日米が協調して中国を支援すべきだとする、温厚な知日家トリートのこのリップ・サーヴィス的指摘に対して、永雄は、桂にその考えがなかったことはあり得ず、「斯る論理より出発して米国が火事場泥棒宜敷の侵略主義を実行せむとするのは、浅間しき沙汰である」と、見当ちがいの罵声をあびせている（二七四頁）。

(3) C・W・ヤング［一九三一c］一二〇―一二四頁。
(4) 山田［一九三三］六九頁。出典は満鉄編『第二次十年史』（一九二八年）、七五三頁。
(5) 猪俣［一九三二］。第七章「第三期に於ける帝国主義対立の先鋭化」、第八章「満蒙の危機」はまったく削除されている。
(6) 同前、一一二頁。
(7) 久保山雄三［一九四〇］一六五―一六六、一七五―一七六頁、小島精一［一九三七］八六頁。満鉄の社史では、『第二次十年史』には山東鉱業も魯大公司も記述がない。『第三次十年史』の附表第二七には山東鉱業が掲げられ、魯大公司に投資しているとの説明もあるが、本文には記述がない。
(8) 蜷川は戦後の著書『興亡五十年の内幕』（六興出版社、一九五三年）で、第一次大戦までの日本の対外行動を原則的に肯定する一方、満州事変以降、つまり十五年戦争期のそれは、軍部の横暴による侵略として、口をきわめて非難している。
(9) 一九〇六年八月一日付会社設立委員長および委員あて命令書。満鉄編『十年史』（一九一九年）、二一―二六頁。
(10)「地方自治体」という概念は当時存在せず、地方自治法で定義された「地方公共団体」の通称として戦後一般化した。それまでは「地方団体」がそれに相当した。美濃部の用語法は、地方団体が自治体であるべきだという理念をあらわしたものと思われ、時代を先どりしていた。
なお、蜷山政道［一九三三］は、美濃部の『日本行政法総論』一〇七頁で付属地行政権について「支配権」の語をもちいているのは、居留地以上のものと見ているためだろうとする（一一二頁）。もしそれが美濃部（矢田編）［一九二五］だとすると、当該ページは代執行についての記述であり、満鉄付属地とは関係がない。付属地の記述は本文に引用した個所のみで、そこには「支配権」の語はない。
(11) 岡部［一九七八］七〇―七二頁。
(12) 矢内原［一九六三］五一一―五一五頁。なお引用中の「満鉄資本」は「満洲資本」と誤植されている（五一三頁）。
(13) 長野［一九三一b］は本書の簡略版である。
(14) 蜷山［一九三三］一一〇―一一三頁。蜷山がこの三学説の出典としているのは、蜷川［一九一三］一〇一頁以下、今井［一九一四］『支那ニ於ケル外国裁判権ト外国行政地域』（今井［一九一五］二五九頁以下）、泉［一九二七］一四二―一六一、四〇八―四一三頁である。ヤング［一九三一c］一〇二―一二〇頁。ヤングが拠ったのは、蜷山（英文）［一九三〇b］である。

(15) 鈴木隆史［一九六九］、同［一九九二］（上）一二三頁。信夫が拠ったのは金子堅太郎述『日本モンロー主義と満洲』（紀要一三、啓明会事務所、一九三二年一二月）である。

(16) 宮坂［一九五九］。

(17) 伊藤［一九二七］『現代支那社会研究』（社会思想叢書）同人社書店

(18) 原覺天［一九八四］二五八頁。

(19) 前述金子堅太郎述『日本モンロー主義と満洲』。

(20) 外務省（信夫淳平）［一九五三］『小村外交史(二)』二一一頁。

(21) ただし黒羽の引用は原文どおりではない。金子によれば、モーガンらの条件を金子に打診したS・M・Rは、融資額を三〇〇〇万—四〇〇〇万円と述べたが、黒羽の引用では「三〇万円ないし四〇万円」になっている。

(22) 安藤彦太郎編［一九六五］第一部Iの3「ハリマン事件」。

(23) 河合によれば、金子談話は、日露戦争三十周年記念に陸軍省で行った懐旧談で、一九三二年八—九月に『東京朝日新聞』に掲載された。ただし日露戦争三十周年は一九三四ないし三五年のはずである。河合の掲げる信夫の出典は、信夫［一九三六］『外交論』（唯物論叢書、三笠書房）である。

(24) 満鉄編『十年史』、九三四—九三五頁「物品注文高内訳表」。

(25) 金子堅太郎伯爵述［一九三九］『日露講和ニ関シ米国ニ於ケル余ノ活動ニ就テ』外務省調査部、特輯第五号（タイプ謄写）外務省記録N.2.1.0.4-1。一九三八年九月に外務省嘱託神川彦松が行った聞きとりの記録である。さきの一九三二年の談話と大筋は一致するが、日中戦争外交と比較しつつ外務省批判もおりこみ、ざっくばらんでおもしろい。

(26) 菊池寛［一九四一］『満鉄外史』満洲新聞社、［一九四二］（社員会叢書）満鉄社員会、［一九五二］全二巻　満鉄会［一九六六］原書房。

(27) たとえば鈴木隆史［一九六九］は一二日出港説をとっている（同論文六頁）。チャン［一九六一］六九頁注二〇。原田は［二〇〇七］『増補満鉄』でも何ら訂正していない。

(28) 各章には初出があると思われるが、明示されていない。

(29)　西村成雄［一九八四］七六―七八頁。
(30)　山村睦夫［一九七六］二九―三〇頁。
(31)　前島［一九五三］三〇三―三〇五頁。
(32)　覚書破棄の背景については金子談話にそのまま依存している。
(33)　小林［一九八九］「『帝国国防方針』再考――日露戦後における陸海軍の協調」『史学雑誌』第九八年第四号、一九八九年四月。
(34)　『日本史研究』第二四四号、一九八二年一二月。
(35)　第六章第一節の注一、四五八頁。
(36)　『歴史学研究』第七五二号、二〇〇一年八月。
(37)　本書では「満洲」と「満州」の表記が混在しているが、それについての説明はない。
(38)　高［一九九九］八二、一〇五―一〇六、一一二、一三五―一四一頁。H・タッパー（鈴木主税訳）［一九七一］『大いなる海へ――シベリヤ鉄道建設史』フジ出版社。本多勝一［一九七二］『中国の旅』朝日新聞社［一九八四］朝日文庫。
(39)　加藤［二〇〇六c］「プロローグ」一三―一五頁。
(40)　小澤恒三「ホントにホント」『満鉄会報』第一一三号、一九七八年一〇月。林青悟［一九七七］『満鉄特急あじあ物語』講談社、［一九八六］講談社文庫。
(41)　特集「満鉄図書館」『彷書月刊』第四巻第六号、一九八八年六月。
(42)　淩［一九五四］二八四、二八〇頁。
(43)　黒川直美［一九九八］『植民地教育史研究年報㈠植民地教育史像の再構成』皓星社、一九九八年一〇月、一七三―一七九頁。
(44)　くわしくは評者の書評を参照されたい。『日本植民地研究』第一二号、二〇〇〇年七月。
(45)　J. A. Fogel tr. [1988] *Life among the South Manchurian Railway: The Memoires of Ito Takeo*, N. Y., M. E. Sharpe.

1907-45: A History and Bibliography, N. Y., East Asian Institute, Columbia Univ.
Young, L. [1998] *Japan's Total Empire: Manchuria and the Culture of Wartime Imperialism*, Berkeley, Univ. of California Pr.

T

Tamanoi, M. A. ed [2005] *Crossed Histories: Manchuria in the Age of Empire*. Univ. of Hawaii Pr.

Tang, P. S. H. (唐盛鎬) [1959] *Russia and Soviet Policy in Manchuria and outer Mongolia, 1911-1931*. Durham, N. C., Duke Univ. Pr.

Todd, D. & Zhang Lei, [1993] "Political and Technical Factors impinging on Port Operations: The Case of Manchuria", *Geo Journal*, 30 (4), Aug.,1993.

Treat, P. T. [1921] *Japan and the United States, 1853-1921*, N. Y., Houghton Mifflin.

W

Wang I-shou [1971] *Chinese Migration and Popuration Change in Machuria, 1900-1941*, D. D., Univ. of Minnesota.

Wei Chao [1980] *Foreign Railroad Industries in Manchuria: A Irritant in Chinese-Japanese Relations (1903-1937)*, Doctoral Dissertation, St. John's Univ.

Weal, B. L. P. (Simpson, B. L.) [1907] *The Truth in the East and its Aftermath*, London, Macmillan.

Weal, B. L. P. (Simpson, B. L.) [1908] *The Coming Struggle in East Asia*, London, Macmillan.

Willoughby, W. W., [1920] *Foreign Rights and Interest in China*, Baltimore, The Johns Hopkins U. P., [1927] revised ed., 2Vols.

Y

Young, C. Walter [1928] "Sino-Japanese Interests and Issues in Manchuria", *Pacific Affairs*, (Honolulu, Hawaii) Dec., 1928.

Young, C. W. [1929] *The International Relations of Manchuria,: A Digest and Analysis of Treaties, Agreements, and Negotiations concerning the Three Eastern Provinces of China, Chicago*, Institute of Pacific Relations, [1971] N. Y., AMS Pr.

Young, C. W. [1931a] *Japan's Special Position in Manchuria*, Japan's Jurisdiction and International Legal Position in Manchuria, Vol. 1., Baltimore, The Johns Hopkins U. P., [1971] N. Y., AMS Pr.

Young, C. W. [1931b] *The International Legal Status of the Kwantung Leased Territory*, Vol. 2 of the said, Baltimore, The Johns Hopkins U. P.

Young, C. W. [1931c] *Japanese Jurisdiction in the South Manchuria Railway Company Areas*, Vol. 3 of the said, Baltimore, The Johns Hopkins U. P.

Young, John. [1966] *The Research Activities of the South Manchuria Railway Company,*

Being the Sequel to 'The Re-shaping of the Far East,' by B. L. Putnam Weale 〔pseud.〕, New York & London, Macmillan.

Q

Quested, R. K. I. [1982] *"Marty" Imperialists?: The Tsarist Russians in Manchuria, 1895–1917.* Univ. of Hong Kong, Centre of Asian Studies.

Quigley, H. S. & G. H. Blakeslee [1938] *The Far East, An International Survey*, Boston, World Peace Foundation.

R

Remer, C. F. [1933] *Foreign Investments in China, N. Y., Macmillan*, [1968] N. Y., H. Fertig.

Royama Masamichi [1930a] "Japan's Position in Manchuria", in Condliffe, S. B. ed., *Problems of the Pacific, 1929: Proceedings of the third Conference of the Institute of Pacific Relations*, Chicago, Univ. of Chicago Pr.

Royama Masamichi [1930b] "The South Manchuria Railway Zone and the Nature of its Administration", *Pacific Affaris* 〈Univ. of British Columbia, Vancouver, Canada〉 3 (11), Nov., 1930.

S

Schumpeter, E. B. & G. C. Allen, eds [1940] *The Industrialization of Japan and Manchukuo, 1930–1940: Population, Raw materials and Industry*, N. Y., Macmillan.

Simpson, B. L. see Weal, B. L. P.

Steinberg, J. D. et al. eds., [2005] *The Russo-Japanese War in Global Perspective: World War*

Zero, Leiden & Boston, Brill.

Stewart, J. R. [1936] *Manchuria since 1931, prepared for the* 6 *th Conference of the Institute of Pacific Relations, held at Yosemite Park, 1936*, N. Y., Institute of Pacific Relations.

Straight, W. [1910] "The Present Situation in Manchuria: Commerce, Trade, and International Politics" in Blakeslee, G. H. ed., [1910] *China and the Far East*, N. Y., Thomas Y. Crowell.

Sun, Kungtu C. & Heunemann, R. [1969] *The Economic Development of Manchuria in the First Half of the Twentieth Century*, Cambridge, Mass., Harvard U. P.

1895-1945. Princeton, N. J., Princeton U. P.

Myers, R. H. [1989] "Japanese Imperialism in Manchuria: The South Manchuria Railway Company, 1906-1933", in Duus, P., R. H. Myers & M. Peattie eds., *The Japanese Informal Empire in China, 1895-1937*, Princeton, N. J., Princeton Univ. Pr.

Millard, T. F. [1909] *America and the Far Eastern Question: An Examination of Modern Phases of the Far Eastern Question, Including the New Activities and Policy of Japan, The Situation of China, and the Relation of the United States of America to the Problems involved*, N. Y., Moffat, Yard & Co.

Miller, E. S. [2005] "Japan's Other Victory: Overseas Financing of the Russo-Japanese War" in Steinberg, J. W. et al. eds. [2005]

Mitter, R. [2003] "Evil Empire?: Competing Constructions of Japanese Imperialism in Manchiria, 1928-1937", in Narangoa, Li & R. Cribb eds. [2003] *Imperial Japan & National Identities in Asia*, London, Routledge Curzon.

Moore, H. L. [1945] *Soviet Far Eastern Polity, 1931-1945*, London, Oxford U. P. /Princeston, N. J., Princeton U. P.

N

Nieh, C. T. S. [1994] *Japan's Manchuria Policy from the Kwantung Leased Territory to the Formation of Manchukuo*, D. D., Boltimore, John's Hopkins Univ.

O

Ogata, S. [1964] *Defiance in Manchuria: The Making of Japanese Foreign Policy, 1931-1932*, Berkeley, Univ. of California Pr. [1984] new edition Westport, Connecticut, Green-wood Pr.

Overlach, T. W. [1919] *Foreign Financial Control in China*, N. Y., Macmillan.

P

Paine, S. [1996] *Imperial Rivals: Russia, China and their disputed Frontier, 1858-1924*. Armonk, N. Y., M.E. Sharpe.

Pan, S. C. Y. [1938] *American Diplomacy concerning Manchuria*, Boston, Bruce Humphries.

Pauley, E. W. [1946] *Report on Japanese Assets in Manchuria to the President of U. S.*, Washington DC, U. S. Goverment Printing Office.

Price, E. B. [1933] *The Rosso-Japanese Trieties of 1907-1916*, concerning Manchuria and Mongolia, Baltimore, The Johns Hopkins U. P.

Putnam Weale, B. L. (Bertram Lenox) [1907] *The Truce in the East and its Aftermath* ;

of China and Manchuria and of the Political Questions of Eastern Asia and the Pacific. 2vls., London, G. Richard Ltd.

Lieu, D. K.（劉大鈞）[1929] *Foreign Investment in China, A Cooperative Research Study made under the Joint Auspieces of the Institute of Pacific Relations (Honolulu, Hawaii)*, N. Y., Social Science Research Council, Washington D. C., Brookings Institute of Economics, Nanking, Chinese Government Bureau of Statistics.

Lieu, D. K.（同）[1931] *Foreign Investments in China, Preliminary Paper Prepared for the Fourth Biennial Conference of the Institute of Pacfic Relations to be held in Hangchow, Oct. 21st to Nov. 4th, 1931*, Shanghai, Institute of Pacific Relations.

Lukoianov, I. V. [2005] "The Bezobrazovtsy", in Steinberg, J. W. et al. eds., [2005] *The Russo-Japanese War in Global Perspective: World War Zero.* Leiden, Brill.

M

Malozenoff, A. [1958] *Russian Far Eastern Policy, 1881–1904., With special Emphasis on the Russo-Japanese War*, Berkeley, U. P. of California.

Marks, S. [1991] *The Road to Power: The Trans-Siberian Railroad and the Colonization of Asian Russia, 1850–1917*, Ithaca, N. Y., Cornell Univ. Pr.

Matsusaka, Y. T. [1993] *Japanese Imperiarism and South Manchuria Railway Company, 1904–1914.* D. D., Harvard University, Ann Arbor, Michigan, University Microfilms International.

Matsusaka, Y. T. [1996] "Managing occupied Manchuria, 1931–1934", in Duus P. et al ed., [1996] *The Japanese Wartime Empire, 1931–1945*, Princeton, N. J., Princeton U. P.

Matsusaka, Y. T. [2001] *The Making Japanese Manchuria, 1904–1932.* Cambridge, Mass., Harvard Univ, Asia Center.

Matsumoto Toshiro [1996] "Continuity and Changes of the Iron and Steel Industry in China: The Case of the Northeast District in the late 1940's." *Economic Review* 〈The Institute of Economic Ressearch, Hitotsubashi Univ.〉 47 (2), 1966. 改変して松本[2000] に収載

Matsumoto Toshiro [1997] "The Japanese Engineers of the Iron and Steel Industry detained in Northeast China after WWII" *The Discussion Papers in Economics and Economic History* 〈Manchester Metropolitan Univ.〉 No. 97 (13), 1997 改変して松本[2000] に収載

Myers, R. H. [1982] *The Japanese Economic Development of Manchuria, 1932 to 1945*, N. Y., Garland.

Myers, R. H. [1984] "Post World War II Japanese Historiography on Japan's Formal Colonial Empire" in Myers, & M. R. Peattie, eds. [1984] *The Japanese Colonial Empire.*

Japan's Position in Manchuria.（刊行者不明 国立国会図書館東京本館蔵）

Hunt, M. H. [1973] *Frontier Defense and the Open Door: Manchuria in Chinese-American Relations, 1895-1911*, New Haven, Yale U. P.

I

Itoh Takeo [1932] *China's Challenge in Manchuria: Anti-Japanese Activities in Manchuria prior to the Mukden Incident.* Dairen, South Manchuria Railway Company.

Iriye, A. [1965] *After Imperialism: The Search for a New Order in the Far East, 1921-1931*, Cambridge, Mass., Harvard U. P.

J

Jones, F. C. [1949] Manchuria since 1931, London & N. Y., Oxford U. P.

K

Kanai Kiyoshi [1936] *The South Manchuria Railway Company's Part in the Economic Development of Manchukuo, Prepared for the Sixth Conference of the Institute of Pacific Relations, to be held at Yosemite, Calif., Aug. 15th to 29th , 1936.*, Tokyo, Japanese Council, Institute of Pacific Relations.

Kang, Chao [1982] *The Economic Development of Manchuria: The Rise of a Frontier Economy*, Ann Arbor, Center for Chinese Studies, Ann Arbor, Univ. of Michigan.

Kennan, G. [1917] *E. H.. Harriman's Far East Plans*, Garden City, N. Y., The Country Life Press. Kennan, G. [1922] *E. H. Harriman: A Bibliography*, 2vls. N. Y., Houghton Mifflin.

Kingman, H. [1932] *Effects of Chinese Nationalism upon Manchurian Railway Developments, 1925-31.* Berkeley, Univ. of California Pr.

Kinny, A. R. [1962] *Investment in Manchurian Manufacturing, Mining, Transportation and Communications, 1931-1945.* Doctoral Dissertation, N. Y., Columbia University.

Kinny, A. R. [1982] *Japanese Investment in Manchurian Manufacturing, Mining, Transportation and Communications*, 1931-*1945*, N. Y., Garland.

Kinney, H. W. [1928] *Modern Manchuria and South Manchuria Railway Company*, Tokyo, The Japan Advertiser Pr., in O'connor, P. ed [2004] Japanese Propaganda, Ser. 1., vol. 9, Tokyo, Oriental/Edition Synapse.

L

Lattimore, O., [1935] *Manchuria, cradle of Conflict*, N. Y., Macmillan.

Lawton, L. [1912] *Empires of the Far East: A Study of Japan and her Colonial Possesions*

China, 1895-1937, Princeton, N. J., Princeton U. P.

E

Eckstein, A., Kang Chao & John Chang [1994] "The Economic Development of Manchuria: The Rise of a Frontier Economy", *Journal of Economic History*, 34, Mar., 1994.

Etherton, P. T. & H. H. Tiltman, [1932] *Manchuria: The Cockpit of Asia*, London, Jarrolds Pub.

F

Feith, H. [1930] Europe, The World Banker, 1870-1914, New Haven, Yale U. P. [1960, 1964] reprinted.

G

Gillin, D. G. & R. H. Myers eds., *Last Chance in Manchuria: The Diary of Chang Kia-ngau*, Hoover Institution Pr. Palo Alto.

Gottschang, T. R. & D. Lary [2000] *Swallows and Settlers: The Great Migration from North China to Manchuria*, Center for Chinese Studies, Ann Arbor, Univ. of Michigan.

H

Hayase, Y. [1974] *The Career of Goto Shimpei: Japan's Stateman of Research 1857-1929*, D. D. , Florida State Univ.

Heunemann, R. W., [1984] *The Dragon and the Iron Horse: The Economics of Railroads in China, 1876-1937*, Cambridge, Mass., Harvard U. P.

Hornbeck, S. K.. [1916] *Contemporary Politics in the Far East*. N. Y., Appleton, [1970] (reprinted under the new title) *American Imperialism: Viewpoints of United States Foreign Policy*, N. Y., Arno Pr.

Hsu Shuhsi (徐淑希) [1926] *China and her Political Entity: A Studies of China's Foreign Relations with Reference to Korea*, Manchuria and Mongolia. N. Y., Oxford U. P.

Hsu Shuhsi (同前) [1930] "The Manchurian Problem", Condliffe, J. B. ed., [1930] *Problems of the Pacific, 1929: Proceeding of the Third Conference of the Institute of Pacific Relations*. Chicago, Univ. of Chicago Press.

Hsu Shuhsi (同 前) [1931a] "The Status of the Railway Settlesments in South Manchuria", *Chinese Social & Political Science Review*, 15 (1), Apr., 1931.

Hsu Shuhsi (同前) [1931b] *The Views of Professor Royama: A review of his Paper,*

台湾商務印書館（台北）
遼寧省档案館［2001］「関于満鉄与“七七事変”的一組档案史料」『民国档案』（南京）2001-3
遼寧省档案館・遼寧省社会科学院編［1991］『満鉄秘档選編　九・一八前后的日本与中国東北』遼寧人民出版社
梁波　［2006］『技術与帝国主義研究―日本在中国的殖民科研機構』（中国近現代科学技術史研究叢書）山東教育出版社（済南）
林同済［1930］『日本対東三省之鉄路侵略』華通書訓
黎光・孫継武［1982］「張作霖与日本」東北地区中日関係史研究会［1982］

Ⅲ　英語

B

Bix, H. P. [1971] *Japanese Imperialism in Manchuria, 1890–1931*. D. D., Harvard Univ.

C

Chang Tao-shing [1936] *International Controversies over the Chinese Eastern Railway*. Shanghai, Commercial Pr.
Chang, Richard T. [1961] “The Failure of Katsura-Harriman Agreemant”, *Journal of Asian Studies*, 21 (1), Nov., 1961.
Chen Nai-Ruenn [1972] “Agricultural Productivity in Newly Settled Region: The Case of Manchuria”, *Economic Development and Cultural Change*, 21 (1), Oct., 1972.
Clubb, O. E. [1954] *Chinese Communist Development Programs in Manchuria, with a Supplement on Inner Mongolia*. N. Y., Internnational Secretariat, Institute of Pacfic Relations, submitted by the IPR Secretariat as a Preparatory Paper for the 12th Conference of the IPR to be held at Kyoto, Japan, Sept.–Oct., 1954.
Clyde, P. H. [1926] *International Rivalries in Manchuria, 1689–1922*. Columbus, Ohio State U. P., [1966] revised ed., N. Y., Octagon.
Conroy, H. [1983] “Meiji Imperialism: ‘Mostly Ad Hoc’” in Conroy & H. Wray eds., *Japan Examined: Perspectives on Modern Japanese History*, Univ. of Hawaii Pr.

D

Dockson, R. R. [1946] *A Study of Japan's Economic Influence in Manchuria, 1931–1941*, D. D., Univ. of Southern California.
Duus, P., R. H. Myers & M. Peattie eds. [1989] *bi ita The Japanese Inforrmal Empire in*

李亜静・高峻［2006］「従“九一八”事変看“満鉄”的職能和性質」『楽山師範学院学報』2006-1
李援朝［2001］「満鉄在“九一八”事変中的情報活動」『中共瀋陽市委党校学報』2001-4
李紅梅［2000］「“満鉄”与英国東印度公司之比較」『世紀橋』2000-2
李作権［刊年不明］「“九・一八”事変至“七七”事変機関的満鉄」孫邦主編［1993］『経済掠奪』（吉林人民出版社）に収載
李芝雲「拉浜線築路始末」『舒蘭文史資料』孫邦主編［1993］『経済掠奪』（吉林人民出版社）に収載
李成淵［刊年不明］「偽満鉄路愛護村的由来」『建平文史資料』1
李詩長［1957］「東北撫順油母頁岩煉油之研究」王大任主編［1957］『東北研究論集（下)』（現代国民基本知識叢書4）中華文化出版事業委（台北）
李娜　［1999］「満鉄在“九・一八”事変中的情報活動与宣伝」『日本問題研究』（保定）1999-1
李培徳［1989］「試論“満鉄”調査部」『東北地区経済史専題国際学術会議文集』学苑出版社
李蘭生［刊年不明］「日本帝国主義対鞍山鉄礦初期的掠奪活動」『瀋陽文史資料』2
李聯誼［刊年不明］「撫礦“特殊工人”反日闘争片断」『撫順文史資料』8　孫邦主編［1993］『日偽暴行』（吉林人民出版社）に収載
劉影　［1999］「圧迫与反抗—日本植民統治下的大連碼頭工人」『東北淪陥史研究』1999-2
劉永祥［1991］「満鉄調査部述略」『東北淪陥十四年史研究』第2輯
劉科　［2005］「東北鉄路員工抗日闘争大事記」『北方文物』2005-3
劉寒松［刊年不明］「日偽残害撫順人民的“勤労奉公”」『撫順文史資料』9　孫邦主編［1993］『経済掠奪』（吉林人民出版社）に収載
劉金庫［1991］「満蒙鉄路懸案交渉研究」『東北淪陥十四年史研究』第2輯
劉慧宇・盧玉華［2001］「従満鉄看日本在華経済活動的本質」『北方文物』2001-3
劉兆貴［1982］「撫順煤礦史話」『政府与実践』1982-12
劉筱筱［2000］「日本対東北鉄路運輸業的略奪」『遼寧師範大学学報：社科版』（大連）2000-5
劉暢　［1995］「撫順“特殊工人”的抗日闘争」『撫順社会科学』1995-7
呂尚　［1984］「日偽時期的三棵樹火車站」『哈爾浜研究』1984-4
呂福元［1991］「日奉鉄路交渉与“九・一八”事変」『民国档案』1991-4
廖遠　［刊年不明］「内田康哉出任満鉄総裁」孫邦主編［1993］『偽満人物』（吉林人民出版社）に収載
凌鴻勛［1954］『中国鉄路志』暢流半月刊社（台北）［1963］世界書局（台北）［1981］

任松　[1995]「"満鉄"与日本独覇東北鉄路権益」『龍江社会科学』1995-2『中国現代史K4』1995-6
野間清［1981]「中国為真正的満鉄史研究贈送的礼物」―読《満鉄史資料》第二巻」『資料　工作通訊』1981-4
白塔区地志弁［刊年不明]「遼陽"満鉄付属地"」『遼陽文史資料』3
宓汝成［1980]『帝国主義与中国鉄路（1847-1949)』人民出版社（上海)
傅波　[1987]『中日撫順煤礦案始末』黒龍江人民出版社
傅波　[1989]「日偽統治時期撫順煤礦的把頭制度」『中国東北地区経済専題国際学術会議文集』学苑出版社
傅波　[1999]「日本侵占撫順煤礦期間迫害礦工状況概述」『東北淪陥史研究』1999-2
蒲姑　[1985]「関于収回満鉄付属地教育権的闘争」『東北地方史研究』1985-1
龐慧茹［1996]「満鉄的護路防範与東北抗日武装的破路闘争」『東北淪陥史研究』1996-1
龐慧茹［1996]「"満鉄"線上的破路闘争」『日本研究』（瀋陽）1996-4
龐慧茹・高雪松［1997]「日本侵略中国東北与南満洲鉄道株式会社」『東北淪陥史研究』1997-3
方楽天［1934]『東北国際外交』商務印書館（上海)
馬越山［1991]「"九・一八"事変与日本攫取東北路権」『東北淪陥十四年史研究』第2輯
満鉄資料編輯出版委員会編［2007]『中国館蔵満鉄資料聯合目録』東方出版中心、全30巻
「満鉄档案中有関南京大屠殺的一組史料」[1994]『民国档案』1994-2、『復印報刊史料K4中国現代史』1994-10
「"満蒙新五路"交渉経過」[1985]『国外社会科学情報』1985-2
民彦　[1987]「"七・七事変"前後満鉄在華北的経済拡張」『現代日本経済』1987-5
孟憲梅・鄭蘭・蘇艶紅［2008]「"満鉄資料"発掘研究之探討」『北京交通大学学報：社科版』2008-1
孟憲梅・李紅梅［2003]「試析満鉄的情報調査活動」『東北亜論壇』（長春）2003-6
楊志云［刊年不明]「大連機械製造所罷工事件的演変過程」『大連文史資料』5
姚崧齢［1982]『張公権先生年譜初稿』伝記文学出版社（台北)
楊韶明［1997]「満鉄初期的調査機関及其活動概述」『東北淪陥史研究』1997-4
楊韶明［1998]「満鉄鯨呑鞍山鉄礦―所謂"中日合弁振興鉄礦公司"」『東北淪陥史研究』1998-2
楊力生［1982]「日冦侵略東北時期偽満鉄大連図書館史料」『図書館学研究』1982-6
羅靖寰［刊年不明]「"九・一八"事変前東北当局対于日本要求修築敦図鉄路問題的交渉経過」『全国文史資料』52期

趙特祥［2001］「試論満鉄前期的“大連中心主義”政策」『大連教育学院学報』2001-3
趙立静［1982］「沙俄和日本帝国主義覇占略奪撫順煤礦資源的歴史」『中国経済史論文集（下）』
趙立静［1982］「“満鉄付属地”30年侵略史概述」『中日関係史論叢⑴』遼寧人民出版社
趙立静・傳波［刊年不明］「撫順人造石油資源的開発与日帝的掠奪」『撫順文史資料』4　孫邦主編［1993］『経済掠奪』（吉林人民出版社）に収載
張林・楊慶芝［2003］「論“日本海航路”的形成及対東北亜影响」『北華大学学報：社科版』（吉林）2003-4
張令澳［1982］「南満鉄路時代的鞍山鋼鉄工業」『経済学術資料』1982-6
陳威利［2003］「偽“満鉄”和“満映”—日本対中国進行侵略的宣伝基地」『中州今古』（鄭州）2003-2
陳覚　［1933］『日本侵略東北史』（万有文庫）商務印書館（上海）
陳暉　［1936］『中国鉄路問題』新知書店［1955］重印 新華書店
陳景彦［1988］「“九・一八”事変機関満鉄的軍事運輸及其作用」『現代日本経済』1988-5
陳景彦［1989］「1936年的“満鉄”運費改革及其対東北経済的影响」『東北地区経済史専題国際学術会議文集』学苑出版社
陳国桂等［1980］「日本学者関于満鉄研究的選訳」『日本問題研究参考資料』1980-4
沈志華［1994］「蘇聯出兵中国東北—目標和結果」『歴史研究』〈中国社会科学雑誌社〉1994-5
陳丕忠［2001］「日本在“関東州”和満鉄付属地的殖民教育政策簡析」『東北淪陥史研究』2001-4
陳本善主編［1989］『日本侵略中国東北史』吉林大学出版社
陳遼　［2008］「日本侵華的罪証、不可多得的教材：評満鉄上海事務所《常熟県農村実態調査報告書》」『安徽史学』（合肥）2008-1
鄭敏　［2000］「試論東北淪陥時期日本資本在東北的拡張」『社会科学戦線』（長春）2000-6
鄭敏　［刊年不明］「松岡洋右其人」孫邦主編［1993］『偽満人物』吉林人民出版社
杜雲孝［刊年不明］「俄日帝国主義当地時期的大連港」『大連文史資料』2
唐樹富・黄本仁整理［刊年不明］「日本軍国主義侵略工具—南満洲鉄道株式会社」『大連文史資料』6　孫邦主編［1993］『経済掠奪』（吉林人民出版社）に収載
湯泉和訳［1933］『満鉄外交論』商務印書館（上海）
東北地区中日関係史研究会編［1982］『中日関係史論叢』遼寧人民出版社
日本工業化学会編［1936］「東三省物産資源与化学工業（上・下）」商務印書館（上海）
任士信［刊年不明］「“満鉄開原付属地”始末」『鉄嶺文史資料』4、『開原文史資料』1
任松　［1982］「張作霖与日本“満蒙鉄路交渉問題”考略」『遼寧大学学報』1982-3

2004-3
曹幸穂［1991］「満鉄的中国農村実態調査概述」『中国社会経済史研究』1991-4
曹幸穂［2000］「満鉄資料的史料学価値」『世紀橋』（哈爾浜）2000-3
宋敏　［1984］「“中日合弁大新、大興公司”内幕—満鉄侵占阜新煤礦概述」『学術研究叢刊』1984-2
孫玉玲［1997］「“満洲医科大学”与日軍細菌戦」『東北淪陥史研究』1997-2
孫玉玲［1988］「“九・一八”事変前日本帝国主義対東北的資本輸出」『社会科学輯刊』1988-2
孫玉玲・李宝安［2001］「九一八事変前日本対東北資本輸出的主要形式」『東北淪陥史研究』2001-3
孫乃偉［1998］「略述満鉄奉天付属地的建立」『東北淪陥史研究』1998-1
孫克复等［1982］「日本利用安奉鉄路掠奪東北経済述略」『中日関係史論叢(1))』遼寧人民出版社
鈴木隆史［1989］「“満鉄”的設立与煤礦的経営」『東北地区経済史専題国際学術会議文集』学苑出版社
大連中国経済建設学会［1946］『東北鋼鉄業』
中央設計局東北調査委員会編［1945］『東北交通概況』
中国社会科学院歴史研究所史地組同編［1979］『中俄密約与中東鉄路』新華書店
張偉　［2004］「東北自建鉄路面臨的難題与財政難題的破解」『遼寧大学学報：哲社版』2004-3
張恪惟［1931］『東北抗日的鉄路政策』上海良友図書印刷公司
張勁松［1999］「“九・一八”事変前后関東軍与満鉄関係述評」『日本研究』（瀋陽）1999-3
趙光鋭［1999］「昭和製鋼所的当地労働力招募問題」『東北淪陥史研究』1999-1
張克良［1982］「日偽時期東北的鋼鉄工業発展概況」『中国経済史論文集（下）』
張克良［1989］「論昭和製鋼所及其殖民地性質」『中国東北地区経済史専題国際学術会議文集』学苑出版社
張克良［1991］「日偽時期東北地区的鋼鉄工業」『中国冶金史料』1991-2
張克良［刊年不明］「鞍山礦業史概要」『鞍山文史資料』2
張守真［1995］『清季三省的鉄路開放政策（1905-1911）』復文図書出版社
張声振［2000］「1931—1937年間満鉄土建工程中使用華北打工民夫的基本状況」『抗日戦争研究』2000-1
張樹純［1991］「“九・一八”事変中的鉄路軍事運輸」『東北地方史研究』1991-2
張祖国［1989］「満鉄与日本対我国東北的資本輸出」『中国経済史研究』1989-2
張長碧摘訳［1986］「“九・一八”事変前日本対東北的資本侵略」『国外社会科学情報』1986-6

謝明　 [1993]「“満鉄”研究与“近代化”問題」『世界史研究動態』1993- 6
周憲文編 [1932]『東北与日本』(東北研究叢書) 中華書局 (上海)
庄厳　 [1996]「日偽時期日本対東北鋼鉄資源的略奪及其特点―以遼寧為剖析対象」『東北淪陥十四年史研究』3。
蔣志平 [1989]「“満鉄”在日本侵略東北中的作用」『東北地区経済史専題国際学術会議文集』学苑出版社
肖炳龍 [1986]「日本的“三線連絡運費”政策和中国東北的棉製品市場」『中日関係史研究会会刊』3
肖炳龍 [1986]「満鉄在第一次世界大戦機関日本対東北経済侵略中的作用及其基本特征」『斉斉哈爾師範学院学報』1986-増刊
肖炳龍 [1987]「満鉄対東北経済侵略的作用及其特征」『学習与探索』1987- 2
常徳　 [刊年不明]「金井章次十年侵華活動述略」孫邦主編 [2003]『偽満人物』吉林人民出版社
石学　 [1982]「満鉄史資料研究概況」『歴史教学』1982- 5
雪竹　 [1960]「“九一八”事変前撫順煤礦工人的闘争」『史学月刊』1960- 2
曽鯤化 [1908]『中国鉄路現勢通論』全2巻　化華鉄路学社 (長沙)
曽鯤化 [1924]『中国鉄路史』私家版 (北京) 曽 [1908] の改訂・増補・改題
蘇崇民 [1980]「関于満鉄在日本侵華史上的地位和作用」『日本問題研究参考資料』1980-12
蘇崇民 [1982]「関于俄商謝夫謙和日本満鉄公司相継捕攫取大興安嶺林権問題的研究」『中日関係史論叢(1)』遼寧人民出版社
蘇崇民 [1982]「日本統治東北期間的“満鉄”」東三省経済史学会編『東北経済史論集(下)』孫邦主編 [1993]『経済掠奪』(吉林人民出版社) に収載
蘇崇民 [1982]「満鉄在日本侵略中国東北過程中的地位和作用」『中日関係史論叢(1)』遼寧人民出版社
蘇崇民 [1984]「満鉄系統“系統公司”剖析」『中日関係史論文集』3
蘇崇民 [1986]「内田康哉与“九・一八”事変」『現代日本経済』1986- 6
蘇崇民 [1987]「関于1907―1931年満鉄利潤問題的探討」『現代日本経済』1987- 2
蘇崇民 [1990a]「圍繞満鉄設立展開的中日交渉」『現代日本経済』1990- 5
蘇崇民 [1990b]『満鉄史』(東北淪陥十四年史叢書) 中華書局
蘇崇民 [1991]「満鉄：侵略略奪東北的機構」『現代日本経済』1991- 2
蘇崇民 [1995a]「満鉄、二戦与長春」『長春文史資料』1995- 2
蘇崇民 [1995b]『労工的血与泪』中国大百科全書出版社
蘇崇民 [1997]「関于満鉄的股本和公司債」『東北淪陥史研究』1997- 1
宋金玲 [2000]「満鉄与“九一八”真相」『文史月刊』(太原) 2002- 6
宋金玲・劉素範 [2004]「“九・一八”事変前后的満鉄」『北京交通大学学報：社科版』

霍儒学［1986］「“満鉄”経営的奉天鉄路学院」『長春文史資料』1986-1
郭続潤［1933］『日本侵略吉長鉄路痛史』精華印刷局
関偉・関捷［2000］「日軍七三一最近部隊大連衛生研究所」『東北淪陥史研究』2000-3
韓健平・曹幸穂・呉利薇編［2006］『日偽時期的殖民地科研機構：歴史与文献』山東教育出版社（済南）
祁建民［1992］「満鉄調査部《中国抗戦力量調査報告》及其根拠地認識」『歴史教学』1992-8
祁仍奚［1930］『満鉄問題』商務印書館（上海）
魏慶杰［1999］「1905—1912年日本対撫順煤礦的略奪」『東北淪陥史研究』1999-2
魏承先編［1932］『満鉄事業的暴露』中華書局（上海）
吉林省社会科学院《満鉄史資料》編輯組編［1979］『満鉄史資料　第二巻路権編』全4巻、中華書局
許興凱［1930］『日本帝国主義与東三省』崑崙書店
居之芬・張利民主編［1997］『日本在華北経済統制略奪史』天津古籍出版社
姜曼莉・黄雅麗［2000］「満鉄資料的基本特征」『世紀橋』（哈爾浜）2000-4
金士宣［1935］『中国鉄路問題論文集』交通雑誌社（南京）
虞和寅［1927］『撫順煤鉱報告』全2巻　中国農商部鉱政司
権芳敏［2003］「満鉄在郭奉戦争中的活動」『東北淪陥史研究』2003-1
阮振鋒［刊年不明］「日本強占東北鉄路」孫邦主編［1993］『経済掠奪』吉林人民出版社
顧明義・張徳良・楊洪範・趙春陽主編［1991］『日本侵占旅大四〇年史』遼寧人民出版社（瀋陽）
呉英華［1930］『二十年来的南満洲鉄道株式会社』商務印書館
呉承明［1955］『帝国主義在旧中国的投資』人民出版社（北京）
高楽財［1989］「日本帝国主義対吉長鉄路的攫取与侵華戦略」『東北師範大学報』1989-5
高楽財［1991］「満鉄“調査課”与“九・一八”事変」『青島大学学報』1991-4
高楽財［1992］「満鉄“調査課”的性質及其侵華活動」『近代史研究』1992-4
高楽財［2001］「満鉄“付属地”“除隊兵”移民述論」『東北師範大学学報』2001-6
斉紅深編［1991］『東北地方教育史』遼寧大学出版社（瀋陽）
施永安［2004］「日本在満鉄和東北淪陥期間的美術活動」『東北史地（学問）』（長春）2004-9
蒔景元等［1984］「略述日本対撫順煤礦的覇占及其在1931—1941年間対煤碳資源的略奪」『東北経済史論文集』下
蒔景元等［刊年不明］「日帝対撫順煤礦的掠奪」『撫順文史資料』4
資源委員会鋼鉄業務委員会［1945］『東北鋼鉄工業概況』同委員会
謝彬　［1929］『中国鉄道史』（史地叢書）中華書局（上海）［1934］再版

王貴忠［1984］「関于満鉄調査部［日本侵華機関専門収集情報的調査機関］『歴史教学』1984-7
王貴忠［1989］「張学良与東北鉄路建設」『瀋陽師範学院学報』1989-4
王勤堉（柳詒徴校）［1931］『満洲問題』商務印書館（上海）
王鴻浜・向南・孫孝恩主編［1992］『東北教育通史』遼寧教育出版社（瀋陽）
王大任主編［1957］『東北研究論集』全2巻（現代国民基本知識叢書）中華文化出版事業委員会（台北）
王秉忠［1996］「“満鉄”的建立及其対中国東北的侵略活動」『東北淪陥十四年史研究』3　1996
王渤光［1990］「撫順“特殊工人”的暴動」『党史縦横』1990-3
王渤光［1995］「日本対撫順煤田的侵占与略奪」『社会科学輯刊』1995-5
王渤光［刊年不明］「撫順煤礦史料」『撫順文史資料』１、４-６孫邦主編『経済略奪』（吉林人民出版社1993）所収
王渤光［刊年不明］「日本帝国主義対撫順塔連煤礦華勝煤礦的鯨呑」『撫順文史資料』３
何天義主編［1995］『日軍槍刺下的中国労工—偽満労工血泪史』新華出版社（北京）
解学詩［1978］「《満鉄史資料》第二巻序言」『社会科学戦線』1978-2尾形［1979,80］の原本
解学詩［1981］「編輯《満鉄史資料》的一些感受」『資料工作通訊』1981-4
解学詩［1983］「日本帝国主義与東北鋼鉄工業—『満鉄史資料』第四巻序言」『社会科学戦線』1983-4
解学詩［1991］「“九・一八”事変与満鉄」『社会科学戦線』1991-4
解学詩［2003a］「日本対戦時中国的認識—満鉄的若干対華調査及其視点」『近代史研究』（北京）2003-4、『復印報刊史料Ｋ４中国現代史』2003
解学詩［2003b］『隔世遺思—評満鉄調査部』人民出版社（北京）
解学詩［2007］『満鉄与華北経済：1935-1945』（中日歴史研究中心文庫）社会科学文献出版社
解学詩・張克良編［1984］『鞍鋼史（1909-1949）』冶金工業出版社
解学詩主編［1987］『満鉄史資料　第四巻煤鉄篇』全４巻、中華書局
解学詩・松村高夫編［2003］『満鉄与中国労工』社会科学文献出版社
解学詩総編審［2004］『満鉄調査期刊載文目録』上・中・下、吉林文史出版社
解学詩総編審［2004、５］『満鉄調査報告目録』上・下、吉林人民出版社
郭洪茂［1996］「日本収買中東鉄路浅析」『東北淪陥史研究』1996-1
郭洪茂［2000］「東北淪陥時期的満鉄鉄路中国工人状況」『抗日戦争研究』2000-1
郭洪茂［2000］「満鉄鉄道工廠中国工人状況之の考察」『社会科学戦線』（長春）2000-6
郭洪茂［2005］「“九一八”事変中的満鉄」『社会科学戦線』（吉林省社会科学院）2005-5

れ

黎光・孫継武［1992］「張作霖と日本」鈴木鎮雄・高田祥平訳［1992］『中国人の見た中国・日本関係史』東方出版

レーマー、C. F.（東亜経済調査局訳）［1934］『列国の対支投資』同局（東亜研究所改訳）［1939］慶応書房

ろ

ロマノフ、Б. А.（ロシア問題研究所訳）［1934］『露西亜帝国満洲侵略史』ナウカ社　原書は［1913］直訳表題は『満州におけるロシア　1892-1906—帝国主義時代の専制的外交政策』

ロマノフ、Б. А.（山下義雄訳）［1934］『満洲に於ける露国の利権外交史』鴨右堂書房　同前［1973］復刻（明治百年史叢書）原書房

蝋山政道［1933］『日満関係の研究』斯文書院

Ⅱ　中国語

安生　［1988］「満鉄的収買行賄与旧中国官場的腐敗—兼談満鉄和奉系軍閥的勾結」『現代日本経済』1988-5

浅田喬二［1983］「1945年以前日本帝国主義対中国礦業資源的略奪」『国外社会科学情報』1983-7

尹虹　［2002］「安奉鉄路改築始末」『党史縦横』（瀋陽）2002-12

尉常栄［刊年不明］「撫順煤礦“特殊工人”中我被俘人員的闘争」『撫順文士史料選輯』4

孫邦主編『日偽暴行』（吉林人民出版社、1993年）所収

于慶祥［1989］「満鉄—日本帝国主義侵害中国主権的工具」『現代日本経済』1989-2

于素云［1989］「東北殖民時期的鉄路交通」『東北地区経済史専題国際学術会議文集』学苑出版社

閻伯緯［1981］「歴史上的“満洲鉄道株式会社”簡述」『歴史教学』1981-6

閻伯偉［1996］「歴史上的“南満洲鉄道株式会社”簡介」『中日関係史研究』（北京）1996-4

袁文彰編［1932］『東北鉄路問題』中華書局（上海）

王永祥［刊年不明］「旧北黒鉄路興建与析除」『孫呉文史資料』孫邦主編［1993］『経済掠奪』（吉林人民出版社）に収載

王貴忠［1985］「中日安奉鉄路交渉」『瀋陽師範学院学報』1985-4

王貴忠［1984］「有関満鉄調査部問題綜述」『中日関係史論文集』3

芳井研一［2000b］『環日本海地域社会の変容―「満蒙」・「間島」と「裏日本」』青木書店
芳井研一［2007］「『満蒙』問題の現出と洮索・索温沿線の社会変容」『環日本海研究年報』14（07/3）
吉田順一［2000］「日本人によるフルンボイル地方の調査―おもに畜産調査について」『早稲田大学大学院文学研究科紀要（第四分冊）』45（00/2）
依田憙家［1974］「日本帝国主義における『満州』―資源問題と産業計画」『人文社会科学研究』〈早大理工〉10（74/10）
米重文樹［1995-99］「精神の旅人・嶋野三郎」『窓』〈ナウカ㈱〉92〜110（95/3〜99/10）

り

李相哲　［2000］『満州における日本人経営新聞の歴史』凱風社
李相哲　［2006］「満洲のすべての新聞に関与 満鉄の発信力⑴―『満日』」藤原書店編［2006］
李廷江　［2003］『日本財界と近代中国―辛亥革命を中心に』御茶の水書房
李力　　［2002］「蜂起」松村・解・江田編［2002］
陸偉　　［1995］「張作霖と日本⑴その関係の歴史的過程」『国際文化研究』〈横浜市大大学院〉1（95/11）
陸偉　　［1996］「張作霖爆殺への道―日張関係の歴史的展開過程⑵」『国際文化研究』〈同前〉2（96/11）陸偉［1995］の改題
劉毅　　［2003］「近代における遼東半島と植民地の教育・宗教・文化事業」千田・宇野編［2003］
梁波　　［2001］「植民地科学と満鉄中央試験所」『東瀛探求』12（01/12）
林采成　［2001］「戦時期植民地朝鮮における陸運統制の展開―国鉄輸送の計画化を中心として」『土地制度史学』170（01/1）改変して林［2005］に収載
林采成　［2002］「戦時期朝鮮国鉄における輸送力増強とその『脱植民地化』的意義」『社会経済史学』68-1（02/5）同前
林采成　［2005］『戦時経済と鉄道運営―『植民地』朝鮮から『分断』韓国への歴史的経路を探る』東大出版会

る

ルー、J. D.（長谷川進一訳）［1981］『松岡洋右とその時代』TBSブリタニカ
ルコヤノフ、И. В.（宮崎千穂訳）［2005］「ベゾブラーゾフ一派―ロシアの日露戦争への道」日露戦争研究会編［2005］

鉄道株式会社
ヤング、L.（加藤陽子・川島真・高光佳絵・千葉功・古市大輔訳）［2001］『総動員帝国―満洲と戦時帝国主義の文化』岩波書店

ゆ

庾炳富［2000a］「創業期における満鉄撫順炭鉱の労務管理」『九州経済学会年報』38（00/12）改変して庾［2004］に収載
庾炳富［2000b］「満鉄撫順炭鉱の把頭制度―1907年から1911年までを中心として」『比較社会文化研究』〈九大大学院〉8（00/10）同前
庾炳富［2001a］「満鉄撫順炭鉱における『労働者供給請負制度』――九一二～一九三〇年までを中心として」『エネルギー史研究』16（01/3）同前
庾炳富［2001b］「満鉄撫順炭鉱における『一歩作業頭制度』――九三一年から一九三六年までを中心として」『比較社会文化研究』〈九大大学院〉9（01/4）同前
庾炳富［2002］「満鉄撫順炭鉱の経営活動―創業から第一次世界大戦期までを中心として」『エネルギー史研究』17（02/3）
庾炳富［2004］『満鉄撫順炭鉱の労務管理史』九州大学出版会
由井正臣［1969］「辛亥革命と日本の対応」『歴史学研究』344（69/1）

よ

楊義申［2003］「1945年以前における日本の対中国東北部の投資―都市構造と人口の変化を中心に」『広島経済大学　安芸論叢』〈同大大学院〉12（03/12）
芳井研一［1985］「『満蒙』鉄道交渉と『世論』」『人文科学研究』〈新潟大〉68（85/12）
芳井研一［1986a］「第一次大戦後の『満蒙』鉄道問題」『日本史研究』284（86/4）改変して芳井［2000b］に収載
芳井研一［1986b］「満蒙鉄道問題の展開と田中内閣」『人文科学研究』〈新潟大〉69（86/7）
芳井研一［1992］「大正デモクラシー期の環日本海論」『環日本海地域比較史研究』〈新潟大同研究会〉1（92/3）改変して芳井［2000］に収載
芳井研一［1994］「日露戦後の環日本海論」『環日本海地域比較史研究』〈同前〉3（94/3）同前
芳井研一［1998］「『日本海湖水化論』の背景」『環日本海研究年報』〈新潟大大学院〉5（98/3）同前
芳井研一［1999］「日満最短ルート問題の帰趨―『裏日本』脱却の夢と現実」『環日本海研究年報』〈同前〉6（99/3）同前
芳井研一［2000a］「吉会鉄道全通の政治過程」『環日本海研究年報』〈同前〉7（00/3）同前

山本修平［1917］『支那に於ける鉄道利権と列強の政策』博文館
山本条太郎翁伝記編纂会編［1942］『山本条太郎伝記』同会
山本裕　［2002］「『満州』日系企業研究史」田中明編［2002］
山本裕　［2003a］「『満州国』における鉱産物流通組織の再編過程─日満商事の設立経緯1932-1936」『歴史と経済』178（03/1）
山本裕　［2003b］「満鉄オイルシェール事業─1909-31年」『三田学会雑誌』95-4（03/1）
山本裕　［2004］「『満鉄統計年報』に見るエネルギー資源データベース1907-1916」慶大経済学研究科・商学研究科連携21COE プログラム ディスカッションペーパシリーズ
山本裕　［2005］「1940年代『満州』における石炭産業─供給面を中心に」同
山本裕　［2006］「『満州』における石炭業」原朗・山崎志朗編『戦時日本の経済再編成』日本経済評論社
山本裕　［2008］「事業化された調査─資源・鉱産物調査とオイルシェール事業」松村高夫・柳沢遊・江田憲治編［2008］
山本有造［1986］「国民政府統治下における東北経済─1946～1948年』産業研究所編［1986］江夏・中見・西村・山本編［2005］に収載（副題はなし）
山本有造［1997a］「『朝鮮』・『満洲』間陸境貿易論─地域間関係史のひとつの試み」『年報　近代日本研究⒆地域史の可能性』（97/11）改変して山本［2003］に収載
山本有造［1997b］「『満洲国』農業生産力の数量的研究」『アジア経済』38-12（97/12）同前
山本有造［2001］「日本植民地帝国と東アジア」古屋哲夫・山室信一編［2001］『近代日本における東アジア問題』吉川弘文館
山本有造［2003］「『満洲国』鉱工業生産力の水準と構造」『人文学報』88（03/3）山本［2003］に改変して収載
山本有造［2003］『「満洲国」経済史研究』名大出版会
山本有造［2007］「『満洲』の終焉─抑留・引揚げ・残留」山本編［2007］
山本有造編［2007］『「満洲」記憶と歴史』京大学術出版会
弥吉光長［1978］「昭和十年代の満洲地方の図書館情勢」『図書館大道』〈國學院大栃木学園図書館〉5（78/2）
弥吉光長［1979］「旧満洲図書館の回顧史」『図書館大道』6（79/5）弥吉［1981］に収載
弥吉光長［1981］『弥吉光長著作集⑵図書館史・読書史』日外アソシエーツ
ヤング、C. W.（拓務省官房文書課訳）［1932］『南満洲鉄道附属地に於ける日本の管轄権』
ヤング、C. W.（菊池清訳）［1933］『南満洲鉄道附属地に於ける日本の管轄権』南満洲

柳沢遊　[1999b]『日本人の植民地経験―大連日本人商工業者の歴史』(シリーズ　日本近代からの問い) 青木書店
柳沢遊　[2001]「帝国主義と在外居留民―『帝国意識』と其の社会的基盤」『現代思想』29-8 (01/7)
柳沢遊　[2002a]「日本帝国主義の『満州』支配史研究」田中明編 [2002]
柳沢遊　[2002b]「大連埠頭」松村・解・江田編 [2002]
柳沢遊　[2004]「1940年代初頭大連日本人個人経営者の経歴について」『経済学研究』〈九大〉70-4・5 (04/1)
柳沢遊　[2008]「1930年代大連の工業化」『三田学会雑誌』101-1 (08/4)
柳沢遊　[2008]「変容する市場と特産物―大豆三品の流通・生産調査」松村高夫・柳沢遊・江田憲治編 [2008]
梁田邦治 [1935]『列国の対満投資と日本の東亜における地位』私家版
矢野仁一 [1928]『満洲における我が特殊権益』弘文堂
山岡道男 [1997]『「太平洋問題調査会」研究』龍渓書舎
山口猛　[2000]『哀愁の満洲映画―満洲国に咲いた活動屋たちの世界』三天書房
山崎有恒 [2004]「満鉄付属地行政権の法的性格―関東軍の競馬場戦略を中心に」浅野豊美・松田利彦編 [2004]『植民地帝国日本の法的展開』信山社
山下直登 [1979]「日本資本主義確立期の東アジア石炭市場と三井物産―上海市場を中心に」社会経済史学会編 [1979]『エネルギーと経済発展1977年度大会報告』西日本文化協会
弥益祥純 [1977]「日露戦後の対満政策」『山口大学教育学部研究論叢 第一部 (人文・社会科学)』26-1 (77/3)
山田豪一 [1960]「後藤満鉄初代総裁就任前後」『研究ノート　日中問題』5 (60/6)
山田豪一 [1977]『満鉄調査部―栄光と挫折の四十年』日経新書
山田豪一 [1996]「八田嘉明の生涯と仕事」早大現代政治研究所編 [1996]『早稲田大学現代政治研究所所蔵八田嘉明文書目録』雄松堂出版
山田潤二 [1921]『赤心録』民友社
山田盛太郎 [1933]「工場工業の発展」『日本資本主義発達史講座 (第二部1) 資本主義経済の発達史』岩波書店
山中峰央 [1999]「国際学術会議『近代日本関係与21世紀之展望』参加記」『近現代東北アジア地域史研究会 News Letter』11 (99/12)
山辺健太郎 [1971]『日本統治下の朝鮮』岩波新書
山村睦夫 [1976]「日本帝国主義成立過程における三井物産の発展―対中国進出過程の特質を中心に」『土地制度史学』73 (76/10)
山村睦夫 [1979]「第一次世界大戦後における三井物産の海外進出―流通支配の再編成とその特質」藤井・中瀬・丸山・池田編 [1979]

理研究』14（75/6）
森功　[1988]『北条秀一――竹橋の人　満州行き帰り道は六百八十里』兵庫県青少年問題研究会（豊岡）
森川清　[1975]「満洲の石炭液化技術」『石油学会誌』18-5（75/5）
モロジャコフ、B.（菅野徹雄訳）「満鉄前史―ウィッテからの贈り物」藤原書店編[2006]
門間理良 [1994]「戦後内戦期の東北をめぐる国共両党とソ連の関係」『東アジア地域研究』1（94/7）

や

安冨歩　[1991]「大連商人と満洲金円統一化政策」『証券経済』176（91/6）
安冨歩　[1993]「『満洲国』経済開発と国内資金流動」山本有造編[1993]『「満洲国」の研究』京大人文科学研究所[1995]再刊 緑蔭書房 改変して安冨[1997]に収載
安冨歩　[1995]「満鉄の資金調達と資金投入―『満洲国』期を中心に」『人文学報』〈京大〉76（95/3）安冨[1997]に収載
安冨歩　[1997]『「満洲国」の金融』全２冊（本編・図表編）創文社
矢内原忠雄 [1926]『植民及植民政策』有斐閣
矢内原忠雄 [1934]『満洲問題』岩波書店[1963]（『矢内原忠雄全集(2)』）岩波書店
柳沢遊　[1981]「1920年代『満州』における日本人中小商人の動向」『土地制度史学』92（81/7）
柳沢遊　[1981]「『満州事変』をめぐる社会経済史研究の諸動向」『歴史評論』377（81/9）
柳沢遊　[1990]「日露戦後日本人商人の対『満州』進出―大連商工会議所常議員の進出経緯」『工業技術の発達と社会の変貌―近代日本における技術移転と国際比較』東京農工大
柳沢遊　[1992a]「大連商業会議所常議員の構成と活動――一九一〇～二〇年代大連財界変遷史」大石嘉一郎編[1992]『戦間期日本の対外経済関係』日本経済評論社
柳沢遊　[1992b]「近代日本における『国際化』の検証―日露戦争後日本人の『満州』進出と居留民社会論」尾関周二・久保田穣・高橋明善・千野陽一編[1992]『国際化時代に生きる日本人』青木書店
柳沢遊　[1993]「『満州』商工移民の具体像―日露戦後の満州渡航事情」『歴史評論』513（93/1）
柳沢遊　[1996]「榊谷仙次郎―『満州』土木請負業者の世代交代」竹内常善・阿部武司・沢井実編[1996]『近代日本における企業家の諸系譜』阪大出版会
柳沢遊　[1999a]「在『満州』日本人商工業者の衰退過程―1921年大連商業会議所会員分析」『三田学会雑誌』92-1（99/4）

三谷太一郎［1975］「ウォール・ストリートと極東―ワシントン体制における国際金融資本の役割」『中央公論』90- 9 （75/9）
三谷太一郎［1978］「ウォール・ストリートと満蒙―外債発行計画をめぐる日米関係」細谷千博・斎藤眞編『ワシントン体制と日米関係』東大出版会
三谷孝編［1993］『農民が語る中国現代史』内山書店
三谷孝編［1999］『中国農村変革と家族・社会・国家―華北農村調査の記録』汲古書院
三谷孝編［2000］『中国農村変革と家族・社会・国家―華北農村調査の記録(2)』同前
三谷孝ほか［2000］『村から中国を読む―華北農村五十年史』青木書店
峰毅　　［2006］「『満洲』化学工業の開発と新中国への継承」『アジア研究』52- 1（06/1）
美濃部達吉（矢田長次郎編）［1925］『日本行政法総論 東京帝国大学講義』（謄写印刷）私家版
宮坂宏　［1959］「書評 C. Walter Young『南満洲鉄道附属地における日本の管轄権』」『研究ノート日中問題』 2 （59/7）
宮坂宏　［1960］「満鉄史研究報告―満鉄附属地をめぐる問題」『現代中国』35 （60/8）
宮坂宏　［1961］「『満鉄』創立前後―東三省をめぐる日中関係」『国際政治⒂日中関係の展開』（61/3）
宮西義雄［1983］『満鉄調査部と尾崎秀実』亜紀書房
宮本源之助編［1913］『明治運輸史』運輸日報社［1991］復刻 全２巻（原田勝正解題、明治百年史叢書）原書房
三輪公忠［1971］『松岡洋右―その人間と外交』中公新書
三輪宗弘［1987］「海軍燃料廠の石炭液化研究―戦前日本の技術開発」『化学史研究』1987- 4 （87/12）

む

村上勝彦［1977］「日本帝国主義と植民地」石井寛治ほか編［1977］『近代日本経済史を学ぶ（上）』有斐閣
村上勝彦［1984］「日本資本主義と植民地」社会経済史学会編［1984］『社会経済史学の課題と展望』有斐閣
村上美代治［1999］『歴史のなかの満鉄図書館―図書館活動の構図と原動力』私家版（滋賀・野洲町）
村田富三郎［1968］「人造石油の技術」渡辺徳二編［1968］『現代日本産業発達史⒀化学工業（上）』交詢社出版局（第４章「戦時中における化学技術の展開」第２節）

も

本山実　［1975］「三線連絡運賃問題の歴史的考察―日本の大陸政策の一考察」『経営経

松本俊郎［1999c］「中国東北の戦後情勢―国共内鮮の帰結と鞍山の政治情勢」『岡山大学経済学会雑誌』31-1（99/6）改変して松本［2000b］に収載
松本俊郎［2000a］「満洲製鉄鞍山本社の空襲被害,1944年」『岡山大学経済学会雑誌』31-4（00/12）同前
松本俊郎［2000b］『「満洲国」から新中国へ―鞍山鉄鋼業からみた中国東北の再編過程 1940-1954』名大出版会
丸沢常哉［1979］『新中国建設と満鉄中央試験所』二月社
満史会編［1964-65］『満州開発四十年史』全3巻　満州開発四十年史刊行会
満洲経済実態研究班（江頭恒治・石田興平・内海庫一郎ほか）［1941］「満洲大豆の研究」『建国大学研究院　研究期報』1（41/5）
満州史研究会編［1972］『日本帝国主義下の満州―「満州国」成立前後の経済研究』御茶の水書房
満洲帝国大陸科学院地質調査所［1940］『地質調査所三十一年史』同所
満鉄会編［1973］『満鉄最後の総裁・山崎元幹』同会
満鉄会編［1984］『嶋野三郎―満鉄ソ連情報活動家の生涯』原書房
満鉄会編［1986］『南満洲鉄道株式会社第四次十年史』龍渓書舎
満鉄会編［2007］『満鉄四十年史』吉川弘文館
満鉄鉄研会編［1990］『満鉄鉄道技術研究所史』同会（熊本）

み

三浦陽一［1983］「『アジアの巨大な疑問符』―中国東北をめぐる戦後処理問題とアメリカの極東政策」『一橋研究』8-2（83/7）
御厨貴編［2004］『時代の先覚者・後藤新平』藤原書店
水内俊雄［1985］「植民地都市大連の都市形成　1899-1945年」『人文地理』37-5（85/10）
水内俊雄［2003］「近代植民地の地方行政・市政―関東州を事例として」千田稔・宇野隆夫編［2003］
水谷光太郎［1938］『満洲に於ける液体燃料事業の回顧と展望』刊行者不明（満鉄会旧蔵・アジア経済研究所蔵）
水野明　［1994］『東北軍閥政権の研究―張作霖・張学良の対外抵抗と体内統一の軌跡』国書刊行会
溝口憲吉［1975］「撫順のオイルシェール技術」『石油学会誌』18-4（75/4）
溝部英章［1976、77］「後藤新平論―闘争的世界観と『理性の独裁』」『法学論叢』100-2、101 2（76/11、77/11）
三谷太一郎［1974］「日本の国際金融家と国際政治」佐藤誠三郎・ディングマン、R編［1974］『近代日本の対外態度』東大出版会

松村高夫［2008］「フレーム・アップと『抵抗』—満鉄調査部事件」松村・柳沢・江田編［2008］
松村高夫・柳沢遊・江田憲治［2008a］「満鉄の調査・研究活動の問題性と本書の立場」松村・柳沢・江田編［2008］
松村高夫・柳沢遊・江田憲治［2008b］「満鉄調査組織『神話』の克服をめざして」同前
松村高夫・解学詩・江田憲治編［2002］『満鉄労働史の研究』日本経済評論社
松村高夫・柳沢遊・江田憲治編［2008］『満鉄の調査と研究—その「神話」と実像』青木書店
松村正義［1980］『日露戦争と金子堅太郎—広報外交の研究』新有社
松村正義［2003］『日露戦争一〇〇年—新しい発見を求めて』成文社（横浜）
松本健一［1974］「満鉄調査部論」『流動』5-6（74/6）松本［1975］『思想としての右翼』（第三文明社）に収載
松本健一［1986］『大川周明』作品社［2004］岩波現代文庫
松本俊郎［1980］「戦前日本の対中事業投資額推移　1900-1930」『岡山大学経済学会雑誌』12-3（80/12）
松本俊郎［1986］「満鉄輸送統計と関東州貿易」『岡山大学経済学会雑誌』18-3（86/11）
松本俊郎［1988a］『侵略と開発—日本資本主義と中国植民地化』（岡大経済学研究叢書）岡山大学経済学部［1988b］御茶の水書房［1998a］と同一
松本俊郎［1993］「満洲鉄鋼業開発と「満洲国」経済」山本有造編『「満洲国」の研究』京大人文科学研究所　改変して松本［2000b］に収載
松本俊郎［1994］「『満洲』研究の現状についての覚え書き—『満洲国』期を中心に」『岡山大学経済学会雑誌』25-3（94/1）
松本俊郎［1995］「1940年代後半における昭和製鋼所の操業状態について」『岡山大学経済学会雑誌』26-3・4、27-1、27-3（95/3、6、9）改変して松本［2000b］に収載
松本俊郎［1997］「鞍山日本人鉄鋼技術者たちの留用問題—中国東北鉄鋼業の戦後復興」『人文学報』〈京大〉79（97/3）
松本俊郎［1998a］「1940年代の昭和製鋼所の製鋼工場」『岡山大学経済学会雑誌』30-1（98/1）改変して松本［2000］に収載
松本俊郎［1998b］「関東州・満鉄附属地の経済」溝口敏行・梅村又次編［1998］『旧日本植民地　経済統計—推計と分析』東洋経済新報社
松本俊郎［1998c］「関東州・満鉄附属地の経済指標」同前
松本俊郎［1999a］「満洲鉄鋼業研究の現状」『岡山大学経済学会雑誌』30-3（99/3）
松本俊郎［1999b］「満洲鉄鋼業研究の新地平」『岡山大学経済学会雑誌』30-4（99/12）

［1985］『両大戦間期日本のカルテル』御茶の水書房
松岡洋右伝記刊行会編［1974］『松岡洋右―その人と生涯』講談社
マツサカ、Y.［2006］「創業期満鉄の二重機能について――九〇七――九〇九年」藤原書店編［2006］
松重充浩［1999］「満鉄『社用文』（文書）における様式の意味内容について―松田和夫『満鉄の文書（「社員会叢書」第56輯）』（満鉄社員会、1942年）の紹介」『近代中国研究彙報』21（99/3）
松重充浩［2001］「植民地大連における華人社会の展開――九二〇年代初頭大連華商団体の活動を中心に」曽田三郎編［2001］『近代中国と日本―提携と敵対の半世紀』御茶の水書房
松重充浩［2002］「興亜院の成立と在『満洲』日本人社会」本庄比佐子・内山雅生・久保亨編［2002］『興亜院と戦時中国調査』岩波書店
松田亀三［1990］『満鉄地質調査所私記』博栄社
松田順吉［1997］『松田武一郎小伝（稿本）付三菱鉱業社史』（石炭研究資料叢書18）九大石炭資料研究センター
松野周治［1979］「東北アジアの金融連関と対満州金融政策」小野一一郎・吉信粛編［1979］『両大戦間期のアジアと日本』大月書店
松野周治［1983］「第二次世界大戦前中国東北部における日本の金融諸活動について」『経済学論集』〈鹿児島大〉21（83/3）
松野周治［1985］「半植民地―『満州』―」小野一一郎編［1985］『戦間期の日本帝国主義』世界思想社
松野周治［2004］「『日米合資満洲製鉄所』構想について」『立命館経済学』53-1（04/4）
松野高徳［1991］「もうひとつの図書館史―アジアの植民地と日本人の図書館活動」『館灯』〈私立大学図書館協会西地区部会東海地区協議会〉29（91/3）
松原一雄［1929］「特殊利益より安全保障へ」太平洋問題調査会研究部編［1929］『満洲問題研究』（太平洋問題叢書１）日本評論社
松村高夫［1971］「日本帝国主義下における『満州』への中国人移動について―『満州国』成立以降における対満中国人移動政策史」『三田学会雑誌』64-9（71/9）
松村高夫［1972］「満州国成立以降における移民・労働政策の形成と崩壊」満州史研究会編［1972］
松村高夫［2000］「15年戦争期における撫順炭鉱の労働史（上）」『三田学会雑誌』93-2（00/7）
松村高夫［2002a］「フレーム・アップとしての満鉄調査部弾圧事件（1942・43年）」『三田学会雑誌』95-1（02/4）改変して松村・柳沢・江田編［2008］に収載
松村高夫［2002b］「撫順炭鉱」松村・解・江田編［2002］

藤原貞雄［1976］「近代中国における外国投資残高の推計(1)」『東亜経済研究』45-4（76/11）
藤原書店編［2006］『満鉄とは何だったのか』（『別冊　環12』06/11）
藤原書店編集部編［2007］『後藤新平の「仕事」』同書店
古屋哲夫［2001］「対中国政策の構造をめぐって」古屋哲夫・山室信一編［2001］『近代日本における東アジア問題』吉川弘文館

ほ

北条秀一［1971］『十河信二と大陸』私家版
星亮一　［2005］『後藤新平伝―未来を見つめて生きた明治人』平凡社
輔仁会満洲医科大学史編纂委員会編［1978］『柳絮地に舞ふ―満洲医科大学史』同会
輔仁会満洲医科大学史編纂委員会編［1984］『柳絮地に舞ふ　追補―戦後の輔仁会』同会（横浜）
細川嘉六［1941］『植民史』（現代日本文明史）東洋経済新報社
堀和生　［2001］「植民地帝国日本の経済構造―1930年代を中心に」『日本史研究』462（01/2）
堀川武夫［1958］『極東国際政治史序説―二十一箇条要求の研究』有斐閣
堀川武夫［1962］「日本の満洲権益における特殊利益の法的性格」『アジア研究』9-1（62/4）
堀切善雄［1987］『日本鉄鋼業史研究』早大出版部

ま

前島省三［1953］「原内閣の歴史的位置―ブルジョア・デモクラシーの変質」『立命館法学』4・5（53/11）前島［1954］『日本政党政治の私的分析』（法律文化社）に収載
前島省三［1957a］「第二次桂内閣の外交政策」『立命館法学』19（57/5）前島［1965］『明治中末期の官僚政治』（汐文社）に収載
前島省三［1957b］「第二次桂内閣の経済政策と政党的基盤」『立命館法学』20、21（57/7、9）同前
前田康博［1965］「後藤新平」神島二郎編［1965］『現代日本思想体系(10)権力の思想』筑摩　書房
前間孝則［1994］『弾丸列車―幻の東京発北京行き超特急』実業之日本社［1998］（改題）『亜細亜新幹線―幻の東京発北京行き超特急』講談社文庫
前間孝則［2006］「満鉄と国鉄―技術的に見る」藤原書店編［2006］
槇田健介［1974］「1930年代における満鉄改組問題」『歴史評論』289（74/5）
松尾純広［1985a］「日本における石炭独占組織の成立」『社会経済史学』50-4（85/11）
松尾純広［1985b］「石炭鉱業連合会と昭和石炭株式会社」橋本寿朗・武田晴人編

会雑誌』93-2（00/7）
平山勉　［2002］「日本における満鉄調査部論」田中明編［2002］
平山勉　［2003］「日本植民地研究の回顧―満州研究2000～2002」『日本植民地研究』15（03/6）
平山勉　［2008］「満鉄調査の慣習的方法―統計調査を中心として」松村・柳沢・江田編［2008］
広川佐保［2000］「モンゴル人の『満州国』参加と地域社会の変容―興安省の創設と土地制度改革を中心に」『アジア経済』41-7（00/7）改変して広川［2005］に収載
広川佐保［2004］「『満州国』初期における土地政策の立案とその展開」『一橋論叢』132-6（04/12）同前
広川佐保［2005］『蒙地奉上―「満州国」の土地政策』汲古書院
廣田鋼蔵［1984a］「丸沢常哉先生言行録」『生産と技術』26-2（84/4）
廣田鋼蔵［1984b］「丸沢常哉の大正デモクラシイ期の活躍」『科学史研究』1984-1（84/3）
廣田鋼蔵［1990］『満鉄の終焉とその後―ある中央試験所員の報告』青玄社

ふ

傅波（龍野瑶子訳）［2007］「平頂山鎮考」『季刊中帰連』40（07/5）
ファイス、H.（柴田匡平訳）［1992］『帝国主義外交と国際金融　1870-1914』筑摩書房　Feith［1930］の訳書
福井紳一［2002］「佐藤大四郎の思想形成とその協同組合思想―『綏化県農村協同組合方針大綱』を中心に」『日本獣医畜産大学研究報告』51（02/12）
福井紳一［2005］「『左翼アジア主義』と東亜共同体―橘樸と尾崎秀実を中心に」『季刊理戦』80（05/4）
福井紳一［2008］「『満洲』に於ける合作社事件―佐藤大四郎の思想・行動と尾崎秀実」『植民地文化研究』7（08/7）
福島正夫・小沼正［1966］「解題」天海謙三郎［1966］『中国土地文書の研究』勁草書房
藤井満洲男［1966、67］「資料解説」伊藤武雄・荻原極・藤井編『現代史資料（31～33）満鉄（1～3）』みすず書房
藤井光男・中瀬寿一・丸山恵也・池田正孝編［1979］『日本多国籍企業の史的展開（上）』（現代資本主義叢書）大月書店
藤岡健太郎［2005］「満洲問題の『発見』と日本の知識人―IPR京都会議と蝋山政道の議論を中心に」『九州史学』143（05/12）
藤田敬一［1971］「辛亥革命期における清朝政権と“満州問題”」『岐阜大学教育学部研究報告（人文科学）』20（71/12）
藤本武　［1984］『組頭制度の研究―国際的考察』労働科学研究所

『台湾近現代史研究』6（88/10）同前
春山明哲［1988b］「法学博士・岡松参太郎と台湾」『同前』6（88/10）同前
春山明哲［1993］「明治憲法体制と台湾統治―原敬と後藤新平の植民地政治思想」『岩波書店講座　近代日本と植民地(4)統合と支配の論理』同前
春山明哲［2007］「『後藤新平伝』編纂事業と〈後藤新平アーカイブの成立〉」『環』29（07/4）同前
春山明哲［2008］「後藤新平の台湾統治論・植民政策論―『政治思想』の視点からの序論」春山［2008］
春山明哲［2008］『近代日本と台湾―霧社事件・植民地政策の研究』藤原書店
坂野潤治［1979］「幣原外交の崩壊と日本陸軍」東大社会科学研究所編［1979］『ファシズム期の国家と社会(6)運動と抵抗』東大出版会
坂野潤治［1985］「政党内閣の崩壊」宮地正人・坂野潤治編［1985］『日本近代史における転換期の研究』山川出版社

ひ

疋田康行［1986］「財政・金融構造」浅田・小林編［1986］
樋口秀実［2004］「東三省政権をめぐる東アジア国際政治と楊宇霆」『史学雑誌』113-7（04/7）
樋口弘　［1939］『日本の対支投資研究』生活社
日台礟一［1992］「奉ソ戦争時における関東庁―中国軍隊の満鉄輸送並びに鉄道付属地通過に関する関東長官内訓を中心に」創立20周年記念論文集発刊部会編［1992］『東アジアにおける社会と文化』大阪経済法科大出版会
宓汝成（依田嘉家訳）［1987］『帝国主義と中国の鉄路』（早大社研翻訳叢書）龍渓書舎　宓［1980］の翻訳
姫野徳一［1932］『満鉄総裁論』（満鉄重要問題案件叢書）日支問題研究会
平井廣一［2002］「日中戦争期の満鉄の貨物輸送」『北星論集』42（02/9）
平井友義［2002］「ロシア極東政策とベゾブラーゾフ：1903年―鴨緑江森林利権を中心に」『広島国際研究』8（02/7）
平野健一郎［1968］「満州における日本の教育政策――一九〇六年〜一九三一年」『アジア研究』15-3（68/10）
平野健一郎［1978］「西原借款から新四国借款団へ」細谷千博・斎藤眞編［1978］『ワシントン体制と日米関係』東大出版会
平野健一郎［1981］「『満州産業調査』（一九〇五年）について」『年報近代日本研究(3)幕末・維新の日本』（81/10）
平野零児［1961］『満洲の陰謀者―河本大作の運命的な足跡』自由国民社
平山勉　［2000］「満鉄社員会の設立と活動―会社経営への参画問題を中心に」『三田学

馬場明　［2002］「南満州における土地商租問題」『國學院雜誌』103-3（02/3）改変して馬場［2003］に収載
馬場明　［2003］『日露戦後の満州問題』原書房
馬場鍬太郎［1930］『支那鉄道外交史論稿』東亜同文書院
浜口裕子［1989］「一九三〇年代半ばの対満政策立案に関する一考察―「満蒙問題研究会」を中心として」中村勝範編［1989］『近代日本政治の諸相』慶応通信
浜口裕子［2000］「満鉄改組問題をめぐる政治的攻防―1930年代半ばを中心として」『法学研究』〈慶大〉73-1（00/1）
浜下武志［2006］「華僑・華人調査―経済力調査・日貨排斥・抗日運動調査」末廣昭編［2006］『「帝国」日本の学知(6)地域研究としてのアジア』岩波書店
林茂　　［1959］「満州鉄道中立提議と新聞雑誌の論調」斎藤眞編者代表［1959］『高木八尺先生古希記念　現代アメリカの内政と外交』東大出版会
原朗　　［1972］「一九三〇年代の満州経済統制政策」満州史研究会編［1972］
原朗　　［1976a］「『満州』における経済統制政策の展開―満鉄改組と満業設立をめぐって」安藤良雄編『日本経済政策史論（下）』東大出版会
原朗　　［1976b］「『大東亜共栄圏』の経済的実態」『土地制度史学』71（76/4）
原朗　　［1996］「解題」『経済調査会立案調査書目録』復刻版　本の友社
原覺天　［1979-84］「満鉄調査部の歴史とアジア研究(1)〜(35)」『アジア経済』20-4〜25-3（79/4〜84/3）原［1984］に収載
原覺天　［1984］『現代アジア研究成立史論―満鉄調査部・東亜研究所・IPRの研究』勁草書房
原覺天　［1986］『満鉄調査部とアジア―帝国主義とアジア政策』世界書院
原勢二　［1974］『炎は消えず―科学技術にかけた満鉄マンの群像とその背景』謙光社
原勢二　［1995］『芒なり満鉄―追憶の撫順炭礦長久保孚』新人物往来社
原田勝正［1981］『満鉄』岩波新書
原田勝正［1988］『産業の昭和史(8)鉄道』日本経済評論社
原田勝正［1991］『日本の鉄道』（日本歴史叢書）吉川弘文館
原田勝正［1994］「日本の中国東北支配における鉄道の軍事的利用とその機能」『鉄道史学』13（94/12）
原田勝正［2002］「日本鉄道史のなかの満鉄」藤原書店編［2002］
原田勝正［2007］「満鉄四十年史」満鉄会編［2007］
原田勝正［2007］『増補 満鉄』日本経済評論社　原田［1981］の増補版
原山煌　［1988］「哈爾浜図書館刊行の雑誌『北窗』」『彷書月刊』4-6（88/6）
春山明哲［1985］「植民地における『旧慣』と法」『季刊三千里』41（85/2）春山［2008］に収載
春山明哲［1988a］「台湾旧慣調査と立法構想―岡松参太郎による調査と立法を中心に」

斐［2002］に収載
斐富吉　［2002］『満洲国と経営学—能率増進・産業合理化をめぐる時代精神と経営思想』（学術叢書）日本図書センター
萩原充　［1987］「『華北経済提携』をめぐる日中関係—鉄道と資源開発を中心に」『社会経済史学』53-4（87/10）改変して萩原［2000］に収載
萩原充　［1994］「1930年代の山東権益をめぐる日中関係—膠済鉄道の諸権益を中心に」『土地制度史学』142（94/1）改変して萩原［2000］に収載
萩原充　［2000］『中国の鉄道建設と日中関係』ミネルヴァ書房
橋谷弘　［1982］「朝鮮鉄道の満鉄への委託経営をめぐって—第一次大戦前後の日本帝国植民地政策の一断面」『朝鮮史研究会論文集』19（82/3）
橋爪貫一［1936］『満洲産業開発と労働者農民状態』工業日本社
波多野澄雄［1976］「満州国建国前後の鉄道問題—鉄道処理をめぐる関東軍・満鉄・満州国」『軍事史学』12-2（76/9）
波多野善大［1957］「日露戦争後における国際関係の動因—日米関係を中心とする」（『国際政治⑶日本外交史研究明治時代』（57/10）
服部龍二［1998］「協調の中の拡張策—原内閣の在華権益拡張策と新四国借款団」『社会文化科学研究』〈千葉大大学院〉2（98/2）改変して服部［2001］に収載
服部龍二［1999］「ワシントン会議と極東問題——九二一——九二二」『史学雑誌』108-2（99/2）同前
服部龍二［2000］「『鮮満防衛』体制の模索—原内閣の対満蒙政策と国際政治」『社会文化科学研究』〈千葉大大学院〉4（00/2）同前
服部龍二［2001］『東アジア国際環境の変動と日本外交　1918-1931』有斐閣
花井俊介［2007］「南満州鉄道系企業」鈴木邦夫編［2007］
馬場明　［1962］「日露戦争後の大陸政策」『国際政治⒆日本外交史研究 日清日露戦争』改題して栗原健編［1966］に収載
馬場明　［1992］「満州懸案解決交渉と伊集院彦吉」『國學院雑誌』93-6（92/6）
馬場明　［1997a］「日露戦争と満州に関する日清条約」『國學院雑誌』98-5（97/5）馬場［2003］に収載
馬場明　［1997b］「日露戦後の満州問題」『國學院雑誌』98-9（97/9）同前
馬場明　［1999］「一九一〇年代の満蒙鉄道問題」『國學院雑誌』100-8（99/8）同前
馬場明　［2000a］「鉄道問題にみる満州に関する日清条約」『栃木史学』14（00/3）同前
馬場明　［2000b］「北満鉄道問題—1924～26」『國學院大學紀要』38（00/3）同前
馬場明　［2000c］「満鉄併行線問題—打通鉄道と吉海鉄道」『國學院雑誌』101-6（00/6）同前
馬場明　［2001］「東方会議と山本・張協約」『栃木史学』15（01/3）同前

野間清　［1964a］「満鉄経済調査会設置前後」『歴史評論』169（64/9）
野間清　［1964b］「中国農村慣行調査の企画と実績―中国問題研究における主観的『善意』とその限界」『歴史評論』170（64/10）改変して野間［1997］
野間清　［1975］「満鉄経済調査会の設立とその役割―満鉄調査回想」『愛知大学国際問題研究所紀要』56（75/1）
野間清　［1976］「『満州』農村実態調査の企画と業績　満鉄調査回想の二」『愛知大学国際問題研究所紀要』58（76/2）
野間清　［1977］「中国慣行調査、その主観的意図と客観的現実」『愛知大学国際問題研究所紀要』60（77/2）野間［1964b］の改稿
野間清　［1980］「満鉄経済調査会の組織的運営の変遷―関東軍とのかかわりあいを中心として」『愛知大学経済論集』120・121（80/12）
野間清　［1988］『満鉄調査部改組・拡充の意義とその統一調査計画」『愛知大学国際問題研究所紀要』66（88/1）
野間清・下條英男・三輪武・宮西義雄編［1982］『満鉄調査部綜合調査報告集』亜紀書房
野村章　［1977］「『満州』における日本人教育」『教育研究』13（77/3）
野村章　［1985］「旧日本植民地の形成と『満洲』の教育」『成城学園教育研究所研究年報』8（85/11）
野村章　［1986］「旧『満州国』の皇民化教育」『教育研究』22（86/8）
野村章　［1987］「旧『満洲国』の『国民訓』を追って」『日本教育史往来』48（87/12）
野村章　［1989］「旧『満洲』在住日本人子弟の初等教育」『国際教育研究』9（89/2）
野村章・磯田一雄［1989］「『満洲』在住日本人子弟の教育と教科書」『成城文芸』126（89/3）
野村章先生遺稿集編纂委編［1996］『「満洲・満洲国」教育史研究序説―遺稿集』エムティ出版
野村乙二朗［1976］「ジェーコブ・シフと高橋是清」『国史学』98（76/3）野村［1982］に収載
野村乙二朗［1977］「対華二十一ヵ条問題―特に第五号の理解について」『政治経済史学』131-135（77/4-8）同前
野村乙二朗［1982］『近代日本政治外交史の研究―日露戦争から第一次東方会議まで』刀水書房

は

斐富吉［1998-2002］「満州経営能率に関する思想史的考察」⑴～⑾『大阪産業大学論集（社会科学編）』110、115、116（98/10、01/3、01/10）、『大阪産業大学経営論集』1-1～3、2-1～3、3-2～3（99/10～00/6、00/10～01/6、02/2～02/6）改変して

（68/12）西村［1984］に収載
西村成雄［1971］「一九二〇年代東三省地方権力の崩潰過程―財政・金融問題を中心に」『大阪外国語大学学報』25（71/7）
西村成雄［1972］「大革命期における東三省―労働問題を中心に」『アジア研究』19-3（72/10）西村［1984］に収載
西村成雄［1973］「日本帝国主義下の中国東北地域社会論にかんする覚書―『満洲経済論争』にあらわれた中西功の見解を中心に」『歴史評論』382（73/11）同前
西村成雄［1984］『中国近代東北地域史研究』法律文化社
西村成雄［1990］「日本における中国近代東北史研究の現状と課題」『近現代東北アジア地域史研究会 News Letter』準備号（90/3）
西村成雄［1993］「二〇世紀中国東北地域史の再発見―日本の役割にふれて」『日・中・米国際ワークショップ報告書：20世紀中国東北地域をめぐる日中関係史の新たなパラダイム』
西村成雄［1997］「1945年東アジアの国際関係と中国政治―ヤルタ『密約』の衝撃と東北接収」『現代中国』71（97/7）
西村成雄［2000］「1945年国民党による黒龍江接収計画―朱家驊档案を中心に」『アジア太平洋論叢』〈大阪外語大〉10（00/3）
西村成雄［2001］「東北接収をめぐる国際情勢と中国政治―王世杰日記を中心に」姫田光義編［2001］『戦後中国国民政府史の研究』中央大学出版部
西村成雄［2002］「近10年来における中国近代東北地域史研究の方法と課題」『近現代東北アジア地域史研究会 New letter』14（02/12）
日露戦争研究会編［2005］『日露戦争研究の新視点』成文社（横浜）
蜷川新　［1913］『南満洲ニ於ケル帝国ノ権利』清水書店
蜷川新　［1937］『満洲に於ける帝国の権利』清水書店　蜷川［1913］の増補版
日本機械工業連合会［1986］『満鉄中央試験所の活動　技術による経済安全保障に関する調査報告書　別冊』（日本機械工業連合会高度化60-12）同連合会／ビーエーシー
日本図書館協会編［1992］『近代日本図書館の歩み　地方篇』同協会

ね

根本曽代子［1974］『慶松勝左衛門伝』広川書店

の

野島嘉晌［1972］『大川周明』新人物往来社
野田正穂・原田勝正・青木栄一・老川慶喜編［1994］『日本の鉄道―成立と展開』日本経済評論社
野々村一雄［1986］『回想満鉄調査部』勁草書房

問題（その一）」『人文研究』〈大阪市立大学〉13-7（62/7）
中山治一［1962c］「西園寺首相の満州旅行について―日露戦後の満州問題（その二）」『人文研究』〈同前〉13-8（62/8）
中山治一［1974］「帝国主義政策の展開と国際関係の再編成」信夫清三郎編［1974］『日本外交史(1)』毎日新聞社
中山隆志［2006］「関東軍と満鉄」藤原書店編［2006］
奈倉文二［1981］「両大戦間日本鉄鋼業史論」『歴史学研究』489（81/2）
奈倉文二［1984］『日本鉄鋼業史の研究――一九一〇年代から三〇年代前半の構造的特徴』近藤出版社
奈倉文二［1985］「旧『満州』鞍山製鉄所の経営発展と生産技術―原料資源条件との関連を中心に」『茨城大学政経学会雑誌』50（85/6）
奈倉文二・原田勝正・飯田賢一［1982］「大陸植民地における経営と技術―産業革命の日本的展開(3)」飯田賢一編［1982］『技術の社会史(4)重工業化の展開と矛盾』有斐閣

に

新鞍拓生［2002］「戦間期日本石炭市場の需要構造の変化について」『経済学研究』〈九大〉66-5・6（2002/2）
新島淳良［1962］「満洲教育史覚え書(1)」『研究ノート　日中問題』8（62/6）
西澤泰彦［1996］『海を渡った日本人建築家―20世紀前半の中国東北地方における建築活動』彰国社
西澤泰彦［1999］『図説　大連都市物語』（ふくろうの本）河出書房新社
西澤泰彦［2000］『図説満鉄―「満洲」の巨人』河出書房新社
西澤泰彦［2006］「鉄道附属地の都市計画と建築」藤原書店編［2006］
西澤泰彦［2008］『日本植民地建築論』名大出版会
西田敏宏［2000、01］「東アジアの国際秩序と幣原外交――一九二四～一九二七年」『法学論叢』147-2、149-1（00/5、01/11）
西田敏宏［2001］「ワシントン体制の変容と幣原外交――一九二九～一九三一年」『法学論叢』149-3、150-2（01/6、01/11）
西田敏宏［2005］「第一次幣原外交における満蒙政策の展開―1926～1927年を中心として」『日本史研究』514（05/6）
西原和海［1988］「『満洲読書新報』を読む」『彷書月刊』4-6（88/6）
西原和海［1999］「田口稔への接近」『朱夏』12（99/4）
西原和海［2006］「満洲における弘報メディア―満鉄弘報課と『満洲グラフ』のことなど」『国文学』51-5（06/5）
西宮紘　［2002］「後藤新平の満洲経略」『環』10（02/7）
西村成雄［1968］「帝国主義と農村経済についての覚書」『中国近代史研究会報』11

長島修　[1974]「日本資本主義の独占形成過程における鉄鋼業」『日本史研究』146 (74/10)
長島修　[1979]「第一次大戦後の日本鉄鋼業―日本製鉄株式会社成立過程の研究」『日本史研究』199 (79/3)
永島勝介 [1986]「残された『満洲』最後の技術集団―東北行轅経済委員会の日本人留用記録」産業研究所編 [1986]
中田篤郎 [1991]「南満洲鉄道株式会社大連図書館旧蔵「大谷本」淵源」『龍谷史壇』98 (91/12)、101・102 (94/1)
中野卓・鈴木郁生 [1999]『中野万三伝―中国古陶磁と本草学の先駆者』刀水書房
長野朗　[1931a]『満洲の鉄道を繞る日米露支』支那問題研究所
長野朗　[1931b]『満蒙に於ける列強の侵略戦』千倉書房　長野 [1931a] の簡略版
長廣利崇 [2002]「戦間期日本における炭鉱企業の統計的観察」『エネルギー史研究』17 (02/3)
長廣利崇 [2005]「戦間期日本石炭産業の技術革新と企業間ネットワークの形成」『技術と文明』〈日本産業技術史学会〉15-1 (05/5)
長廣利崇 [2007]「戦間期炭鉱企業と三井物産」『研究年報』〈和歌山大経済学会〉11 (07/?)
長廣隆三 [1937]『満鉄の会計（改訂第四版）』（昭和十二年版社員会叢書）満鉄社員会
長見崇亮 [2003]「満鉄の鉄道技術移転と中国の鉄道復興―満鉄の鉄道技術者の動向を中心に」『日本植民地研究』15 (03/6)
長見崇亮 [2006]「留用技術者と満鉄の技術移転―満鉄中央試験所と鉄道技術研究所を中心に」藤原書店編 [2006]
中見立夫 [1992]「衛藤利夫と『韃靼』―戦前期中国東北地域における図書館と図書館人」衛藤利夫 [1992]『韃靼』中公文庫
中見立夫 [1995]「『満鉄露書伝説』をめぐって」（『近現代東北アジア地域史研究会 News Letter』7 (95/11)
中見立夫 [2004]「後藤新平と草創期日本の“東洋史学”」御厨貴編 [2004]
中村孝太郎 [1935]「満鉄論」慶應義塾大学東亜事情研究会編 [1935]
中村貞雄 [1935]「北満洲に於ける鉄道網」同前
中村孝志 [1986]「私説『満鉄東亜経済調査局』」『南方文化』〈天理大〉13 (86/11)
中村孝志 [1988]「補遺 満鉄派遣ビルマ班員について」『南方文化』〈同前〉15 (88/11)
中村智子 [1978]「横浜事件の人びと(4)-(6)」『思想の科学（第六次）』89-92 (78/4-6)　中村 [1979]『横浜事件の人々』（田畑書店）に収載
中山治一 [1962a]「対満政策における西園寺＝林路線から桂＝小村路線への転換―日露戦争後の満州問題」『史林』45-6 (62/11)
中山治一 [1962b]「第一次西園寺内閣加藤外相の辞職理由について―日露戦後の満州

寺山恭輔［1991］「不可侵条約をめぐる満州事変前後のソ日関係」『史林』74- 4（91/7）
寺山恭輔［2001］「駐日ソ連全権代表アレクサンドル・トロヤノフスキーと一九三三年の日ソ関係」『東北アジア研究』5（01/3）

と

東亜研究所編［1941］『日本の対支投資』全２巻　同所［1974］復刻（明治百年史叢書）原書房
ドゥアラ、P.（内田じゅん訳）［2006］「満州国における民族と民族学」『岩波講座　アジア太平洋戦争(7)支配と暴力』
東條文規［1996a］「植民地での全国図書館大会」『ず・ぼん』3（96/9）
東條文規［1996b］「図書館人の戦争責任意識―『満洲』に渡った三人の場合」『ず・ぼん』3（96/9）
東條文規［1999］『図書館の近代―私論・図書館はこうして大きくなった』ポット出版
東北地区中日関係史研究会編（鈴木静夫・高田祥平訳）［1992］『中国人の見た中国・日本関係史』東方出版
友清高志［1992］『鞍山昭和製鋼所』徳間書店
鞆谷純一［2005］「満鉄図書館と大佐三四五」『日本大学大学院総合社会情報研究科紀要』5（05/2）
トリート、P. T.（村川堅固訳）［1922］『一八五三―一九二一年日米外交史』右文館　Treat［1921］の翻訳

な

永井リサ［2004］「満洲における林業調査と林業開発1895-1930」『比較社会文化研究』〈九大大学院〉15（04/2）
中生勝美［1987］「『中国農村慣行調査』の限界と有効性」『アジア経済』28- 6（87/6）
中生勝美［1990］『中国農村の権力構造と社会変化』アジア政経学会
永雄策郎［1928］『植民地鉄道の世界経済的及世界政策的研究乃至植民地鉄道の外的研究』東亜経済調査局
永雄策郎［1930］『植民地鉄道の世界経済的及世界政策的研究』日本評論社　拓殖大学創立百年史編纂室編［2004］に抄録
永雄策郎［1935］「北鉄買収後に於ける満洲国鉄道政策」『東洋』38- 3（35/10）同前
中兼和津次［1981］『旧満洲農村社会構造の分析』アジア政経学会
長沢康昭［1989］「一九一〇年代三菱合資の東アジア支店活動―総合商社の発生過程」『経営史学』24- 1（89/4）
中下正治［1996］『新聞にみる日中関係史―中国の日本人経営紙』研文出版
中島幸三郎［1955］『十河信二伝』交通協同出版社

辻太郎編［1904］『露国満洲侵入史 附東清鉄道の研究』開発社
土田哲夫［2001］「1929年の中ソ紛争と日本」『中央大学論集』22（01/3）
土屋国夫［1987］「満州大豆発展小史（上）ダイズ商品化の源流を探る（下）満州大豆と日・欧・米の関係」『輸入食料協議会報』466、468（87/7、9）
角田順　［1967］『満洲問題と国防方針』（明治百年史叢書）原書房
鶴見祐輔［1937、38］『後藤新平』全４巻　後藤新平伯伝記編纂会［1937、38］（改題）『後藤新平伝』全４巻　同［1943、44、49］（再刊）全12巻　太平洋協会出版部／太平洋出版社［1965-67］（初版の復刻）全４巻　勁草書房（一海知義校訂）［2004-06］『正伝　後藤新平　決定版』全８＋１巻　藤原書店

て

丁振聲　［1991］「昭和恐慌期の石炭独占組織の動揺―中小炭業者による撫順炭輸入阻止運動とその帰結」『年報　近代日本研究（13）経済政策と産業』（91/11）
丁振聲　［1993］「重要産業統制下における石炭独占組織の市場統制政策」『社会経済史学』59-４（93/11）
帝国鉄道大観編纂局編［1927］『帝国鉄道大観』運輸日報社［1984］復刻（原田勝正解題、明治百年史叢書）原書房
『鉄道ピクトリアル』編集部編［1964］「特集 旧南満州鉄道」『鉄道ピクトリアル』14-8（64/8）
寺内威太郎［2004］「『満鮮史』研究と稲葉岩吉」寺内威太郎・李城市・永田雄三・八島国雄［2004］『植民地主義と歴史学―そのまなざしが残したもの』（明治大学人文科学研究所叢書）刀水書房
寺本康俊［1979］「日露戦争後の作戦計画と陸海軍」『軍事史学』15-１（79/6）改変して寺本［1999］に収載
寺本康俊［1980］「独米清協商案と高平ルート協定」『政治経済史学』168（80/5）同前
寺本康俊［1983］「満州の国際中立化案と小村外交」『政治経済史学』209（83/12）同前
寺本康俊［1986a］「日露戦争後の対満政策をめぐる外務省と陸軍の対立」『政治経済史学』237（86/1）同前
寺本康俊［1986b］「満州占領地軍政への清国官民の抗議と日本の対応」『政治経済史学』241（86/5）同前
寺本康俊［1987a］「日本の対満投資と後藤新平の満州経営案」『国立呉工業高等専門学校研究報告』23-１（87/月不明）
寺本康俊［1999］『日露戦争以後の日本外交―パワー・ポリティクスの中の満韓問題』信山社
寺本康俊［2005］「林董の外交政策に関する研究―合理性とその限界」日露戦争研究会編［2005］

栂井義雄［1972］「満州事変と三井物産―山本条太郎・森恪との関係を中心に」『社会科学年報』〈同前〉6（72/3）同前
栂井義雄［1974］『三井物産会社の経営史的研究』東洋経済新報社
栂井義雄［1988、89］「満州事変と三井財閥―山本条太郎・森恪との関係を中心に」『社会科学年報』〈専修大〉1－2、2－1（88/12、89/6）
塚瀬進　［1989］「上海石炭市場をめぐる日中関係―一八九六～一九三一年」『アジア研究』35－4（89/9）
塚瀬進　［1992］「中国近代東北地域における農業発展と鉄道」『社会経済史学』58－3（92/9）
塚瀬進　［1993］『中国近代東北経済史研究―鉄道敷設と中国東北経済の変化』東方書店
塚瀬進　［1999］「満洲事変前、大豆取引における大連取引所の機能と特徴」『東洋学報』81－3（99/12）
塚瀬進　［2002］「日露戦後における満洲の日本人」『長野大学紀要』24－2（02/9）
塚瀬進　［2005］「中国東北地域における大豆取引の動向と三井物産」江夏・中見・西村・山本編［2005］
槻木瑞生［1974］「日本旧植民地における教育―1920年代の『満洲』における中国人教育を中心として」『名古屋大学教育学部紀要（教育学科）』20（74/3）
槻木瑞生［1981］「日本旧植民地における教育―日露戦争下における軍政署と教育」『岡崎女子短期大学研究報告』14（81/3）
槻木瑞生［1983］「『満洲』における近代教育の展開と満鉄の教育」阿部洋編［1983］『日中教育文化交流と摩擦―戦前日本の在華教育事業』第一書房
槻木瑞生［1987］「南満中学堂覚書」『同朋大学論叢』56（87/7）
槻木瑞生［1988］「満鉄の教師たち―中国人教育に携わった日本人の履歴」『同朋大学紀要』2（88/3）
槻木瑞生［1989］「『満州の教育』を創った人々」『同朋大学紀要』3（89/3）
槻木瑞生［1999］「満洲の日本人教育―長春尋常高等小学校と満洲補充読本」在外子弟研究会編［1999］『在外子弟教育と異文化間教育』（龍谷大学人間・科学・宗教研究助成〔平成8年度〕研究成果報告書）
槻木瑞生［2000］「満洲における朝鮮族と普通学校―満鉄附属地を中心として」槻木瑞生代表［2000］
槻木瑞生［2003］「満洲における日本人教育」小島勝編［2003］『在外子弟教育の研究』玉川大学出版部
槻木瑞生［2004］『満洲教育関係者手記目録（第二回稿）』私家版
槻木瑞生代表［2000］『「大東亜戦争期」における日本植民地・占領地教育の総合的研究』（1998年度科研費報告書）

同前
田中隆一［2003］「『満洲国』と日本の帝国支配―その方法論的探究」『歴史科学』173（03/6）改変して田中［2007］に収載
田中隆一［2007］『「満洲国」と日本の帝国支配』有志舎
谷寿子　［1969］「寺内内閣と西原借款」『東京都立大学法学会雑誌』10-1（69/10）
谷良平　［1960］「中国占領地区における日本の貨幣金融政策」金融制度研究会［1960］『中国の金融制度』日本評論社
谷川雄一郎［2001］「『間島協約』締結過程の再検討」『文学研究論集』〈明治学院大〉14（01/2）
田畠真弓［1990］「張公権と東北地方経済再開発構想―『満州国』の『遺産』をめぐって」『経済学研究』〈駒沢大大学院〉20（90/3）
田村幸策［1935］『支那外債史論』外交時報社
田村幸雄［1976］「満州医科大学精神神経科教室の思い出―われわれは満州でなにを研究したか」『臨床精神医学』5-5、6（76/5、6）田村幸雄・熊田正春編［1983］に収載
田村幸雄・熊田正春編［1983］『中国東北（旧満洲）における民族・民俗と精神病（旧満洲医科大学精神神経科教室業績）』私家版（横浜）

ち

中国農村刊行調査刊行会編［1952］『中国農村慣行調査(1)』岩波書店
趙光鋭（伊藤一彦・王紅艶訳）［2002］「昭和製鋼所」松村・解・江田編［2002］
張声震（李旭・江田いづみ訳）［2002］「土木建築」松村・解・江田編［2002］
張乃麗　［2000］「昭和製鋼所の設備・機械に関する一考察―1930年代前半、内外製造別分析を中心にして」『経済集志』〈日大〉69-4（00/1）
張乃麗　［2001］「昭和製綱所の内外製造設備・機械の分析――九三〇年代後半期を中心として」『経世論集』〈日大大学院〉27（01/3）
長幸男　［1971］「アメリカ資本の満州導入計画」細谷千博・斉藤眞・今井清一・蝋山道夫編『日米関係史―開戦に至る十年（一九三一――九四一年）(3)』東京大学出版会
陳景彦　［1993］「『満州事変』前における南満州鉄道の運賃政策とその影響」『経済学論究』〈関西学院大〉47-1（93/4）
沈潔　　［1998］「後藤新平と満鉄の労働者保護政策」『史潮』〈歴史学会／弘文堂〉新44（98/11）

つ

栂井義雄［1971］「三井物産における山本条太郎と森恪」『社会科学年報』〈専修大〉5（71/3）栂井［1974］に収載

高村直助［1988］「独占組織の形成」高村編［1988］『日露戦後の日本経済』同前
拓殖大学創立百年史編纂室編［2004］『永雄策郎―近代日本の拓殖（海外雄飛）政策家』同大学
武居郷一［1941］『満洲の労働と労働政策』巌松堂書店
竹内桂　［2005］「日中郵便約定の諮詢問題」『東アジア近代史』8（05/3）
竹内好　［1970］『大川周明のアジア研究』（所内史料）アジア経済研究所
竹内清和［1990］『耐火煉瓦の歴史―セラミックス史の一断面』内田老鶴圃
竹島紀元［2006］「満鉄の旅客列車」藤原書店編［2006］
武田晴人［1980］「古河商事と『大連事件』」『社会科学研究』〈東大社研〉32-2（80/8）
竹中憲一［1993］「日本の関東州、満鉄付属地における中国人教育」『人文論集』〈早大法学会〉31（93/2）竹中［2000b］に改変して収載
竹中憲一［1994-1998］「『満州』における中国語教育」『人文論集』〈早大法学会〉32〜36（94/2〜98/2）同
竹中憲一［1995］「満鉄大連図書館蔵書の戦後、そして大連市档案館」『近現代東北アジア地域史研究会　News Letter』7（95/11）
竹中憲一［2000a］「満鉄学務課長保々隆矣小伝(1)」渡部宗助・竹中憲一編［2000］『教育における民族的相克　日本植民地教育史論(1)』東方書店
竹中憲一［2000b］『「満州」における教育の基礎的研究』全6巻　柏書房
竹中憲一［2004］『「満洲」における中国語教育』柏書房
竹森一男［1970］『満鉄興亡史』秋田書店
竹森一男［1974］『満鉄の建設』図書出版社
田島俊雄［2003］「中国化学工業の源流―永利加工・天原電化・満洲化学・満洲電化」『中国研究月報』57-10（03/10）
田島俊雄［2005］「中国・台湾の産業発展と旧日系化学工場」『中国研究月報』59-9（05/9）
田島俊雄［2006］「農業農村調査の系譜―北京大学農村経済研究所と『斉民要術』研究」末廣昭編『岩波講座　「帝国」日本の学知(6)地域研究としてのアジア』
田中明編［2002］『近代日中関係史再考』日本経済評論社
田中恒次郎［1989］「『満州国』における労働問題について」安藤彦太郎編［1989］
田中直吉［1956］「日露協商論」植田捷雄編［1956］『神川先生還暦記念　近代日本外交史の研究』有斐閣
田中泰夫［1992、93］「工業化学会満洲支部と「満洲」における化学工業」『科学史研究』19-4、20-1（92/12、93/4）『満鉄中試会々報』19（93/12）に収載。
田中隆一［2000a］「満洲国治外法権撤廃と満鉄」小林英夫編［2000］田中［2007］に収載
田中隆一［2000b］「満洲国下の満鉄と『日本海ルート』―行政一元化問題を中心に」

6（97/3）
千田稔・宇野隆夫編［2003］『東アジアと「半島空間」―山東半島と遼東半島』思文閣

そ

十河信二伝刊行会編［1988］『十河信二』全2巻　同会
蘇崇民［1992］「日本の東北地方侵略過程における満鉄の地位と役割」東北地区中日関係史研究会編（鈴木・高田訳）［1992］『中国人の見た中国・日本関係史』東方出版
蘇崇民（老田裕美訳）［1998］「撫順炭鉱の把頭制度」『寄せ場』〈日本寄せ場学会〉11（98/5）
蘇崇民（山下睦男・和田正広・王勇訳）［1999］『満鉄史』葦書房（福岡）

た

太平洋問題調査会研究部編［1929］『米国人の観たる満洲問題』（太平洋問題叢書）同会
田浦雅徳［1999］「満洲時代の六蔵」（解題第一章）武部六蔵（田浦・古川隆久・武部健一編）［1999］『武部六蔵日記』芙蓉書房出版 改変して田浦［2004］に収載
田浦雅徳［2004］「満洲国における治外法権撤廃問題」浅野豊美・松田武彦編［2004］『植民地帝国日本の法的展開』信山社
高綱博文［1986］「『満州』における炭礦労務管理体制―撫順炭礦労務管理成立史」『日本大学経済学部経済科学研究所紀要』10（86/3）小島淑男編［1993］『近代中国の経済と社会』（汲古書院）に収載
高橋周　［2006］「日露戦争から第一次世界大戦前における日本の肥料輸入―国際市場との関連を中心として」『社会経済史学』72-1（06/5）
高橋団吉［2006］「バシナを作った男・吉野信太郎」藤原書店編［2006］
高橋泰隆［1981］「南満州鉄道株式会社における組織改組問題と邦人商工業者」（『関東学園大学紀要』6（81/3）
高橋泰隆［1982］「南満州鉄道株式会社の改組計画について―軍部案と満鉄首脳部の対応を中心に」『社会科学討究』78（82/5）
高橋泰隆［1985］「南満州鉄道株式会社（満鉄）史研究の現状と課題」『鉄道史学』2（85/8）
高橋泰隆［1986］「鉄道支配と満鉄」浅田・小林編［1986］
高橋泰隆［1993］「植民地の鉄道と海運」『岩波講座　近代日本と植民地(3)植民地化と産業化』
高橋泰隆［1995］『日本植民地鉄道史論―台湾、朝鮮、満州華北、華中鉄道の経営史的研究』（研究叢書11）関東学園大学、［1995］日本経済評論社
高村直助［1972］『日本紡績業史序説（下）』塙書房
高村直助［1980］『日本資本主義史論』ミネルヴァ書房

鈴木健一［1983a］「東三省における日本の教育事業―高等教育機関を中心に」阿部洋編［1983］『日中教育文化交流と摩擦―戦前日本の在華教育事業』第一書房　鈴木［2000］に収載
鈴木健一［1983b］「南満医学堂について」磯辺武雄編［1983］『アジアの教育と文化―多賀秋五郎博士古稀記念論文集』不昧堂出版　同前
鈴木健一［1989］「満洲教育専門学校について」多賀秋五郎博士喜寿記念論文集刊行会編［1989］『アジアの教育と文化―多賀秋五郎博士喜寿記念論文集』巌南堂書店）同前
鈴木健一［1997a］「満鉄の実業教育と保々隆矣の教育観―日本人分離主義教育の推移を中心に」『近畿大学教育論叢』8－2（97/1）同前
鈴木健一［1997b］「太平洋戦争後の満州在留日本人学校―大連日僑学校を中心に」『歴史学と歴史教育』52（97/6）同前
鈴木健一［2000］『古希記念　満洲教育史論集』山崎印刷所出版部
鈴木邦夫［1988、89］「『満州国』における三井財閥―三井物産の活動を中心に」『電気通信大学紀要』1－2、2－1（88/12、89/12）
鈴木邦夫編［2007］『満州企業史研究』日本経済評論社
鈴木茂　［1985］「戦時下石炭液化工業政策と帝国燃料工業株式会社」『熊本商大論集』31－1・2（85/3）
鈴木隆史［1964］「満州経済開発と満州重工業の成立」『徳島大学学芸学部紀要（社会科学・人文科学）』13（64/3）
鈴木隆史［1966、67］「日本帝国主義と満州（中国東北）―『満州国』の成立およびその統治について」『徳島大学教養部紀要』1（66/3、67/2）
鈴木隆史［1969］「南満州鉄道株式会社（満鉄）の創立過程」『徳島大学教養部紀要（人文社会科学）』4（69/3）
鈴木隆史［1971］「『満州』研究の現状と課題」『アジア経済』12－4（71/4）
鈴木隆史［1992］『日本帝国主義と満州――九〇〇――九四五』全2巻　塙書房
鈴木俊夫［2005］「日露戦時公債発行とロンドン金融市場」日露戦争研究会編［2005］
須永徳武［2005］「満洲における電力事業」『立教経済学研究』59－2（05/10）
須永徳武［2006］「満洲の窯業」『立教経済学研究』59－3号（06/1）
須永徳武［2006、07］「満洲の化学工業」『立教経済学研究』59-4、60－4（06/3、07/3）

せ

関寛治・藤井昇三［1970］「日本帝国主義と東アジア」『岩波講座　世界歴史㉕現代⑵第一次世界大戦直後』岩波書店
関静雄　［1998］「幣原外交と郭松齢事件」『帝塚山学院大学教養学部紀要』54（98/8）
関本健　［1997］「『北鮮ルート』と日本海航路」『東アジア―歴史と文化』〈新潟大学〉

島恭彦　［1943］「満洲経済建設に於ける国家資本の地位」『東亜経済論叢』3－2（43/5）
島田俊彦［1970］「東支鉄道をめぐる中ソ紛争―柳条湖事件直前の満州情勢」『国際政治(43)満州事変』（70/12）
志村嘉一［1969］『日本資本市場分析』東大出版会
下村富士男［1956］「日露戦争と満州市場」『名古屋大学文学部研究論集』14（史学5、56/3）
上海鉄道省弁事処［1931］『南京政府治下の支那鉄路』同処（上海）
シュムペーター、E・B／G・C・アレン編（雪山慶正・三浦正訳）［1942］『日満産業構造論(1)』慶応書房
シュムペーター、E・B／G・C・アレン編（雪山慶正・三浦正訳）［1942］『日満産業構造論(2)』栗田書房
邵建国　［1992］「満蒙鉄道交渉と東三省政権―吉会鉄道敷設請負契約の実施交渉をめぐって」『九州史学』103（92/1）
邵建国　［2002］「東三省における中国側鉄道建設」『アジア遊学』44（02/10）
白石仁章［1993］「シベリア出兵後における日本の北満進出過程の一考察―洮昂鉄道敷設問題を中心に」『外交史料館報』6（93/3）
白取道博［2008］『満蒙開拓青少年義勇軍史研究』北大図書刊行会

す

末木儀太郎［1932］『満洲日報論（満洲に於ける新聞の統制）』日支問題研究会
末永恵子［2005］「旧満州医科大学の歴史―医学研究・医療活動・教育」『15年戦争と日本の医学医療研究会会誌』5－2（05/7）
末廣昭　［2006a］「他者理解としての『学知』と『調査』」末廣昭編［2006］
末廣昭　［2006b］「アジア調査の系譜―満鉄調査部からアジア経済研究所へ」同前
末廣昭編［2006］『岩波講座「帝国」日本の学知(6)地域研究としてのアジア』
菅野正　［1977］「安奉線問題をめぐる対日ボイコットの一考察」『東海大学紀要（文学部）』26（77/1）
菅野正　［1978］「民国二年、満州における対日ボイコット」『東海史学』12（78/3）
杉田望　［1990］『満鉄中央試験所』講談社［1995］徳間文庫
杉原達　［2002］『中国人強制連行』岩波新書
鈴木一郎［1973］「“中国農村慣行調査”」『東北学院大学論集（法律学）』6（73/7）
鈴木一郎［1993］「『中国慣行調査』関係資料(1)」『東北学院大学論集法律学』42（93/3）
鈴木一郎［2002］『満鉄調査部―満鉄調査部入社の前後』私家版（仙台）
鈴木一郎［2000、01］「後藤新平と岡松参太郎による旧慣調査」『東北学院大学法学政治学研究所紀要』8、9（00/2、01/2）

学』3（80/3）佐藤［2000］に収載
佐藤元英［1992］『昭和初期対中国政策の研究―田中内閣の対満蒙政策』（明治百年史叢書）原書房
佐藤元英［2000］『近代日本の軍事と外交―権益擁護と侵略の構造』吉川弘文館
佐藤元英［2000］「田中内閣の対中国経済発展策と満鉄」小林英夫編［2000］
佐藤元英［2000］「第二次『幣原外交』における満蒙鉄道問題解決交渉」小林英夫編［2000］
佐藤吉彦［2002］「満鉄におけるあじあ号の運転と鉄道技術研究所が果たした役割」『鉄道史学』20（02/5）
里見脩　［2006］「卓越した対外弘報（宣伝）活動 満鉄の発信力(2)海外向けメディア」藤原書店編［2006］
沢井実　［1985］「戦前期日本鉄道車輌工業の展開過程」『社会科学研究』〈東大社研〉37-3（85/10）改変して沢井［1998］に収載
沢井実　［1992］「鉄道車輌工業と『満州』市場――九三〇年代を中心に」大石嘉一郎編［1992］『戦間期日本の対外経済関係』日本評論社　同前
沢井実　［1998］『日本鉄道車輌工業史』日本経済評論社
産業研究所編［1986］『中国東北地方経済に関する報告書』同所

し

シテインフェルド（福田直彦訳）［1918］『満洲ニ於ケル露国ノ事業』外務省通商局
篠崎嘉郎［1921］『大連』大阪屋号書店（大連）
信夫淳平［1929］「満洲に於ける我国の特殊権益の検討」太平洋問題調査会編［1929］『満洲問題研究』（太平洋問題叢書１）日本評論社
信夫淳平［1929］『満洲問題研究』太平洋問題研究会
信夫淳平［1932］『満蒙特殊権益論』日本評論社
信夫淳平［1942］『小村寿太郎』（新伝記叢書）新潮社
信夫清三郎［1936］『外交論』（唯物論叢書）三笠書房
信夫清三郎［1941］『後藤新平―科学的政治家の生涯』博文館
信夫清三郎［1942］『近代日本外交史』中央公論社
柴田固弘［1961］「外資輸入と対外投資(3)満州経営と南満州鉄道」松井清編［1961］『近代日本貿易史(2)』有斐閣
柴田善雅［1986］「軍事占領下中国における日本の資本輸出」国家資本輸出研究会編［1986］多賀出版　改変して柴田［2008］に収載
柴田善雅［2000］「華北における興中公司の活動」『東洋研究』138（00/12）同前
柴田善雅［2007］「満洲重工業開発系企業」鈴木邦夫編［2007］
柴田善雅［2008］『中国占領地日系企業の活動』日本経済評論社

崔文衡（朴菖熙訳）[2004]『日露戦争の世界史』藤原書店
斎藤治子 [2005]「日露戦後のロシア外交—第一次世界大戦への道」日露戦争研究会編 [2005]
斎藤良衛 [1937]『外国人の対支経済活動の法的根拠(5)』外務省通商局（第三章「居留地行政ト居留地内居住営業者ノ権利及義務トノ関係」）
酒井哲哉 [1984]「日本外交におけるソ連観の変遷」『国家学会雑誌』97-3・4（84/4）
坂口誠　[1993]「近代日本の大豆粕市場—輸入肥料の時代」『立教経済学研究』57-2（93/10）
坂本雅子 [1977]「三井物産と『満州』・中国市場」藤原彰・野沢豊編 [1977]『日本ファシズムと東アジア—現代史シンポジウム』青木書店
坂本雅子 [1979a]「戦争と財閥」中村政則編 [1979]『体系日本現代史(4)戦争と国家独占資本主義』日本評論社
坂本雅子 [1979b]「満州事変後の三井物産の海外進出」藤井・中瀬・丸山・池田編 [1979]
坂本雅子 [1986]「明治末期の対中国借款と三井物産」原朗編 [1989]『中村隆英先生還暦記念近代日本の政治と経済』山川出版社
坂本雅子 [2003]『財閥と帝国主義—三井物産と中国』ミネルヴァ書房
坂本悠一・木村健二 [2007]『近代植民地都市 釜山』（九州国際大学社会文化研究所叢書）桜井書店
酒寄雅志 [1999]「渤海史研究と近代日本」『駿台史学』108（99/12）酒寄 [2001]『渤海と古代の日本』（校倉書房）に収載。
桜井徹　[1979]「南満州鉄道の経営と財閥」藤井・中瀬・丸山・池田編 [1979]
桜沢亜伊 [2007]「『満鮮史観』の再検討—『満鮮歴史地理調査部』と稲葉岩吉を中心として」『現代社会文化研究』〈新潟大〉39（07/7）
笹本駿二 [1989]『人間・尾崎秀実の回想』岩波書店
蓑洲会（石井満）[1938]『野村龍太郎伝』日本交通学会
佐藤恵一 [1999]「満洲における英語教育—満鉄の教育及び満洲国の国定教科書」『日本英語教育史研究』14（99/5）
佐藤三郎 [1967]「日露戦争における満州占領地に対する日本の軍政について—近代日中交渉史上の一齣として」『山形大学紀要（人文科学）』6-2（67/1）
佐藤誠三郎／R・ディングマン編 [1974]『近代日本の対外態度』東大出版会
佐藤秀夫 [1977]「戦前日本の対中国投資—日本の資本輸入を念頭において」『研究年報経済学』〈東北大〉39-1（77/7）
佐藤正典 [1947]「満鉄中央試験所戦後始末記」『日本化学工業』7-74、75、76（47/）
佐藤正典 [1971]『一科学者の回想』私家版（川崎）
佐藤元英 [1980]「東亜勧業株式会社設立に関する駒井徳三の二つの意見書」『中央史

小林英夫［2004b］「満鉄調査部事件の実相（新史料検証）」『世界』729（04/8）
小林英夫［2005a］「国策会社のなかの満鉄」江夏・中見・西村・山本編［2005］
小林英夫［2005b］『満州と自民党』新潮新書
小林英夫［2005c］『満鉄調査部―「元祖シンクタンク」の誕生と崩壊』平凡社新書
小林英夫［2006］『満鉄調査部の軌跡 1907-1945』藤原書店
小林英夫編［2000］『近代日本と満鉄』吉川弘文館
小林英夫・福井紳一［2004］『満鉄調査部事件の真相―新発見資料が語る「知の集団」の見果てぬ夢』小学館
小林英夫・加藤聖文・南郷みどり編［2004］『満鉄経済調査会と南郷龍音―満洲国通貨金融政策史料』社会評論社
小林英夫・張志強編［2006］『検閲された手紙が語る満洲国の実態』小学館
小林道彦［1985］「後藤新平と植民地経営―日本植民地政策の形成と国内政治」『史林』68-5（85/9）改変して小林道彦［1996］に収載
小林道彦［1988］「日露戦争後の満州軍事輸送ルート問題―旅順経営を中心として」『中央大学大学院研究年報（文学研究科篇）』17（88/3）同前
小林道彦［1992a］「日露戦後の軍事と政治――九〇六――九一三年」『思想』814（92/4）同前
小林道彦［1992b］「大正政変期の大陸政策と陸海軍――九一二――四年」『日本史研究』363（92/11）同前
小林道彦［1993］「桂＝ハリマン協定と日露戦後経営」『北九州大学法政論集』20-4（93/3）同前
小林道彦［1996］『日本の大陸政策 1895-1914―桂太郎と後藤新平』
小林道彦［2001］「政党政治と満州経営―昭和製鋼所問題の政治過程」黒沢文貴・斉藤聖二・桜井良樹編［2001］『国際環境の中の近代日本』芙蓉書房
小林道彦［2004］「後藤新平の大陸政策」御厨貴編［2004］
小林道彦［2006］「満鉄と後藤新平―文装的武備論をめぐって」藤原書店編［2006］
小林元裕［1995］「中国における日本現代史研究の動向―十五年戦争期の日中関係史を中心に」『年報日本現代史』1（95/5）
小林泰雄［1993］「満鉄江南農村実態調査にみる生活空間の諸相」『研究年報』〈神戸市外国語大外国学研究所〉30（93/3）
小峰和夫［1983］「日本商社と満州油房業―1907年の三泰油房創設」『日本大学農獣医学部一般教養研究紀要』19（83/12）

さ

崔学松　［2007］「『満洲国』期における戦時体制確立にむけての教育変遷と日本語の普及」『一橋研究』32-1（07/4）

遊・江田憲治編［2008］
小島勝　［1996］「満鉄附属地における日本人学校の研究―満州教育専門学校から生まれた奉天加茂小学校」『龍谷大学論集』448（96/6）
小島麗逸［1979］「満州林業調査史」小島編［1979］
小島麗逸［1989］「日中経済関係資料の予備的考察」安藤彦太郎編［1989］
小島麗逸編［1979］『日本帝国主義と東アジア』（研究参考資料277）アジア経済研究所
小瀬一　［1989］「十九世紀末中国開港場間流通の構造―営口を中心として」『社会経済史学』54-5（89/1）
児玉大三（小林庄一）［1960］「秘録満鉄調査部」『中央公論』75-13（60/12）
国家資本輸出研究会編［1986］『日本の資本輸出―対中国借款の研究』多賀出版
小林英夫［1969］「1930年代『満洲工業化』政策の展開過程―『満洲産業開発５ヵ年計画』実施過程を中心に」『土地制度史学』44（69/7）改変して小林［1975］に収載
小林英夫［1972］「満州金融構造の再編成過程――九三〇年代前半期を中心として」満州史研究会編［1972］
小林英夫［1974］「日本帝国主義の華北占領政策―その展開を中心に」『日本史研究』146（74/10）
小林英夫［1975］『「大東亜共栄圏」の形成と崩壊』御茶の水書房
小林英夫［1977］「華北占領政策の展開過程―乙嘱託班の結成と活動を中心に」『経済学論集』〈駒澤大〉９-３（77/12）
小林英夫［1995a］『超官僚―日本株式会社をグランドデザインした男たち　宮崎正義・石原莞爾・岸信介』徳間書店
小林英夫［1995b］『「日本株式会社」を創った男―宮崎正義の生涯』小学館
小林英夫［1995c］「満鉄経済調査会小史」遼寧省档案館・小林英夫編［1995］『満鉄経済調査会資料⑴』柏書房
小林英夫［1996］『満鉄―「知の集団」の誕生と死』吉川弘文館
小林英夫［1997a］「盧溝橋事件をめぐって―盧溝橋事件60周年によせて」『歴史学研究』699（97/7）
小林英夫［1997b］「解説 満鉄と盧溝橋事件」遼寧省档案館編［1997］『満鉄と盧溝橋事件⑶』柏書房
小林英夫［1999］「満鉄調査部と旧ソ連調査」多賀秀敏編『国際社会の変容と行為体―大畑篤四郎教授古稀記念』成文堂
小林英夫［2000a］「後藤新平と満鉄調査部」小林英夫編［2000］
小林英夫［2000b］「日中戦争と満鉄」同前
小林英夫［2000c］「満鉄の戦後」同前
小林英夫［2002］「満鉄調査部と戦後日本」『環』10（02/7）
小林英夫［2004a］「新資料に見る『満鉄調査部事件』」『環』18（04/7）

黒羽茂　［1962］『世界史上より見たる日露戦争』（日本歴史新書）至文堂
軍医学校跡地で発見された人骨問題を究明する会編［2005］『戦時医学の実態—旧満洲医科大学の研究』樹花社

け

慶應義塾大学東亜事情研究会編［1935］『満洲国経済研究』同会

こ

呉懐中　［2007］『大川周明と近代中国』日本僑報社
高媛　　［2001］「記憶産業としてのツーリズム—戦後における日本人の『満洲』観光」『現代思想』29-4（01/3）
工業化学会満洲支部編［1933］『満洲の資源と化学工業』丸善［1937］増訂版
高成鳳　［1999］『植民地鉄道と民衆生活—朝鮮・台湾・中国東北』法政大学出版局
高成鳳　［2006］『植民地の鉄道』（近代日本の社会と交通）日本経済評論社
黄福慶（高島英子訳）［2000］『満鉄調査部検挙事件の探求』私家版　黄［1993］の翻訳
工業化学会満洲支部編［1933］『満洲の資源と化学工業』丸善［1937］増訂版
高後虎雄［1974］「満鉄調査部—知識集約型組織の研究」『中央公論経営問題』13-1（74/3）
越沢明　［1978］『植民地満州の都市計画』（研究参考資料271）アジア経済研究所
越沢明　［1984］「大連の都市計画史（1898〜1945年）」『日中経済協会会報』134〜136（84/10〜12）
越沢明　［1988］『満州国の首都計画』日本経済評論社［2002］ちくま学芸文庫
小島精一［1937］『満鉄コンツェルン読本』（日本コンツェルン全書）春秋社
兒嶋俊郎［1984］「日本帝国主義下の『満州』鉄道問題—『納付金』をめぐる関東軍と満鉄」『三田学会雑誌』77-1（84/4）
兒嶋俊郎［2000］「社会政策史の一断面—『満州国』の労働問題を中心に」『研究紀要』〈長岡短大〉38（00/3）
兒嶋俊郎［2002］「満州国の労働統制政策」松村・解・江田編［2002］
兒嶋俊郎［2006］「『満洲交通史稿』を通じてみた日本帝国主義の東北支配」『長岡大生涯学習センター研究実践報告』5（06/3）
兒嶋俊郎［2008a］「在満鉄道に対する軍事的支配をめぐる葛藤—満州国線の満鉄への経営委託をめぐって（上）（中）」『長岡大生涯学習研究年報』2（08/3）、6（08/7）
兒嶋俊郎［2008b］「満鉄調査部『満洲交通史稿』に見る東北アジアネットワーク」『環東アジア研究センター年報』〈新潟大コアステーション人文社会・教育科学系付置環東アジア研究センター〉3（08/3）
兒島俊郎［2008c］「未完の交通調査—『満洲交通史稿』の構想と限界」松村高夫・柳沢

君島和彦［1986］「鉱工業支配の展開」浅田・小林編［1986］
木村隆俊［1999］「一九二〇年代日本の対満州貿易分析」『経済集志』69-3（99/10）
木村武雄［1978］『河本大作』土屋書店
木村英亮［1986］「石堂清倫　人と業績」『横浜国立大学人文紀要（哲学・社会科学）』32（86/12）
許介鱗　［2005］「後藤新平とその阿片謀略」『植民地文化研究』4（05/7）
許興凱（松浦珪三訳）［1932］『満蒙と日本帝国主義』白揚社［1935］改題『満洲経済と本帝国主義』
曲暁範　［2001］「中東鉄道及びその附属地と近代における東北地域の都市化」『環日本海研究年報』〈新潟大大学院〉8（01/3）

く

日下和治［1944］『満洲の製鉄技術小史』大連日日新聞社
草柳大蔵［1978-79］「実録 満鉄調査部」『週刊朝日』78/1/6〜79/5/4　計70回
草柳大蔵［1979］『実録 満鉄調査部』全2巻 朝日新聞社［1983］朝日文庫
具島太三郎［1969］『満鉄財産の評価』満鉄会
工藤三千尋［1985］『日ソ中立条約の研究』南窓社（名古屋）
久保尚之［1996］『満州の誕生―日米摩擦のはじまり』丸善ライブラリー
窪田宏　［1979］「満州支配と労働問題―鉱山、港湾荷役、土木建築労働における植民地的搾取について」小島麗逸編［1979］
久保山雄三［1940］『支那石炭調査報告書』刊行者不明
熊本史雄［1999］「在満洲国日本人小学校経営の満鉄への委託問題」『外交史料館報』13（99/6）
クライド、P. H.（植田捷雄訳）［1935］『満洲に於ける国際争覇』森山書店
栗原鑑司［1927］『石炭乾餾工業』丸善
栗原健　［1961］「日露戦争後における満州善後措置問題の一斑」『国際法外交雑誌』59-6（61/3）栗原編［1966］に収載
栗原健編［1966］『対満蒙政策史の一面』（明治百年史叢書）原書房
黒木勇吉［1941］『小村寿太郎』図書研究社［1968］（復刻）講談社
くろこ・つねお［1997］「植民地満洲・淪陥十四年」『ず・ぼん』4（97/12）
黒瀬郁二［1992］「東洋拓殖会社の対『満洲』投資」中村政則編［1992］『日本の近代と資本主義』東大出版会　黒瀬［2003］に収載
黒瀬郁二［2003］『東洋拓殖会社―日本帝国主義とアジア太平洋』日本経済評論社
黒瀬郁二［2005］「両大戦間期の天図軽便鉄道と日中外交」江夏・中見・西村・山本編［2005］
黒羽茂　［1958］「南満州鉄道中立化問題」『日本歴史』125、126（58/11、12）

東北アジア地域史研究会 News Letter』 7 (95/11)
河田いこひ [1996]「植民地図書館の三つのエピソード」『ず・ぼん』 3 (96/9)
川野幸男 [1996]「中国人の東北(旧満州)移民を再考する―労働者移動と覇権サイクル」『経済学研究』〈東大〉38 (95/5)
河原円 [2004]「大蔵公望の対満国策論」『歴史学研究』786 (04/3)
川村湊 [1990]『異境の昭和文学―「満州」と近代日本』岩波新書
河村豊 [2001]「大陸科学院設立に関する覚え書き―日本の科学技術政策の起源を考える」Il Saggiatore〈サジアトーレ同人〉30 (01/5)
カントロウィチ、A. (広島定吉・堀江邑一訳) [1938]『支那制覇戦と太平洋(上)』生活社 [1941] 再版

き

祁建民 [1991]「十五年戦争と満鉄調査部―華北分離工作時期を中心として」『愛知大学国際問題研究所紀要』94 (91/5)
祁建民 [2006]『中国における社会結合と国家権力―近現代華北農村の政治社会構造』御茶の水書房
菊池一徳 [1988]『満鉄とダイズ研究』私家版(東京・立川)
菊池一徳 [1994]『大豆産業の歩み―その輝ける軌跡』光琳
菊池貴晴 [1966]『中国民族運動の基本構造―対日ボイコットの研究』大安 [1974] 増補版 汲古書院
岸田英治 [1935]「大連自由港地帯縮小問題に就て」『東亜』〈東亜経済調査会〉8－4 (35/4)
岸田真 [2000]「南満州鉄道外債交渉と日本の対外金融政策、一九二七～一九二八」『社会経済史学』65－5 (00/1)
岸本英太郎 [1941-42]「満洲に於ける労働政策の一課題―国内労働力創出政策を中心として」『東亜問題』33～35 (41/12～42/2連載2回めからは「満洲に於ける労働政策の一課題と農業 関係」と改題)
木田勝治 [1930]『政友会は如何に満鉄を喰物にせし乎』我観社
北岡伸一 [1978]『日本陸軍と大陸政策―1906-1918年』東大出版会
北岡伸一 [1980]「外交指導者としての後藤新平」(『年報近代日本研究(2)近代日本と東アジア』
北岡伸一 [1988]『後藤新平―外交とヴィジョン』中公新書
北澤満 [2002]「第一次大戦後における石炭需要の変化と炭鉱経営の対応―粉炭需要・供給の拡大について」『エネルギー史研究』17 (02/3)
北野剛 [2005]「日露戦後における大連税関の設置経緯―満洲開放と経営体制の確立」『史学雑誌』114-11 (05/11)

金子文夫［1985］「資本輸出と植民地」大石嘉一郎編［1985］『日本帝国主義史(1)第一次大戦期』東大出版会　同前
金子文夫［1986］「第一次大戦後の対植民地投資—中小商工業者の進出を中心に」『社会経済史学』51-6（86/3）同前
金子文夫［1987］「資本輸出と植民地」大石嘉一郎編［1987］『日本帝国主義史(2)世界大恐慌期』東大出版会　同前
金子文夫［1991］『近代日本における対満州投資の研究』近藤書店
金子文夫［1993a］「戦後日本植民地研究史」『岩波講座　近代日本と植民地(4)統合と支配の論理』
金子文夫［1993b］「植民地投資と工業化」『岩波講座　近代日本と植民地(3)植民地化と産業化』
金子文夫［1994］「植民地・占領地支配」大石嘉一郎編［1994］『日本帝国主義史(3)第二次大戦期』東大出版会
金子文夫［1995a］「対外経済膨張の構図(1)戦時期日本人の外地への進出(2)戦時期日本人の外地への投資(3)外地進出企業の動向」原朗編『日本の戦時経済—計画と市場』東大出版会
金子文夫［1995b］「日本の植民地主義 台湾・朝鮮・満州—1980年代後半から90年代前半の研究動向」『横浜市大論叢（人文科学）』46-1・2・3（神田文人教授退官記念号、95/3）
金子文夫［1996］「アメリカにおける日本植民地研究・文献目録—1970、80年代を中心に」『横浜市大論叢（人文科学）』47-3（96/3）
金子文夫［1997］「植民地研究の現段階と課題」石原享一・内田知行・篠田隆・田島俊雄編［1997］『途上国の経済発展と社会変動—小島麗逸教授還暦記念』緑陰書房
金子文夫［2001］「日本企業による経済侵略」『宇野重昭編［2001］『深まる侵略 屈折する抵抗』研文出版
金子文夫［2006］「満鉄と日本経済」藤原書店編［2006］
河合俊三［1980］「ハリマン満鉄買収計画挫折の国際的背景」『東洋研究』58（80/12）
川崎賢子［2006］「『外地』の映画ネットワーク——九三〇—四〇年代における朝鮮・満洲国・中国占領地域を中心に」山本武利編［2006］『「帝国」日本の学知(4)メディアのなかの「帝国」』岩波書店
川島淳　［2004］「日露戦争後における植民地統治構想の相克—『関東都督府官制』制定経緯の再考」『東アジア近代史』7（04/3）
川島真　［2005］「『日露戦争と中国』をめぐる議論の変容」日露戦争研究会編［2005］
河田いこひ［1989］「満鉄の図書館—失われた図書館史を求めて」『月刊 状況と主体』167（89/11）加藤・河田・東條［2005］に収載
河田いこひ［1995］「『オゾ文庫』—満鉄に買い取られたロシア軍所蔵図書館」『近現代

究』〈名大情報文化学部／同大学院人間情報学研究科〉 9、10（99/3、10）、15、16（02/3、9）
片桐庸夫［2003］『太平洋問題調査会の研究—戦間期日本IPRの活動を中心として』慶大出版会
加藤一夫［1989］『記憶装置の解体—国立国会図書館の原点』エスエル出版会（西宮）
加藤一夫［1996］「旧植民地図書館活動の研究をめぐって」『ず・ぼん』3（96/9）
加藤一夫・河田いこひ・東條文規［2005］『日本の植民地図書館』社会評論社
加藤聖文［1997］「吉会鉄道敷設問題—『満鮮一体化』の構図」『日本植民地研究』9（97/7）
加藤聖文［2000a］「原敬と満鉄—党勢拡張と満蒙政策の融合」小林英夫編［2000］
加藤聖文［2000b］「山本条太郎と満鉄—ワシントン体制への挑戦」同前
加藤聖文［2001］「幣原外交における満蒙政策の限界—外務省と満鉄監督権問題」『早稲田大学大学院文学研究科紀要　第4分冊』46-4（01/2）
加藤聖文［2002］「満鉄史研究と山崎元幹文書—戦後における散逸の経緯と復元への試論」『近代中国研究彙報』24（02/3）
加藤聖文［2006a］「戦後東アジアの冷戦と満洲引揚—国共内戦下の在満日本人社会」『東アジア近代史』12（06/3）
加藤聖文［2006b］「国策会社満鉄の政治性」藤原書店編［2006］
加藤聖文［2006c］『満鉄全史—「国策会社」の全貌』講談社選書メチエ
加藤幸三郎［1972］「三井財閥の形成と日本帝国主義」高橋幸八郎編『日本近代化の研究（下）』東大出版会
加藤二郎［2006］「満鉄中央試験所」藤原書店編［2006］
金山宣夫［1984］『小村寿太郎とポーツマス』PHP研究所
金勝久　［1942］「満鉄の国策的存在意義・序説」『満蒙』〈満蒙社・大連〉23-3（42/3）
金子文夫［1977］「日露戦争後の『満州経営』と横浜正金銀行」『土地制度史学』74（77/1）改変して金子［1991］に収載
金子文夫［1979a］「1970年代における『満州』研究の現状」『アジア経済』20-3、11（79/3、11）
金子文夫［1979b］「第一次大戦期における植民地銀行体系の再編成—朝鮮銀行の『満州』進出を中心に」『土地制度史学』82（79/1）　改変して金子［1991］に収載
金子文夫［1980］「創業期の南満州鉄道　一九〇七—一九一六年」『社会科学研究』〈東大社研〉31-4（80/1）同前
金子文夫［1981］「一九二〇年代における日本帝国主義と『満州』—鉄道・金融問題を中心に」『社会科学研究』〈同前〉32-4、6（81/2、3）同前
金子文夫［1982］「戦前日本の対植民地投資—統計による予備的考察」『横浜市大論叢（人文科学系列）』33-2（82/5）同前

尾崎秀樹［1971］『旧植民地文学の研究』勁草書房
尾崎秀樹［1990］上海1930年　岩波新書

か

解学詩（松野周治訳）［1989］「鞍山製鉄所の変遷」『立命館経済学』37-6、38-1（89/2、4）
解学詩（江田いづみ訳）［1998］「盧溝橋事件と華北石炭・鉄鋼産業」（『三田学会雑誌』91-2（98/7）
解学詩（同前）［2002a］「満州国経済の研究課題と資料の現状」田中明編［2002］
解学詩（同前）［2002b］「満州国末期の強制労働」松村・解・江田編［2002］
「回想の日満商事」刊行会編［1978］『回想の日満商事』日満会（第一部　会社編）
外務省（信夫淳平）［1953］『小村外交史』全2巻（日本外交文書別冊）新聞月鑑社［1966］（復刻、明治百年史叢書）原書房
外務省条約局法規課［1966］『外地法制誌（第六部）関東州租借地と南満洲鉄道付属地（前編）』（前編のみ刊行）
加賀谷一良［1983］「旧満州における鉄道の発展と高速化(3)」（『日本文理大学商経学会誌』7-2（89/3）
郭洪茂　［2002a］「満鉄における中国人労働者の状況—鉄道経営部門を中心として」千田稔・宇野隆夫編［2002］『東アジアと「半島空間」—山東半島と遼東半島』思文閣出版
郭洪茂（江田いづみ訳）［2002b］「鉄道運輸」松村・解・江田編［2002］
風間秀人［2007］「1930年代における『満洲国』の工業—土着資本と日本資本の動向」『アジア経済』48-12（07/12）
風間秀人［2008］「1930年代における『満洲国』工業の地域的展開」『日本植民地研究』20（08/6）
香島明雄［1980］「満州における戦利品問題をめぐって」『京都産業大学論集』9-1（80/1）香島［1990］に収載
香島明雄［1985a］「旧満州産業をめぐる戦後処理—中ソ合弁交渉の挫折を中心に」『京都産業大学論集』14-1（85/3）香島［1990］に収載
香島明雄［1985b］「在外日本資産をめぐる米ソ対立」『産大法学』〈京都産業大〉19-2（85/8）同香島明雄［1990］『中ソ外交史研究——九三七——九四六』世界思想社
春日豊　［1982、83、84］「一九三〇年代における三井物産会社の展開過程—商品取引と対外投資を中心に」『三井文庫論叢』16、17、18（82/12、83/12、84/12）
春日豊　［1992］「『三井財閥と中国・満州投資」中村政則編［1992］『日本の近代と資本主義—国際化と地域』東大出版会
春日豊　［1999、2002］「戦時統制と財閥商社—日中戦争下の三井物産」『情報文化研

岡部牧夫［1974c］「笠木良明とその思想的影響」『歴史評論』295（74/11）
岡部牧夫［1978］「日本帝国主義と満鉄」『日本史研究』195（78/11）
岡部牧夫［1979］「一九二〇年代の満鉄と満鉄調査部」『歴史公論』5－4（79/4）
岡村敬二［1983］「図書館と戦争責任—奉天図書館長衛藤利夫を例に」『季刊としょかん批評』3（83/10）
岡村敬二［1990a］「満鉄図書館業務研究会の歴史」『大阪府立図書館紀要』26（90/3）岡村［1994］に収載
岡村敬二［1990b］「満鉄図書館蔵書集積の歴史」『図書館学会年報』36－1、2（90/3、6）同
岡村敬二［1993］「残すこと遺されること—満鉄図書館員たちの資料整理」『図書』526（93/4）岡村［1994］に収載
岡村敬二［1994］『遺された蔵書—満鉄図書館・海外日本図書館の歴史』阿吽社
岡村敬二［1999］「満鉄大連図書館長柿沼介の事跡」『朱夏』12（99/4）
岡村敬二［2002］「満洲図書館協会の歴史—附論 奉天省図書館聯合会の創設と活動」『京都学園大学人間文化学会紀要　人間文化研究』9（02/11）
岡村敬二［2004］『「満洲国」資料集積機関概観』不二出版
岡村敬二［2006］「満鉄図書館」藤原書店編［2006］
岡本敬一編［1957］『竹中政一の生涯』石崎書店
岡本俊平［1974］「明治日本の対中国態度の一断面—小村寿太郎の場合」佐藤誠三郎／R・ディングマン編［1974］『近代日本の対外態度』東大出版会
小川薫　［2006］『父と娘の満州—満鉄理事犬塚信太郎の生涯』新風社
荻野喜弘［1998］「昭和初年における石炭鉱業連合会による送炭制限」『経済学研究』〈九大〉64－5・6（98/3）
荻野喜弘［2002］「1920年代前半における石炭鉱業連合会の活動と筑豊炭鉱業」『経済学研究』〈九大〉17（02/3）
奥村哲　［1997］「満鉄の華中農村調査をめぐって」本庄比佐子代表［1997］『戦前期中国実　態調査資料の総合的研究』（1995年度科研費報告書）
小黒浩司［1992］「衛藤利夫—植民地図書館人の軌跡」『図書館界』43－5、6（92/1、3）
小黒浩司［1994］「満鉄図書館史の時代区分」『「満州国」教育史研究』2（94/5）
小黒浩司［1995］「満鉄図書館協力網の形成」石井先生古稀記念論集刊行会編［1995］『転換期における図書館の課題と歴史—石井敦先生古稀記念論集』緑蔭書房
小黒浩司［1999］「衛藤利夫の足跡」『朱夏』12（99/4）
小黒浩司［2005］「満鉄児童読物研究の活動—満鉄学校図書館史の一断面」『図書館界』57－1（05/5）
尾崎耕司［1998］「後藤新平・衛生国家思想の国際的契機」『史潮』新44（98/11）

大畑篤四郎［1973］「日本対外経済政策の展開―帝国主義確立期を中心として」『社会科学討究』19-1（73/12）
大畑篤四郎［1982］「辛亥革命と日本の対応―権益擁護を中心として」『日本歴史』414（82/11）大畑［1989］に収載
大畑篤四郎［1983］『日本外交史研究⑴日本外交政策の史的展開』成文堂
大畑篤四郎［1989］『日本外交史研究⑵日本外交の発展と調整』成文堂
大山梓　［1973］『日露戦争の軍政史録』芙蓉書房
岡崎哲二［1984］「1920年代の鉄鋼政策と日本鉄鋼業―製鉄合同問題を中心として」『土地制度史学』103（84/4）改変して岡崎［1993］に収載
岡崎哲二［1985］「銑鉄共同組合」橋本寿朗・武田晴人編［1985］『両大戦間日本のカルテル』御茶の水書房　同前
岡崎哲二［1993］『日本の工業化と製鉄産業―経済発展の比較制度分析』（東大産業経済叢書）東大出版会
岡崎久彦［1998］『小村寿太郎とその時代』PHP 研究所
岡田和裕［2006］「満鉄総裁列伝―後藤新平・山本条太郎・松岡洋右」藤原書店編［2006］
岡田秀則［2006］「日本のドキュメンタリーの壮大な実験場　満鉄の発信力⑶満鉄映画製作所」同前
尾形四郎［1935］「危路に立つ満洲大豆」慶應義塾大学東亜事情研究会編［1935］
尾形洋一［1976］「第二次『幣原外交』と『満蒙』鉄道交渉」『東洋学報』57/3・4（76/3）
尾形洋一［1977］「東北交通委員会と所謂『満鉄包囲鉄道網計画』」『史学雑誌』86-8（77/8）
尾形洋一［1979、80］「解学詩『満鉄史資料』第二巻序言について」『龍渓』50（79/9）、54（80/1）（解［一九七八］の翻訳・解説）
尾形洋一［1980a］「瀋陽における国権回収運動―遼寧省国民外交協会ノート」『社会科学討究』25-2（80/1）
尾形洋一［1980b］「奉天の歴史的変遷に関するノート」早大文学部東洋史研究室編［1980］『中国前近代史研究』雄山閣出版
尾形洋一［1984］「カラハン中国在勤時期の東省鉄路―1923～25年」安藤彦太郎編［1989］
尾形洋一［2001］「奉天駅の駅位置から見た瀋陽の都市構造」『近代中国研究彙報』23（01/3）
岡部牧夫［1974a］「植民地ファシズム運動の成立と展開―満州青年連盟と満州協和党」『歴史学研究』406（74/3）
岡部牧夫［1974b］「満鉄研究覚え書き」『龍渓』9（74/5）

江夏由樹［2004b］「中国東北地域における日本の会社による土地経営—中国史研究のなかに見えてくる日本社会」『一橋論叢』131-4（04/4）改変して江夏・中見・西村・山本編［2005］に収載
江夏由樹［2005］「東亜勧業株式会社の歴史からみた近代中国東北地域—日本の大陸進出にみる『国策』と『営利』」江夏・中見・西村・山本編［2005］江夏［2004b］の改変・改題
江夏由樹・中見立夫・西村成雄・山本有造編［2005］『近代中国東北地域史研究の新視角』山川出版社

お

王強　［1993］「ソ連軍による旧満州鉄道施設の解体・搬出問題について」『経済学研究』〈北大経済学部〉42-4（93/3）
王紅艶　［1999］「『満州国』における特殊工人に関する一考察」『中国研究月報』613、614（99/3、4）
王智新　［2000］『日本の植民地教育—中国からの視点』社会評論社
大出尚子［2005］「満鉄開拓科学研究所設立の経緯と調査研究活動」『満族史研究』4（05/6）
大江志乃夫［1976］『日露戦争の軍事史的研究』岩波書店
大竹愼一［1978］「鉄鋼増産計画と企業金融—産業開発五カ年計画期の昭和製鋼所」『経営史学』12-3（78/6）
大谷正　［1976］「日本帝国主義植民地支配の特質についての覚書—『買弁抜き』論批判」『歴史科学』66（76/10）
大塚健洋［1990］『大川周明と近代日本』木鐸社
大塚健洋［1995］『大川周明—ある復古革新主義者の思想』中公新書
大野太幹［2001］「全満日本人大会—在満日本人政治的活動の一形態」『愛知論叢』〈愛知大大学院院生協議会〉71（01/9）
大野太幹［2004］「満鉄付属地華商商務会の活動—開原と長春を例として」『アジア経済』45-10（04/10）
大野太幹［2005］「満鉄附属地居住華商に対する中国側税捐課税問題」『中国研究月報』59-9（05/9）
大野太幹［2006］「満鉄附属地華商と沿線都市中国商人—開原・長春・奉天各地の状況について」『アジア経済』47-6（06/6）
大畑篤四郎［1958］「日露戦争と満韓問題」『近代日本史研究』〈早大〉5、6（58/4、9）大畑［1983］に収載
大畑篤四郎［1962］「日露開戦外交」『国際政治⒆日本外交史研究　日清・日露戦争』大畑［1989］に収載

争責任研究』13（96/9）
臼井勝美［1963］「欧州大戦と日本の対満政策—南満東蒙条約の成立前後」『国際政治(23) 日本外交史研究　第一次世界大戦』（63/10）［1966］「南満東蒙条約の成立前後—二十一箇条条約の一解釈」と改題して栗原健編［1966］に収載
臼井勝美［1974］『満州事変—戦争と外交と』中公新書
宇田正　［1973］「日本資本主義の満州経営—南満州鉄道株式会社の役割を中心に」『社会経済史学』39-2（73/6）
内田康哉伝記編纂委員会／鹿島平和研究所編［1969］『内田康哉』鹿島研究所出版会
内山雅生［1990］『中国華北農村経済研究序説』金沢大経済学部
内山雅生［1992］「中国史研究における実態調査と地域研究」神田信夫先生古稀記念論集編　纂委員会編［1992］『清朝と東アジア』山川出版社
内山雅生［1993］「『中国農村慣行調査』と中国農民」『岩波講座 近代日本と植民地(4)統合と支配の論理』岩波書店
内山雅生［1996］「近代化と農村社会」池田誠・上原一慶・安井三吉編［1996］『近代化の歴史と展望』法律文化社
内山正熊［1968］「小村外交批判」『法学研究』〈慶大〉41-5（68/5）内山［1971］『現代日本外交史論』（慶大法学研究会）に収載
内海愛子［2006］「帝国の中の労務動員」『岩波書店講座　アジア太平洋戦争(4)帝国の戦争経験』
運輸五十年史編纂局編［1921］『運輸五十年史』運輸日報社

え

江田いづみ［2002］「生活」松村・解・江田編［2002］
江田いづみ［2004］「満州医科大学と『開拓衛生』」『三田学会雑誌』97-2（04/7）
江田いづみ［2008］「満鉄と植民地医学—七三一部隊への視座」松村・柳沢・江田編［2008］
江田憲治［2002］「抵抗」松村・解・江田編［2002］
江田憲治［2008］「綜合調査の『神話』—支那抗戦力調査」松村・柳沢・江田編［2008］
枝吉勇　［1965］「満鉄調査部—その40年の歩み」『図書館雑誌』59-8（65/8）
枝吉勇　［1981］『調査屋流転』私家版
衛藤瀋吉［1965］「京奉線遮断問題の外交過程—田中外交とその背景」篠原一・三谷太一郎編［1965］『近代日本の政治指導—政治家研究(II)』東大出版会 衛藤［1968］『東アジア政治史研究』（東大出版会）に収載
江藤夏雄［1939］「満鉄論」『アジア問題講座(4)　経済・産業編(1)』創元社
江夏由樹［2004a］「近代東北アジア地域の経済統合と日本の国策会社—東亜勧業株式会社の事例から」『東北アジア研究』18（04/3）

井村哲郎［1993］「満洲事変前後満鉄海外弘報・情報活動の一齣—ヘンリー・W・キニー覚書」『アジア経済』34-10（93/10）
井村哲郎［2001］「拡充前後の満鉄調査組織—日中戦争下の満鉄調査をめぐる諸問題」『アジア経済』42-8、9（01/8、9）
井村哲郎［2002］「末期満鉄調査の組織・人員・予算」『中国社会における地域社会と地域文化に関する研究　平成13年度』新潟大大学院現代社会文化研究科
井村哲郎［2003］「『日満支インフレ調査』と満鉄調査組織」（『アジア経済』44-5・6（03/5、6）
井村哲郎［2005］「戦後ソ連の中国東北支配と産業経済」江夏・中見・西村・山本編［2005］
井村哲郎［2006a］「辛亥革命と満鉄—奉天公所の情報活動を中心に」『東アジア』〈新潟大東アジア学会〉15（06/3）
井村哲郎［2006a］「日本の中国調査機関—国際研究機関設置問題と満鉄調査組織を中心に」末廣昭編［2006］
井村哲郎［2006b］「満鉄刊行物の現在」藤原書店編［2006］
井村哲郎［2008］「満鉄の北鮮港湾経営」『環日本海研究年報』15（08/2）
井村哲郎編［1996］『満鉄調査部　関係者の証言』アジア経済研究所
井村哲郎編［1997］『1940年代の東アジア：文献解題』アジア経済研究所
入江昭　　［1968］『極東新秩序の模索』（近代日本外交史叢書）原書房（Iriye［1968］の翻訳）
岩崎冨久男［1992］「旧『満州』の図書館」『図書館雑誌』86-8（92/8）
殷燕軍［1995］「戦時に於ける日本在華財産の推計について」（『一橋論叢』114-2（95/8）

う

上田健二［1935a］「満洲に於ける油母頁岩工業の近況」慶應義塾大学東亜事情研究会編［1935］
上田健二［1935b］「満鉄流線型超特急『アジア』号の運転と鉄道経営技術上に於けるスピードアップの問題」同上
上田貴子［2003］『近代中国東北地域に於ける華人商工業資本の研究』（大阪外国語大学博士　論文シリーズ8）
上田貴子［2008］「東北アジアにおける中国人移民の変遷　一八六〇——九四五」蘭信三編［2008］『日本帝国をめぐる人口移動の国際社会学』不二出版
植田捷雄［1933］『支那外交史論—特に米国の門戸開放政策と列強の勢力範囲設定策を中心として』巌松堂書店
上羽修　　［1996］「撫順炭鉱中国人労働者の大量死—万人坑否定論への反論」（『季刊戦

伊藤武雄［1964b］『満鉄に生きて』（中国新書）勁草書房
伊藤富士雄編［1945］『満鉄の大陸経営と三線聯絡運賃問題』私家版（長野・岡谷）
稲村徹元［1988］「大連図書館報としての『書香』」『彷書月刊』4-6（88/6）
井上清　［1968］『日本帝国主義の形成』（日本歴史叢書）岩波書店
井上清・鈴木正四［1955、56］『日本近代史』合同新書
井上晴丸・宇佐美誠次郎［1948］「日本における国家独占資本主義の展開―戦争経済の遺産（その三）第二章植民地侵略と国家独占資本主義」『潮流』3-10（48/11）井上・宇佐美［1950］に収載
井上晴丸・宇佐美誠次郎［1950］『国家独占資本主義論―日本経済の現段階分析』潮流社［1951］（増補・改訂・改題）『危機に於ける日本資本主義の構造』岩波書店
井上勇一［1980］「日露戦争時における日本軍の軍用鉄道建設問題―第二次日英同盟への一考察」『軍事史学』16-3（80/12）井上［1989］に収載
井上勇一［1983a］「安奉鉄道をめぐる日清交渉」『法学研究』〈慶大〉56-3（83/3）同前
井上勇一［1983b］「新奉鉄道をめぐる日清交渉」慶應義塾大学法学部編［1983］『慶應義塾創立一二五年記念論文集―慶応法学会　政治学関係』同前
井上勇一［1984］「法庫門鉄道をめぐる日英関係」『法学研究』〈慶大〉57-8（84/8）同前
井上勇一［1985］「錦愛鉄道をめぐる国際関係」『法学研究』〈同前〉58-1（85/1）同前
井上勇一［1989］『東アジア鉄道国際関係史―日英同盟の成立および変質過程の研究』慶応通信
井上勇一［1990］『鉄道ゲージが変えた現代史―列車は国家権力を乗せて走る』中公新書
井上勇一［1993］「東支鉄道をめぐる日ソ関係」『岩波講座　近代日本と植民地(3)植民地化と産業化』
猪俣津南雄［1932］『極東に於ける帝国主義』（経済学全集）改造社
今井清一・藤井昇三編［1983］『尾崎秀実の中国研究』（研究双書）アジア経済研究所
今井嘉幸［1914］『支那ニ於ケル外国裁判権ト外国行政地域』私家版　今井［1915］に収載
今井嘉幸［1915］『支那国際法論(1)外国裁判権と外国行政地域』丸善
今村俊三［1933］『満鉄の事業経営と其観察』日支問題研究会
今村俊三［1934］『満洲新情勢下の満鉄を曝く』同前
井村哲郎［1977］「『北支経済調査班報告書』目録」『アジア経済資料月報』19-10（77/10）
井村哲郎［1987］「東亜研究所『支那慣行調査』関係文書―解題と目録」『アジア経済資料月報』29-1、4（87/1、4）

(71/8)
石田武彦［1974］「中国東北における糧桟の動向―満州事変前における」『経済学研究』〈北大〉24-1（74/3）
石堂清倫［1978］「満鉄調査部と『マルクス主義』」『運動史研究』2（78/8）
石堂清倫［1986］『わが異端の昭和史』勁草書房［2001］全2巻　平凡社ライブラリー
石堂清倫［1988］「満鉄の図書館」『彷書月刊』4-6（88/6）
石堂清倫・野々村一雄・野間清・小林庄一［1986］『十五年戦争と満鉄調査部』原書房
石原弘毅［1940］『頁岩油』共立社
泉哲　　［1927］「満鉄附属地の国際法上の地位」、「南満洲における行政の不統一」泉［1927］『最近国際法批判』日本評論社
磯田一雄［1990］「在満・関東国民学校のカリキュラムと教科書―『国民科国史地理』と『国民科大陸事情及満語』を中心に」『関東教育学会紀要』17（90/9）
磯田一雄［1991］「植民地教育と新教育―『満洲』・『朝鮮』における国史と地理の統合と作業教育化を中心に」『成城文芸』137（91/12）
磯田一雄［2003］「在満日本人小学校の中国語教科書―教材の社会的性格を中心に」『成城文芸』183（03/7）
磯田一雄［2006a］「在満日本人教育におけるアイデンティティ論―『満洲郷土論』の意味を中心に」『東アジア研究』〈大阪経済法科大学アジア研究所〉45（06/3）
磯田一雄［2006b］「附属地の教育」藤原書店編［2006］
市原善積・小熊米雄・永田龍三郎・安養寺脩編［1970a］『南満州鉄道の車輛―形式図集』誠文堂新光社
市原善積・小熊米雄・永田龍三郎・安養寺脩編［1970b］『おもいでの南満洲鉄道』誠文堂新光社［1998］『新装版　南満洲鉄道写真集』同
市原善積・小熊米雄・永田龍三郎・安養寺脩編［1971］『南満州鉄道―「あじあ」と客・貨車のすべて』誠文堂新光社
市原善積・小熊米雄・永田龍三郎・安養寺脩編［1972］『南満洲鉄道―鉄道の発展と機関車』誠文堂新光社
市原善積［1976］『満鉄・特急あじあ号』原書房
伊藤一彦［2002a］「中国人強制連行・強制労働」田中明編［2002］
伊藤一彦［2002b］「満鉄労働者と労務体制」松村・解・江田編
伊藤一彦［2006］「満鉄と在満朝鮮人」藤原書店編［2006］
伊藤一彦［2008］「異民族支配の模索―在満朝鮮人調査」松村・柳沢・江田編［2008］
伊藤漱平［1986］「大連図書館蔵『大谷本』の来歴およびその現状（上）」『汲古』9（86/5）
伊藤卓二［1987］『天開の驥足―千葉豊治物語』大崎タイムス社（宮城・古川）
伊藤武雄［1964a］『黄竜と東風』国際日本協会

安藤彦太郎・山田豪一［1962］「近代中国研究と満鉄調査部」『歴史学研究』270（62/11）
安藤彦太郎編［1965］『満鉄—日本帝国主義と中国』御茶の水書房
安藤彦太郎編［1989］『近代日本と中国—日中関係史論集』汲古書院
安藤実　［1959］「満鉄会社の創立と資金」『研究ノート日中問題』2（59/7）
安藤実　［1960a］「満鉄会社の創立について」『歴史評論』117、118（60/5、6）
安藤実　［1960b］「満鉄経営の国際的条件—満鉄史研究の序章」『現代中国』35（60/月不明）
安藤実　［1968］「日本帝国主義と東アジア」『歴史学研究』336（68/5）
安藤良雄［1958］「輸送の崩壊と物資動員計画の終焉」日本外交学会編『太平洋戦争終結論』東大出版会

い

飯島孝　［1981］『日本の化学技術—企業史にみるその構造』工業調査会
飯島渉　［1997］「近代中国における『衛生』の展開—20世紀初期『満州』を中心に」『歴史学研究703（97/10増刊号）改変して飯島［2000］『ペストと近代中国』（研文出版）に収載
飯田賢一［1973］『日本鉄鋼技術史論』三一書房
飯塚靖　［2003］「満鉄撫順オイルシェール事業の企業化とその展開」『アジア経済』44-8（03/8）
庵谷磐　［2006］「撫順炭礦—資源・産業開発の基地として」藤原書店編［2006］
五十嵐卓［1986］「満州経営機関問題と後藤新平」『学習院史学』24（86/5）
池井優　［1966］「第二次奉直戦争と日本」栗原健編［1966］
伊沢道雄［1937、1938］『開拓鉄道論』全3巻、春秋社
伊沢道雄［1943］『満洲交通の展望』（東亜新書）中央公論社
石井明　［2005］「第二次世界大戦終結期の中ソ関係—旅順・大連問題を中心に」江夏・中見・西村・山本編［2005］
石井明　［1990］「中ソにおける旅順・大連問題」『国際政治㈨中ソ関係と国際環境』改変して江夏・中見・西村・山本編［2005］に収載
石井常雄［1994］「国際連絡運輸の形成」野田正穂・原田勝正・青木栄一・老川慶喜編『日本の鉄道—成立と展開』（鉄道史叢書）日本経済評論社
石井満　［1943］』中村雄次郎伝』中村雄次郎伝記刊行会
石井幸孝［1971］『蒸気機関車』中公新書
石田興平［1964］『満洲における植民地経済の史的展開』ミネルヴァ書房
石田興平［1979］「植民地開発主体としての満鉄」『経済経営論叢』14-1（79/6）
石田武彦［1971］「二〇世紀初頭中国東北における油坊業の展開過程」『北大史学』13

麻島昭一［2000a］「大正後半期の三井物産の機械取引」『専修経済学論集』34-3（00/3）麻島［2001］に収載
麻島昭一［2000b］「昭和戦前期における三井物産機械取引の変容」『専修経済学論集』35-1（00/7）同前
麻島昭一［2000c］「三井物産の機械取引の出発―明治・大正前半期」『専修経営学論集』71（00/10）同前
麻島昭一［2001］『戦前期三井物産の機械取引』日本経済評論社
浅田喬二［1968］『日本帝国主義と旧植民地地主制―台湾・朝鮮・満州における日本人大土地所有の史的分析』御茶の水書房
浅田喬二［1972］「満州における土地商租権問題―日本帝国主義の植民地的土地収奪と抗日民族運動の一側面」満州史研究会編［1972］
浅田喬二［1975a］「日本植民地研究の現状と問題点」『歴史評論』300（75/4）
浅田喬二［1975b］「日本植民地研究の課題と方法」『歴史評論』308（75/12）
浅田喬二［1977］「日本帝国主義の華北農業資源収奪計画（日中戦争直前期）」『駒澤大学経　済学部研究紀要』35（77/3）
浅田喬二［1979］「日本植民地研究の成果と課題」地方史研究協議会編［1979］『日本史文献　年鑑1979年』柏書房
浅田喬二［1984a］「最近における日本植民地研究の動向」『土地制度史学』103（84/1）
浅田喬二［1984b］「日本帝国主義と植民地問題―代表的見解の批判的検討」『歴史評論』309（84/4）
浅田喬二・小林英夫編［1986］『日本帝国主義の満州支配――一五年戦争期を中心に』時潮社
阿野政晴［1994］『移民史から見た松岡洋右の少年時代』私家版（山口・小郡）
吾孫子豊［1942］『支那鉄道史』（東亜叢書）生活社
吾孫子豊［1944］『満支鉄道発達史』内外書房
阿部吉紹（良之助）［1938］『石炭液化』ダイヤモンド社
阿部良之助［1941］『石炭液化工業の問題点』（東亜新書）中央公論社
阿部洋　［1980］「一九二〇年代満州における教育権回収運動―中国近代教育におけるナショナリズムの一側面」『アジア研究』27-3（80/10）
天野弘之・井村哲郎編［2008］『満鉄調査部と中国農村調査―天野元之助中国研究回顧』不二出版
雨宮昭一［1979］「シベリア撤退過程と東方会議」『歴史学研究別冊　世界史における地域と民衆』（79/10）
荒武達朗［2006］「1920―30年代北満洲を中心とする労働力移動の変容」『歴史学研究』810（06/1）
安藤彦太郎［1989］「序論　中国研究の方法について」安藤編［1989］

主要文献目録

凡　例

1　この文献目録は、補章「満鉄研究の歩みと課題」に対応しており、ここでの書誌データの記載と配列は、本文各章の注における文献表記の原則とはことなっている。

2　日本語の文献は、研究論文を中心に、満鉄を客観的に論じた時評、歴史記述、ノンフィクション、史料紹介や文献目録のうち解題が充実するなど研究にとよべるものもふくめた。満鉄刊行の社史・箇所史、おびただしい数にのぼる関係者の戦後の回想記は割愛したが、回想をもとにしたものでも、研究の姿勢のつよいものや団体の編刊物で客観性に富むものは一部採録した。配列は著者名の五十音順とし、同一人の著作は、単著、共著、編書に分けて年月順に配列した。個別の論文・記事名は「　」、書籍や収載誌書名は『　』でくくり、必要におうじて刊行者名を〈　〉で示した（慶應義塾大学→慶大、東京大学出版会→東大出版会など、適宜略称も使用)。逐次刊行物の巻・号は1-2のように、年月は西暦の下二桁をとり、(08/4）のように記した。合併号は号数を・でつないだ（1-1・2)。

3　中国語の文献は、現代中国語の知識がなくても利用できるよう、簡体字は現代日本語の対応字体にあらためた。配列もその漢字の日本語読みの五十音順とした。中国では逐次刊行物はふつう2008年第2期のように呼ぶが、これを2008-2のように省略した。

4　英語の文献は、個別論文・記事名は“　”でくくり、書籍名・誌名は斜体で示した。逐次刊行物の巻・号は、1(2)のように記した。University を Univ.、University Press を U. P.、Doctoral Dissertation（博士論文）を D. D. などとしたほか、地名なども常識の範囲で簡略にしたところがある。

I　日本語

あ

アジア経済研究所［1979］『旧植民地関係機関刊行物総合目録―南満州鉄道株式会社編』

アジア経済研究所図書館デジタルアーカイブス「近現代アジアのなかの日本」http://opac.ide.go.jp/webopac3/topmnu.do

アヴァリン、B. Я.（ロシア問題研究所訳）［1934、35］『列強対満工作史』全2巻　ナウカ社［1973］復刻『列強対満工作史―帝国主義と満洲』（明治百年史叢書）原書房

青木実　［1988］「柿沼介と大連図書館」『彷書月刊』4-6（88/6）

青柳達雄［1996］『満鉄総裁中村是公と漱石』勉誠社

青山護　［2000］「満州における石油資源探査」『防衛大学校紀要（社会科学分冊)』80 (00/3)

あとがき

本書は、満鉄史研究会の活動成果である。

一九八八年九月、浅田喬二は、南満洲鉄道株式会社（満鉄）の共同研究を提案し、それに賛同した君島和彦、小林英夫、高橋泰隆によって研究会を組織するための準備がはじまった。その活動は、研究会の性格などを巡る討論からはじまり、八九年三月には旧満鉄調査部員への聞き取り調査を行うなど、活発化していった。そして、同年八月二四日満鉄史研究会が発足した。メンバーは、右の四名に小峰和夫、田中恒次郎、田畠真弓、柳沢遊、山田朗、風間秀人をくわえた合計一〇名であった。

満鉄史研究会は、代表を浅田、事務局を君島が担当して二ヶ月に一回の定例研究会（定例会）を開催し、五、六年を目途に成果を刊行する目標を立てていた。定例会では、戦後の代表的な満鉄史研究を検討し、並行して史料状況の確認が行われた。それを通じて研究会が取り組むべきテーマが具体化されるようになり、それに応じてより多くの会員が必要なことがわかってきた。そこで、研究会は、飯塚靖、井村哲郎、大森直樹、岡部牧夫、金子文夫、白取道博、塚瀬進を新メンバーとし、九一年一月一九日に再編・設立されることになった（代表と事務局はそのまま）。

満鉄史研究会の活動課題は、この再発足をきっかけとして明確なものとなった。それは、第一に、日本帝国主義による満洲支配のなかで満鉄がいかなる役割を果たしたかについて、政治的・軍事的・経済的・文化的・思想的に検討すること、第二は、満鉄の諸事業の全容を、日本帝国主義史論・日本植民地論の不可欠の一環として実証的に、しかもその全生涯にわたって解明することで、そのために一九の具体的な研究テーマが設定された。そして、研究会は、隔月の予定で定例会を開いて四—五年の共同研究を行い、日本帝国主義による満洲支配のなかで、満鉄がいかなる役割を果たしたかを歴史的・具体的に究明し、その成果を二冊の研究書として刊行することにした。以上の経緯については、その直後に浅田が発表しており(浅田「満鉄史研究会に何を期待するか」、『赤旗』一九九一年二月一五日)、ご存知の方も多いと思われる。そして、この発足時の研究会の課題と本書の内容を比較すると大きく相違していることにお気づきのことであろう。そこで、以下では、研究会が発足してから本書刊行にいたるまでの経過を辿ることによって、この点について説明しておきたい。

研究会を再発足した九一年には、研究会有志によって中国調査旅行を企画・実行したことも懐かしい思い出である。旅行参加者は、浅田、君島、小林、小峰、高橋、塚瀬、風間の七名。当初の予定では、七月二八日に成田から大連に飛び立つはずであった。しかし、中国東北地方を台風が襲い、大連空港の使用が不可能になったため、成田で足止めされ、出発は翌二九日になった。この時は前途多難を予測させたが、その後の旅は順調にすすんだ。満鉄本社が置かれた大連に二泊した後、かつての満鉄本線と一九三五年に満鉄に吸収された中東鉄道を利用して長春から哈爾浜まで鉄道の旅を楽しんだ。そこには、満鉄が経営した鉄道がいかなるものであったかを知らずして満鉄がなんたるかを論ずべきではない、という少々乱暴な論理があった。途中、瀋陽と長春で下車・滞在し、柳条湖事件や満洲国関連の史跡を訪ねるとともに、各地の研究機関、大学を表敬訪問して現地の研究者との交流を図った。長春滞在中の八月三日には、中国東北淪陥十四年史編纂委員会との研究交流会を行い、日本帝国主義の満洲支配について意見交換を行ったことは大きな成果であった。中国東北の旅は、哈爾浜を最後としたが、八月七日には空路北京に移動し、蘆溝橋、故宮、万里の長城などを見学して調査旅行の全日程を消化、八月一〇日無事成田に帰国した。調査旅行の最大の目的は、中国における満鉄関連資料の存在状況を把握することにあったが、その一方で、満鉄史研究会の存在を中国の研究者に広めようとする意図もあったと思われる。このように、発足一年目の満鉄史研究会は、意気軒昂、活発な活動を展開した。
しかし、定例会を重ねるうちに、隔月の定例会では少なすぎることに気づいた。定例会は、夏期休暇期間と入試時期を除くことを原則としていたので年四回程度しか開催できなかった。そのため、一回の定例会で二名が報告しても、会員全員が一通り報告し終わるのに早くても二年を要することになる。そこで、定例会の不足を補うために、九三年三月二二・二三日には連続して定例会を開催し、翌九四年には二回の合宿（三月一八—二〇日、九月九—一一日）を行った。

こうして、研究会の活動は、一九九六年を迎えた。当初の予定では、四、五年後、すなわちこの年には共同研究の成果をまとめるはずであった。しかし、研究会内部には成果を刊行しようという具体的な動きはまったくみられなかった。そのようななかで研究会の活動に大きな転機がもたらされた。まず、会発足時から事務局として会運営を担ってきた君島が同年四—一二月の間、ソウルに留学することになり、前年から事務局を補佐していた風間が事務局を代行することになった。そして、詳しい月日は失念したが、九七年三月頃、会代表の浅田が急に体調を崩し、以降、研究会に参加できなくなった。それとほぼ同じ時期には、勤務先で重責を担うようになったり、就職などの事情によって地方に転居する会員もあり、定例会の出席率はいきおい低下することになった。その間、定例会では、今後、研究会をどう運営していくかという討論がしばしば行われるようになっており、それを受けて事務局は、九七年一二月に、二〇〇〇年末頃を原稿提出の締切とし、早期刊行をめざすとの提案を行った。そして、九八年四月三日の定例会で検討した結果、①二〇〇〇年末を原稿提出期限とすること、②研究会当初に掲げた体系的な成果を刊行することは現状では無理なので、執筆テーマは各自の裁量にゆだねること（執筆枚数は四〇〇字原稿用紙一〇〇枚程度とする）などの決定をみた。こうして、研究会は、成果刊行の早期実現に向かうことになり、同年六月の定例会では、態度を保留する会員もあったが、九名の会員が執筆の意思表示を行い、それぞれの執筆テーマを明らかにした。

これ以降、研究会の活動は、論文執筆のための中間報告を中心とするようになった。しかし、定例会に参加する会員は相変わらず少なく、九九年度は二回の定例会を開くのがやっとという有様であった。それでも、二〇〇〇年四月に持たれた定例会では、八名の会員から執筆の確認がえられたので、原稿提出期限を同年一二月末とし、それに向けた大まかなスケジュールを決定した。本書の『南満洲鉄道会社の研究』というタイトルが決まったのも、この時であったと記憶している。

この会議で論文の提出期日を二〇〇〇年一二月末と最終決定したことについては、当事者の多くが早すぎるという思いを抱いていたようである。しかし、その反面全員が、一気呵成にことをすすめないと、成果刊行の時機を逸すると考え、この決定に到ったと思われる。しかし、この計画は早期のうちに破綻することになった。同年七月の定例会では、論文進捗状況を確認することになっていたが、会議直前に執筆辞退を申し出る会員があり、定例会に参加した会員からも一二月末までに執筆するのは不可能とする意見が続出した。こうした事態が起こったのは、研究会の発足から長い年月が過ぎ、各人の立場が大きく変わってきたことを考えれば、無理からぬ面もあった。

そのため、刊行計画は白紙にもどされ、定例会は、急遽、今後の会運営について議論する場となり、いくつかの点で了解をみた。その第一は、会代表の不在を解消すべく、岡部が「会の代表のようなもの」になり、会員の意見調整を行うということであった。なお、「会の代表のようなもの」となった岡部から「のようなもの」という形容がたちまちのうちに消滅したことは本書をみれば明らかである。第二は、刊行計画を数年繰り下げることで、第三点目は、若手研究者の参加によって研究会の活性化を図ることであった。その決定を受け、同年一〇月の定例会で、原稿執筆の締切を二〇〇二年末頃に再設定した。また、この定例会から、平山勉、山本裕が新規加入することになった。そして、二〇〇一年一二月の定例会には、日本経済評論社の谷口京延氏に出席していただき、会の現状を説明して出版の意向を打診し、好感触をえた。

こうして研究会は、原稿締切の二〇〇二年末を迎えたが、執筆予定者全員の原稿が集まらず、出版計画はまたもや中断することになった。しかし、この時は原稿の一部が脱稿していたので、全員の原稿がそろうまで待って出版計画を再開することにした。

しかし、原稿未提出者の多忙や代表である岡部の入院などがあり、本書の刊行計画が再始動するのに、さらに五年の歳月を要することになった。全員の原稿完成に一応の見通しがついた二〇〇七年五月、久方ぶりに定例会を開き、まず八月二六・二七日に合宿を開くことを決定し、それに向けて各自、論文を仕上げ、合宿で相互討論することを決めた。この合宿は、予定通り山梨県の小淵沢で行われることになった。一部の原稿は合宿当日に間に合わなかったが、粗原稿はできていたので、踏み込んだ討論を展開すのに支障はなかった。合宿では、各論文の質的向上をめざして、忌憚のない相互批判が行われ、それを巡る討論が深夜まで展開された。合宿後、そこで出された意見を各自が持ち帰り、論文の修正を行った。そして、同年一二月に再度、定例会を開催し、各論文の修正内容を確認・討論して最終調整が完了した。その後、代表である岡部と日本経済評論社との間で本書刊行の具体的打合せが行われ、本年五月に入稿の運びとなった。

以上が本書が刊行されるまでの経緯である。これでわかるように、研究会の歩みは、当初の予想を超える遅々としたもので、刊行計画が浮上した後の活動ぶりは、間引き運転（定例会開催が一、二回の年度）や運休（定例会の開催のない年度）が目立ち、戦時末期の満鉄を彷彿とさせるものであった。こうして、満鉄史研究会が本格的な活動を開始する再発足時から一七年余、その前史を含めると二〇年をかけて、やっと成果刊行にこぎ着けることができた。この間に、多くのメンバーが研究会から遠ざかっていったが、本書は、一七年前に誕生した満鉄史研究会の共同研究の成果である。本書にまとめられた各論文のテーマは、満鉄史研究会における活動を通じて生み出されたものであり、その内容は、定例会における討論の積み重ねを反映しているからである（新規会員となった平山、山本の両氏は、それぞれの事情から最終的に執筆を見送ったが、定例会での報告・討論を通じて本書に多くの刺激と影響を与えた。旧会員が別途発表した業績もこれと同様である)。すなわち、本書は、満鉄史研究会による一七年間の営為の結果であり、その活動を総括するものであるといえよう。ただし、本書に収められた各論文の内容については、それぞれの執筆者が全責任を負うべきものである。したがって、本書が、満鉄史研究会の共同研究の成果としてふさわしい内容となっているか、否かについては読者の方々の判断にゆだねたい。今後の満鉄史研究のさらなる発展のためにも、本書に対して厳正なる批判をいただければ幸いである。

本書の刊行を、盟友・故田中恒次郎さんに報告したい。研究会で田中さんは、満鉄と反満抗日運動の関係を明らかにすることを課題とし、私の記憶では、もっとも出席率の高い会員であった。一九九八年、本書の刊行が具体化された時にも執筆者の一員に名を連ねていた。しかし、田中さんは、九九年八月の定例会に出席された三ヶ月後の一一月に入院、翌年三月、不帰の人となられた。九八年頃からであろうか、私を含めて会員のなかには、田中さんの様子をみて体調が悪いのではと心配する者があった。しかし、九九年八月以後、翌年四月まで定例会は開かれていなかったので、私は田中さんの入院を知らず、突然の悲報に愕然とするばかりであった。田中さんが元気に執筆していれば、本書の内容もより充実していたと思われ、まことに残念である。

最後になったが、日本経済評論社の栗原哲也社長と谷口京延氏に感謝申したい。出版事情の厳しいなかで、お二人は、目次案もなく、構想のみが先走っていた私たちの出版計画に耳を傾け、前向きな態度を示してくださった。さらに、それから七年間、私たちの原稿が出揃うまで辛抱強く待っていただき、本書刊行を承諾していただいた。こうしたご厚意がなければ、おそらく本書刊行には到らなかったのではなかろうか。重ね重ねお礼申し上げる。

二〇〇八年七月二〇日

風間 秀人

【執筆者紹介】（執筆順）

風間秀人（かざま・ひでと）

1953年生まれ

1986年駒澤大学大学院経済学研究科博士課程修了

主要業績

『満州民族資本の研究——日本帝国主義と土着流通資本——』（緑蔭書房、1993年）

「1930年代における『満洲国』の工業——土着資本と日本資本の動向——」（『アジア経済』第48巻第12号、2007年12月）

「1930年代における『満洲国』工業の地域的展開」（『日本植民地研究』第20号、2008年６月）

柳沢　遊（やなぎさわ・あそぶ）

1951年生まれ

1982年東京大学大学院経済学研究科博士課程単位取得退学

慶應義塾大学経済学部教授

主要業績

『日本人の植民地経験——大連日本人商工業者の歴史——』（青木書店、1999年）

柳沢遊・木村健二編著『戦時下アジアの日本経済団体』（日本経済評論社、2004年）

松村高夫・柳沢遊・江田憲治編著『満鉄の調査と研究——その「神話」と実像』（青木書店、2008年）

飯塚　靖（いいつか・やすし）

1958年生まれ

1985年駒沢大学大学院経済学研究科博士後期課程満期退学

下関市立大学経済学部教授

主要業績

『中国国民政府と農村社会——農業金融・合作社政策の展開——』（汲古書院、2005年）

「1930年代河北省における棉作改良事業と合作社」（『駿台史学』第112号、2001年３月）

「満鉄撫順オイルシェール事業の企業化とその展開」（『アジア経済』第44巻第８号、2003年８月）

井村哲郎（いむら・てつお）

1943年生まれ

1966年京都大学文学部卒業

新潟大学大学院現代社会文化研究科教授

主要業績

「拡充前後の満鉄調査組織——日中戦争下の満鉄調査活動をめぐる諸問題」（Ⅰ）～（Ⅱ）（『アジア経済』第42巻第８～９号、2001年８～９月）

「『日満支インフレーション調査』と満鉄調査組織」（『アジア経済』第44巻第５/６合併号、2003年５/６月）

天野弘之・井村哲郎編『満鉄調査部と中国農村調査——天野元之助中国研究回顧』（不二出版、2008年）

【編者紹介】

岡部牧夫（おかべ・まきお）
1941年生まれ
成蹊大学政治経済学部卒業
著述業
主要業績
「植民地ファシズム運動の成立と展開——満州青年連盟と満州協和党」（『歴史学研究』第406号、1974年３月）
『満州国』（三省堂選書、1978年、再版、講談社学術文庫、2007年）
『十五年戦争史論——原因と結果と責任と』（青木書店、1999年）

南満洲鉄道会社の研究

2008年10月17日　第１刷発行

編者　岡部牧夫
発行者　栗原哲也

発行所　株式会社　日本経済評論社
〒101-0051　東京都千代田区神田神保町3-2
電話　03-3230-1661　FAX　03-3265-2993
nikkeihyo@js7.so-net.ne.jp
URL：http://www.nikkeihyo.co.jp/

装幀＊渡辺美知子　印刷・藤原印刷　製本・山本製本所

乱丁落丁本はお取替えいたします。　Printed in Japan

南満洲鉄道会社の研究（オンデマンド版）

Digital Publishing

2010年7月8日　　発行

編　者　　　岡部　牧夫

発行者　　　栗原　哲也

発行所　　　株式会社　日本経済評論社
〒101-0051　東京都千代田区神田神保町3-2
電話　03-3230-1661　FAX　03-3265-2993
E-mail: info8188@nikkeihyo.co.jp
URL: http://www.nikkeihyo.co.jp/

印刷・製本　　株式会社 デジタルパブリッシングサービス
URL　http://www.d-pub.co.jp/

AF772

乱丁落丁はお取替えいたします。

Printed in Japan
ISBN978-4-8188-1662-6